JN157869

編集復刻版

雑誌『國教』と九州真宗

第1巻

中西直樹　編・解題

不二出版

〈復刻にあたって〉

一、復刻にあたっては、中西直樹氏、東京大学大学院法学政治学研究科附属近代日本法政史料センター明治新聞雑誌文庫の所蔵原本を使用しました。記して深く感謝申し上げます。

一、復刻版では、表紙、原本で色紙の頁も、すべて本文と同じ紙を使用しました。

一、原本を適宜縮小しました。また、A５判の『國教』第一号から『第二國教』第二号までは、二面付け方式で収録しました。

一、原本の破損や汚れ、印刷不良により、判読できない箇所があります。

一、資料の中には、人権の視点からみて不適切な語句・表現等がありますが、歴史的資料の復刻という性質上、そのまま収録しました。

不二出版

〈第1巻　収録内容〉

巻号	発行年月日
『國教』	
第一号（通号一号）	一八九〇（明治二三）年九月二五日
第二号（通号二号）	一八九〇（明治二三）年一〇月二五日
第三号（通号三号）	一八九〇（明治二三）年一一月二五日
第四号（通号四号）	一八九〇（明治二三）年一二月二五日
第五号（通号五号）	一八九一（明治二四）年一月二五日
第六号（通号六号）	一八九一（明治二四）年二月二五日
第七号（通号七号）	一八九一（明治二四）年四月二五日
第八号（通号八号）	一八九一（明治二四）年六月二五日
『第二國教』	
第一号（通号九号）	一八九一（明治二四）年一〇月一〇日
第二号（通号一〇号）	一八九一（明治二四）年一一月二〇日
第三号（通号一一号）	一八九一（明治二四）年一二月一七日
第四号（通号一二号）	一八九一（明治二四）年一二月三〇日
第五号	未見
第六号（通号一四号）	一八九二（明治二五）年二月五日
『國教』	
第七号（通号一五号）	一八九二（明治二五）年二月二九日
第八号（通号一六号）	一八九二（明治二五）年三月二五日
第九号～第一二号	未見

『雑誌『國教』と九州真宗』収録一覧

復刻版巻数	復刻版通号数	原本号数		発行年月日
第1巻	1	國教	第1号	1890(明治23)年9月25日
	2	國教	第2号	1890(明治23)年10月25日
	3	國教	第3号	1890(明治23)年11月25日
	4	國教	第4号	1890(明治23)年12月25日
	5	國教	第5号	1891(明治24)年1月25日
	6	國教	第6号	1891(明治24)年2月25日
	7	國教	第7号	1891(明治24)年4月25日
	8	國教	第8号	1891(明治24)年6月25日
	9	第二國教	第1号	1891(明治24)年10月10日
	10	第二國教	第2号	1891(明治24)年11月20日
	11	第二國教	第3号	1891(明治24)年12月17日
	12	第二國教	第4号	1891(明治24)年12月30日
	*『第二國教』第5号は未見			
	14	第二國教	第6号	1892(明治25)年2月5日
	15	國教	第7号	1892(明治25)年2月29日
	16	國教	第8号	1892(明治25)年3月25日
	*『國教』第9号～第12号は未見			
第2巻	21	國教	第13号	1892(明治25)年8月15日
	22	國教	第14号	1892(明治25)年8月30日
	23	國教	第15号	1892(明治25)年9月20日
	24	國教	第16号	1892(明治25)年10月27日
	25	國教	第17号	1892(明治25)年11月20日
	26	國教	第18号	1892(明治25)年12月20日
	27	國教	第19号	1893(明治26)年1月25日
	28	國教	第20号	1893(明治26)年3月30日
	29	國教	第21号	1893(明治26)年4月30日
	30	國教	第22号	1893(明治26)年5月30日
	31	國教	第23号	1893(明治26)年6月30日
第3巻	32	國教	第24号	1893(明治26)年8月5日
	33	國教	第25号	1893(明治26)年8月30日
	34	國教	第26号	1893(明治26)年9月30日
	35	國教	第27号	1893(明治26)年10月30日
	36	國教	第28号	1893(明治26)年12月7日
	37	國教	第29号	1893(明治26)年12月30日
	38	國教	第30号	1894(明治27)年2月28日
	39	國教	第31号	1894(明治27)年6月11日
		九州仏教軍	第1号	1891(明治24)年7月15日

國教
第壹號
國教雜誌社

國教第壹號目次

國教雜誌社規約

一佛教擴張の初歩として雜誌社を組織し毎月一回雜誌を發行し正社員及ひ賛成員に頒布すべし◎本誌は宗派に偏せず教會に黨せず普く宗教界に獨立して佛教の眞理を開闡し佛徒の積弊を洗滌して之が改良を圖る◎本誌は諸宗教の批評及ひ教法界に現出する問題を討論し而して其教法と關係あるの点に至つては文學。理學。經濟。衞生。教育等の論說雜報をも掲載すべし◎本社員を分つて正社員賛成員の二種とし毎年一圓以上の維持金を納むる者を正社員とし單に雜誌を購讀し又は拾錢以上の義捐金を納る者を以て賛成員とす◎本社の正社員たらんと欲するものは住所姓名を記し維持金を添へ本社に申込むべし本社は之に對し諦盟狀及ひ其都度發行の雜誌を交付すべし普通の購讀者は規定の金額を添へ住所姓名を記し本社に申込むべし」但雜誌を購讀せず單に義捐金を投するものは其旨通知すべし◎維持金義捐金の金高及ひ其姓名は請取の順席により雜誌に掲載すべし●維持金義捐金は銀行又は資産ある名望家に托して之を保管し貯金一千圓に滿るときは教法必要の飜譯著書等を出版し割引若くは無代價を以て正社員に頒布すべし◎本誌代價一冊六錢。六冊前金卅二錢。十二冊前金六十錢「但熊本市を除くの外毎號郵稅五厘を要す」廣告料は五號活字廿五字詰にして一行五錢宛●總て本誌代價は前金にあらされば發送せず「但郵卷代用は一割增の事

祝辭

國教の發刊を祝す

文學博士　南條文雄

熊本縣の有志諸氏相議し。一の雜誌を發行し。國教と題すと云ふ。國教とは國の教育とせん歟。國の宗教とせん歟。將た皇國に佛教あることを世に示すものとせんか。必す一に此に居るへきなり。抑も宗教に依て道德を談するとは。頗る人心に入り易きものとす。故に單に道德學として之れを講する如きは唯道理を硏究するのみにして。或は學者間の特有物となり。賢愚貴賤上下長幼を論せす。言行忠信に表裏相應して藹然たる和氣を得せしむることは。容易ならさるもの丶如し。一人の適度。一家の和合を保つにも。宗教與りて大に力あるとは。世人の能く知る所なり。況んや一國に於てをや。國にして一定の宗教なければは。人心四分五裂して亦收拾すへからす。德義も亦隨ひて陵夷し父子兄弟も相疎んし。夫婦朋友も相欺き。遂に君臣上下の秩序をも紊乱するの虞なきを保せざるなり。然りと雖も誠實に其義を信せすして。妄りに辨を巧みにし。筆を弄するとも。聽者讀者をして其妙味を知らしむることは難かるへし。輓近他の目的を達せんか爲めに從來の信仰を變更するものありと聞く。固より齊の一變して。魯に至れるか如き者とせは。今一變して眞實の道德者となることもあるへしと雖も。此際雜誌を發行し。佛教を擴張して德義の標準を示さんと欲する。諸彥は必す自ら信して而して後に能く人をして信して疑はざらしむることを得へしとの古則を放下せす。着實の論辨述義あらんことを望むの外なし。余や別に新奇なる考案あるに非す。唯從來の見聞覺知の微力を以て。聊か此文を草し。以て國教の發行を祝すと云ふ

國教ノ發兌ヲ祝ス

津田梅溪

大地ノ間ニ俯仰スレバ世豈ニ龍ノ靈怪ナルニ若カンヤ。其一ビ盛雲濃霧ノ勢ヲ得ルニ及ンテ。能ク隱レ能ク顯レ。能ク浮沈シ。能ク起伏シ。能ク九天ノ高キニ薄リ。能ク六合ノ廣キニ躍ル。然ラハ則チ世豈ニ龍ノ靈怪ナルニ若カンヤ」噫龍ヤ寔ニ靈怪ナルカナ。然リト雖モ。苟モ盛雲濃霧ノ之ヲ援ルニ非ルヨリハ。何ノ靈怪カ之レアラン。」今マ夫レ我ガ佛教ハ

猶ホ宗教世界ノ龍ノゴトシ。蓋シ宗教世界ノ龍ニシテ盛雲濃霧ノ勢ヲ得ルコトナクンバ。固ヨリ其レ靈怪ナル能ハズ。果シテ其レ此クノ如クンバ。則チ我ガ赫々タル法燈ノ光リハ。熠然トシテ滅センノミ。」是ニ於テカ我ガ東肥ノ僧侶諸君ハ。一大雜誌發兌ノ盛擧ヲナシ。號シテ國教ト曰フ。」余ハ今マ國教ノ世ニ出ルヲ聞キ。躍如トシテ祝シテ曰ク。嗚呼國教カ汝ヂハ實ニ佛教ノ盛雲濃霧ナルカナト。復タ斷乎トシテ期シテ曰ク。嗚呼國教カ汝ヂガ大ニ盛雲濃霧ノ勢ヲ張リ。而シテ我ガ佛教ノ光リヲシテ。宇內ニ熠燿セシメハ。是レ實ニ佛教ノ宇內ヲ一統スルノ日ナランコト。」

國教ノ發刊ヲ祝ス

高木ヨリ下リテ。幽谷ニ入ルハ智者ノ最モ歎ズル所ナリ。金玉ヲ捨テヽ。瓦礫ヲ取ルハ。賢者ノ最モ悲シム所ナリ。今夫レ西洋ノ宗教道德ト。東洋ノ宗教道德トニ於ケルハ。猶ホ瓦礫ノ金玉ニ於ケルガ如シ。而シテ今マ日本人中西洋ノ宗教道德ヲ以テ。東洋ノ宗教道德ニ換ヘントスル者アリ。是レ豈ニ高木ヨリ下リテ。幽谷ニ入ルモノニ非ズ乎。是レ即チ智者ノ大ニ嘆ズル所。賢者ノ大ニ悲シム所ナリ」余ガ知人。八淵蟠龍氏等篤爰ニ大ニ感奮スル所アリ。國教雜誌ヲ發刊シ。以テ東洋ノ宗教道德ヲ發揚シ。以テ金玉ノ光輝ヲ守內ニ耀カヤシ。併セテ世人ガ西洋ノ宗教道德ニ沈溺スルノ弊ヲ匡正シ。以テ其瓦礫ノ價値ナキヲ知ラシメ。而シテ我日本人ヲシテ夫ノ高木ヨリ下リテ。幽谷ニ入ルノ憾ナカラシメントス。是レ余ガ大ニ國教雜誌ノ發刊ヲ祝スル所以ナリ

八月三十一日　中村六藏

國教の發刊を祝す

吾鎭西ニ一大法苑開闢セリ。風下ノ矛鑿。悠久此ノ淸徹妙香ヲ掬スルノ榮ヲ得ルヤ必セリ。聊祝意ヲ表シ併テ同感ノ蝟集ヲ祈ル

明治廿三年月日　藤岡法眞

國教に寄す

文學士　服部宇之吉

ショペンハウエル曰く宗教は猶螢火の如し暗處に非ざれば光ると能はず。予は以爲らく獨り暗處に於てのみ光り得るものは眞の宗教にあらず眞正の宗教なるものは明鏡の如し暗處に在りては却て光明を放たず日月の光り明かなる處に於ては燦然として光輝を發す日月の光益す明なれは鏡面の光輝も亦益す其の明を加ふるものなり明暗處を異にして鏡面の光輝隨つて其明を全うせずと雖も鏡体の明は固より依然たるなり人を愚にせされは勉めて日新の科學の光明を忌避せされば——其の教義を維持する能はさる宗教は。此れ螢火的宗教なり。啻に日新の科學の光明を避けさるのみならず。此の光明を受けて——即ち人智益す開け進むに隨ひて。——其の光輝益す燦然たるものは。此れ即ち明鏡的宗教にあらずや

科學の日に進捗するに隨ひ。自家の勢燄漸く衰へんとするより百方彌縫補綴し。或は科學の說を牽强附會して。自家の教義を助けんとするものは。死に瀕する宗教なり。氣息奄々として漸く絕へなんとし。百方術を盡して僅に殘喘を保ち得るものなり。此に反して彌縫補綴の勞を要せず。其の本性の有りの儘を打ち明くるに科學の爲めに破られず。却つて科學の說によつて轉た其勢燄を盛ならしむる處の宗教は是れ生氣正に旺盛にして。此より益す其活力を增さんとするものなり

然らば其の明鏡的且つ生氣正に旺盛なる宗教とは。何の宗教ぞや。曰く佛教これなり。佛教は近頃頗る衰兆を顯はしたりしが。此れ佛教其れ自身の過にあらずして。執つて之れを行ふものゝ無智無學なりしによるなり。然るに近年に至りて種々の刺激により。佛教徒漸く其の睡夢を攪破したれは佛教是れより新生活の途に上らんとす。されば今日の佛教は昔日の睡暗せる佛教にあらずして。科學の新光明を受け。勃々たる生氣を以て新生活を爲さんとするものなり。螢火的且つ氣息奄々死に瀕せる宗教とは何ぞや。知らんと欲するものは之を蒼々たる九天の上に問はん

佛教が我邦文化道德教育習慣文學等に及ぼせる勢力の大なるは固より予輩の喋々を要せざるなり。苟くも我邦文化の由來沿革を知らんと欲せは。佛教を知らずして可ならんや。殊に今日は世人が佛教を知らんと欲する者多き時なり。且つ佛教の新生活を始めんとするの時なり。されは此の時に際して佛教の眞知識を與へ得べき著書雜誌の世に顯はるゝは最も結構なることなり

中西君國教と題して一の佛教主義の雜誌を發刊せら

る。中西君の佛教に於ける世上自から定論あり。敢て予の贅辯を待たざ。されば此の雑誌の時要に應じ。且つ佛教新生活の指針たるに適するや。予の信じて疑はざる所なり。發刊に先たち予の一言を求めらる。即ち卑見を述べて以て君に問ふ。併せて同雑誌の發行を祝す

國教の發刊を祝す

加藤熊一郎

誰か謂ふ現今の日本は文明の日本なりと文明とは何を云ふや名奔利走の意か道義頽敗の義か將た又た風俗壊乱の謂なる乎何ぞ夫れ紛々擾々たるや實業家は雲邊に結托して私利を壟斷せんとし政治家は金錢を以て名譽を買取せんとし私門謁を求めて官廳威を張るの無慚漢口道義を唱へて身は花柳に流連する嬖游子傲然天下に横行し道義地を掃ひ正理跡を絶ち汚穢醜悪卑屈鄙劣不淨不潔の分子は日本社會に充ち滿ちたり嗚呼これ真の文明か真の開化か吾人はこれをエマーソン氏に聞く「深遠ノ道徳ナキ處ニ高尚ナル文明ハ一個モ有リ得ス」と吾人は常に日本社會か其文明の骨子たる宗教道徳と伴隨せざるを悲む而して亦道徳の頽敗は國家の亡滅と常に相關聯するを嘆す若し夫れ日本の社會現今の狀態にして止まずんは我國は終に希臘羅馬の末路を再演し此扶桑日出るの靖獻州迺無慘にも一蓬秀靡々兮禾黍油々兮一の悲況に陥らんとす僕亦た大和民族の一人想ふてこゝに至る毎に未だ曾て流涕長大息せずんはあらざるなり然れとも此流涕大息は僕一人にして止まらざ世間有志の士皆な其慨を供にするにや頃者頻々德義挽回の集合宗教擴張の學校風俗矯正雑誌發免の報續々吾人の耳に接し東に西に南に北に此報あり然れとも彼等の中には名利の爲めになすものの多くして眞正なる熱心より出たるもの甚だ少し熊本縣の有志熱心に其改良を計り近着雑誌を發免し佛教の妙理により博愛仁慈至美至善純清純潔の光輝を放ち此暗黒社會(道義的)を照さんとす蓋し佛教の妙理は深遠なる道徳あり深遠なる道徳を以て他の進歩と伴隨し他の文明と合調せんとす是れ實に我國をして眞正の文明たらしむるの着歩なり吾人豈に祝せざるを得んや吾人豈に賛せざるを得んや

國教第壹號

(明治二十三年九月廿五日發行)

社説

國教發行之旨趣

無始無終。不生不滅。照覺眞一の靈性。盡十方無礙光の眞理。蒼穹之によりて高く。大空之によりて濶く。日星之によりて燦爛。輝光を放ち。人類之によりて靈活才智。衆理を該して万事に應し。乃至動植。飛潜。蠕動の品彙草木金石の庶類迄。之によりて生死。動静。盛衰。榮枯せざるはなし。此理に迷ふもの。之を凡夫と稱し。此理を悟るもの。之を覺者と稱す。乃ち此眞理の肉体の衣を被。卅二相。六十種好の相好を顯はし。吾儕人類の間に生して。以て大千世界一切群類の救主となり。機に隨ひ類に應して。無上正覺の大法を宣説したるもの。之を釋迦牟尼世尊とす。故に釋迦の道たるや万古に溯りて其始を知ることなく。万古を窮めて亦其終を知ることなし。世界万法存すれは此道共に存し。世界万法壞るも。此道或は壞るへ能はず。即ち吾人か棲息する地球世界千万年の時間。佛教何の日か日月の照臨する所。霜露の霑被する所ろに普及して。大慈大悲の聖澤に沐浴せしめざること無からん哉。然らは佛教の利益は平等にして。一切衆生の心病に應し。固より彼れ此れを擇ぶことなし。只其正因の夙く熟し。其智覺の夙く開けたるものは。此道を聽き此道を信すること亦最も夙しとす。嗚呼佛教の理は斯の如く子れ博く。斯の如く子れ大なり。其道の行はるへ豈に洋の東西。色の黒白。邦の文野。人の賢愚を問はんや。蓋し佛教は一切衆生の正道にして。佛陀は一切衆生の救主なれはなり。」

今ま夫れ人群を爲し。業を營み。事を易へ功を通し

て。互に相扶持し。互に相交際するもの。之を社會と稱す。社會の間に治者被治者の區別を生じ。治者の權力によりて法を制し。政を施し。訴を斷じて。以て形而上の機体を經營するもの。之を國家と稱す。而して國家の主權は無上無對の權力あり。獨立不羈の權力あり。若し乃ち政術。法律。宗教。言語。風俗。習慣及び生活。氣風等に因てこの國家を。他の國家より區別するときは。之を國民と稱す。然らば佛教は社會に關するものある乎。將た國家に關するものある乎。抑も國民に關するものある乎。願ふに佛教は一切衆生を化導して。轉迷開悟の路に就しむるものなれば。ヿの眼中豈に復た國家あらんや。豈に復た國民あらんや。若し佛教を以て人間の道とするときは。佛教眞理の殿堂とする所は。吾人の聖性と良心との裡に在りて。此に於て生存し此に於て活動し。此に於いて旋乾轉坤の大作用大手段を發揮し。儒者の所謂中和を致して。天地位し万物育するの盛德大業を觀るに至る。これを要するに。社會はスペンセル諸氏。其他近世有名の社會學者か唱道する如く。極めて複雜なる機關には相違なしと雖とも。社會は元來人間の集合物なり。國家と云ひ。國民と云ひ。其活動元氣。豈に人心作用の外に在らんや。夫れ然り。佛教にして業既に人心の殿堂に南面して。大政を總攬し。百事を指麾す。豈其感化によりて社會に國家に國民の上に其影響を及ぼさゞるの理あらんや。然らば今ま吾人か發刊する此の佛教雜誌を名けて國教と云ふは何ぞ乎。」

其人教なるが故に之を國教と謂ふなり。此國家に限るの宗教と謂ふにあらざるなり。其國家の獨立生存を保持するの勢力あるが故に之を國教と謂ふなり。國家の保護を仰いで以て存立するの宗教と謂ふにあらざるなり。抑も我か佛教の眞理たるや。既に略説したるか如く天地萬有の實体たる眞如法界より顯現したる自然の大法にして。本來法爾として不增不減なり。故に佛教の外に如何なる宗教あるも。其眞理は以て佛教界中の眞理たるに過ぎず佛教の外に如何なる學術あるも。其眞理は亦以て佛教界中の眞理たるに過ぎず。佛教の世界に在る。猶ほ自然の力によりて噴泉の園囿に湧き。地中の水を注發するが如し。是れ豈に人力人爲の創作發明したるものあらんや。只た彼の諸宗教は往々一時聖賢豪傑の士か作爲に出るを以て。多少缺点なきと能はず。從つて其教は時に從つて興廢なきと能はず。只天地を貫き万世に經りて變せざるものは佛教あるのみ。故に佛教の信仰に由りて人心一致すれは。其國家斯に富强治平の福祉を招き。其國民斯に獨立不羈の氣象を生じ。四方万國に對し。長く以て優者勝者の地位を保つに足ることは論を待たず。而して佛教は世界宗教の最高最大なる眞理を具したるものなり。故に其雪嶺の頂。玄日の瀆より駸々乎として各國に傳播するや。國家の主權者を感化して然る後ちに漸く全体に蔓延す。蓋し國家の主權者は譬へは猶ほ吾儕の良心の如くなれは也。之を要するに。最高の宗教は必す先つ最高の機体に由りて其發達を促がす。是れ自然の勢なり。故に漢土にても。我邦に於ても。佛教の始めて入るや。天子之を崇拜し。百官之に臣順し。巍々たる哉其儀。堂々たる哉其體。以て美を盡くし善を盡さゞるはなし。而して一國人民貴賤の別なく。貧富の差なく。互に相提携し。互に協和し。愛日慈雨の中に生存して。共に昇平の福を樂み。兵氣は銷して日月の光となり。仇敵は變して同胞の友となり。政治。法律寛大に歸し。文學。技術燦乎として國家の文明を修飾せざるはなし。故に佛教は國家なくして生存することを得るも。國家は佛教を離れて永く生存するとを得るものにあらす。佛教は國家を待たすして隆盛に赴くことを得るも國家は佛教を待たすして永く其隆盛の運を保つこと能はす。而して彼の基督教の如きは。實に我か佛教眞理の一小部分を得る所あるを以て。固より國家に對して裨益を與へざるにあらすと雖とも彼れ自ら劣等の宗教なるを以て。其各國に傳播するや。必す先つ下民を煽動し。其不平の氣に投合して。以て兵を起し乱を醸さゝるはなし。即ち我邦往時天草の乱。輓近支那長髮賊の乱の如き。誰れか其淵源は基督教にあらすと謂ふ乎。誰れか古今泰西の諸邦千里流血の惨劇其三分の一は。基督教に胚胎せさると謂ふ乎。此に由りて之を觀れは。世界の諸宗教中。其國家を愛し。民人を護するもの豈に佛教の上に出るものあらんや。而して我か日本帝國の今日に至る迄。其獨立不羈の地位を保ち。益々其富强を進め。其文明を進め。吾人三千九百萬の同胞供に與りて慶福を享るものは。我か佛教寔に冥々の裡に與りて力あらすんはあらす。吾人佛教を稱して國教とす。其意豈に深遠ならすや。

論説

九州佛教團に就いて

中西牛郎

孔子登東山小魯登泰山小天下と云へり夫れ其脚歩を占むるの高からさるものは其眼界の濶大なることを望む可らす熊本國際を目的として事業を作すものは其思料固より熊本の外に出ること能はす九州全体を目的として經綸を施すものは其運動固より亦た天下を動かす能はす故に大丈夫の事を爲す其志の遠大にして其規摸の雄偉宏量なるを尚ふ也抑も世界の宗教に就いて之を類別するは世界教と國体教の二種あり世界教とは世界万國の人民を濟度し感化するを目的として立てたるの宗教あり故に世界教は其教理に因りて世界の廣き万國の多きに傳播す可し國体教とは一定の國民を目的として立てたるの宗教にして其教理も亦た此國民の歷史と密着の關係を有し或は其教理の重要なる部分と雖も此國民の古傳說より發達し來るものにして印度の婆羅門教の如き猶太の猶太教の如き我邦の神道の如きは蓋し此類に居る而して此類の宗教は只其一國を感化することを得るも各國に傳播すること能はす顧ふに我か佛教の如きは固より世界教の冠冕たるものにして其始めや實に烏地耶留上人が吟じたるか如く彼巍々者雪山雪眼中寒此滔々者恒河氷流不羈と云ふ世界最高の比馬拉亞山の絕頂より四方に分派分注し其西に往くものは或は菩薩教となりて施洗禮の約翰を感化して基督教の淵源を開き或は希臘の哲學を胚胎せしめて歐文化の進を起し彼の英雄比なく一時の威勢殆んと天地を震撼し今日に至る迄英名青史の上に轟きたる亞歷山王の如き其兵力を以ては當時印度を制服したりしも佛教の爲めには却つて制服せられて本國に歸りたるもの丶如し佛教の感化何んぞ夫れ偉大なるや」

故に今ま吾儕世界の表面に於て佛教の大勢を大觀し佛教の遺跡を通覽すれは支那佛教は千百年間の久きを經て斯く頹廢し其茲土に傳播したるの佛教は專はら聖道門の諸宗にして其僧侶は社會の外に退隱して坐禪靜觀の工夫に慮を凝らし復た社會と共に進化の路に併馳することを知らす且其政府の優待厚遇は却つて其腐敗不振の源因となり印度佛教は近頃に至りて錫蘭の一派僅に活氣を生し昨年我邦に來朝したる雄氏等大聲疾呼し提ふるに白色人種進歩の氣象を以てし振ふに泰西日進の學術を以てし今や印度に於て彼の「ぶらまさまぢや」と旗旗を樹て旗鼓相對し此二教の强弱盛衰によりて印度國民將來の命運將さに定まる

所あらんとす佛教にして勝たは印度は夫れ雖然たる東洋主義の帝國を現出せん「ぶりたにや」にして勝利を占るに至れは印度は乃ち半歐半亞の國民たらん安南暹羅緬甸の國勢は既に衰頽し或は外邦の藩屬に歸し或は他邦の爲めに轢を伺はると雖も其佛教は猶は國勢よりも强固にして恃むに足るものあらん蒙古八旗の佛教は其勢力至强其感化至大鐵騎長槍嘗て數回支那帝國を顚覆し嘗て羅馬帝國に進入したる此獷悍なる人種も今や全く佛陀の光明中に攝取せられ信仰の厚き道德の盛んなる殆んと天下に比類を見ず曠野の中に花を咲かしめ遙々たる沙漠を一變して黃金世界となし獨逸の一大學士をして世界の眞理は夫れ茲土に在る哉と感へす大呼絕叫せしむるに至る西藏の佛教は即ち是れ政教一致にして其法皇は即ち國王なり國王は即ち法皇なり而して我か日本の佛教に至りては乃ち千載の奇運に遭遇し或は基督教と衝突し或は政治と關係し或は理學と爭鬪し世界佛教の一大風潮は此れより一變するものあらん吾儕苟も想ふて此に至れは世界佛教の現象も亦誠に複雜にして或は喜ふ可きものあり或は憂ふ可きものあり或は笑ふ可きものあり或は悲む可きものあり或は過去に訴へて憤る可きものあり或は將來に訴へて望を屬するものあり夫れ然り此の如き種々形狀を異にし種々各國の間に亘ると雖も均しく是れ同一釋迦佛陀の一音より發したるの佛教なり故に今日に方りて我か佛教の擴張を圖るものは此世界に蔓衍するの佛教信徒を合して一大家族となし其精神の氣脈を通し感情の歸趣を一にし黑色白布の印度人辮髮濶袖の支那人長槍大馬の蒙古人赤髮碧眼の泰西人漆髮黑眸の日本人一堂の上に手を握り或は比馬拉亞の絕頂に立て演說し或は沙漠の間を遊說し或は巴里。倫敦の如き世界文化の大都に於て万國佛教の一大會議を開きて以て佛教將來の長計大策を議す可し斯の如くならざれは以て吾儕男兒の心に甘快とするに足らず然るに今や我が親愛する九州佛教の諸彦は此に出でずして九州の僻偶に區々たる小會を作り廣大の地球に於て更に赤縣的の團結をなし其會を名けて九州佛教團と云ひ九州外の人物は一切拒絕して入團せしめずと云ふ何ぞ夫れ志の卑近なるや何ぞ夫れ規模の狹小なるや佛陀一切衆生を子視するの慈眼より看れは夫れ之を何にとか云はんや而して九州佛教團も亦豈に佛教世界教の本旨に背くの甚だにあらすや」

然れども吾儕今少しく深く其理を穿鑿すれは九州佛教團の今日に起る亦た止む可からざる自然の勢に發するを見る蓋し佛教の理たる其廣大なるよりして云へは六合を包み万象を涵し其精微なるよりして云へは無間に入り毫髮を容れず一切万有盡く眞如法界に籠罩せられて佛陀無限の智悲無限の誓願は固より一切衆生を洩らすとなし然とも此眞理を地球人間界に應用して以て感化を施さんとするには蓋し教會建設の必要起る教會也者は同一の信仰を有し同一の感想を有し共に其教を繼續し其教を擴張するの共同目的を有する精神的の團結より生す故に教會也者は其先天の本義に於ては固より形而上の一大勢力にして物質的の糾迹を貴ふものにあらず然れども吾儕無形の靈魂は必す五官四肢百骸の有形機關を須ちて始めて其作用を顯はすことを得るか如く教會無形の精神は有形有機体の組織なかる可らず抑も有形機關の組織構造健全巧妙にして完全なるものは其無形精神も活潑靈鑑なり其無形精神の活潑靈鑑なるものは其有形機關の作用運動も亦た必す活潑敏捷なり左れは吾儕は其教理に於て佛教の朗く各國に亘り今まや將さに海の內外に普及せんとするの時機到來するを慶賀すると同時に佛教と教會の組織不完全なるを憂慮す

るものあり今まそれ象の如き駱駝の如き其形体龐然として吾儕人間よりも長且大ならざるにあらざるなり然れとも其人間に及はさるものは其精神の靈慧ならざるが爲めなり其身体機關の組織作用完全ならさるが爲めなり然れとも有機体に貴ふ所のものは其形体の長大に在らずして其精神の靈慧にある耳其機關の精緻にある耳苟も此理を推して今日佛教の教會を論すれは我か佛教々會なるものは無形にして精神の交通に乏しく同市同町同村に住居するの佛徒すら互に其信仰を築み其思想を通し進んて其教を擴張するの精神なく有形にして新聞、學校、教會、倶樂部等佛教信徒が由りて以て運動し由りて以て其作用を顯はすの機關なく之を極論すれは今日の佛徒なるものは本山と云ひ末寺と云ひ儀式と云ふが如き只外力の束縛によりて其形狀を集合するの個々分子にして恰も瓦礫を集め沙石を積み立てたるか如くして精神の一致共同の目的機關の作用ある有機的の教會にあらす日本全國孰れの處に於て吾儕佛徒精神の一致を見ることを得る歟孰れの處に於て吾儕佛徒共同の目的を見ることを得る歟孰れの處に於て吾併佛徒機關の作用を見ることを得る歟斯の如くして我か佛教信徒將に以て海外に雄飛し其教を宇内に擴溢せんとするは是れ豈に大早計にあらずや是れ豈に順序を誤りたるものにあらすや然らは這般九州の英氣ある僧侶熱心なる僧侶六金色の旗を執りて三千世界に揮はんとするの精神英邁氣魄豪健なる僧侶諸氏か先つ九州佛教團を作爲し眞正の教會を組織し内は我邦綱紀の廢弛を振ふて以て三千年間東海に卓立するの日本帝國の基礎を建て外は以て全世界の佛教信徒を連絡し一進して佛教革命の鴻業を顯はし再進して世界邪見の敵を挫き三進して佛陀の大慈大悲を一切衆生に光被せしめは九州佛教團の功も亦た大ならずや。然らは今日に

當りて九州佛教團の建設ある何んぞ不可なりとせん何んぞ不可なりとせん」

然らは吾儕は自ら其愚を揣らずして九州佛教團員に勸告せん凡そ其時機に當りて大事を爲さゞるものは之と與に語るに足らさるなり既に大事を爲して其終を全ふせさるものも亦與に語るに足らさるなり九州佛教團員よ汝の團結をし眞正の團結とし眞正の教會たらしめんと欲せは有機体の原理原則を忘るヽ勿れ夫れ眞理より之を論するときは社會も機体なり國家も機体なり而して教會は機体の最も高尚なるものなり故に教會は

第一　精神上の交通なかる可らす（信仰。道德。感情。愛。望等を指す）

第二　此の精神を發表する機關作用なかるべからす（新聞。學校。病院。教會。倶樂部等の設立）

第三　團体社員の分業法なかる可らす（政務委員。教育委員。布教委員。遊説委員。評議委員。演説委員等。時宜に應して職掌を分つ可し）

若し此三者を欠くときは徒に九州佛教團の名ありて其實なく集合ありて機關なく形体ありて精神なく九州佛教團も亦一朝沙の如く集りて一朝瓦の如くに崩れん而して天下有爲の士をして僧侶の爲す所果して斯の如しと云はしめ外教の徒をして佛徒與みし易きのみと云はしめは豈に千載の遺憾ならずや吾儕懇ろに忠告す九州佛教團員よ眞正の教會を作れ爾の鵬翼は扶搖を搏ち九天に翺翔し金六色の旗を含んで四海の民を招かん爾の大樹は漸々生長して世界万民を庇蔭するの枝葉を垂れん

苦痛の原由

藤島瞻岳稿

夫れ憂悲苦惱は必ず由て起るところの源頭あり根本あり其源頭に遡りて之を洗淨し其根本を究はめて之を拔き去るときは其支流おのづから消みわたり其枝葉おのづから枯れ果つべし而して憂悲苦惱の原由は其もと一の迷謬より生じたるものに相違なし迷謬とは實体を見損じたることにて假令は圓きものを角なりと認め白きものを黑しとし他人の子を認て自身の子と承知したるが如きものなり世尊はこれを妄りに空華を見ると說き玉ひてすなはち眼病人が虛空を望んで空中に花開きたりと思へるが如く我れ人實の身心をは何時の間にか失却して虛僞の念慮を以て實の身心なりと思へるより種々の痛苦を出來たるものなり妄りに六塵の緣影を認めて自心の相とすとも又は妄りに四大を認めて自心の相とすとも說き玉ひしは

此ことなるべし六塵とは色聲香味觸法なり花の色又は人の顏色を見て或は喜ひ或は怒りなどするは其色より緣起したる影象なり鐘の音又は鼓聲の聲などを聞て或は哀れに感し又は愉快に覺ふるは即ち聲音の影像なり蘭麝の臭ひ梅の香ばしき砂糖の甘さ胡椒の辛さより好惡の念の起りしも又種々の事物に觸れて生したる思慮分別も悉皆妄りに生したる影像にして我れ人の眞心には非るなり眞心とは猶ほ主人の如きものにて如何なる境界に對しても變はることはなき筈なるに今この喜ばし悲くし哀れなりと云へる思念は境界の變易するに隨て常に變易し定まれることなきものなし例へは好色を見て喜ばしと思へるも忽ち逆境に向ふときは俄然として忿怒の思念起り貨財を見れば又慾心起り醜陋に觸るれば又貪求の思念起る猶賓客の換て入り來るに隨て主人の挨拶の變はるが如し挨拶はたゞ挨拶にて其趣きが變りたりとて主人の變ることは無き筈なり是れ畢竟六塵の緣影にして虛僞虛妄のものなりしを我れ人誤て自己の本心なりと認め主人の如く思へるなり主人とあれは謹て奉事せざるを得ざるより或は怒りに隨ひ慾に隨ひ痴情に隨ひ濁流に沈溺して底止するところ無きなりされはこゝに種々の轉倒錯亂生するなり憂悲苦惱生するなり例へはこゝに人あり故なくして萬圓の金を與へんと云はゞ其人辭して受けざるべし然るに却て錙銖の利の爲に意外の恥辱を取ることあり又如何なる小人にても其人の首を千圓にて買ひたしと望まば怒り去ることを知るべし然るに此小人翌日に至り四五圓の金の爲めに忽ち刑場に首を刎ぬることあり何ぞ前には寡慾にして後ちに貪吝なるや當初には智ありて後には愚なるや豐太閤は千の利休の女を望みしに利休其命を奉せざりしかば怒て死を賜はりしことあり然るに平素若し人有て美女を獻じ其代として利休の首を賜はりたしと云はん

に豐公決して許さゞる可し又英國人は他國の人民を教化せんとて書籍を贈り教師を遣はすこと夥しく一年中にはこれが爲に百萬圓以上の金を捐つると云へり然るに一方には常に其師旅を整へ軍艦を備へ小弱國を侵掠し又阿片を毒物と知りながらこれを鬻て利を網せり何ぞ一方には仁なるが如く一方には暴なるや亦以て其國人の胸裏一定の守りなきを見るへし以上は他人が其本心を放棄したる談話なるも今日我れ人が種々の憂悲苦患に堪へざることは皆其心を失却し主客を顚倒して適從するところを知らざるが故なりされは涅槃經には六大賊の能く一切人民の財寶を劫かす如く六塵の惡賊も亦復た是の如し能く一切衆生の善財を劫さすと六大賊の若しと誡めたりこの六塵の緣影こそ前に所謂る痛苦の原由にして貪瞋煩惱の根本なり

（未完）

疑問一則

戸城傳七郎

余は年來職に教育に在る者なり宗教家を以て自ら任する者に非るなり然れとも余は宗教の人生欠くへからさる必須の要具たるを信するなり

余は已に教育家の末に列する者なり又已に宗教の必要を認むる者なり而して余の教育を躬踐し若くは實地其事に從ふや常に道德教育を以て最も重要なるものとし道德教育の目的を達するは取りも直さす教育最後の目的を達するものと自信せり故に余は直接に自ら教育家を以て任すると同時に間接には更に宗教の誘導者たり助言者たることを辭せさるものなり

前陳の次第なるを以て教育とは果して如何なるものなるか教育と宗教とは如何なる關係を有するものか終に是れ個々別々のものなるか抑も兩々相待ちて離るへからさるの關係を有するものには非さるか等の問題は余の常に心を用ひて研究する所の條件なり然り而して余の不孝無識なる未た能く一定の論結を見るに至らすと雖も恐らくは何人と雖も是等の條件の教育に宗教に目下須急の問題たるを疑はさる可しと信す

然るに茲に怪むへきは世の宗教家若くは教育家にして是等の問題に付き是非の見解を下せるもの丶從來甚た寥々として聞えさるの一事是れなり思ふに泰西諸國に於ては道德教育は殆んと全く宗教の領内に在るの姿あるを以て理論上の判定は兎も角も其實際に於ては素より即今斯かる問題を論究するの必要あらさるへし。然るに我か日本帝國に於ては大に其の趣を異にするものあるを知らさる可からさるなり我か日本國際に現今の日本國に於ては教育と宗教とは痛痒互に相關せさるやの觀ある能はさる然れとも此の外觀は果して永續すへき者なるか又永續せしめ得へきの道理あるか余輩は斷して其然るを知ることを能はさるなり好し又一歩を讓り教育と宗教とは其の針路を異にする者と假定するも苟も二者の此の世に在らん限りは其の相互に結果の上に影響する所の利害如何に至りては是れ豈に教育家及び宗教家の各々分に應して宜しく攻究すへき問題にあらすや

要するに教育と宗教との關係如何に就ては余は一日も等閑に付する能はす且つ又啻に教育家たるの責任として等閑に付すへからさるの問題たるを知る。而してこれを知ると同時に世の教育家及び宗教家の何故に此の問題に關して今日の如く冷淡なるかを怪まさるを得さ國教社員藤院氏一日鶴廬を訪ひ囑するに雜稿を投せんことを以てせらる乃ち平生の疑問を書して餘白の埋判に供すると此の如し若し夫れ此の問題に關する卑見の梗概は第二號以下に於て追々陳述する所あるべし

品位の說

靜宇居士

余は僧侶の品位の崇高ならんことを冀望するものなり。僧侶の品位崇高ならさるときは。世人歸依の念薄く。其教化を信受せさるを以てなり。思ふに佛陀の聖教を信奉し。慈悲を以て心とし。和合を以て相とし。衆生を愛愍化導し。世間を饒益し。所謂人天の大教師たることは。是れ世人か僧侶の品位に對し。有する所の普通の感情ならん。古往今來佛陀の功德を仰信し。三寶に奉持供養するもの必らす深く恭敬を僧侶に表する頗る叮嚀を致したる如き。是れ僧侶の品位高尙靜潔にして。道德の木鐸ともなり。世の光りともなり。大に塵俗と相異なるものあるに由るべし。已に僧侶か社會に對し。衆人に對し。其信用と其尊敬とを受くる。此の如きものありとせは。

若くは出家入道して。佛陀世尊の遺弟たるを鑒ふかりは。宜しく每に超然として。世俗の外に屹立し。道心は堅固なるべく。持戒は清淨なるべく。以つて眞正僧侶の品位を維持せんことを肝要と云ふべし。若し僧侶の品位にして高邁ならざらん乎。何を以て教義を宣揚することを得ん。何を以て衆生を化益することを得んや。」

昔時名僧智識の斯世に出興し。其敎を布き其道を傳ふ殺て好て權門を往來するにあらざ。又敢て好んで貴紳と交はるにあらず。却て或は身を巖窟に潜め。或は迹を山林に晦ます。而て令德尙は燦爛として四方に溢しく。一天萬乘の天子にすら鸞を草盧に枉げ自から之を仰て國師となし。其法益をたひ給ふのみならざ。大臣公卿士庶人に至るまて。其法徳を慕ふ大旱雲霓も啻ならざるが如き。是れ和漢の史乘に載せて。歷々たる所なり。蓋し天下の人心をして玆に到らしめし所以のもの。何ぞや。高僧智識の德行共滿にして。能く至誠を以て心を護法に凝らし。力を敎化に竭くし。始終眞正僧侶の品位を全ふし。諸人をして感嘆措く能はざらしむるに出でざるはなし。果して然らは佛教の隆盛と。寺門永久の鴻圖を冀ふには。同緣の遺弟互に和合携提して方正廉潔を尙み慈悲忍辱を主とし。貪慾邪思を相戒め。僧侶の品位を高ふするにあるなり。是れ余が今日切に僧侶の品位崇高ならんことを冀ふ所以なり。」

今や佛敎の形勢を觀察するに。其勃興の勢駸々乎として。恰も旭日東天に升るが如く。轉た彼の傲慢自高なる耶蘇敎徒をして。瞠若たらしむるに足る。而して演說と云ひ。講義と云ひ新聞雜誌と云ひ。團体結社と云ひ。其佛敎に關する新事業の陸續興起するや。一々枚擧に遑あらざるなり。嗚呼現時佛敎の現象にして。斯の如く活潑盛大なるものありとせは。

其信敎者たる僧侶の如き從ふて社會より。愈々以て其尊敬を增し。敎門の令聞。馥郁たるべきものあるは自然の理勢なるべきも。未だ然る能はざるは豈に歎息すべき至りならずや。余を以てこれを觀るに。今日佛敎の盛大なるに拘はらず。僧侶の動もすれは輕蔑侮慢せらるゝは。是れ蓋し僧侶の品位昔日に比して。大に相降りたるに依らざるを得ざるなり。語を換へて之を言へは。僧侶の智德圓滿ならず。僧風の亂壞して。世人の恭敬を來す能はざるに由るなり。若し夫れ今日僧侶の輕蔑侮慢せらるゝ全く僧侶品位の降りたるにあるとせは。即ち僧侶互に相警戒する所ありて。其品位を崇高にして衆人の模範となることを要す。然らずんは佛敎縱令振興するに至るも。僧侶の功德世に著はれざるなり僧侶の功德世に著はれざるも可なりと雖も。之れが爲め佛敎の信仰上に非常の妨碍を與ふるの不幸を生ずるを云何せん。是れ豈に意を加ふべき所以にあらざるや。僧侶諸師冀くは少しく警省する所ありて。毅然として内獨立の氣象を養へ。外高潔の品位を修め。以て佛陀の法輪を轉せよ。佛法僧の三寶は佛敎信者が信仰の標準なり。世に歸依法ありて歸依佛なく。歸依佛ありて歸依僧。なきの理は。万々之れあらざるなり。敢て品位の說を述へて吾敬愛なる僧侶諸師の注意をたふこと此の如し。」

舊心理學ト新心理學

文科大學得業生　服部宇之吉

近世万有學ガ長足ノ進歩ヲナセルハ何等ノ原因ニヨルヤト云フニ實驗ト觀察トヲ充分ニ用ヒタルニヨルナリ。然シテ此ノ實驗ト觀察トニヨリテ法則ヲ發見スルニハ常ニ數學ヲ應用セリ數學益進ムニ隨ヒ万有學モ亦益々進歩セリ中世ノ頃ハ數學ヲ應用セザリシガ故ニ万有學ハ徒ニ定質的ノ撿究ニ止マリ定量的撿究ニ及バズ故ニ其ノ説精微ナラズ又タ實驗ニヨラズシテ専ラ推理ヲ用ヒタルガ故ニ其ノ論往々實際ノ事柄ニ合セズ甚シキニ至ツテハ一ノ理論已ニ先入主トナルガ故ニ事實ヲ曲ゲテ理論ニ合セントセルモノサヘアリ近世ニ至ツテハ先ヅ實驗ニ徴シテ事實ヲ確カメ然ル後ニ推理ニ及ブ推理ノ結果若シ事實ト合セザルキハ此ノ推理ヲ棄ツルニ吝ナラザルナリ實ニ近世ノ万有學ハ實驗ト觀察トニヨリテ法則ヲ發見スルヲ目的トスルモノナリ

實驗ト觀察トガ万有學ノ範囲内ニ極メテ功ヲ奏シ僅々二百年餘ノ星霜ヲ經ル間ニ古代及ビ中世合シテ二千年餘ノ歲月ヲ費シテ得タル結果ヨリモ頗ル立チ越ヘタル結果ヲ生ジタルヲ以テ万有學者ハ學問ハ總ジテ實驗ト觀察トニ由ラザレバ成リ立ツヲ得ザルモノナリ實驗ト觀察トニヨラザルモノハ眞ノ學問ニ非スト揚言シ此ノ二ヲ推シテ自餘一切ノ學問ニ及ボサントセリ又タ此ノ二者ト相伴ヒ相携ヘテ功アリシハ彼ノ數學ナリ故ニ万有學者ハ數學ヲ万有學以外ノ學ニモ應用セントスルニ至レリ

斯ク實驗。觀察及ビ數學ヲ誇揚スルヿ漸ク盛ナルニ隨ヒ心理學ノ如キモ亦其ノ趣ヲ變ズルニイタレリ其ハ他ナシ舊來ノ心理學ハ思辨的心理學即チ形而上學ト經驗的心理學即チ心意現象ノ學トノ二種アルノミ後者ハ一个人若シクハ多數ノ人ニ就テ其ノ心意現象ヲ考究シ現象ノ種類分ケ。現象ノ遞記。及ビ心意現象ノ法則等ヲ考定スルニ過ギザリキ故ニ此ハ其ノ名ノ示ス如ク專ラ觀察經驗ニヨリ間々多少ノ推理ヲ加ヘタルニ過ギザルモノナリ思辨的心理學ハ經驗的心理學ニテ撿究シタル結果ニ基キ精神トハ如何ナルモノカ。精神果シテ不死ナルヤ。等ノ問題ヲ考定スルモノナリ此ノ如キ心理學ハ到底万有學者ノ重キヲ

實驗觀察及ビ數學ノ上ニ置キ此ノ三ヨツ正シク學問ハ骨髓ナリ金科玉條ナリト思ヘルモノハ心ヲ滿足セシムルニ足ラズ此ニ於テ心理學ハ須ラク舊來ノ方法ヲ打チ棄テ、實驗ト觀察トヲ幷セ用ヒ之ニ參スルニ數學ヲ以テスベシトノ説ヲ喚起シタリ此レ實ニ新心理學ノ發端ナリ

今マ爰ニ數言ヲ用テ舊心理學ノ特性ヲ約説センニ

舊心理學ハ純正哲學ノ羈絆ヲ脱却スルヿ能ハズ即チ舊心理學者ハ常ニ精神ト云フ一ノ實在アリト立テ心理學トハ取リモ直サズ此ノ精神ノ學ナリト思ヘリ

内部觀察〔内觀ト云フモヨシ即チ意心ノ内狀ガ外部ニ表發セル所ノモノヲベ考究セズ唯ダ直チニ心意ノ内狀ヲ視察スルヲ云フ〕精神作用ノ分解及ビ推理ノ三ハ舊心理學ノ最モ好ム所ノ撿究法ニシテ常ニ金科玉條トシテ尊奉スル所ノモノナリ

以上略言スル所ニヨツテ舊心理學ノ性質ハ充分明ナラン舊心理學ハ精神ナル一ノ實在アリテ此ニ諸種ノ能力具足シ居ル所謂ル精神ノ作用トハ即チ此ノ精神能力ノ作用ニ外ナラズトスルナリ此ノ純正哲學上ノ觀念ハ實驗的方法ヲ心理學ニ應用スルヲ許サヽル所ノモノナリ近世ノ万有學ハ物質ノ外ニ精神ナルモノノ存在ヲ認メズ所謂ル精神トハ唯ダ是レ極メテ精微ナル物質分子ノ極メテ複雜ナル配合連結ニ伴フテ起ル所ノ現象ノ總名ナルマデニテ別ニ實体アルニ非ズトス即チ心ト物トハ全然相異ナル二物ニハアラズ精粗ノ差コソアレ同ジク物質分子ヨリ成ルモノナリ唯ダ所謂ル心意ハ此ノ分子ノ精微ナルト保合連結ノ性質ノ特殊複雜ナルトノ故ニ粗本ナル物質分子ヨリ成レル物体ニ起ルモノトハ全ク相異ナルガ如ク觀スル現象作用ヲ起スノミナリサレバ別ニ精神ナル自体モナク隨ツテ本具ノ能力ナルモノモナキナリト主張ス斯ク所謂ル心意現象トハ物質分子ノ作用ニ出ヅルモ

ノト見做スキハ万有學ニ行ハル丶所ノ實驗的方法ヲ移シ用ユル丁何ノ不可カアラン然ルニ心理學者ガ精神ナル實体ヒ此ニ本具セル能力ナルモノアリト執ゼル間ハ此ノ實驗的方法ノ應用ヲ許サヾリシ蓋シ心理學ト純正哲學トハ非常ノ人傑ニ非ザルヨリハ到底一人ニテ兼ヌル丁ハ難キ丁ナリ純正哲學ノ觀念ヲ以テ心理學ヲ考究スル時ハ心理學ノ進歩ヲ害シ其ノ本分ヲ誤ラシムルヤ明ナリサレバ心理學者ハ寧ロ純正哲學ヲ捨ツルヲ可トス又タ舊心理學者ガ內觀。分解。及ビ推理ヲノミ取レルモ其ノ短所ナリトス已ニ精神ナリトセバ精神作用ヲ撿究スルニハ內部ニ向ツテ直ニ精神ノ內狀ヲ觀察スルノ外ニ道ナカルベシ外部即チ顏面等ニ表發シタル所ノ相狀ヲ觀テ精神內狀ヲ推知スルガ如キハ其ノ許サヽル所ナリ然ルニ心意現象ヲ現察スルニ專ラ內觀ノ法ノミヲ用ユル時ハ其ノ結果タルヤ決シテ心意現象ノ眞面目本地ノ知識ニハ達シ得ザルナリ。且ツ內觀ノ法亦決シテ實驗的方法ヲ應用スルヲ許サヾルナリサレバ上記ノ純正哲學上ノ觀念ト此ノ內觀ノ法トハ共ニ實驗的撿究ヲ遮リ妨ゲタルモノナリ加之單ニ內觀ノ法ト分解トヲ以テ心理學ヲ搆成シタル丁故其ノ所謂ル心理學ナルモノハ精神作用ノ極メテ精細ナル述記ト全ジク巧妙周到ナル分解トニハ乏シカラネドモ其ノ外ニハ何ニモ現ルベキモノナシ現察ノ委曲ナル或ハ諸現象作用ノ微細ナル差異ニ立チ入レル或ハ從來ノ謬ヲ潤飾スル等ノ丁アルノミニテ他ニ此ゾト云フベキ丁一モナシ其ノ狀態ハ恰モ進化論等ノ未ダ顯レザリシ以前ノ博物學ガ徒ラニ動植物ノ種類形狀等ノ委曲ナル點マデヲ記述セル外ニ一モ觀ルベキモノ無カリシト同觀ナリ若シ斯カル記述ノミニテ一ノ科學ヲ搆成スルヲ得ルモノナラバ此レ極メテ與シ易キ丁ナリ

舊心理學ハ意識ノ狀態ヲ論ズルニ當リテ直チニ其ノ物ヲ執ヘテ論ジ此ノ狀態ニ隨伴シテ起ル即チ或ハ此ニ先ダチ或ハ此ニ繼テ起ル所ノ解剖的。生理的要狀及ビ其他ノ要狀を度外視セリ此ノ其ノ缺點ナリ舊心理學ハ某現象ヲ觀テハ比レハ某種ノ現象ニシテ精神ニ本具セル某能力ニ依ツテ起ル所ノモノナリト說ケリ然レ𪜈此ノ精神及ビ能力ナルモノハ空想的假名的ノモノニシテ實ニ其ノ自体アルニアラザルモノナレバ此等ノ能力ナルモノヲ導キ來リテ心意現象ヲ說明ストモ何ノ益カアラン蓋シ此ノ能力ナルモノハ極メテ都合克ク重寶ナルモノナレ𪜈其ノ實何ノ益モナキモノナリ例ヘバ眼ガ物ヲ見ルハ「視ル能力」アルガ故ナリ吾人ハ一旦見聞セルコトヲ記憶シ居ルヲ得ルハ「記憶ノ能力」アルガ故ナリト云ハヾ此ノ能力ナルモノハ何ノ功德カアル唯ダ科語ヲ導キ來リテ高尚ラシク見ユルトモ其ノ實一ノ効益モナキナリ舊心理學ノ所謂ル能力ハ即チ此ノ無効無用ナル長物ナリ。又タ舊心理學ハ實際ノ事柄ヲ次ニシテ推論ヲ先ニスルノ弊アリ此ノ弊ノ學問ノ進歩ニ害アルハ前ニ云ヘルガ如シ又タ舊心理學ハ其ノ考究ヲ人類ニノミ限リ下等動物ノ心意現象ヲ究メズ又タ主トシテ大人ノ心意現象ヲノミ考ヘ嬰兒ニ及バズ又タ時代ト人種トニヨツテ如何ナル差異アルヤヲ考ヘザル等ノ事アリテ其ノ範圍頗ル狹隘ナリ

（未完）

翻譯

スマンガラ僧正ノ達摩波陀論

後樂巷主人 譯補

余頃者錫蘭に發行する「ブチースト」ある一新誌を得て之れをよむに中に達摩波陀と題する一文あり有名なる「シリーハメ」山の座主スマンガラ僧正の起艸に係はり即達摩波陀とは如何ある者あるかを示された

れは余今其大意を譯出し以て參考の資に供せんとす

因に云ふ達摩波陀とは「パーリー」語にして通常之れを漢譯して法句と云ふ「サンスクリツト」語にて正しくは「ドハルマパダ」と云ふ云蓋し達摩とは法なり波陀とは句なり錫蘭に古來より傳ふる所の三藏は律文五篇經文五集阿毘達摩七部なり達摩波陀は即ち經文五集中拾五類の第二部に屬するものなり支那に於て法句譬喩經と稱する經文あるは全く此の達摩波陀を譯せしものなりと云ふ勿論法句經と法句譬喩經と別あるは是れ後者は前者の偈文を釋せしを以ての故なり今支那譯と「パーリー」の原本とは其品數少差あり即ち支那譯は三十九品にして「パーリー」原本は二十六品なり

達摩波陀は主として三藏の一なる經文中より集めたる詩句にして即ち佛弟子の第一期結集に於て成るものとす蓋し此時の結集は釋尊の滅後マハーカシヤハー大王の治世中「ラジヤグリー」の近傍なる「ナッタハンニー」巖洞に在て行ーりと云ふ斯事は其以後に起りたる第二第三の結集に依り證明せらるゝ處なり

抑も此經文の撰集は何の爲め起りたるかと云ふに他なし是れ眞正なる佛教の精神を有したる佛弟子の爲め其記錄に供せん爲めなりし而して神聖なる佛陀世尊の總て純潔なる道德上の教旨は此中に包含せられたり然れとも茲に一言すべきは此撰集中精確なる歴次の年表の存せざると是れなり何となれは數多の場合二三の詩句にして同一の命題なるもの屢々發見せらるゝことあり而して佛陀の之を說示し給ひし時に至ては相異なるものなりしにあらざればなり

註に曰く支那譯に據るに達摩波陀は即ち諸經中より編集したる詩句なり是れ佛陀隨時の說法中に於て示し給ふものにして一時に成りしにはあらず故に此經は自餘の經文に關係することや多しと云ふ又此經は佛滅後阿難尊者か選集せしものなり蓋し尊者の撰集は經文の大小を分つに如是我聞なる序文を以てしたりと爾後僧侶が種々なる「カダ」即ち四行若くは六行の偈文を撰みしは此達摩波陀によりしなり然れとも總て此經の詩句は正しく經書中より

採取せしものなれは即ち法句とも又例外の經文とも稱せられ佛陀の讃歌に於て一般用ゆる所なりと云々

達摩波陀を通例之を法句と譯さるゝが余を以て之れを觀るに恐らくは法道と云ふこそ正當ならん何故となれは斯經は如來の垂示し玉ひし法の三十七部（或は涅槃に到達する道の三十七步）においての彼此の關係あるを以てなり然りと雖も英語に於ける佛教譯語は今に甚た精確を得す故に東方學者の了解したる如き原語に於ては其完全なる意味を翻譯するは至難なりと謂つべし

註に曰く法の三十七部とは其數下の如し（サンチハッタハナ）即ち四個の熱心なる讃想（サンムハダーナ）即ち四個の大精進（イデイハーダー）即ち神通力を得る四段階（パーラニー）即ち五箇の神通力（ボーデーイアンガ）即ち智恵の七種類（アルヤアシユダンギイカーマルガー）即ち高尚なる八正道是れなり此法の三十七部と稱するものに就て「シードヴァリユーレイドヒーター」氏か佛教問答に於て之を詳述せる皆なりと云々

抑も達摩波陀とは互に交錯したる意味を有せり之を詳に言へは第一は即ち明瞭なる意味第二は省略若くは反對の說明と稱せらるゝものに關する意味第三は充分又は完美なる說明に關するもの是れなり今ま余の屬したる南方佛教派に於て傳來する達摩波陀は二十六品あり左の如し

一　雙要品

雙要品は詩句中一方に善德を賞讃すると同時に其反對として惡を表するものに屬するなり

二　不放逸品

不放逸品は猶豫の弊を驅はし速かに善行を爲すべき必要を示すものに屬す

三　心品

心品は心思の汚濁を說き心情の純潔に達せんと

を示すものに屬す

四　花　品

花品は涅槃の道を顯はし且つ三十七部の法道に示すもの、生命を以て巧妙に組成したる美ある花品に比せるものなり

五　愚　暗　品

愚暗品は愚者の性質を說明したるものなり

六　明　哲　品

明哲品は眞成なる賢人の性質及ひ其態度を示せる者に屬す

七　羅　漢　品

羅漢品は羅漢の性質及ひ其神通力に就て說ける ものなり羅漢とは蓋し智德圓滿に發達したる人を云ふなり　　（未完）

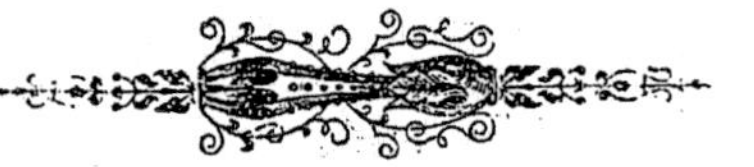

自然の理法を論ず

エ、エフ、メトケエルス稿

日本　　門　堂　居　士　譯

理法トハ相和調合同して活動する宇宙の積極及び消極元素の結合なり天体を整理する勢力（即ナ理法）も亦如此く積消二元素の結合なりと雖も唯だ物体との親和連合により勢力或は運動の消極的となることあるのみ例へは彼の電氣の物体と結合せる勢力は最高度なりと雖も精神的或は宇宙全体の勢力に對すれは實に最低度なるが如し

凡ソ人間（Man, as a indibijual being）なるものは斯る勢力即ち固有の理法を包含するものにして人間は實に此等の聚合なり而して此等諸勢力は一般物体の間を通過し或はこれと結合し來り其活動の度に從ひ此等諸勢力の集合に物体の形狀を與ふるなり然り而して此等諸勢力も其原始の狀態に於ては單に宇宙の積極消極の元素即ち大及ひ條件の結合せる智力を組成せりと雖も其個々分立せる狀態に於ては分立せる理法即ち運動の形狀をなせり若し這般の狀況にして完全の度に達したらんには大に活動力を增加せん蓋し此等は人間に於ては活動原始の狀態と異ならざるに至るが故に再び智力となる智力とは畢竟活動力即ち活動せる生物の尤高及状況に於ける盛力若くは運動に外ならざるなり

生物は即ち運動なり運動は即ち生物なり其始めて物質的形体を顯はすへき狀況若くは既に組織ならんとする當時に在ては沈滯不動の狀況を呈出す是れ智力と空間との混合即ち積極的なる智力と消極的なる空間（即ち物体）との相吸引せるに外ならざるべし抑も空間なるものは時の經過によつて成熟し其成熟するに從ひてこれを其中心に吸引せんとする智力の實体に對して均一なる勢力を呈出せる靈魂即ち萌芽大を包含せり其所謂中心なるものは生物の實体なり是れ宿は萌芽或は生物大の熟達するに從つて物質的遊星的生物の男性元素か女性元素に對して勢力を行ふか如しとはこれ一個の結合を指示せるものなり

凡ソ如何なる生物も如何なる運動も消極的元素（女性元素）に依を生すへ況にあらす唯だ宇宙若くは遊星の將態に於て團結の成熟せると况に當りて其始めて顯出するものは該元素存在紛亂せる將況なり然れとも一度び此中心の生井にして積極的元素即ち智力或は感覺の浸入により活動し運動し若くは成長するに至らんか終に一個の生物の狀態を現出すへし抑も宇宙に於て智力なるものは活動運動勢力感　若くは生存の自認の最高度に達せると况には情感即ち「センセイションし」にして遊星に於ては事物の發展開發の情況に從ひ感覺的若くは意識的となる即ち遊星との結合に於ては理法勢力重力となり動物最下級の結

合に於ては感覺となり高位に於ては意志若くは刺擊となり尤高位に於ては情緒若くは天性となり然して終極には人間に於て智力となる然れとも此場合に於ても尚は其程度に付て疑ある能はずして此智力は認識性となすべく精神的披住及ひ認識となすべく若くは原因の來入—其原始の狀態に於て理法及ひ勢力と両立すへく而して二者其尤も純粹なる若くは尤も活氣ある狀態に於ては均しく其根原を智力に歸すと雖とも甲は乙の醇化なることを証する形体—となすべく絕對の生活若くは運動となすべし

運動とは何ぞや曰く理法なり曰く空間若くは事物に於ける生物の表示にして相互相調和して活動せる積極並に消極的なる生物大の結合に歸因するものにして此時より生存若くは表現せる一個孤立となり其表示せる各結果は神の守宙若くは宇宙の神—總て結果の創造者—即ち原因を組成す蓋し人間は此智力の尤も高尚現表にして實に神の見子たり然れとも生存の意識に至ては其父と等位を均しうす生物は總て生存を意識すと雖とも殊に人間は此意識を最高度に達せしめ我即ち個人性を意識す而して如此吾人は現時其幼時に於ける理法に歸せしとて其意識を離れんとせるなり

（未完）

寄書

依賴主義ヲ放棄スベシ

吉村眞治

依賴主義トハ獨立主義ニ反對セル名稱ニテ一戸人若クハ一社會ニ於テ自任スベキ事業ヲシテ無闇ニ他動的勢力ヲ假ラントスルモノナリサレハ此主義ヲ不通者ニ聞カシメナバ社會ニ於テ最モ輕便ナル事業ノ媒介ヲナスガ如シト雖ドモ其實大ナル禍害ヲ與フルモノニテ中〳〵利益アル主義ニアラザルナリ今其例証ヲ示サンニ初メテ我國ニ佛教ノ傳來シタルハ欽明天皇十三年ノ頃ナリシガ渡來ノ砌ハ種々ノ妨害アリテ思フマヽニ弘マラサリシカ稍々年月ヲ經ルニ隨イテ繁昌ノ緒ヲ開キ遂ニハ王侯庶人ヨリ薄カラザル信仰ヲ受取リシガタメ傳道者ノ威勢德望ハ次第ニ其度ヲ嵩ムルニ至リタリ尤モ此等ノ境遇モ時ニトリテ盛衰ノ變ナキニアラサリシモ押通リ僧侶ノ境遇ハ安樂ニテアリシ夫レ安逸ナル境遇ハ人ヲ腐ラシ不如意ナル境遇ハ人ヲ勵マストハ世ノ中ニ經驗アル人ノ皆ナ知ル所ニシテ滿更ヲ吾人ノ私言ニアラザルベシ中世ノ頃ヨリ德川ノ時代ニ至ルマデ上下ノ優遇ニ沐浴シタル僧侶社會ハ端ナクモ明治ノ革新ニ遭逢シ內ニハ權門ノ特遇ヲ失ヒ外ハ異端ノ乱入スルアリ內整外防殆ンド其措置スル所ヲ失フニ至ル是蓋シ當時ノ僧侶ガ上下ノ優遇ニ飽キ依賴心ヲ涵養シタルノ結菓ニ歸セズンバ非ラズ偉大ナル習慣ノ力ハ難ナク數十聯ノ滊車ヲ運バシムルカ如ク彼等僧侶社會ガ久シク涵養シ來リタル依賴心ハ明治ノ今日ニ至ルモ尚ホ其餘弊ヲ擺脫スルコト能ハズ再ビ舊母ノ乳汁ヲ啜ッテ其命脈ヲ保持セントスルニ至ル今其較著ナルモノニ就テ之ヲ言ヘバ公任敎ノ請願ニ於ル僧籍別置ノ建白ニ於ル被撰權論ノ敎興ニ於ル衆議院議員ノ希望ニ於ル其趣向各々異ナル所アリト雖モ歸スル所政府ノ權力ト法律ノ威力トニヨリ已レガ宗旨ヲ擴張シ已レガ地位ヲ保持セントスルニ外ナラサルベシ尤モ還俗議員ノ中ニハ黑染ノ衣ヲ穿タンヨリ寧ロフロックコートヲ穿ツノ榮燿ヲ貪ランガタメニ出タルモノモアラン亦タ衆議院議員タルノ盛力ヲ假リ來リテ本山ノ改革ヲ企テントスルノ野心ヲ抱クモノモアラン亦タ純然タル利國濟民ノ實ヲ擧ケンガ為メニ出タルモノアラン其邊ハ吾人ノ篤ト証明シ能ハサレドモ兎ニ角依賴主義ノ御味方ニ相違ナカルベシト思ハル夫レ然リ法律ノ威力ト政府ノ權力トニヨリ宗教ノ信仰ヲ維持セラレ得ルモノナランニハ吾輩ハ眞理ノ保護者トシテ深ク政府ノ保護ヲ賴マザル可カラサレドモ宗教ノ信仰ハ到底有形上ノ制裁ヲ加フルコト能ハサルモノナレハタトヘ一時ハ右ノ二力ヲ以テ人民ノ信仰ヲ左右スルコトヲ得ルモ人智ノ開發ト社會ノ進歩トハ到底右等ノ制裁ヲ受ケザルニ至ルベシ去バ今日ノ佛教家ガ萬一ニモ僧籍別置公任教請願ナドノ願意ヲ貫徹シタリトスルモ只惟一時ノ彌縫策ニシテ長ク當時ノ繁昌ヲ維持スルコト能ハザルベシ況ンヤ其

請願ハ如キ花見ノ齢ヲ數フルニアラズンバ木ニ緣リテ魚ヲ求ムルノ所爲ニ於テヲヤ

宗教ノ目的ヲ達スルニハ是非トモ信仰ニ頼ラザルベカラズサレバ宗教家ガ宗教ノ弘通ヲ計ラントスルニハ先ツ人心ノ信仰ヲ求ムルヲ以テ肝腎ノ務トセザルベカラズ蓋信仰ニ二樣アリ一ヲ他動的信仰トシ一ヲ自動的信仰トス他動的信仰トハ法律。社會。習慣。其他ノ制裁ヲ假リテ宗教上ノ信仰ヲ求ムルモノナリ自動的信仰トハ自己ノ知覺ニヨリテ信仰シタルモノヲ云フナリサレハ他動的信仰ハ甚ダ微弱ニシテ輙モスレバ變動ノ憂アレドモ自覺的信仰ハ其根甚ダ鞏固ニシテ容易ニ變動スルノ憂ヒナシ是レ事實ニ照シ道理ニ徵シテ明白ナルモノニテ亦何ゾ吾人ノ証明ヲ要センヤ」

公任教請願ノ如キ被撰權論ノ如キアナカチ法律上ノ勢力ヲ假リ來リテ人民ノ信仰ヲ求ル譯ニハ非サ公任ルベケレトモ殊更ラ政府ニ依頼シテ斯教ノ便宜ヲ計ントスルニ至リテハ矢張外來ノ勢力ニ依頼スルモノニテ專ラ人民ノ信仰ニ頼ルモノト言フベカラズ是レ吾人ガ佛教將來ノタメ大ニ憂慮スル所以ノモノナリ尤モ妄誕ナル宗教不稽ナル教理ナリセバ或ハ外來ノ勢力ヲ假リテ社會ノ信仰ヲ求メザルベカラズト雖ドモ我佛教ノ如キハ絕對無二ノ眞理ヲ有スルモノナレバ假令法律ノ勢力ヲ假ラズト雖モ獨立獨行之ガ弘通ヲ計テバ早晩世界ノ各宗教ニ打勝チテ之ガ統一ヲ計ルニ至ラン何ゾ亦政府ニ阿リ法律ニ依頼シテ一時ヲ彌縫スルニ及ハンヤ

耶蘇教ハ之ヲ排斥セザル可ラズ 佛教ハ之ヲ改良セザル可ラズ

秋山銀二郎

ナサレノ耶蘇カ開基創立シタル基督教ハ經典ヲ手ニシ十字架ヲ負ヒ宣教師ヲ携ヘテ先キニ我邦ニ來レリ何ノ爲メニ來ル乎曰ク我邦ヲ化シテ其部下タラシメ我邦人ヲ變シテ其信徒ト爲サンカ爲メナリ彼レ其教理ニツイテ言ヘバ敢テ高尙深遠ナル哲學的ノ眞理ヲ有スルニ非ズ其教會ノ風習ニ就テ之ヲ見レバ敢テ道德的ノ感化ヲ有スルニ非ズ然レドモ一タビ我邦ニ侵入セシヨリ其勢力漸次ニ强盛ヲ致シ其感化頗ブル迅速ニシテ京城大都ノ貴紳士女ハ固ヨリ論ナク僻陬僻色ノ愚夫愚婦ニ至ルマデ皆爭フテ此教ニ歸依スル所以ハ何ゾ哉曰ク他ナシ唯ニ其教理ノ卑近ニシテ且ツ其習慣ハ善良ナラザルニ因ルノミ嗚乎是レ基督教ノ國家ニ弊害アル所以ナル歟

突如トシテ此等ノ斷案ヲ下セバ世上ノ人ハ必ズ吾人ヲ以テ奇言ヲ好ム者ト爲サン然レドモ吾人豈好ンデ奇言ヲ放タンヤ獨リ事實ノ然ル者アルヲ奈何セン請フ世人ヨ刮目シテ徐ロニ吾人ガ論スル所ヲ一讀セヨ夫レ人性ハ善ヲ好ム者ナリ又惡ヲ好ム者ナリ善ニモ感シ易ク惡ニモ感染シ易シ是レ故ニ之ヲ善ニ利導スレバ即チ惡人モ亦善人トナリ之ヲ惡ニ誘引スレバ則チ善人モ惡人トナル喩ヘハ人性ハ猶ホ水ノ如キ乎之ニ投スルニ一点ノ墨汁ヲ以テスレハ則チ滿水悉ク黑シ若シ又之ニ混スルニ一掬ノ朱塊ヲ以テスレハ則チ滿水赤キヿ血ノ如シ願フニ人ノ善惡ハ之ヲ誘導スル方法ノ如何ニ存スル耳然リト雖ドモ密ニ人間ノ性情ヲ解剖スレハ其惡ヲ好ムノ情ハ寧ロ善ヲ喜フノ情ニ優リ放僻邪恣色ニ荒メ慾ニ耽リ以テ肉体ノ快樂ヲ遂ントス欲スルノ念ハ節操貞節情ヲ抑ヘ欲ヲ制シ以テ道德ヲ恪守セント欲スルノ意志ヲ壓倒セサルニ非ス況ンヤ無智ニシテ道理ヲ知ラス無識ニシテ道德ヲ顧ミサル者ニ於テヲヤ其禽獸ノ慾ニ耽リ不義ノ色ニ荒メ以テ快ヲ一時ニ貪ラントスルモ亦勢ノ免レサル所ナリ然レドモ社會ニハ數多ノ耳目アリ常ニ人ノ善惡ヲ監察シ又道德ノ公法アリ常ニ人間ノ本分ヲ指示スルヲ以テ人皆陽ニ善ヲ重スルノ形貌言行ヲナシ而テ陰然冥々ノ間ニ於テハ情慾ヲ漏洩シ淫猥ヲ縱ニセントス試ニ思ヘ男女互ニ愛スルノ情ハ即チ賢不肖智愚强弱之ヲ通シテ皆相同シ唯君子ハ樂ンテ淫セス一時ノ情慾ノ爲ニ公道ヲ破壞セサルニ至ル耳獨リ常人ニ至テハ即チ然ラス其猥陋ノ行爲ヲ爲サヽル所以ノ者ハ偏ヘニ公道ヲ恐ルヽヨリモ寧ロ社會ノ責罰ヲ恐ルヽニ至ルイマ夫レ人途ヲ行キ而シテ窈窕タル美人ニ逢ハン乎之レヲ見ルヤ吾人ノ精神昏々トシテ痴ノ如ク情慾自然ニ發越シテ禁スルヿ能ハス次キニ睛ヲ定メテ徐ニ之ヲ望ムトキハ愈々見テ愈々厭足シ恍惚トメ自カラ我レノ我レタルヲ失ヒ愛慕ノ情油然トシテ得テ之ヲ制遏ス可ラス故ニ此ノ如キトキニ際シ人ノ我ヲ視テ狂病者ト爲スヿヲ恐レサルトキハ必ス地ニ跪テ之ヲ崇拜スルナラン人情固ヨリ斯ノ如キ者アリ是ヲ以テ此人情ノ自然ニ投シ男女ヲシテ公然相會シ手ヲ握リ膝ヲ接シテ好意ヲ通セシムルカ如キ方便ヲ行フ宗教アツテ存スレハ宗教ハ忽チ勢力ヲ社會ニ得ルヿ固ヨリ必然ノ勢ナリ若シ万一此ノ如キ宗教ニシテ斯ク社會ニ

存ズル者ト仮定セハ其毒ヲ國家ニ流シ公德ヲ破壞スルヿ其レ言フニ勝ユ可ケンヤ

今夫レ基督教國ノ今ノ風習タル果フテ男女ヲメ公然相會セシメ手ヲ握リ膝ヲ接シテ好意ヲ通セシムルノ弊害ナキ乎信男信女ヲ導テ天國ニ上ラシムルニ非スシテ之ヲシテ益々現世肉体ノ快樂ニ沈溺セシムル事ナキ乎教會ハ恰カモ賣淫店ノ如ク僧侶ハ恰カモ之レカ妓夫タルノ觀アルコトナキ乎信徒カ日曜日ノ來ルヲ俟ツヿ啻ニ一日千秋ノミナラサルハ會堂ニ至テ禮拜祈禱默契信心ヲ爲サンカ爲メニ非スシテ情郎情婦相見ルヲ樂ムニハ非サル乎信徒カ僧侶ノ恩德ヲ感謝スルハ其無形ノ安樂ヲ教ヘタルガ爲メニ非スシテ寧ロ有形ノ快樂ヲ與ヘタルヲ感謝スルニハ非サル乎若シ果メ然ルニ非スンハ吾人ハ基督教ノ爲メ大ニ之ヲ賀セント欲ス然レモ奈何セン事實ハ吾人ニ教ヘテ言ヘリ曰ク教會ノ惡慣陋習ハ實ニ德義アル君子ヲメ目ヲ掩フテ視ルヿナカランヿヲ欲シ耳ヲ塞イテ聽クヿナカランヿヲ欲セシメタル者アリト請フ今其一二例ヲ擧ケテ之ヲ示サン

曰ク基督教會ノ惡風ハ國ニ因テ自ラ異ナル所ナキニ非ス然レモ要スルニ其淫色猥褻ヲ行フニ至テハ即チ皆一ナリ婦人ハ美衣ヲ新調シ華服ヲ纒ヒ鬍首ノ日曜ノ至ルヲ俟チ男子ハ美人ヲ捜索シ或ハ既契ノ情婦ト相携ヘテ以テ會堂ニ入リ不義ノ樂ヲ貪ルヿヲ務ト又曰ク基督教國ノ道德ハ今ヤ全ク破レ人皆肉体ノ快樂ニ心ヲ迷ハシ密通私會苟合不交ノ醜聞ハ耳ヲ穿テ來ルヿ頻リ也ト又曰ク文明ノ中心開化ノ都會ト自負スル所ノ市街ニ至テ見レハ白晝公然男女相戲ルヽヲ目擊セリト凡ソ此等ノ報導ハ洋行者ノ親シク親聞セル所ナレハ其事實ニ相違セサルハ瞭乎トメ明カナリ嗚乎是何等ノ怪聞ゾ吾人ハ之ヲ聞キ覺エス慨然大息ノ至リニ堪ヘサルナリ願フニ基督教ノ教タル男女ヲシ互ニ相接セシムルヿヲ務ムルカ故ニ其餘弊至ル所終ニ此ノ如キ惡風ヲ生セシヤ疑ナシ況ンヤ無智ノ僧侶不德ノ傳道師ハ躬自カラ此等ノ弊習ヲ媒介スルニ於テヲヤ然リ而シテ今ヤ斯宗教ハ其教會ノ惡慣惡習ヲ齎ラシ我邦ニ來テ之ヲ邦人ノ心裏ニ注入セントス是レ豈悲ム可キノ至リニ非ラス乎

抑モ我邦從來ノ風習タル男女ノ間ハ劃然トシテ墻溝ノ存スル有リ婦人ハ概ネ深窓ニ在リテ戸外ニ出ルコト希レニ男子ハ婦人ニ接近シテ之ト親昵スルコトヲ耻ヂ縱令親戚若クハ親交ノ間ト雖トモ男子ハ其家

ノ婦人ニ向ヒ婦人ハ男子ニ對シテ互ニ相狎ルヽヿナシ況ンヤ妙齡青年ノ子弟子女ニ於テヲヤ斯ノ如ク男女ノ別アリ道德ノ制裁甚ダ嚴重ナルヲ以テ男子婦人ヲ問ハズ皆其一身ノ私行ヲ愼ミ能ク其情慾ヲ制シテ不義ノ奴トナルヿ无カリキ試ミニ我邦封建時代ヲ回顧セヨ此時代ニ在テハ男女相互ノ私通ヲ以テ侵モ家風ヲ壞乱スル大罪トナシ若シ之ヲ侵ス者アルキハ二人ヲ合シ一刀ノ下ニ之ヲ兩斷スルノ法律アリシニ非ズ乎又事情ヲ酌量シ斯ノ如キ嚴法ヲ加ヘザル時ニ於テスラ尚ホ犯罪人ヲ竄逐シ若クハ之ヲ其境土外ニ追放シタルニ非ズ乎其レ國家ノ法律ニ於テ若クハ一家ノ法則ニ於テ女ノ私通ヲ不義ノ大罪ト爲ス此ノ如シ之ヲ以テ一國一家ノ間男女相通スルカ如キ醜聞ハ自ラ聞クヿ稀ナリキ然ルニ維新以後ニ及ヒ泰西交通ノ道益々開ケ彼邦ノ風俗習慣ハ直接若クハ間接ニ我邦人ノ耳目ニ觸レ且ツ基督教ノ旨趣漸ク國内ニ傳播セシヨリ其新奇ニシテ且ツ交際上大ニ自由ノ傾向アルヨリ從來嚴重ナリシ君臣父子夫婦兄弟等ノ大分モ自カラ無差別無階級ノ狀態ヲ現シ殊トニ男女ノ間ノ如キ先キニハ堅ク鎖サシテ開カザリシ關門モ今ハ則ヲ父兄ノ許可ナクシテ自由ニ開放セラルヽノ姿トナレリ是ヲ以テ我邦人ハ從來制抑シ來リタル情慾ノ波一時ニ激動シ洶湧澎湃良心ノ制裁ヲ壓倒シ道德ノ堤防ヲ破壞シ滔々タル濁流滔々タル情波ト其勢飄風ノ如ク天ニ潮シ地ヲ捲キ漲溢奔放シテ底止スル所ナカラントス蓋人ノ性情タル一ノ極端ヨリ他ノ極端ニ轉スルヿ其勢ヒ極メテ迅速一瞬ノ間ヲ俟サル者ナリ是故從來久シク禁欲制情ノ苦痛ニ束縛セラレタル我邦人ハ今ヤ脱兎ノ勢ヲ以テ放肆邪淫ノ域内ニ流蕩スルニ至レリ豈恐レサル可ケンヤ然リ而シテ此ノ如ク邦人ノ性情將サニ漸ヤク一變セントスルノ時ニ方リ夫ノ基督教會ノ惡習ハ又海ヲ渡リ波ヲ越ヘテ頻リニ我邦内ニ輸入シ來ルヲ見ル是レ猶ホ薪ヲ積ンデ火ヲ点スルガゴトク其毒焰必ラズ社會ノ道德ヲ一掃スルモノアラン吾人果シテコレヲ見タリ請フソノ現象ヲ畧述セン

其頭ヲ見レハ則チ束髮其足ヲ見レハ則チ短靴揚々トシテ市街ヲ大歩スル者ハ是即チ基督教信者ナリ洋學女生ナリ夜會ニ列ナリ踏舞場ニ出テ男子ト手ヲ握リ袂ヲ聯ネテ雙々胡蝶ニ擬スル者ハ是レ即チ基督教信者ナリ洋學女生ナリ演說會ヲ開イテ放言高辯シ口角沫ヲ飛ハシテ男女同權ヲ主張スルモノハ是レ即チ基

督敎信者ナリ洋學女生ナリ嬌風會ヲ組織シ西洋流ノ風俗ニ變化セシメンヿヲ計畫スル者ハ是レ即チ基督敎信者ナリ洋學女生ナリ自由結婚ヲ以テ正理ニ適ヘリトシ父兄ノ許可ヲ俟タズ自カラ意中ノ男子ト婚姻スル者ハ是レ即チ基督敎信者ナリ洋學女生ナリ假令恐ク基督敎信者ト洋學女生ニ非サルモ必ズ基督敎會ノ風ヲ喜ビ西洋流ノ慣習ヲ愛スル者ナラン是レ吾人ノ敢テ疑ハザル所ナリ今ヤ吾人ハ我邦ノ女子社會ヲ見ルニ其風習概ヲ斯ノ如シ而シテ從來我固有ノ風習ヲ固守スル者ハ唯ニ或ル一部分ニ過ギザルノミ是レ果シテ喜ブ可ノキ現象ナル乎試ミニ此等ノ風習ヨリ生スル所ノ弊害ヲ觀察セヨ先キニハ堂々タル高等女學校ノ中ヨリ云フ可ラザル醜聞ヲ漏洩シ亦時々聖神ナル（耶蘇敎ノ言ヲ用井）基督敎會堂ヨリ聞クニ忍ヒサル惡聲ヲ漏出セシニ非ズ耶或人嘗テ嘆シテ曰ク現今我邦婦人ノ不道德ナルヿ實ニ言語ニ絕セリ凡ソ基督敎ヲ信スル者ト洋學校ニ在學スルノ生徒ニシテ完全無缺ノ節操ヲ有スル者ハ恐ラク之レ有ラザル可シト此言少シク極端ニ馳スル者ノ如シト雖𪜈其内部ノ情態ヲ探索セバ必ズ此ノ如キ事情ノ存スルアル可シ吾人亦親シク基督敎會ノ信者タリシ者ニ就テ其此等ノ惡風アルヲ聞キ愈々或人ノ言ノ虛ナラザルヲ信ズルナリ之ヲ要スルニ現今女子社會ノ風儀ヲ敗頽セルヿハ爭フ可ラザル事實ニシテ其餘弊延テ小學校ニ蔓延シ黃口乳臭ノ少年少女ノ中互ニ意ヲ示シ情書ヲ往復シ甚シキニ至テハ慇懃ヲ通シ夫妻ヲ以テ揚々人ニ語ルモノ往々是レ有リト云フ是豈ニ驚ク可キ現象ニ非スヤ此ノ如クニシテ其流弊ノ到ル處ロニ放任セハ君子國ノ名稱遂ニ何ニカ消失シ上ハ祖宗ノ威德ヲ瀆シ下ハ我國体ヲ傷害スルニ至ラン蓋シ此等ノ事實ハ夫ノ西洋ノ風俗ヲ慕ヒ不義不德ニシテ國家ヲ重ンセサルモノハ恐ラク漠然トシテ意ニ介スルコトナカラン然レ𪜈凡ソ國家ノ憂ヲ以テ自ラ任スル者ハ其之ヲ恐ルヽヿ實ニ百万ノ外敵國境ニ逼ルヲ恐ルヽヨリモ太甚シ何ツヤ一國ノ盛衰ハ各人ノ品行ニ基キ而シテ各人ノ行儀ハ必ス當ニ道德ニ原本スレバナリ然ルヲ今ヤ各人ノ褻行脩マラス而シテ國家ノ隆盛ヲ保タント欲スルモ其レ得ヘケンヤ

（未完）

史傳

石川台嶺師之傳

「金蘭同結死與生。反覆傾心話事情。賓主對揚論難決。曉鐘響處定南征」凡ろ事業を天下に爲さんと欲するもの皆な這般の勇氣なかるべからず這般の理想なかるべからず豺狼權を弄して猛威を張り佛法を破却して自ら利せんとし廢佛毀釋の狂瀾怒濤将さに一國を席卷せんとするの勢を示し人は愕然として膽を破り悸然として自ら失するのときに當り冷然微笑心を定め行を決し身命を抛ちて滅法の災を挽回し護法の爲め護國の爲め力を盡せるもの東西古今其類甚だ少く唯だ近世に於て石川台嶺師あるのみ師か驚天動地の事蹟を讀むもの誰か感發激憤せざらんや

石川台嶺法名を了圓と呼ぶ三州幡豆郡順成寺市界の第三子なり後養はれて石川氏を繼ぐ性倜儻大度幼にして學を好み笈を負ふて京師に遊び高倉學寮に學ぶ未だ幾許ならずして佛道の玄旨を究め傍ら諸子百家の書に通ぜ一時才名甚だ高し學成るに及んで郷に歸り專ら心を子弟の敎育に盡し以て佛敎の弘通を謀る濃尾駿遠好學の士德を慕ふて來り學ぶもの甚だ多し台嶺又別に護法所を設け以て佛法の維持に盡力す此時に當りて諸政悉く革り天下の侯伯將相忽然として其勢を失ひ天下の浮浪大ひに其力を逞ふし昨は敝衣弊服腰に長刀を横へ縱論横議せるの輩今は權を握りて一國の施政を左右するに至れり而して這般の人士多くは是れ平田篤胤派の人にあらずんは山陽松苗派の人なり之を以て佛法は彼等の嫌忌するところとなり祭政一治を名とし佛法を破却せんとするものあるに至り梵鐘は變して鉄砲となり木像什器は將さに燐棄せられんとし越前水戸其他の諸藩先つ排佛の命を布き各藩をして之に倣はしめんとす人心こゝに於て平恟々たり而して不幸にも此驚瀾怒濤は了圓か住國なる三州に及び全國大濱にをいて一大事變を生し終に有爲の好法師をしも無慘にも斷頭臺上の露と消

えしむるに至れり

抑も三州大濱は水野侯の領地にして少參事服部某長官となりこゝに菊間藩出張所を設け藩政を執れり此の服部某なるものは熱心なる國學者にして佛教を嫌忌すること蛇蝎の如く自ら謂らく我れ先つ率先して排佛の命を布き以て他藩を奬勵せんと赴任以來專ら舊習一洗を名とし孜々として其手段を運らし汲々として其計を畫し先づ全地第一の巨刹なる眞勝寺の太鼓樓を納めしめ學校を興し新民塾と號し平田篤胤の肖像を安置し教科に佛教を駁擊するの書を用ひ人民をして佛道を嫌忌せしむることに盡力せり而して亦た稱揚寺。光珠寺。法琳寺。等の住職を擧けて教諭使となし陽に朝旨を説諭すと公言し陰に天拝日拝の式を普く人民に行はしめんとす然れとも此一擧は大に人心の激昂を來し甲唱乙和各々嘖々不平を鳴し寺院相會して住職に詰問する等紛擾實に名状すへからず其年

二月拾一日菊間の領内各寺院へ村役人より左の達旨を送れり

其村内何寺住持何の誰御用之義有之候間來る拾五日五つ時當局へ差出すへく尤も代僧等は不都合に付自身出頭可致候是又遅違に及ぶ者也

二月十一日　菊間藩出張所

何村役人

是に於て僧侶等は一層の憂慮を重ね其日早天より出張所へ參聽せり參事服部某衆に謂て曰く今日諸君を召集せる所以のものは他あるにあらす先般來申し達せる如く領内寺院の數甚だ多く隨て遊民たる僧侶亦少なからず今や王政復古し昔日幕政の時にあらず宜しく合寺して遊民を減すへきなりと嚴命し其合併に關する十條の難問を發せり蓮成寺一願。本樂寺見慶。眞淨寺至靜。等大に之を拒むよりて終に獄舍に繋かる其夜三更三僧獄舍に相ひ議し窃かに獄を脱す本樂寺見慶。先つ走りて隣領なる蓮泉寺石川台嶺の宅に至る

時に朝暾光りを放ち夜全く明なり台嶺書窓に在りて聖經を繙き靜坐瞑目せしが侍者の見慶來れりと報するを聞き延ひて之れを見れは見慶顏面殺氣を帶び分懣に堪へさるものゝ如く告くるに前日の事を以てす台嶺少しも驚かす曰く已むを得さるなり宜しく大英斷の策を決行すへしと

雑報

●古代歐米佛教

古代歐米に佛教の駸入したると佛國ノルナン氏及び「東洋宗教」と題する書籍の著者ヂヨンツシ氏等が共に語る所なるが這般西京の海外宣教會より發刊したる海外佛教事情には。愈々其實歷を擧げて。歷史的の證明をなしたれば。吾輩佛徒は歷史に據りて此事實の研究に從事し。以て佛教の宇内教たるの眞理を徴す可し。此れ實に佛教歷史的研究の端緒を開くものと謂ふ可し

●神智學會

該會の近況を聞くに。今やヲルコツト氏は會長の職を辭して。ブラバツキ婦人。其後任を繼きたりとの音信に接せり。彼れは雄壯英邁なる武人的の哲學士なり。此れは深邃玄妙なる天女的の豫言者なり。彼れ去りて此れ代る將來該會の運動には必ず目覺ましき偉觀を生するならん。吾輩目を刮りて之を看ん。

●青年佛教徒の海外留學

我が佛教の隆盛に赴くと。衰頽に就くとは。一に其青年の繼續者の多寡如何に關するものなり。今や東京に西京に。其他各地に將來望みある佛教青年實に尠からず。而して其最も望を屬す可きものは海外留學生なり。今ま吾輩が記臆する所によりて。指を屈すれば。米國には渡邊龍聖外山義文の諸氏あり。英國には小林順次

郞あり。錫蘭には釋興然。東温讓の諸氏あり或は品行端正。學問淹博或は精神英邁。才略に富むものあり其他一一勝けて數ふ可らず。此れ皆な數年の後には其新智識新思想を齎らして歸朝の上。將さに大に爲す所あらんとするものあり。我が佛教將來の運動如何は此等の士に關すると多しとす。屬望多々

●**西京の佛教**　平井龍華師は大學設立の大志を挾みて。臨濟宗に投じたるも。却つて冷遇を被り其志を展ぶると能はず。其他各派の運動に就ひて。左迄觀る可きものなし獨り本願寺派は時勢に伴ふて終始十年進歩的の政畧を執り大に活氣あり。然れども大谷派にも亦た小林什尊師の高德。渥美契縁氏の英敏ありて。其法主を輔佐し太田白尾の諸氏之を贊襄し。其他濟々たる碩學鴻儒其人に乏からざれば必ず一朝雲を起し。雨を呼び數龍飛躍の勢。九天に昇るものあらん。而して其機既に見れたり。即ち該派が一大新聞の發兌を計畫し。大に學制を新作するの計畫あると是れなり。進め進め一歩を進めば。我が佛教の版圖も亦た一歩を拓かん

●**小本願寺**　博多の津に殿堂巍々として遠方より參詣するもの引きもきらず。之が爲めに旅宿を業とするもの數戶あるに至る其中に至れば學校あり役所あり僧侶雲集して法を說き念佛を唱へて其門に出入するもの晝夜に絕へず宛として兩本願寺の如し。是れ果して如何なる寺院ぞ。則ち滿行寺なり。是れ果して如何なる高僧なるや。則ち七里恒順師なり。嗚呼信仰の勢力道德の感化も亦た偉なる哉

●**九州佛教團**　該團は實に時勢に逆りて世に起れり然れども其運動の方向に至りては未だ一定の方針なし。然れども是れを以て該團を責む可らず。僅に卵子を脫したるの雛鷺羽翼未だ生せず豈に俄にこれが搏擊を望む可けんや

●**熊本の二大學校**　彼の濟々黌は政黨に偏せず宗派に倚らざる普通教育の學校なりと故に吾輩は何んとも評を下だすこと能はず。唯だ我が日本文化の命運に關係ありとも思はるゝものは津田靜一氏の文學館。中村六藏氏の文學精舍是れなり。二氏共に哲學家なり。道德家なり。亦た英雄豪傑にして。聖賢の徒たらんとを希ふものなり。而して其生徒苟くも其師の氣風と精神とに感化せらるゝあらば。九州之より始めて千百の偉人を生せん。蓋學校は意義を有せざる可らず。教育は目的を有せざる可らず。意義なきの學校は是れ死學校なり目的なきの教育は是れ死教育なり。而して此二大學校に於て吾輩は一の意義を見出だしたり。一の目的を見出だしたり。嗚呼蛟龍豈に是れ池中の物ならんや

●**佛教徒の大會議**　我佛教が日を逐ひ。月を逐ふて。泰西諸國に傳播するは。吾輩の尤も慶賀する所なるが。佛國に於る佛教信徒は。近日萬國の同信徒を其主府巴里に召集して。一大會議を開き佛教將來の事に付き大に議する所あらんとすと。吾人は確かに其事實を知らず。亦た其結果の云何を豫知すること能はされども。兎に角佛教上目覺しき現象と云ふべし

●**兩本願寺法主の授爵**　久しく世上の評判高かりし。東西兩本願寺の授爵沙汰は。兩者の希望相覬覦する所あるより。一向決着の運びに至らざりしが。近頃聞く所によれば。愈々伯爵を授受せらるゝことに相成りしと。

●**異安心取調**　少しく遲延の嫌なきにあらざれども客月三十一日發刊の愛國新報へ異安心調査と題し左の一項を掲載したり

元來東陽圓月師といへば同寺末派中にては最も博學高識の聞へある屈指の老僧にて既に去る十二年

本山大改革の際北畠道龍師が大洲鐵然島地默雷等の諸老師を指して外教に類する異安心を唱ふるものなりとし大に本山役僧に向て抵抗を試みたる當時圓月師も亦道龍の說を有理として是れに大洲。島地等諸師の為めに追退けられて豐前に歸り以後殆んど十年間本山寺務上の事に就ては絕へて一言可否を述べず專ら意を真宗學校の一途に傾けて大に學生を養成しつゝ在りし處今回圖らざる法主より本年夏安居講師に拔擢せられて久し振りに本山に登りたるものあるに不幸にも其の說く處ろ本宗の安心に異なれりとて忽ち其の職を奪はれ爾來今日に至る迄數回の訊問を受くるも圓月師は毫も屈する色なく假令本山の命なりとて猥りに自ら確信する所を抛棄することを能はざるとて抗辯滔々固く執て動かざるより本山に於ても大に苦心し又々從前の調査員の外に雄辯家と呼ばるゝ利井明朗師を加へて日々訊問し居るとのことなり夫れは偖て置き爰に又た豐前一國の信徒中不斷圓月師を信仰する門徒は遙に此說を聞きて大に激昂し圓月師が本山役僧等と安心を異にするは先年大改革の當時に在て既に明瞭なることにて夫をも承知にて講師としながら今更に異安心を唱ふるとて職を奪ひ調査を為すとは如何にも奇怪千万のことなり愈々圓月師を以て異安心を唱ふるものと決せば我々門徒は舉げて轉檀すべしと併し不幸にして本山僧侶等の唱ふる處ろにして本宗々義に照らして異安心とすべきものありしならんには本山は如何なる處置に及ぶべきや門徒たるの義務上片時も捨置くべきにあらずとて兩三日前數名の總代を上京せしめたるがこの總代人現に下京區新小路花屋町の豐前屋に止宿して日々異安心說調査の模樣を窺ひ居る云々

●知恩院の臨時總會　淨土宗總本山たる知恩院より。久留米第六十一國立銀行に係る。貧債訴訟事件は。知恩院の敗訴となり。身代限の處分を受けたるにつき。同銀行よりは屢々財産取調に着手せんとしたりしも。同院より右の施行延期を請ひ。一般の末寺信徒を召集し屢々負債償却の事を議したりしも。事遂に落着の運びに至らず。遷延今日に及びしが同銀行よりは。猶々其施行を逼るに付き。本月廿日より再び本末一般の臨時總會を開きしが。相變らず。議論擾々として更に落着の氣色なしと。一會一散。一議一敗。何ぞ夫れ姑息の甚しきや。

●宜しく將來を鑒むべし　本年米粟の登りたることは實に近年に稀なることにて平均八分通りの收穫を得べしと。吾人は手を拍ちて之が豐穰を祝ふと同時に一條の希望を抱くものなり。希望とは餘の事にもあらず。斯る豐年に際し。餘分の有らん限りは之を貯へ之を積み。不慮の變事に供するあらんことを。若し豐年あり上出來あり。謳へ踊るの驕につれられて。餘分ある消費をなすあらば或は夏饉食をなさふの艱に陷るべし。謹むべきことにこそ。

●其心底如何　國民新聞の主筆德富猪一郎氏は去日其社員一名を鳥尾中將の宅に遣はし。中將が或る他の客人と對話したるものを筆記し同新聞に揭げたりとて同中將より。淺からざる難詰を蒙りたる由諸新聞に見えしが。其後同氏は何か悟る所ありしと見え。是まで受け得たる洗禮を返却し。全く耶蘇教の外に立たりと。吾輩此報に接して。頗る疑惑の念なき能はず。何となれば氏も同中將が申越したる位の事は早く覺悟し居る事を知ればなり。亦十餘年間も信仰したる德富氏が中將一旦の愛憎によりて俄に變心するが如き曖昧なる人物に非ると信ずればなり

●一致徒の冷熱　耶蘇教徒が生命を賭して傳道に從事するは。吾人の常に感嘆する所なるが。同

教徒は本年五六月の頃。米價非常に騰貴して細民饑餓に逼るを見て。米を施し金を與へ。人心の歸依を求めんとしたり。亦近來虎列剌病の流行するに當り。同教徒の或る者は。自ら進んで避病院の看護婦となり。心あらざる患者に對して。手厚き介抱を施し不知不識の間に之を感化せんとしたりと。之に反して佛教徒の行爲を見れば。稍もすれば貧民救助の演說會に臨むを好まざるものあり。京都の或る名僧は近來大坂に虎將軍の跋扈するを見て。既に契約せし演說會を斷りたりと。噫是れ何等の現象ぞ一は死地を履んで教を布かんことを欲し。一は死地を恐れて布教を中止す。何ぞ夫れ冷熱相隔つの甚しきや。

●赤十字社　若し世の保守黨にして改進とは改進黨の名稱にて吾々の名稱に反對せるものありとて毫も改進の實を擧げざるに於ては世の保守主義は到底迹を天下に絕たざるを得ざるべし若し世の佛教家が十の字は耶蘇教の記號なりとて之を用ひざるに於ては一方ならざる不便利を感ずるなるべし是蓋し其名稱に固泥して其實を辨へざるによる。聞く或る地方の佛教者中には赤十字は耶蘇教の名稱なり記號なりとて之を嫌忌し之を擯斥するものありと是果して何に事ぞ吾人は耶蘇教のなす所にして慈善の本旨に適はゞ進んで之に意を同ふせん。耶蘇教の言所にして正義に合するあらは。務めて之に習はんと欲するものあり。然るを況んや赤十字社の如き。其名稱記號とす。耶蘇教に倣ひしものあらんと雖も。其實バイブルを讀ましむるに非ず。禮拜をなさしむるにあらず。單に國家の保護者たる軍人の扶助を計り。亦は社會可憐の患者を救濟する者に於てをや。されば一國の國民たるものは。宜しく之を翼贊し之を保持するの覺悟なかるべからず。其上佛教の如き慈悲を以て其教示とするものあれは倚は更ら此邊に注意すべきものあるべし。然るを瑣々たる名稱記號に泥んで慈善の大業を度外に置んとするは蓋し智者の事にあらざるべし

●宗教全局の盛衰に注意すべし　彼の事業は某氏のなす所なり宜しく之に反對すべし是の議論は何社の唱道する所なり吾れ之に同意せざるべしと——吾輩は世の佛教家が區々たる一社的の私論に係はりて一宗の大計を忘却せざらんことを希望するものあり

●兩院議員の宗教　吾輩は帝國議會兩院議員の人々に照會し其信奉する所の宗教を確め本誌上に掲載する筈なりしが印刷の切迫なりしがため之を全ふする能はず就ては幾分に諸新聞に掲載したる所のものを集錄して讀者の瀏覽に供しぬ

還俗議員及奉佛主義の議員は左の如し

選挙区	氏名	宗教
東京府(十二)	高木　正年	日蓮宗
富山縣(第一)	磯部　四郎	本願寺派常樂寺信徒
同　(同)	關野善次郎	本願寺派滿常寺信徒
同　(第二)	田村　惟昌	禪宗
同　(第三)	南　磯一郎	本願寺派光福寺信徒
同　(第四)	島田　孝之	同大谷派某寺信徒
同貴族院議員	馬場　道久	本願寺派蓮成寺信徒
新潟(五)	長谷川　泰	佛教
島根(二)	佐々木善右衛門	禪宗
同　(四)	菅　了法	本願寺派
大坂(一)	栗谷　品三	日蓮宗
同　(二)	豐田文三郎	眞言宗
同　(三)	浮田　桂造	大谷派
同　(四)	中江　篤介	佛教
兵庫縣(一)	鹿島　秀麿	佛教
同　(二)	堀　善証	本願寺派
同　(八)	改野　耕三	大谷派揖東郡西光寺
同　(同)	柴原政太郎	本願寺璢屋光眞寺
同　(四)	石田貫之助	本願寺派西光寺
山口縣(一)	末松　三郎	本願寺派
同　(四)	堀江　芳介	佛教
廣島縣(一)	渡邊又三郎	本願寺派
同　(二)	八田謹次郎	同
同　(三)	金尾　稜嚴	同
同　(四)	赤川　靈嵓	同
同　(八)	倉田雅五郎	本願寺派光圓寺信徒

同　（九）三浦　義徹　禪宗
宮崎縣（一）川越　進　眞言
同　（三）三宅　正意　淨土宗
福岡縣（七）堤　猷久　大谷派眞念寺
同　（八）末松　謙澄　同　歷應寺
福井縣（一）青山庄兵衞　日蓮宗
同　（二）杉田　定一　佛敎
同　（三）永田定右衞門　本願寺派
靜岡縣（一）井上彥左衞門　曹洞
同　（四）岡田良一郎　大谷派
香川縣（一）中野　武營　眞言
同　（二）小西甚之介　淨土宗
同　（三）綾井　武夫　眞言
同　（四）三崎龜之助　眞宗
同　（五）伊藤　一郎　眞宗興正寺派
愛知縣（八）早川　龍介　大谷派
岐阜縣（一）天野　若圓　本願寺派
同　（二）淸水　粲藏　眞宗
同　（三）吉田　耕平　同
同　（四）矢野才二郎　同
同　（五）長尾四郎右衞門　禪宗
同　（六）林　小一郎　同
同　（七）中村　信夫　眞宗

尊王奉佛大同團より撰出せられたる貴族衆議の兩院議員は左の如し

衆議院議員

廣島縣　金尾　稜嚴　同　豐田　實頴
同　渡邊又三郎　同　脇　榮太郎
同　八田謹二郎　同　佐竹　義和
同　赤川　靈巖　兵庫縣　堀　善證
岐阜縣　天野　若圓　香川縣　綾井　武夫
福井縣　杉田　定一　同　永田定右衞門
島根縣　菅　了法　仝　佐々田　懋

貴族院議員

福井縣　山田　穆　島根縣　田部長右衞門
廣島縣　澤原　爲綱

耶蘇敎信徒にして衆議院議員に撰出せられたるものは左の如し

衆議院議員

京都府（第二區）中村榮助（組合敎會員）
神奈川縣（第一區）島田三郎（一致敎會員）
同縣（第五區）中島信行（一致）
新潟縣（第二區）加藤勝彌（一致）
群馬縣（第五區）湯淺治郎（組合）
茨城縣（第四區）森　隆介（一致）
靜岡縣（第七區）江原素六（日本美以）
宮城縣（第三區）十文字信介（未詳）
高知縣（第二區）片岡健吉（一致）
岡山縣（第六區）立石　岐（組合）

●興教書院發賣書籍廣告

●佛教或問　齋藤聞精師著　第三版　實價金拾五錢　郵税金貳錢

右は東京某伯爵の依囑を以て大洲鐵然師が齋藤聞精師に依賴せられしに因り師が極めて平易に極めて簡短に近世人々の希望せる佛教大乘の義理を數十條の問答と爲し白衣局外の人の爲め著述されたる完全なる大乘佛教問答也解し易き總説の佛書に苦む際讀者の利益蓋小少に非るべし

●新編佛教演説集　實價金貳拾錢　郵税金貳錢

之は島地師赤松師大洲師藤島師オルゴット氏等の佛教諸高德を實地演説を筆記したる者也

中西牛郎先生新著

組織佛教論　實價金五拾錢　郵税金四錢

●藤嶋了穩師序　前田慧体師著　眞宗問答　定價金廿五錢　郵税金四錢

右ハ問答體ヲ以テ眞宗歷史ノ大畧ト教義ノ全体トヲ平易簡明ニ敘述シ其中往々奇抜迭宕ノ議論アリ餘論ニ於テハ哲學上宗教上道德國家上ヨリ眞宗ト耶蘇教及ヒ⊜にてりやんト比較對論シテ眞宗ノ宇内無比ノ宗教タル所以ヲ辨明セリ

〇常盤井大法主題字　小栗栖赤松廣瀬大内諸氏序跋
〇嶋地默雷師生田得能氏合著
全部五卷紙數一千「ページ」　金壹圓廿五錢　郵税金廿錢

木板　三國佛教略史　全三冊　正價六十五錢　郵税八錢

從來佛教國史アリト雖モ皆其一部ニ止テ未ダ曾テ三國古今ニ通貫スル者アラズ此書始メテ三國佛教ノ源流ヨリ各宗諸德ノ通論細大遺スニ至ル迄師ノ博識卓見ヲ以テ該載セラシム事ナク目下ニ瞭然タ且其書ズ適當ナレバ有瞭者必論ズ座右ニ置ク可キハ勿

●馮業偉蹟　各宗教校教科書　各宗諸教校必須ノ良籍ナリ

中西牛郎著　宗教革命論　實價四拾錢　郵税金四錢

發賣所　京都市油小路北小路上ル　興教書院

開明新報廣告

「開明新報」は智德相資の主義を執り物質的偏重の開化を誘導して非物質的の開化と併行し忠君愛國の思想を發揮せしむることを

「開明新報」は宗派黨派に關係なく公平無私の意見を有す故に記載の事項は各宗に渉り深探尤も緻密にして掲載する所頗る廣し

「開明新報」は破邪顯正を説くと雖標準を哲理に取り決して疎暴の議論を爲さゞ

「開明新報」は博識ある高僧有名なる學者等數多の社友あれば時々斬新なる論説を掲載すると

「開明新報」は全國樞要の地には通信員を置き政治教育衞生商工農業等百般社會に興起するの現象を確實迅速に報道す

「開明新報」は歐米各國の神智學會員又は飯佛者に通信を囑托したれば海外に於ける佛教傳播の情況を報するは本紙の特色とす

「開明新報」は今回優美高尚にして風教に裨益ある小説を挿みて書入となし婦女少年に至るまで倫理の何者たるを知らしむるを務むべし

「開明新報」は廣告を爲すには最大便利あり何となれば發行紙數の多きが上に目今已に全國に於て志广を除くの外何れの國にも購讀者を有せり

「開明新報」は愛國護法の篤志者より成立たるものにて最とも社會の全益を謀るにあれば代價を低廉にし購求に易からしむ

「●開明新報」代價〇一枚壹錢五厘。郵税五厘〇一ヶ月貳拾貳錢。郵税拾三錢〇三ヶ月六拾五錢〇六ヶ月壹圓貳拾錢。郵税七拾八錢●通常廣告は一行二十三字詰金六錢。日數と行數とにより割引をなす●特別廣告は一行金拾貳錢にて割引なし●凡て前金送附なければ掲載せぞ

發行所　京都市油小御前通下ル玉本町　新報社

特別社告

●本誌の特別寄書家たることを承諾せられたる人々は左の如し（いろは順）

文學士 井上圓了君
海西日報主筆 池松豐記君
文學士 服部宇之吉君
淨土教報主筆 堀内靜宇君
土岐善靜君
戸城連七郎君
尊王奉佛大同團幹事 大内青巒君
文學士 辰巳小次郎君
佛教書院々主 東海玄虎君
文學館主 津田靜一君
文學博士 南條文雄君
中西牛郎君
文學精舍舍長 中村六藏君
法話主筆 中山理賢君
教育報知主筆 中川小十郎君
海外佛教事情主筆 松山松太郎君
哲學館講師 藤島了穩君
酬恩社社長 藤岡法眞君
九州之文華記者 秋山銀二郎君
文學士 天野爲之君
佐治實然君
文學士 澤柳政太郎君
文學士 三宅雄次郎君
平松理英君
貴族院議員 久松定弘君
オリエンタルホール館主 平井金三君
哲學館講師 鈴木券太郎君
（以下次號）

●本誌は取急ぎ印刷に付せしがため校正の疎漏少からざるべし此儀偏に及御斷候第二號よりは校正を嚴にし誤謬無之樣取計可申候間其段御諒知被下度候

明治二十三年九月廿二日 印刷
明治二十三年九月廿五日 出版

發行兼印刷人 熊本市安巳橋通町三拾七番地 篠方典
編輯人 同市同町七拾五番地 志垣弘
發行所 熊本市安巳橋通町七十五番地 國教雜誌社

（印刷 京都西六條 山本活版所）

遞信省認可

國教第貳號目次

國教第一號目次

特別社告

一本誌第三號よりは大に紙面の體裁を改良し増〻奮つて本誌の光彩を加へ聊さか讀者の厚意に酬ゆる所あらんとす即ち第三號の社説には**佛教と社會の關係**と云へる一大文字を掲け論説には中川小十郎氏の**教育と宗教**前田慧雲氏の**耶蘇教は父子倫を破壞する宗教なり。**堀内靜宇氏の**信仰自由の誤解を論じ併せて耶穌教徒に告ぐ**と云へる新新なる議論を掲け尚はフオーセツト氏と**スマンガラ僧正との問答**及び**佐治實然。鈴木券太郎**諸氏の論説を掲載すべし

一本誌第三號には本誌に對する各新聞雜誌の批評を集め之を附錄として發行すべし

◎特別寄書家人名

（いろは順前號の續）

密嚴教報主筆	岩堀知道君
眞宗大谷派一等學師	小栗栖香頂君
開明新報記者	神代洞通君
	辻敬之君
眞宗問答著者	前田慧雲君
大同新報記者	藤田祐眞君
東京新報主筆	朝比奈知泉君
	佐治實然君
九州日々新聞記者	志方熊記君
錫蘭島史著者	釋宗演君

（未完）

祝詞

國敎ノ發刊ヲ祝ス

釋　宗演

健康ナル愛國ノ嚴父ト淑貞ナル護法ノ慈母ト相視テ手ヲ握テ莞爾トシテ哂且喜ンテ曰ク吾家ノ寧馨兒生セリ吾家ノ出藍子産セリト父母ノ言未タ了セサルニ兒忽チ口ヲ銜テ大獅子吼シテ曰ク天上天下國敎獨尊ナリト此兒ヲ誰トスル即チ這回新ニ熊本ノ雄縣ニ生レ出タル國敎子是ナリ國敎子生レナカラニシテ奇骨ヲ挿ミ生氣ヲ帶ヒ恩量アリ文藻アリ體勇ニシテ脚亦健ナリ一日千里之ヲシモ遠トセス忽チ來テ余カ艸廬ヲ顧ミ大聲疾呼シテ曰ク「上署 其人敎ナルカ故ニ之ヲ國敎ト謂フナリ此國家ニ限ルノ宗敎ト謂ニアラサルナリ其國家ハ獨立生存ヲ保持スルノ勢力アルカ故ニ之ヲ國敎ト謂フナリ國家ノ保護ヲ仰テ以テ存立スルノ宗敎ト謂フニアラサルナリ「下署」ト嗚呼是皆余カ嘗テ言ハント欲スル所ノ者而シテ國敎子早ク既ニ之ヲ言フ佼哉快哉余亦贅セス唯之ニ祝シテ曰ク國敎子國敎子汝カ智慧ハ宜ク彼ノ尖々タル毛錐ノ鋭利ナルカ如クナレ汝カ德行ハ宜ク彼ノ渾々タル玄雲ノ濃厚ナルカ如クナレ汝カ天壽ハ宜ク彼ノ礩々タル硯砥ノ剛康ナルカ如クナレ而シテ此筆、墨、研ヤハ今日ハ汝カ嘴窓淨机ノ間ニ於ケルノ文友ニシテ又轉シテ他日法戰場中魔ヲ鏖ニシ邪ヲ盡クスノ堅甲利兵タルナリ自重セヨ國敎子余括目シテ汝カ法界ニ蓋代功ヲ奏センヿヲ待矣

祝國敎發兌

池松豐記

一切衆生皆能ク以テ佛果ヲ得ヘシ佛果ヲ得サル者ハ自ラ以テ人間本分ノ地位ヲ棄ルナリ人生究竟ノ望ハ無上ノ幸福ナリ無上ノ幸福ハ無漏ノ德果ニシテ佛果ヲ乘テ他ニ之ヲ求ムヘカラズ惟フニ人ハ其本分ノ樂

土ニ達スル迄ハ其心遂ニ片時モ安穩ナル能ハス一苦漸ク排スレバ一苦又タ來リ一悶未タ去サルニ一悶復タ起リ之ヲ譬フルニ万頃ノ水面風去リ風來リ波瀾斷ル期ナキガ如シ解脫ノ法門ニ游テ涅槃ノ樂土ニ達シ本來面目ヲ開ク者ニアラザレハ遂ニ幸福ノ滿足ヲ語ル可ラズ五濁惡世ノ澆末ニ當テ煩惱城裏ニ在テ一條ノ血路ヲ厭軍蝟集ノ際ニ開テ佛果ノ光リニ接スルノ機緣ヲ有スルハ人間特有ノ福慶ニアラサランヤ生死實ニ事大ニシテ光陰迅速白駒ノ隙ヲ過ルガ如シ況ンヤ誘惑百出知見アル者知見ニ縛セラレ便宜ヲ得ル時便宜ニ墮チ逐波追浪万境ニ流轉シ一狐疑了一狐疑ノ中早ク已ニ難得ノ一生ヲ通過シ去ランドス豈ニ深ク警省セサル可ンヤ凡ソ世ノ宗敎ヲ聞ニ凡夫位ニ接スル時ハ長上根器ノ人ニ接スルノ機用ヲ以テス可ラス各其方便ニ依テ得度スルハ七法攝化ノ大用ナリト雖モ眞宗ノ一派ニ於テハ上根下根ヲ問ス一念無雜專修回向ノ太堅信ヲ取リ不疑不惑彌陀ノ誓願ニ基テ一切衆生皆ナ能ク以テ佛果ヲ得ヘキヲ證スルハ眞ニ是レ超絕無倫ノ宗派ト云ハサル可ラス今ヤ信敎ノ自由ハ吾邦大典ノ特書スル所トナリ開明ノ潮流ハ一切腐敗ノ空氣ヲ掃蕩シ獨リ形而下事物ニ止ラス延テ無形ノ境界ニ及ヒ哲理ノ講究ハ學士社會ノ一大問題トナリ宗敎ノ關係ハ哲理ト相密着シ各宗各派ノ長將勇卒ハ爭テ其旗職ヲ樹立シ椽大ノ筆懸河ノ辨粹ヲ抜キ鋭ヲ極テ各其一方ニ雄視セサルハナシ吾輩淺學ノ徒固ヨリ其優劣是非ヲ判斷スルノ明ナシト雖トモ蓋シ優勝劣敗ハ一歩ヲ轉シテ宗敎信仰ノ腦裏ニ到ラントス大法攝化ノ任ニ當ル者退テ守ルノ時ニアラズ正ニ是レ進テ取ルノ時節ナリ慧日照ラサズンハ何爲ソ諸暗ヲ破ラン實楼棹ズンバ豈ニ能ク彼岸ニ達センヤ是レ國敎ノ發兌ノ時機ノ必要ニ促サレテ暉光ヲ東洋ノ一隅ニ放ツ所以ナリ只祈ル此美麗精妙ナル一線ノ光輝ハ將來斷ヘス二六時中森羅万象ノ間ニ耀キ洸リ善男子善女人ノ淸淨純正ナル腦裏ヲ照破シ万德圓滿ノ佛菓ヲ永遠無窮ニ包持センヿヲ余ヤ夙ニ心ヲ佛乘ニ潛メ諸方ノ尊宿ニ參シ安穩生涯ヲ青山碧水ノ間ニ送リ超然自適此風光ヲ領取スルハ一ニ佛恩ニ依ラズンハアラズ今ヤ國敎ノ發兌ニ臨ミ一片ノ蕪語ヲ陳テ其將來ヲ祝ス

祝詞

高見廣川

國に敎なくはくにといふへからす。家に敎なけれは。

家をたゞめつあたはせ。然かれども教ありし國家なり。世うつり人かはり行まゝに。金の光にまよひ。よくにひかれて。をしゑをわするゝに至るまじけはし。いにしゑの人の言の葉にも。獸を逐ふものは山を見ざといへり。いかにとなれば嗜欲外にあればなり。明ならちにおはふところなる。又いへることあり。やぶれは學ばざるより敗なるはなしといへり。めへに學ばざるのられひは。善を轉して惡となし。側に行てすすまむとす。今の世となりて。太平打つゞけ。嗜欲甚しく。人心も爲に腐敗せるをなげけ。有志の人々國教となんいへる。雜誌をつゞりて。世の人に分ちあたへて。側に行てすゝまむとするをまことの道にすゝむかしめむとてものせるめるよしを。わが友か深ん友どち求り物がたりつるは。いと〱よろこび身にあまり。これぞ暗夜にともし火をえたる心ちす夫法門の大人は長利をはかり身今に窮して名時に辱しむといへども。法に益し後にたよりする時は。これをなすに身をもつてするは。法に徇なり。法門中の小人は。刹壓の錐末を慮り。教を今にはつかしめ害を後にのこすといへども。おのれに益ある時はこれを行て。忌憚るところなしといへり。嗚呼古人の言葉至れり盡せり。又いへり惻隱の心無きは人にあらず。羞惡の心無は人に非ず。辭讓のこゝろなきは人にあらずとなりはれしとぞおもへば。今時の人いかなる思想かおこさむ。この一端を身におこなふ時は。人又これをたふとむなり。これが有志此雜誌を起せるこゝろは。すなはちいにしへの法門をたふとみ。教のみちを明らかにしらしめむとの。まこゝろよりなりいでゝものせるは。いとも〱うれしきわざにぞありける。このをしゑの廣く世に行はるゝにいたらば。上は　今上をはじめたてまつり下は萬民の益をうくるのみか。御代もめでたかに治り。實に波風もなきわがうら安の名にそむかざらむは。またつゆたがふべからず。かくめでたきことゝろざしのあつきを聞て。たゞにやむべきものかはと。つたなきをもかへり見ずいさゝか祝詞の心を友どちのもとに。しるしてまいらするなりかし〱

うら安の名にもそむかぬ
をしへこそ國のたからと
いふべかりけれ

廣川

國教第貳號

（明治二十三年十月二十五日發行）

社説

佛教の眞理を證明するは今日の急務なり

宗教の眞理を今日に說明するは一大必要なり、佛教の眞理を今日に說明するは實に一大必要なり、蓋吾儕の遭遇する、第十九世紀は、懷疑の時代なり、唯物主義の時代なり、宗教革命の時代なり、何をか、懷疑不信の時代と云ふ、凡そ在昔より傳來する一切の宗教、道德、政治、制度、習慣を擧げて、悉く之を吾儕の討究す可き問題となし、悉く之を人間思想の範圍に入れて、其眞妄、利害を判斷せんと欲す、故に云何なる宗教も、云何なる經典も、經驗に合せず、人性に反し、万有の理法と矛楯するものは、漸次信仰を失するに至る、事實必ず精確ならんことを欲し、眞理必ず圓滿ならんことを欲するに至るは、實に自然の勢ひなり、即ち耶蘇教が歐米各國にありて一方に於ては漸々信仰の勢力を失し、一方に於ては「ユニテリアン」の如きものを生じたるは、其最も著明較著なる一例と云はざるべからず、何をか唯物主義の時代と云ふ、吾儕五官の感覺に係る、有形事物の存在を信認して、無形虛靈の存在を拒否するの傾向を云ふ、即ち其說を約言すれは日く物質を離れて勢力なく、勢力を離れて物質なく、勢力は物質に必伴するの性能にして、勢力の外に物質を創造するの勢力なるべからず、有機無機の諸物は物質の偶然なる配合より生ずる結果なり、生命は恰當なる事情によりて、生じたる物質の特殊なる配合なり、思想は物質の運動なり、靈魂は物質機關の作用なりと、此主義を學理上より唱說して諸學に應用するものを、學理的唯物論者と稱し、現世の福祉、肉体の快樂、物質の生活を以て、人世無上の目的とし、黃金を崇拜し、實利を欽仰して、宗教道義の感情の如きは敢て顧ざるものを、實理的唯物論者と稱す、此主義に從へば、眞如と云ひ、涅槃と云ひ、上帝と云ひ、天國と云ひ、精神の不死と云ひ、未來の世界の存在と云ふか如きは、有名無實の妄想たるに過ぎず、宜べなり此主義を實施すれは、其極遂に人心の薄弱、道義の敗壞を見るに至るや、故に文明各國にありて、此二大主義は、啻に耶蘇教の勁敵たるに止まらず、殆んど亦宗教全体の勁敵たり、今日に方りて、我佛教を擴張せんと欲するもの、此二大勁敵を征服するの準備なくして可ならんや」

文明世界の光景たる、一方に於て彼か如く、懷疑論者唯物論者、頻りに起つて宗教全体の勁敵となる、同時に他の一方に於ては、千百年間百色人種の腦髓を感染したる、基督教を倒して、之に代らんとするもの哲學、道學、實に尠らず、是れ實に宗教上の一大革命なり、彼の語學を以て有名なる英國のマクスミユル氏嘗て東洋學者の集會に於て、演說して曰く、吾人歐州の北狄人種は、嘗て一たび希臘、羅馬と精神上の觸接をなすや、彼等の運動する狹隘なる世界の外に始めて一層古るく、一層富贍なる世界の在るを知れり、即ち古代に於て、技術、法律、文學、哲學を有したる雅典、羅馬の光明ある世界あるとを知れり、斯時よりして古代希臘、羅馬の思想と「チユトニック」人種の精神と相合して、近世の思想の一大長流をなし、吾人は實に其河岸に游泳したり、然るに今や東洋の思想の新潮流、之に加わりて殆んと其水色を一變する所あらんとす、試に輓近二十年

間に出版せられたる文學、神學、法律、宗教、哲學、語學の重要なる文籍を看よ、毎章毎篇以て此新精神の運動を觀るに足らんと、想ふにマクスミユル氏が此言を發したるは、十餘年前に過ぎず、而て僅々たる時間に於て、佛教は文明世界に向つて、一大長足の進歩をなし、吾儕をして基督教に代りて、人心を支配するものは佛教にあらざる乎、白色人種をして其物質的の文明に一歩を進ましめて、精神的の文明に躋らしむるものは佛教にあらざる乎、吾儕思想の範圍にあるあらゆる疑問に答へて、解釋を與ゆるものは佛教にあらざる乎、此地上に平和と正義との天國を降すものは、佛教にあらざる乎、と感想を起さしむるに至る、之を要するに、文明世界宗教革命は、既に吾儕の脚下に逼れり、試むべきは當さに之を試む可し、爲すべきは當さに之を爲すべし、佛陀は恒に其大權大慈を以て吾儕の上に臨む、吾儕佛徒たるもの豈に暫らくも躊躇すべけんや」

我邦も亦此思想大勢のために感化せられ、國家の上流に立つものは大抵懷疑、唯物の主義に傾向し、吾儕人性の宏大なる眞理に關じては、斷見の徒にあらざるはなし、宗教を視て政略の具とし、徒に欲して之を遠ざけんとするもの〻如し、中流に在るものは概して方ざに耶佛の間を彷徨して、或は未だ其去就進退を決する能はず、下流に居るものは猶は迷信に安んじ、進んで眞理を討究すること能はず、而して宗教革命の時運俄然として文明世界に徵發し、佛教の眞理の旗影或は雪嶺の項に閃き、或ひは區々として錫蘭の海底より振躍するを觀て我同胞の佛教に對するの感情は漸く一變するの勢あるか如し、斯時にあたりて吾儕佛教徒が外非宗教論者即懷疑唯物の徒に對して、宗教の眞理を証明し、内は宗教論者即ち異教の徒にして、佛教に反對するもの及び佛徒にし

て未だ其信の進歩せざるものに對して、佛教の眞理を証明するハ、蓋し方今の急務なりと云はざるべからず」

論說

學教の一完體……感化力

松山綠陰居士

學教一なり、後世始めて岐れて二となれるなり、學士現前を事とし、教家未來を事とし、彼此相爭ふて相勝たんことを求む、思ふに二者皆な過てり、蓋し天の人を生ずる、物あり則あり、之を現實に應用しては、學術となり、之を來生に施しては、宗教となる、一は則ち格物致知たり、一は則ち信仰敬虔たり、豈に二者終に合すべからざらんや、論者曰く、人智開達し、文化進捗する毎に、宗教必ず其領域を縮少せられ、漸く以て滅亡に就くと、此れ吾が大に服する能はざる所なり、夫れ天下人民あれば、則ち宗教あり、地の東西を問はざるなり、既に宗教あれば、豈に亦學術あらざるを得んや、二者各々長ずる所あり二者各々用ゆる所あり、天下人民なければ則ち止まん、苟も人民あらば二者終に其一を廢すべからざるなり、佛人レーナン氏曰く「宗教は終に全く消滅に歸し、以て魔法妖術及び鬼魅の妄說と其運命を同うすべきや、何んぞ其れ然らん、夫れ宗教は俗間の虛謬と日を同うして之を語るべからず、先天の一大眞理、人民の感覺發揚する所のもの之を名けて宗教といふ、然るに世の謂ゆる宗門は皆な宗教的意思を發表するものなれども、其未だ完全なる能はざるや、比々として此世に擯棄せらるゝに至るを免れずと雖も、此を以て宗教の消滅に就くなりと、謂ふ者は甚だ非なり、宗教を捨てゝ人類を純全ならしめんと計るは、是れ一の夢想たるに過ぎず、天下何事か狂妄之に過ぐるあらんや、吾れ謂らく宗教は人類進歩の爲めに破滅せられ若くは困退せらるべきものにあらず、乃ち人類の進歩は以て宗教を開發興隆すべし」と吾れ嘗て此卓見に敬服す」夫れ世上宗門の類其多きこと一千有數百種に及び、一々之を枚擧するに遑あらざるなり、悉く宗教域内に屬すと雖ども、眞僞混淆し、虛實閒雜し、未だ以て容易に之が分拆を爲すべからず、其僞たり虛たるものは、終に以て學理と合するを得ず、乃ち人智の開發、文化の進捗之を打破すると共は遂に之に傾倒せられて世に立こと能はざるに至らん、其眞たり、實たるものは、是れ即ち宗教の本性にして、全く學理と相合す、何物か能く之を破却せんや、永久能く世に存して其效用を見はさんとす、然れども學亦一にあらず、眞假あるを得ず、假僞の學何んぞ能く宗教の眞理に合すべけんや、學理にして假僞に出づるものは智力の開發求くとして世に存せしめざるや必せり、眞學理興起し、眞宗教光闡し、二者相合して一完体となし玆に始めて眞文化を發揚すべし、蓋し學教相合する所乃、即ち眞理の在る所なり、眞理の流行洋々乎たり蕩々乎たるは即ち文化の文化たる所以ならずや、豈に亦人智開達し文化進捗せば、則ち宗教全く消滅すべしと謂ふを得んや、世の宗教を觀て單に愚夫愚婦を導くの具となすもの宜しく深く察せずんばあるべからず、」

抑々宗教の效用たる我が衷懷に美妙なる熱情を發興し、從容として理の在る所に順ひ、本分の爲す所に赴かしめ泰然世に處して憂なからしむるにあり、學術の效用たる智識經驗を蓄積[illegible]し、以て人類社會の實用と快樂とを進捗するにあり、例せば解剖學の身体構造を審かにし、他の學科と共同して以て疾病の苦患を斷治するが如く、又化學及び器械學は人生の寃苦を救ふて、社會の利便を助くるが如し、敎學二者誠に其一を廢すべからざることを、鳥の兩翼、車の兩輪に於けるが如し、若し宗敎なくんば何にを以てか能く中心の戀々たるを慰め、思想行爲の暗々たるを排ひ、邪を去り、正に就き、世波の滔々澎湃たる間に屹立して、能く泰然たるを得べけんや、若し學術なくんば何にを以てか能く厚生利用の道を達し、社會の安寧互樂を進むべけんや、則ち世人誰れか學術の重んずべきを知らざらんや、然に宗敎に至つては之を度外に置き其重んずべきを知らざるもの天下其人甚だ多きが如し、豈に大に慨歎せざるべけんや、或は曰く宗敎を奉するは生命の快樂を殺減す、之を信せざるを可とす、或は曰く吾れ才あり識あり俗輩に同しからず、何んぞ彼の愚俗の爲に敎ふて宗敎を奉すべけんや、或は曰く寺に詣て其儀式を行ふ是れ以て足れり、何んぞ必ずしも其敎戒に拘々たるを要せんや、或は少しく宗敎を學び、時に疑團釋然たらざるものあれば、乍ち厭倦の念を生し、全く之を放棄して復た顧みるを懶しとするものあり、是の如く世人の宗敎に冷淡なる其由る所ろ、一二にあらずと雖とも、其流弊日に一日より甚しく、醜然として一世の風を成さんとす、是に於てか不幸の結婚、不徳の子弟、相繼で出現し、放縱耽溺及び賭博忌み憚る所ろなく不正詐偽及び敗壞言ふに忍びざるあり、竊盗兇行及び自殺凡て罪惡として其勢を増長せざるなきに至り、一意營利に從ひ、貨殖を事とし、飲食衣服に汲々として日も亦足らず、而して中心戀々たる思想行爲の上に陰翳の斑々たるも、復た之を顧るに遑あらざるなり、此誠に肉中に針あるを忘れて、徒らに皮膚の光澤に眼を眩するの類にあらざるなからんや、鳥其片翼を失へば輒ち地に落ん車其一輪を破れば輒ち覆らん世人智識あるを知つて、宗敎あるを忘るゝの弊、茲に至つて極まれりと謂ふべし、然らば之を如何せば可なる乎、曰く他なし、大ひに宗敎の感化力を作振し、一世を風化して此流弊を矯むるに在る耳」

然れども天下宗門の數甚だ多し、是非混淆し、正邪間雜す、何の宗門か果して能く純正潔白ならんや、之を學理に照らし、之を人情に揆り、凡百の宗門を綜合して、其粹を拔き其秀を採り羅織して、一大宗門を構造せんか是れ即ち宗敎統一の偉業にして世の碩學大家の口を極めて唱道する所ろのものなりと雖とも、如何せん其成功を期するの難き、未だ以て俄かに之を望む能はざるなり、然らば則ち吾輩終に手を束ね默して止まん乎」

凡て人は極美(アイデアル)を願ふの情意を有せり、此情意を滿足せしむべき所ろのものを供給することを、猶は學術が現實的情意を滿足せしむるが如くあるの宗門を求めよ、宇宙萬象を支配する最大最貴の道理を基本とせる宗門を求めよ、佛敎を措て將た何かある、蓋し佛敎は眞如の存在を敎ゆ、是れ以て極美的情意を滿足せしむるに足らざるか、宇宙廣しと雖とも豈に淨樂我淨に勝るの善美あらんや、佛敎は因果法を以て其基本とす是れ以て道理心に契合し、學理に吻合せる宇宙の大理にあらざるか、萬象森々として無量無邊なりと雖とも、其名色に論なく、豈に因果の關係を出づるものあらんや、然らば則ち宇内宗敎統一の結果も亦豈に能く佛敎の外に出づべけんや、之を約せば則ち語默の間にあり之を放てば則ち法門無量となる、故に吾れ謂らく佛敎は即ち萬世の宗敎なりと、之を學理に照らし、之を人情に揆り、反覆討究するも豈に終に得て其本質を打破せんや、然りと雖とも佛敎國の廣き、其信徒の多き佛敎も亦多少異分子の混入あるを免れず、吾が所謂佛敎とは佛敎の本質を指して云爾するものあり」

佛教既に萬世の宗教たらば、宜しくこれを講明して其能く學理と契合して、之と一完體を成し、以て文化を發揚すべきものたるの實を顯明せざるべからず、而して誰れかこれに任ずべきか佛教國數十万の僧侶こが爲に生死するにあらずや、且つ佛教既に學理的宗教たらば、宜しく大に其感化力を作振して盛に一世を風化し以て物質的偏重の流弊を矯正すべし、夫れ感化力なるものは、徒らにこれを求めて能くこれを得べきにあらずも、佛教護持者自ら先づ精神的生活を生活せざるべからず、生活の旺盛なる是れ感化の源泉なり、源泉混々晝夜を舍てずして、始て滔々たる感化力の一世に盈流するを期すべきなり、然るに精神的生活はこれを經典の章句に求めて得べからず、これを法坐の說教に求めて得べからず、死字豈に能く生活を與へんや、死聲豈に能く生活を作んや、然らば吾人就れに向つて所謂生活を求べきか曰く自ら天地の生活を呼吸すべし、即ち天地の活詩人たるべし、卓然として萬物を靜觀せば博大剛明の活氣滾々然として胸間に注射し來らん、佛陀の佛陀たる所以の者豈に他あらんや自ら佛教護持者と稱しながら徒らに章句言語の間に拘々して遂に死信に終るもの豈に亦所謂感化力なるものあるを得んや、宜なり佛教の久しく天下に振はざる也」

教育及宗教　戸城傳七郎

凡そ世の教育を議せる者皆曰はく德育には宗教の臭味を帶ばしむべからずと、而して其の理由とする所を問へば、輒ち曰はく信仰は自由なり、無知の兒女子を誘うて一種の宗教に歸せしめんとするは、信仰の自由を奪はんとする者なり、中小學の兒童の如きは、理性の發達尚甚だ幼稚にして、未だ自ら是非正

邪の判斷を下し得ざる者なり、然るに今若し教師たる者各々自ら其の信ぜる所を以てこれを其の兒童に傳ふるとせば、是れ即ち兒童をして知らず識らず、宗教選擇の自由を失はしむる者にて、若しこれを酷評すれば、謂はゆる夫の人の子を賊ふの嫌ありと云々、宗教排斥者の理由とする所は、固より一にして足らずと雖も、右に述ぶる所は、蓋し其の最も勢力ある者にして、且つ稍事理の當然を得たるが如く聞ゆる者なり、而して此の說は、今日世の謂ゆる教育の大家中にも、往々之を唱道する者ありと云ふ、然れども余輩は未だ容易に此の說に服すること能はざるなり第一余輩は右に述ぶる所の說を吟味せんとするに臨み、玆に必ず誘起せざるを得ざる所の、一條の相聯絡せる思想を有せり、一に曰はく吾人は決して自ら信ぜざる所の者を以てこれを人に傳ふることを能はず、二に曰はく吾人は自ら信じて善とする所の者を秘してこれを其の愛する所の後進子弟に傳ふることを肯ぜざるの愚を爲すに忍びずと云ふこと是れなり、抑も教育たる者は果して何を以て目的とする者なりや、約して之を言へば、無知を化して有知と爲すの謂なりと云ふも敢て失當の言にはあらざるべし、兒童は至て無知なり、夫れ惟だ無知なり、故にこれを教育するの必要あるなり、而して吾人のこれを教育するや、吾人は果して能く自ら信ぜざる所の者をこれを彼に傳ふることを得るか、又能く自ら信ずる所の者を秘してこれを彼に傳へざることを得るか、若し万一之に答へて、我能くこれを善くせんと云ふ者あらば、吾人は直に其の人を斥してこれを僞教育者と稱することを憚らざるべし、

教育者に貴ぶ所の者は智識の傳導者たるのみに非ずして、完全なる人物の模範たるに在るなり、人は何ぞ不完全の動物なりと雖も、今日今時に於て成る

べく完全の人物と為り、以て後進子弟の模範たらんことを欲する者なり、是か故に吾人の子弟を教育するや、先づ期たる所は之をして己れと等しく有智有德の人たらしめ、而して成るべく其の智能德性共に能く己れに類似したる人物を造らんとするに在ることは、實に免るべからざる人情の自然にして、又教育者の教育者たる誠意實情の存する所なりとす、余嘗て論じて曰はく、

（前號參照）師弟の情誼の濃かならざるは、師の弟子を愛するの情甚だ厚からざるに由る、苟も師にして弟子を愛するの情厚く且つ切ならんか、弟子は決して之に報ゆるに同樣の愛情を以てするに吝ならざるなり、師の愛する厚からず、故に其の教ふる所虚なり教ふる所虚なるが故に、受くる所亦虚なり、而て虚は獨り虚ならず、之に伴ふに浮薄の性を以てす、情誼の冷淡なる素より其の所にあらずや」

然りと雖も、愛の厚からざる亦故あり、蓋し教師自身の動作に本來一定の目的なければなり、凡そ吾人の愛する所、己れより切なる者はあらず、故に其の人に望むや、先づ其の我に親切ならんことを欲す、然れども人の我に親切なるは、概して我と同趣味を有するの人なり、語を換へて之を言へば最も深き同情を有するに非ざるよりは得べからず、されば師の弟子に臨むや、先づ望む所は其の我と同趣味を有するの人物たるに在り、即ち出來得る丈は其の我に等しき人物たらんことを欲するなり、例へば、浩蕩闊毅なる教師は其の弟子の悉く浩蕩闊毅ならんことを望み、温柔敦厚なる教師は其の弟子の悉く温柔敦厚ならんことを欲するが如し、是れ即ち教師自身の動作に一定の目的を立つる所以の根本なり、苟も此の目的なくんば弟子を思ふの情親切なるを得ず、何となれば我より彼に希望する所の者なければなり、其の愛の厚からざる素より又怪むに足らざるなり云々

之を要するに、教育者たるものは、己れ先づ完全なる人物となり、以て子弟をして之に則らしめんことを要する者なれば、其の一擧一動は假初にも浮薄虚假の者ならずして、必ず誠意實情より發する所の者ならざるべからず、而して終始能く此の目的に背反せずして、以て其の職務を全うするの道は、之を如何せば則ち可ならんかと云ふに、其れ唯己れが信ずる所の者を以て之を彼に傳ふるの一方あるのみ、是れ實に教育の元精、感化の根本なり、故に曰はく吾人は能く自ら信ぜざる所の者を以て之を人に傳ふることを得ず、又能く自ら信ずる所の者を秘して之を人に傳へざることを能はずと、然り而して此の道理は又能く之を教法授受の際にも應用することを得べき者なり、若し教師其の人にして佛教の信者ならんか、其の自ら信じて以て言行を托する所の者は、即ち佛陀の遺法なるべく、若し又其の人にして耶蘇教の信者ならんか、又其の自ら信じて以て言行を托する所の者は、無論基督の遺教なるべし、夫れ此の時に方り是等宗教の信者たる教育者は、各々其の子弟に教ふるに、其信ずるところの教法を以てせずして、而して當に何を以て之に授くべきや、我の信ずる所は天下の眞理なり、至美至善の大道なり、之を子弟に授くるに於て何の不可なることかこれあらん、啻に不可なるなきのみならず、若し斯の眞理斯の大道を以て之を天下に傳ふる者あらざらんば、其れ此の滔々たる人間を如何せん、信仰は人々の自由たるべきこと素より論を待たず、何となれば均しく是れ勸善懲惡を說き安心立命を以て其の歸趣とする者なればなり、勸善懲惡安心立命は幼者と壯丁とに擇ぶ所あるべからず、何となれば同じく是れ無明の淵より救ひ

出して、悲智圓滿の境界に達せしむるを以て究竟の目的とする者あればなり、之を要するに、宗教排斥者の謂はゆる宗教撰擇の自由を失はしむると云ふ者は、即ち是れ至善の宗教を撰擇せしむる者にして、又其の謂はゆる夫の人の子を賊ふの嫌ありと云ふ者は、即ち却て夫の人の子を救ひ出す者に非ざるなるを知らんや、徳育に宗教の臭味を帶ばしむべからずと云ふが如きは、蓋し思はざるの甚だしき者なり、然りと雖も茲に特に一言すべき者あり、夫の宗教排斥者ある者は、彼已に自ら宗教の信者にあらず、又未だ宗教の何物たるを知らざる者なり、是の故に彼等は啻に之を教育上より排斥するのみならず、或は更に宗教の社會に於る効益如何を疑ふ者には非ざるか、果して然らば、社會と宗教との關係に對する問題こそ、實に今日彼等の第一着に論究すべき所にして、其の教育に對する關係如何の如きは、蓋し第二次に在るものなり、然るに彼等は未だ曾て社會と宗教との關係如何を一言せず、而して漫に之を教育に入るべからずと云ふ、何ぞ其れ本末を誤るの甚だしきや、且つ又公けに明言して教育には宗教を入るべからざると云ふ者は、彼れ已に稍宗教の利害に志ある者なれば、或は取るべきありと雖も、獨り堂々たる教育の大家にして、未だ始めより此の問題に付て一言を試みざる者あるに至ては、余輩豈其の冷淡に憾みなきを得んや、讀者以て如何と爲す、

演說

左の二編は去十二日京都同愛慈惠會に於て赤松、松山の兩氏の演說を筆記したるものなり、尤も松山氏の分は一應氏の添正を經たるものなれば、間違なかるべしといへども赤松師の分は其翌日より東京に上られし不在中にて校閲を乞ふこと能はざりしを以て誤謬なきを保証し難し蓋し其本旨に至つては敢て間違なかる可しと思はる

慈惠會に就て

松山緣陰

慈惠の大切なることは世界の人の皆な知る所にして今更之を揚言するの必要なきが如くなれども世間之を知るものゝみ多くして之を行ふもの少きゆへ遂に慈惠會などを組織するの必要を生ずるに至るなり

さて慈惠と云へることは人類自然の性情より發生するものなり去れば世間には種々の道德あり種々の宗教ありと雖ども其趣旨の重んずる所は慈惠の二字に外ならず是れ必竟するに宗教と云い道義學と云い人類の自然性を表彰するものなるを以て其歸趣を同ふするに至れるなり假令ば儒教の如きは六德とて智仁聖義中和を說き六行とて孝友睦婣任恤を擧げ亦た耶蘇教の如き其教理上においては幾分の缺典あるべしと雖ども其慈善を論ずるに至りては稍完全なりと云はざるべからず今其例証を揭げばバイブルの中に「救恤するものは幸ひなり其救恤を受するを以てなり」とあり亦「吾が子弟に一杯の水を與ふるも其報を失はざるべし」と云へり是れ以て耶蘇教の慈惠を重んずるを知るに足るべし又佛教六度の檀波羅密の如き偏に物を施せと云ふにはあらざれども人の厄を解き人の窮を憐むは實に其一分の義なりまた三福田の悲田及び八福田の「救恤貧賤」と云ふが如き人を救ふは良田に美種を蒔くが如きの福德あるを示せるなり如斯く儒教なり佛教なり耶蘇教なり各々其教旨を異にするにも拘はらず同じく慈善を勸むるを見れば慈善は決して外貼の付膏藥にあらずして人門自然の性情を發揮したるものに外ならざるべしされば人として慈善を行ふは自然の義務なりと云ふべし

抑も此人間社會はいろ／＼の原因ありて集合体を組

織したるものあるべしといへども要するに一箇人にて其生活を送らんより寧ろ彼我相集まりて禍福を全ふするに出たるものあるべし是の故に佛教には四恩の中に衆生の恩をときたりされば苟も此社會の人類たるものが人の艱苦を扶け人の難儀を救ふは是れ當然の義務と云ふ可きものにして事珍しきことにあらざるなり然し義務など、云へば大變理屈上より云へるもの、如しと云へどもさにあらず孟子の比喩にある通り茲に一人の兒童ありて井戸の中に陷らんとするを見れば見ずしらずの他人でさへも之を救ふの念を起すは人の心の自然に出でしものにて法律上の制裁を受たるに非ず又經濟上の考へより起りたるものにも非ざるなり慈善は畢竟此れを推擴めたるに過ぎ併し人間には私慾と云へるものありて常に道心の發生をさまたげ慈善の心を抑制するものゝへ能く〲此心を抑へ私慾に曲げられざる樣注意せざるべからず夫れ然り人たるものは此の自然の性情を發揮し人を憐み人を救わざるべからざるものあれども其救濟の方法によりては反つて不良の結果を生ずべければ是亦充分注意を要すべきものなり

西洋の經濟學者などは多く貧民救助の不利を說けども是未だ其一を知りて其二を知さるものと云べし何となれば世間多くの貧者の中には不慮の災難に罹りて財産を失ひ生命を害ひ爲に非常の艱難を生したるものあり亦自ら作せる罪惡の原因より自体を傷け能力を失ひ以て衣食の資を作ること能はざるものあり亦自己の不勉強よりして生產を得ず貧苦に逼まるものあり蓋し前者の如き人力の云何ともすること能はざるより起りたるものは宜しく之を救濟すべしと雖とも後者の如き自己の過失若くば懶惰より起りたる困苦は亦何ぞ之を救濟するに及ばんや

然りといへども世界は廣し貧困不幸は多し誰れが能く之を辨別して之を救濟すべきや人には各く日常の職業あるに之を放棄して貧民の性質まで取調べて其救濟に從事することは到底行はれざることなるべし是れ實に慈善會の發起を餘儀なくせしむる所以なりとす慈善會の目的たる能く貧困者罹災者の性質を取り糺し之が救濟を取計るものなり且富豪者は一度に百圓なり二百圓なりの大金を出すことを得べきも以て或は社會の罹害者を救濟するに足るべきも通常人は一錢なり二錢なり聊か慈善の心を盡さんとするものにて一錢二錢の金を投して救濟の資に充するも之を以て禍を轉して福となし不幸を變して幸福とするとを得べからずされども慈善會の如きものありて一千人なり二千人なり多數の人の義捐金を據集するに於ては假令一人より出金する金額は一錢たりとも其占め高何百圓何千圓の多きに上り社會の困究者を救濟して能く其効を現はすを得へし慈善會は一方には救濟者の便益を計り一方には被救者の不幸を救濟するに於て實に必要のものと云ふべきなりされば世の人々は宜しく此擧を賛成しかねて儉勸蓄積して其一分を投して貧困不幸を救濟し以て人たるの性情を全ふし人たるの義務を盡し社會相互の幸福を保ち自ら福田利益を求むへきこと此れ吾人の希望する所ろなり

同愛慈惠會に就て

赤松連城

去日同愛慈惠會の人來りて本會に加入致し呉れとのことゆへ余は再考を待たずして直に承諾の旨を答へしかば全會員の云へる樣然らば本日の演說會に出席致し呉れとの請求に余もほと〱困り入りしも入會を承諾して演說會には出席せぬとは云はれぬゆへ然らは出席致すべしとて本日此會に臨むことになりたり併し余は本日要用ありて他へ行かねばならぬこと

あるゆへ長い話は出來ぬ簡短に陳述致すべし
余は同愛慈恵會の同と云へる文字に付聊か解釋を加へんと欲するなり同即ち同じと云へる文字は日本にては其者若くは或る似寄りの者を指して同じと云へり假令ば茲に十一のコップあれば是れも同じコップなり是れも同じコップなりと皆同一に見做せり余の見る所にては同じと云ふことは決して世の中になき筈なりと思ふ何となれば茲に十一のコップありて其形狀、其重量、其色澤を同ふすると雖ども一番のものは一番のもの一ッにて二番目の者と異なり二番目の者亦三番目のものと異なり十一は十一ながら同一の者を見出すこと能はざるべし尤も西洋あたりにては或る類似の者を指してセームと云い同じ者を指してシミラリチと云ひ前者は知覺力によるものとし後者は辨決力に由れるものとし其區別を設けたれども日本にては總て同じきと云ふゆへ大なる間違を生するに至りたり今ま日本に云ふ同じと云へることを押ひろぐるときは只ゞ此コップの相違を見るのみならず天下のもの悉く相同じからざるを發見すべし假令ば日本にて兄弟のことを同胞と云ひ胞を同じくすると雖ども弟は弟にして兄ならず兄は兄にして弟ならず皆な別々のものとなれるなり世の諺に兄弟は他人の初めなり兄なればとて何ぞ弟を保護するに足らん弟なりとて何ぞ兄を資くるに及ばんやと云へばそれまでのことなり亦た西洋にては是より一歩を進めて父子は他人の初めなりと云ひ假令は茲に一對の父子ありて饑餓に逼らんとするときは寧ろ親を救はずして自身を救ふべしと云へり亦た西洋の或る法律家の言に我が妻と我が親と水に溺るゝあらば吾が親を救はずして吾が妻を救ふべしと云いしとか斯の如く親は親にして子にあらず子は子にして親ならず兄は兄にして弟ならず汝ぢは汝ぢにして吾れにあらず子

死すれば親がのこり、親死すれば子がのこり皆々別々のものにて同じからずと云へば同愛もなく同胞もなく同性もなきに至るべし是れ只ゞに一方口より觀察したるの誤りと云ふべきなり」
故に今其同じき点より云へば天下の事物皆な同一にして彼我を區別すること能はざるに至るべし假令ば父子兄弟は云ふまでもなく同鄕の好み、同窓の友、同村の交り同國の間柄など唱へ同窓會とか同國會とか同鄕會とか種々の會合種々の團体を組織し一鄕の好みを結び一村の交を温めんとせり亦た一層之を押弘けて九州同志會とか關西十二州會とか云へるものを組織し九州は九州だけ關西は關西だけ其信交を修めんとせり亦た外國に至れば日本人は日本人だけ相集りて親しく交際を締べり然るに外國より歸りて見れば前の親交も漸く疎遠となるに至る是れ必竟するに外國にては同じ日本の人間なりとて互に隔意なく交際するも日本に歸りて見れば日本の人のみ多くして外人と區別するまでのことなきゆへ斯く疎遠に趣くは是れ余が正しく實驗したる所の實狀なり如斯く國を同ふし鄕を同ふし村を同ふするとて殊更に感情を同ふし艱苦を倶にするの有樣なるを以て一家中父子の間は一層之より甚しきものにて是れは吾親なり他人の親と異なり是れは吾が子にて他人の子にあらずとて互に親を通じ互に愛を施すにいたるまた之を押し弘ぐれば是は吾が鄕の人なり是は吾國の人なりとて父子兄弟より一家に及ぼし一家より一村に及ぼし一村より一鄕に及ぼし一鄕より一國に及ぼし其關係の厚薄により其交際の親疎により各々愛情を異にし各々待遇を異にするに至るものなり」
然るに茲に一つの訝むべきは日本人が土爾古軍艦の沈沒を見て種々義捐金を募りて武藏丸の沈沒に毫も義捐を募集せざること是れなり土爾古の軍艦が不慮

の暴風に遭遇し紀州の沖に沈没し二百有餘名の軍人をして空しく蒼海の藻屑と消へしめたるは實に痛惜の至りに堪へざ況んや同國の使節チースマンバシャ氏は重大なる土耳古の使節とあり其使命を全ふすること能はざ斯る災害に逢ひたるに至りては實に言語に盡されざるはどあり然るを日本人が義捐金を募集して罹災者を救ひ或は死者の幽魂を吊ろふは尤も善き事の様なれども要するに土耳古は其土を異にし其人を異にし縁遠きものなり一方は我三千九百万の同胞兄弟あり然るを之を度外に於て何たる愛想も加へざるは云何なる譯にや人或は言はん武藏丸の沈没あどを救へば權平、八平の難船をも救はざるべからざ只ゞに權平八平の難船のみならず全國人民の水難、火難、劍難、病難、恐く救濟せざるを得ざるべし斯くては到底力の及ぶ所にあらざれば宜しく風變りのものに義捐して名譽を取るに若かざと是れ蓋し順序を誤りたる者と云ふべし尤も廣き日本のことゆへ斯く云ふ中にも義捐金を募集する人のあるやも知れざるゆへ浮とは明言し兼れども余が見たる新聞の中には未た其擧なかりしあり併し世の中には新聞の外に新聞あれば新聞によりて証據立つることも出來されども今日まで聞たる所にては未だ其擧なしと思へり蓋し同愛と云へることは尤も善き名詞にて世界の人類は皆な同じ人類なりとし相愛し相扶くべき筈なれども之を救ふの方法は一家より一郷一郷より一國一國より他邦に及ぼし親交の疎遠によりて救濟の順序を立つ可きあり一家は父子兄弟の好あるとて互に相扶持し一村は一村の好みありとて之を救ひ一國は一國人の好みありとて之を救ひ世界の人は同じく是れ人類なりとて之を救はゞ牛馬犬豕も吾々と同じく動物なりとて同じく慈愛を加へ同じく救ひをなさゞる可かゝさるに至るべし之によりて異なる点よりし

て牛は人にあらざ兄は弟にあらざ面々かちくに思はゞ慈惠もなく愛憐もなきにいたるべきも同じ点よりして見るときは彼れは同じ日本人あり彼は同じ人間あり彼は同じ動物ありとすれば十方一切の衆生は恐く一体となるべしされば人の救濟の心を惹き起すも若し吾れは一人ありとすれば人が虎列剌にかゝりも人が厄災に遇ふも余は虎烈剌にかゝらざ亦た難船せざムサシ丸の沈没吾に於て何かあらんと虎列剌の流行吾れに於て何かあらんとの感情を起すべけれども若し氣を取り換へてムサシ丸の沈没したる境遇に余をかえしめば云何ん余をして虎烈剌病に罹るの地位に置かしめば云何んと他人の境遇をして自己の境遇に押し當てなば必ゞぞや一片の憐情を惹起さゞるものなかるべし必ゞぞや多少の義捐を投じて其災害を救濟するの心を生せざるものなかるべし

翻譯

左ノ一篇ハルイス、コットン氏カ神智學會雜誌ニ寄稿シタルモノヲ抽譯シタルモノナリ按スルニ吾邦ニモ古來阿部淸明氏カ宣明法師ニ學ヒタル傳法ナリトテ人相手相等ヲ考究スル法及之ニ關スル書籍等ナキニ非レトモ之レヲ一科ノ學問トシテ考究シタル者ハナカリキ而シテ中世以來或ハ吾カ佛教中散說スル處ヲ抄出シ世ノ俗說ヲ附會シ種々ノ妄說怪談ヲ捕エ三世相ナドノ俗說出デ、ヨリ訛傳擾々終ニ識者ノ擯斥ヲ蒙リ偶マ〳〵手相人相等ヲ考究スルモノアルモ世ノ愚夫愚婦ヲ惑ハシ以テ營利ノ資トナス者ト認メラレタリ之ニ由リテ其學問ハ啻ゞニ愚夫愚婦ノ玩弄スル所トナリ曾ツテ識者ノ顧ミサル所トナリシガ這般ルイス、コットン氏ナル者熱心ニ此學ヲ研究シ其蘊奥ヲ探クラントシツヽアレバ或ハ將來一科ノ學問トナリ世間ノ問フ所トナルヘシヨリテ今氏カ著ハス所ノ手相學ヲ譯述シ世間愛顧者ノ參考ニ供ス但シ其所說ノ眞僞ニ至ツテハ吾輩ノ保証スル限ニアラズ唯ゞ之ヲ以テ鑑考スルノ價値アルモノトセバ幸甚

● 手相學

ルイス、コツトン氏稿
合翠庵水村譯

凡庸ノ人ハ此手相學ヲ以テ詭迷ノモノトシ批難セリ雖然此學タルヤ太古ノ理學ニシテ古代ノ博識ナル人士ハ一科ノ學問トシテ之レカ研究ニ孜々タリシナリ

此ノ學ノ起原ヲ本ヌルニ甚タ曖昧ニシテ一モ取ルヘキモノナシト雖トモ恐ラクハ「カツヅバラ」並ニ他ノ最トモ古キ瑞書ノ趣旨ニ因テ起リシナラン而シテ是學ノ起原ト時代ヲ共ニセシヤ必セリ古今ノ書中手相學並ニ人相學ニ付テ巨多ノ詭傳遺レリ併シ東洋國民ハ數千年以前ヨリ是レヲ認知シ居レリ「グリース」ノ「フイサゴラス」並ニ他ノ漫遊者ハ之ヲ「マジ」ヨリ傳授シテ「グリース」國民ニ傳授シタルハ是等ノ人ヲ以テ嚆矢トス

羅馬人民ハ此ノ事ニ付テ略ボ知リ居レリ而シテ「アーテミドラス」ハ第二世期ニ於テ此ノ學ニ付テ書ヲ著セリ併シナガラ此ノ學ニ關シテ精細ナル著書又ハ仕方等ヲ叙述シタルモノ甚タ稀ナリ千四百四十八年ニ至リテ「ハートイブ」氏談著ヲナセリ又千五百〇四年ニ於テ「コーグルス」氏其後歐羅巴ノ二三ノ學者是レガ著述ニ從事セリ近來ノ人ヲ云ヘバ「バルザツク」氏「ダーペンテグニー」氏就中「デスバロルス」氏ハ此ノ手相學ヲ以テ稍々完全ナル一科ノ學問トナセリ

彼ノ有名ナル「マジ」ハ出産又ハ其后ニ於テ七惑星ガ相互ニ干渉スルコトヲ信セリ其ハ何ヅ惑星ノ各々ガ二十四時間ノ中一回上騰スルトキ二三ノ惑星ノ混溶セシトキ出産セル人ノ手中ガ各人ニ付着スル特質並ニ目標ヲ示ス如ク掌中ニ星様ノ流動体ヲ顯シ又線標ヲ顯シ其出産ノ時期ニ於テ右ノ如キ兆候著シキモノ最モ大勢力ヲ占有スルヲ信セリ

斯ク吾人ハ星學並ニ人間組織ノ不可思議ハ常ニ密着シテ相離レザルヲ知リ又太古ノ人類ハ現在各個人ハ命運ヲ出産期ニ於テ惑星的組織ニ基ヒスルノミナラズ尚且ツ相貌及ビ掌中ニ標章記號等ヲ顯ハスヿニ起因スト信馮セラレシヲ發見セリ而シテ輓近ノ經驗ニ因ツテ各人ノ顔容及ビ手掌ノ標章相互ニ異樣ナルヲ見ル加之ナラズ凡ツ人辭世スルニ方ツテ槪シテ大指ヨリ收縮シ又人産出スルニ方リ右手ヲ開ク事實ハ實ニ經驗シテ以ツテ千金ノ値ヒヲ與フルモノナリ

抑モ各人生出シテヨリ手掌ニ印受シタル標徵ハ生涯種々ノ面白キ出來事ニ遭遇スルモノナリ祈禱スル人ノ手ガ合掌、膽拜又ハ拱手セラル‖帝王或ハ統治者ノ手ハ歸服ノ意ヲ証センカ爲メニ服從者ニ接吻セラレ‖手ヲ上方ニスルハ宣誓式ノ習慣ナラン‖私ノ手ヲ見ヨ正式ノ證文等ハ法式ヲ以テ捺印セラル私ノ手テ見ヨト此等ノ事トモナリ

千八百三十二年ニ於テ倫敦ノ「チヤールスブル」君其他ノ名醫ハ手ト腦髓トノ生理上ノ干係ハ恰モ稱ホノ條約（プリツヂウオターツリーチース）ノ如シト試ニ看ヨ体軀ノ或ル部分ヨリ手中ニ多ク神經ノアルアリ殊ニ掌中多分アルヲ見ル加之ナラズ掌中ニハ極微分子ノ夥多ヲ有シ其微分子ハ列ヲ整シ手掌ノ線維ノ根據ナルベク思ハル丶ナリ是ニ因ツリテ是ヲ見レバ手相學ニ因リテ人間人種ノ自然ノ傾向及ビ諸情ヲ認識スルノ學タリ天然ガ驚クベキ神秘ナル方法ヲ以テ手標ニアル線或標ヲ印象シタレバ生涯ノ危險不幸ヲ免レシト欲セバ宜シク此ノ標ニ注意スベシ吾人ハ斷シテ免除シ得ルト云ワン何ントナレバ吾人ノ權力ハ此ノ事ニ付テ多分ノ占ルガ故ナリ是レヲ例證セバ手ハ身体ノ最モ衰弱シ易キ性質ヲ有スルヲ見レバナリ如此塲合ヲ知ランナラバ若シ人道理ト意思トガ激發シ居ル時ハ必ラズ惡シキ傾向ヲ轉シテ更ニ穩全ナル正

路ニ赴カン而シテ自然ノ傾向ヲメ適當ナラシムベシ

凡ソ學者諸士カ信シテ以テ此レヲ實際ニ應用セル學科ヲ通俗人士ハ是レガ研究ヲナサズ又研究スベキ題目ニアラズト云フテ頓着セズ却テ之ヲ批難セリ放蕩漢又無智怠惰ノ輩（宜ニ印度亞弗利加虛飾婦女子ヲ云フ）ハ此ノ學ヲシテ憶測說トシテ蔑如スルニ至リ加之ナラズ下婢奴僕等ノ畜財ノ爲メニ應用スルニ至リタルヤ疑ヲ容レズ而シテ惡漢ノ輩ガ之ヲ取財ノ爲メニ用ヰシニ因リテ科學ノ範囲ヲ脫シ擯斥セラルヽニ至レリ

抑科學上又ハ分類上ヨリ之ヲ云ヘバ手相術（バーミストリー）ト云ワンヨリ寧ロ手相學（キーロソフィー）ト云フニ如カズ此語希臘ノ手及ビ智識ト云ウ二語ヨリ轉化セシモノナレバナリ而シテ此ノ學ヲ便宜上二樣ニ分類スルコトヲ得ベシ即チ第一類手及ヒ指示或ハ識者第二類手及ヒ先示或ハ豫示是レナリ乍併實際此分類ハ決メ明瞭ナル手ノ圖形ヲ撿スルニ於テ區別シ能ハサルナリ此分類タル說明ノ便宜ニ依テ然ルナリト雖モ一ハ以テ第一類ノ性質ヲ顯示シタルモノナリ——是レ手ノ形容、大小、色、指、關節、尖頭ノ形樣、瓜ノ大小、色、手ノ細毛、等ニ依テ知ルヲ得ヘシ而メ大指カ生活ノ原根ノ運動力ヲ表示ス即チ意志力、理性、情緒是レナリ第二類ハ生涯ノ起事過去、現在、未來、ニ渡リテ惹起ス事狀等ニ關メ掌中ノ肉線、標章、及ヒ掌中ヲ囲繞スル提坊ニ依テ判定スルヲ云フナリ而メ後者ノ名稱ハ、（古代科史ニ由來ス）重要ナル惑星ノ勢力ト一致ヲ示シ其性質ヲ顯シタルニ過サルベシ如是吾人は自然ノ原因カ概メ人間身体ノ外界內界ノ特質ヲ火明ナラシムルヲ發見シ手相術ノ呼吸スル理論ハ一般ニ想像スルヨリ單純ニメ且科學的ナルヲモ見出スニ至レリ輓近ノ理學ハ人間形体ト萬物トハ其實体ニ於テハ一ナルヿヲ教ユ又タ固形、流動、氣質ノ原素ハ仝一ナル

ヿヲ論スルニ至レリト雖モ東洋理學ハ稍々一歩ヲ進メタルナリ如何トナレバ人間体躬ノ部分ノ外ニ星學的部分アルヲ認メタレハナリ是レ物質ノ精微ナル種類ヲ以テ組織シタレハ直接ニ數星ノ精髓ト宇宙ノ精髓トニ關係ス故ニ是等ノ變化成熟ト發達トニ影響此轉變分量晴況現索ヲ變移シ特ニ顏容、手掌ニ顯現メ人間社會ニ反動スルモノナリ之ヲ撿スル難キニ非サルベシ時々刻々起リタル結果表徵ヲ載記シタル記錄ハ數世紀ノ久シキニ及テ手相學ニ由テ完全セラレタル人間性質事變ヲ判定スルノ用ニ供シタル確實ナル規則ヲ編成スルニ至レリ二十年間身ヲ此學ヲ委ネ專ラ精密ノ研究ヲ爲シ許多ノ經驗ヲ遂タル學者此學ノ實際ノ効用ハ未タ充分全世界ノ人類社會ニ信認セラレス就中醫者社會ニハ大ニ嘲弄セラルヽヲ見ルト云ヘリ

此學ノ判定シ得ヘキモ印ヲ擧ンハ即チ左ノ如シ

性質、歲時、偶然ノ病、死、病、禍災、朋友、親族、戀愛、婚姻、苗裔、（數及性）特質、能力、變化、位地、富福、損耗、旅行、鬼產ノ性質、嗜好ニ對メ適當ナル學問及運動（競走）ノ備等是レナリ

凡ソ人間特質幷ニ人生ノ出來事ヲ唯タ手中ノ印章ニテ認定スルヲ得——行狀及性質、健康ヲ心學、人相學、骨相學——等ニ依テ判定スルヲ得ヘシ是等ノ學ハ只極初歩ヲ取扱フ規則トモ云ヘク乍併否星學ハ以上略述シタルカ如ク深遠高尙、神聖ナル學問ト雖モテ過稱ニ非サルヲ信ス

スマンガラ僧正ノ達摩波陀論（承前）

後樂庵主人　譯補

（壬）千品　千品ハ即チ一善言ハ愚者ノ万言ニ勝リ又能ク了解セル一ノ詩句ハ其意ノ何タルヲ知ズシテ數千遍繰返スモノヨリ勝タル所以ヲ說ケルナリ

(九)悪行品　悪行品ハ罪悪ノ行為及之ヲ解脱スル方法ト且ツ開悟ヲ得ル方法ヲ説明セリ(十)力狀品　力狀品ハ何人ニ於テモ害ヲ豪ラスベキヿヲ賤ム所以ヲ説ケリ(十一)老品　老品ハ身体零落ノ性質及ビ老死ノ免レザルヲ得ザル所以ヲ説ケリ(十二)我品　我品ハ精神上ノ害ヲ防ギ自ラ守ルノ方法ヲ示ス(十三)世品　世品ハ理世及ビ未來ト且ツ善道ヲ發見スル所以トヲ説ケリ(十四)佛品　佛品ハ佛陀ノ威徳ヲ示スモノナリ(十五)安寧品　安寧品ハ眞成アル幸福ハ何ニテ生ズルカヲ説クモノナリ　(十六)好喜品　好喜品ハ善悪ノ感情ヲ説キ而シテ此感情ハ何ニ於テ定着スルカヲ示シ且ツ罪悪ノ謹ムベキヲ吾人ニ命スルモノナリ(十七)忿怒品　忿怒品ハ忿怒ノ悪果ニ對シテ吾人ニ警諭セルモノナリ(十八)垢品　垢品ハ心身不浄ノ悪ニ陷ヒルヲ提醒スル者ニ係ハル(十九)奉持品　奉持品ハ眞教義ノ性質ヲ説明シ之ヲ奉持スベキ必要ヲ示スモノトス(二十)道品　道品ハ八正道ノ性質ヲ説示シタル者ナリ(二十一)雑品　雑品ハ種々ノ問題ニ於テ助言ヲ附加スルモノナリ(二十二)地獄品　地獄品ハ造悪ノ人ハ其業ニ依テ死後恐ルベキ痛苦ヲ受クル所以ヲ示ス(二十三)象品　象品正シクバ人品ニシテ即眞正ナル豪傑ノ性質ヲ説明セルモノナリ　(二十四)愛品　愛品ハ慾ノ何物ナルカヲ説キ其害ヲ示セリ(二十五)　苾芻品　苾芻品ハ僧侶ノ生活法ヲ説示シタルモノナリ(二十六)梵志品　梵志品ハ即チ其生誕地ノ高卑ニ拘ハラズ眞成ナル波羅門ハ純潔ナル精神ヲ有スル人ニシテ其門地ノ如何ヲ論スベカラザルヲ説ケリ

以上二十六品ハ是レ即チ達摩波陀記載スル數ナリ然ルニ今此經ニ關シ英文ノ翻譯一モ吾人ニ滿足ヲ與フルモノナキガ如シ有名ナル梵語博士マクスミュラー氏ノ如キハ已ニ此譯アリト雖モ尚ホ多少ノ誤謬アルヲ免レサルナリ余ハ素ヨリ馬博士ノ梵語ニ於ケル其熟達ヲ認可スト雖モ馬博士ニシテ單ニ梵語學ノ智識ノミヲ以テ「バーリ」語ノ翻譯ヲ全フセントスルニ於テハ余甚ダ其功ノ遂ゲ難キヲ恐ル丶ナリ何トナレバ總テ佛典ニ關シテハ深ク其注解ヲ研究スルニ非サレバ充分之ヲ了解シ以テ其古代文章ノ精美ナルヲ直寫スル能ハザレバナリ余ハ歐州學者ガ言語學ヲ專攻シ其語原ト其援語トヲ探究スルニ於テ時間ト勞力ヲ費シタルヲ信ズ然レモ是等ノ學者屢々我佛教靈活ノ精神ヲ悟了スルヲ欠クヲ以テ最モ單純ノ意義ト雖モ往々誤解ナキヲ得ス是レ深ク惜ムベキ所以ナリ余ハ夙トニ達摩波陀ノ研究ハ甚ダ重要ナルヲ信ズ何トナレバ若シ此ノ達摩波陀ニシテ適當ニ曉知セラル丶ニ至ラハ佛教ノ眞意ヲ知ルニ足レバナリ余ハサー、エドウキンアルノド氏ガ近日已ニ之ヲ英譯ニ附セントスルノ擧アルヲ聞キ速カニ其完成ヲ望ム余ハアルノルド氏ハ他人ニ異ナリテ頗ル技倆アルヲ信スルモノナレバナリ

(完)

蒐録

左の一編は中西牛郎氏が這般著述せられんとする佛教徵証論の緒論なり今之を氏に乞ふて本誌に掲載しぬ

佛教徵証論＝緒論

中西牛郎

宏大無限不可思議なる智慧と慈悲とを顯はし天地万有の秘鑰を握り三界大道の輪廻を脱し至尊至聖なる榮光を保有するの佛陀乎今ま茲に吾儕の剴切なる希願を納れ仰ぎ望むらくは吾儕の靈性を啓沃し吾儕の智能を開發し吾儕人智の淺近にして知ること能はさる所のものを知らしめ吾儕判斷の薄弱にして解すること能わざる所の者を解せしめ吾儕

の暗黒なる思想を照らし吾儕の卑劣なる感情を崇めて以て斯論を著作するの業を成さしめ玉へ蓋し吾儕は吾佛陀の感化に由らざれば何事をも充分なる結果を得る能わざと確信すればなり

吾儕緒論に於て本論の旨趣とする所を約言すれば左の如し

第一 爲何義

學術の淹博と道徳の矯正とを以て現時九州の泰斗と仰がれ吾儕の最も敬愛する津田靜一氏嘗て吾儕に語りて曰く吾人の今ま經過しつゝある時代は實に思想信仰上一大潮流の時代なり吾人は佛教盛衰の氣運に於て感慨なきこと能わざ蓋し往時幕政の世を追懐すれば日本全國到る處として佛教隆盛の觀を呈せざるはなく金殿銀閣燦爛として眼を驚かすものあり各宗僧侶の威權赫奕として畏るべきものあり寺院或は土地を擁し趨從雲の如くして其勢王侯と匹敵する者あり前室將軍侯伯の儀文典禮佛教に關するの者何ぞ一二にして止まらんや然るに維新の大業以還彼の金殿銀閣の燦爛として眼を驚かすもの今は則ち逆莨叢裡に埋沒して廢頽に歸し彼の威權赫奕として畏る可きもの今は則ち世界の外に退隱して復た覬覦を擅動するの物体たらざ彼の土地を擁し趨從雲の如きもの今は則ち其所領を失して或は還俗し佛教に關するの儀文典禮復た朝廷の上に觀る可らざ而して一時天下の大勢は殆んど吾人をして佛教地を掃ふに至らんと迄に疑念を起さしめたり然るに近頃に及んでは佛教再たび微光を放ち苟も世の少く智識あるものは大抵佛教の教理に就いて研究することを欲せざるはなく佛耶兩教は孰れか眞理あるかの問題は學問社會の思想を勞して解釋を要する所となり或は日本道徳の頽敗を以て其罪を佛教に歸して暗に佛教の責任重大なるを認め或は最近の現象として帝國議員の撰擧に民間佛教の勢力あるを示めし更に進んで豪洲の藩籬外を望めば佛教の勢ひは宛も濤波の如く駸々として歐に米に進入するの事實あるを見るに至る是に由りて之を觀れば貴族的の佛教は今日に衰ふと雖も平民的の佛教は却つて昔日よりも盛なり迷信的の佛教は今日に衰ふて雖ども合理的の佛教は却つて昔日よりも盛なり迷信的の佛教は今日に衰ふと雖も合理的の佛教は却つて昔日よりも盛なりと謂わざるを得ざ佛教家たる豈此千載の一時を忽諸に付して可ならんや

津田氏の言誠に然り佛教をして世運の進步に伴ひ益隆盛に赴かしめんと欲せば其貴族的を一變して平民的とならざる可らざ迷信的を一變して合理的とならざる可らざ蓋し貴族的の佛教は我邦中古以還の王朝に於て見るが如く華麗なる文章精巧なる技術尊嚴なる儀式及ひ國家の榮光と威權の中に寓して其外面偉大の觀あるにあらずと雖も決して國民の道德を純潔にし品位を高尚にし靈性を感化して一國眞正の進步と活動とを生ずるの根本勢力たるものにあらざ迷信的の佛教は徒に人の心利欲の性に訴へて道義の感情に訴へず判斷を抛棄して想像に放任し彼の奇跡に於ける驚歎の情地獄に於ける恐怖の情天堂に於ける快樂の情偏に信仰の動機たるを以て誠に眞理を明にし万有の理法に達し人性究竟の目的と命運とを知り無限慈悲者の存在を認めて然る後ちに安心立命の脚步を占めたるものにあらざるを以て恰も漩沙の上に建てられたる家屋の如く一たび人文進步の波濤に觸るゝと忽ちは復た以て恃むに足るものなし之に反して平民的の佛教は儀式粧飾の外觀を欲て素質に過るが如しと雖も其實却つて至大なる勢力の存するあり合理的の佛教は想像情感の趣向に乏しくして冷淡餘りあるが如しと雖も其實却つて至强なる信仰の存するあり然

らば吾儕が今日に方りて唱道す可き真正の佛教は貴族的にあらずして平民的にあり迷信的にあらずして合理的にあることは固より論を待たず況んや社會の變化人心の進歩は滔々として彼を去りて此に就かんとするの大勢あるに於てをや

然らば此佛教大勢の漸く一變し既往の鬪を踰へて將來の門戸を叩かんとするの今日に方りて吾儕の最も必要を感する所のものは佛教徴證論の著書是れ也即ち世間の道理、人情、學術、歴史、に由て佛教の眞理を証明するの著書是なり然れども吾儕一層進んで斯論の必要を論せんとすれば先つ文明世界に於ける宗教の位置如何を觀察せざる可からずビスマルク公言はずや今日の全世界は只だ一大碁局のみ其全局の大勢を理解せずして區々たる一隅に運動を試み大事をなさんと欲することは何人と雖ども能はざる可しと盖し佛教は諸宗教の絶頂に立ちたる最も高尚なる宗教ありと雖ども亦た宗教の範圍外に出ることを得るものにあらざる故に文明世界に於ける宗教の他位を見れば乃ち亦た佛教の地位を知るに足る

藝苑

訪万行寺七里恒順

山田天山

沙路鮮明不點塵。入門松樹綠如新。東西寺外皆他教。十八僧中唯一人。授戒誰知能化俗。稱名始信即通眞。佛中儒與儒中佛。今日相逢有宿因。

僧竹所逝已十一年其父竹溪老師悲悼不已作詩慰之

有生乃有死。人世何可悲。無生乃無死。淨土復何悲。浮屠與儒者。所説無所差。孔聖有時哭。諸佛故垂慈。死者雖不識。生者却多疑。審之乃可慰。擇之在老師

題眞俗二締後

俗即是眞眞即俗。截爲二物却生迷。近來説教人何識。眞俗從來無二締。

呈光萬丈

曾登黄檗山。今住白雲峰。我亦漫遊客。東西無定蹤

木佛像岡本某所藏乞詩賦贈

亦知造化工。宛與佛身同。念彼觀音力。不西又不東

送東禪入伊豫

豈是尋常汗漫遊。行將説法化邊陬。黿鼉出沒魚龍躍。擁護君船入豫州。

廣福寺偶作

偶脱芒鞋遠客身。幾多廣福了塵因。老僧莫説西江不是龐生同輩人

次五岳往年所示詩韵賦贈

風波何敢及袈裟。身未出家心出家。莫向青天問寒月百年知已有梅花。

偶成似方中和尚

四十年來早龍官。東林古寺日盤桓。山人不用經綸學一部楞嚴著意看。

崎陽聖福寺雜詠五首

海寺老松高。碧雲擁飛閣。梢間開水天。帆影來如鶴」。
山月照高閣。山風吹暗燈。夜深知入定。不見一人僧」。
我來方丈中。龕裡空王默。傍有小沙彌。問師答不識」。
古佛寂無言。空堂暗燈影。夜深鬼氣腥。山雨過窓冷」。
我入道場中。與僧相向立。蕭々風雨寒。踞石話寒拾」。

聖福寺夜坐

古木長岩纏老藤。雲生破牖冷如氷。夜深小院無僧語山雨瀟々洒佛燈
木魚聲斷寂禪林。曲凡不眠憑夜深。閑罷楞架消似水一山明月古人心

偶成　池松豐記

要離知見脱由因。生死岸頭自在身。無限人間顛倒夢覺來即是不羈人。

寄書

日本主義ノ擴張ヲ望ム

S Y 稿

泰西ノ思想、泰西ノ文物、翩然トシテ我國ニ輸入シ吾國ノ文物、吾民ノ感情ヲシテ、是トナク非トナク一時ニ掃蕩シ去ラントスルノ勢アルヨリ、其反動トシテ日本主義ナルモノヲ現ハシ、日本ノ國体ハ神聖ナリ、日本ノ宗教ハ高尚ナリ、日本ノ美術ハ精巧ナリ、日本ノ道德ハ純正ナリトテ日本ヲ根據トシ日本ヲ本尊トシ、之ニ加ルニ泰西ノ美、泰西ノ粹ヲ參斟セントシタリ而シテ此主義ノ一タビ世ニ出ヅルヤ大ニ社會ノ勢力ヲ得議論ニ實際ニ着々其歩ヲ進ムルニ至リタリ、假令バ近頃勤王論ノ勃興ニ於ル、日本主義ノ政黨政社ニ於ル、日本佛教ノ警醒ニ趣ケル、日本美術ノ發達ニ於ル、皆其現象ニ外ナラズ、如斯ク夫レ日本主義ノ勃興ハ政治、宗教、道德、技藝、ヲ通シテハ、其改良ヲ促カシ、其進歩ヲ企圖シタルニモ關ハラズ、獨リ實業上ニ向テ、其着眼、其發達、其進歩、ヲ見ザル所以ノ者ハ何ゾヤ、吾人ハ轉タ其奇象ニ驚カズンバアラズ、

蓋シ一國ニハ一國ノ國粹ヲ以テ、立國ノ基礎ヲ定メ一國民ハ一國民ノ精神氣象ヲ以テ富國ノ途ヲ圖ルノ必要アルヲ知ル、故ニ吾人ハ日本主義ノ警醒スルハ日本帝國ノ警醒ナリトシテ、大ニ歡喜ノ意ヲ表スルモノナリ、併ナガラ其主義其目的ニシテ、只ニ政治、宗教、道德、技藝ノ上ニノミ止マラシメバ吾人ハ決シテ其主義ノ下ニ屈服スルコトヲ肯ンゼザルナリ何トナレバ政治、宗教、道德、技藝。ノ外、吾國ノ國粹、吾國ノ長所トシテ取ル可キモノナシトセバ亦タ敢テ論談スルノ必要ナシト雖ドモ苟モ其事實アリトセバ敢テ法外ニ棄テヲクコト能ハザレバナリ、日本ノ生糸、日本ノ茶、日本ノ絹、日本ノ漆、日本ノ穀物、日本ノ海産等、其細工ナリ、其品質ナリ、一モ日本ノ特産、日本ノ製造トシテ外人ニ價ルニ足ラザル乎、一モ歐米諸國ノ賞讃ヲ博セザリシ乎、一モ彼等ノ注文ヲ受取リシコトナキ乎、

生糸及製茶ハ、我國ノ輸出品中第一ノ首位ヲ占ムルモノナレバ、其品物ノ他國ニ亘リテ、善良ナルコハ今マ更ラ吾人ノ贅言ヲ要セザル可シ、其他吾國ノ白絹ハ尤モ善良ノ聲ヲ博シ、既ニ佛國ノ如キハ、之レヲ裝用品ニ用イタリ、亦漆ノ如キハ只ヾニ器具ノ裝飾物タルノミナラズ、船艦ノ上塗ニ尤モ適當ナルモノナリトテ、英國造船所ニテハ專ラ之ヲ用ユルコトニナリタリト聞ケリ、其他日本ノ穀物、日本ノ海産物ノ如キ單ニ日本ノ特産トハ云ヒ難ケレドモ、其品質ノ善良ナルト、其品物ノ多キトハ、蓋シ日本人ノ我慢スルニ足ルモノナラン、夫レ然リ、如斯キノ品物ニシテ、日本人ノミ之ヲ能シテ、西洋人之ヲ能セズ、日本ニノミ産出シテ他國之ヲ産出セズ、譬エ他國ニ之ヲ産出スルモ其品ノ日本ニ生スルモノヨリ、粗惡ニシテ且寡少ナルトキハ、日本ノ特産日本ノ特有ト稱スルモ空ガチ理ナキノ言ニ非ル可シ、然ルニ今日ノ日本主義者ヲ見ルニ、只ダ日本國體ノ特有ナルヲ號ビ日本美術ノ特殊ナルヲ賞シ、單ニ之ヲ保存シ單ニ之ヲ擴張センコトヲ知リテ未ダ日本産物ノ特有ナルコト、日本製品ノ國粹タルコトヲ知ラザルハ亦タ深ク鑑ミザルノ誤リト云フ可シ、

人或ハ云フ一國ノ國粹タルモノハ政治ナリ宗教ナリ多クハ形而上ニ關ハル者ニシテ生糸若クハ製茶ノ如キ物質的ノモノヲ云フニ非ズト是レ蓋シ過誤ノ判見ト云フ可シ何トナレバ日本ノ國粹トシテ數ヘラレタル美術品ノ如キハ、彫刻ナリ、建築ナリ、圖畫ナリ、恐ク物質的ノモノナリ、然ルニ一方ニハ之ヲ國粹トシ、一方ニハ之ヲ國粹視セズト云フノ理屈ナケレバナリ、

故ニ吾人ハ吾國ノ佛教吾國ノ美術ヲ保存シ及ヒ之ヲ海外ニ發揚セシムルト同時ニ右等ノ製品ヲ奬勵シ右等ノ産物ヲ扶殖シ増々之ヲ海外ニ輸出シ増々之ガ販路ヲ擴張シ我國ヲシテ富德兩全ノ新帝國タラシメンコトヲ希望スルモノナリ、

然リ而シテ之ガ販路ヲ弘ムルノ手段ニ至ツテハ亦深ク研究ヲ要スベキコトナレドモ差當リ歐米諸國ト直輸貿易ヲ開キ、是レマデ輸出シ來リタル生糸製茶ノ如キハ言フマデモナク既ニ彼國ノ注文ヲ受ケ若シクハ彼國人ノ好尚ニ適シタル萬種ノ代品ヲ輸出スルノ策ヲ講ゼザル可ラズ、亦假令是レマデ歐米人ノ知ラザル品物ト雖モ、漸ク外國ニ輸出シテ外人ノ好尚ヲ導ク可シ、人或ハ日ン智ツテ外人ノ好尚ヲ計ラズシテ、妄ニ代物ヲ輸出スルカ如キハ、到底損毛ヲ來スノ本ナリト、是レ一應理アルガ如シト雖ドモ、深ク其來由ヲ考ルトキハ決シテ然ラザルモノアラン、初メ我國ガ鎖國ノ制ヲ解イテ通商貿易ヲ開クヤ、條約國ノ商

人ハ未ダ日本人ノ好尚何レニアルヤヲ詳知セザリシナル可シ、然ルヲ尚ホ彼國ノ製品、彼國ノ産物ヲ輸入シ來リテ、遂ニ今日ノ如ク日本人ノ好尚ヲ惹キ、日本人ノ需要ヲ增加スルニ至リシニ非ズヤ、然ルヲ日本人ノ如ク、外人ノ漸ク日本商品ノ善良ナルヿヲ知リ、之ヲ求メ之ヲ尚ブニ至ッテ、初メテ之ヲ輸出スルカ如キハ、蓋シ迂濶ノ至リト云フ可シ、余ハ信ス我國ノ産物、我國ノ製品ニシテ、未タ外人ノ知リ得サル者其數多キヲ知ルナリ、是故ニ日本商人ニシテ日本ノ國粹ヲ發揮シ日本ノ富强ヲ計ランド欲スル者ハ、充分此等ノ点ニ注目ノ資本ノ許サン限リハ何品トナク、海外ニ輸出シ、外人ノ好尚ヲ誘導センヿヲ希望スル者ナリ、然リ而テ此等ノ目的ヲ達センニハ、外國商人若クハ海外在留ノ日本商人ト特約ヲ締ヒ以テ之ガ販路ノ擴張ヲ計ラサル可カラズ、若シ事此ニ出テスンハ、見込アル外國ノ都府エ借家ヲ借リ受ケ若クバ之ヲ新築シテ日本商品ヲ販賣スル一大市廛ヲ開ク可シ、

如斯ク吾ガ日本人ガ海外諸國ニ至リテ、日本商品ノ出張店ヲ開キ、亦タ吾ガ内地ノ商人ガ續々海外ニ向ッテ、直輸ノ貿易ヲ開クニ至ラバ、是レマデ深沈滯謝シタル海外貿易ヲ振起スルノミナラズ、未ダ外國ニ知レ渡ラザルモノニシテ、外人ノ意向ニ投ス可キ各種ノ製造品及天産物ヲシテ販路ノ緒ヲ發見セシムルニ至ル可シ、是レ吾人ガ大聲痛語シテ日本物産ノ奬勵及ヒ其販路ヲ開キ、一ニハ日本ノ國体、日本ノ宗教ト共ニ其産物ノ光輝ヲ發揚シ、一ニハ之ガ直輸ヲ開キ之ガ販路ヲ擴張シ我國ヲ富マシ、我國ヲ益シ彼等外人ヲシテ、背後ニ瞠着満セシメント欲スル所以ノ者ナリ、

嗚呼日本主義トシテ之ヲ保存シ之ヲ發揚スルモノハ國体、美術、宗教ノ三者ニ過ギサル乎、吾國ノ富殖ヲ計リ、吾民ノ幸福ヲ全フス可キ殖産興業ノ事ハ、嘗ッテ之ヲ奬勵シ、嘗ッテ之ヲ張擴スルノ價値ナキヤ、吾輩茲ニ至ッテ思エラク、我國ノ日本主義者ハ眞ニ我國ヲ主義トシ、眞ニ我國ヲ根據トシタルモノニ非ラスシテ、所謂偏傾的日本主義者ナリト」

耶蘇教ハ之ヲ排斥セザル可ラズ
佛教ハ之ヲ改良セザル可ラズ（承前）

秋山銀治郎

前キニモ已ニ述ルカ如ク此ノ如キ時弊ヲ馴養シタルハ彼ノ基督教會ノ風習與ッテ大ニ力アルヿヲ認識セサル可ラス抑々基督教會ノ習慣タル男女ノ別ヲ存セス其會堂ニ至ルヤ彼我相混合シ膝ヲ接シ手ヲ交ヘ加之務メテ男女ヲシテ慇懃ノ意ヲ致サシムルヲ以テ青年妙齡ノ子女ハ恰カモ籠中ヲ脫シタル鳥ノ如ク自由ニ香餌ヲ撰擇シテ一時ニ情欲ヲ漏洩セントスルハ是レ免カル可ラサル勢ナリ是故ニ吾人若シ我邦ノ道德ヲ挽回シ此頽風ヲ匡正セント欲セハ宜シク先ッ基督教ヲ排斥セサル可ラス之ヲ排斥セスンハ決シテ吾人ノ目的ヲ達スルヿ能ハサルナリ。

論者或ハ言ハン曰ク基督教ノ信者中不德行ノ者アル可シ又其僧侶若クハ宣教師中幾分カ不道德ノ者或ハ之レ有ラン又其教會ノ風習ハ少シク善良ナラサル者恐ラクハ之レ有ラン然レトモ之レカ爲メニ罪ヲ基督教ニ歸シ宗教ト教會若クハ宗教ト人トヲ同一視スルハ是レ即チ宗教ヲ以テ僧侶ノ信徒若クハ教會ノ宗教トスルモノニシテ理ニ非サルナリ僧侶信徒若クハ教會ニ於テ假令不道德ノヿアルモ是レ豈基督教ノ罪ナランヤト

論者ノ弁護誠トニ其理アリ吾人モ亦基督教ノ僧侶ヲ憎ムカ爲メニ併セテ其十字架ヲ惡ム者ニ非ス然レヒ論者試ミニ思ヘ凡ソ宗教ノ價値ヲ有スル所以ノ者ハ主トシテ人生ノ道德ヲ高尙ニシ超然俗外ニ立テ一種無形ノ安樂ヲ得セシムルカ故ニ非ス乎若シ夫レ宗教ニシテ之ヲ爲スヿ能ハス却ッテ塵界ノ汚濁ニ感染シ弊害ヲ培養スル有ラン乎假令其教理ハ如何ニ高尙ニシテ其經典ハ如何ニ神聖ナルモ亦何ノ尙フ可キヿカ之レ有ラン之ヲ譬ヘハ今若シ茲ニ人アリテ能ク聖賢ノ書ヲ讀ミ聖賢ノ言行ヲ諳ン且聖賢ノ理ヲ知ルモ其行爲ヲ見レハ鄙陋劣汚ニシテ禽獸ノ如クナルキハ誰カ此者ヲ排斥セサランヤ而シテ此人世ノ排斥ヲ受ルニ臨ミ哀ヲ乞ヒ憐ヲ望ンテ我レノ醜行ハ吾肉体ノ罪ナリ我精神ノ罪ニアラサルナリト云フモ人其誰レカ之ヲ許サン況ンヤ其教會ノ惡慣陋習ハ啻ニ一人一家ヲ誤ルニ非スシテ即チ天下國家ヲ誤ルニ於テヲヤ是故ニ我邦現今ノ國情ヨリシテ言ヘハ基督教ヲ排斥シ其教會ヲ掃蕩シ其宣教師ヲ驅逐スルヿ最モ必要ノ急務ナリト謂ハサル可ラス

斯ノ如ク論シ來レハ論者亦言ハン曰ク子カ基督教ヲ排斥セント欲スルハ其教會ノ風習善良ナラサルニ因ル然ラハ則チ此風習ヲ改良シ品行端正ノ宣教師ヲ採

用シ篤實ナル方法ヲ以テ布教セハ之ヲ我邦ノ宗教ト爲スモ亦可ナル乎ト

吾人之ニ應ヘテ曰ク否基督教ノ排斥ス可キハ特ニ其教會ノ惡慣陋習ノミニ因ルニ非サルナリ其教理ヨリ言フモ亦之ヲ排斥セサル可ラス何ソ蓋シ基督教ノ教理ハ唯一ナル万能ノ主即チ耶華即チ上帝ヲ敬スルヿヲ教ヘテ而シテ國家ノ元首タル君主ヲ敬愛スルヿニ至テハ藐焉トシテ聞クヿナシ是ヲ以テ凡ソ基督教國ニ在テハ其人民タル者君主ヲ視ルヿ奴僕ノ如ク隨テ君ニ忠シ帝室ヲ尊榮スルカ如キヿ有ヿ無シ是故ニ若シ如斯キ宗教ヲ採用シテ之ヲ我邦ノ宗教トナセハ則チ我邦固有ノ美德タル忠義ノ大節ハ蕩然トシテ忽チ消失スルヲ致サン是レ最モ恐ル可ク甚シキ者ナリ夫レ道德ハ國土及ヒ國情ノ相反スルニ由テ又相異ナル者ニシテ即チ甲國ニ在テ善美トスル所モ乙國ニ在テハ之ヲ醜惡トシ丙邦ニ於テ德行ト稱スル所ノモノハ丁邦ノ情ニ合ス可キモ我邦ノ道德トスル所ニ違戾スルヲ以テ之ヲ適用スルヿ斷シテ可ナリ是レ吾人カ敢テ基督教ヲ排斥セント欲スル所以ナリ

且ツ夫レ基督教ヲ信奉スルヿノ不可ナルハ單ニ國家ノ道德上ノミナラス眞理ノ上ヨリ見ルモ亦之ヲ排斥セサル可ラス試ニ該教ノ旨趣ヲ採テ精密ニ之ヲ點撿セヨ其世界創造説ハ上帝ノ大威力ヲ以テ純然空無ノ間ヨリ天地万物ヲ造リ出シタリト謂フニ非ス乎無能ク有ヲ生スルヿ是レ果シテ論理ノ許ス所ナル乎其未來存在ノ説ニ於テハ上帝來世ニ於テ人間ノ善惡ヲ審判シ以テ之カ賞罰ヲ定ムト云フ是レ吾人ノ靈魂ハ死後肉体ヲ離ルヽモ別ニ孤立シテ存在ス可ク而シテ其靈魂ハ生前ノ靈魂ノ如ク全然一個ノ体ヲ具ヘ以テ感智斷ノ作用ヲ有スト謂フニ外ナラス是レ果シテ眞理ノ許ス所ナル乎又其上帝ヲ解釋スル説ニ於テハ上帝ヲ以テ世界万物ト其体全ク異ナルモノトシ上帝ハ世界ノ外別ニ一身ヲ有シテ恰モ天地ヲ主宰スト云フ是レ上帝ノ無限廣大ノ威德ト背戾スル所ナキ乎又上帝聖靈基督ノ關係ヲ解クキハ則チ曰ク是レ三位ニシテ一体ナリト夫レ一体ノ神如何ニシテ能ク三位ナルヿヲ得ル乎是レ果シテ上帝ハ惟一ナリト云フ教理ニ戻ラサル乎又耶蘇ヲ以テ神ト爲スハ果シテ事ノ實迹ニ合スト爲ス可キ乎又且ツヤ基督教ニ於テハ人生ノ罪障ハ耶蘇ヲ信スルニ由テ贖ハル可キモ之ヲ信セサルキハ永劫赦免ノ期アルナシト云ヘリ然ラハ則チ基督教外ノ者ハ縱令如何ニ善德アルモ其罪障ハ終生消滅スルヿナシト云ハサル可ラス是レ果シテ至當ノ教訓ト爲スニ足ル乎凡ソ斯ノ如キ訛ハ之ヲ哲學上ヨリ見ルモ之ヲ道德上ヨリ考ルモ倶ニ眞理ノ正ニ合スト爲ス可ラス是ヲ以テ今ヤ基督教ノ根據トスル西洋諸國ニ於テモ人心漸ク基督教ニ離反シ更ニ進ンテ哲學及理學上ノ解釋ニ合スル純正ノ宗教ヲ求ル者ノ如シ即チユニテリアン宗ノ生スルカ如キ及ヒ佛教ニ歸依スルモノ頗ル多キカ如キハ是レ其徵證ナリ蓋シ人間ノ性情タル固ヨリ宗教ヲ好欲シ之ニ據テ安心立命ノ地ヲ得ント欲ス然ルニ人ヲシテ安心立命ヲ得セシムルモノハ必ス吾人ノ智性及ヒ情感ヲ滿足セシムル宗教ナラサル可ラス而シテ吾人ノ智性ト情感トヲ滿足セシムルニ恰當ナル宗教ハ即合理的宗教ヨリ他ニ一モ之レ有ルヿナシ然ルニ基督教ノ教理タル已ニ哲學及ヒ諸科ノ眞理ニ背戾スルヲ以テ人智ノ次第ニ進ミ終ニ其謬妄不稽ノ旨趣ヲ發見シ漸ク之ヲ厭惡スルニ至ル然ラハ則ヨリ近世學術上ノ知識日ニ進ムト同時ニ基督教カ社會上ニ其勢力ヲ失フモ亦深ク怪ムニ足ラサルナリ

夫レ斯ノ如ク基督教ハ已ニ眞理ニ反對ストセハ是レモ亦吾人ノ須ラク排斥セサル可ラサル所ニ非ス乎

蓋吾人ヲ以テ之ヲ見ルニ基督教ノ我邦ニ來ルハ決シテ神理ヲ顯彰センカ爲メニ非ス又タ我邦ヲ化シテ其信徒ト爲ンカ爲メノミニ非ス即チ其他ニ隱秘ナル策畧ノ存スルアルヤ必セリ是レ吾人ノ最モ注意セサル可ラサル所ノ者ナリ試ミニ歐州政治家ノ秘術ヲ見ス乎其他國ヲ侵畧シ之ヲ呑噬セントスルヤ唯兵馬劍戟軍艦彈藥ノ力ニ頼ルノミニ非ス之ニ先立テ宗教上ノ方便ヲ用キ他國人ノ心ヲ吸引シ而ル後チ爪牙ヲ磨シテ一擧ニ之ヲ殄滅スルヿ蓋シ先例ニ乏シカラス願フニ夫ノ歐州政治家ノ如キ其外面ハ頗フル德義ヲ裝ヒ好意ヲ以テ他國ト交際スルカ如キモ裏面心術ノ存スル所ヲ窺ヘハ權謀詭譎ヤ詐欺ヤ隱險ヤ凡ソ道德ニ反スル行爲ハ總テ之ヲ有セサルハナク苟モ間隙ノ以テ乘ス可キ者アレハ直ナニ虎狼ノ慾ヲ逞フセントス是レ以テ基督教ハ古來歐州政治家ガ其虎心狼欲ヲ漏ス唯一無二ノ器械トナリ人ヲ殺シ國ヲ奪ヒ鮮血ヲ流シ屍体ノ丘ヲ築クノ兇行ヲ幇助シタルヿ其幾度ナルヲ知ル可ラス是レ正サニ吾人ノ宜シク警戒ス可キ所ニ非スヤ然ルニ世上ノ人之ヲ是レ察セス或ハ一身ノ私盆ノ爲メ或ハ其他ノ事情ノ爲メ基督教ヲ信奉スル者頗ル多キハ是レ盗人ニ與フルニ糧ヲ以テスルヨリモ國家ノ爲メニハ尚危嶮ナリト云ハサル可ラス（未完）

雜報

●智恩院負債事件　前號の誌上に記載せし如く京都智恩院より、久留米第六十一國立銀行に係はる、八万六千圓の負債償却事件は、全く智恩院の敗訴となりしより、同院にては總ての末寺へ十圓の頭割をなし、之が償却を濟さんとしたりし折柄、右の負債は智恩院の負債にあらずとして前後僧松山清運及び久留米第六十一銀行大坂支店長吉田國長との共謀にて本山事務所の印を僞造し、該銀行より借り入りたる旨、其連累者たる三木、吉田の兩人より自首したるに付、去る七日より京都輕罪裁判所に於て、之が豫審に取り掛りたり、右の始末に至りたるに付、智恩院にては、再び門末の大會議を開き、將來の方針を協議する由、是れ蓋し智恩院にとりては、喜ぶべきの出來事と云ふべし

●曹洞宗の大紛議　今年は是れ云何なる年ぞ、何ぞ夫れ宗教社會の紛議多きや、曩きには眞言、日蓮の二宗紛議を生じ、今亦曹洞宗に一大紛議を生ぜんとす、其理由を聞くに、曹洞宗本山は曩きに宗制寺法、本末憲章及び護法會を組織し、之を發布したるに同宗の末寺信徒は、之を不正當なりとし該本山に向つて之が改良を促したるも、一切採用せざるにより同宗の末寺四千餘箇寺相團結して有志會なるものを組織し、大に爲す所あらんとするより、同宗宗務局にては、宗安妨害の旨を以て、之が解散を命じたるも有志者は、更に之を聞入れず、増々之が運動を進め、既に去る十二日より向ふ十七日迄、名古屋乾德寺に於て會議を開き、遂に左の四箇條を議決したり、而して右の四千餘箇寺は斷然現管長の支配を離れて獨立の教會を組織し、大に信徒の團結を圖るの計畫あり而して其本山は一時守治の興隆寺を以てこれに充たす筈なりと云ふ、

第一條　本會は曹洞宗々制寺法本末憲章等の改正を目的とする事

第二條　本會々員は布教の基礎を確立し信徒を團結する事

第三條　本會の主義擴張に付總會員中四十名の候補者を出だし其中より特別巡說員二十名投票を以て選定すべき事

第四條　本會維持方法は本年四月例會の決議に據るは勿論なりと雖も毎月精算上不足を生じ之れが爲め會務澁滯し本會不振の憂あるに付更に特別維持費金を左の方法に依り募集する事

一金二萬圓　資本財産高

利子年五朱　一口百圓にて二百株

●文學寮の新築　本願寺派の機關學校たる大學林文學寮の新築案は一昨年の集會に於て之を議決せしが、爾來云何なる事情の起りしにや更に工事に取掛らず、遂に昨年の集會に至り再び之を協議に付し、其新築費を減少して更に工事を取起す事になりしが、本年に至るも尚ほ起工の運びに至らざるは、云何なる譯にや吾人は深かく內輪の事情を知らざれば、妄りに之を是非すると能はざれども、或る人の云ふ所を聞けば、新築費の不充分なると之を新築する場所なきによれりと、若し此事をして眞ならしめば吾人は一片の小言なき能はず、何となれば何ほど新築費を減少したりとするも、新築せられざるまで減少したるの理由なければなり、亦た好地位なしと云ふは必竟不熱心の致す所にして、熱心に之を探し、熱心に之を求めなば、京都の廣き、風土の美なる一場の好地位なきことなければなり、

●各宗教信徒の統計　若し夫れ世間多數の信仰を有するものは、人間多數の理性人間多數の感情を慰するものとせば、佛教は實に智情圓滿の宗教と云はざるべからず、若し亦た信者の多少を以て勢力の强弱を卜する者とせば、佛教は實に世界各宗教中

に於て最大勢力を有するものと云はざるべからず、乞ふ左の統計表に就て之を看よ（但前者は有名ある十大宗教論の著者フリーマン、クラーク氏の調査に係れり、後者は佛國の地理學者フォンシン氏が最近の調査に係る、蓋し前後の統計に於て、多少の相違あるを見るは、調査の年限相遲延し其の間多少の增減ありしがためあるべし、

○世界九大宗教信徒の統計

クラーク氏の調査

羅馬加特力宗徒	二億〇五百万人
波羅士特宗徒	一億〇二百五十万人
猶太宗徒	七百五十万人
希臘宗徒	八千二百万人
波羅門宗教	一億八千万人
エシース宗徒	七千五百万人
バガン宗徒	九千五百万人
回々教徒	一億〇五百万人
佛教宗徒	三億八千五百万人

即チ全世界人口ノ一千四百六十八ニ對スル三百八十五ノ割

○各宗教信徒の統計

フォンシン氏の調査

佛教徒	五億〇〇〇〇、〇〇〇〇人
基督教徒	四、二〇〇〇、〇〇〇〇人
偶像教徒	二、三五〇〇、〇〇〇〇人
婆羅門教徒	一、四〇〇〇、〇〇〇〇人
回々教徒	一、二〇〇〇、〇〇〇〇人
猶太教徒	八〇〇〇、〇〇〇〇人
舊教徒	二、二〇〇〇、〇〇〇〇人
新教徒	一、二〇〇〇、〇〇〇〇人
希臘教徒	八〇〇〇、〇〇〇〇人

後者の統計に就て之を見れば、佛教信徒は六大宗中最大多數を占領し、實に世界人口の三割五分に當れり、耶蘇教中舊教徒は、偶像教徒に及ばざ、新教徒は婆羅門教徒に及ばずして、回々教徒と其數を同ふするものと知るべし、

●佛歐の佛教徒

今や歐米各國至る所ろ、佛教信者を見ざるの地なきに至りたるが就中其尤も多きは佛蘭西にして、凡そ三萬餘の信徒を有せり、而して、チーストリヤは之が次に位すと云へり然るに兩國信者の精神を見るに、佛蘭西の信者は墺國の信者より其信仰薄弱にして、輙もすれば變動の憂あれども、墺國の信者は、其信仰甚だ厚く、中には木の實萱の實に身命を繋ぎ、或ひは全く斷食をなすものありと聞けり、嗚呼我國の佛教は、如斯く精氣あるや、我國の佛教徒は如斯き熱心あるや、吾輩玆に至りて嘆又嘆

●十歳以下の未亡人

印度の婦人は概ね七八歳に至りて、身躰機關の發育をなし十歳內外にして婚姻を結ぶ由は、豫て聞き及びたることあるが、近頃の取調べによれば同國ベンガルに於て十歳以下の婦人にして其夫に別れ空閨を守り居るもの、無量四万八千六百四十餘人の多きに及べりと、而して夫等の婦人は宗教制度により再び他に結婚することを得ずと云へり、

●殷の鑑み

土爾古皇帝の國書を齎らし、遠く我國に來り、其歸航中不幸にも、風波の難に遭遇し空しく紀州海裡の藻屑となりたる土爾古の貴族オスマンパシヤ氏は、其生存中東京の或る武官に語りて曰く、吾土耳古はクリミヤの戰爭以來國力日に衰弱し以て今日の有樣に立至りたり、而して其原因は種々あるべきも、宗教の混雜は亦其一緣因たりしあるべし、元來本國（土爾古を云ふ）の人口三千七百万の中千五六百万は回々教に屬するものあるも、其餘の人民は多く露教に感化せられ、露教を信仰するに至りたり、而して露教を信ずる者は、多く欵を露國に通じ、本國の盛衰興亡を問はざるに至る、是れ蓋し內憂外患を惹き起すの端緒となるものなれば、貴國今日の如く種々の外教侵入するに於ては將來是等の憂を惹き起さずとも保証し難ければ、充分此邊に注意し、油斷なき樣に致されたしと云々、噫チスマン

バシヤが遺したる一場の談話は、實に我國人の殷鑑となすべきものあり、實に我國人の注意すべきものあり、――若し我國人にして此談話を服膺し、充分の價値あるに至らしめば、死せるバシヤも、長く我國の靈魂たらん、

●軍人說教と貴婦人法話會　眞宗大谷派一等學師小栗栖香頂師は客月廿九日より當地に來り、當地の有志僧侶と計り軍人說教、貴婦人法話、監獄教誨を開かんことを欲し野崎師團長、茨木旅團長、坂元參謀長、富岡縣知事、森岡書記官、安樂警部長等に計りしに何れも大に贊成を得たるに付き十月三日午後一時より熊本市廣町說教場に於て貴婦人法話會を開きたり、來會者は茨木師團長の令夫人坂元參謀長の令夫人を初めとし其他文武官及び紳商紳士の令閨令孃を合せ凡そ一千五百名に及びたり而して其翌々日の午前八時より再び全場に於て軍人說教を開きしに來會者は坂元參謀長、吉澤一等監督、岳村、井關の二中佐、前岡、小畑、安藤の三少佐を初め將校百二十余名下士歩士八百名なりし、亦同日九時の開會には將校元の如く下士官兵士は交代して六七百名の多きに及びたり亦全日午後二時より監獄教誨を施行せしに一般の囚徒は殊の外感動を惹き起したる模樣なり當日の臨監者は富岡縣知事、山下書記官、安樂警部長等なりし、吾人は眞宗僧侶が監獄に軍舍に漸々布教の範圍を擴張するを喜ぶ併せて小栗栖香頂師に向つて其盡力の厚きを謝するものなり、

●高等中學　吾人は德育に宗教を用ゆるの不可を云はず、亦之を用ひざるの不可を疑はず然れども之を用ゆるに當りて、其何れの宗教たるを擇ばざるに至りては、吾人聊か非難なきを得ざるなり、近頃聞く所によれば、熊本高等中學に於ては、努めて耶蘇教主義を注入し、苟も英學を修むるものにして、

バイブルの講義を聞かざるものは、其席に齒せざるの有樣なりと是れ果して喜ぶべきの現象なる乎、若し其事にして講學の一端となすあらば、敢て非難するの限りにあらず、然れども其教理を解き其信仰を勸むるに至りては吾人其可なるを知らざるなり、況んや講學の時間を割て之に充んとするものに於てをや、尤も其教旨にして人間の理性に適ひ、人間の感情を充たし及び我國體の成立と我國家の組織上に於て、毫も撞着するの嫌なければ、亦吾儕が非難すべきの限りにあらず、然れども吾儕其數点に至つては毫も首肯すると能はざるを云何せん、啻に吾輩の不服に止まらず、天下の之に服せざるを云何せんや、

●井上哲次郎氏の宗教論　久しく獨乙へ留學し去十二日歸朝したるドクトル井上哲次郎氏が近頃或る人に語りたる宗教論を得たれば之を揭げて讀者の瀏覽に供す(大坂毎日新聞)

○地形風土は宗教に大關係あり　グリーキは海灣河岳相錯綜し風雨霜雪氣候の變動常ならず斯る所には多神教起るものにて風の神雨の神等輩出するに至る我國の地形も亦然り去ればこそ佛教の外に八百萬神もありて多神教の國たりしならん

○佛、耶、孔、老　西洋に云ふ哲學に比すれば孔孟の教は只其區域の狹隘なる迄にて矢張り哲學の一種なり孔孟教は倫理哲學政治哲學と名く可くして而して殆んど一定の大趣意なきが如し耶蘇教と孔教との異なる点は耶蘇は現在を輕く觀察して未來に重きを置き孔教は之に反して現世を重く見たるなり孔孟教よりは老莊教は遙かに高尚にして頗る歐州哲學に近し釋伽教はバラモン教に胚胎して來りたるも涅槃教は釋伽の發明に係るものにて西洋に此教なし獨り釋伽の教に近きはプラトー、カント、ショペンハワーの三氏なり

○佛教改良の必要　耶蘇教は歐洲諸强國皆な之を信仰し其勢力强大なれば佛教にして從來の儘打捨て置く時は或は學術として用ゐらるゝも宗教としては凡そ千年位の壽命ならん佛者にして耶蘇の如く學識を具へ競爭心を持たば其衰頽を回復する

と難だに非ず然らば今日に於て之を改良しプラトー、カント、ショペンハワーの説を咀嚼して今日に適する方法を取らざる可らず佛教の欠点は社會の進歩を害するに在り人と競争するを好まざるに在り然れども學術としては耶蘇教に優る數等あり我佛者其心して改良に意を注ぐべきなり

○愛、仁、慈、悲　耶蘇は愛を説き孔子は仁を説く其根底一なれども説く所ろ法を異にす孔子は父子親あり、君臣義あり、夫婦別あり、長幼序ありと説けども耶蘇は之が正反對にて予は一家の平和を保つ者に非ず寧ろ不和を來す者なりと教ふ、(記者曰く　茲に言ふ所は馬太傳第十章の「地に平和を出さん爲めに我來れりと意ふなかれ刃を出さん爲めに來れり夫れ我が來るは人を其父に背かせ女を其母に背かせ嫁を其姑に背かせんが爲めなり云々」とあるを指したるなるらんか）釋伽は一切衆生をして善根を得せしめん爲め經文を設けて慈悲を發ぜしんめとす此の愛、仁、慈悲は同物異名に過ぎざるも布教の法に殊別あれば耶教の如くして日本の國情人心に適せざる固より論ぜるまでもなし

○宗教と國權　露國皇帝は宗教の長なり露國が頻りに東洋に宣教師を派するは名を宗教弘通に借りて自國の國權を擴張するに外ならず又列國耶蘇教を以て天下唯一の宗教と誇唱し貴重なる日子と資本と苦心と勞力を擲つものは其目的國權の擴張に在り他邦の宗教を信ずる時は遂に其宗教の本家なる他國を尊信景慕するに至る戒愼せざる可んや

○國教を一定するは得策なり　人民に信仰の自由を許すは智識發達上に利益ある政略としては嘉すべからざ歐洲諸國孰れも皇室と教會とは密着して離れず獨逸帝室の安全鞏固は一に宗教の力に之れ據る今帝ウルリヤム陛下は獨逸に如何なる功業あるか祖先の偉業は今帝は分受すべきに非ずとは獨民一般の輿論の如くなれば茲に宗教の力ありて帝室を神聖のものとせり故に其皇室は殊に寺院を尊信して宗教の統一を尊ぶと極めて大なり其他露國、佛國、土耳其、英吉利皆な皇室と國教を連鎖して政略上の一要件となす此等の實例より見るも國教を一定するは策の得たる者なり

廣告

法の園

（第十七號目次）

●大法主殿御親教（司教足利義山複演）●法話●會者定離（一等巡教使武田篤初）●無信橋のはなし（和離見）●演說●東京に於ての演說（一等巡教使大洲鐵然）●寛錄●十種の用心（圓諦師）●いろは古諺の解（安河内長）●讃錄●御一代聞書（二等巡教使安國淵）●雜報●本山の安居●日蓮宗兩派の宗論●神官紛議の顛末●暹羅國僧侶の有様●奉戴すべし●斯くあらんことを希ふ●序に揭く●寄附金稟告●特別員芳名稟告●廣告

發行所　京都市油小路御前通下　法の園社

反省會雜誌

第五年第十號目次（價三錢五厘　郵稅五厘）

●社說●精神的教育の缺乏●論說●禁酒と文學との關係（上）（第一木僕子）●人際チ論ス（菊池化堂）●文苑●橋（露酒舍郎）●譯●兵車行（山眼子）●譯●長恨歌（廬山人）●萬錄●上大洲執行長書（千界子）●日本精教徒（クロムウエル）●深思案（正定閣信曉）●六色佛光に關して（接前）（在印土善連法彥。東溫讓）●小原清忠氏を吊す（在東京秦敏之）●仝（古川老川）東北漫遊第四回報告（地方委員吉丸鉄太郎）●寄書●東洋の佛教西洋の耶蘇教（會員中西牛郎）●佛教徒婦人の義務（豐山女學校淺田さた）●雜報●基督教海の亂潮●出版月評の批評●歷史上の古木●北海の反省團●土耳其軍艦の沈沒●日蓮宗の軋轢●德永滿之君●ユニテリアン教徒（頻狂無死を逆ふ●佛教家の著述●耶馬溪佛教青年會●中西牛郎氏●眞宗道德新編を紹介す●マドラスニ於ける外國人●本會報告●廣告

發行所　京都市油小路北小路上　反省會本部

天下之實業家ニ告ク

農業

金壹圓

東京牛込區若宮町 農工商雜誌社

山林

水產

工藝

商業

法話

〇此法話ハ面白主義ノ雜誌ニアラスタヾ山村僻邑ニ住ミ又ハ其他ノ事情ニテ法席ニ列ナリ聞法ノ緣ヲ結ヒ難キ人々ヲシテ居ナカラ眞宗ノ法味ヲ味アハシメンガタメニテ發兌スル雜誌ナレハ聞法ニ心アル人々ハ請フ購讀アレ

〇毎月京都御本山ニ於テノ **二御門跡の御親教** 筆記並ニ〇學師勸令使方ノ說教又ハ演說〇東京貴婦人會ノ法話〇各兵營ノ軍人說教〇各監獄ノ教誨〇眞宗ノ御門徒方ニ有益ナル論說〇正信偈御和讚等ノ講義錄〇宗義禮式佛事ノ問答〇妙好人ノ嘉言善行其ノ他宗內ノ出來事親切ニ丁寧ニ報道スル **世に有難キ雜誌ナリ** 請フ眞宗ノ宗義ヲ愛樂セラルヽ信男信女備讀アリテ法味ヲ味ヒ玉ヘ

〇毎月一回(廿日)發行〇一冊定價金三錢(六冊金十八錢)〇郵税一冊ニ付金五厘〇郵券代用ハ一割増ノ事(但シ五厘郵券ニ限ル)〇一切前金ニアラザレバ送附セズ〇見本ヲ要セラルヽ諸君ハ往復はかきニテ申込マルレハ直ニ(既刊ノ雜誌一部)ヲ送呈スヘシ

發行所　東京淺草北清島町百五番地　**眞宗法話會**

佛教ニ對スル疑難ヲ徵集ス

能案スルニ佛教ヲ弘クル勸信解疑ノ二道アリ以テ智愚ニ對ス而メ能本來ノ志上智ノ人ニ向テ其懷抱セル疑難ヲ消釋シ以テ妙法ヲ顯揚セントスルニアリ是レ時勢ニ於テ當ニ其然ルヘキヲ察スレハ也再來大乘ヲ本邦ニ學フ七年今又小乘ヲ暹羅ニ修ムル三年未タ嘗テ一日モ本來ノ志ヲ捨テス而メ其二乘ニ於ケル恍トメ得ル所アリ自ラ信ス今ヤ身ヲ擧テ疑難ノ衝ニ當ルニ足ルト而メ能斯ニ暹邏ヨリ歸リ京ニ鄙ニ來往メ繹其學ノ必要ヲ感セリ因テ今ヨリ決意之ニ從事セントス敢テ請フ大方ノ學者何事ヲ問ハス苟モ佛教ニ就テ疑難アラハ左ノ小則ニ照メ之ヲ郵投セヨ能不肖ト雖モ三寶ノ加祐ヲ仰テ之ヲ解釋スヘシ

小則

一　疑難書ハ最モ解シ易キ樣片假名交リニテ和文ニ之ヲ綴リ且書体ヲ正クスヘシ

一　數難連帶メ書スルヲ許サス一一問題ニ改ムルヲ要ス

一　理ニ契ヒ妙ニ詣リ最モ優等ヲ占ムル疑難者ニハ解疑書一部ヲ賞與スヘシ

一　疑難書ノ徵集ハ今年內ニ限リ解疑書ノ發兌ハ明年中ニ於テス

一　疑難書ニハ宿所姓名ヲ記載シ左ノ所宛ニ郵投スヘシ

明治二十三年十月　眞宗派僧侶　**生田得能**

東京府下荏原郡大井村　**眞誌發行所**

◎海外佛教事情第拾四集

目次　(定價三錢郵税五厘)

●演說　英人デーリイ、ボーレス氏の演說〇佛教と神智教學とに就ての問答(マダム、ブラバブスキー)〇基督の說◎水に溺れんとするものは判亟を把持す◎何故に此地に來らざるや◎古代佛教徒の事

●書信　大英博物館書院長書翰

●雜錄　正直なる返答●基督教の感化力●聖書に就て某教會監督

發行所　京都市油小路北小路上ル　**海外宣教會中央本部**

眞宗 道德新編

內編外編 合一

價金廿五錢　郵税金四錢

前田慧雲新著

右ハ內編ニハ眞宗道德ノ原理ヲ詳論シ併セテ厭世教ニ非サルコトヲ細辨セリ其目錄ハ◎眞宗道德ノ基本◎善惡ノ標準◎眞宗緇素道德ノ區別◎眞宗道德ノ結果ナリ外編ニハ◎自身ニ對スル德義◎佛陀ニ對スル德義◎教法ニ對スル德義◎皇室ニ對スル德義◎國家ニ對スル德義等ノ數十章段ヲ分テ應用ノ法ヲ示シ一一眞宗祖師ノ訓言及ヒ眞宗ノ先哲法霖月筌義教僧樸ヲ始メトシ其他石原氿園僧朗普行善讓等ノ近世學者ノ嘉言善行ヲ之ニ繫ケリ實ニ佛教擴說ノ好料ナリ眞宗僧侶ノ龜鑑ナリ眞宗信徒ノ良友ナリ

發行所　東京本鄉六丁目　**哲學書院**

國教雜誌社規約

一佛教擴張の初歩として雜誌社を組織し毎月一回雜誌を發行し正社員及び賛成員に頒布すべし●本誌は佛宗派に偏せず諸教會に黨せず普く宗教界に獨立して佛教の眞理を開闡し佛徒の積弊を洗滌して之が改良を圖る●本誌は諸宗教の批評及び教法界に現出する問題を討論し而して其教法と關係ある點に至つては文學。理學。經濟。衛生。教育等の論説雜報をも掲載すべし●本社員を分つて正社員賛成員の二種とし毎年一圓以上の維持金を納むる者を正社員とし單に雜誌を購讀し又は十錢以上の義捐金を納る者を以て賛成員とす●本社の正社員たらんと欲するものは住所姓名を記し維持金を添へ本社に申込むべし本社は之に對し締盟状及び其都度發行の雜誌を交付すべし普通の購讀者は規定の金額を添へ住所姓名を記し本社に申込むべし」但雜誌を購讀せず單に義捐金を投ずるものは其旨通知すべし●維持金義捐金の金高及び其姓名は請取の順席により雜誌に掲載すべし●維持金義捐金は銀行又は資産ある名望家に托して之を保管し貯金一千圓に滿るときは教法必要の經籍著書等を出版し割引若くは無代價を以て正社員に頒布すべし●雜誌代價一冊六錢。六冊前金卅三錢。十二冊前金六十錢」但熊本市を除くの外每號郵税五厘を要す」廣告料は五號活字廿五字詰にして一行五錢宛●總て本誌代價は前金にあらざれば發送せず」但郵券代用は一割增の事

〔遞信省認可〕

●本誌は當分の間京都に於て印刷仕候につき其の最寄の人にして本誌を購讀せんと欲する諸君は京都西中筋通り御前通下る山岡助藏宛御申込被下度亦廣告教書、交換雜誌の如きも同人へ宛御送附被下度候也

●本誌第一號寄書家人名中戸坂運七郎君とあるは戸坂傳七郎君の誤りなり亦東海玄虎氏は佛教書院院主にあらずして弘教書院幹事の由申越ありしにつき茲に謹んで正誤致候也

●本誌第三號よりは每月二十日に發行可致候

●本誌第一號に掲載せし論説。雜錄。史傳の續稿は第三號以下掲載可仕候間左樣御承知被下度候也

明治二十三年十月廿二日印刷
明治二十三年十月廿五日出版

發行兼印刷人 熊本市安巳橋通町七拾五番地 篠方典
編輯人 同市同町七拾五番地 志垣弘

發行所 熊本市安巳橋通町七十五番地 國教雜誌社

賣捌所 同市新町二丁目 長崎次郎
賣捌所 京都油小路御前通下ル 興教書院

（印刷 京都西六條 山本活版所）

國教第三號目錄

國教第貳號目錄

國教に對する各新聞雜誌の批評

本誌國教が社會に對して云何なる對遇を受取りし乎亦如何なる勢力を有するかは左に列擧する各新聞雜誌の批評によりて之を知ることを得べし尙ほ此紙上に揭載せざる分は逐つて揭載することあるべし

▲開明新報 〔第壹千四百拾四號…………明治廿三年九月七日發行〕

●國教(第一號) は熊本縣八淵蟠龍諸氏等の機關雜誌として熊本市安巳橋通國教雜誌社より發行せり本誌の目的は宗派に偏せざ教會に黨せざ普く宗教界に獨立して佛教の眞理を開闡し佛徒の積弊を洗滌して之が改良を圖ると表示しあれば黨派に踻せざる不偏不黨の雜誌たるを知るべし且つ論說雜報の事項より推すも黨派に局せざる樣に思はる吾輩は今日の佛徒が互に相猜視嫉睨して兄弟牆に鬩くば到底鷸蚌の爭たるに過ぎざして却て漁夫の利となると觀察し其不得策なることを浩嘆したり殊に熊本縣の如きは尤も甚しき者にして吾輩は大にしては佛教全体の爲め小にしては眞宗派の爲め長大息せざるを得ざ鳴呼熊本縣の僧侶諸氏兩虎供に倒れて敵國之に乘するとの警言を知らざるや吾輩は國教の起るに際し大に望む所あり此國教をして永く前言を踏しめ兩派調和の佛陀となり其調和を佐け兩派軋轢の惡魔となるざらんことを祈る嗚呼國教の起る偶然ならんや吾輩は萬々國教の健康を祈る而して其第一號には南條文雄津田靜一其他諸氏の祝文あり論說には中西藤嶋堀內諸氏の論文あり其他翻譯、寄書、雜報の諸項ありて或は批評すべきなきにしもあらざれど世間自から定見あり更に吾輩の喋々を要せざるべし然れども玉石共に混雜するは智者の策にあらざ殊に神聖なる宗教雜誌を以て汚穢ならしむべからざ殊に自家を發きて他人に知らしむるが如きは君子の恥る所あり當局者了れ之を勉めよ

△宮崎新報 〔第七百七拾號…………明治廿三年十月廿一日發行〕

●國教(第壹號) 熊本市安巳橋通町ノ國教雜誌社ヨ

國教第三號

（明治二十三年十一月二十五日發行）

社說

本社の社說と余が擔當に係るを以て本號も自ら執筆すべきの所經世博議發行の際に臨み寸暇を得ざりしがため余が立案を以て社員に執筆せしめたるにつき文辭の拙劣と讀者の高恕を仰がざるを得ず

中西牛郎識

佛教と社會の關係

吾人は是より號を逐ひ章を重ねて佛教が是まで社會に向つて云何なる勢力を有せし乎、佛教は社會に對して云何なる關係を有したる乎を論究せんとす、然れども此問題たる頗る博大にして一章一回の能く盡す所にあらざるを以て、先つ政治と宗教との關係を論ぜんとす」

人文未だ開けず、社會の未だ進まざるや、進化の大法により、政治と宗教とは同一元素の中に包合せられ、政治は宗教の爲に支配せられ、宗教は政治の牽制を免るゝこと能はず、兩者相須つて其用を濟すことを得たり、例へば印度の婆羅門教の如き、埃及の埃及教の如きは、皆な政教を以て一致とし、宗教の勢力を以て、政治を支配せんとしたり、亦支那の如き、其文明の未だ進歩せざるに方りては、宗教によりて政治を支配したりしも、彼の不世出の偉傑たる始皇の朝に至りて書を焚き、儒を坑にし、初めて政治と宗教とを分離し、政治は專ら法律によりて施行せらるゝに至りたり」

之を要するに社會未だ幼稚にして、文化進まざるの時に當りては、社會の事物單純にして複雜ならず、其性質を異にするの元素相混合して同一の動きをなさしめたれども、社會の進歩するに從つて、其單純

リ發行サレタリ宗派ニ偏セス教會ニ黨セス普ク宗教界ニ獨立シテ佛教ノ眞理ヲ開闡シ佛徒ノ積弊ヲ洗滌シテ之レカ改良ヲ圖ルヲ以テ目的トシ卷首ニ文學博士南條文雄、文學士服部宇之吉、等諸氏ノ祝文アリ論說記事總テ緻密ニシテ蕪雜ヲ脱ス思フニ法燈ノ光ヲシテ燦然タラシムルモノハ夫唯此ノ國教ナルヘシ

▲獨立〔第四百拾五號……明治廿三年十月八日發行〕

●國教　我國維新開國以來泰西諸國ト競爭場裡ニ馳騁スルニ至テヤ其弊遂ニ智識ノ一方ニ傾キ道義ヲ以テ迂遠ナリトシ亦タ之レヲ顧ルモノナシ此ヲ以テ物質的ノ整頓ハ燦然トシテ見ルヘキアルモ精神的ノ紊乱ニ至テハ紛然トシテ殆ント鑒ム可ラサル者ノ如シ凡ソ木先ツ朽チ蟲之レニ生ス今ヤ魔風一塵此ノ虚ニ乘シテ竄入シ來リ吾人ノ腦漿ヲ掠メテ暗黑世界ニ持チ去ラントシツヽアルナリ是ニ於テカ國教ナル雜誌吾カ熊本ニ現ハレ去月二十五日市内安巳橋通國教雜誌發行所ヨリ其一號ヲ發行セリ蓋シ佛教眞理ノ大炮一發纍然妖雲ヲ千里ニ却ケ及ヒ既往幾年間ノ長眠ヲ攪破セントスルノ意ニ外ナラス而シテ之レカ特別寄書家ナリト云フヲ見ルニ共ニ海内ノ名士ニシテ之レカ記者タル者亦タ文壇ノ一士ナリ吾人ハ其目的ヲ達スヘキヲ証シ且ツ達セラレンコトヲ祈ル者ナリ

△熊本新聞〔第三千七百貳拾九號……明治廿三年十月八日發行〕

●國教　釋迦ノ道タルヤ万古ニ遡リテ其初ヲ知ルコトナク万古ヲ窮メテ亦其終ヲ知ルコトナシ蓋シ佛教ハ一切衆生ノ正道ニシテ佛陀ハ一切衆生ノ救主ナレハナリ實ニ佛教ハ國家ナクシテ生存スルコトヲ得ルモ國家ハ佛教ヲ離レテ永ク生存スルコトヲ得ルモノニアラス故ニ佛教ハ國家ノ宗教ヲ爲スヘキモノナルカ故ニ國教テフ此雜誌ヲ發兌スルニ至レリトノ旨趣ヲ以テ其第一號ヲ發行シ南條文雄、津田梅溪、中村六藏、藤岡法眞、諸氏ノ祝辭ヲ掲ケ尚ホ中西牛郎外數氏ノ論說アリ寄書アリ史傳欄アリ雜報欄アリ全体ノ紙面整然トシテナカ〳〵精采アリ蓋シ之レ佛教家ノ最良機關雜誌ト稱スヘシ

▲佛教新運動〔第拾四號〕

●國教　ハ記事体裁紙質トモ申分ナシ、亦以テ雜誌世界ニ頭角ヲ見ハス者ト云フヘシ發行所ハ熊本市國教雜誌社

あるものは複雜となり、其不明瞭なるものは明瞭となり、政敎の如きも遂に全く分離して、各自の働きをなすに至りたり、蓋し歐米一二の邦國は、今に至るまで國敎を設け、公認敎を准許することありと雖ども、彼の宗敎社會の先覺者たるルーテルが。一たび起つて舊敎の妄想を打破して、自由の眞理を耀發し、政敎の分離を說きしより、宗敎獨立、信仰自由の議論は、漸く社會の輿論となりて勢力を有し、今や到底之を拒否すること能はざるに至りたり、我國に於ても、德川幕府に至るまで、政治を以て宗敎を保護するの有樣なりしも、這般の憲法上に於ては、明かに信仰の自由を准許し、何人と雖ども自己の好む所の宗敎を撰擇することを得るに至りたり、是れ蓋し自然の道理により、社會の大勢に從ひたるものと云はざるべからず。」

蓋宗敎の目的は、人間の精神上の渴望を充たし、以て安心立命の域に至らしむるものなれば、妄りに其信仰を壓し、不信者をして强いて信者たらしめんとするは、決して宗敎の欲する所にあらず、よし一時は之を壓し、之を抑へて或る宗旨の下に服從せしむべきも、到底之を永遠に保持すること能はず、例へば露西亞の如き、無理に同一の宗敎に歸せしめんとするときは、只々に宗敎の本旨を誤るのみならず、一國の智識あるものは、擧つて爲政者に反對し、其極遂に滔天の禍を生ずるに至らんとす、是れ吾人が宗敎獨立の利益を唱道する所以のものなり」

尤も政敎相混合し、政治は宗敎に依て其輔翼を仰ぎ宗敎は政治によりて其保護を受くるの時に當りては宗敎社會は隆盛なるが如しと雖ども、是れ決して眞正の隆盛に非ずして、只々表面上隆盛の現象を呈するものなりと云ふべきなり、故に其盛力、其雄氣は長く命運を保有すること能はざる者あり、願ふに我邦の佛敎の如きも、德川氏三百年の配下に立ち、其優待を被り、其保護を受くるの日に當りては、迦藍佛堂至る所に建立し、今に至るまで我國美術の標準として內外に賞讚せらるゝに至りしも、今や其迦藍其佛堂は、檐傾むき瓦落ち、毫も昔日の觀を呈せざるに至る、是れ蓋し明治維新の際、各宗の寺院が、其領地爵祿を奪ひ去られたるがため、其維持の途を失ふたるに由らずんばあらず、蓋し政治[illegible]によりて、隆盛を致すものは、政治の保護[illegible]て衰頹を招くは、是れ自然の道理にして亦[illegible]なすべからず。」

是れ故に吾人は政府の保護によりて假面的佛敎の隆盛を望まず亦た抑壓的信者の多數を望まず飽まで信仰自由の正理に基き獨立獨行佛敎の眞理を闡明し堅牢なる信仰の一大殿堂を築かんことを願望するものなり

論説

敎育と宗敎

中川小十郎

文化の度高からざる社會に於ては。敎育と宗敎とは常に甚だ密着なる關係ありき。而して社會の敎育の上高尙なる專門の學科より下普通の讀書算に至るまで。悉く僧侶の手にて取り賄はれたるが如き。實に今より餘り懸け離れたる時代の事にあらず。我國に於ても維新前までは。中等以下の普通敎育は寺小屋一手の專賣業なる有樣なりき。又英國に於ても。國家敎育の寺院より獨立せんとする端緒を確めしは。僅に一代前のことなりしのみ。國の興亡家の盛衰急にして世は兵事のみに忙しかりし。戰國時代に於は誰かは其童の敎育を顧るべき。此時に當りて。國の學問と敎育とか淸淨なる僧侶の手に歸せしは偶然にあらざりきといふべし。世の暗黑に打覆はれて。全く滅亡にも歸すべかりし。學問と教育とが彼等の手によりて今日に保續せられたるはこれ莫大なる恩惠なりしなり。然れども今や政治の進歩によりて政治と國家教育の必要を認知せる今日と相成りては。何時までかこれを多岐紛々たる宗教家の手に委し去るべけんや。今日に於て國家教育の斷然宗教家の手を離れて獨立せんとするは又これ偶然にあらざることを知るなり」

然れども全体教育と宗教とが互に密着の關係を有せることは今も昔も相違あるべきにあらず。啻に双方密着の關係を有せるのみならず。教育と宗教との孰れかを最も廣き意味にて解釋すれば必らず他の一方を埋沒するに至るべきなり。畢竟古代の教育家中に。有功切實の教育は宗教的ならざるべからずなど論ずるもの丶ありしも。此邊の考より出でしなるべし。されば碩學ハミルトン氏も之を論じて「宗教の教育中最要部を占め居ることは。他にこれを比すべきものなし宗教の教育にして能く其當を得るに於ては。各道德上幷に社會上の義務を包含し。また勤勉、節制、經濟、等をも之を含まざるなし」といへり。而して猶一歩を進めて之を論ずるものあり曰く「人間は道德的、智力的、活動物、なるが如くまた宗教的活動物なるが故に。教育によりて道德智識の教育を練磨する如く。宗教上の性質もまたこれを教育訓練するにあらざれば人間の完全なる進歩は得がたし」と。吾儕は教育と宗教と二者密着の關係を有することはこれを認知すれども。また直にこの歸結に同意を表するものにあらざるなり。之を要するに進歩の度合今猶ほ著しからざる吾人々類は。單一なる理由純粹なる原理によりて。悉く支配せらる丶ものにあらざれば、宗教の應援を藉るべき教育の部分甚だ多きことを知るなり。」

了れ然りと雖ども。教育の唯一の目的は。人生の未來に向て立つべき準備を與ふるにありと云ふに至りては。多少之を辨ぜざるべからざるものあるなり。天下の兒童をして今後の生活に於て彼等の上に歸すべき義務の執行に對する準備を得せしむることは教育家の忘るべからざる所なり然れども吾人教育家の所謂未來は彼等の所謂未來の如く。人間精神の不朽といふことに基づける未來にあらずして。寧ろ手近なる現在の生活の上に於て之を云ふものなり。故に其着眼の起點は。一個人の精神の上にあらずして。國家の上にあるなり。即ち人間の精神は果して不朽なるかの疑問は吾人教育家の思考する所のものにあらずと思ふなり。唯だ教育家の希圖する所は國家の榮固と子孫の繁昌にあるのみ故に「年々歳々花相似歳々年々人不同」といふも。吾人に於ては何等の感覺も起さゞるなり。國家を組織する各個國民は一代毎に北邙の烟と消へ失すとも。若し次代の國家をして當代の國家より幾分か進歩せるものならしめば吾人はこれにて滿足を表する者也。故に宗教主義の教育は精神は不朽にして永遠に達して已まざるものあるが所以に起り。國家主義の教育は國家の安泰を確立して万世無窮ならしめんとするの必要に基く。更にこれを詳説すれば彼れは精神の不朽によりてあり。これは國家の不朽を求めてありと云ふべきなり。果して然らば本來教育と宗教とは甚だ密着なる關係を有せるものなれども。其歸着する所に至りては甚だ同じからざるを知るなり。

然れども最後の歸着點は或は同じからざるべしと雖ども。途中までの同伴は之を爲し難きにあらず。東京より西京に達して止むものも。或は又一歩を進めて神戸に達して止むものも。互に西京に至るまでは東海道鐵道に同車するの便宜を得るに非ずや。即ち吾人は其兩者の關係の相容るゝ間は。教育と宗教とは互に相提携して進まんことを欲するものなり。然れども今日の宗教と。國家主義の教育とは。到底相提携すること能はざるの事情あるを如何せん。何ぞや宗教に宗派の區別甚だ多きことこれなり。啻に佛教と耶蘇教と云ふが如き區別のみならず。其佛教自身其耶蘇教自身にもまた各數多の流派ありて。彼此相容れざること氷炭の如きあり。而して互に自ら許すに眞理を以てせり。佛者は佛教の眞理あるを說き天主教徒は天主教の他に眞理なしと云ひ。一致會派美以會派、惟一派、各互に其中分あり。傍看者の地位より之を見れば。石橋山の合戰に「上のが義眞なり」……「否下の方は義眞なり」とて相爭ひし時の樣をも思ひ出べし。然るに立歸りて國家教育の機關なる公立小學校を見れば。其性質に於て一種の强迫力を有するものなり。則ち何等の宗派に屬するものも何等の旨義を奉ずるものも。均しく其子弟を公立小學校に就學せしむるの義務を負擔せるなり。故に其學校の性質は博愛にして何人も來らしむるの準備あるべきものなるに。分立せる數多の宗派中の一を擇び。他を拒絕するは決してあり得べき事にあらず。況んや先達ても述べしが如く邦人信教の自由は。大憲法上の恩賜に屬するものなるに於てをや。されば何人の就學をも强迫すべからざる學校に於て。我儘にも一の宗派を擇び。之に據りて學校の道德主義を立て。其宗旨以外のものゝ子弟をも强ひて之を信ぜしめんとするに於ては違憲の嫌なきにしもあらず。少くとも此くの如き場合に於ては。學校の强迫と憲法の恩賜とは到底兩立するを得べきものにあらざるなり。果して然らば吾儕が宗教を國家教育以外に拒絕せんとするは亦偶然にあらざるなり。吾儕豈に大憲法上の恩賜に我儘なる制限を置かんとするものならんや。

然らば則ち國家教育以外に於て宗教家の應援協力を待つべき教育の部分は如何。吾儕は公共小學校の教員に屬する部分と家庭の父兄に屬する部分とによりて之を區別せんと欲するなり。而して父兄は其子弟に向ては。宗教上。道德上の自然の教訓者たることは彼れ宗教主義。教育家。の既に論せる所なり。豈に又吾儕の辨を要せんや。

信仰自由の誤解を論し
基督教徒に告ぐ

靜宇居士

夫れ人生れて斯世に處する貴人と賤夫と賢人と愚夫とに論なく能く欲し能く考え能く思ひ能く働かざるはなし此の如き所以の者是れ人に自由の靈德あるに由る人若し自由の靈德なくんば能く欲し能く考え能く思ひ能く働くこと能はざるなり故に人の人たる所以は即ち人が自由の靈德を全ふするより重且大なるは無かるべし」

就中人が不朽眞理の考究即ち宗教上の安心立命を求むるに於ては此自由を保有せずんばあるべからず抑も生死は古德の言へるが如く人の一大事なり人苟くも生死の理を知らず茫然として斯生を送らんには恰かも蛣蜣が糞丸を轉ずると何ぞ異ならん人は萬物の靈長といふにあらずや豈に生死の一大事を知らずして可ならんや而して凡て生死の理を闡明し人の心に安慰を與ふるものは蓋し宗教にありとす然るに人の宗教を信仰するに或る宗教は信ずべし或る宗教は信ずべからずと一々撿束を受くるが如きことあらん乎人の不幸極まるといふべし人の靈德を沒却する蓋し之より過ぎたるはなかるべし斯を以て人の不朽眞理の攷究即ち宗教上の安心立命を求むる必ず信仰の自由確固たらざるべからざるなり

古來社會文明の未だ發達せざるや謬妄の説頻りに流行せし爲め信仰の自由を撿束し宗教に對すること公平ならず一方には特別の保護を爲すと同時に一方には非常の迫害を加へしを以て遂に其結果として數万の人を殺し流血屍を漂はすの慘状を呈したるは浩歎の至りに堪へざる所なり

然るに現今に至りては社會文明の上進すると共に信仰自由の理は大に明瞭となり何人と雖も之を是認せざるはなく各國の憲法に於ても之を保証せざるはなし、即ち信仰の自由は現時社會の輿論といふべし然るに凡そ人の斯世に捿息する必ずや自他に對する德義を守るの義務本分あり之を要するに人は自他に對し善道を修し邪惡を戒むるの精神なからざるを得ざるなり人若し此精神を欠くとせば人の人たる品位を得たるものといふべからず是の故に信仰の自由が天下の公理なりとするも其中自ら踰越すべからざるものありて存すれば宜しく之を注意すべきなり例へば茲に人有り信仰の自由なるに任せ「モルモン」宗の如きものを信奉し他人までも誘導するに至ては如何ぞや其世道人倫を害する恐るべきものあるや明かなり此の如き信仰は自己を誤まるのみならず國家の風教を害するに足れば速かに之を排斥せざるべからざるなり蓋し信仰の自由は人の爲め最も必要なるに相違なきも人異端妖説を信ずるに至ては是れ却て自由の靈德を沒却し自由の德義を知らざるものとす自由の自由たるは能く其限界を了別し正義に背き公道に戻るべからず然るに眞理を誤解し邪教妖説と雖ども之を信仰し世道人倫を紊亂するを顧みざるに至ては妄見も亦大なり故に信仰の自由は神聖犯すべからずと云ふといへども之を受用する其道を誤まるときは其害多きことを記臆せざるべからず

各國の政府に於て今日信仰の自由を認識すると勿論なりと雖ども若し邪教妖説の流行する時は之を禁遏するに躊躇せず之を禁遏するに躊躇せざる所以は是れ邪教妖説の人心を蠱惑せんことを恐るゝが故なり實に信仰自由の理を誤まるべからざると此の如きものありとせば方今我國に於て人盛んに信仰の自由を唱ふるも其言未だ悉く信ずるに足らざることを知らざるべからず何となれば信仰の自由は如何に公理なるも之を誤解する者なしとせざればなり夫の基督教の如き文明世界の宗教なるに相違なきも吾邦の爲め適當したるものなるや否やを問ふに至ては如何ぞや彼基督教は耶和華を以て君父より尊きものと做し耶和華の爲めには君父の恩を忘却す而して耶和華は嫉忌の神なるを以て吾日本人にして若し耶蘇教に入るときは——天照皇太神を始め其他吾邦の神明を崇信することを得ず否な崇信は愚か之を視て僞神となすを以て耶蘇教の盛大なると共に吾邦の神社佛閣は恐く廢滅するに至るべし斯を以て耶蘇教の皇室國体に不適合なるや火を視より瞭然なりとす果して然らば宗教の信仰は自由なりと雖ども苟くも日本人民の分限としては基督教を信仰することを道理の判斷に訴へ又た之を德義心に照らし恥ぢべきの至りなり否な寧ろ此の如き非眞理の宗教を信仰することは邪教妖説に迷溺したるものと何ぞ擇まん是れ信仰自由の靈德を全ふしたるものと云はんよりは信仰自由の眞義を誤まるものと云ふべし是故に吾人は耶蘇教を信仰する人々に向て速に其反省を求めざるを得ざるなり而して世の學者識者は益々力を闢邪に致し人の邪道に趨るを警戒せざるべからず信仰の自由は吾人の爲め尤も貴重なり貴重なるが故に之が誤解を匡救し眞成に保全せんと豈に又た必要ならずや

耶蘇教ハ父子倫ヲ破壞スルノ宗教ナリ

前田慧雲

子ハ其親ニ對シテ孝道ヲ盡スノ義務ナシトハ、九月二十日東京淺艸鴎遊館ニ於テ開キシ學術討論演說會ノ發會式ノ討論題ナリシ、當日反對論者多數ヲ占メテ遂ニ該題ノ否決トナリタルハ、余輩ガ社會ノ爲メニ千慶萬賀シテ止ム能ハサル所ナリ、然ルニ該題ノ如キハ日本人民ガ開闢以來二千五百餘年間未タ曾テ夢ニダモ思ハサル珍說否邪說ナルニモ拘ハラズ、今日忽然トシテ我國民ノ或ル一部分即チ該發題者ノ心頭ニ浮ヒ出テヽ、遂ニ之ヲ其口ニ發シテ公衆稠人ノ中ニ於テ、苟モ之ガ是非邪正ヲ討論スルヲ憚ラサルニ至リシハ偶然ニハ非サルヘシ、必スヤ之ガ原因トナルモノアラン、余輩ハ今試ニ之ヲ講究シテ、諸君ト共ニ之ガ撲滅ニ力ヲ竭サント欲スルナリ、

是ニ就テ先ツ該題ノ如キ邪說ガ、夢ニダモ我國民ノ心頭ニ浮ヒ出ザル昔日ハ、如何ナル學理、如何ナル宗教ガ、我日本社會ニ行ハレ居リシヤ、又次ニ該題ノ如キ邪說ガ、討論會ノ問題トナリテ、公衆稠人ノ前ニ於テ之ガ是非邪正ヲ議スル今日ハ、如何ナル學理、如何ナル宗教ガ、我日本人民ノ間ニ行ハレ居ルヤヲ吟味スルコト、最モ緊要ナラン乎、依テ今顧テ往昔ヲ稽フルニ、我人民ノ研究スル所ノ學理ハ、儒教ニシテ、而シテ其信奉スル所ノ宗教ハ佛教ニテアリシナリ、ソノ所謂儒教ノ學理ハ、抱合的ニシテ、結局、名教ノ一字ヲ出テズ、故ニ孝弟忠信ヲ以テ道德ノ綱紀トナセリ、又所謂佛教ノ教理ハ、分析ト保合トノ二者相兼テ、而シテ保合ノ邊ヲ把テ、事ヲ實行ヲ教ユルニ在レバ、其孝弟忠信ヲ勸ムルハ、亦儒教ト毫モ殊異ナシ、故ニ佛ハ父母恩重經、父母恩難報經等ヲ說テ、親ラ父王ノ棺ヲ擔ヒ玉ヘリ、左ニ報恩記トイヘル書ノ文ヲ引テ之ヲ證セン、

報恩記ニ云ク、佛教ノナカニハ、マヅ梵網經ニ云ク、孝順父母師僧三寶、孝順至道之法、孝名爲戒、亦名制止トイヘリ、コノ經說ノコトクナラハ孝養ノ行ハ、世福遠近ノ行ニカキラズ、如來ノ戒法モ、孝養ヲハナレズトミヘタリ、乃至凡ソ父母ノ恩ノ深キコト、聖教ノ所說モ多ク、報恩ノコヽロサシノ切ナル了、古人ノ先蹤モアマタアリ、乃至心地觀經ニイハク、慈父恩高如山王、悲母恩深如大海、我若住世於一刼、說悲母恩不能盡トイヘリ乃至又同經ニイハク、若人至心供養佛、復有精勤修孝養、如是二人福无異、三世受報亦无窮トイヘリ、乃至善導和尚ノ觀經義ノ第二ニ、父母者、世間福田之極也、佛者、即是出世福田之極也トイヘルモ、即チコノヽコヽロナリ、乃至又同經ニイハク若善男子善女人、爲報父母恩、於一刼每日三時、割自身肉以養父母、未能報一日之恩トイヘリ、

次ニ今日我邦ニ行ハルヽ學理ト、宗教トヲ看ルニ、儒教ヲ學ブノ徒ナキニアラズト雖、普通一般ニ研究スル所ハ、西洋ノ學理ナリ、宗教ノ如キモ、亦耶蘇教侵入シテ、殆ト佛教ト頡頏セントスルノ勢アリ、而シテ所謂西洋ノ學理ハ、分析保合相兼ヌト雖、大率分析ノ邊ヲ主トシテ、以テ保合ノ邊ヲ說ク故ニ善ク學ハサルモノハ、自ラ自他平等上下同權ノ邪見ニ陷リ易シ、耶蘇ノ教理ニ至テハ、分析的ノ最非理ナル者ニシテ、即チ上帝ヲ以テ唯一ノ眞父トナシテ血肉ノ父母ハ是レヲ假親トナスガ故ニ、孝弟ノ教ヲ說クノ所以ナシ、啻ニ然ルノミナラズ、或ル場合ニ於テハ、却テ孝弟ヲ排斥セザルヲ得ズ、左ニ耶蘇ノ說教ヲ引テ之ヲ證セン

馬太傳ニ云ク、我カ此世ニ降レルハ、太平ヲ致ス爲ニハアラデ、軍ヲ興ス爲メナルゾ、我ハ人ヲシテ其父ヲ疏マシメ、女ヲシテ其母ヲ疏マシメ、婦

チシテ其姑ニ疏マシメン爲メニ來レリ、乃至父母
チ愛スルコト、我チ愛スルヨリモ厚キモノハ、我
カ爲メニ宜シカラジ、子女チ愛スルコト、我チ愛
スルヨリモ厚キモノハ、我カ爲メニ宜シカラジ、

（未完）

蒐録

佛教徴証論緒論（承前）

中西牛郎

前既に略言するが如く、本論の旨趣とする所は、佛教の眞理を証明するにあり、然れども所證の体明ならざれば、能証の理立たず、而して佛教の理たる大にしては包含せざる所なく、小にしては盡さゞる所なく衆理を該して万事に應ずと雖ども、其最大原理として吾儕をして信仰を措かしむる所のものは、只佛陀存在の理と、靈魂轉生の理とあるのみ、此二理は佛教の卓然以て諸宗教諸哲學に超絶する所にして、佛教各般の道理を解釋するも、亦此の二理より演繹せざる可らず、故に吾儕此の二理を證明することを得ば亦た以て佛教全体の眞理を證明することを得べし、蓋し近世人智の輝光大に發耀し、天下の智者學者が其腦底を叩き、其思想を悉したるの結果は、億万の燭光を發顯し、此億万の燭光集合して一大燭光となり、以て三千世界に照り輝き、遂に朦朧として佛教の眞理を照映するに至れり、即ち物理學によりて發明せられたる勢力保存の説は、因果報應の論と相符合し、天文學によりて發明せられたる宇宙進化の説は成就壊空の論と相照應し、倫理學に於て一大問題とする所の厭世主義は、煩惱厭離の論と互に相發明し近世哲學絶對の説は、我が佛教眞如涅槃の眞理を開顯するに過ぎざるぞ、然れども佛教の説く所、斯等の理に過ぎざるか、佛教も亦た一種の科學而已、一種の哲學而已、何んぞ宗教とするに足らんや、抑も佛教の宗教たる所以のものは、佛陀の存在と靈魂の轉生とを以て其眞理の一大基礎とするに在り、其眞理の一大中心とするにあり、蓋し佛陀は眞理の實体なり、精神の理想なり、道義の勢力なり、吾儕の慈悲なり、貝如の顯示者なり、万法の解釋者なり、衆生の濟度者なり、宇宙の調和者なり、孔子の天と云ひ、約翰の道と云ひ、プラトーの最美圓滿と云ふも、豈に佛陀を離るゝこと遠からんや、而して彼の二千年前印度の迦毘羅衛國に釋迦牟尼として降生し、此の世界に眞理と生命とを與へたるものゝ實に佛陀の肉身なりとす、故に吾儕先つ自然の理人間の性に由りて、佛陀の存在を証明し、進んで釋迦牟尼は實に佛陀の肉身なることを証明するは、佛教眞理の一大基礎を建設するに於て尤も急務なりとせざる可らず、」

之に次て吾儕の證明せざる可らざるものは靈魂轉生の説なり、佛教の所謂靈魂轉生の説は、即ち靈魂不滅の説に一歩を進めて、解釋を與へたるものなり、故に靈魂轉生の理は、吾儕人性の命運に關すると甚だ重大なるものにして、此理なくんば佛陀の説く所如何に高尚にして深遠なるも、其歸する所は唯物主義と同一の失望に陷りて、吾儕の信仰、道徳、は何の價値あるに至らん、只これ靈魂轉生の理あるによりて、吾儕の信仰之れが爲めに重大を加へ、吾儕の道徳之が爲めに謹嚴を加え、其生や必しも憎むに足らず、死するに若かざるを知り、善良なる行爲の必ず永賞を求す可く、邪悪なる行爲は必ず永罰を招く可きを知るに至る、而して無限なる時間を經過し、無限なる境遇を經歴し、遂に以て正覺を開くに至りたる、亦た必ず此靈魂の轉生あるに職由せずんばあらず、故に靈魂の轉生にして確乎たる基礎なくんば、佛陀

の存在も亦た確乎たる基礎あらず、此二個の論理は互に聯帶するを以て、一の論理によりて立つことを得されは、他の論理も亦た立つことを得す、故に彼の基督教は上帝の存在と、靈魂の不滅とを以て、其教理の基本とし、而して我佛教も亦た此佛陀の存在と、靈魂の轉生とを以て、其眞理の基礎とし、中心とせざるを得ず、故に此二理は吾儕の首として証明せざる可らざるものあり、吾儕苟も此二理を証明することを得は、進んで復た佛教々理上の性質と、歷史上の事實とによりて、釋迦牟尼は佛陀の肉身たることと、大小二乘の教理は、共に皆な釋迦牟尼の說く所あること、佛教の眞理圓滿にして誠に世界宗教の帝王と稱するに足る、佛教の感化偉大にして、其傳播したる各國に思想上道德上及び有形上の進歩を與へたることを証明す可し、吾儕にして此等の重要なる諸件につきて公平に精確に証明することを得は、吾儕本論の外は以て彼の非佛教論者に對して、頗る注意を惹起し、額に手して一たび長深思せしむるの價値あることを信じて疑はず。

（未完）

佛教講究に關する井上哲次郎氏の談話

加藤熊一郎

余一日井上哲次郎氏の本鄕森川の邸を訪ふ對談數刻偶ま佛教講究の事に及ぶ其說大に佛教家を益するものゝ如し即ち記して貴社に寄す

佛家の講究すべき泰西哲學

泰西哲學其派多く其流少なからずと雖もこれを大別すれは唯心唯物の二あり而して佛家の講究すへきは唯物にあらずして唯心にあり此派に於て獨乙のショッペンハウエル氏は實に佛教哲學を泰西に紹介したるものにして其著書の末卷の如きは最も見るべきものあり且つ文章流麗なるか故に覺へず讀了するを得之に次て講究すへきはカントの哲學其次はプラトーあり佛教家若し這般二氏の哲學を味ひ之れを自家佛教の哲理と參照せは其功少なからざるべし余（哲次郎氏）は佛教學校に於て速に此種の書を教授せんことを希望すと余更に問を發して曰く近時日本の哲學者頻々としてスペンサーの哲學を稱し氏の外哲學者を見ざるものゝ如し是れ佛教家講究すへきものある乎

氏曰く

スペンサー哲學の講究

は利益なきにあらず又利益あるにあらず蓋しスペンサー哲學はオーギュストコントの流を酌みダーヰンの進化說を混合したるものにして彼の可知不可知の二元を立つるは佛教の實体と現象との說に合すへく其の進化の (SawofC ausarity) は以て佛教因緣の說と和すへし是等は實に佛家に利益あるものなり其他の說に於て或は和すへからざるものあり故に利なるあり利なるなしと言へるあり

ロッチェーは如何

氏の哲學は議論透徹取るに足るもの少く且つ「ゴッド」を人体的に說くに至ては佛家の講究すへきにあらず是等は以上三氏の哲學を講究したる後ち參考として讀むへきのみと曰く佛教講究の方法從來の如くにして可なるや曰く否な

歷史的に批評的に

之れを研究せざるべからず之れ今日西洋學術研究の方法なり從來の佛教講究の方法を見るに皆な之れ解釋的說明的にして之れを歷史的に批評的に講究したるものなきか如し之れを以て佛教家其人と雖とも其歷史的由來を知らず例へは維摩經とは如何なる時代に如何なる變遷を以て來れるや其時代の人情如何なりしやを知らざる甚しきは不動とか毘沙門とか弁天とか其實体は如何なるものなるやを知らず漫に稱して

弁天は毘沙門の妹なり不動は「荒い神様」なりと何ぞ夫れ不注意なるや想ふに印度人民は其身熱帯地方にあるが故に働くことを忌み寂然として石に坐し以て理を考究するの快樂を思ひ其絶對の快樂を形造りて不動明王とし美を形造りて弁財天とし能く闘は人の性なりこれを形造りて毘沙門とし皆な自ら欲して達し得ざるを形造りて「ゴッド」となしたるのみ（氏は二王勢至、觀音、彌陀の實體に付て說くところありし）勿論文殊の如き實在の人あるも多くは皆な想像に出しものゝ如し要するに批評的、歷史的に講究せは其快樂と利益は尠少ならざるべし尙は一つ余（哲次郎氏）の望むは

「サンスクリット」若クハ

「パーリー」語

研究なり日本の佛經は支那譯なり此譯たる猶は今日の日本人が英佛の書を譯するが如く未だ以て其神髓

を窺ひたりと言ひ難し須く「サンスクリット」若くは「パーリー」語を研究して其根本を探り照すにカント、プラトー、ショッペンハウエルの哲學を以てし批評的に歷史的に講究せは佛教の隆盛期して待つべきなり余（哲次郎氏）は佛教的の哲理を唱說するものにあらざれど雖ども佛教家の爲めには充分の盡力をなさんとするものなり云々

翻譯

自然ノ理法ヲ論ス（承前）

メルケエルス氏著

咄堂居士譯

理法の最初の形状は空間に於ける極動力として知らるゝものにして同性に於ける感情の最始の發表なり若し嚴格なる物質論者の論點よりこれを觀察するときは實に懷胎中の生命と稱せらるゝなり何となれは此時代に於て物質的生活を始め且つ其生命は物質的感覺に依て認識せらるれはなり蓋し極動力とは物質元素を生ずる勢力若くは理法にして其元素は既に相互に探求し相互に聯合するの生命を賦與せられたるものなり此勢力は彼の天体に於ける重力の理法を組織するところの勢力と全一若くは其用体たるものなり之を以て空間に於ける物質元素を支配する理法の如きも亦同原因たるを免れず此時に當つて物質學の解剖的學說は其萠芽を發し而して此學說により最聰明なる精神的官能或は感覺の働きを有せずして入り込むことを得ざるに至れり此第一義により人は外覺の感動を以て自然の活動を領會するに至る凡て想像なるものは彼の天体學者が物質的領分に於て若くは科學の探究により擴張する絶對として官覺に適當する如き驚くべき發見をなし得ざるなり天体學者は精神的進歩の状況に於て人を以て顯はさるゝ智力の状況なり人間の有する理性なるものは其純粹なる状況に

於て感情動感智力の一致的働きには精神的自然の只た固有性あるを以て此の理性は動物の有する如何なる天性なるや人は其精神的動物として彼の擴張の進歩に於て彼より高尙なる性質に由て天帝存在の證據となす精神的若くは神の自然なるものは宇宙の自然なり即ち遊星を囲繞する情況は其根原の物質上附合物なり同物の發現及び全一人間が生物として發見せられたる類似的性質の如く理法及勢力原則及原素の種類を含有するものなり物質的性質及物体と關係することにて發見せられたる重要の理法若くは勢力は感情電氣及所謂重力の理法なるものなり感情なるものは空間中に於て現に生活せる精神大即ち同物の趣向的状況によりて電氣生活的趣向的の状態において事物の自然的凝集力によつての重力なり此等の勢により物質的に云へは植物動物人生の生長發達及ひ完全なる獨立に關して必要なる熱、磁力、等の如き他の

原則を生ず然りと雖とも人間に於ける神の光輝と一致して彼等は只動物の勢力及び職掌あり高尙なる狀況の表示にまで誘引し而して彼等は理法勢力原則及び物質的若くは理學的感覺に於て知るべからざる他の狀況を取りて人間精神の部分となる是等の理法勢力及原則は自然に於て發見せられたる凡ての領分なり只彼等は智力即ち獨立の行爲を有す而して其智力は想進なる割合には却つて彼等よりも一層活動なる狀況を呈せり且つ其智力なるものは其根原たる理法勢力原則と同一物とも見做すを得べし理學的にいへば猶は音樂に於て智力根源なるは一樂器力其の振動速度を同ふするが如くなり即智力なるものは活動の最高に於て絕對の地位を占むるものなり之を言ひ換れは絕對の狀態に於ける理法即神なり之を以て人間は靈魂或は精神の活動力を增すに從ふて智力を了解するものなり何んとなれば人間形而上の才能が漸次強盛活發を添ゆるに從ふて絕對に接近するものなり絕對とは何ぞ人間に於て所謂積極的の要件を作る所の完全なる同物との調和なり此完全なる調和は人間が動物的性質を脫離し必ずしも物外に超然たらしむるに非ずんば決して得る能はざるものとす之に加ふるに德義の熟練を得ると又は以て自然の凡ての變化を熟知することを得べし

スマンカラ僧正との對話

ドグラス、ヴヰーセット著

雲帥生譯

靈智會が常に天下の注意を喚起すべき報導をなせること枚擧に遑あらずと雖とも就中世界に存在する凡ての宗教を分つて顯密の二に歸着することを示したるが如きは其尤も重要なる一事なりとす此幸福なる二教の區別に關して余輩は又喋々論證するを要せず小說虛飾の流行に伴ふて之を敎導する秘密の方便及寺院

權力の成立記號口碑等の歷史的事實より漸く進んで今日研究したる深奧の理由は皆な以て此眞理を確むるに足れはなり勿論吾人が或る特殊の信仰に於てる尙は深究の此眞理を適用せんと欲すると又は必要なる探究を要するや殆んど言を俟たざるなり例へは人間諸種宗教信仰の多くは皆虛假の事物に關しては其智見を開く能はざと雖とも天然若くは幽昧なる靈魂を崇拜することを以て基礎となせるは同一なるが如し然れとも佛教婆羅門教「ゾロアスター」教若くは基督教の如きも其等の題目の下に集まれる宗教的思想を以て論斷すると又は其探究又深奧なる理由を有せずんはあらざるなり若し其れ吾人が人間進步の表面に於て我が密教の保護者が重要の部分を領せることを求認するを欲せざれば信仰の大体の只根。原に屬する理衆を講說するにも絕望のとたらざるを得ざるなり神學宇論の未だ探撿せざる邊余は從來長く理論家宗教家の互に論議し來りたる所なるが今日世人は實に此点を以て密教の存在を考究せり而して此事實を承認するに於ては兩派間の賓すべき調和成就するに至らんと必せり矣

吾人の或者が密教即智識的宗教なりと主張したる者に尤も密着の關係を有せる顯教の種類中に於ては南方の佛教は尤も高尙なる地位を有せり實に秘密家の賤劣なる假定に對し「ビダカス」の絕へざる主張即人体再生の後悔悟して達すべき涅槃と尤も釣合すべきものなりとす此特別の事實より涅槃を尊敬するの願望は殆んど考究の價値なき衰頽せる密教（雜駁なる聖經）中膠贓として顯はる、密教なりたる西洋諸宗教に非常の影響を及したり然れとも佛教には明白、活潑なる佛教の印象あるにも關らず西洋批評家は常に之を誤解するとあり一方に於て吾人は物質論者に反對する所の倉卒なる神學者が近時の代表者は全く内部の意義を探究す

るとなかりしと明言するを見るに反して吾人は窃教直接の理解を以て靈魂の違背涅槃的寂滅等に於ける反對ありとする有名なる東洋學者に反對す實に此種諸說は非常に流行し南方佛教寺院の物質教なる語は遂に一家の熟語とならんとす此物質說の人望ある定論は實に「スマンガラ」僧正并に其教門に對し誤謬あると遂に明白ならんとす」

（未完）

寄書

宗教ノ人氣

默堂居士

宇內ノ人類ヲシテ驚カシメ悸ガシメ喜バシメ悲シマシメ奮然トシテ憤ラシメ謂然トシテ嘆セシムルモノハ氣運ヨリ大ナルハナシ故ニ人類ノ此ノ世ニアルヤ若シ氣運ヲ察セズンハ何等ノ德アリト雖モ何等ノ知アリト雖ドモ何等ノ學アリト雖モ何等ノ財アリト雖モ必ズヤ氣運ノ壓スル所トナラン果シテ氣運ノ壓スル所トナラバ盛ンナルモノハ必ズ衰ヘ榮フルモノハ必ズ凋ミ終ニ其勢ヲ挽回スルノ日ナカルベシ而シテ方今ノ氣運ハ甚ダ疾ク甚ダ急ニ迅々速々瞬時モ留マラサルコト急灘ヲ奔流スルノ水ヨリモ急ナリ

今マ余ハ宗教家ニアラザルナリ固ヨリ宗教家ヲ憎ムモノニモアラサルナリ復タ宗教家ヲ愛スルモノニモアラザルナリ故ニ余ノ位置ハ愛スルモノヨリモ遠ク憎ムモノヨリモ遠ク則チ愛憎ノ外ニ立ツモノナリ是ヲ以テ宗教ノ事ハ未タ嘗テ余ノ吻ニ上ラズ宗教ノ事ハ未タ嘗テ余ノ眼ニ映セス宗教ノ事ハ未マタ嘗テ余ノ耳ニ入ラズ然ラハ則チ余ハ全ク宗教ニ關繫ナキモノナリ既ニ宗教ニ關繫ナシ何ヲ以テ言宗教上ニ及ブカ今ノ時ニ當リ佛教ノ盛衰ハ特リ佛教ノ盛衰ノミニアラズ則チ東洋ノ盛衰ナリ東洋ハ余ガ生レ故郷ナリ生レ故郷ノ盛衰苟モ余ノ眼線ニ入ラバ豈ニ默然トシテ止ムベケンヤ

氣運ヨ氣運ヨ急流ノ氣運ヨ今世ノ佛教社會ハ果シテ汝ヲニ順フモノカ或ハ汝ヲニ逆フモノカ氣運ハ大聲ヲ發シテ曰ク嗚呼余ハ彼等ヲ愛セサルニアラズ佛者ハ余ヲ愛セサルナリト此レニ依リテ之ヲ觀レハ佛教社會ノ氣運ニ伴ハサルモ亦タ以テ知ルベシ夫レ唯タ氣運ニ伴ハサル是レ我ガ佛教ノ未タ宇內宗タルヲ得サル所以ナリ苟モ宇內宗ノ大榮光ヲ得ント欲セバ實ニ其願ミル所ヲ求メテ之レガ計ヲナサヽルベケンヤ非常ノ計ヲナサズンバ非常ノ業ヲ立ツルコト能ハズ今ノ非常ノ計ヲ企圖スルモノハ其レ安クニカアル

今マ世ノ佛教社會ニアルモノハ必ズ活眼ヲ放タサルベカラズ苟モ活眼ヲ放ツテ宇內宗ノ大業ヲ立テント欲セハ早ク一時ノ提經ヲ歩スベシ譬ヘハ光彩人ヲ射ル綿衣ヲ持スルガ如シ之レヲ被リテ世ニ誇ルヲ勉メズ徒ニ其美ナルモノヲ洗フテ其美ヲ誇ラント欲ス然リト雖モ一洗又タ一洗綿衣終ニ誇ルヘキナカラン佛教ノ典籍ニ富メル哲理ニ深キ與ニ宇內宗教家ノ欽羨スル所ナリ而シテ今マ世ノ佛教徒ハ然ラス此美麗ノ錦衣ヲ被ラス徒ニ耶蘇教徒ノ典籍ニ擬シ以テ彼ト頡頏セント欲スルモノアリ佛教ノ典籍ハ今日ノ典籍ニシテ足レリ佛教ノ教理ハ今日ノ教理ニシテ足レリ唯タ之ヲ活用スルノ人ナキノミ苟モ之ヲ活用スルノ大豪傑アラバ佛教必ズ忽然トシテ赫々タラン嗚呼我ガ佛教ヲシテ氣運ノ向フ所ニ進マシメント欲セバ早ク人氣宗教ヲ喚起セサルヘカラズ今マ世ノ宗教家ハ徒ニ深遠ナル學術ノ末ニ趨レリ是レ以テ其識高ク其說深シ故ニ容易ニ俗人ノ耳ニ入ラズ夫レ俗人ノ耳ニ入ラズンハ則チ必ス人心ヲ失フ人心ヲ失ヘバ則チ必ズ氣運ニ後レン今マノ時ニ當リテ佛教ノ盛大ヲ圖ラント欲セバ早ク俗人ノ崇敬ヲ温メ俗人ノ皈依ヲ强メ俗人ノ熱愛ヲ沸カシ俗人ノ安心ヲ固ムベシ看ヨ各宗本山ノ方丈巍然トシテ雲際ニ湧出シ高樓聳ヘ長廊連ラナリ金飾銀裝ノ光輝燦々目ヲ眩マスモノハ何ノ處ヨリカ得來ル皆俗人ノ二字ヨリ綻ヒタルノ蓮花ニ非ズヤ嗚呼一世ヲ壓倒スルノ高僧出テヨ出テ、此ノ俗人ノ二字ヲ活用シ佛教ノ爲メニハ淨財ヲ散シ忠死ヲ願ミズ宇內宗ノ犧性ニ供スルノ大信仰ヲ喚起シ來レ

耶蘇教ハ之ヲ排斥セザル可ラズ佛教ハ之ヲ改良セザル可ラズ（承前）

秋山銀治郎

之ヲ要スルニ基督教ヲ信奉スルコハ我國情ノ上ヨリ見ルモ其教會ノ惡習アル点ヨリ考フルモ亦其教理ノ上ヨリ察スルモ其基督教國ニ於ケル隱險ナル政畧上ヲ窺フモ倶ニ我邦ニ不利ヲ與フル者ナルコヲ知ル是故ニ之ヲ排斥スルコハ我邦目下ノ一大急務ナリ即チ我邦人タル者ハ共ニ力ヲ戮セ志ヲ一ニシテ此外教ヲ驅逐スルコヲ熱心計畵セサルヘカラス然ルヲ我邦人中無定見ノ學士若クハ無智ノ庸人等國家ノ安危ヲ顧

ミス彼レ宣教師輩ノ籠絡スル所トナリ而シテ該教ヲ信奉スルモノ其數漸ヤク蔓延セントスルハ豈我邦ノ一大患害ニ非ス乎是レ吾人ガ熱心ニ基督教ヲ排斥セント欲スル所以ナリ

之ニ反シテ我邦固有ノ宗教即チ所謂佛教ハ其教理中吾人ノ少シク服セサル所アリ又其寺院若クハ僧侶ノ風習頗フル善良ナラサル所アリト雖モ苟クモ之ヲ改良スルキハ必ス國益ヲ增進シ且ツ我邦ノ道德ヲ高尚ナラシムル者アラン抑々佛教ハ本ト我邦ノ宗教ニ非ス即チ印度ニ發生シ支那ニ傳播シ三漢ニ渡リ而シテ終ニ我邦ニ傳來セシ者ナリ然レモ爾後此宗教ハ我邦ノ國教ナリ大小無數ノ架藍堂塔ハ到ル處ニ建設セラレ而シテ僧侶ハ我邦人民ノ中世塵ヲ脫シタル者ニシテ且ツ其教目ハ頗フル我國情ニ適スルモノアリ加之夫ノ弘法大師カ一タヒ神佛調和論ヲ唱ヘテヨリ印度ノ佛教ハ消化シテ我邦ノ佛教トナリ尋テ中世淨土宗ノ起ルアリ是ニ於テ佛教ハ純然タル我日本一種ノ固有宗教トナルニ至レリ且ツヤ此宗教ハ我國ヲ支配スルヿ爰ニ千數百年常ニ國家ト終始シテ相離ルヽヿナシ是ヲ以テ我邦ノ習慣ヤ風俗ヤ道德ヤ智識ヤ文學ヤ皆佛教ノ中ニ胚胎シ其感化ヲ被ムラサルヿナキヲ見ル是レ實ニ我邦ノ精神ナリ我邦ノ生命ナリ潛ンテハ即チ吾人ニ與フルニ高尚深遠ナル理想ト温良柔順ナル性法トヲ以テシ發シテハ即チ國家ヲ裝フニ燦爛タル文學ノ衣裳ト慈悲憐愛ノ道德トヲ以テス今ヤ此宗教ハ頗フル其精神ノ腐敗セルナキニ非スト雖モ尙ホ能ク一國ノ道德ヲ維持スルニ足レリ然ラハ即チ之ヲ改良シ以テ益々輝光ヲ放タシムルハ我僧侶ノ宜シク務トス可キ所ニ非ス乎

然ルニ顧ミテ我僧侶ノ情態ヲ諦視スレハ吾人ヲシテ轉タ慨歎憤激ニ堪ヘサラシムル者アリ彼等ハ自ラ稱シテ僧侶ト稱スルモ能ク其僧侶ノ本分ヲ理解シ得ル乎彼等ハ其宗教ノ眞意ヲ解シ佛陀ノ教理ヲ知リ之ヲ近世日進ノ學理ト契合セシムルノ智識アル乎又其品行道德ハ假令一切衆生ヲ感化スルニ足ラサルモ端正篤實慈悲憐愛ニシテ宗教家タルノ面目ヲ存スルニ足ル乎又其氣慨ハ能ク佛教ノ衰運ヲ挽回シ外教ノ侵入ニ抵抗シ內ハ能ク護法ノ職分ヲ盡シ外ハ則チ邪教ノ堅陣ヲ粉虀スルノ勇氣アル乎今ヤ我日本帝國ノ大勢タル猶ホ大洋中ニ飄流セル一孤舟ノ如シ皮相ヨリ之ヲ觀レハ波靜カニ水平カニ浮鷗眠リ白鷺浴スルノ景狀アルカ如シト雖モ其眞相ヲ窺ヘハ一朶ノ黒雲ハ油然トシテ將サニ渺茫タル彼ノ天涯ヨリ迸ラントシ一陣ノ妖風ハ卒トシテ遽ニ西方ノ一隅ヨリ襲來セントス若夫レ倏忽轉瞬ノ間天此災害ヲ下シ激浪怒濤天ニ漲シ磯艇ヲ嚙ミ山ノ如ク丘ノ如ク四方八面ヨリ動盪シ來ラハ其レ何ヲ以テ之ヲ凌カン啻海底魚腹ノ香餌タルニ過キサルノミ其レ然リ國家ノ形勢危殆ナルヿ斯ノ如キ者アリトセハ假令宗教家ト雖モ豈唯ニ安閑トシテ徒ラニ睡眠ヲ貪ル而已ニシテ可ナランヤ宜シク慨然奮起スルアリ護法ノ楯ヲ持シ破邪ノ劍ヲ振ヒ一方ニ於テハ自宗ノ改良ヲ計畫シ一面ニ向テハ外教ヲ掃蕩スルノ志ナカル可ラス而シテ此志ハ果シテ現今我僧侶ノ胸中ニ存スル乎

吾人ハ姑ラク胸裏ノ動氣ヲ抑ヘ心ヲ虛クシ氣ヲ平カニシ靜カニ佛教僧侶ノ情態ヲ觀察シ來レハ吾人カ熱心僧侶ニ望コント欲スルノ希望モ唯空シク水泡ニ歸スルヲ見ル知ラスヤ我僧侶ハ封建時代ノ迷霧未タ醒メス曙光已ニ天ニ中シテ世ハ活動多端ノ新舞臺ヲ現出シタレモ彼レハ尙ホ鼾々トシテ頑眠ヲ貪リ之ヲ敲ケモ未タ起キルヲ知ラス嗚呼是レ何等ノ怪象ゾ世人ヨ請フ眼ヲ開ヒテ彼レ僧侶ノ情態ヲ視ヨ法主ハ只管人生ノ榮華ニ迷ヒ人爲ノ爵位ニ眷戀シ而シテ天爵ノ更ラニ之ヨリ尊キヲ知ラサルニ非ス乎政治社會ハ已ニ封建ノ餘弊ヲ脫シ至尊ハ自ラ其大權ノ幾分ヲ人民ニ割與アラセラレタルニモ係ハラス法主ハ尙封建世襲ノ因習ヲ廢セサルニ非ス乎本山ノ大架藍ハ金碧燦然トシテ日光ニ映射シ大堂高塔巍々トシテ天ニ聳ユルモ末寺ノ堂屋ハ壁落チ柱傾キ金碧半ハ離脫シ靈壇ノ上ニハ鼠糞空シク堆積スルニ非ス乎頭ニ教正ノ位階ヲ戴キ下數千ノ末寺ヲ支配スル者ニシテ自カラ道德ノ型ヲ示ス能ハス唯ニ威壓ヲ以テ之ヲ統轄セントスルハ現今ノ所謂執行ナリ眼ニハ即チ經典ヲ視口ニハ即チ經文ヲ誦スルモ其眞理秘歸ニ至テハ毫モ之ヲ理解スルヿ能ハサルハ是レ即チ現今ノ所謂知識ナリ況シヤ平々凡々タル衆僧ニ於テヲヤ或ハ私利ヲ營マンカ爲ニ商法ニ從事シ一敗シテ檀家ノ爲メニ放逐セラルヽモノアリ或ハ奢侈ニ耽リ寺祿ヲ蕩盡シ生計糊口ノ術ニ窮シテ傳來ノ寶物ヲ典賣スルモノアリ或ハ借財ノ爲メニ告訴セラレ身代限ノ處分ヲ受ケ而シテ恬然以テ愧トナサヽルモノアリ或ハ陽ニ品行端正ノ外貌ヲ裝ヒ而シテ陰ニハ外妾ヲ蓄ヘ魚肉ヲ食スルモノアリ或ハ放蕩淫逸ニシテ肉欲ヲ肆ニシ遊廓娼樓ニ流連シテ世人ノ譏笑ヲ顧ミサルモノアリ或ハ布施ヲ

貪ランカ爲メニ死者ノ多カランヿヲ望ミ或ハ饗應ヲ受ンカ爲メニ法會ヲ喜フ者アリ或ハ圍碁生花等ニ閑日ヲ消スルモノアリ或ハ日々惰眠ヲ事トスル者アリ本堂破壞スレモ之ヲ修理スルノ方策ヲ考ヘズ暇日アレモ佛書ヲ研究スルヿヲ務メズ又誠心正意以テ死ヲ送リ葬ヲ行フモノナク信心堅固ニ佛陀ヲ念ズルモノナシ看來レハ佛教社會ハ殆ンド一縷ノ活氣ヲ留メズ唯々肉欲鄙陋浮薄鄙屈妄信偽善ヲ以テ充滿スルニ過キザルノミ滔々タル七万ノ僧侶ハ恰モ死人ノ如ク木偶ノ如ク一点ノ元氣ノ其間ニ存スルナシ之ヲ如何ソ國家ノ爲メニ慨歎セザルヲ得ンヤ

宜ナルカナ今ヤ佛教ノ勢力ハ日ニ益々消滅シ其版圖ハ月ニ愈々縮小スルヲ夫ノ基督教者ハ我邦僧侶ノ腐敗セルヲ目擊シ手ヲ拍テ機會乘ズ可シト連呼シ鋭ヲ養ヒ氣ヲ蓄ヘ一發ノ號令ト共ニ四面ヨリ紛然襲擊ヲ試ミントス彼レ固ヨリ權謀ニ富ミ譎詐ニ長シ殊トニ必勝ノ胸算アリ號令一タヒ下ラハ長ク驅テ大ニ進ミ直チニ我佛教ノ中心ヲ突擊ス可シ此時ニ當リ我七万ノ僧侶ハ其レ何ヲ以テ之ヲ禦カントスルヤ吾人ハ切ニ惟フ唯其レ面傅シテ而シテ彼レニ降服スルヨリ他ニ術ナキヿヲ是レ吾人ノ大ニ恐ルヽ所ナリ

抑モ宗教ハ國民道德ノ源泉ニシテ實ニ國家ノ精神ナリ其汚隆興廢ハ社會人心ニ影響シ直接ニ國家ノ盛衰ニ關ス是故ニ高尚ナル宗教ハ人心ヲ導テ高尚ナル生活ヲ爲サシメ國家ヲシテ高尚ナル勢力ヲ有セシムル者ナリ今夫レ佛教ハ其教理ヨリ言ヘハ玄妙深遠ニシテ實ニ文明世界ノ宗教ト爲スニ足ル可ク其道德ヨリ言ヘハ高尚純潔ニシテ能ク文明世界ノ宗教ト爲スニ足ル可ク其文學ヨリ言ヘハ意匠ノ高妙ナル其言語ノ優麗ナル皆以テ文明世界ノ一大裝飾ト爲スニ足ル可ク其理想ヲ言ヘハ即チ深奥遠大其教訓ヲ言ヘハ則チ純然至美何レカ文明世界ノ需用ニ適セサランヤ殊トニ釋尊ノ履歷ノ如キ其功德ハ赫々トシテ日月ト光ヲ爭ヒ其恩澤ハ無量無邊ニシテ慈雨ノ藹然タルカ如ク吾人今ニ於テ其經文ヲ讀メハ清亮ナル釋尊ノ法音ハ恰モ天上ノ音樂ヲ聞クノ思アリ眞ニ是レ絕高絕大ノ一大現象ニシテ萬世智德ノ典型ナリ凡ソ此ノ如キ教理此ノ如キ道德此ノ如キ文學此ノ如キ理想此ノ如キ教訓此ノ如キ開祖ヲ有スルモノハ佛教ヲ外ニシテ將タ安ニカ有センヤ故ニ此宗教ヲ護持シ之ヲ以テ我國ノ生命ト爲サハ進ンテ則チ文明世界ノ先驅ト爲ルヘク退テハ則チ一國ノ道德ヲ無窮ニ保存スルヿヲ得ヘシ

嗚乎我日本帝國カ過去二千有餘年ノ間獨リ君子國ノ名稱ヲ特有シタルモ豈夫レ偶然ナランヤ偏ニ佛教ヲ有スルニ頼レハナリ而シテ今ヤ其僧侶ハ精神腐敗シ道德敗頽シ信仰微弱ニシテ佛教ノ勢力亦將サニ之レカ爲メニ消滅シ去ラントス之ヲ如何ゾ慨歎セサルヲ得ンヤ嗚呼我邦ニ於ケル宗教上ノ弊害ハ今日ニ至テ極マル基督教外部ヨリ其毒液ヲ注入シ佛教ハ亦內部ニ於テ其生命ヲ失ハントス均シク是レ國家ノ一大急務ナリ起テヨ仁慈ノ君子奮ヘヨ正義ノ士人俱ニ精力ノアラン限リ俱ニ智力ノ存セン限リ鞠躬奮發以テ耶蘇教ヲ排斥シ以テ佛教ノ改良ニ從事ス可キナリ(完)

上八淵藤岡兩師書

在大學林 直言生

八淵蟠龍師ト藤岡法眞師トハ共ニ熊本宗教社會ノ二大豪傑ニシテ八淵師ハ報任社ノ幹事ヲ務メ藤岡師ハ酬恩社幹事ノ任ヲ帶ビタリサレバ藤岡師ト八淵師トハ之ヲ私ノ關係ヨリ云フトキハ同郷ノ好ミナリ之ヲ職業上ヨリ云フトキハ同シク是レ眞宗本願寺派ノ布教者ナリ共ニ志ヲ協セ力ヲ合シテ布教ノ任ニ當ルハ兩師ノ宜シク履行スベキノ進路ナリ然ルニ今兩師ノ間柄ヲ見レハ何トナク不折合ノ模樣アルモノヽ如シサアレ兩師ノ間柄ハ右ノ如キ次第ナレトモ其統ブル所ノ社員ニ至リテハ實ニ甚シキ者ニテ互ニ仇敵ヲ以テ相見ユ苟モ力ヲ八淵師ニ盡ス者ヲ見レハ假令其事業ノ如何ニ拘ハラス單ニ之ヲ妨礙シ單ニ之ヲ破壞セシトセリ苟モ藤岡氏ト事ヲ共ニスル者ヲ見レバ亦タ同輩ノ間柄ヲ以テ之ヲ過セザルニ至ル蓋シ其不調子ハ何レガ原動的ニメ何レガ被動的ナルヤハ吾輩之ヲ知ルニ由ナシト雖ドモ兎ニ角兩社員ノ不調和ナルハ掩フ可ラサルノ事實ト云フ可シ人或ハ言フ兩社員ノ不調和ナルハ曖昧ナル子分ノ觀念ヨリ起リタルモノニテ決シテ兩氏ノ意志ニ出デタルモノニ非ズ何トナレバ兩氏ノ社交ヲ見レバ和氣藹然タル譯ニハアラザルベケモ互ニ其人物ヲ賞揚シ互ニ其事業ヲ翼ケントセリト尤モ或人ノ言ヘルガ如ク兩師ノ間ニハ子分ノ如ク然ラザルモノアルベシト雖モ首將ノ一言ハ尚ホ溪水ノ流レテ一大蒼海トナレルガ如ク其一擧一動ハ子分ノ一飛一躍トナリ其一言半句ハ子分ノ千喋萬諤トナリ愈々下リテ重キヲ加ヘ愈々下リテ深キヲ加ユルニ至ル是レ親分ヲ標準トシ親分ノ命令ヲ重ンズルト及ビ子分ノ知惠淺薄ニシテ深ク主治者ノ精神ヲ辨

別セザルニ由ルモノアルベシ之ヲ要スルニ統治者其人ニ於テ毫モ介意ナク相交ルアラバ決シテ斯ル結菓ヲ生スルコトナカルベキナリヨシ兩氏ノ間柄ヨリシテ斯ル結菓ヲ惹キ起サヤルモノトスルモ其責任ノ歸スル所兩氏ヲ除イテ將タ之ヲ何クニ求メンヤ是レ吾人ガ兩氏ニ向ツテ一片ノ忠告ヲ與ヘント欲スル所以ノモノナリ

抑々宗敎者ノ和合セザル可ラザルコトハ一文不知ノ尼入道トイヘドモ之ヲ知悉スルコトニテ今更ラ吾人ノ喋々ヲ要セザルベシ殊ニ今日ノ如キ宗派分裂シ邪敎蔓延スルノ日ニ當ツテハ尙ホ更ラ其結合ノ必要ヲ感スルモノナリ之ニヨリテ各宗協同會、九州佛敎團ノ如キモノハ起リテ各宗派ノ一致各敎會ノ團体ヲ組織シ內各派ノ親睦ヲ計リ外異端ノ跋扈ヲ防カントスルノ計畫アルニモ拘ハラズ僅カニ熊本ノ一隅ニ割據シ各々其領分ヲ擴張セントスルハ是レ云何ナル譯ニヤ吾輩ハ此事ニ就テ毫モ兩氏ニ聞糺シタルコトナケレバ云何ナル利益ノ存スルカハ知ラザレドモ之ヲ局外者ヨリ見ルトキハ百害アリテ一利ナキヲ信スルナリサアレ兩氏ニシテ一ハ眞宗ニ屬シ一ハ禪宗ニ從フモノナリセバ其布敎上ニ於テ多少利害ヲ同フセザルハ點アルベケレドモ兩氏ハ前ニモ言ヘルガ如ク同ジク眞宗本願派ノ傳道者ナレバ敎學上ニ布敎上ニ毫モ利害ヲ異ニスルノ理屈ナケレバナリサレバ兩氏ガ相提携シテ其運動ヲ共ニスルハ事理ノ尤モ宜シキヲ得タルモノト云フベシ然ルヲ事茲ニ出デズシテ互ニ牆壁ヲ設クルガ如キハ見識アル兩氏ニトリテハ吾輩其意ヲ得ザル所ナリ乞フ彼等耶蘇敎徒ヲ見ヨ假令ヒ其派ハ何レニ屬スルヲ問ハス亦其敎理上ニ於テ多少見解ヲ異ニスルニモ拘ハラズ其外ニ對シ內ヲ整フルノ點ニ於テハ親睦和合毫モ不調子ヲ感スルノ嫌ナキニアラズヤ然ルヲ兩者各々其勢力ヲ殺ガントスルニ至リテハ吾輩毫モ其心事ヲ解スルコト能ハザルナリ

遮莫アレ藤岡八淵ノ兩氏ニシテ地位モナク勢力モナキ田野ノ一匹夫ナリセバ吾人亦何ヲカ言ハン然レドモ右ノ兩氏ハ眞宗本願寺派ノ緇素ニ於テハ實ニ傑出ノ人物ニシテ一ハ一社ノ幹事ニシテ堂々タル眞宗ノ一大本山ヲ震撼セントスルノ勢力ヲ有シ一ハ一社ノ領袖トナリ內ニアリテハ數万ノ信徒ヲ統治シ外ニアリテハ一擧一動九州人士ヲ聳動スルノ勢力ヲ有スルモノナリ其上宗敎ノ天王山トモ稱スベキ熊本ノ中心ニアリテ互ニ其氣勢ヲ張ラントスルモノニ於テヲヤ

是レ吾人ガ默ゼント欲スルモ默スル能ハザル所以ノモノナリ

嗚呼兩氏ニシテ鷸蚌相爭フノ端ヲ去リ此勢力ヲ合シ此智能ヲ協セ相共ニ宗敎社會ニ躍出セバ新佛敎ノ改革何カアラン耶蘇敎ノ侵入何ニカアラン若シ兩氏ニシテ事茲ニ出デズ空シク鷸蚌ノ爭ヒヲナスアラバ只ダニ一宗一社ノ不幸ヲ招グノミナラズ遂ニ佛敎全体ノ浮沈ニ關係ヲ及ボスニ至ルベシ何トナレバ熊本ハ宗敎ノ天王山トシテ世人ノ夙ニ唱道スル所ノ地ナレバナリ

嗚呼兩氏ニシテ一片ノ感情茲ニ注グアラバ幸ニ吾人ノ忠告ヲ容レ相共ニ親睦和合シテ佛敎百年ノ大計ヲ議セラレンコトヲ吾人ハ毫モ兩社ニ關係ヲ有スルモノニアラザレドモ佛敎社會ノ怪事默スルニ忍ビズ敢テ一片ノ忠辭ヲ上ル

史傳

石川台嶺師の傳（承前）

爛熳たる陽春三月の花皎々たる中秋良夜の月彼等は無情の風煩惱の雲の爲めに或は散し或は掩る盖し之れ數あり已むを得さりるあり夏は暑く冬は寒きも理あり盛者必滅會者常離亦已むを得さるあり佛國の革命米國の獨立人或は其原因を論し其起源を求む之れ抑も大勢を知らさるの所爲のみ維新の改革排佛の命皆な必至の數に出づ想ふに當時の僧侶三百余年夢濃かに高臥安眠を貪り鼻陋拙劣、汚穢、不淨の弊に陥り終に其反動を維新の改革に顯はせしにあらぞや噫實に當時の僧侶は因循なりしなり姑息なりしなり若し此時に當り一箇の石川台嶺なかりせは邪敎は天下を席卷し世尊の妙理永く地を掃ふに至り今日赫々たる佛日を拜する能はさりしならん然れとも台嶺之へに出つ數なり亦何をか云はん台嶺見慶の報を聞ける事の甚だ急なるを察し專修坊法澤等と計り檄を領內の諸僧に傳へ三月八日を以て大に暮戸會所に會せんとす巷說區々人心恟々たり諸僧大に驚き悉く參會す台

蓋是に於て蹶然起て衆僧に謂て曰く
今日の事我淨土眞宗の浮沈興敗の關するところあり余はこれを諸君に謀り將に大に計を盡さんとす諸君も既に知らるゝ如く排佛毀釋の事固と朝旨のあるあるにあらず權知事參事等の輩の私意に出づ其偏頗の所置依怙の沙汰たるや又余の喋々を要せざるなり然も猶ほ此所置に慣ひ此沙汰を學ぶものは上は億兆一視の叡慮を奉戴せざるの賊徒にして下は宗門の法敵なり余等朝恩の優渥なるに浴し加ふるに祖師開基の庇蔭を以て耕せず織せず安穩に妻子を養ひ得る者豈に此危急の秋に際し此奸賊に對し此法敵に接し恬として顧みざる安閑坐視すべきのぞきあらんや
台嶺不肖なりと雖も亦佛祖海嶽の恩を擔ふ以て此厄運を傍觀するに忍びず同志諸君の驥尾に付し先づ大賓村に赴き法排寺長勝寺の罪を鳴し事猶ほ成らずんば藩朝に出で條理を開陳し彼れ尙ほ承諾せずんば示すに勅書を以てし三寸の舌頭爛れ破るまで論詰難弁し尙ほ聞かずんば一刀兩斷……奸賊法敵を打ち果し余等も同く刃に伏せん生あるもの誰か死なからん死するの時に死せずんば死に優るの辱あり時到れり機熟せり余等は死して以て護法愛國の精神を發起せんのみ
と悲壯慷慨言涙と下る少年客氣の輩直ちに起て贊成の意を表し將に血盟せんとす如意寺源教獨りこれを諫めて曰く今や奸吏服部等余等の行爲に注意し過ぐれは言を設て陷れんとす然るに多數の人員一致し血盟して以て進まんには妄に徒黨を結ぶの罪正さに免れ難かるべし子れを狂げて進まんとするは是れ匹夫の勇余等の尤も取らざるところなり噫彼れ未だ腕力に訴へざるに我れ先づ凶器を携ふるこれ即ち暴を以て暴に代るのみ孰れか非孰れか是余これを知らざるなり否ざ余は畢て彼れの術中に陷らんとするものなり若し如此くなるときは上門主を始めとし下一万有余の末寺に至る迄の迷惑にあらずや死するに時あり今は命を捨べきの時にあらず貴君尙ほ余が言を容れずんば先づ余が頭を斬て而して后進め余は一命を惜みてこれを言ふにあらず實に一宗の興敗を傍觀する能はざるなりと台嶺是に於て己れの所爲の急激に走らんとせるを悟り曰く貴僧の言甚だ理あり然れどもこゝに多數參會す彼等既に讒奏の口實となさんこれを以て余等先づ法排寺と應接し穩便に事を果し以て彼等の鋒を避けんのみ然れども事甚だ重大に屬す亦た變あるを保せず余今まーたび行く面會の期復た定め難し台嶺は法の爲めに命を惜まざるなり諸君台嶺瞑すと聞かば希くは護法善後の計を盡せよと奮然涙を揮つて出づ時に夜三更朧朧露深く籠めて春月朦朧たり

（未完）

雜報

○德育に關する敕語　泰西の文物我國に輸入し來りてより社會は日に物質的文明に傾き靈性的の修養日に衰頽の運に至り世は澆季の末に走り人は浮薄の域に陷り忠信孝悌の道は漸く式微に赴かんとするの傾向あるより我國の宗敎家、敎育家は言ふまでも何れもこれが挽回を圖らんとするは吾人の夙に熟知する所なるが我が
叡聖文武なる天皇陛下が此事につき宸襟を惱まさせられ給ふ由は吾々臣下が夙に感佩措く能はざる所にして客月三十日に至り畏くも左の敕語を下させられたり嗚呼吾々三千九百萬の同胞は宜しく聖意の在る所を奉戴しこれに酬ゆるの覺悟なかるべからず

勅語

朕惟ふに我が皇祖皇宗國を肇むること宏遠に德を

樹つること深厚なり我が臣民克く忠に克く孝に億兆心を一にして世々厥の美を濟せるは是れ我が國體の精華にして教育の淵源亦實に此に存す爾臣民父母に孝に兄弟に友に夫婦相和し朋友相信じ恭儉已れを持し博愛衆に及ぼし學を修め業を習ひ以て智能を啓發し德器を成就し進て公益を廣め世務を開き常に國憲を重んじ國法に遵ひ一旦緩急あれは義勇公に奉じ以て天壤無窮の皇運を扶翼すべし是の如きは獨り朕が忠良の臣民たるのみならず又以て爾祖先の遺風を顯彰するに足らん

斯の道は實に我が皇祖皇宗の遺訓にして子孫臣民の俱に遵守すべき所之を古今に通じて謬らず之を中外に施して悖らず朕爾臣民と俱に拳々服膺して咸其德を一にせんことを庶幾ふ

明治二十三年十月三十日

御名　御璽

○帝國議會の開院式　吾人が待ちに待ちたる帝國議會は愈々來る廿八日を以て其開院式を施行せられんとす惟ふに赫灼たる日光は燎然として議場の潔白を表せん新鮮なる大氣は洋々として兩院の平和を育たん余輩亦た何をか言はん

○嗣法主と令孃　本願寺嗣法主には東京學習院に於て勉學中なりしが先頃事故ありて同院を退き當時京都吉田町の邸宅に於て原口勸學、足利司教に就き專ら宗學を修め非常に勵精せらるゝ趣き亦大谷派法主の令孃悟子、茂子の二方には目下京都高等女學校にありて勸學中なるが二方とも深閨に養育せられし身なるにも拘はらず尤も活潑にして勸學に餘念なきよし開明新報に見えたり

○貴族的本山　其門に入れば愛想なき門番の指圖其内に入れば横柄なる受付の口上其所に至れば恰も白洲に坐するの觀ありとは某本山の內幕

○兩者何れを擇ばん　或る本山の執行長夢に祇園に遊ぶ逍々珍重の時計を失ふ警察に至りて其事を訴ゑん乎忽ち執行の面目に懸らん秘して南柯の一夢に期せん乎珍重の時計夫れ是れを云何せん噫兩者何れを擇ばん

○月賦の支拂ひ　京都の大本山にては其用達商廛に對し一萬五千圓の負債ある由なるも出費多端にして皆納の運びに至らざるにつき各商廛よりは頻りに其支拂を請求すれども兎や角と言ひ延ばし遂に客月の節季に至り當本山も金融切迫にて一時に支拂ふこと能はざるに付毎月七百五十圓を配賦し二十月に至り悉皆支拂ふ可しとの命令を下したるにつき何れの商廛も一時は非常に狼狽したるも大本山の命令と云ひ殊に現當の得意先なれば之を拒むに忍びず其命に從ひたりと就中瑣々たる商廛にして僅かの掛金を有するものは是非とも本年中に支拂を乞はんと思へども多數の輿論に壓せられ可否を唱ふる能はず大に閉口し居れりと吾々は堂々たる眞宗の大本山にして一万圓位の金策出來ざるの理由なきを信ずれども實際其融通着せとすれば吾儕之を督責すること能はざれども其支拂法に於ては最少し公平の處置を施しては云何にや尤も本山の負債位にて一家の盛衰に關はらざるか如き大商廛にすれば二十ケ月の月賦とするも三十ケ月の月賦とするも左程痛痒を感ずることなかるべきも漸く一箇月の收入を以て一箇月の支出を充たすが如き小店に至りては一錢の負債も一圓の價値を有するなるべし依て吾儕の望む所は負債の償却に制限法を設け百圓以下の負債は本年節季の支拂とし百圓以上の分は二十箇月の月賦とするが如きものにせば相方の便利誠に鮮少ならざるべし亦た本山の注意を乞はんとするは一體負債者に向ひ十一月には相違なく支拂すべしとの約を締はゞ猶豫なく之を

支拂ふべし然るを再三言を食んで失望を與ふるが如きは宗敎家の尤も謹むべきことなり況んや負債者の要求に對し其方は長く本山の用達となり若干の利益を得たるにも係はらず瑣々たる負債を要求するが如きは不埒の至りなりなど云へる壓制的の語は例ゑ苟めにもせよ宗敎家の口唇に上るべき事にあらざるなり

○日蓮宗の紛議　久しく結んで解けざりし日蓮宗の紛議は平和の端を開きしと見ゑ此程管長の公撰を行ひしに小泉僧正多數にて當撰したるに付直に内務省に屆出たるに同省よりは詮議の次第ありとて却下せられたりと而して内務省より却下したるの理由は第一管長の投票紙を配布したるは責任なき宗務院の所行に出でしものなれば毫も其功なき事第二投票紙は一般の末寺に配布すべきものなるに下總國香取本山日本寺に限り之を配布せざりしに付同寺より此旨内務省に上申したる事第三爲宗會が濫りに他の名稱を假りて諂諛阪並に電報を發したる事等なるべしと云ふ

○曹洞宗管長訴へらる　曹洞宗の紛議は漸く近頃平和に赴きしが亦た〳〵一の訴訟事件を惹き起したり其起訴者は東京駒込區吉祥寺の住職三井海雲氏にして曹洞宗の管長畔上梅仙氏が同人に對する不法の譴責狀を公けにしたるが爲め一万五千の末寺に對し面目を失ひたるのみか之が爲め一万五千圓の損害を受けたるにつき名譽恢復と損害要償を請求するにありと

○本願寺大學林文學寮　は元武田篤初氏等の計らひにて大學林内學院と同一の構内に建築して内學院にては專ら内典を講究し文學寮にては普通の科學を敎授し來りしが爾來院寮の間に數々軋轢を生じ内學院は内學院の利益を稱し文學寮は文學寮の學科を稱揚し互に相容れざるの有樣あるより該本山にても數々此事に就て苦慮する所あり遂に一昨年の集會に於て文學寮は斷然内學院と分離し他に新築することに議決したりしが本年に至るも尚ほ起工の運びに至らざりしが遂に本年の集會に至りて一大議論を惹き起すに至りたり今其發端を本ぬるに一昨年文學寮長里見了念氏が事故ありて其職を辭してより名和内學院長其職を兼ね居りしが幸ひ藤島了穩氏の歸朝ありたるにつき該本山にては同氏を聘して寮長の任を依托せんとしたりしも兩者の間に何か意見の合はざる所ありて其議は一時立消への姿となりしが其後藤島氏等より該本山に向ひ文學寮を東京に移轉せしむべき建言をなしたるにつき該本山にては宿老會議を開き再三熟議の末東京移轉論に可決し法主の裁可を經て本年の集會に付するに至りしが會衆の多くは大に移轉論の非を說き遂に該案は一時中止するの止を得ざるに至りたり今兩論者を大別すれば移轉論の重なる者は小田加川の二執行及石上會衆等なり否移轉論者は名和内學院長其他同學林の職員惣代會衆にては藤岡、秦、合志の諸氏なり而して移轉論者の理由とする所を聞けば(第一)佛敎者が自ら佛敎中心(西京を指す)の地に於て學校を開ひて揚々たるは何の名譽かあらん、何の事業かあらん、(第二)今日は既に海外迄も我が敎線を張るの時節なるに、本邦樞要の地たる東京に一箇の敎陣を布かずして、本山法主殿の膝下に文學寮を置くは、頗ぶる臆病なる所爲にして不得策なり、(第三)羅馬敎徒は其本國を棄て、北米合衆國に學校を立てたり」と云ふにあり亦否移轉論者の稱導する所は(第一)本山が學制に關して朝令暮改するは既に天下の笑ふ所ろなり、而して今また地位を移轉するに於ては愈々是れ一定の方針なきを識者に看破せられ大に信徒の信用を失するに至の天地に入る時は自から之に感化せられ其美徳を失ふの形迹あるより九州先輩の僧侶は大に玆に憂ふる所あり本年の集會を幸ひ九州中の會衆會議を開きて再三熟議の末九州倶樂部なるものを設くることに决定したり其目的は第一學生の惡風を矯正して九州人士の氣象を全ふせしむること第二九州人の親睦を計り時々懇親會を開く事第三倶樂部員にして他に赴くときは送別の禮を行ひ亦た全員にして病死したるものある時は倶樂部員相集つて葬送を行ふ事第四學生等の止宿所は相當の旅宿を撰び之が監督法を設け漫りに他に止宿せしめさる事第五九州の信徒にして本山に對し志納若くば得度を乞はんと欲し其手續を知らさるものあるときは充分之を斡旋して遺憾なからしむべき事等なり吾々は此等の事につき遺憾を懷くこと久し幸に此好音に接す欣喜何ぞ之に堪ん願くは將來増々此規模を擴張し九州人士の良風美俗をして京都の天地に遍滿せしめんことを

○九州佛教團　九州佛教團は漸く其團体を結合したるまでにて未だ一事業だに着手せざりしが之より増々進んで同團の擴張を圖る由にて目下上京中なる九州の會衆は數々此事につき熟議を遂げたる由なれども未だ何たる報道もなければ其決議の顛末を知ること能はざれども或人の報道する所によれば第一同團長を島地默雷氏に依托し其基礎を鞏固にすること第二全團の倶樂部を熊本に新築すること第三全團の機關新聞を發行すること等なり蓋し藤岡氏が東上の覺悟あるも或は島地師へ相談のためなるべしと云ふ

○中國佛教團　九州佛教團は八淵、藤岡の諸先輩ありて之を統轄すれば亦力を盡すの餘地なければ宜しく去りて中國佛教團を組織すべしとは原口要溪氏の必算

るべし（第二）移轉論者は東京に移すときは教員を時間雇にして經費を節減することを得べしと云ふと雖ども、是れ徒に學校の一方のみを觀察して生徒の一方を觀察せざるの論なり何となれば今日西京にては生徒一月の學費は毎月五圓内外にて可なるべしと雖も之を東京に移すときは少くとも七圓若くば八圓の學資を要すべし是れ豈に不經濟の話ならずや、（第三）東京の學問は駸々日進の勢あるが如しと雖ども、幼稚なる生徒を彼地に移すときは或は社會の風潮に動搖せられ、或は新奇なる哲理を唱道して所謂宗學宗信は日を追ふて消滅すべし」と蓋し兩論者の是非得失は今亦之を判斷するの必要なければ之を贅せぞ只ゞ吾儕が希望する所は衆會をして有功の衆會たらしめ一端衆會に於て此問題は斯くすべしと決議したることは直に之を實行して兒戲の覆に習はさらんことを亦た會衆諸君は人形芝居の胴殼の如く玩弄視せらる、ことなく一端集會に於て可決したる事は直に之が實行を促し若し本山に於て之を度外視するに於ては充分其不埒を督責すべし是れ吾人が本山及衆會諸君に囑望する所のものなり

○若し。　本願寺の集會は啻ゞに辨論を戰はすの議場たらしめば出鱈目の議論も吐くべし無責任の言論もなすべし併しながら議會をして有功のものたらしめば只ゞに雄辨を奮つて名聲を貪らんより寧ろ沈默して言を發せざるに若かぞ

○戲會か議會か　吾輩其何れになるやを知らぞ乞ふ大學林例改正案の討議を見よ三日の集會果して何の功力かある＝移轉論＝獨立論＝新築案共に北邙一片の煙りとなりぬ

○九州倶樂部　九州人士が固有の性質として他に傲る所の者は朴直、敢爲、活潑、の氣象なり然るに此氣象も一たび京都の如き懦弱、卑屈、輕薄、

○豈に其人なからんや　九州佛教團は九州佛教徒の團体なり然らば其團友と團長とを問はず九州人を以て組織すべきは理の當然なるべし然るに之を他より傭聘せんとするは云何なる譯にや尤も九州に其人なしとせば亦云何ともすべからずと雖ども藤岡氏の如き八淵氏の如き充分其任に堪ゆべき人あるに於てをや吾輩は毫も其必事を解する能はず

○日刊新聞發行の計畫　九州佛教團にては來一月より其機關新聞を發行する計畫にて目下專ら其準備中の由なるが該資本金の中二萬五千圓は福岡市元玄洋社長頭山滿氏の義捐に出でたるものなりと云ふ

○發行と改良　千葉縣下に於る日蓮宗の有志者數名は先頃より新聞發行の計畫中なりしが既に其準備も整ひたるにつき本日より其初號を發行する由又同宗の機關新聞たる日宗新聞は這般其体裁を改良し再び發行したり

○或人の問に答ふ　二三の佛教者書を本社に寄せて曰く國教は立憲自由黨に左袒するものある乎將た國權黨に助勢する者乎と＝吾國教は自由黨を贔負するものに非ず亦國權黨に加勢するものに非ず只ゞに世間の政黨政社に關係を有せざるのみならず何れの宗派にも偏傾せず何れの教會にも左袒せず單に佛教の眞理を開闡し有ゆる世間の衆生をして佛陀の光被に沐浴せしめんとするに外ならず蓋し是等は本社の規約に明示する所あれば敢て辨解を要せざれども聊か質問の責を塞ぐ

○寄贈の雜誌　九月より本月に至るまで本社へ寄贈せられたる雜誌は反省會雜誌第拾號より第拾壹號まで○文學會雜誌第三拾六號○實の林第三號より第四號まで○法の雨第三拾四號○法の園第拾七號より第拾八號まで○第二佛教新運動第拾三號より第拾四號まで○農民第八號○天則、法話各一冊

●青年之標準は新佛教の主意を以て●日本青年に嚴正眞粹なる●諸般の標準を與ふるを●目的として發行す

●青年之標準 第十一號十一月二十日發兌
●青年之標準 每月一回發行一部六錢郵稅五厘
●青年之標準 吾人青年が奉佛の德義より出つ

山口縣赤間關市大字西南部町
赤間關佛教青年會本部

增刊弘告

佛教新運動來廿四年三月ヨリ大改良ヲ加ヘ每月二回ノ發行ニ改メ會員ニ限リ入會ノ際義務金トシテ一名三十錢ヲ徵シ雜誌ハ實價ヨリ非常ノ割引即チ現價同樣月六錢每號ヲ頒布スヘシ但シ從來ノ會員ハ勿論本年中ニ入會ノ人ハ義務金ヲ要セズ

右之通リ規定致シ候間夕精々本年中ニ入會及ヒ入會者御勸誘下サレ度候也

明治二十三年冬　京都林下町第七十三番戶
悟眞協會

●第四期自宅簿記生募集

●簿記之友●

簿記之友ハ敎習所ニテ敎授スル官用簿記銀行簿記商用簿記記入式一切幷ニ原理ヲ所長內尾氏ノ自宅獨習トシテ編輯セラレシモノナレハ自宅誌ニ適スルヤ否ヤハ當地人士ノ已ニ知ル所ナリ今回出版ス每月二回發行全十二冊一冊郵稅共十錢●每月二回以上六回以下望ニ由リ送附ス●全科卒業三ケ月以上六ケ月以下各自習得ノ上試驗執行シ卒業ノ上ハ卒業証書ヲ與フ●送金ハ本會宛麴町郵便局ヘ振込ヘシ五厘切手十錢送レハ第一號ヲ見本トシテ會則ト共ニ送ル●壹圓廿錢送レハ全十二冊一時ニ送附ス●取次望ノ者ヘハ部數ニ由リ特別割引法ヲ設ク●廣告料一行十七字詰八錢行數ニ由リ割引ス申込アルヘシ●注意當時本會類似ノモノ有之候條玆ニ報告ス

東京麴町區土手三番町卅三番地
簿記敎習所
簿記友會本部

社告

●本社正社員姓名

熊本市古川町順正寺住職　大友達行○仝市西坪井紺屋町即生寺住職　佐々木得成○仝市東外坪井町淨行寺住職　堤示現○仝市北新坪井町明專寺副住職　森山智英○仝市井河淵町三十九番地　池永法粱○仝市坪井米屋町宗岳寺住職　堀田龍道○仝市源覺寺町源覺寺　横田隆憲○熊本市古河原町延壽寺住職　菊地○仝市新鍛冶屋町永泉寺住職　泉源祐○仝市米屋町　園田廓六○仝市迎大工町　大久保權作○飽田郡中原村大字今新開　淺山清喜○仝郡今村　井手謙齊○仝郡孫代村　永井勝次○飽田郡小島町　高田勝平○仝郡小嶋町　高崎牛太郎○仝郡小嶋町　三浦勝三郎○仝郡小島町　上村五藏○仝郡小嶋町　本田作二○仝郡中嶋村大字山下　中嶋運治○仝郡中嶋村大字山下　井手三郎○飽田郡中原村大字今新開　井手定二○仝郡川尻町　馬原仙三郎○仝郡川尻町　吉村大八○仝郡川尻町　藤本米太郎○仝郡中緣村大字海氏　馬原義一○飽田郡高橋町　浦園霍太郎○仝郡高橋町　佐村新九郎○飽田郡高橋町　山田茂平○仝郡高橋町　濱中寛藏○仝郡高橋町　赤星太郎作○仝郡高橋町　蟾川友一郎○仝郡高橋町　五十君玄壽○仝郡高橋町　荒川彥吉○仝群高橋町　赤星金吾○仝郡高橋町　服部辰太郎○仝郡高橋町　高野伊八○仝郡高橋町　久野用太郎○仝郡高橋町　長谷川至曉○仝郡沖新村　內田季之○仝郡清水村大字山室　近藤武兵○仝郡川上村大字飛田　倉重大全○託麻郡日吉村大字方指崎　藤本榮太郎○宇土郡網田村　濱田格◎仝郡網田村　水口榮記○仝郡網田村　中川貢○仝郡網田村　田代理七郞○八代郡八代袋町淨喜寺住職村上辰慶○仝郡有佐村安樂寺　消谷大宣○葦北郡大野村　德尾貫針○下益城郡杉合村大字小岩瀨　岡本初兵○合志郡大津町　上田久米太郎○仝郡大津町中嶋熊作○仝郡大津町　大山等觀○仝郡大津室町古莊正壽○山鹿郡中富村大字中分田　森本亥之吉◎玉名郡伊倉村　闕嘉太郎○仝郡梅林村　城田覺治○仝郡小天村字赤仁田　坂本頓三郎○仝郡小天村　森本軍八○仝郡部田見村　小山藤吾○仝郡横嶋村　栗崎昌俊○仝郡八幡村大字川登　山未多宜讓○玉名郡八幡村大字川登　松岡德太郎○仝郡八幡村大字川登　川上芳太郎○仝郡八幡村大字川登　淋田丹藏○仝郡

横嶋村　宮川健太郎○仝郡横嶋村字栗ノ尾　田代保之●仝郡横嶋村字栗ノ尾　福嶋勉覺●仝郡玉水村字邊田見　小山藤吾○玉名郡伊倉村　池部熊喜●玉名郡伊倉村　本田已藏○仝郡豐水村字北牟田　前田文平○仝郡横嶋村　三津家傳記○仝郡玉水村野邊田　原口新十郎○仝郡伊倉北方村來光寺副住職　大久保合海●飽田郡小嶋村光應寺住職　荒木祐圓○長崎縣南高來郡嶋原村安養寺住職　菊池寛容○佐賀縣神崎郡西郷村大字本告牟田　福嶋利儀○仝縣藤津郡多良村瀬戸徹道○鹿嶋縣出水郡出水麓町西照寺住職　井上盡濟　(以下次號)

●本社の正社員にして維持金を投せられし人々の姓名は左の如し

○金壹圓　上田久米太郎○金壹圓　古荘正壽○金壹圓　齋藤東臨○金壹圓　大山等觀○金壹圓　中嶋熊作○金壹圓　關嘉太郎○金壹圓　瀬戸徹道○金壹圓　大久保合海○金壹圓　城田覺治○金壹圓　宮川健太郎○金壹圓　坂本順三郎○金壹圓　森本軍太○金壹圓　田代保之○金壹圓　栗崎昌俊○金壹圓　福嶋勉覺○金壹圓　小山藤吾○金壹圓　池部熊喜○金壹圓　本田已藏○金壹圓　前田文平○金壹圓　荒木祐圓○金壹圓　森本亥之吉○金壹圓　岩倉惠然(以下次號)

●本社の維持金として殊に義捐金を投せられし人々の住所姓名及び金高は左の如し

○金壹圓　熊本市迎大工町　大久保權作○金五圓　飽田郡中原村大字今新開　湊山滿喜○金拾五錢　菊池郡濱村源光寺住職　中村洗心○金拾錢　大分縣玖珠郡森村大字森　衞藤伍馬○金貳拾錢　熊本市米屋町永樂尾内　野村與三彌○金拾錢　玉名郡小天村上有所　中山幸七○金拾五錢　玉名郡豐水村大字小嶋　緒方群喜○金拾錢　玉名郡豐水村大字小野尻　大石彌作○金拾錢　玉名郡豐水村大字小野尻　福嶋十平○金壹圓　玉名郡伊倉北方村來光寺副住職　大久保合海○金貳圓　玉名郡横嶋村　三津家傳喜○金貳圓　玉名郡玉水村大字野邊田　原口眞十郎○金貳拾錢　飽田郡小島町光應寺住職　荒木祐圓○金壹圓　鹿兒嶋縣出水村出水麓町西照寺　井上盡濟○金五圓　玉名郡八幡村大字川登元正寺住職　隈部鑑量○金貳圓五拾錢　玉名郡平井村大字平山光德寺住職　福山來令○金貳圓　玉名郡六榮村大字永塩信定寺住職　迦統慈雲

國教雜誌社規約

一佛教擴張の初歩として雜誌社を組織し毎月一回雜誌を發行し正社員及び賛成員に頒布すべし●本誌は宗派に偏せず教會に黨せず普く宗教界に獨立して佛教の眞理を闡明し佛徒の積弊を洗滌して之が改良を圖る●本誌は諸宗教の批評及び教法界に現出する問題を討論し而して其教法と關係あるの點に至つては文學。理學。經濟。衞生。教育等の論說雜報をも掲載すべし●本社員を分つて正社員賛成員の二種とし毎年一圓以上の維持金を納むる者を正社員とし單に雜誌を購讀し又は十錢以上の義捐金を納むる者を以て賛成員とす●本社の正社員たらんと欲するものは住所姓名を記し維持金を添へ本社に申込むべし本社は之に對し證明狀及び其都度發行の雜誌を交付すべし普通の購讀者は規定の金額を添へ住所姓名を記し本社に申込むべし」但雜誌を購讀せず單に義捐金を投するものは其旨通知すべし●維持金義捐金の金高及び其姓名は請取の順席により雜誌に掲載すべし●維持金義捐金は銀行又は資産ある名望家に託して之を保管し貯金一千圓に滿るときは教法必要の翻譯著書等を出版し割引若くは無代價を以て正社員に頒布すべし●雜誌代價一冊六錢。六冊前金卅三錢。十二冊前金六十錢「但熊本市を除くの外毎號郵税五厘を要す」廣告料は五號活字廿五字詰にして一行五錢宛●總て本誌代價は前金にあらざれば發送せず」但郵券代用は一割増の事

明治二十三年十一月廿三日　印刷
明治二十三年十一月廿五日　出版

發行兼印刷人　熊本市安巳橋通町七拾五番地　篠方典
編輯人　同市同町七拾五番地　志垣弘

發行所　熊本市安巳橋通町七十五番地　國教雜誌社
京都市魚棚通烏丸東へ入ル　國教雜誌社京都支局

本誌特約大賣捌所

熊本市新町二丁目　書林　長崎次郎
同市上通町三丁目　長崎次郎支店
同市同二丁目　萬巻堂
同市千反畑町　文明堂
佐賀市新馬場　博聞社代理店
京都市油小路御前通下ル　興教書院
同市佛光寺烏丸東入　律書房
同市寺町松原南入　改進堂
同市寺町五條北入　飯田信文堂

○本誌第二號は去廿日に發行すべき旨豫告致置候處印刷器械に損所を生じ同日に發行致兼候段及御斷候

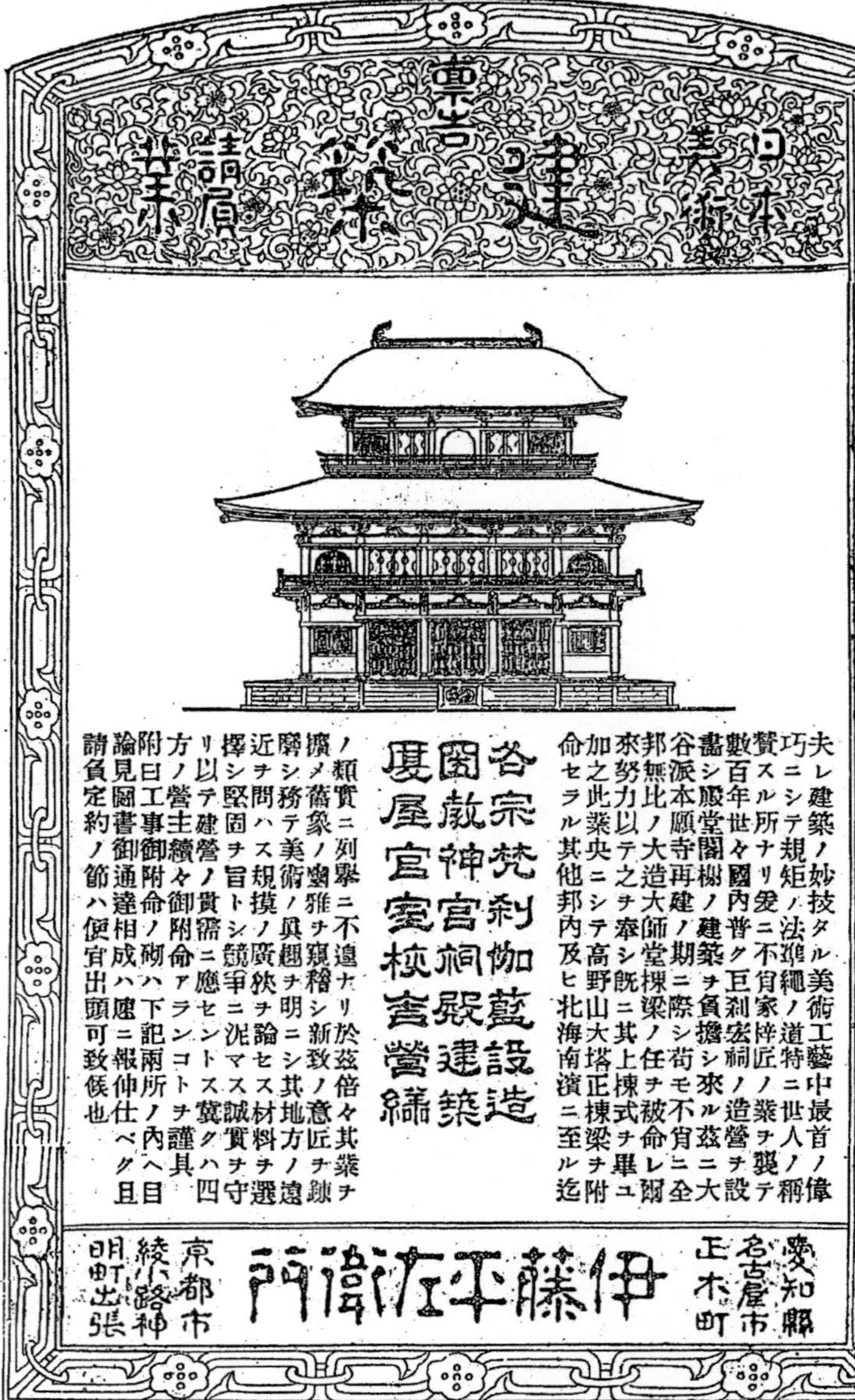

上ニ掲グルハ曾テ本年第三回內國勸業博覽會第二部（美術館）ニ出品シタル意匠新案二層造佛殿高貴殿雛形之小圖ニシテ九鬼審査官長ノ報告ニ「造家ノ雛形ハ愛知縣ノ出品特ニ精緻ニシテ我邦殿堂建築ノ網範ヲ見ルニ足レリ」ト評セラレ又同會ニテ一等賞ノ名風ニ關左ニ聞ユ意匠精細摸造詳悉彫飾ヲ施サスシテ輪奐ノ美備ハル其妙技甚タ嘉賞ス可シ」トノ事項ニテ二等妙技賞牌ヲ賜ハリ實ニ造家出品ノ最首位ヲ占ムルノ榮譽ヲ得タリ

特別社告

回顧すれば吾々同志が國教雜誌を發行してより未だ數箇月に充たすと雖とも大に世の好評を博し第四號よりは更に一千餘部の增刷をなさゞる可らざるに至りたり是れ必竟するに本誌愛讀者の多きを加へたるに起せざんばあらざ依て吾社は聊か其厚意に酬ゐんがため明年一月發行の本誌には有益なる一大附錄を添へ正社員に限り之を頒布すべし尤も一部限りの購讀者へは別に印刷料として相當の代價を申受くることあるべし尚は亦明年一月發行の本誌よりは紙數を增し記事を改め大に本誌の光彩を添ゆる所あらんとす大方の諸君幸に愛讀の勞を採れ

本誌第五號に掲載すべき論説の豫告

來る明治廿四年一月發行の國教第五號には中西牛郎氏の執筆に係る予が宗教に對する感情。文學精舍々長中村六藏氏の寄稿に係る國教記者に告ぐ。印度哲學の著者姫宮大圓氏の寄稿に係る感應の說。辻治之氏の寄稿に係る教理の應用。加藤熊一郎氏の寄稿に係る印度史を讀むの數篇を掲載すべし。尤も紙面の都合により其幾分は第六號に掲載することあるべし

國教第四號

(明治二十三年十二月二十五日發行)

社説

咄、起きよ惰懶者矣

生死に眠れる人々よ、佛陀は下天したまり、望みの心ふり起こし、佛陀の教を聞くべしと、時に天感地應あり、リンポス全土平を得て、陸と海との隔てなく、愛でたき氣もて充たしたり

數萬年に唯一度、人の樹林に咲きいづる愛でたき花と知りたまへ、されば一たび開きなば、世界の上に智慧の香と、愛の甘露を散ふすなり、君が王家の根よりして、天の蓮花は生ひ出でん、實にも此上なき幸ぞかし

咄、起きよ惰眠者矣、當代の日本は此れ果して如何なる地位にあるか、聰明叡智なる天皇陛下位にあり國會開設の大典は目出度擧行せられて、全國數百の代議士は綺羅星の如く、帝國議會に出席して、日に國家の事を謀議すと雖へども、未だ卓拔非常の人物奮躍して、世界を一新するの氣運は到來せず、黨派の軋轢漸く熾んにして、人心頗る分裂し、國力猶は薄弱にして、陸海軍備未だ整備せず、而して露國の西比利亞鉄道は、殆んど久ふずして成就し、淸露兩國が朝鮮に於けるの政略は亦た將さに久ふずして發表せんとし、所謂大陸の劍氣は凛烈として面を衝いて來る、咄惰眠者よ、我邦の形勢は實に斯る地位に立てり、

然るに何等の慶福あるぞ、千百年間我邦に眠りたる佛教は、俄然として活氣を喚起し來り、先づ我か國人の精神を振興して、一國の元氣に文化に偉大なる

感化を與へんとす、育迦長者經には昔者佛陀在世の時釋尊親ら我邦に來臨して、大法を說き給ひしことを記錄せり、今や朝日に香ふ山櫻と詩人が嘗て驚嘆したる日本精神と、佛陀の眞理とは相合して復活せんとす、此れ我邦將さに文化と富强とを以て、宇內に耀かんとするの始めにあらざるを知らんや、在昔より佛敎の精髓眞に社會を感化したるの國民は、其國家必ず昌榮にして福祚無窮なり、若し此を疑はば古史を繙ひて、彼の阿育王の時代を觀よ、王の御宇は技術、文學、朝日の如く赫々として耀き、人民皆な道義に感化せられて、且つ神武不殺の威は四方に轟き渡り其版圖の宏大なること遠く前古に超へ隣邦交々貢聘を脩めて交通せざるはなし我邦にして亦阿育帝の王國の如くあれは誠に無上の幸なりと、謂はざるを得ず、

然り而して佛陀の印度に起り玉ふや、九十五種の外道並び競ふて、其勢力の熾なる今日基督敎の比にあらず、彼等の敎理の緻密なるは、泰西哲學をして、其後に瞠着たらしむるものあり、然れとも佛敎眞理の大陽一たび之を照らすときは、水の烈火に遭ふが如く、忽ち霧釋して消へ去りたり、今や我邦にある所の諸宗敎も亦た必ず遠からずして、同一の命運に陷らんことは、是れ吾人が確信して疑はざる所なり、然らば今日我邦の急務中の急務は、人々をして佛敎の眞理を知らしむるより急務なるはなし、佛敎の眞理は何ぞや、此世界には悠久、遍滿、絕對、無限の眞理存在して、此眞理は宇宙万有の表に溢れて活動自在の勢力あること是れなり、而して此眞理に達するには、必ず宇宙開發の大法に從ひ、道義を實行し級を追ひ等を踏んで、始めて其堂奧に達す可きこと是れなり、佛敎に心識流轉、善惡業報の說あるは是れが爲めなり、然るに此悠久、遍滿、絕對、無限の

眞理と合一したる靈体即ち佛陀は其大悲大慈を以て我輩衆生の心中に一種の靈能的の勢力を授け玉ふ、是を名けて大慈の佛心と云、此大悲の佛心を分析すれは、所謂至信、信樂、欲生の三心とある、親鸞聖人は此信を釋して長生不死の神方、忻淨厭穢の妙術、選擇廻向の直心、利他深廣の信樂、金剛不懷の眞心易往無人の淨信、心光攝護の一心、希有最勝の大信、世間難信の捷徑、大涅槃の眞因、極速圓融の白道眞如一實の信海なりと云へり、此に由て言へば天下宗敎の最も簡明直截なるもの、誰か佛敎に如くものあらんや、咄、惰眠者起ちて此佛陀大悲の願に歸命せよ、然るときは、神聖なる眞理の王國の榮光と快樂とは汝の所有に歸せん、而して汝の祖國たる日本帝國の權威、旭の如く烝々として斯に昇らん、

論說

鬻熊、釋迦牟尼及ヘラクリテス

文學士　服部宇之吉

世の學者中に東洋人の學說が、西洋人の學說に似たるものあるを見出して、鬼の首でも取りたらん樣に思ひ、大袈裟に吹聽するもの往々にして有り、本と同じ人間社會のものか唱へたる學說なれは、似たる所あるとて左程珍しきことにはあらぬなり、學說の似たるが左程珍しとならば、東洋人が西洋人と同じ人間の形をして居るのも珍しき譯ならん、予東西の書を讀むの序、學說の相似たるものを往々見出したれは、今茲に其一を揭ぐ、然し此れか爲めに支那の學問や、佛敎が尊くもならず、難有もならぬとなれば其の心して讀み玉へかし、」

鬻熊は支那古代の學者なり、世傳へて周の文王の師とす、其子孫楚の王たり、以て春秋戰國の時に及ふ鬻熊の著書を鬻子と云ふ、藝文志によれは道家の部

にも小說家の部類にも見へたり、今傳ふる所の鬻子と云ふ書は、灰燼蠹餘の餘にあらざんか、僅に數百言に過ぎず、其の言ふ所は政事に關することのみ、然るに列子に引ける鬻熊の言は大に高尙なる理論を寓す、其の言に曰く運轉無已、天地密移、疇覺之哉。故物損於彼者盈於此、成於此者虧於彼。損盈成虧、隨世隨死。往來相接、間不可省、疇覺之哉。凡一氣不頓進、一形不頓虧、亦不覺其成、不覺其虧、亦如人自世至老、顏色智態亡日不異、皮膚髮爪隨世隨落、非嬰孩時有停而不易也。間不可覺、俟至後世。（文中世は生の義なり）と其意は、天地万物は念々刹々生々化々して究極なく、一物も常久不變なるものなし、然るに其の生滅轉變は、極めて速にして、且つ間斷なし、故に人其然る所以を知覺せずして、天地は長久不變なり、万物は盈虧生死なしと思ふ此れ大なる誤なり、又た生滅轉變は漸を以て成るものにて決して頓に生れ、頓に滅するに非ざるを知るへし、生より滅に至るは決して頓に然るにあらざ、人の知覺には及はざれとも其間に無限無數の轉變あるなり、と云ふに在り

佛家に諸行無常の語あり、諸行とは因緣和合して作る處の有情非情等（草木土石禽獸及人類）の万物を云ふ、無常とは生滅轉變して一時も常住ならざるを云ふなり、故に無常を本無今有曾有還無と云ふ、併せて釋すれは諸行無常とは、宇宙間の万物は、有生無生の別なく、有情非情の差なく、有と所有る物は皆な間斷なく生滅轉變し、頃刻瞬時も常住不變なることなしと云ふ義なり、此の無常に二種の別あり、一を念々生滅の無常と云ひ、一を相續法壞の無常と云ふ念々生滅の無常とは、有情非情等の万物間斷なく轉變し念々に生滅し、刹那も住在せずと云ふことなり、（念々とは刹那の義なり）生滅は詳に云ふ時は四相あり、即ち生住異滅の四相なり、今人の一生涯に就て、此の四相を分ては、生とは胎兒が母の胎外に出て、始めて天日を見ることなり、住とは赤子が漸く成長してより、壯年に至り血氣盛に身体强壯なる間を云ふ、異とは漸く老て血氣衰へ身体も衰老するを云ふ、滅とは終に死するを云ふなり、此れを人間一期の四相とす、尙は嚴密に論する時は、一瞬時の間にも猶は生住異滅の四相あり、此を刹那の四相とす、相續法壞の無常と云ふは、有生の物の生命の滅盡するを云ふ、所謂る生者必滅の理を云ふなり、總して此の生滅の勢極めて迅速なるか故に、吾人は此を知覺すること能はず知覺せざるが故に生滅なしと思ふ、譬へは流水の頃刻も一所に底滯せず、絕へず去來するに吾人は此を知覺せずして、川は何時も同じ水なりと思ふが如し此れ大なる誤なり、釋迦牟尼吾人が萬物の生滅轉變常なきを知らざ、妄に執して常住不變なりとし、妄に執着愛憎の念を生し、解脫開悟する能はざるを憫み、爲めに諸行無常と說けり、」

次に希臘にヘラクリテスと云へる哲學者あり、（西曆紀元前五百年頃に當る）一家の哲學を唱道せり、其の說に世界は間斷なく轉化す、箇々の物は一も永久不變なるはなし、此の轉化こそ正しく世界の原理なれと、其嘗つて云へる言に曰く、吾人は同一の流水に再度足を投ずるを得ず、と蓋し流水は絕へず流れ來り又た流れ去る、去來止む時なければ、川中の水は絕へず新陳退謝す、故に今日の水は、昨日の水に非ず、即ち知りぬ今日の川は昨日の川に異なるを、故に曰く同一の流水に再度足を投ずるを得ずと、ヘラクリテス此の如く轉化は万有の原理なりと云ひたるが故に、世界には一も一定不變と云ふことなく、所謂る永住不變と云ふことは唯に妄想幻影に過ぎずとせり、ヘ氏此の轉化の原理を最も能く代表すへきものの

を四大（氣、火、水、及土の四あり）に就て撰ひ火大を得たり、燃燒は新陳代謝の最も盛なるものあるが故に、火大は最も能く轉化の原理を表はすに足るものと思ひ、此を以て万有の源基とせり、即ち万物は火大の轉化によりて生起す、其生起の序を云へは火大漸く其熱を失ふに隨ひ、變して水となる、熱愈散失するに隨ひ、兆態愈變じ水終に變して土となる、土は變の極なり、然れども物極まれは必す復た變す、故に土となるに及ひて新變化を來たし、復た火大に復歸せんとす、即ち土漸く熱を得て水となり、水愈其熱を加へて終に火となる火に至つて變極まる、故に復た變して土とならんとす、此の變化の序無始無終にして循環の如し、火より土に變するを下向道と云ひ、土より火に變するを上向道と云ふ、一下一上万物茲に生々化々す、下向流了の極に達し、土に生る時は世界は全く寂寞死灰となる、上向流其極に達し、火に至る時は世界は炎々燃燒す、死灰の時も燃燒の時も共に箇々の人物は存在するを得ず、吾人が日常接觸する所の万物、即ち今日吾人が住する世界と、此兩極の中間の階段なり、今日の世界は、常に寂寞死灰の地位に達せんとするの傾あり、

以上唯た三人の説を有の儘に略陳せるのみ、其似たる所異なる所は、讀者容易に指摘し得へし、其の優劣の批評等は一に讀者に任せ、予は唯た三人の説の要け實をなすと爾り

眞宗の爲に惜しむ

平井金三

吾國に於て最も勢力ある宗旨は眞宗にして、其組織眞俗二諦の敎義より成立せるか故に、恰も當今の時世に尤もよく適合し、將來益隆盛を致さんとしつゝある者の如し、されは餘幾派の宗旨も間接に其餘光を蒙る亦少からざるべく、外國人が日本の佛敎は眞宗によりて保つものなりと評するも或は道理あるが如し、然るに同宗の爲にいとおしむべき事は異安心者に對するの所置是なり、固より安心は何宗にても最も重んずる處とは申しながら、無智草昧の時代はおきて論せず今日の世の中人十人よれは十腹とやら、たとへ同安心の人々と雖も何れも全く同一致にして些少の差異無からしめん事は決して能はさる所なり、たとへは阿彌陀の觀念の如き同眞宗信者か何れも同觀念を懷きおるとは申されまじく、或者は畫像佛像に類する阿彌陀ありと信ずる事恰も基督信者中に極美なる人像に似たる天帝ありと信ずる者あるか如く、又ある者は無形の阿彌陀を信ずる事恰も「ゆにてりあん」敎徒が天帝を思ふが如き者もあるべし、又た「攝取」と云ふ語の如きも或者はこれを語のまゝに解し或者はこれを寓言なりとするが如し、是人間の智度が次第に增進して人々各々自己信仰の方向にむかひて穿鑿する自由世界の眞面目なれは決してこれを抑壓する能はざる者なり、蓋し人智が最高度に達し百人が百人、千人が千人迄も皆同一説を信し相一致するに至る迄に是非とも經過せさる可からざる階段なればなり、今や吾國人は日々に學術を研磨し智度次第に增進しつゝある眞最中なれば異論異説紛々として顯れ出つるは決して怪しむに足らず、されは同じ眞宗門徒の中にも將來追々異安心者の出づべきは保証する所なり、異安心とても敎義に反對するにはあらぞ、つゞまる處祖師が建立の敎義を解釋するに人々異同あるに止まる而已、決して眞宗の反對者にあらず、異安心者と稱せらるゝ者に取ては其異安心流の解釋こそ正當にして祖師の本意に稱へりと信ずるにあり、然るに此等は異安心者なりとて排擊する時は自から區域——敎域を減縮するにはあらざるか

、世の進むに從ひ異安心者も續々顯はるゝに一々之を排除せは益々眞宗の本幹は微弱となり古朽となりて恰も邪教に對する天主教の如き者とならん、祖師の教義は斯く解すべしと教ふるもこれを甘受せさる者は到底眞宗の教化を仰かざるに至らん、寧ろ自由の解釋を許さばます／＼其光輝を發し教徒は次第に增加すべきなり予か此論に反對する人は固より世間に餘多あるべし否な眞宗教徒の諸君は概ね斯の如き論は最も暴論なりとし予を駁せらるゝことは予の承知する處なり、予は如何樣の駁論ありとも其駁論を不道理とは申さゞるべし、何となれば駁論者も其信する處によりて立論する事にして固より然かあるべき筈なり、只た予は將來を豫想して眞宗の隆盛を妨ぐる者は此異安心に對する惡意なりと考へ、眞宗の爲に惜しむのみ、予は見眞大師の一言一句を予が自由の解釋に任せは、其言句に一點の不滿足を感する處無かる、予の解釋は眞宗の本意にあらすと言はゞ不感心の点少からすと考ふ、然らば他人とても同樣にして天下の人自由に見眞大師の言句を解釋し而かも不滿無くんば、滿天下の人は皆眞宗信者たるを得べし、讀者諸君以て如何となす、

蒐錄

佛教徵証論緒論（承前）

中西牛郎

以上の諸題に關して、其眞理を証明せんと欲せは、吾輩は如何なる証明法を執る可き乎、

第壹　經典を引いて、之を証明せん乎

第貳　靈異奇跡の傳説を以て、之を証明せん乎

第三　將た吾輩の人性及ひ學術の推理によりて、之を証明せん乎

第四　抑も歷史上の事實によりて、之を証明せん乎

顧ふに第壹の証明法の如きは、吾輩の敢て取る所ろのものにあらず、何となれば吾輩は世の未だ佛教を信せざるものに向つて、佛教の眞理を証明せんと欲するものなり、既に佛教を信するものに向つて、佛教の眞理を証明せんと欲するものにあらざるなり、故に佛教の教理及ひ經典に據りて証明すべからず、蓋し佛教の教理及ひ經典は只た既に佛教を信じたるもののみに對して、信仰を生せしむるの効力あるものにして、未だ佛教を信せざるものに向ては、何等の効力あるとなからん、例へば此等の人は佛陀の存在さへも、未だ信せざるものなり、而して此等の人に向つて、此れは佛陀の教へなりと言ふも、彼れ豈に之を信せんや、若し亦た彼れは佛陀なり故に其教は信すべし、而して彼れの佛陀たることは、經典は之れを教へたりと云はゞ、此れ即ち佛教の眞理なるは其佛陀の教ゆるが故に之を知る、轉じて亦た佛陀の佛陀たるは、其教の眞理あるによりて之を知る、如斯き循環論理に陷りて、終に世人をして肯服せしむること能はず、故に吾儕は佛教の基本たる教理に關して、經典を引いて、之を証明するの方法を撰むこと能はず、然らば第二の証明法は如何と云ふに、此れ亦た吾輩の目的に適するものにあらず、何となれば彼の基督教の如きは、靈異奇跡を以て、往々其教を証明せんと試むるもの、如しと雖とも、其實未だ其教を信せざるものに對して、効力あることなし蓋し奇跡を以て其教を証明するには、先つ道理上奇跡の行はるべき理由と、事實上其奇跡は當時にありて、如何なる多數人か之れを目擊せしか、如何なる性質か之を驗察したるかの事情を明かにせさる可らす、是れ奇跡を以て其教を証明するには、他の証明を要するなり、然らされば尋常自然の理法に反對したる靈怪奇異の現象は決して人に確信せらるべきも

の。に。あ。ら。ざ。、我佛教固より靈異奇跡を說くことを勉きにあらざるを謂ざる、吾輩は之に據りて佛教の眞理を証明することを欲せず、何となれは其未だ其教を信せざる門外漢に對して、信仰を生ぜしむるの効力あきを以てあり、况んや奇跡其者さへも、現時にありては、學術上の一問題たることに於てをや、」

然らは吾輩の應用すべきは第三第四の証明法あるのみ、然るに佛教の眞理を証明するに方りて、第三の如き道理上の徴証に由らざるを得ざるものあり、佛陀の存在、靈魂の轉生の如き是れあり、第四の如き事實上の徴証に由らざるを得ざるものあり、佛教の眞理の感化及ひ大小乘二教は共に佛說なるかの如き是れあり、其道理上の徴証を稱して理。証。と云ひ、亦た理。性。的。の証。明。と云ひ、其事實上の徴証を稱して事。証。と云ひ、又た歷。史。的。の。証。明。と云ふ、此二者は相須ちて離れざるの關係を有せり、」

道理上の徴証を細かに分析すれは、本体學の証明、心理學の証明、道義學の証明、宇宙學の証明、生物學の証明の各種とある、蓋し眞如法界及ひ之と關係ある、佛陀無限の靈性を論ずるが如きは、本体學の証明に係り、人心の感情、思想及ひ其願望、目的とする所を論ずるか如きは、心理學の証明に係り、人間行爲の善惡の報應制裁に關するの問題の如きは、道義學の証明に係り、宇宙の秩序進化及ひ其終局の目的を論ずるが如きは、宇宙學の証明に係り、動植各種の原性、機能、變化、及ひ其生活力の本性を論ずるが如きは、生物學の証明に係る、故。に。性。理。的。の。徴。証。は。、之。を。約。言。し。て。人。性。と。万。有。と。の。二。者。に。歸。せ。ざ。る。を。得。ざ。」

進んで事實上の徴証を約言すれば、其歷史上の事實に基くを主とするが故に、歷史的の徴証とすと雖ども、佛教の經典に顯はれ、教理に顯はるゝ所のものに就いて、先づ佛陀の教を証明するを以て、之を内。証。と稱し、其宗教學問の技術及ひ普通國民の歷史に顯はるゝ所のものによりて、佛教感化の偉大なるを証明するを以て、之を外。証。と稱す、内証なるものは佛教其者に就いて、佛陀の教たるを証明するものなり外証なるものは博く世界の歷史に就て、佛陀の教を証明するものなり、之を極言すれは内証は其因を論じ、外証は其菓を論す、内証は猶ほ提案の如く、外証は猶ほ結案の如し、故に此内外二証全備して、始めて能く佛陀の教たるを証明するに足る、（完結）

因に記す右は余が著述中なる佛教徴証論の一班を示すに過ぎざ其全篇は他日刻成るの日讀者の批評を仰ぐべし

蒙古の佛教

左に近刊の明眼新報に掲載せし者あるが頗る蒙古の佛教を詳にするものあれば茲に轉載して讀者の參考に供す

佛教を信ずる各國中に就ては未だ蒙古の僧侶教の如く大勢力を有するものは非るべし然るに佛教の蒙古に傳播せし年代は詳ならざ僧侶教は觀念を以て理想の基本となすものなれば懶惰なる遊牧民の性質に適へど蒙古人はこれが爲めに發達進化の氣象を喪失し漠然たる空想より人間今世の本願を成さんことを求むるなり禮拜には西藏語を用ひ（僧侶にて西藏語に通ぜざるものは極はめて稀れなり西藏の文字は歐州文の如く左より右へ通讀す）經文も西藏語にして其の中尤も有名なるは「ハンジユル」といひ全篇百八卷より成り、其中には經文のみならざ史學、算學、天文學の部分あり、禮拜は朝、晝、晩の三回に行ひ、信者を召集するには法螺貝を吹き、經文を讀誦するときには數多の僧侶、床又は氈の上に蹲座し、調子外れの聲にて讀誦し、一人の老僧が時々調子を高むるに應して、自餘の僧侶も聲を高め經文の段落に至れば、鼓を打ち、銅鑼を摩り鳴す躁噪し、大僧正の禮拜に臨むときは、儀式一層嚴肅にして大僧正は華美なる聖服を着し寶座に坐り佛像に向ふ其他の僧侶はその前に列を正し手に香爐を捧げ立作ら誦經するある僧侶及び普通蒙古人の常に口誦する經文は「オムマニ、ハトメ、フム」の四語にて佛教の奥義は此四字にありと彼れ等は語れり、寺院より遠隔の地にありては帳幕を以て禮拜所を設けたるあり山嶺などには石を堆積して山神を祭り小山の如くなるありこの石の堆積して小山を爲すを「オボ」と呼び其の傍を過ぐる蒙古人は必らず石、布片、又は駱駝の毛を投ぜ、夏の頃は僧俗參拜して祈禱することあり

僧侶教の總管長は西藏の「ラッサ」にある「ダライラマ」(大僧正)にして西藏に君臨し、支那に藩屬すれども支那には三年に一回朝貢するのみにて藩屬といふは名のみなり支那政府は「ラッサ」に分遣隊を置き欽差大臣を駐劄せしむ、然り而して支那聖位の關係(行政上の權威に非るを云ふ)より云へば西藏の「バニチエルデニ」(大僧正)にも「ダライラマ」と同等の權力あり、其の次は庫倫なる「クツフタ」(グイゲンとも稱す)これに亞て權力あり、蒙古グイケンの員數は一百以上(ヤーキン氏の支那統計には百零三人とあり)ありてこれ等の僧正は何れも完全無欠なる聖靈を具ふるものにて永久死滅せず、只一の肉体より一の肉体に遷化するものとせり、前「グイゲン」に代りて新に誕生したる「グイゲン」は其の寺院の衆僧これを捜索して「ダライ、ラマ」の認可を經て、「グイケン」の位に確定する例なれども、「ダライ、ラマ」は自から其の繼位者を指定せざるべからず、この指定を爲すには支那政府竊かにこれを左右して新定の「ダライ、ラマ」は大抵貧困下賤のものゝ子を選出せしむ、蓋し貧困下賤の者より「ダライ、ラマ」を出すときは地方の富豪名家と結婚するの懸念なきを以て縱ひ西藏の支那に服從するの保證とはならざるものあれども西藏國人民の支那に入寇するとなきの保證となるべければなり試に才能と耐忍とを兼有せる有爲俊秀の「ダライ、ラマ」の其の寶座に顯はれたりとせんかこの大僧正は一言の下にヒマラヤ山より遠く西伯利亞に至る悠々數千里の廣袤に棲息せる巨万の遊牧人を一齊に起立せしめ得べく支那の壓制を悪み且つ宗教を狂信せる野蠻人一朝支那本部に侵入してこれを蹂躙せんかこれ支那は大患を抱有したるものといふべしこれ支那政府が「タライ、ラマ」の聖位の關係を指定するに付きて大に心を用ゆる所以なり

凡て「グイケン」の野蠻人に有する勢力は至大無限に

して野蠻人等は聖僧を拜し、聖衣に觸れ、又聖僧に祈禱せらるゝを最上の幸福となし、この幸福を享受するには必らず若干の獻物を爲さゞるべからざれば其の事甚だ容易にあらず、蒙古の寺院にて著大なるものは其の遠隔の地より信徒の數多參詣せる爲めに其の賽錢を以て富裕を致せるものあり、されば遊牧人が第一の聖地とせるラッサに比すれは禮拜者はなは少數なりといふラッサには每年各地より巨大なる駱駝の隊を編制して出發す、これ等の信徒は遼遠たる行路の艱難苦楚を嘗むるを以て最大功德として自ら無上の幸福なりと感ずるものあり曩には「ドンガン」回教徒の亂により十有一年の久しき間、全く此西藏旅行を中絶せられたりしが今は支那兵が東部甘肅を恢復したるか爲めに再興するに至れり婦人も亦間々この旅行を企つることあり、婦人は男子に比して僞信者多くは家事奔走の爲めに宗教問題を研究するの餘暇なきによるものなるべし支那に接近するの蒙古人は內地に住するものに比すれば信心甚だ薄し

蒙古にて「ラマ」と稱するは元來高僧の稱にして僧侶の通稱は「フワラーク」なれども多分は「ラマ」といふ語を用ひて「フワラーク」といはず、僧侶の數は凡そ蒙古の男子總人員の三分一已上あり、此等は納稅其の他の義務を免かるゝものなり、俗人の僧侶となるは容易にして父母は其の望により、幼児の頭髮を剃去して黃又は赤き色の衣を着せ、成長して後は寺院に入れば讀書習字及び佛學を修めしむ(自家の張幕內の僧侶に就きて學ぶものあり)庫倫、フムブム其他の大寺院に於ては(フムブム寺は甘肅の西寧府を距ること遠からず、子弟教育のため部門を分ちたる校舍ありてこの校舍を出でたる僧侶は寺院の定員に入るか左なくば醫となるものあり、)高等の僧侶となるには教門の規則と佛書の試驗を經ざる可からず、カムバ、ヘルニ、ヘワーウ、バンジなどの僧位あり其位に應じて、一定の服制を設け、僧侶は平常黃服の上に赤帶を結び、赤の袈裟を着す、禮拜の時は其の位に隨ふて、特別に黃衣の上衣を被り、黃色の高帽を戴く、禮拜にも坐席を差別し、又嚴則をも異にす、カムバ(一名キヤニプー)は僧侶の最高等に位するものなれば、タップタ(僧正)之を命じ其の代りにヤムバは下級の僧侶を授ぐる權あり、クッフタも總て僧位の順序を履む義務あれども俗僧よりは昇進すると早し僧侶は等級に應じて一定の職務あり例へば

チャバルチーは聖務司、ビャルバは管理者ケスグイは監督、ウムザートは歌師、デムチーは會計、ツルチーは寺長等あり」各寺院には無職級の僧侶數百人乃至千人已上あり、此等の僧侶は讀經の外に一事なく、信徒の施物にて生活し、甚きに至りては眼に一丁字なきものあれども同く赤き僧衣を被りて僧侶の位を有し、遊牧民の尊崇する所となる、僧侶は妻帶するを得ずと定めあれども、如此自然に戻りたる規律の結果として僧侶の間には種々の穢行ありといふ婦人も一定の齡に達すれば僧籍に入りて僧侶を受くるの自由あれども一たび僧籍に入れば、婦人は男子と等しく頭髮を剃去して黃色の僧衣を着し、嚴則を守る義務あり、此尼をシャブガンザといひて老寡婦に多し蓋し蒙古に僧侶あるは猶は毒虫あると一般にて彼等は上流の地位に立ちて無限の權勢を有し、下民の膏血を絞ぼりて蒙古の人醉をして進歩せしむるの大障礙となれり、それ信仰盛んなるときは隨つて妄信の弊害も多く、人民は鬼神妖術を信じ、天變地異みな鬼神の所爲に出るものと信じ、曇天又は日沒後に至れば、家畜の斃るゝ不幸ありとて人に乳を與へ若くはこれを賣ることをせず、閾に座するも同樣の結果ありとし蹐踞て物を食するは罪過にて途中必らず不幸ありと信じ、出發前行路の事を談話するは雨風、若くは大雪に逢ふの厄ありとし、家畜の病癒えて後三日間に人に物を賣り又は與ふべからざる杯これを枚擧るに遑あらず、隨つて占卦及び妖術を業とするの僧侶、俗人數多くあり、占卦には大抵珠數又は支那の銅貨を用ひ、口に經文を唱ふる事にて失際旅行、旱天等大金を拋ちて妖術者を招き、病氣等も治療を後にして先づ僧侶を迎へて惡魔を祓はしむる者なり

記者云く、右の妄信者蓋し佛教がこれを教へたるに非ずして古來の未開の風なるは今日に遺存したる處遂に無識の僧侶等これを機會として種々の口實を言ひ觸らして利を貪るものなるべし、この風獨り蒙古のみならんや、吾が日本の如きも俗間には種々の妄信行はれ、無識貪利の愚僧はこれを釣利の具として祈禱を爲し、或は腐水を飲ましむる杯の事現にあるにあらずや、妄信の弊、人智を蔽塞せる今古東西同一揆なるは眞正の佛徒たるもの豈に慨歎すへきことならずや

蒙古人は死体を原野に遺棄し、禽獸の食するに委かせ、これを埋葬することなく、僧侶は只死体を遺棄するの方角を定るのみ、但し侯族ゲイゲン及び高位の僧侶の死体は埋葬す、もし埋葬せざれは火葬し、又は石を積み重ぬることあり、喪は通常四十日間、僧侶をしてこれを行はしむ、貧困者は僧侶に報酬するの資力なき爲めにこの儀式を欠くことあれども富者は巨多の家畜を寺院に納めて二年或は三年の喪を行ふと云ふ之を要するに蒙古人は性善良にして宗教上の儀式なとは嚴重に之を守れども、智識德義に限りあれば、時ありて直ちにその野蠻の眞相を現はすことあり昨日は羊の子を屠るさへ大罪なりとて畏怖せしものも今日は匪教(ドンガン人を云ふ)の俘虜に向て老幼男女の差別なく殘虐の復讐を爲すことに於て猶豫せざるなりされ佛教の幽玄高尙なる妙理もこの人民の蠻風を一洗し慈悲愛憐の主義を以て化し能はざるものなるが、看よ蒙古人が死体を原野に遺棄して禽獸の食餌となすの慘狀年々幾千百の死体は空く狗鴉狐狼の飢腹に充てて殘すことなく骸骨は荒原の間に横はるを若し戶倫墓地の慘狀は云何なる無智の人民もこれを見ては戰栗眼を閉ぢて以てその慘狀を憫れまざるはなきも蒙古人民の子弟骨肉の人々にしてその父兄の死体を爰に運び來りてこれを野に委すれば飢鴉餓狗來りてその死体を食するも敢てこれを怪まざるをこれ今後遊牧民の間に耶蘇教を布かんとするものの深く注意して高等の教化を與へてその殘虐の風を一洗し第一にその居住をして淸潔ならしめ大食懶惰は罪過にて快樂にあらざること人間の功德は只その善行にありて日課經文の多寡にあらざること等を教へ遊牧人民の智識德行を誘導するの外その家事及び社會の情態を根本より改良に至らんか

翻譯

自然ノ理法ヲ論ス (承前)

メルケエルス氏著
岫堂居士譯

以上述ヘタル狀況ヨリシテ、人間ハ相互ノ智力上ノ結果ヨリ一ツノ理法若クハ純然タル理法ニアラサルモ、理法ノ一種ヲ組成ス、此理法生シテコヽニ人間ノ獨立ヲ得、而シテ此理法ハ再ヒ人間ノ性質、擧動行爲、勵念、判斷、及ヒ感情ノ傾向ニ顯表シ來ルモ

ノトス、眞正ノ人間ハ之ヲ例スレハ靈妙ナル一點ノ閃火ガ、活潑ナル其運動ニ依テ、周圍ノ物質ノ障礙ニ打勝テ、刺激セラレ、精煉セラレ、遂ニ燦然タル光耀ヲ放チタルモノヽ如シ、實ニ力ナル者ハ宇宙ノ理法ヲ製出セシ爲メニ、人間ニ變形ス、而メ其人間トナルヤ、運動力及ヒ種々ノ力ノ異ナルニ從ヒ、人間各特殊箇立ノ經驗ヲ享有ス、若シ彼人間ニシテ此性質ニ抵抗セシカ、苦痛ハ之ニ伴隨シテ抵抗ノ止ムニ至ルマテ決シテ解クコナシ、若シ之レト調和シ之レニ順適セシカ、生活ノ道ハ甚タ容易ナリ、然レトモ人間ニハ種々ノ困難アルト同時ニ亦家族ノ爭ナクンハアラス、之レ各人各箇ニ務メテ此弊ヲ排斥セサルヘカラサルナリ、夫レ人間ノ生レントスルヤ、純精ナル自心ヲ有スル造物主ハ、之レニ純精ナル生活ノ要件、及ヒ德行ヲ賦與スルニモ關ハラス、其形チヲシテ此世ニ出ツルニ及ンデハ、其父母ノ幼時ノ不純ナル性情ヲ受ケテ生ルヘシ、然レトモ之レヲ以テ全ク責ヲ其父母ニ歸スヘカラズ、何ントナレハ生子ノ性質ナルモノハ、父母ノ幼時ニ於ケル、德義ノ欠点即チ一時ノ不德ヲ稟受スルモノニシテ、此事タル當今ニ始マリタルニアラス、遠ク祖先ヨリシテ皆此有樣ヲ呈シ來リ、所謂遺傳ノ理法ニ於テ、免ルヘカラサルモノナレハナリ、

純白德義及愛情ナルモノハ、實ニ適當ナル健全ナル愛スヘキ靈魂ノ基礎ナリトス、之ニ反シテ不德貪慾及ヒ我慢ノ如キハ、其父母ノ不注意ニ依テ、惡性ヲ傳受シ、婬佚執拗ナル子孫ヲ繁殖スルノ根源トナル夫レ既ニ生レナガラニシテ父母ヨリ受得シタル不完全ナル性質ハ、之ヲ如何トモスヘカラズ、然レトモ之レヲ改良スルニ至ツテハ、未タ時機ヲ誤リタリトイフヘカラズ、即チ此處ニ抑制ナル一ノ手段アリ時ト所ヲ論セズ既ニ色慾貪慾ヲ恣ニシ盡シテ漸ク衰ヘントスルノトキニ於テスラ、能ク此抑制ヲ實行セハ其效益アルヤ疑ナシ、予輩ハ斷言ス前非ヲ悔ヒタルノ後ニ於テ、恐ラクハ之レニ過クルノ改良ノ方法アルヿナシト、抑制トハ何ソ自禁ノ意ニシテ、外部ノ障礙ヲ禁遏スルヿ之ナリ

夫レ出來得ル丈ケノ慾佚ヲ極メタル後チ、始メテ眞心ノ苦痛ヲ感シ、去ラント欲シテ去ル能ハサル精神ノ苦痛即チ反對ノ感情ノ下ニ呻吟スレハ、一般人間ノ常況ナリ、之レ一ツハ他人ニ對スル過失ニシテ、又一ツハ放佚貪慾自愛ニ依テ自ラ招クノ結果ナリトス、然レドモ一旦悔悟シテ害惡ノ範圍ヲ脫スルニ及ンデハ、仁慈、恩惠、同情、禮儀、ノ心油然トシテ起リ却ツテ之ヲ以テ愉快トシ、前日ノ非行ヲ疑フニ至ル、實ニ抑制ハ人間身体上ノ關係ニ於テ、純粹ナル精神的動作ノ尤モ高尙ナルモノニシテ、殊ニ一箇人ノ外物ノ爲メニ獨立スル能ハサル場合ニ於テ、其精神ニ向ツテ大ニ積極的ノ刺激ヲ與フルモノナリ、

寄書

寺法細則の更正案を讀む

在川尻　S　S　稿

本年度の本願寺派集會に於て議決したる議案は寺法細則の更正案、眞宗教會規則、總代會衆選擧規則、大學林改正案等あり蓋し此等の決議案中吾人の服せざる所一二にして足らず就中寺法細則第十二條の更正案の如きは吾人の尤も不同意を表する所の者あり其第十二條に云はく「僧侶法臘三年以上にして修學篤志の者を調査し教師試補とす」

凡そ事物の優劣邪正を判斷せんと欲せば宜しく先づ其標準を確めざるべからず其標準にして確乎たらざるのあらん乎決して判斷の功を奏することを能はざるなり假令ば農家が米を精選するが如き先づ「ル

ヒと云へる一箇の標準により其米と其塵埃とを差別することを得るなりもし此標準を用ひざるに於ては決して其分類をなすこと能はざるなり今ま寺法細則により敎師の登用法を見るに毫も其資格者と非資格者を撰擇するの便宜なきもの丶如し尤も法臘三年以上にして修學篤志の者とあれば學問の力もあり且つは護法の志に富みたるものを云ふべしといへども何種の學問を學び何程の力を有し亦どれほどの精神あるかは容易に調査し能はざるべし亦假令之を調査し得るも何を標準として之を登用すべき乎若し夫れ學問の淺深を問はず亦精神の厚薄を論ぜずとせば一卷の經文を誦する人も三年の法衣さへ穿ち來らば試補の職位を授かることを得る乎

夫れ然り賢明なる當局者を得ば或は適當なる人物を撰擇することを得べしといへども充分嚴格なる試驗法のありてさへ尙は賄賂公行するの時節柄なるにまして充分其學力と其品行とを經驗せずして當局者の適宜に撰擇するに至りては金力ある者、縁故ある者阿諛的精神に富むものは忽ち不思議の電氣力に感じて何の苦もなく試補の位に就くことを得べし尤も其當局者にして公平無私の者のみなりとせば其邊の氣支なかるべしといへども孰分ろが中には陰險なる僻者を出すことあるべければなり、是れ吾人が一片杞憂の念なき能はざる所以のものなり」

尙は同細則第十三條を見るに「敎師は一般說敎を許し敎師試補は自坊說敎のみを許す」とあり是れ亦吾人の諒解に苦む所なり何故に敎師試補は自坊說敎のみを許して他坊の說敎を許さゞる乎自坊の說敎にして出來得る人なれば他坊に至りて說敎するも差支へなかるべし亦他坊の說敎に不適當なる人なりば自坊の說敎にも不適當なるべし案するに彼れ立法者は是までの舊慣に習ひ一箇寺の住職が自分の門徒に對して說敎するはドウデモよし他坊の門徒に對して說敎するは不都合なりとの妄想に基きたるものなるべし咄自坊の信徒は何故へ試補の說敎にて足れりとする乎自坊の信徒も他坊の信徒も同じく彌陀の眞正なる敎義を聽聞せんと欲ずるものに非ずや然るを何ぞ他坊を重んじ自坊を輕んぜるや自坊の信徒は試補敎師が經驗の犧牲とするも差支なき乎亦不都合なる敎義の說明をなすも顧慮せざる乎若し立法者の眞意玆にあらずとせば何ぞ敎師の階級を設くるに及ばん何ぞ敎師の權限を極むるに及ばんや之によりて吾人の望む所は自坊にて說敎を許さは他坊にても說敎を許すべし他坊にて說敎をなすと能はざるものは自坊にても說敎をなすことを得ざらしむべし、

間接布敎論

在東京　枚田探源

余ガ玆ニ論述スル所ノ間接布敎論ハ題目ノ表彰スルガ如ク宗敎ノ應用ニシテ宗敎ノ理論ニ非ズ之ヲ換言スレハ學問上ヨリ宗敎ヲ研究スルニ非スシテ宗敎ヲ實際ニ應用シ人ヲ感化スルノ方法ヲ論究セント欲スルナリ

布敎ノ方法ハ所謂隨機方便ニシテ邦國ノ制度社會ノ風習彼我ノ地位機根ノ異ナルニ隨ヒ千差萬別ニシテ固ヨリ舟ニ刻シテ劍ヲ求ム可カラザルナリ柱ニ膠シテ絃ヲ彈ス可ラザルナリ左レハ感化力ノ强弱歸依心ノ淺深ハ布敎者其人ノ方寸ニ在テ存スルハ言ヲ待タサルナリ然レドモ普通ノ道理ヨリ之ヲ論スレハ自ラ一定ノ方法アルモノヽ如シ請フ試ニ之ヲ陳セン

布敎ノ方法ヲ分ッテ二種ト爲スヲ得ベシ曰ク直接布敎曰ク間接布敎是ナリ此ノ二種ノ方法ハ相待テ其功ヲ全フスルモノナレハ布敎上ニ一モ欠クベカラザル猶車ノ兩輪ノ如ク鳥ノ兩翼ノ如シ啻ニ一モ欠クベカラザルノミナラズ若シ一方ニ重ク一方ニ輕クシテ輕重其平均ヲ失スルモ完全ナル結果ヲ得ル能ハス必スヤ二ノモノ倂ヒ行ハレテ始メテ其目的ヲ達スルヲ得ヘキナリ

顧ミテ我佛敎社會ヲ觀察スルニ說敎ナリ演舌ナリ諦

談ナリ授戒ナリ布薩ナリ斯クノ如キ直接布教ヲナスモノ未タ必シモ其人ニ乏シカラスト雖モ間接布教ニ至ツテハ之レニ注意スルモノ殆ント稀ナリ故ニ直接布教ハ姑ク之ヲ置キ特ニ間接布教ニ就テ其方法ヲ論述セントス

間接布教ニ有爲的ト無爲的トノ二方アリ何ヲカ無爲的間接布教ト云日ク持戒ノ堅固ナル品行方正ナル擧動ノ整粛ナル冥々ノ中昏々ノ間ニ人ヲ感化スル是ナリ昔ノ高僧碩徳ノ名利ヲ厭ヒ深山幽谷ニ隱遁シタルモノヽ如キハ嘗テ世間ニ出テ直接ノ布教ヲナサヽリシモ人々其風ヲ聞キ其徳ニ服シ千百歳ノ後ニ至ル迄追慕シテ止マザルノミナラス又自ラ邪ヲ去リ正ニ歸シ惡ヲ排シテ善ニ進ムニ至ル是レ無爲的間接布教ノ功ニ非スシテ何ソヤ

有意的間接布教ニ至ツテハ誠實ヨリ出ツルモノト矯飾ヨリ出ヅルモノトノ二種アリ貧民救濟ノ如キ慈善學校ノ如キ育兒院ノ如キ感化院ノ如キ尙武會ノ如キ其他自利ヲ後ニシ利他ヲ先キニシ公利民福ヲ圖ルモノ是レ誠實ヨリ出タル有爲的間接布教ナリ

又彼ノ耶蘇教ノ如キハ表面政事論ヲ装フノ機關新聞雜誌アリ聖書ヲ特別廉價ニ賣捌ク機關書林アリ裁縫教授ヲ名トシ婦女ヲ誘致スル機關學校アリ加之貴顯紳士ノ細君ヲ媒約シ有力者ト交際ヲ厚フスルノ類恩惠ヲ賣リ與望ヲ買ヒ眞情ヲ飾リテ歡心ヲ求ムルカ如キ是レ矯飾ヨリ出タル間接布教ナリ

今佛教者ノ爲ス所ヲ見ルニ或ル部分ニ於テハ夙ニ間接布教ニ從事セシモノナキニ非レドモ其人極メテ少數ナレハ其感化力ノ及ブ所モ亦僅カニ一郡村一郷里ニ止マル故ニ全体上ヨリ之ヲ論スレハ直接布教ノ一方ニ偏シ間接布教ヲ以テ迂遠ナリ時機ニ合ハストシテ顧ミサルモノヽ如シ人心ノ離散怪ムニ足ラザルナリ而シテ日ブ佛教ノ振ハサル耶蘇教ノ盛ナル時勢ナリ運命ナリ如何トモスル能ハズト遂ニ間接布教ニ注意セザルノミナラズ直接布教ヲモ放擲シ只私利之レ事トシ佛教ノ榮枯盛衰ヲ以テ自然ノ結果ニ放任スルノ傾向アリ慨歎ノ至リニ堪ヘザルナリ嗚呼我佛教ノ數千年ノ久ニ存シ數万里ノ遠キニ及ヒ幾億ノ人心ヲ支配スルニ至リシハ天爲自然ノ結果ナリシヤ抑モ又人爲勸勞ノ効驗ナリシヤ苟モ瘋癲白痴ニ非ルモノ苟モ祖師先徳ノ流風餘音ヲ傳聞スルモノハ必ズヤ此ノ疑向ニ答フル所以ヲ知ラン

夫レ宗教家ハ人ヲ感化スルノ本分ヲ有スルモノナリ

左レハ耶蘇教ノ如ク矯飾ニ出タル方畧ヲ用ヒ漫ニ其教ヲ弘布セント欲スルハ嘉尙スヘキニ非ス否ナ厭惡スヘキナリ然レモ其心ヲ用ユルノ周到ナル其人ヲ誘フノ巧妙ナル决テ佛教者ノ及フ所ニ非ルナリ

余ハ固ヨリ我佛教者ニ向ツテ耶蘇教者ノ如キ矯飾的ノ間接布教ヲ望ムモノニ非ラス然レモ苟モ邪教ヲ排斥シ正教ヲ扶持シ我佛光ヲシテ宇宙ニ遍照セシメント欲セハ宜ク盡シ得ベキノ心ヲ盡シ爲シ得ベキノ事ヲ爲サヽルベカラス然ラハ則無爲的間接布教ハ勿論有爲的間接布教ヲモ鄙俗矯飾ニ渉ラサル限リハ瑣末ノ事ト雖モ之レヲ實行センコト有志者ノ宜シク務ム可キ所タリ

夫レ無爲的間接布教ト有爲的間接布教トノ相待テ其功ヲ全フスルハ猶直接布教ト間接布教トノ併ヒ行ハレザル可ラザルガ如シ然レモ無爲的間接布教ハ眞智大徳ノ人ニ非ルヨリハ容易ニ爲シ得ヘキノ事ニ非ス故ニ現在ノ佛教家ニシテ現在ノ急務ニ應セントスレハ有爲的間接布教ノ一途アルノミ而シテ前ニモ述ヘタルカ如ク有爲的間接布教ハ其方法種々アリト雖モ之ヲ實施センニハ多數人ノ同心協力ト相當ノ資力トヲ要スルヲ以テ社會ノ信用ヲ得サル可カラス故ニ布教者ガ社會ニ對スル品格ヲ保チ社會衆庶ノ尊敬心ヲ喚起スルハ最モ焦眉ノ急務ナリ猶異日ヲ待ツテ間接布教實施ノ方法ヲ細論シ本誌閲讀ノ諸君ニ質ス所アラントス

耶蘇教排斥論

秋楓山人稿

耶蘇教ハ之ヲ信奉ス可ラサル乎日ク啻ニ之ヲ信奉ス可ラサル而已ナラス宜シク之ヲ排斥ス可シ何カ故ニ耶蘇教ハ之ヲ排斥セサル可ラサル乎日ク我國家ニ害アレハナリ何カ故ニ我國家ニ害アル乎日ク西洋ノ宗教ナレハナリ何カ故ニ西洋ノ宗教ハ我邦ニ害アル乎日ク之ヲ信奉スルトキハ冥々ノ間識ラス知ラス獨立自尊ノ氣性ヲ消亡スレハナリ是レ吾人カ常ニ耶蘇教排擊ヲ主張シテ已マザル所以ナリトス

蓋シ獨立自尊ノ觀念ハ國家ノ上ニ取リテ最モ切要ナル者ニシテ之レ有ラハ能ク一國ノ獨立ヲ永遠ニ保持ス可シト雖モ是觀念一タヒ去ルトキハ縱令兵强ク馬肥ヘ劍戟林ノ如ク糧食山ノ如キモ久シカラスシテ國家必ス滅亡ス可シ夫レ埃及ノ亡ヒタルハ果シテ何ノ故ソ曰ク傭兵ノ制ヲ設ケタルニ由ルノミ印度ノ滅亡セシハ又何ノ故ソ豈獨立自尊ノ精神ヲ喪失セシカ故ナ

ラスヤ般鑑遠カラス近ク亡國ヲ見テ知ル可シ戒シメサル可ンヤ

抑モ獨立自尊トハ外ヲ卑ンテ內ヲ尊ヒ他人他國ニ依賴セスシテ自ラ治メ自ラ立ツヲ云フ所謂世ノ內尊外卑主義ナル者是ナリ蓋シ外國ヲ卑ムハ普通ノ道理ヨリ之ヲ言ヘハ甚タ不可ナルカ如シト雖モ一國ノ政略上ヨリ云フトキハ極メテ必要ナリトス何トナレハ外國ヲ尊崇スルトキハ其弊ノ到ル處必ス流蕩シテ自國ヲ輕賤スルニ至リ隨テ我美處粹處ヲモ併セテ之ヲ拋擲スルコト必然タレハナリ試ニ看ヨ我邦維新ノ際ニ當テ一タヒ泰西ト交通シ彼邦ノ文學、技藝、制度等ヲ採用シテ之ヲ我邦ニ輸入スルヤ我邦人ハ忽チ形而下的文明ノ光彩ニ眩惑シ偏ヘニ彼邦ヲ艶羨仰慕スルノ餘リ皆相率テ西洋崇拜ノ人トナリ西洋心醉ノ人トナリ且ツ西洋迷信ノ人トナリ彼ヲ尊ムコト神ノ如ク彼ヲ畏ルルコト鬼ノ如ク彼レカ奴隷トナリテ其足ヲ舐ブリ彼カ僕婢トナリテ其便役ニ服シ唯々トシテ唯命是レ從ヒタルニアラスヤ而シテ是ノ如キ西洋崇拜ノ弊ハ一轉シテ依賴心ヲ釀成シ再轉シテ愛國心ヲ消亡シ三轉シテ自已ノ本心ヲ失ハントシタルニ非スヤ然ラハ即チ獨立自尊ノ觀念ヲ失フハ國家ノ大患社稷覆滅ノ原因ナリト云フモ何ソ不可ナランヤ

今夫レ耶蘇教ハ西洋ノ宗教ナリ其教會ノ儀式、習慣、風俗ハ皆西洋ニ適合スルモ我邦ノ習尚ト相矛盾シ其教理教訓ハ何レモ西洋人ノ眞理トスル所ニ合スルモ我邦人ノ道トスル所ニ背戾セリ是故ニ今我邦人ニシテ若シ耶蘇教ヲ信奉セン乎勢ヒ必ス其教會ノ儀式、習慣、風俗ヲ遵守シ且ツ其教理教訓ニ從ハサル可ラス而シテ已ニ彼教會ノ儀式習慣ト其教理教訓トニ從ハン乎必ス我邦ノ習尚風俗ヲ破リ且ツ我邦固有ノ道ヲ放棄セサル可ラス勢ヒ茲ニ到ル流勢ノ赴ク所滔々乎トシテ禦ク可ラス之ヲ小ニシテハ一身自立ノ道ヲ失ヒ之ヲ大ニシテハ一國獨立ノ精神ヲ消滅スルニ至ラン豈寒心セサル可ンヤ

論者或ハ云フ曰ク今日我邦ヲ見ルニ耶蘇教ヲ奉スルモノ極メテ多シ然レトモ未タ自治ノ氣象ヲ消亡シ之レカ為メ一國獨立ノ体面ヲ汚損シタルヲ聞カス然ラハ即チ吾子ノ說ハ畢竟一個ノ妄想ニシテ一種ノ杞憂タルニ過キサルノミト

吾人之ニ對ヘテ曰ク否々何ソ然ラン試ミニ夫ノ〇〇社ナルモノヲ覩スヤ彼レ其耶蘇教主義ノ學校ヲ設立スルニ當リ首ヲ垂レテ外人ノ保護ヲ仰キ其企錢ヲ貫

ヒ受ケ而シテ得々然曾テ以テ恥トナサヽルニ非スヤ又其他同主義ノ學校ノ如キ何レモ皆然ラサルハナク殊ニ其傳道師ノ如キ西洋人ニ依テ纔カニ其口ヲ糊シ而シテ其口ヲ糊スルカ為メニ彼等ノ頤使ヲ甘受スルニアラスヤ事情已ニ斯ノ如シ豈依賴心ノ最モ甚シキ者ニシテ卑屈無氣力ノ極ナラスヤ是ノ如クニシテ尚ホ且ツ一國獨立ノ体面ヲ汚損セスト云フ乎吾人ハ論者ニ向テ敢テ其弁解ヲ煩ハサヽルヲ得ス

之ヲ要スルニ耶蘇教ヲ信奉スルハ國家ノ不利焉ヨリ甚シキハナク其毒害ノ猖獗ナル又焉ヨリ甚シキハナシ左レハ吾人國家ヲ愛スル者ハ正理ノ劍ヲ振ヒ破邪ノ槍ヲ提ケ或ハ正面ヨリ或ハ反面ヨリ或ハ右ヨリ或ハ左ヨリ奮進直前一氣ニ進ンテ直チニ之ヲ撲滅セサル可ラス嗚呼耶蘇教ハ實ニ我國民ノ一大仇敵ナリ之ヲ排斥シ之ヲ驅除シ之ヲ撲滅スルニ於テハ吾人請フ其先鋒タラン

評論

僧侶と政黨

政治と宗教とは果して相混合すべからざる者とせば宗教家は須らく政黨以外に立ちて神聖の位地を保たざるべからざるも、亦政治家は宗教以外に立ちて潔白なる運動を試みざる可らざるに、然るに我熊本縣下の如き政黨競爭の盛んなる地に於ては、動もすれば政治と宗教とを混合し、假令ば或る一箇寺の住職にして政治主義を保持せざる者は、一般の信徒之を指彈するの有樣あるを以て、定見ある僧侶は動もすれば其勢力の有る所に附從するに至る、―夫れ然り其門徒にして總て或る一種の政黨に屬し、亦永久不變の者あらば、或は其住職の利益とある可しと雖ども、盛衰極まりなき况の政黨にすれば、亦他の政黨に傾くに至りては其住職も亦去就を與にせざる可らざるに至る、如斯くにして推移せば、啻に是宗教の神聖を瀆がすのみならざるも、其寺院其住職にとりて圖らざる禍害を釀すに至る可し、之によりて今後の宗教家たらん者は、宜しく政黨以外に立ちて神聖の位地を有つ可

し、亦一般の門徒は宜しく政教の區別を明にし、寺院に對しては寺院に竭すの本分を全ふし、政黨に對しては政黨に竭すの本分を全ふせよ

軍人と宗教

宗教の要は安心を得るにあり、安心一たび成らば、事を爲すに臨でや、業を執るに懼れず、胸中亦一片の纎芥を留めざるに至る、鳥尾將軍嘗て或人に語りて曰く、余が千軍万馬の間に立つて、毫も恐怖の念なきは、偏に佛教の功德に因れりと、是蓋し鳥尾子が佛教の安心を獲得したるに起縁せずんばあらず、されば苟も軍人たるものは宜しく先づ安心を求むるの覺悟なかる可らず、安心一たび成り立たざらん乎、身には劍戟を着け手に銃砲を持つと雖ども、万死尚ほ生を貪るの野心を生ぜん、万勝尚ほ敗を執るの悲境に沈まん。

九州倶楽部

九州倶楽部何の爲に起る、曰く九州人の親睦を企るにあり、曰く九州信徒の上京者に便益を與ふるにあり、曰く九州書生の德義を進むるにあり、曰く京都六條境内にある宿屋の弊風を匡正するにありと、吾人は其事の正否はいざ知らず未だ其事業の成らざるに先ち兎角の批評を容るゝを好まず、然れども佛教の仲間として一片の助言なきを得ず、

九州人の親睦を圖る。

は甚だ嘉し、然れども世界教を奉ずる佛教徒にして其範圍を九州の一隅に限るは、少しく遺教の嫌あるなきかを疑ふ、左りながら小より大に及ぼすの方便によるものとせば、吾儕亦何をか云はん、只だ望むらくは其規模を宏大にし、何れの宗派に屬するものも如何なる事業に從事する人も、之を容れ之を導くに以て龐大なる一大倶楽部を組織せんことを、

九州信徒の上京者に便宜を與ふ。

ることは甚だ嘉し、然れども數多の九州の信徒、不案内なる田舍の上り客、一々之に對して遺憾なく紹介を取るは、容易の事にあらざるべし、宜しく充分の斟考なかるべからず、

九州書生の德義を進む。

ことも亦不可なし然れども九州の書生を一括して、同一の監督宿に押込ることは甚だ難かる可し、善し之を成就し得るとするも、之によりて其放逸を幾ますことは到底其甲斐なからん、何となれば外來の制裁によりて德義の發達を助くるものとせば、封建時代に於る、平尾住の美人は終生薄を見ざる可しと思へばなり、

宿屋の弊風を匡正する事。

不正なる宿屋に罹りて迷惑を感ずるは、只り九州の信徒に限らざれば、宜しく一般に押擴げて之を保護せざる可らず、就ては九州倶楽部は直接の取計ひを止めて、之を兩本願寺の手に委ね、正當の宿屋を擇び、之に本山認定の看板を揭げしめ、尙ほ之を各新聞に廣告するに於ては、只に其奏功の速かなるのみならず、亦其功能も遠かるべし、さすれば此認定を受けざる二三の旅宿は、漸く其弊風を改むるに至るは、蓋し必然の勢ひなるべし、若し萬一兩本願寺が此要求を容れざるに於ては、各旅店に勸めて一種の規約を結ばしめ、若し其規約に違背したる所行あるを見ば、其同盟を解き尙ほ新聞紙上に廣告すべし、而して其規約の文面は、旅宿の間毎に貼用して旅客の注意を惹くべし、而して旅客其規約に違反したる發あるを發見せば、直に同盟社へ通知し、其處分を仰ぐに至らば、六條境内に於る宿屋の弊風を匡正することは、蓋し火を覩るよりも明かなり、是吾

人が九州倶樂部に向つて、懇篤なる忠告を與ふる所以のものあり、

寺法細則の更正案

本年度の本願寺派集會に於て議決したる、寺法細則第十二條によれば、法臘三年に及びたる僧侶は、其修學篤志を調査し、教師試補となし自坊說教を許すに至りたり、而して本願寺は何故如斯き議案を提出したるかを聞くに、是までの通り嚴格なる試驗を行ふに於ては、其試驗に及第するもの甚だ少なく、之れが爲め無住の寺院年を逐ふて增加するの憂ひあるを以て、遂に一定の試驗法を癈し、唯其修學篤志の者を調査し、之に充つるの法を設くるに至りたり、尤も此制は實際已を得ざる寺院に限りて之を施行し一般に適用すべきものに非ずと云へり、今之を短慮ある人より見れば、寺院の減少する氣支もなく、甚だ沱利益なるか如しと雖ども、如斯き寬待をなすに至りては、到底充分の住職を得ざるのみならず、往々門徒の信用を失ひ寺院の衰滅を招くものあるに至るべし、左すれば此制度は佛敎を生すに非ずして反つて佛敎を殺すの具となるに至らん、尤も其修學篤志を調査すれば左程差支なきを生することもなかるべしと雖ども、溷雜なる其の調査何んぞ能く其全きを得んや、況んや當局者其人を得ざるに於ては、情實の弊漸く起りて、亦云何ともすべからざるに至らん、亦同細則は事情已を得ざるの寺院に限りて之を適用するものとせば、何ぞ之を文律に現はさゞる、何ぞ之を公けに發表せざる、之を要するに本願寺本山は單に寺院の增減を以て、一宗の盛衰をトし、住職の多少を以て一派の興癈を料見するの妄想に陷りたるものと云ふべし、

テリエルタルホール

山高きが故に貴からず、木あるを以て貴しとす、校舍大なるが故に貴からず、生氣あるを以て貴しとす、京都大佛境內に設立するテリエンタルホール（東洋學館）は、近來の出家平井龍華氏の管理に係れり、氏は先きに出家得度の身となり、爾來專ら敎育に身を委ね、漸く談館の擴張を計り、遂に東洋大學の地位に進むるの計畫あり、京人倫ゐ云ふ、みすぼらしき片田舍の校舍、かよわき平井氏の腕前、何ぞ亦大學の成就を見んと、是蓋しかわき言草ならん、事の成否は偏に創業者の多少によらず、亦門出の不運は常に將來の命運をトとすべきにあらず、況んや平井氏の熱心、校舍の生氣あるに於てをや、

經世博議

世間各種の雜誌其數實に多しと雖ども、其多くは文を飾り辭を巧にし、只管時俗に投合せんことを計り或は奧文を弄し猥事を揭げ、以て俗眼を瞞着せんとす、獨り此間に立つて、超然潔白の論、篤實の筆を振ふものは、經世博議なるべし、其體裁、其趣向ゝた一讀を容る可きなし、

雜報

○敕令第六十九號追加案　明治廿三年四月敕令第六十九號を以て公布せられたる官有森林原野及產物特別處分規則は左の通りなりしが、

勅令第二百八十二號

勅令第六十九號官有森林原野及產物特別處分規則

第一條　農商務大臣は左の場合に限り官有森林原野及其產物を競爭に付せず隨意の契約を以て貸渡又は賣却することを得、一　官廳又は公共の用に供する爲め森林原野を貸渡し若くは其建築材料を賣渡すとき、二　開墾若くは牧畜の爲め森林原野

を貸渡し若くは賣渡すこと、三　鑛業の爲め森林原野を貸渡し若くは建築材料又は薪炭材を賣渡すこと、四　植樹の爲め森林原野を貸渡すこと、五　非常の災害に罹りたる地方人民の爲め建築材料を賣渡すこと、六　從來の慣行に由り地元人民に木竹薪炭材下草樹小柴若は土石を賣渡すこと、七　部分木を仕付人に賣拂ふこと、八　社寺建築營繕該社寺上地の木材若は土石を賣渡すこと、九　地押調査に由り發見したる開墾人に賣渡すこと、十　建築其他の用に供すへき土石を發見したる場合に於て之を其發見人に賣渡すこと、十一　季節ある生産物を賣拂ふこと、十二　開墾牧畜若くは植樹の爲め貸渡したる森林原野の區域內にある産物を其借受人に賣拂ふこと、十三　林業附帶の用に供する爲め森林原野を貸渡し若くは産物を賣渡すこと、十四　部分方法に由り林産物製造の爲め其原料を請負人に賣渡すこと、十五　見積地料一箇年金貳百圓に超へさる森林原野を貸渡すこと、十六　拾町歩以下にして見積代價金貳百圓に超へさる森林原野の民有地又は道路河川に介在せるものを接續地の所有者へ賣拂ふこと、十七　見積代價金貳百圓に超へさる木竹を賣拂ふこと、

之に對し陸奥農商務大臣は去る八日を以て、左の追加案を公布せられたり、

朕官有森林原野及産物特別處分規則中追加の件を裁可し茲に之を公布せしむ

御名御璽

明治二十三年十二月八日

農商務大臣　陸奥宗光

勅令第二百八十二號

明治二十二年(四月)勅令第六十九號官有森林原野及産物特別處分規則中左の追加す

第一條　十八　河海沼湖濠池の埋立に要する土石を賣渡す時○第二條　農商務大臣は相當の年限を定め社寺上地官林の全部又は幾分を該社寺に委託し其林地の使用を許可し又は其林地の産物を下附することを得

右の追加によれば社寺に屬する官林の全部若くは其幾分は今後其社寺に委托せられ其使用を許し其産物を採收することを得るに至りたり是れ社寺にとりては望外の幸福と云ふべし就ては各社寺院の面々は充分其使用を鄭重にし其産物を富して以て其恩惠を空しくせざらんことを希望す尚は其下附に關する細則は近々發布せらるべしと云ふ、

○亞細亞の光輝の著作料　高尚なる思藻と優美なる句調を以て大聖世尊の生活を叙述したる亞細亞の光輝は大に全世界の喝采を博したるが其著作料は一篇十万弗にして一行十七弗に相當すると云ふ其價値のある所亦知る可し、

○各宗本山の厄年　本年は是れ云何なる年ぞ何ぞ各宗本山の紛擾多きや日蓮宗の安心騷ぎ、曹洞宗本山の改革騷ぎ、眞言宗の物騷沙汰、本願寺の異安心騷動――加ふるに東福寺、本國寺、智恩院、本願寺の盜難に罹るあり明治二十三年の佛教史は是に至りて一大汚點を染む、

○本國寺執事の罪惡露顯　曩に京都本國寺の公債證書四千餘圓を窃取し其影を隱したる同寺の執事室木省定は警察の探索甚だ嚴重にして早や隱匿の餘地なきにより去日京都輕罪裁判所檢事局に自首したりと云へり

○本願寺集會の可決案　去る十一月眞宗本願寺派集會に於て可決したる議案の項目は左の如し就中大學林移轉案は悉く否決せられたれば、今之を掲げず

●廿三年集會議案第壹號甲號

寺法細則第七章第十九條第二十條更改

第十九條　大學林は本山の學庠にして內典を專門に授くる所とす

第二十條　文學寮は內典及高等なる普通學科を授くる所とす

●廿三年集會議案第一號乙號

大學林改正案

第一條　大學林は內典を授くる所にして本科高等科の二科を置く

第二條　大學林本科は宗乘餘乘に亘りて之を教授す

第三條　大學林高等科は宗乘興義を教授す但し其器に應じて餘乘を兼授することを得

第四條　大學林は別に支校を置き本科に入るの豫備とす

第五條　大學林は每年必ず安居を開き宗乘の蘊奧を考究せしむ

但し安居條例は別に之を定む

●廿二年集會第一號議案

寺法細則第四章第十一條第十二條及同細則第六章第十五條更改

第十一條　僧侶法臘三年以上にして修學篤志の者を調査し敎師試補とす

第十二條　敎師は一般說敎を許し敎師試補は自坊說敎のみを許す

第十五條　正副住職は敎師又は敎師試補にして年齡滿廿一年以上の者に限る

●廿二年集會第三號議案

眞宗敎會規則

第一章　總則

第一條　本山敎會は廣く全國門末及歸依の信徒を結合し本宗敎法の普及を謀るを以て目的とす

第二章　敎會區域

第二條　敎會は一府縣若くは一國を一敎會區とし地方の情況と布敎の便利とを考査し適宜に之を定め每區中に更に小會を設く

第三條　小會は從來各組の分域に隨ひ小會中に數箇の分會を設く

第四條　敎會區は其府縣名若くは國名を用ひ小會は從來の組名を用ひ分會は村名又は地名を用て稱呼を定む

第三章　會員

第五條　會員には種類を分たず總て一樣の證票を交付す

第六條　入會の手續は別に之を定む

第七條　會員は敎會に關する費用を課出する義務あるものとす

第四章　本支部及小會

第八條　敎會本部は本山內に之を設く

第九條　每敎會區に一の支部を置く

第十條　每小會に一の敎會事務所を置く

第五章　職員

第十一條　敎會に左の職員を置く

本部長　壹員。同副長　壹員。支部長　壹員
同副長　壹員。本部屬員　若干員。支部屬員
若干員。小會長　正副二員。小會係員　若干
員。

第十二條　本部正副長及支部長は特に本山より之を命す但し任免に先ち集會に御諮詢を受く

第十三條　支部正副長は地方より之を公選す但し任期四年とす

第十四條　本部屬員は本部長之を選任す

第十五條　支部屬員及小會長は支部の具狀に依り本山より令を交付す

第十六條　小會係員は支部長之を選任す

第十七條　本章職制章程は別に之を定む

第六章　布敎

第十八條　敎會の布敎は左の方法に據る

巡敎使派遣。地方負擔。開敎使駐在。

第十九條　巡敎使は每年一回各敎會を巡回す（但二年每に一等二等巡敎使を巡回せしむ）支部長の請求に依り延期することあるべし

第二十條　地方僧侶は小會の布敎を負擔し例時の說敎を開く

第廿一條　開敎使駐在は無地及寺院僅少の地に限る

第七章　評議員

第廿二條　本部支部に評議員を置く

第廿三條　本部評議員は全國會員中學識德望ある僧侶及篤信にして名望資產ある信徒を指定し本山より之を特選す

第廿四條　本部評議員は評議の必要ある時之を徵集し評議會を開き敎會に關する事項を諮問し若くは意見を陳述せしむるものとす故に之を常在せしめず

第廿五條　支部評議員は其敎會區內の僧侶信徒中に就て之を公選す但評議の手續は第廿三條第廿四條の規則に準す

第廿六條　本支部評議員の員數及評議細則は別に之を定む

第八章　會計

第廿七條　敎會の費用を分て左の二種とす

創業費　維持費

第廿八條　創業費中直接に本山に於て着手する部

分に屬する者は本山より之を支辨し其地方へ屬する者は地方より支辨せしむ

第廿九條　創業期限は來明治廿四年三月より向滿二ヶ年とす但地方の情況により延期することあるべし

第三十條　維持費は教會の全部を擧て悉皆會員の喜捨を以て之を支辨す但本部より派遣する巡教使及駐在開教使に給する費用の幾分は本山より補充すべし

第卅一條　會員喜捨及會計調理の方法は別に之を定む

第九章　褒貶

第卅二條　支部長は常に教會區內の情況を視察し教義の振否布教者及係員勸怠能否又は會員の良否等時々本部に開申すべし

第卅三條　會員にして法義篤信品行方正の者及教會の爲盡力し或は國利民福を助るの功績ある者は之を褒賞し其美名を顯揚すべし

第卅四條　會員にして不良の行爲ありて教會の名譽を毀損する如き者あらば幾回も訓誨忠告し猶改悛せざるときは速に退會せしむ

第卅五條　派內の僧侶にして本山教會に不賛成を唱へ或は障害を加ふるものは寺法に據り之を懲誡す

第十章　附則

第卅六條　門末教會は本山教會に隷屬するものとす故に本山教會の趣旨に戻ることを得ず

第卅七條　派內門末は門末教會に加入するの故を以て本山教會の加入を拒むを得ず

第卅八條　（貴紳令女等の組織に係る教會にして直に本山に隷屬する者は必しも此規則に依準せず）此項抹殺の上內規とす

總代會衆撰擧規程

第一條　總代會衆を選擧するは撰區又は部に於て各一名を選擧せしむ

第二條　選擧係は本山より各區部內總組長又は組長の中に就き每回一名を指定するものとす但時宜により總組長組長にあらさる者を指定することあるへし

第三條　選擧に關する費用は協議費を以て支辨す

第四條　選擧係は選擧管理內の組長をして其組內

の選擧資格を有する者を調査せしめ寺號姓名住職法臘の年月を記載したる帳簿二本を調製し選擧會期日廿日已前に其の一本を選擧係へ差出さしむへし

第五條　選擧係は各組長より差出たる撰擧人名簿を合し一冊となし選擧會場に備置くへし

第六條　凡て撰擧資格ある者選擧人名簿に於て人名の脫漏又は誤載あることを發見したるときは其訛謬を添へ其改正を選擧係に求むへし

第七條　撰擧の投票選擧期日より少くも五日已前に組長に於て之を行ふへし

第八條　組長は投票を管理し苟も喧譟に涉り又は他人の投票を勸誘するもの等を監督す

第九條　組長は參會せる選擧人に投票用紙を交付すへし

第十條　投票は其當日午前七時に始め午後六時に畢る但投票終るの時期に至たる後は總て投票することを許さす

第十一條　選擧人は投票用紙に被選人幷に自己の姓名住所を記載し捺印の上之を封緘し組長に差出すべし

第十二條　投票用紙は本山より選擧係を經て各組長へ交付すへし

第十三條　投票終るの時期に至りたるときは組長は其投票を封緘の儘之を保管し選擧會の期日まてに選擧係へ送致すへし

第十四條　選擧場は選擧係の意見を以て定めたる場所に於て之を開く

第十五條　撰擧係は撰擧期日を定め四十日已前に各組長へ報告すべし

第十六條　撰擧係は撰擧の會日期に於て二名以上の組長をして立會人として之を開緘查定するものとす

第十七條　選擧區部の撰擧人は其撰擧會場に參觀を求むることを得

第十八條　左に揭くる投票は無効とす

一　撰擧人名簿に記載なき者の投票

一　成規の用紙を用ひさるもの

一　撰擧人自己の姓名を記載せさるもの

一　資格なき被選人の姓名を記載するもの

一　誤字又は汚染塗抹毀損に依り記載する所の選被選人の姓名を認知すへからさるもの

第十九條　投票効力の有無に付疑義あるときは立會人の意見を聞き選擧係之を決定す

第二十條　選擧係は點數表並に選擧査定に關する一切の事項を記載し之を本山に差出すへし

第廿一條　投票總數の最多數を得たるものは之を當選人とす但投票同數あるときは法臈長を以て當選人とす法臈同年月日あるときは抽籤を以て之を定む

第廿二條　當選人定まりたるときは選擧係は直に本人に通知し承諾の旨申出たる上は其姓名及投票數を本山に報告すへし

第廿三條　本山へ前條の報告をなしたるときは直に當撰人に當撰狀を本山より付與し之を撰區內に告示すへし

第廿四條　當撰人にして直に其當撰を辭したるときは次點者を以て當撰人とす次點者亦之を辭するとき或は當撰を得たるもの已に其當撰狀を受領したる後に於て辭するとあるときは撰擧係は更に選擧の期日を定め再ひ選擧を行はしむへし

○上首　明年より本願寺集會の上首は赤松連城、藤岡法眞の二氏なり、

○安國淸氏　本願寺派特選會衆安國淸氏は願により本職を解れたり、

○本願寺惣代會衆　藤岡法眞、今里游玄、宮本惠順、水上正聽の四氏は本願寺衆會の爲め豫て上京中なりしが既に集會も決了したるにつき右の四氏は東京敎區の惣代會衆石山北天氏と共に去る四日東上したり蓋し其用向は被撰權一條、公認敎請願、及國會傍聽の爲なるべしと云ふ、

○我國の名譽と云ふ可し　久しく歐州え留學中なりし東京高等師範學校敎授後藤槇太郎氏は、二電氣の發生を發見し英國の電氣雜誌に掲載したるに大に英國學士社會の賞讚を博したり亦工學士森俊吉氏が近來の發明に係る無煙火藥は目下歐州諸國に使用するものより大に優等の品なりと蓋し此等の發明は瑣細の事なれども亦我國の名譽とするに足るべし、

○世界滅亡の有樣　近刊の「ロングマンス」と云へる雜誌に世界滅亡の有樣と題し一學士の說を擧けたり蓋し其說の眞僞は吾儕の保証する所にあらざれども聊か參考のため之を抄譯す其言によれば大陽系中の諸天体は常に變化しつゝあり中に就て我々の地球は年々若干づゝに其軌道を收縮して大陽に近ぢ居れり去れば時を經たる後今の熱帶地方は增々熱度を加へて溫帶地方は熱帶となる偖て愈々世の滅亡近くや赤道近邊は炎熱の爲に一面荒地となり人畜は恐く地球の兩極に向て群集せん西斑牙の葡萄園は枯れアルプスの雪は溶け英國は炎熱の曠野となりグリーンランドは熱帶の植物にて蔽はるべし人類の住地愈々兩極の方に收縮す然れども斯く萬民一所に群集すれば食物不足して饑饉を生ぜ次第に地中の水氣乾き雨降らも斯くて饑饉炎熱內外より攻めて人畜の死する者數を知らぞ幸にこれを逃れたる者は暫く海洋湖水の濃密なる蒸發雲氣の爲めに陽熱を免るゝを得ん然れども間もなく此雲氣は晴れて一天炎光赫々として生物終に地上に絕滅し終らん是れ即ち世の終りなりとぞ

○玉藻　海西日報記者池松豐記氏の近作を得たれば之を左に掲ぐ、

山居卽事

工夫拋去任天眞。開眼乾坤特地新。野態不妨花替主。淸容恰好月充賓。時平却自悲塵事。福大只能結淨因。體段風流堪畵處。山園水繞本來人。

○寄贈の雜誌　十一月廿日より本月廿日まで本社に寄贈せられたる雜誌の種目及其發行所は左の如し

○東京商業雜誌(第十一號)　獎商會
○傳燈(第十一號)　傳燈會本部
○青年の標準(第十一號)　佛敎青年會
○經世博議(第壹號)　經世博議社
○令知會雜誌(第八十號)　令知會
○法の園(第二十號)　法園社
○文學會雜誌(第三十七號)　同志社文學會
○敎友雜誌(第百二十三號)　敎友社

○反省會雜誌(第十二號)　反省會本部
○九州の文華(第一、二號)　不如學會
○上毛の青年(第廿三號)　上毛之青年社
○青年の標準(第十一號)　佛教青年會
○播磨の友(第十一號)　播磨助長會
○商業協會雜誌(第十號)　商業協會
○擇善會雜誌(第二十號)　擇善會本部
○山梨實況(第一、二號)　山梨實況社
○利と道(第十號)　利と道發行所
○資の林(第四號)　資林雜誌社
○法の光(第十一號)　法光社
○傳道會雜誌(第一號)　傳道會本部
○密嚴教報(第廿七、八號)　振教會
○數學通信(第四號)　高等數學書院
○簿記の友(第一號)　簿記友會
○教海(第八號)　日報社
○法話(第廿五號)　眞宗法話會
○天則(第三號)　哲學書院
○教友雜誌(第百廿號)　教友社
○鎭西佛教青年會雜誌(第四號)　鎭西佛教青年會
○能仁新報(自第三號至第五號)　能仁社
○法の雨(自第廿號至第廿四號)　法雨協會
○法の雷(第三號)　松山青年佛教會

社告

●本社の維持金として殊に義捐金を投せられし人々の住所姓名及金高(承前)

○金六拾六錢　葦北郡濱村　中村洸心○金六拾六錢　八代郡鏡村　菊池大勇○金三拾六錢　山本郡山東村大字有佳　角田信時○金三拾六錢　合志郡大津町　安藤市郎平○金六拾六錢　合志郡大津町大字引水　手嶋太吻○金三拾六錢　全郡原水村大字古閑原　相馬之貞○金六拾六錢　全郡西合志村大字黑松　平田一樹○金三拾錢　全郎田嶋村　坂田大平○金拾九錢五厘　全郡幾久富村　大塚了誓○金三拾三錢　飽田郡池上村大字谷尾崎　春日龜喜○金拾九錢五厘　玉名郡松林村　前田三頭○金六錢　玉名郡平井村大字平山　松尾實直○金六錢　全郡邊田見村　池田專次郎○金六拾六錢　全郡六榮村大字永塭　宮下龜治○金拾九錢五厘　阿蘇郡北小國村大字宮原　禿充○金三拾六錢　全郡南小國村大字滿願寺　北里大九郎○金拾三錢　全郡南小國村大字赤馬場　波多野彥也○

金三拾六錢　全郡北小國大字上田　北里亥久太郎○金六錢　上益城郡下矢部村大字万坂　赤星實明○金四拾錢　八代郡宮原町大字拵　西艮信○金三拾六錢　八代郡八代町字平川原　宮山理三郎○金三拾六錢　全郡岡小路村　藤法大智○金三拾錢　菊池郡戶崎村大字赤星　赤星主稅○金拾九錢五厘　宇土郡宇土町　三宅三藏○金三拾錢　宇土郡建岡村　稻臣天眞○金六錢　天草郡牛深村　西指觀壽○金六拾六錢　下益城郡杉合村　法川喜久壽○金三拾六錢　熊本市古米尾町三丁目(在捧珠閣)藤瀨龍岳○金六錢　玉名郡野部田村　野田徹心○金三拾六錢　菊池郡隈府町(遜志堂ニテ)松村善太郎○金六拾錢　熊本市鍋身崎町　宮川實明○金三拾三錢　天草郡湘村　渡邊西淨○金三拾六錢　玉名郡南關町　日野德勝

小以合金拾壹圓三拾三錢但熊本縣內贊成員雜誌購讀金領收分

○金三拾七錢五厘　長崎市築町　江川小一郎○金六錢　仝市今籠町大音寺地中　念佛院○金六拾六錢　長崎縣北高來郡諫早町　執行德一○金拾貳錢　全縣全郡諫早町　西崎正順○金拾貳錢　全縣全郡小栗村　貞包若英○金拾貳錢　全縣全郡小野村　諸方深勇○金四拾錢　佐賀縣高木町(振風教校ニテ)靜禪安○金三拾六錢　佐賀縣藤津郡多良村　杉本大善○金三拾六錢　全縣藤津郡東嬉野村　福嶋達夫○金六拾六錢　長崎縣北高來郡湯江村　武藤來情○金三拾六錢　大分縣北海部郡小佐井村　蓮谷靖○金貳拾錢　全玖珠郡森村　衞藤伍馬○金六拾六錢　全縣　園田行喜。野村嘉格○金三拾六錢　福岡縣福岡須崎裏町　平田學○金貳拾一錢五厘　全縣上妻郡邊春村　月足玄了○金三拾六錢　全縣山門郡有明村　森田時三郎○金六拾六錢　鹿兒嶋縣大林區署　光永眠雷○金六錢　全縣薩摩郡高江村　家村友助○金六十六錢　富山縣射水郡加納村　澤武將兵○金九錢　朝鮮國釜山港西町安養寺圓晋

小以金六圓八十六錢各縣贊成員雜誌購讀金領收分

●本社正社員姓名

○熊本市坪井願正寺町光勝寺住職　矢毛智達○仝市坪井米屋町　伊藤半次郎○仝市細工町淨影寺　青木蓮城○仝市慶德堀町蓮光寺住職　藤波若嶺○飽田郡小嶋町　高田龍治○全郡奧古閑村眞行寺住職　藤岡法眞○全郡高橋町正福寺住職　藤波天英○全郡五丁村大字和泉金剛寺住職　菊池眞龍○全郡清水村大字

龜井光勝寺住職　龜光誓成○仝郡船津村蓮光寺住職
大友貽藏○上益城郡下矢部村大字万坂明光寺住職　瑞穗
赤星實明○長崎縣南高來郡西鄕村圓福寺住職　瑞穗
慈雲○仝縣仝郡土黑村光專寺　月泰舒○福岡縣山門
郡富原村大字原町　江崎光興○鹿兒島縣日置郡日置
村明信寺住職　若村法幢○玉名郡小天本村　山口尉
八○玉名郡小天村　田尻淳太○仝郡春富村大字西吉
地(縣會議員)　內野延○仝郡府本村念名寺住職　本
田法性○下益城郡赤見村安樂寺住職　伊津野法雨○
玉名郡平井村大字井手西養寺住職　龜原唯緣○玉名
郡木葉村正念寺住職　隈部志實○玉名郡八幡村大字
川登元正寺住職　磨墨體量○玉名郡六榮村大字永壇
信定寺住職　迦統慈雲○玉名郡睦合村大字上村平等
寺住職　岩倉惠然

●正社員の維持金を領收したる分

○金壹圓　福岡縣山門郡富原村大字原町　江崎光興
○金壹圓　玉名郡小天本村　山口尉八○金壹圓　玉
名郡小天村　田尻淳太○金壹圓　玉名郡春富村大字
西吉地　內野延○金壹圓　玉名郡八幡村大字川登
河上芳太郎

廣　告

法の雨第三十四編

目　次

◎論說◎名古尾衞戍監獄教誨大意（文學博士南條文雄）◎宗教界に於ける一問題（岩尾昌弘）◎宗教蠡測論（齊物居士）◎自然教と天啓教との前途を卜す（石川望洋）◎演說◎再ひ佛教と建全學との關係を論す（山縣良温）◎評論◎讀哲學雜誌因明論（永前）（眞宗大谷派嗣講師雲英晃耀）◎寄書◎佛教者の運動に就て（早川生）◎文苑◎支那盧息庵居士來信答書（南條碩果）◎北海雜詩五首（同上）◎明治巳丑初秋遊法泉寺八首（小園竹畝）◎田園雜詠外一首（田部井竹香）◎思故鄕外一首（吉村香園）◎評語（南條碩果）法の雨（芙嶺）◎同（◎舟）◎仁義禮智（中谷路雄）◎雜錄◎徒然草拔書（酒落堂主人）◎松平定信公の書題（但し缺）◎君臣（伊勢物語）◎小說◎令孃教會蓮のひともと（不如意庵主人）◎雜報◎兩陛下の御仁慈帝國議會開院式◎神祇官の再興◎スタイン氏逝く◎宗教の腐敗◎水害死亡者追吊會◎尙又たも破倫の大萠芽◎ユニテリアン教會◎ユニテリアンを脫す◎洗禮の返却◎軍人說教◎哲學館の私立大學科◎日蓮宗の調和成る◎生田得能氏◎御斷◎新刊書籍の批評一種◎本會報告數件◎特別廣告二件◎廣告十數件

名古尾市下茶屋町番外

發行所　法雨協會

●速記彙報

每月一回十一日發行　正價一冊八錢○十二冊前金九十錢全國無遞送料

十二月十一日發行の速記彙報第二十五冊には速記者が社會上に於ける地位及給料、速記者の價値を高むるの法、帝國議會速記者明細◎海外名家速記列傳速記器に關する種々の珍話表、速記家の不平、其他雜錄寄書問答雜報等數十件を掲載し又速記者談話會會則及會員の住所氏名表を附載す

東京神田裏神保町一番地

速記彙報發行所

●法の園第廿號

十二月一日發行

◎大法主殿御親教（一等巡教使香川葆晃稹演）◎演說◎教會の必用（一等巡教使赤松連城）◎法話◎心の旅行（回離見）◎說教◎集會所の說教（大學林教授足利義山）◎講錄◎御一代聞書（一等巡教使安國淸）◎二河白道譬小話（大學林教授梁瀨我聞）◎雜報◎教育に關する勅語◎本願寺嗣法主殿◎三山報恩講◎本山の集會◎其手を食ひ玉ふな◎懺悔物語◎何にも云はす○歲もはや暮となりぬ◎寄附金稟告◎特別員芳告稟名◎本社廣告◎廣告

京都市油小路通御前通下る

發行所　法園社

●利と道

每月一回發行

○利と道は這回特別寄書を諸大名家に依賴したれは次回よりは高論傑說を續々掲出すへし　利と道は實利を緯とし道義を經とし燦然たる文明世界を生出する所の長父母あり故に　利と道　は一字も輕匆浮薄なる文字なし故に　利と道　は句々節々實業實行の規範たらざるはあらし故に　利と道　は營利的の事業にあらず故に　利と道　は字數實に三萬を充たして其價貳錢あり故に　利と道　は幾千の雜誌中最底廉の雜誌あり　利と道　の每號掲出する項目は○論說○講義○講話○偉人德者の傳記○訓言○漫筆○雜錄○詞園○問答　利と道　は一年分十二冊郵稅共三十錢の所今回事業擴張の爲め求る二十四年一月迄の間に前金の御注文に限り郵稅とも二十五錢に割引呈上致候尤も五厘切手にあらざれば一割增の事　利と道　の第八號第九號今回再販出來候へば第八號第九號に限り五厘切手四枚にて遞送すべし

東京本鄕區根律須賀町二十番地

發行所　利と道

●密嚴教報

第廿八號

（目錄）○會說◎教家之急務（岩堀智道）○論說◎善惡論（中村忠直）◎起て超然主義を探れ（小林丑三郎）◎余が偶像安置者に就て（小林梵龍）◎六波羅密の辨明（小柴豐嶽）○法話◎聖憲尊師阿字觀法話（櫨田雷斧）◎光明眞言和讚略解（上野英竣）○宗教哲學（柳澤政太郎）◎哲學概論（慕風學人）○史傳◎興教大師密嚴傳○雜錄○雜報○寄書○詞叢（其他數件）○講義◎六合釋茶談（上野相憲）

東京小石川區大塚坂下町

發行所　振教會

商業協會廣告

會員募集

我商業協會ハ誕生以來僅々ノ月日ニ於テ其生長ノ速カナル今日ニ至テバ實業新聞雜誌界上ニ嶄然頭角ヲ顯ハシ既ニ我商業社會ニ潤利セシヿ敢テ尠少ナラス是レ全ク會員諸氏ノ熱心ニ依ルト雖モ亦我實業社會ノ近來大ヒニ面目ヲ改メシニ係ルモノナルヿハ我輩ノ信シテ疑ハサル所ニシテ我輩ノ欣喜ニ至リニ堪ヘサルナリ我輩此ノ機ニ際シ此ノ時ニ乘シテ一方ニ於テハ我商業協會ノ隆盛ヲ謀リ又一方ニ於テハ我實業社會ノ發達ヲ開成セント欲シ兼テ世間ニ向テ約セシ所ノ我輩ノ企圖ヲ除々整準スルニ至レリ即チ今度愈々製造家及ヒ商人諸氏ノ參考ニ備ヘンカ為メニ內外輸出入品見本室ヲ設ケ又青年有志諸氏ノ研究縱覽ニ供セン為メ實業ニ關スル內外ノ書籍及ヒ新聞雜誌等ヲ整陳セリ是等ヲ以テ我輩ノ素志ヲ全ク達セシト云フヿ可カラスト雖モ其幼稚ナルニ比シテハ其為ス所ノ成熟セルヲ誇テルモ敢テ過言アラサランヤ乎尚ホ增々成壯ナルニ及ンヿハ天下ノ實業社會ニ利便ヲ與ヘ之レカ祖道者タルヿ亦誓テ期スル所ナリ我協會ノ屬望實ニ此ノ如シ江湖ノ實業及ヒ青年有志ノ士ハ相卒ヰテ愛ニ來リ我邦ヲシテ愈東洋ノ英國タルノ實ヲ舉クルノ所以ヲ講セヨ

●會員タラント欲スルモノハ會費トシテ金十錢(郵券代用不苦)ヲ送附セラルヘシ●會則ヲ要スルモノハ金十錢(郵券代用不苦)ヲ送附アラハ雜誌一部ヲ送ルヘシ

神戶市下山手通二丁目十四番地ノ一
商業協會

三島中州先生閲　長谷省軒先生序
雨宮信順先生著作

作文秘訣 文章速成新 〔洋裝全一冊〕

宗

○定價金壹圓○特別元價四十錢○全國無郵稅

本書は全國大中小學校生徒諸士の豫約に依り出版せし者なれども此際御注文の各位には何人にても前記の廉價にて需に應じ候○著者雨宮先生は博學秀才能文の大家なり先生少より吾國作文の至難にして其修得の容易ならざるを憂ひ此れが良法を發見せんと潜心細考一世の能力を奮ひ積年の研究を層ね終に一種無類前人未發の新法を案出せられたり而して此に加ふに碩儒三島中州翁の精閲校訂を歷たれば眞に完全無缺文法指南書の破天荒と謂ふべし○〔目次〕●第一章文話二十六則●第二章立志の要法●第三章文の体裁を論ず。叙事。議論●第四章文章四法。類句。相接の三法●第五章文章用意十三法●第六章起首三法●第七章叙事要法。叙事十一法●第八章議論の七法●第九章結尾の九法●第十章譬喩十法●第十一章引用十四法●第十二章含蓄形容。体物の七法●第十三章養氣八法。文の八格●第十四章改潤法。用語四法●第十五章用字誤用の過●第十六章譯文の法。直譯。義譯。意譯●第十七章詩文難易の差引文ヲ觀ルノ法。文家の四要訣●第十八章文章に三忌ある事。文章の五病●第十九章文章に熟達するの法。文章即成を忌む事●第二十章諸書法抄書法八種●已上二十章一百餘項何れも作文の秘訣密要のみなれば未だ作文の道を辨へざる者にして後來始て文を作ふんとする者若しくは既に文法を知れる者も益熟練上達を望む者等何れに應用するも大効益あり

一手販賣所　大坂東區膳安筋農人橋南へ入　解語園

無代進呈

見本にかぎり往復はがきにて御申越なれば既刊一部を

教海第八號

廿三年十一月十日發刊

◎教海　○護國銀行─宗教銀行
○海印三昧　高田道見
◎論說　○佛教と日本國　井上圓了
○吾家養性法(其二)　釋宗演
○佛教銀行　井上哲次郎氏の宗教談　演
◎評林　○協會●佛教時事論語の評
◎雜報　○聖駕水府に臨幸●宮庭記事●東叡山秘密傳法灌頂●桑門孝淩僧正逝矣●日蓮宗管長●光榮純映僧正●千年已上の神社佛閣●全國隨一の高年者●淩雲閣成る●天納暢海僧正●覺舜海僧正●護國銀行と宗教銀行●石室孝暢大僧正●埼玉縣水害補助費●天台宗大學林支校●社告
◎講義　○圓頓章見聞記(其四)　尊海僧正
◎法語　○戒體の大旨　慧澄和尚
◎菟錄　○書護法賢聖傳後　石村貞一
◎史傳　○宮小路浩潮翁傳　南摩綱紀
◎寄書　○敢て佛教家諸子に望む　春日圓讓
◎雜記　○小蟲一世界
◎文苑　○佛教一斑　大內青巒
○自叙頌　妙立和上
○航海歌　志賀重昂
○外詩六首●歌四首
◎廣告　○數件●社告數項
以上
●一部定價金五錢
發行所　東京下谷區上野櫻木町十八番地　日新社

文學會雜誌

第三十七號目次

○近時宗教上の形勢に就て　柏木義圓
○論說　「ユニテリアン」說の批評　アルブレクト
○論說　同志社神學校　上田周太郎
○論說　立志論　坂口榮
○論說　同志社學生の事業　山本唯三郎
○詞藻　擊劍不可癈論……門田新六○留別の辭……青軒中嶋生○詩歌數十首
○飜譯　自首(承前)　關崇山人抄譯
○雜錄　教授ハックスレト氏と教校ドーソン氏……S.S.生○第二十九世紀の為め「ボン、ペイ」S.S.生

發行所　京都相國寺門前　同志社文學會

農民

第五號　十一月十五日發兌(每月一回)　紙數六十頁以上

本誌ハ汎ク農事ノ智識ヲ交換シ我邦ノ農業改良進歩ヲ謀ルカ為メ發行スルモノナリ●其目次ハ荒蕪地墾闢論農學士榊原仲君●米作改良說林遠里君●牧畜振起策獸醫學士熊井駒之助君●鷄卵紙取扱法山田熈君●農業ノ來歷及前途ニ就テ杉田文三君●地方通信數十件●會員寄書數十件●質問應答、種子分與、本會記事廣告ノ數欄トス●本誌代價壹冊郵稅共前金五錢六冊前金廿八錢十二冊前金五十四錢但會員ハ壹割引トス●廣告料十行マデ一行ニ付金七錢三十行マデ一行ニ付金六錢三十行以上ハ一行ニ付金五錢二回以上一行ニ付壹錢宛ヲ減ス但會員ハ二割引トス●為替振込熱田局郵劵代用五厘〇二割增ニ限ル

愛知縣愛知郡島野村　農事改良會

國教雜誌社規約

●佛教擴張の初歩として雜誌社を組織し毎月一回雜誌を發行し正社員及ひ贊成員に頒布すべし●本誌は宗派に偏せず教會に黨せず普く宗教界に獨立して佛教の眞理を闡明し佛徒の積弊を洗滌して之が改良を圖る●本誌は諸宗教の批評及ひ教法界に現出する問題を討論し而して其教法と關係ある点に至つては文學。理學。經濟。衛生。教育等の論説雜報をも掲載すべし●本社員を分つて正社員贊成員の二種とし毎年一圓以上の維持金を納むる者を正社員とし單に雜誌を購讀し又は十錢以上の義捐金を納る者を以て贊成員とす●本社の正社員たらんと欲するものは住所姓名を記し維持金を添へ本社に申込むべし本社は之に對し締盟狀及ひ其都度發行の雜誌を交付すべし普通の購讀者は規定の金額を添へ住所姓名を記し本社に申込むべし」但雜誌を購讀せず單に義捐金を投するものは其旨通知すべし●維持金義捐金の金高及ひ其姓名は請取の順席により雜誌に掲載すべし●維持金義捐金は銀行又は資産ある名望家に托して之を保管し貯金一千圓に滿ると汎は教法必要の飜譯著書等を出版し割引若くは無代價を以て正社員に頒布すべし●雜誌代價一冊六錢。六冊前金卅三錢。十二冊前金六十錢「但熊本市を除くの外毎號郵税五厘を要す」廣告料は五號活字廿五字詰にして一行三錢宛●總て本誌代價は前金にあらされは發送せず」但し郵劵代用は一割增の事

本誌特約大賣捌所

熊本市新町二丁目書林 長崎次郎
同市上通町三丁目書林 長崎次郎支店
同市同二丁目 萬卷堂
同市千反畑町 文明堂
佐賀市新馬場 博聞社代理店
京都市油小路御前通下ル 興教書院
同市佛光寺烏丸東入 東枝律書房
同市寺町松原南入 改進堂
同市寺町五條北入 飯田信文堂
大坂市備後町四丁目 岡島支店
神戸市元町五丁目 吉岡書店
同市多聞通 東雲新聞支局
同市同所 駸々堂

明治二十三年十二月廿三日 印刷
明治二十三年十二月廿五日 出版
發行兼印刷人 篠方典
編輯人 志垣弘
發行所 熊本市安巳橋通町七十五番地 國教雜誌社
（印刷 京都西六條 山本活版所）

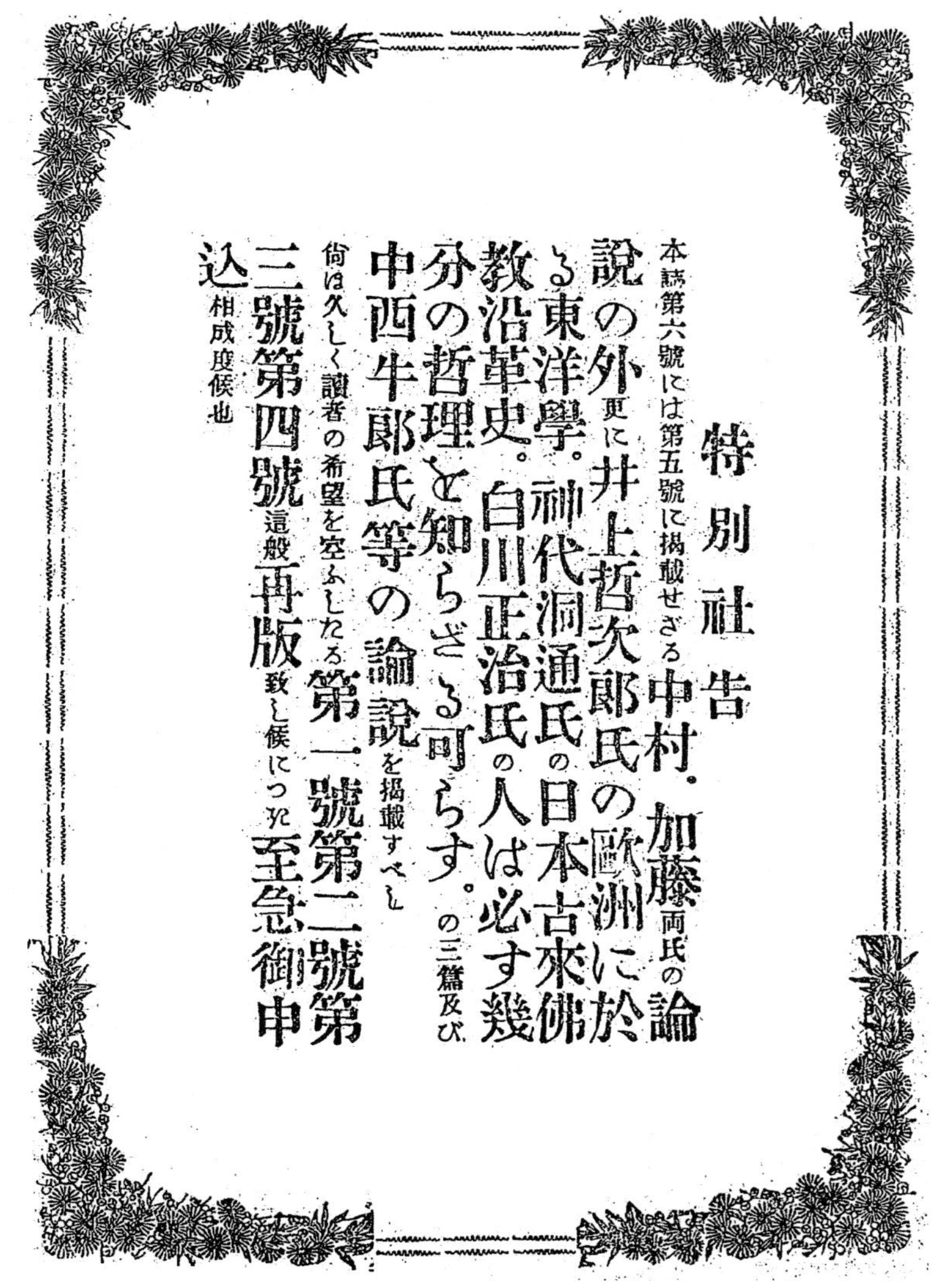

國教雜誌社規約

●佛教擴張の初歩として雜誌社を組織し毎月一回雜誌を發行し正社員及び賛成員に頒布すべし●本誌は宗派に偏せず教會に黨せず普く宗教界に獨立して佛教の眞理を闡明し佛徒の積弊を洗滌して之が改良を圖る●本誌は諸宗教の批評及び教法界に現出する問題を討論し而して其教法と關係ある點に至つては文學。理學。經濟。衛生。教育等の論説雜報をも掲載すべし●本社員を分つて正社員賛成員の二種とし毎年一圓以上の維持金を納むる者を正社員とし單に雜誌を購讀し又は十錢以上の義捐金を納る者を以て賛成員とす●本社の正社員たらんと欲するものは住所姓名を記し維持金を添へ本社に申込むべし本社は之に對し誓盟狀及び其都度發行の雜誌を交付すべし普通の購讀者は規定の金額を添へ住所姓名を記し本社に申込むべし」但雜誌を購讀せず單に義捐金を投するものは其旨通知すべし●維持金義捐金の金高及び其姓名は請取の順席により雜誌に掲載すべし●維持金義捐金は銀行又は資産ある名望家に托して之を保管し貯金一千圓に滿ると究は教法必要の飜譯著書等を出版し割引若くは無代價を以て正社員に頒布すべし●雜誌代價一冊六錢。六冊前金卅三錢。十二冊前金六十錢「但熊本市を除くの外毎號郵税五厘を要す」廣告料は五號活字廿五字詰にして一行三錢宛●總て本誌代價は前金にあらざれは發送せず」但し郵券代用は一割増の事

本誌特約大賣捌所

熊本新町二丁目　長崎次郎
同　上通町三丁目　長崎次郎支店
同　同　二丁目　萬巻堂
同　千反畑町　文明堂
佐賀新馬場　博聞社代理店
京都油小路御前通　興教書院
同　佛光寺烏丸東　東枝律書房
同　寺町松原南入　改進堂
同　寺町五條北入　飯田信文堂
大坂備後町四丁目　岡島支店
神戸元町五丁目　吉岡書店
同　多聞通　東雲新聞支局
同　同　駿々堂

明治二十四年一月廿二日　印刷
明治二十四年一月廿五日　出版

發行兼印刷人　熊本市安巳橋通町七十五番地　篠方典
編輯人　同市同町七十五番地　志垣弘

發行所　熊本市安巳橋通町七十五番地　國教雜誌社

國教第五號

（明治二十四年一月二十五日發行）

社說

本年最初の發刊に臨み聊か所感を述ぶ

地球軌道を一轉して茲に明治廿四年の新天地を開きたり。回顧すれば吾儕同志が本誌を發刊したるは昨年九月の事にして。此間種々の刺擊に遭逢し種々の困難に圍繞せられたれども。相變らず健全なる生活を保つて明治廿四年の新春を迎へ。再び讀者諸君の容顏を煩はすに至りたるは。吾儕の尤も喜びに堪へざる所なり

今や本年の初刊に望み。既往廿三年間に於る佛教界の出來事を擇ねて。本年の未來を豫想するは蓋し無用の事に非る可しと信す。惟ふに昨年十二箇月の日子は政治上に宗教上に尤も吾儕の記憶すべきものにして。政治上に於ては開闢未曾有の盛典を舉行し。三百の議員一堂に會して我帝國の國是を商議し。本年に至て其終結を見るあらんとす。亦宗教上よりこれを云へば。昨年東京に於て各宗管長の會議に係る各宗協會の規約は。既に內閣に廻はりたる由なれば遠からず其筋の准許を經てこれを實行するの運びに至るべし。亦僧侶被選權論の如き。昨年十二月本願寺派の僧侶三十餘名の連署を以て。議會に建言したれば。或は議會の一問題となりて議員の口唇に上るべき乎。亦公認教設置の建白の如き。明教新誌の記する所によれば。其筋に於ても目下詮議中の由なれば本年中には兎角の指令あるべしと思はる。此外山林拂下げの如き。僧籍別置の如き。其事の行はるゝと行はれざるとは。吾々佛教者にとりては。非常の影響を

及ぼすべければ。吾儕同志は此際に當りて苟分の注意なかるべからず。是れ吾人が本年最初の發刊に望み。讒め江湖の一臂を煩はす所以のものなり

論説

感應の説

姫宮大圓

善因善果、惡因惡果は佛陀の基礎にして自業自得は道德を論ずる根本なり、自から信じて身に行ふの外に道德はあらざるなり、例せば昨年の勤勞は今年の安逸ある結果となり、青年の勤勞は老年の賢名を擧ぐるに足り、朝に財を得べく夕の事をなすと兄は、嘗べには必ず懷に金を蓄ふるが如く、此理を信ぜざらんと欲すと雖とも豈得べけんや、或は自業自得は佛家の說く所にして、吾宗は必らず此の如くなるべからずと云ふものありと雖も、如何せん此因果約束の道理外に立ち自業自得を躱避すべからざるを、今この業因縁の理を說くの必要を感ぜり、請ふ少しく之を述ふるを得ん

起居動作心を用ひず、只だ無念に活動するのみにして、行住坐臥の四威儀あるのみならば、別に善惡の名を下すべきなし、即ち業因となり未來の果を感ずる者に非ず、然るに少しく意を用ひ一事をなさんとする時に當っては、必らず善か惡かの敏捷なる活動ありて、身三口四の所作に表はる、然れども意中に思ひ巧むることを本として來る處の業なればこれに報のあるや必せり、大に勤學すれば相應の結果を見る、大に惡逆をなせば亦相應の大罪を負ふ猶ほ鐘の響の如く、身の影あるが如く、瞬時も分離することなし、且つ穂に大小あれば應にも亦大小あるが如く、善の大小に依て果報にも亦大小あるは必然の理なり、一毫の善惡も一厘の罪福も決して捨つべからざるを知れば、報の遲速はあるとも自然の法律にかゝる以上は決して逃るべからざるなり、且つ此法律には專權の主任者あり憲法裁判の巧拙ありて、或は死者に一回救助の惠あるが如きものにあらず、天道自然の業道なれば儒家之を天命と云ひ、天理循環なりと云ふて宿世の業道あるに依りては現世大善人も思はざる災厄に罹ること兄、天道是か非かの嘆を發するは、必竟過去宿世の業因縁逃るべからざるを云ふならん（未完）

予が宗教に對するの感情

中西牛郎

予は現時學術上より宗教の眞理を講究するの念慮最も熾んにして、古今東西の最も卓絶なる哲學家の著書を讀み、其蘊奥を摘發して、所謂眞理の大極に達し、然る後ち之を宗教界に活動することを期望す

予は一方に於て、斯の如く學理の講究に熱心なると、同時に予の良心は儆醒を發して告げて曰く、眞理は汝の心中にあり、汝の博識を求むるは菩提よりも寧ろ名利の爲めにするが如し、汝の一歩を進めて直ちに大海に投ぜよ、汝が溺死せんと云ふは其實妄想にして我は両手を擧げて汝を援はん、即ち一心正念直に來れ、我れ能く汝を護らんと、而して予は煩惱の罪障猶ほ多きが爲めに、道義的の勇氣猶ほ乏しきが爲めに、此良心の命令に從ふ能はず

予は佛教は遂に滅亡するならんと想像す、若し幸にして滅亡せざらんば、此世界に一大事變の來らざるを得ず、一大事變とは何ぞや、彌陀が一旦光明を放ち、世界人民の良心に活氣を與へ信仰を生ぜしめ、猶ほ電氣や引力の如く、其活動する勢力を顯はさんこと是れなり

予は佛教の凡神教なるを信ず、凡神教とは世界万物皆な眞如法性の德を具し、絶對無限の理を備へ、事々物々一旦眞理を開顯すると兄は、皆な神性を見は

すを信す、予が此信仰は天地頽るゝも變ずる能はず、而して佛敎の眞理は世間學術の攻擊する能はさる處に在るを信す

予は最も多欲あり、予は智識を求むるの欲は日に增長す、然れども其多欲あるが故に一物をも得る能はす、猶は小兒か金米糖を詰めたる瓶中に手を指し込み、餘り澤山摑みたる故に、其手を拔き出だす能はざるか如し、然れども予の多欲ある性が、幸にして金錢や酒色の方向に轉せざるは、是れ佛陀我を佐るものあらん、而して此多欲ある性は亦大に予の宗敎心に混ずる所あり

未來世界の存在、及び佛陀淨土の存在は今日に及んで殆んど予の信向となれり、然れども方今僧侶の唱ふる說敎、及び淨土の繪抔は予を感服せしむるに足らず

予は耶蘇敎の敎理には少しも感心せすと雖ども、耶蘇の人物に至りては大に敬服する所あるを覺ゆ、是れ予が良心の光なり、然れどもアルノード氏か著はせる「亞細亞之光」を讀むに及んでは、佛陀の大慈大悲は又た決して耶蘇の及ぶ所にあらざるを知る

以上は現時予が宗敎に對するの感情にして、予は予か信仰の日に進歩するを喜ぶと、又た或は迷謬に陷らんとを恐る、而して予の宗敎心をして愈々發達せしむるものは、理論學術の書よりも、却って我邦近松の作及びシヤツキスピヤの悲劇に在るを感ず

敎理之應用

辻　治之

佛敎は哲學にして而して又宗敎なり、佛敎は形而上の學にして而して復形而下の用あり、佛敎の敎理は衆生か眼に見手に觸るゝ偶像の實体を有せずと雖も然れども亦人心を感化し、物体を支配し、轉迷開悟の權力を保有し、能く無より有を生せしめ、虛より

實を發成せしむる無上無礙なる主權的作用を逞ふし得るの威力を潛藏するものなり、何を以て爾か謂ふ乎曰く佛敎は智力的哲理あるのみならず情感的にして而して倫理的宗敎なればなり、

惟ふに泰西諸國の人民種族か信奉する所の外敎は彼の「アーメニヤ」宗、回々敎、を問はず希臘加特力敎若しくは羅馬新敎と雖も今彼等か實際上の發育を考察するときは、固より社會の事情に伴隨して其組織の變遷あるのみならず、其敎理上の變遷に至りても亦決して數度に止まらず、既に漁獵時代、牧畜時代を經過して、農業時代となり、牛羊貝殼を用ひて合法貨幣となしたる物品交換の時代を經過して智力交戰の今日となりたる上は神鬼剖斷する忌信不稽を理外として皆何れも智力的の要素を標示するに至りたるもこれか歷史に溯りて古來の證明を訂すときは多く唯だ一時の情感的より發したるや明なり、然れども我が佛敎は左手に「コラン」の經典を携へ右掌に新月刀を翳して衆懼恐怖の偶對を得たる單純なる威赫を以て漸く血路を開きたる如きものにあらず、其幽や甚た幽なり、其冥や頗る冥なりと雖も我が佛敎は淨相眞如、遠く哲學の純理を主体とし種々なる信敎々理の中庸を得て而して衆生の思想を連鎖したるの創敎にあり、故に曰く、情感的なるよりも寧ろ哲理的にして而して特に倫理的なるものなりと

是を以て彼の大、小、權、實、顯、密等の法門の區別を究めんとする如きは純正幽玄の哲理に在りと雖とも、或は如幻假有と說き、或は色即是空と說き、或は依他圓成と說き、或は實成實法と說く如き其の一種の語言に於てすら、之を解剖し、推繹するときは、大に諸有煩腦を融化せしめ、見聞執着の迷夢を覺破し、擾々たる多慾を刺激し、妄情を去りて智緣の境界に到らしむるを得るの至大なる妙理を寓す、其淨

士を說くや卽ち其倫理的の外に出でず、其五十の戒律を說くや亦卽ち其倫理を基因として而して其應用を示したるものに外ならず、之を概括すれば、後進者の處世準則を示されたる秘言なりと謂ふべし、蓋し斯の如き事實は予輩か事新しく記述するの要なきもの、如しと雖も今特に之か注意を乞はんとする所のものは是れ他ならず佛敎々理の本体は遠く哲理の堂に在るも其用たるや近く世道の上に働き社會の風敎を補裨維整すべき倫理的の要素を具有するものなるを知らんとするに外ならず、然り而して今日の佛敎者か執る所、爲す所を見るに其の圓滿なる敎理を應用して以て世道人心の情緒を化導し國家の統一湊合に裨益するにつとむるものなく、唯幽玄微妙の哲理的研究に奔り、たゞ法相眞言の經理を智力的に證得し之を泰西の語格に比較變成せんとするに跼蹐し、一も其運用を社會世道の上に試みんとするものなきこと是れ予輩か痛く遺憾とする所にして尙反りて眞理の威力を損せんことを懼るものあり、實に聖尊佛陀の說く所たるや萬世不易の大法を規定し、圓滿眞諦の準則を編纂されたるものたるは自明にして後進者の區々たる先天法的推究を俟たざるものあり、後進者たるものは須らく社會の變遷と世俗情想の向背に酌量して之か應用の方法を講究するを以て其の務めとするに足る

予輩は紛々たる今日の世道に於て智力的の推究を希はず、寧ろ該敎の至高なる倫理的の要素を活用し衆生濟度の篤志を以て之か實行上の方法を考へ、之が敎理の眞價を普覺せしむるに務めんことを、今日倒見の焰、消すあたはず、朝に仕へて虛名を望み、市に走りて空利を貪り、心の責むるにまかせて身の勞るゝを忘るゝ冥慾の人甚た衆し、若彼等にして貪欲、瞋恚、邪見、の止惡戒を悟らしむるを得は國家の爲めに慶福多幸なる言を俟たず、聖敎に謂はずや、一の比丘あり法句の偈を誦して曰く爲善生天爲惡入淵と白象之を聞きて心便ち柔和、人を害せざりしと、敎理の功德實に偉なりと謂はざるべけんや、佛敎者たるもの須らく先づ敎理の應用に顧りみ、衆生か假相を破り、其實性を顯彰し、生滅輪轉、其因緣の道を覺らしめ以て運祚の興亡、風俗の成壞、禮樂刑政の得失に補裨するあらんことを、若し夫れ吾人衆生をして、韓詩外傳に云へる、雖道近不行不至、雖事小不爲不成、なる斷念を惹起さしめんか、其罪果して何人にか歸せん、

蒐錄

各國宗敎一班

歐羅巴洲

英蘭 基督敎を國敎と定む然れとも信敎の自由を公許せり

維勒士 人民の多數は基督舊敎を奉す新敎徒之れに次ぐ

蘇格蘭 「プレスビテリヤン」敎派多數を占め舊敎之に次ぐ

愛蘭 羅馬舊敎を奉ずるもの最も多し新敎を奉ずるもの、中には「プレスビテリヤン」派を推す

佛蘭西 信仰の自由を公許し種々の宗敎行はる就中羅馬舊敎の信者は最も多くして全數の七割八分餘を占む

獨逸 國民の大半は新敎を奉じ舊敎之に次ぐ

伊太利、葡牙利 は新敎舊敎共に行はる・

露西亞 羅馬舊敎の中希臘敎を以て國敎と定む殊に皇帝は必ず希臘敎信徒たるべき規定あり

瑞典、諾威 國民の太半「ルーテル」派新敎を奉ぜ

荷蘭 信敎の自由を公許すと雖も大半新敎を奉す

比耳義　國民の太半は羅馬舊教を奉ず

丁抹　「ルーテル」派新教を奉ずる者最多し又「モルモン」宗「カルヴィン」宗もあり

瑞西　宗教は新舊教相半し信仰の自由を公許す

西班牙　羅馬舊教あり

葡萄牙　羅馬舊教を國教と定む然れども信仰の自由を公許す

伊太利　羅馬舊教あり

サン、マリノ　羅馬舊教盛に行はる

希臘　國民の大半希臘教を奉ず回教に歸するもの僅かに有り

歐羅巴土耳其、勃爾俄利、羅馬尼、モンテチダロ　國民の最多數は回教を奉ず耶蘇教之に次ぐ

塞爾維　羅馬舊教を奉ずるもの多く新教之に次ぐ

北亞米利加洲

英領亞米利加　國教として定めたるものなし雜多の宗教行はる就中羅馬舊教は最も廣く行はる

合衆國　國教と稱するものなくして各人宗教の自由を有すと雖も耶蘇教を信ずるもの多し

墨西哥　宗教信仰は自由なれども羅馬舊教信者最も多し

中央亞米利加　羅馬舊教を奉ずるの信徒最も多し

南亞米利加洲

伯剌爾　國教は羅馬舊教にして政府の大に保護する處あり

ヴェネスエラ　羅馬舊教を以て國教と爲す

コロンビヤ　羅馬舊教盛に行はる

エクアドール、秘魯　羅馬舊教を國教と定め其他の信教を許さず

ボリヴヰヤ、アルゼンチン共和國、智利、ウルグエー、パラグエー　羅馬舊教を以て國教と定むと雖ず他の信教を許せり

亞細亞洲

大日本　佛教は其の由來久しきを以て最も廣く行はる近來耶蘇舊教新教を弘むと雖も之を信ずるものは至りて少數なり

朝鮮　佛教行はる

支那本部　佛教行はる

滿洲　佛教又は薩滿教を信奉するものあり

蒙古、西藏　共に佛教を信ずるの徒多し

天山北路、天山南路　佛教及び回教行はる

佛領印度、交趾支那、東耳塞、東京安南、何れも土人は悉く佛教を信ずと雖も佛蘭西領の亞細亞なるを以て白人は耶蘇教を奉ず

暹羅　多くは佛教に歸依す近年西洋と交通するに及んで耶蘇教を奉ずるもの二三あり

印度　印度教を最とす之に次ぐるものは回教佛教等あり

緬甸　人民最も佛教を信奉す回教徒もあり

錫蘭　佛教を最とす回教耶蘇教少しくあり

海峽植民地、與弗業斯垣、皮路智斯垣、佛教及び回教行はる然れども英吉利領亞細亞なるを以て白人は皆耶蘇教を信奉す

西伯利亞　土人は薩滿教若くば耶蘇教を信奉し露人は希臘教を奉ず

中央亞細亞　回教を奉ずるもの多し其他種々の教を奉ずるものあり

高架西亞　人民は熱心に回教を信奉せり

亞細亞土耳古　國民の大半は國教を奉ず此地元來宗教に關する多くの歷史を有す

波斯　回教最も廣く行はれ回教の經典荷蘭を最も尊重す

亞拉比亞　回教の本國なるを以て人民は熱心に此教を信奉す

濠太利洲

マイクロネシヤ、マレイシヤ、メラネシヤ 是等群島には宗教なし只移住人各自國の宗教を信奉す

新南ウエールス 信教は自由なれども耶蘇新教を奉するもの甚だ多し

ヴイクトリヤ 耶蘇新教徒多し信仰は自由なり

クインスランド 一定の國教なしと雖も耶蘇新教信徒最も多し

南濠洲 信仰は自由なれども耶蘇新教徒多し

西濠洲 耶蘇新教最も行はる

タスマニヤ 新教を奉するもの多し

新西蘭 耶蘇新教最も多く行はる

布哇 信仰の自由を許す耶蘇新教最も盛に行はる近か頃佛教を信するもの少しくあり

ホリネシヤ 別に宗教を奉するの風なけれども中には耶蘇教を信するものあり

亞弗利加洲

モロツコ 人民凡て回教を奉す

アルジリヤ 土人は回教を信し白人は耶蘇教を奉す

チユニス 回教を奉ぜ

トリポリ 土人は回教を信奉せり

埃及 固有の宗教は「パール」教なりしも當今は回教最も勢力あり

アビシニヤ 耶蘇教及ひ回教あり

南亞弗利加共和國 耶蘇新教徒最も多くに居る

オレンジ自由國 耶蘇新教行はる

喜望峯殖民地 耶蘇新教あり

リベリヤ 耶蘇新教を奉ぜるもの多し

コンゴ自由國 土人は偶像を崇拜す

マダカスカル 耶蘇新教廣く行はる

モーリタス 印度人は婆羅門教を信じ白人は比日耶蘇教を奉ぜり（但開明によるゝ）

史傳

石川台嶺師の傳（接前）

赳々跳す勇猛果斷意氣甚だ豪なる石川台嶺等の一行は米津に着せし頃天漸く明かに村々の暁烟遠く靉靆と混し滿眸の山々花笑を含む若し夫れ詩人的眼光を以てすれはこれ實に一個の美觀なりしなり然れども台嶺等の一行は彼の山を見ては藩吏の所置を思ひ彼の水を見ては其抑制を考へ曰く彼の高く聳ゆるものは天拜日拜の寺にあらざるや彼の長く亘るものは奸吏服部の官宅にあらすやと相警めて行く忽然後濤鯨波の聲あり驚き顧みれは竹槍蓆旗をなし鋤鎌相並ぶ近けはこれ門徒の援をなさんと來れるなり台嶺等三十余名言を盡して之れを止む言甚だ切なり門徒等聲を揚げ慟泣將さに退かんとす時に人あり告げて曰く大濱の陣台嶺等の來るを聞き殘忍無類の博徒を集め兵器を備へて響むと門徒等大に激し暴を以て暴に代ゆ何の不可あらん彼れ討つべし彼れ斬るべし法の爲めなり國の爲め恩あり義ある僧侶を何ぞ不義不道なる奸吏の手に死せしめんや蹈へ蹈へと勇氣百倍將さに大事に及ばんとす蓮修坊法澤來りて之を鎭撫せんとす須臾の間の藩吏下吏を具して來り名主片山某の宅に至り台嶺其他五僧を呼び曰く汝等身僧侶にして事何ぞこゝに及ぶや曰く拙僧等の此處に來れるもの大に歎願せんとするところあればなり然るに愚昧の下民等妄に相集り鎭撫力足らざる勢ひこゝに至れるなり何をか歎願の所由となす曰く一宗の大事なり何をか一宗の大事と云ふ曰く三ヶ條一天拜日拜の事は我が宗門の禁するところなれは謝免をこふ二寺院合併延期の事三宗門印形の事と縷々說くあらんとす藩吏大に笑て曰く汝等の所謂一宗の大事とは只だ夫れ是れか是れ既に我が藩の決するところ他領汝の如きものゝ嘴

を容るるを要せざると合議是れに於て曰く藩の命宜しく從ふべしとさりながら朝命は尚は重んぜざるべし而して貴藩の命朝命と相叶はざるを如何せん我れは朝命に服從するも之れに背ける藩命に從ふ能はざるなり宗派の事は天下の掟甚一藩の隨意に決すへきところにあらずと言未だ終らざるに門外騒擾扉を排へ垣を破り相罵りて曰く僧侶の請を入るゝか天罰を蒙するか上農下農の區別を去るか汝姦吏若し否議を唱へは汝の命唯だ我が手裡に歸せんのみと合議起て衆を瞬眼して曰く

米津以來穩便を事とせしとは聰く述るところ然るに汝等其理を解せず徒らに亂に及び捌て藩吏の憤怒を増す此の數願を容れしむると否とは實に汝等の一擧一動に關す然るに尚は進まんとあらば先づ合議が首を刎て而して後ち入れと

慈眼視衆生の肚に明主奮怒の相を現し大喝一聲しければ衆其威に怖れ相謂ふて退く然れども時黄昏に及ぶる藩吏其請を容れず五僧之に於て意を決して退かんとす門外再ひ人の山をなし嘲罵の聲沸くが如し藩吏等刀を拔て勇を鼓して衆を突く衆大に怒り竹槍刀劍相交り鮮血溢れ紅波梓を漂さんとす時に一巨漢あり竹槍を以て藩吏某を突て其首を提け大聲呼んで曰く我等を欺騙し朝旨に背戻し佛法破却の企てなる鼠輩今ま首となりて我が手に存すと

寄書

杞憂生ノ疑ヲ解ス

生田得能

頃日杞憂生ナル者書ヲ東京新報ニ投シテ余カ佛教ノ疑難ヲ徴集スルヿニ就キ一箇ノ疑難ヲ下セリ其第一疑難ニ曰ク佛教ハ慈悲忍辱ヲ主トスル教ニアラスヤ然ルニ敵ナキニ敵ヲ求メ風ナキニ波ヲ生スルハ佛教ノ本旨ニ背クニ似タリト其第二疑難ニ曰ク末世ノ人ニシテ僅々十ケ年ノ歳月ヲ以テ深遠幽邃ナル佛教ノ教義ヲ修得シ一切所有ノ法文ヲ解疑セントスルハ些ト覺束ナキヿニアラスヤト其難意淺薄固ヨリ齒牙ニ置クニ足ラス之ヲ一笑ニ附シ去ルヘキ者ト雖モ余嘗テ世人ノ多キ動モスレハ此ニ類スル如キ疑ヲ抱ク者アルヲ恐レ一書ヲ草シテ鄙意ノ存スル所及ヒ古來印度ニ於テハ箇樣ノ手段ヲ以テ正法ヲ顯揚セシ例少カラス余ハ其古例ニ倣テ事ヲ擧ケンニ止マリ決シテ奇ヲ好ミ新ヲ衒ヒシ者ニアラサルヿヲ天下公衆ニ表白セント欲セシ際ナレハ今國教ノ餘白ヲ假リテ彼ノ杞憂生ヲ諭シ併テ大方學者ノ注意ヲ喚起セントス

請フ余カ廣告文ヲ見ヨ佛教ヲ弘ル勸信解疑ノ二道アリ以テ智愚ニ對ス而メ能本來ノ志上智ノ人ニ向テ其懷抱セル疑難ヲ消釋シ以テ妙法ヲ顯揚セントスルニアリ是レ時勢ニ於テ當ニ其然ルヘキヲ察スレハナリト蓋シ余ノ見ル所ヲ以テスルニ世間數多ノ宗教及ヒ科學中佛教最モ解シ難ク入リ難シ涅槃ノ理輪回ノ相有無ノ説迷悟ノ談惣テ通常思想ノ外ニ於テ幽玄ナル道理ノ別天地ヲ有セリ故ニ佛教ノ別天地ハ容易ニ尋常人ノ消息スルヲ許サヽレハ性ノ急ナル人ハ妄誕不經トシテ之ヲ天地ニ棄テ性ノ淳ナル人ハ撲殺難解トシテ之ヲ閣上ニ束ネ誰一人トシテ其天ヲ戴キ其地ヲ踐ム者ナシ而シテ之ヲ維持弘傳スル僧分ニ於テモ固ヨリ其難關ヲ經過スル才能ニ乏シケレハ自ラ慰メ人ヲ勸ムルニ佛法大海以信能入ノ金文ヲ以テ至極ノ口實手段トナシ來ル者數千年來當時ニ至ル一般ノ事情ナリシナリ是レ昔時不文未開ノ世ニ於テハ世間万般ノ事物此ニ類スル風潮タリシヲ以テ佛教モ其口實手段ニ依テ可ナリ維持弘傳シ得タルヘシト雖モ今日今時文明ノ社會ニ於テハ安シテ以信能入ノ文ヲ先驅トシテ正法ヲ維持弘傳シ得ヘシト思フヘカラス尤モ理

ニ照シ事ニ徵シ研究講論シテ領解會得セシムヘキナリ然リト雖モ佛教ヲシテ耶蘇教ノ如到底論理ヲ以テ講求スヘカラサル者タラシメハ是レ亦已ムヲ得スト雖モ佛教ハ印度ノ古代文學尤モ旺盛ヲ極メシ時ニ於テ其教源ヲ開キ爾來幾百年九十五種ノ婆羅教徒ヲ他山ノ石トシテ百錬千磨火ニ燒キ水ニ冷シ以テ化成一大法茂ナレハ如何ニ之ヲ疑ヒ之ヲ難スルモ弁解ニ窮スル患ハ斷乎トシテ之ナキナリ將タ何ノ懼ル丶所アリテ勝敗ヲ論理ニ訴ヘサルヤ

且ツ近來ニ至リ世人稍佛教ニ耳ヲ傾ケ緣アラハ佛教ヲ學ヒ見ント欲スル者日ヲ逐テ增加スルヲ見ル而メ此輩ハ多少世間普通ノ科學ニ達セシ者ナレハ一句佛者ノ言ヲ聞ケハ一ノ疑ヲ生シ十枚佛教ノ書ヲ讀メハ十ノ疑ヲ起ス而シテ此疑難ヲ以テ佛者ニ質サント欲スルモ佛者中科學ニ達スル者ハ佛學ニ明カナラス佛學ニ明カナル者ハ科學ニ通セサルヲ多シトスレハ決シテ彼カ滿足スル如キ解釋ヲ下ス能ハス爲メニ折角佛教ヲ聞カント欲セシ心ヲ無ニシテ終ニ佛教ヲ弘ムル好緣ヲ失フニ至ル者蓋シ今日ノ實況ナリ若シ此時ニ當リテ一聰明ノ佛徒アリ理ヲ繹ヲ證ヲ引キ果然彼等ニ向テ其疑難ヲ消釋シ去ル如キアラハ豈弘法傳道ノ好手段ナラスヤ余カ時勢ニ於テ當ニ其然ルヘキヲ察スレハナリトハ正ニ之ヲ謂フナリ然リト雖モ余固ヨリ不敏ナリ敢テ之ヲ克クストニアラス但匹夫ノ志奪フヘカラス從來志願セル一事其然ルヘキ時ニ乘シテ之ニ着手スルノミ何ソ之ヲ敵ナキニ敵ヲ求メ風ナキニ波ヲ生スト云ヤ古來佛教ニ向テ數多ノ攻擊ヲ試ル者是レ法城ノ敵ニアラスシテ何ゾヤ如今佛教ニ於テ數多ノ疑難ヲ抱ケル者是レ法海ノ風ニアラスシテ何ソヤ咄汝沈睡者尙敵ナク風ナシト思フヤ然リ而メ余ハ佛陀ノ加詁ヲ仰キ身ヲ擧テ疑難攻擊ノ衝ニ當テ其攻擊ヲ退ケ其疑難ヲ解カントスルナリ是レ豈敵

ヲ退ケ風ヲ止ムル者ニアラスヤ嗚呼已ムヲ得サルノ時アリテ已ムヲ得サルノ事アリ時事已ニ止ムヲ得スシテ而メ後已ムヲ得サルノ論興ル已ムヲ得サルノ論已ニ興リテ而テ後之ヲ筆墨ニ命シテ當時ニ行ヒ後世ニ傳フ故ニ印度ノ大士支日ノ高僧立敵ノ典ヲ立テ破顯ノ文ヲ作リテ卷ヲ累ヲ秩ヲ積ミ勝ケテ計フカラサルナリ是皆帶ヲ以テ帶ヲ拔キ聲ヲ以テ聲ヲ止ムルノ術誰レカ之ヲ事ヲ好ミ爭ヲ好スト云フヤ余近々佛教爭論史ナル一冊子ヲ刊行シテ古來之ニ關スル度支日三國ノ來歷ヲ示サントス

請フ且ツ昔時印度ニ行ハレシ古例ヲ擧ケ余カ創意ニアラサルヲ證セン元ト印度ニハ婆羅門ノ一族アリテ此一族ハ農工ノ實業ニ從事セス專ラ究理尽性ノ學業ニ消息スル者ニシテ所謂今日ノ哲學士ニ類スル者ナリ此輩各宗ヲ立テ教ヲ垂レ其盛ナルヤ殆ント百家ノ多キヲ出タスニ至ル故ニ當時ニ在テハ學理ノ戰爭最モ盛ニメ其戰具ハ所謂因明法ナリ因明ハ議論ノ標準ニメ之ヲ使用スルニハ必ラス三人ヲ要ス第一人ハ立者ト稱シテ義ヲ立ル者ナリ第二人ハ敵者ト稱シテ立者ノ義ニ反對スル人ナリ第三人ハ證義者ト稱シテ立敵ノ論義ヲ證明スル人ナリ因明法ニハ必ス此三種ノ人ヲ要スル者トス而メ當時印度ニ在テハ立敵ノ二ハ常ニ婆羅門中ノ異派ヨリ出テ丶第三證義者ハ多ク國王ナリ依テ當時論鼓ノ設アリテ國王ヨリ之ヲ公許セシ者アリ論鼓トハ大ナル鼓ヲ城上ニ掛ケ苟モ他派ノ人ニ對シテ論義セント欲シ或ハ自已ノ見解ヲ以テ新義ヲ立テント欲スル者ハ自ラ城上ニ登リテ其大鼓ヲ擊タシムルナリ其時國中ノ人士鼓聲ヲ聞キ國王ノ前ニ四集シ此ニ論場ヲ設ケテ勝敗ヲ決ス而メ論義ニ先テ概ヲ一ノ誓ヲ立ツ其誓ニハ種々アリテ敗ヲ取ラハ頭ヲ斬テ謝スト云フモノアリ或ハ汝ノ弟子トナラントト云フモノアリ或ハ終身啞トナリテ一言ヲ發セスト

云フモノアリ所謂議論ノ狀圖ヲ以テ其國風ヲ見ルヘシ其後佛教興リテヨリ立敵ハ常ニ佛教ト婆羅門ナリ佛教ハ幾多ノ年限中婆羅門ノ强敵ニ對シ辨難攻擊常ニ止マサリシナリ而メ釋尊滅後小乘及ヒ外道ノ輩ニ人傑ヲ生シテ六百年ノ頃ニ至テ大乘ノ妙法殆ト地ヲ拂ハントスルニ及ヒシ時馬鳴龍樹提婆ノ諸論師起リテ辨難攻擊ノ術ヲ以テ大乘ヲ九天ニ揭ケリ余ヲ以テ之ヲ見ルニ今ノ時ハ卽チ馬鳴龍樹ノ時ナリ大乘ノ妙法ヲ勃興セントスルハ此時ヲ捨テヽ將タ何ノ時ヲ待ツヤ大乘竟ニ興ルヘカラスンハ已ム若シ夫レ興ルヘケンハ必ス龍樹アリテ崛起スヘシ然リト雖モ凡物ハ遽ニ出ル者ニアラス必ス之カ先ヲナス者アリ漢高ノ興ルハ陳勝之カ先ヲナスニ依リ龍樹ノ興ルハ馬鳴之カ唱ヲナスニ由ル嗚乎明治ノ龍樹將タ誰レカ是ナル余姑ラク印度ノ古例ニ擬シテ理長爲主ノ論風ヲ盛ニシ以テ龍樹其人ノ傑出スル余地ヲナスノミ嗚乎余ヲ賞スルモ此擧ナリ余ヲ罪スルモ此擧ナリ賞罪ノ判ハ學者ノ意ニ任カス

國教に寄す

禿　充

抑も社會と宗教との關係は唇齒の如く愈親密を表すべきものなる乎將た又個々獨立反對の地位に立つべきものなる乎此等の問題は現時世人が喋々喋々する所の困難なる疑問なりしも而未だ吾人は一として言ふべく行ふべき滿足なる議論あるを聞かざ盖し是れ問題の容易ならざるを以なり然りと雖も吾人を以て見れば猶豫なく斷言せんとす社會と宗教とは密着の關係を有し相提携し相扶持し兩々唇齒の作用を全ふせざる可らざるものなりと夫れ然り實に宗教は社會に必要なり社會之に依て獨立すべく之に依て文明に到るべし他語以て云へば宗教は社會の父母なり先導者なりと云に外ならざ也

以上に於て余は社會に必要なる者は宗教なりと唱說せりと雖も宗教其物の本旨所立天地の原則に反し怪疑的牽强附會の說を唱て吾人を瞞着せんには則ち社會は一轉して道義腐敗し苟且公に行はれ野蠻となり暗黑となり再轉して强は弱を併せ大は小を呑むの修羅場と化し三轉して印度安南の二の舞を演し夫は臣となり妻は妾となるの憐むべき悲境に陷らん嗚呼同じく宗教にして一は進歩一は退歩彼は文明に導き之は野蠻に導くとせは宗教の眞理非眞理豈に輕々客觀的に付し去るを得んや

試に佛教の如何なる宗教なる乎を比較宗教學的に訴て探究し次に歷史的に搜索せは佛教こそ無双無比の眞理を有する良宗教なると照々乎たり（佛教の眞理たる眞如生滅万法唯心等の諸論は先輩委く述たるもの多ければ今茲に論ぜざ）然則ち此の眞理の宗教を以て社會を組織せば高きも自ら低く嶮なるも自から平に

社會の民人道德の貴むべき信義の重すべきを知り宛然下流に掉すが如く瞬時に國豐民安の獨立國を建設し自由平和の文明の彼岸に到達する期して待つべきなり故に釋迦文佛は大無量壽經に說て曰佛所遊履國邑丘聚靡不蒙化天下和順日月淸明風時以時災厲不起國豐民安兵戈無用崇德興仁務修禮讓と眞に宜なる哉今佛教が社會に於ける功績を古來の歷史に求れば昔時印度が世界に卒先して文明の花を咲かし開化の實を結びたるも佛教の功なり支那帝國の東洋に屹立して巍然其最高の地步を占め文物典章の燦然見るべきあり世界に先進國の名を博したるもの孔孟以下の君子之を助成したるには相違なしと雖も亦佛教の功績も大なりと謂ふ可し山秀で水淸く二千數百年來皇統連綿たる吾が神聖なる日本國は如何文學美術の旺盛を來したるも佛教なり農商業の獎勵を圖りしも佛教なり道德を布き人心を堅固にし國家的觀念を培養し

たる佛教なり古往今來外人の覊絆侵略を受けざる無事泰平靄然たる和氣の間に吾人を生息せしめたるも佛教なり夫れ如此佛教の與へたる感化功績は偉なりと謂ふ可し由是觀之日本社會と佛教とは親密の間柄にて今後に於ても是非佛教を父母と仰がざる可らざるなり先導者と爲さざる可らざるなり

退て沈思熟考すれば我國德川三百年空く桃源の春に鎖して氣樂に安眠せし封建の夢も一朝彼の米艦濱笛の聲に覺破せられ終に維新の改革となり泰西の新事物日を追て入來り逸歩長足の速力を以て滔々新日本の進歩すると同時に不合理的の宗教即ち基督教の駸々乎として我國に傳播するや洋狂社流は手を擧げてこれを迎え一もなく二もなく基督教ならざる可らずと妄信せり而傳道者も熱心に布教せしかば之を信ぜる者之に惑さるゝもの益す多きに到れりさりながら其現象は櫻花の朝陽に薫ずる美觀にてありし此時に嘗て愛國の士たるもの誰かこれを憂へざるものあらんや翻て吾が佛教徒は德川政府の優待却て腐敗卑屈の源因となり古來未曾有の革命ありしにも係らず依然として對岸の火を見るが如き心地にて何の驚く体もなく何の策ある樣子もなく意氣自若たりし故に殘念にもみすみす佛教を波間に還したり是に於て佛教を誹謗するもの續々輩出し佛教は野蠻時代の宗教なり明治の今日には適せざるべし佛教の感化は悲哀的無常的にのみ止まれり十九世紀の社會には不用なりと西より東より攻擊を受つゝありし現象はさながら孤城落日の殺風景にてありし豈に長大息の到ならずや

夫然り然るに明治も年一年と星霜を重ね茲に廿餘年の今日となつては佛教も基督教と奮鬪し理學と衝突し數多の困難と辛苦とに遭遇して初めて佛教眞價の光輝を現し花落ち草枯れ寂寞たる佛教界之より將に一變せんとす僧侶も反對者の刺擊に依り漸く頑夢を覺し社會的の運動に手を下し講話會慈善會等の設立到處に見ざるはなし而社會の民人も大に宗教思想を發達し佛教の眞正眞理なることを認むる者の如し耳を傾て佛教演說講義を聞かんとするものゝ如し民人皆な曰佛教がこれより世界の宗教に戰勝て統一を圖るべしと又曰現世紀優勝劣敗の戰場に於て先登第一凱歌を奏するものは佛教ならんと豈是れ佛教中興の時機ならずや夫れ此の時に際し有志諸氏が國教雜誌を發兌する眞に時要に應ぜばなりこれより佛教日出の勢を以て歐米諸國に侵入せんとす佛教万丈の氣焰を吐て新活路に上らんとす佛弟子たる者國教雜誌の發兌を聞たる豈に賀せざるを得んや豈に祝せざるを得んや

嗚呼國教よ國教よ汝は吾人佛教徒を導ける指南車なるぞ四海の兄弟に佛陀の新智識を與ふる木鐸なるぞ吾人は大に汝に屬望せり汝が帶びたる眞理の寶劍と汝が蓄たる金剛心は天下果して敵なきを信ぜ汝勇み進で彼の妖雲を驅掃ひ吾人兄弟をして眞如の明月を拜せしめよ吾人同胞を暖日和風の世界に生息せしめよ國教よ汝が任や重且大なり勇めよや勵めよや

評論

十万の緇林中一人の具眼者なき乎

方今社會の大勢は冥々の際に推遷し變幻倏忽人をして其端倪を窺ふ能はざらしむ而して我邦社會の大勢を代表する者は即ち自由主義國民主義の政治的現象なりとす此兩大主義は殆んと既に全國輿論の樞軸となりて朝となく野となく悉く其裡に包括せざるはなし濶大なる意義によりて之を云ふときは此兩大主義は互に相反對して恰も仇敵の如くなりと雖も其全國少數の勢力を削りて國家の活動と權力とを全國多數の手に歸せしむるに至りては未だ嘗て一轍に歸せ

すんは非す此れ今日に方りて少く具眼あるもの丶早く既に看破する所なり此時に方りて佛教社會のみ此明々白々なる大勢の赴く所を看破する能はず猶は政府に依頼し藩閥に攀援して以て其信用と地位とを維持せんとするは抑も又愚の甚しきものにあらずや此時に方りて我か佛教社會に若し具眼の士あらは必す深く社會の下層なる國民の多數と結托し其勢力を日本全國地盤の上に建設し冥々の間に其潜勢力を養成し時を待ち機に投して大に爲す所あらんとは固より喋々論弁を待たざるなり而して全國十万の緇林中嘗て一人の具眼者なきは何ぞやと是れ天外逸士の浩嘆する所なり書して以て同胞に告く

新佛教革命の先鞭

報せり報せり新佛教改革の曉鐘は既に大谷派數百年停滯腐敗の眠夢を撞破したり彼の有名なる龍華空音氏が蹶然袖を振つて一たび呼號せしより美濃尾張の二國は既に響の如くに之に應じ鐵蹄の踏む所關西の草木皆な生氣を生じ來三月早々解凍の春風と共に數千の信徒を從へ盡十方無碍光の旗を飜へして京都に進入するに及んでは想ふ可し東洋宗教一大革命の火の手は忽ち破裂して焔々天を焦し舊佛教腐敗の空氣を一新せんことは鏡に懸て見が如し而して這般同氏か本山改革案の要点なるものは第一大谷宗會を開設するに在りと嗚呼我か神聖なる天皇陛下は既に國民輿論の赴く所を察して既に憲法を制し國會を開き玉ふたるにあらずや而して佛教社會のみ猶は獨り舊時封建の制度を維持せんとするは恰も是れ隻手を振て洪河を遏めんとするが如し豈に能ふべきの事ならんや豈に能ふべきの事ならんや進め龍華君翔へよ龍華君君は誠に能く時勢を看破したり

耶蘇教の末路

方今活眼を開いて我邦基督教の大勢を一見するものは必す知らん海外各國より年々數十萬圓の巨額を費し數千の傳道士を我邦に送り全國到る所に學校を建て教會を設け其布教の方法に至りては實に盡して到らざる所なきを而して其結果を云へは前年一時旺盛に赴きし信仰は愈々冷淡に歸し異論百出して分裂の兆徴は日に熾んにユニテリアンの如き獨逸新神學の如き基督教の正經信仰に反對するものは日に月に勢焔を生し今や既に防遏すべからざるの時勢となれり此時に方りて基督教の爲めに計りて可なるものは獨り其教理を哲學的に解釋して凡神教となして以て佛教の眞理を其中に輸入すると一は其教會の制度を一變して我か國体に適合せしめて新教會を開くの一法ある而已知らず基督教徒は奈何んして此際に處せんとする乎

北垣府知事各宗高僧を諭す

此程北垣京都府知事は各宗高僧を其自邸に招きて丁寧なる饗應をなし其席上に於て一帙の書類を携へ來り各宗の高僧に語て曰く元來京都の地たる工業を以て其繁榮を繫ぐと雖ども其多くは各宗の本山此地にありて諸國の信徒斷へず此地に入り込むが爲めなるべし就ては各宗本山の諸高僧には增々進んで道を布き德を修め愈々人民の信仰を厚ふし一宗の强盛を計り以て京都の繁昌と國家の幸福とを永遠に維持せしめられんことを希望す若し夫れ列席の諸公にして余が僚屬が取調べたる如き數多の事實ありとせば誠に各位の行爲に於て間然する所なき能はず是れ余が各宗本山の前途に向つて大に苦慮する所以なり尤も高僧諸君にして一宗の興廢と京都の盛衰とは毫も意に介するに足らずとせば亦言ふ所なしと雖ども苟も一

宗の興隆と國家の安泰を希がはば幸に余が微衷を容れ增々奮つて教學を勵み布教を盛にせられたし云々
——吾人は北垣府知事が各宗高僧に示されたる書類中亦云何ある記事ありしかを詳かにせざと雖ども惟ふに各宗本山の施政上若くば其行爲上に於て幾多の事實を列擧したるものあるべしと思はる兎に角各宗の高僧は知事の親切を無にせず充分の注意あらんことを希望す

果して信乎

吾輩其徵証を得ず然れども人或は云ふ○○讎の貯金は既に其半を減せりと

咄、何等の怪事ぞ

毎年諸國の信徒より某本山へ進納する雜貨は倉庫數箇を充たすに足れり而して客臘の倉開たは云何ん僅かに是れ（ニシン）三把を見るのみ信徒の貧乏によるか將た社鼠の所爲に出たる乎吾儕其の理由を知らざ

宜しく其收出を明にすべし

御手前の明闇に拘はらず之を秘密に附するときは如何に御心善の人と雖ども漸く疑心を生じ種々の評言を逞ふするに至るべければ各宗本山の收出の如きは。充分之を明諒にし一般の信徒に告白すべし然るときは一般の信徒も其事情を詳にし愈々本末相須つて護法の精神を竭すに至るべし若し事茲に出ぞ因循歳月を移さん乎疑惑評言交々起りて神聖なる本山の面目を傷つけ。施いて一宗の盛衰に及ぼすべし是れ吾人が收出の告示あるを。各本山に向つて特別の注意を求むる所以のものなり

經世博議

夙に世人の冀望を屬したる經世博議は第二號發行以來今に發行の運びに至らざるは如何なる譯にや新聞紙上によれば其發起人たる中西牛郎、松本熊四郎の兩氏は何か意見の合ざる所ありて松本氏は斷然同社を退き中西氏は爾今岩尾氏に全權を任ぬる旨の廣告をなせり吾人は同社の內幕を詳にせざれば兎角の批評を下すべきにあらざれどもあたら有望の雜誌をして一朝氣焰を失はしむるに至りては轉た遺憾なき能はぞ

雜報

◎改革黨大に起らんとす　愛知縣人龍華空音氏（大谷派）は。甞きに大谷派本山に對し數箇條の建白をなしたるも。同本山よりは何等の音沙汰もなきより。爾來專ら此事に奔走し。大に全縣下の輿論を喚起し再たび此擧を圖らんとせしが。全縣下の有志者も大に氏の擧を賛成し。漸く其氣勢を張るに至りたり殊に中島地方の如きは尤も熱心のもの多く既に之が運動費として五萬餘圓を據集するの運びに至れりと。尚は亦た近江伊勢の信徒も。之に同意を表するもの尠からず。丹羽徹照。今井龍城の兩氏の如きは。既に龍華氏と氣脈を通じ。將來共同の運動を試みるの約を締び其初歩として去る十日三重縣に於て改革黨の聯合大演說會を開きたりと聞く

◎三重縣下の名僧　去日三重縣下四日市に於て同縣下に於る。眞宗三派の名僧を撰びしに。左の人々を得たりと（開明）

三重縣眞宗有爲大家撰

◎事務家　安藤龍曉◎講學家　帆山唯念◎漢學家　大賀賢勵◎說教家　不二門諦觀◎餘乘家　加藤行海◎宗乘家　清井湛靈◎文章家　長谷部圓

三重縣眞宗活潑十家撰

●草見家　寺尾義了●事業家　帆山唯敬●義氣家　今井龍城●辨論家　丹羽徹照●漢學家　佐々木狂介●熱心家　蒔田憖雲●詞章家　日野光圓●數學家　長崎隆眞●文筆家　前田慧雲●實着家　松山大現

●曹洞宗管長告訴せらる　曹洞宗の管長畔上楳仙氏が。東京駒込區吉祥寺の住職三井海雲氏より告訴せられたることは。第三號の本誌上に掲載せしが。同管長は客年十二月十四日亦た〳〵山形縣曹洞宗第一號宗務支局詰教導取締員辨應物氏外數名より告訴せられたり。今其告訴の理由を聞くに。同管長は全年十月二日突然員辨氏の本職を免じたるが。氏は曹洞宗の宗憲によりて其職を奉ぜるものなれば。毫も免職を受くべき理由なき事。第二同管長は本人の在職あるにも拘はらず。濫りに委員を派出して支局の事務を取扱はしめんとするは不當の處分なり。と云ふにあり。蓋し員辨氏が斯く免職を受くるに至りたるは。曾て同本山に對して反對の運動を試みたる有志會の一人と認定せられたるに由るべしと云ふ

●選擧權に關する陳情書　眞宗本願寺の僧侶二十餘名より。衆議院議員に差出したる。僧侶被選權に關する陳情書は左の如し

僧侶選擧權に關する陳情書

某等謹て書を貴下に呈す、某等昨廿二年、帝國憲法發布以來、衆議院選擧法第十二條の制定に關して、屢々朝闕を叩き、書を內閣諸公、樞密、元老兩院に上ること前後數回に及ぶも、未だ命を得ざる某等竊かに恐懼惶悚の至りにたへざるなり、今や國會方に開けて、國民の言路開通せしめ得るの盛事に遭遇せり、某等既に一ひ開く所の口を箝緘して、怠慢自棄の罪を眾るとを欲せば、更に書を兩院に捧げ、法律の改正を請願するに際し、先つ貴下の明察に訴へ、併て周旋盡瑘の勞を煩はさんと欲す、事本書に縷陳すと雖とも、今復た其教化に關係ある情況の一斑を左に開陳せん、

抑日本の現制に據るときは、某等僧侶は帝國議會の兩院に於て、一脚の椅子を占むるの榮なきのみならず、社交上の關係に於て、王侯將相と匹敵するの位置を有することなく、國庫より俸給手宛養老の特典を受くることなく、而して公義務の僧侶の負擔に屬するものは、或る寺院の有限若干の地面に免税の特恩を蒙るの外、毫も他の一般國民と異る所あらざれ、樹下石上纔に膝を容るゝの地も、僧侶の所有としては、地租、地方税、町村税、の賦課に異ること なく、而して此の如き賦課、此の如き制御を行ふの根本たる、參政議政の公權に至りては、市町村より、國家に及ぶまで、一も嘴を容るの權あるとなし、是れ某等の未だ解せざる一也、顧て歐州各國の事例を按ずるに、獨澳諸國の如きは國教、公認教の高僧を上院の議員とし、英國の如きは國教の高僧は上院高席の議員たり、其國教に屬せざる僧侶教師は、一に之を一般國民と同視し、被選擧權を有すること、又一般國民に異ならざれ、佛蘭西、白耳義に至りては、僧侶の議員たるを禁ぜざれ、各國の制度一轍ならずと雖、國教又は公認教の僧侶に上院の議席を與へ、非國教、非公認教の僧侶は、同く選擧に應ずるを拒まざる、而して保護の必要あるに於ては、國庫の金を以て、佈道の補助に供するもの、比々として皆是なり、今我邦は、則ち宗教專職者の公權は、減削をにして、又之に代るの特權なく、特惠なく、特免なし是れ果して公平允當の制と云ふべきか、是れ某等の未だ解せざる二也、

日本の僧侶は其職掌に於て、全く人民と相對の營業をなし居る樣なりと云はざるべからざれ、日本僧侶は其國家に於ける實際の關係に於ても、毫も一般國民と異なる所あらざれ、是れ果して特に宗教あり、僧侶ありと、認め置く所以の道なるか、是れ某等の未だ解せざる三也、西諺に之れあり、曰く雨樹枝を沾して、而して根幹に及ばずと、抑も昭代雨露の恩澤、亦彼處に普くして、此處に及ばざるあるか、豈夫れ然らんや、

聖德洪大、下庶を等視して彼此厚薄の差なきは、我徒の信して、疑を容れざる所なり、我徒參政の榮に與かるを能はざるの理、終に解する能はざるなり、議者或は曰はん、僧侶の參政權に與る能はざるは、政教分離の精神に職由するものなりと、夫れ然り、豈夫れ然らんや、抑政教分離は政事、

敎事の分別、政權、敎權の區別を明にするに過ぎず、若し寺院に於て、政談演説をなし、帝國議會に於て、宗意安心の論を闘はすが如く、若くは戒律を刑法に寓し、文官試驗に經文の諳誦をなし、若は精神上、道德上の罪犯を裁判する一種の訟庭を、寺院に設く如き等、是れ所謂政敎の混淆にして、國家の安寧を保つかため、固より禁遏すべきものありと雖、今政敎の分離を擴めて一々其人を問ふに至ては、或は無宗者と宗敎者とを分ち、參政の權をは、無宗無信の徒のみに附與せざるべからざるに至らん、是れ某等の未だ解せざる四也、嗚呼僧侶も又國民の一分子にして、國家主權の下に棲息し、國法の管領を受け、國政の支配を蒙むるものあり、苟も其職掌にして司法行政の一部、立法若は選擧と互に相兼ぬ可らざるものに屬する以上は則ち止む、然らざれは之に選擧權を與へ、被選擧權を與ふ又何の不可あらん、顧て公權利公義務の一方より法律の眼を以て、之を觀察すれば、緇素同一、聖凡無差別あり、之に租税を賦課し、之を兵役に服從せしめ、凡ら彼の高上公務を行はしむる、報償特權は一毫も享くるなく、僧侶たる職業は、賤くして大工左官貴くして醫師代言の職業と異ならず、要するに、公義務の負擔に於ては一般國民と同一なり、何ぞ獨り公權に於て一般國民と同一の享有を許されざるや、是れ某等の未だ解せざる五也、然りと雖、某等敢て妄りに帝國議會兩院の議員たるを欲するにあらず、獨り昭代の恩澤に均沾するを得ざるを悲むのみ、又天下公衆の僧侶を賤視するを憂ふるのみ、啻に僧侶を賤視するに止まらず、併て宗敎を賤視するを憂ふるのみ、啻に宗敎を賤視するに止まらず、併て道德を賤視するを憂ふるのみ、世道既に衰替せば之を上にしては忠厚尊嚴の風行はれず、之を下にしては、仁慈友愛の道立たず、是れ實に治道の通塞に關し國家の休戚に係るものあり、某等竊に憂慮措く能はざる所以なり、伏して願くは、貴下公明正大の高察を以て、某等區々の衷情を憫察せられんことを、議院方に開け事急にして、而して情切なり、具陳するに遑あらず、某等頓首謹言

眞宗本願寺派僧侶

(東京府)石上 北天　(京都府)中川 了性
(同)　阿滿 得聞　(大坂府)利井 明朗

(同)　櫻井 義門　(同)　秦 待時
(同)　小田 佛乘　(兵庫縣)檀特 敎遵
(同)　佐々木祐誓　(長崎縣)立花 紹道
(茨城縣)板敷 圓性　(奈良縣)六雄 澤慶
(同)　佐々木英愷　(三重縣)寺尾 義了
(滋賀縣)水原 慈音　(同)　藤井 皆立
(岐阜縣)鹽谷 源叡　(長野縣)宮本 惠順
(福井縣)佐々木正映　(石川縣)菊地 淨諦
(富山縣)水上 正聽　(島根縣)西原 淨忍
(廣島縣)赤柴 護命　(同)　觀山 綜貫
(山口縣)大洲 鐵然　(同)　赤松 連城
(同)　香川 葆晃　(同)　安邊 有藏
(香川縣)今里 游玄　(福岡縣)秦 法勵
(大分縣)大在 芳達　(熊本縣)藤岡 法眞
(熊本縣)合志 諦成　(宮崎縣)岩切 法電
(和歌山縣)藤田 眞龍

◎曹洞宗紛議の落着

曹洞宗紛議の顚末は。屢々本誌上に掲載せしが。客臘下旬に至り。同本山より有志會の請願に對し。認可すべき旨の指令をなしたるにつき。豫て東京駒込吉祥寺内に設置したる有志會も。客臘廿七日に至り全く解散するの運びに至りたり。其懇請書並に指令は左の如し

懇請書

一本年曹洞宗務局甲第四十一號を以て明治廿四年二月一日より宗制寺法の改良に御着手被成候旨御布達相成敬承罷在候付ては右完成は遲くも同年十月を限りと被成候はゞ末派一般滿足の事と存候に付右樣御取計被成下度候事〇一甲第四十一號御布達中にも御明言被成候通宗制寺法の改良には夥多の材料を要するは勿論の儀に候而して右改良の儀は曾て末派一般冀望する所にして幾千の意見をも懷き居儀に付一般に普達し該改良に關する意見を徵集せられ度候事宗制寺法改良に付ては別に編制委員を御撰任相成候儀に存候就ては特に末派寺院住職の者二名を御登庸相成候樣致度候事○宗制寺法改良草案脫稿の上は臨時議會を開設被成一宗の輿論を御參酌相成候はゞ末派一般甚だ滿悦可仕と存候事、但議會は廿四年十月迄に御開設被下度候事○急臨時議會開設相成候場合に於ては各府縣正副取締にして議員兼務の者は改撰の御令達を發せ

かれ立法行政の區域を判明ならしめられ度候事○
宗制改良以後は曹洞宗務局の役課を總務、教務、
財務、學務の四課に分ち各課長一員を置き一切の
宗務を分擔せしめられ候樣致度候事○前項の四課
を置かるゝ以上は其主務者の任期幷職務章程等を
定め責任を明瞭に負擔せしめられ度候事○曹洞宗
基本財産の内目下各銀行へ預け金となりたる者漸
次返戻の期限に至る時は悉皆公債證書に轉換し都
て曹洞宗務局と記名相成候得ば該財産は確實に相
成儀と存候に付左樣御取計被下度候事○全國五ケ
所の僧堂を公設し兩本山は僧堂擴張費利子金の内
五百圓（壹ケ所に付百圓づゝ）毎年御下被成下度
候事

右生等の意見を陳述仕候條何卒御採納被成下度此
段奉懇請候也

東京府芝區伊皿子町大圓寺住職

明治廿三年十一月廿一日　　犬辻是三　印

以下十八名連署

管長畔上楳仙殿

前書之通懇請書呈出致候に付奧書連署に及候也

東京府東京市宗務支局　取締

明治廿三年十一月廿一日　　在田彥龍　印

第一四號（朱書指令）

書面啓沃の旨趣を嘉みし候に付事の狀宜を逐ひ履
行す

明治廿三年十二月廿七日　　局　　印

○一致教會の改革　　各種の外教が社會の進步と蹉
馳することと能はざ。漸く内部の破裂を來さんとする
は。一般の現象にして亦吾輩の私言に非る可し。基
督教の一派にして長く吾國に勢力を有したる一致教
會は。客臘十二月三日より向ふ十六日まで。東京に
於て宗制改革の大會議を開き。數條の問題を討議せ
しが。就中信條改革の問題は其尤も重要なるものに
して。信條改正起草員より提出したる信條改正案は
倘は繁雜に過ぐるの嫌ひありとて。悉く之を廢棄し
。更に簡短なる使徒信條を起草し之を議決したる由
。蓋右の信條は長老教會の各派及プロテスタント教
會中にも會て見ざる所にして。尤も新規なるものあ
りと云へり。倘は亦同會の問題中名稱改正の事は。
滿場頗る沸騰せしが。遂に一致教會の名稱を廢し日
本教會と改め。爾來泰西的傳道の方針を一變し我日
本の國情に適合したる傳道をなすことに一決したりと

◎三種の新宗教　　人智の發達。社會の進步と共に
妄想的宗教の退步するは。理の尤も覩易き所亦何ぞ
吾人の助言を要せんや。今左に揭ぐる普及福音教。
ユニテリアン教。ユニバーサリスト教の三派は別に
耶蘇教を離て新教を組織したるものにて。近來に至
ては其勢力基督教を凌駕するの有樣なりと。今彼等
が有する教會信徒及機關雜誌の數を擧れば左の如し

- 普及福音教
  - 渡來の年――明治十八年
  - 機關
    - 神教會二ケ所（信徒二百人）
    - 學校一ケ所（生徒六名）
    - 雜誌二種
      - 福音會叢書（廢刊）
      - 眞理（十五號迄發兌）
  - 傳道者
    - 外國人
      - スピンチル
      - ムンミーゲル
      - シユーデル
    - 日本人
      - 三並良
      - 丸山通一

- ユニテリアン教
  - 渡來の年――明治二十年
  - 機關
    - 神教會二ケ所
    - 倶樂部一ケ所（信徒五十餘名）
    - 學校（無）
    - 雜誌――ユニテリアン（十一號迄發兌）
  - 傳道者
    - 外國人
      - ナップ
      - マツコーレー
      - フオークス
    - 日本人
      - 加藤寬
      - 高田太郎

- ユニバサリスト教
  - 渡來の年――明治二十三年
  - 機關
    - 教會一ケ所（信徒二十餘名）
    - 學校二ケ所
  - 傳道者
    - 外國人
      - ペリン
      - ケート
    - 日本人（無）

◎露國に於る寺院僧侶の數　　法教院檢事長の調
査に係る報告書によれば。露國寺院の總數は。六百
七十三箇所にして。内男僧寺の數四百六十九。女僧
寺の數二百零四あり。又男僧の員數六千九百五十八
あり。之れに職官を帶ぶる僧侶の數を合算すれば。
男僧部の數は一万一千六百六十一人にして。女僧部
の數は二万二千九百七十四人にて。即ち總數三万四

千六百三十五人ありといへり

◎本誌の附錄。　本誌第五號の附錄として發行せし各宗十大家。各宗高僧。各宗名聞家。及新佛教家の色別は。一二の學者の校閲を經たるものあれども。早急の際編輯したるものなれば。固より杜撰のかどあるを免かれず。是れ讀者諸君に向つて高恕を仰ぐ所なり。尙は都合によりては他日之れを完成して發行することあるべし。因みに記す右の附錄に掲載せる人名の順序は。編輯者の勝手に筆を下したるものにて。固より其順次によりて人物の價値を定めたるものにあらず。亦新佛教家の欄内に掲載せざる者の外は。皆な舊佛教家なりと斷言するを得ず。亦新佛教家の中にも舊佛教の思想を懷く人なしと保證するを得ず。こは單へに編輯者の認定によれるものなれば。若し間違の點あらば。幸ひに敎示の勞を執られよ

時事摘要（自一月一日至十五日）

◎一日　午前十時大谷派本山にては年賀式を行ひ寺務員は何れも同時參會して賀詞を述べたり○午後二時大谷派法主には本願寺本山へ本願寺法主は大谷派本山に何れも兩堂へ參拜ありたり○本願寺にては午前八時年賀式を行ひたり

◎五日　豫て東上中なりし本願寺法主は本日歸山ありたり○貴族院議員諸氏は本日午前十一時同院の會食堂に於て參賀の禮を行ひたり○衆議院にては本日午前十一時參賀式を行ひたり○京都大德寺の管長曾溪牧宗師は心臟病に罹りて遷化す

◎七日　立憲自由派に屬する衆議院議員八十餘名は午前十時より東京芝公園地の彌生館において歳計豫算調査の事に關し會議を開きたりしに午前一時頃に及び壯士体のもの二十餘名突然會場に踏み込んで非常の亂暴を働きたりしがため負傷せられたるは片岡、植木、安田、林、の四議員なり壯士の負傷を受けたるものは岡野、山田の兩人なり蓋し其原因は立憲自由黨の歳計豫算減額說に不同意なると及同黨員中に

賄賂を受けたるものありとの風評を聞きしがためあるべしと云ふ○後藤伯の許に伺候し居りたる鈴木昌司氏に何か談判したき事ありとて數十の壯士押掛け來りしが鈴木氏面會を謝絕し事無事に治る

◎八日　午前十時貴族院開會す議事日程は第一辯護士法案の第二讀會なりしが同法案第十二條まで議了したり衆議院も同日開會す議事日程は査定豫算案の報告及末松代議士の提出に係る緊急動議なりしが定査豫算案の報告は豫算委員長大江卓氏之が經過及議狀の要項を報告し次に末松議員は査定に關する修正の動議を提出せしが起立少數にして消滅したり

◎九日　國民新聞發行を停止せらる○貴族院午前十時開會伊藤議長先づ立ちて辯護士法案は政府に於て棄却せられたる旨を報告す次に假議長を設くる事を衆議に問ひしに異論百出零時三十分に至るも尙ほ決せざりしが午后の開會に至り遂に議長に假議長指名の權を與ふることに決す衆議院は午后二時開會議長は陸軍省所管には桂次官海軍省所管には本宿宅命氏政府委員に任命せられたる旨及び青木匡氏より二十二年法律第十二號廢止案を提出したる旨を報じ次て當日の議事日程なる豫算案を議するには歳出を先きにし又た同案は他の法律案と異り必ずしも一二讀會を經るに及ばざる故に本日は第二讀會と心得て可なり又豫算委員の査定並に菅了法氏の提出に係る豫算修正の動議は成規の贊成あるに就き一の修正案と見做すべしと告げたり是より豫算査定報告の事に關し松方伯の演說ありしが二三の質問ありたり其後鈴木氏の要求により全院委員會を開きしが豫算案質問の順序につき多少の議論あり詰極査定案を先きにすることに決したり

◎十日　貴族院は午前九時開會戸籍法案特別委員會を開き次に各地方より提出せる請願書の可否を討究したり○衆議院は午後一時開會末松代議士議員逮捕事件に關する議事の顚末を告げ次に請願委員山田東次氏は石上北天等の請願に係る僧侶被選權一條及石森六内等の請願に係る府縣制郡制改正の件を報告す是より前日に引續き全院委員會を開き豫算案の質問をなす

◎十二日　十五名の壯士東京有樂町の議員集會所を訪ふ○立憲自由黨の竹内綱、大江卓、小林雄七郎、天野文衛、板倉鼠臣の五氏は本日同黨を脫す○十餘名の壯士竹内綱氏に逼り脫黨の不可なるを說きしに

竹内氏之を容れぞ○貴族院は度量衡法案の第一讀會を開く○衆議院は全院委員會を開くに先ち西毅一氏緊急動議を提出し豫算審査案の成り立つ可らざるを說く此事遂に滿塲の可决を經て議題となりしが議事决せぞして閉會す

◎十三日　貴族院にては度量衡法案の第二讀會を開く○衆議院にては豫算案の討議をなせしが議未だ決せぞ○西代議士より提出したる緊急動議は否决せられたり是より先だ小間、高津の両代議士は各々一篇の建議案を提出す

◎十四日　衆議院にては審査案の討議に先ち鈴木代議士保安條例癈止の緊急動議を提出す之がため議塲可否を論するもの頗る多かりしが遂に賛成少數にして否决せられたり○此日壯士六七十名は議院開會の間退去を命せられたり

◎十五日　貴族院は度量衡法案を議す尙ほ藤田眞龍より建言したる僧侶被撰權に關する法律第十二條改正案は議題にならざる旨を報告す○衆議院は河島醇氏より種々の提出案ありて後ち全院委員會に移る

廣　告

恭賀新年

併せて會員諸君の萬福を祈る

國教雜誌社

謹賀新年併祈讀者諸君之萬福　篠方典　志垣弘

謹祝新禧　八淵龍

恭賀新年　中西牛郎

謹賀新正　吉村眞治

謹賀新年　加藤熊一郎

密嚴教報第廿九號

目次

- ◎會說　◎敎家の急務〔接前〕　上野相憲
- ◎講義　◎六合釋茶談〔續〕
- ◎論說　◎起て超然主義を採れ〔續〕　在帝國大學　小林丑三郞
- ◎法話　◎重て小林梵龍師に告ぐ　中村忠直
- ◎將來の僧侶を論す　直得子
- ◎哲學　◎聖憲尊師阿字觀法話　權田雷斧
- ◎支那哲學大意　博士　島田重禮
- ◎哲學概論〔續〕　慕風學人
- ◎雜錄　◎皇室と佛敎　礫水眞人
- ◎滿足　越川漁長
- ◎厭思　仝
- ◎隣火旣に火を失せり矣　満澄子
- ◎此需用あり　仝
- ◎惠心僧都白骨觀の文
- ◎雜報　◎數十件
- ◎敎海彙報　數件
- ◎寄書　◎霜を履て堅氷至る　丹陰　岸本無傳居士
- ◎吾言是なる乎　齋藤隆現
- ◎いろはに就て　音羽生
- ◎詞叢　◎序一篇（大内青巒居士）◎碑銘　祭文
- ◎其他詩數首　◎本宗報告　◎本派錄事　◎智山護法會錄事　◎豐山錄事　◎廣告數十件

發行所　東京小石川區大塚坂下町　振教會

正誤

本誌第　號ヲ以テ廣告致候 佛教疑難書徵集廣告中本年內トアルハ來ル廿四年二月中ノ誤リニ付此段正誤候也

◎生田得能師疑難徵集所　東京荏原郡大井村

眞誌發行所

◎南條文雄博士題辞　◎島地默雷師題辞

暹羅　佛教事情

暹羅國今上皇帝出家ノ圖（寫眞石版）入　ワッブラケウ「國皇菩提寺瑞寶閣若」（アエ版）

定價金廿錢郵税六錢◎廿四年一月十五日出版◎但し郵券代用一割増のこと

嚴護法城のチャンピナンと聞へたる佛教に對する疑難書徵集者なる生田得能師は以て南方佛教の何たるを知るへく以て慚愧すへく以て奮勵すへく以て同師の技倆と同師の識見と學力とを知るへし良書請ふ一讀の上謎言にあらさるを知れ

◎今回本書の布及を圖らんか爲め出版期日一月十五日前に申込みの分に限り同師肖像（寫眞石版）入の署傳一部を添て送呈すへし

但し署傳は五百部限りの印刷に付期限内と雖も申込者五百名に充つれは謝絶すべし

發行所　東京淺草區北淸島町百五番地　眞宗法話會

教海第九號

二十三年十二月十日發行　一部定價金五錢

●本誌見本にかぎり往復はがきにて御申越あれば既刊一部を無料進呈

目次

●教海
○二十三年を送る
○將來の世界に佛教の種子を繼續するの策如何　吉谷覺壽

●論說
○海印三昧〔承前〕　髙田道見
○吾家養性法〔其三〕　釋宗演
○宗教論　井上哲次郎

●評林
○輕氣球乘を看る○昇天果して如何○誤國銀行と臭教銀行

●雜報
〔數十件〕

●講義
○圓頓章見聞記〔其五〕　尊海僧正

●法語
○生法隨緣を論ず　慧澄和尚

●蒐錄
○楠公の壁書
○天爵大神水谷忠厚謹で江湖の慈善家諸君に哀訴す

●史傳
○天台中興慈眼大師傳〔二〕　櫻木谷慈薰

●寄書
○明相辨妄　可透上人
○解嘲　局內道人
○佛教一斑〔承前〕　大內青巒

●雜記
○帝國議會開院式祝頌　福井繁

●文苑
○外詩三首

●廣告○數十件○社告數項

發行所　東京下谷區上野櫻木町拾八番地　日新社

●「行政」は議事。警察。監獄。衛生。教育。收稅。兵事。土木。勸業等を始め法律。文學上の現象に至る迄精攻細究する雜誌也●「行政」は右に記す種目の外に時々記者の考案に成る文官試驗問題等を揭げ文官受驗志願者の資益を計るべし●「行政」は行政專門の雜誌あるが故に古今內外各邦の行政學理及實用方法を論叢する雜誌あり●「行政」の記事は經世實用を目的とするが故に決して無責任の言を吐かず誌中の記事は世人の思ひ寄らざる事多し●「行政」の廣長舌は奇警の着眼と鍛錬せる理想と精嚴の文字と沈重の調子とを以て社會上の現象を描出す●「行政」の小說は行政上の文學上に關する事を叙するに意匠と趣味とを加味し優麗精美と幽雅淸絕あるものを載す●「行政」の批評は少しも私淑なく偏頗なく只た有りのまゝ見たまゝを直言直筆す●「行政」の代價は一冊金四錢にして半年分前金十八錢一年分前金三十四錢。此外一冊に付金五厘の郵稅を申し受く●「行政」の廣告は五號活字廿四字詰一行に付き一回前金五錢十行以上は一割引にして廣告のさゝめ頗る効あり●「行政」は各府縣警察署。郡市町村役場。學校。病院等に在る諸員に購讀者多きを以て廣告を利用するに最も妙あり●「行政」の發行定日は每月二十五日あれど非常の事變あるに至りては臨時に特別號外を發行すべし●「行政」は前金領手の上に非ざれば縱ひ見本たりとも發送せぞ○且つ本誌に關する照會も往復はがき又は貳錢郵劵を送附せらるゝにあらざれば回答せぞ●「行政」の本社は愛知縣海東郡越治村大字宇治百三十番戶あり

發行所　行政社

傳道會雜誌 第三年第二號

目次

●傳道會
○教會に於ける將來の希望

●論說
○法門不褰千無外護而褰千無內守論　同盟會員　朝日保寧
○明治二十四年の覺悟は如何　同盟會員　眞門道嚴
○烈士暮年。壯心不已　同盟會員　豐南溝部生
○佛教と比較宗教學　贊成會員　中西牛郞

●說話
○吾人は何故に說教を聽くとを要するや　贊成會員　武田篤初
○孝のすゝめ　同盟會員　木山定生

●雜錄
○歲次庚寅十一月二十九日。天皇親臨。盛擧帝國議會開院。式徵臣不堪感喜之至。恭賦長歌一章〔同盟會員珠堂日野湊〕○溪莊觀粥〔同盟會員石井苔巖〕○觀猜狂道人劍舞圖〔贊成會員小泉春樹〕○歲暮の感〔同盟會員石井苔巖〕

●寄書
○道心中ニ衣食アルノ解　正會員　島田誠諦

●雜報
○被選擧權に關する陳情書○愛國の赤心遂に教會を脫す○スペンサー氏の輕氣球○口は禍の門○白道會の景況○武田二等巡教使の談話○條約改正と基督教○藤島了穩氏○謗法ゑ入菩提の門とある

發行所　京都市東中筋花屋町下ル　眞宗青年傳道會

傳燈第貳拾號

十二月廿一日發行　一冊六錢　郵稅五厘

目次

●傳燈○帝國の議會。一宗の公會●講義○眞言宗大意　密門宥範●論說○眞如緣起私解　岡本慈航○巨口を開て我佛教を呑まんとす　直得子○慈善の業漸く將に腐敗せんとす　淳逸生●垂示○三浙中將の邸にて垂示　雲照尊者●雜錄○一浙休和尚母公の遺文○師教弟子亦有五事○弟子事師當有○五事○實香士耳古の風俗●宗評論○議長。委員長共に是れ外教徒●宗教的の銀行●虚勢に安ぞる者何人ぞ　錦木醇庵●寄書○所感を陳して守舊家に告く　平井金三○溪雲。心月を蔽ひ八朶峯上黒漫々たり　SC生○蓮花山人の質疑に答ふ　服部豫海●說教○佛法非遙心中即近　泉智等●詞藻○仁和門跡榮嚴●森香直●智滿和上●石川友三郎●澧浙隱士●石原光風●長安澄禪●林盛潤●法印憲深●慈明和尚●投書○我心中の衆議院には如何なることを議定せんと欲するやを論す　弘法子○東京市佛教社會の十弊　小林梵龍○師範に向て普通學修習の許可を請ふの書　雲龍子○廢止を望むべき規則　小言子○賛成早田憂閑生の合併論　小山天年○高野山諸大德と併せて某僧正に一言す　孤憒子●雜報○帝國々會の開院○〔外數十件〕●本宗錄事○法務所達●本會廣告●寄付金表●廣告

發行所　京都市下京區東寺町四十一番地　眞言宗傳燈會

机上之友

第四號已ニ發ス●一部定價二錢十部前金拾八錢外ニ郵税申シ受ク

●益募社員有志ノ士ハ至急入社ヲ乞フ此雜誌ハ詩文歌俳及ビ政治上ノ事ハ勿論人事社會ニ有リトアラユル必要ナル事柄ハ尽ク掲載ス見本望ミノ士ハ五厘切手五葉ヲ添ヘ申込ミアレハ直ニ社則ヲ添ヘテ呈上ス自今左ノ謝料ヲ以テ詩文代作並ニ添削ノ囑ニ從事ス添削料絶一錢律二錢雜長編絶ノ割合●文一編四錢但一編ハ二百字トス●代作料文一編一圓詩一首拾錢

別ニ社則有

下野梁田郡高松　風帆吟社

數學十三科講義錄

毎週發兌

（一學科ニ付毎週四ページ宛發兌　一週間分一學科ニ付金一錢郵税五厘）

左ノ十三科講義錄ノ内何レノ學科ヲモ隨意ニ撰ンテ購求スルコヲ得

●初等算術●高等算術●初等代數●高等代數●平面幾何●立法幾何●平面三角●球面三角●測量法●重學●代數幾何●微分學●積分學

右何レノ學科モ親切丁寧ナル講義錄ナリ世ニアリフレタルモノト同一視セサランコトヲ希望ス本年十一月十一日ヨリ恐ク發賣ス品切トナリテ後チ悔ユルナカレ

數學通信

毎週發兌　第四號　十一月九日發兌　毎日曜日發兌

（一冊金三錢五厘、郵税五厘　十冊前金三十三錢郵税五錢）

第三號及第四號目錄左ノ如シ

●貴女諸君ニ一ノ望ミ●平方數ノ性質●高次方程式解法講義●海軍兵學校入學試驗問題算術代數解答●第一高等中學校入學試驗問題算術答●官立學校入學試驗問題●第一高等中學校入學試驗問題○歐文和譯外國歷史●理科大學簡易科入學試驗問題○化學三問●陸軍士官學校入學試驗問題●人體生理二問○動物二問○作文一題●和歌○野花露五首●落葉賦一首●豐太閤之文六通（承前）●和歌課題●詩課題○楠正行○秋夜讀書●前號質義問題解答●分數解法一班●色めく〻●理科大學簡易講習科規則●寸分ノ差十萬圓●輕便療治法●地心皆是レ金剛石●數學通信の發刊をことほきて●算術講義錄拔萃○量○數ト量トノ差別○數ノ觀念○數ノ種類及單位●二次方程式解法講義○第二定理方程式ノ根ヨリ可測數ナル根發見スル法●分數解法一班●海栄ヲ以テ實ノナキヲ斷ル算●高等中學入學試驗問題○英文典○支那歷史●高等商業學校入學試驗問題○地理●雜報○寫眞算術法ノ傳授○千葉通信續報埼玉縣川越通信○岡山縣學事通信●質義問題十八問●試驗問題解答○地理●和歌○野花露二首○文敬歌集五首●投書數學通信ノ發刊ヲ祝シテ希望ヲ述フ●質義問題解答●數學課題十問○他

弘告

學者先ツ一讀シテ其價値ヲ知レ本物ヲ見サレハ其價値ハ知レス

東京神田今川小路一丁目一番地

高等數學講習院

土曜報知

隔土曜日發行

改正定價●壹部金五錢●五部前金二十五錢●十部前金四十八錢●廿部前金九十錢（全國遞送料を要せす）

●廣告料壹行（二十八字詰）金十錢、行數回數により割引あり

●土曜報知は政治法律經濟教育及ひ宗教等の諸般の問題に於て明確に利害を推究し是非を論及し且洋の東西を問はす總て社會に生する事柄の重なるものは漏なく報道す●土曜報知の寄書家には文學宗教の社會に於て有名なる人物甚た多し●土曜報知は毎號大藏經を鈔譯して畧解を附したる者即ち「鈔譯大藏經衍義」を附錄とす既に第壹號より第三號に至る迄に於て佛の畧傳を載し第四號第五號に於て佛一代敎説の次第及大藏經傳布の由來を載す第六號即ち明治廿四年發行の分より愈々大藏經の本文に入れり●明治廿四年後に於る土曜報知は其發行を當分の内隔土曜日に改正し本紙附錄とも紙數を增加し記事を一新す

發行所　東京牛込區横寺町二十番地　土曜報知社

法雨玉滴

全壹冊

正價金十五錢　郵送費金貳錢

右豫告の通り愈々出版せり、編中の概要を示さば、卷首に會長南條文學博士の肖像を揭け、同師の代序之に次ぎ、○論說の部には島地默雷師 [illegible] 郵券代用は五厘切手に限り二割增之事

發行所　名古屋市下茶屋町　法雨協會本部

※支店開業廣告

敝所曩に印刷業に聊か改良を企圖せしより大ゐに其効の世に顯れしにや近來特に御注文頻繁にして爲に工場狹隘を告げ往々御注文を絶謝する等の盛域に至りしは此れ實に愛顧諸君の御高庇に據るの外なし於茲や敝所は左の所に支店を設け益々改良し以て各位の御愛顧を仰んとす請ふ倍舊の御用あらんことを

※改良活版製造印刷所

眞宗本派大學林用達
京都市油小路御前通下ル玉本町
山本活版所

眞宗大谷派本山用達
京都市東洞院通上珠數屋町上ル
同　支店

遞信省認可

第六號

國教雜誌社

明治二十四年二月廿五日發兌

國教第六號目錄

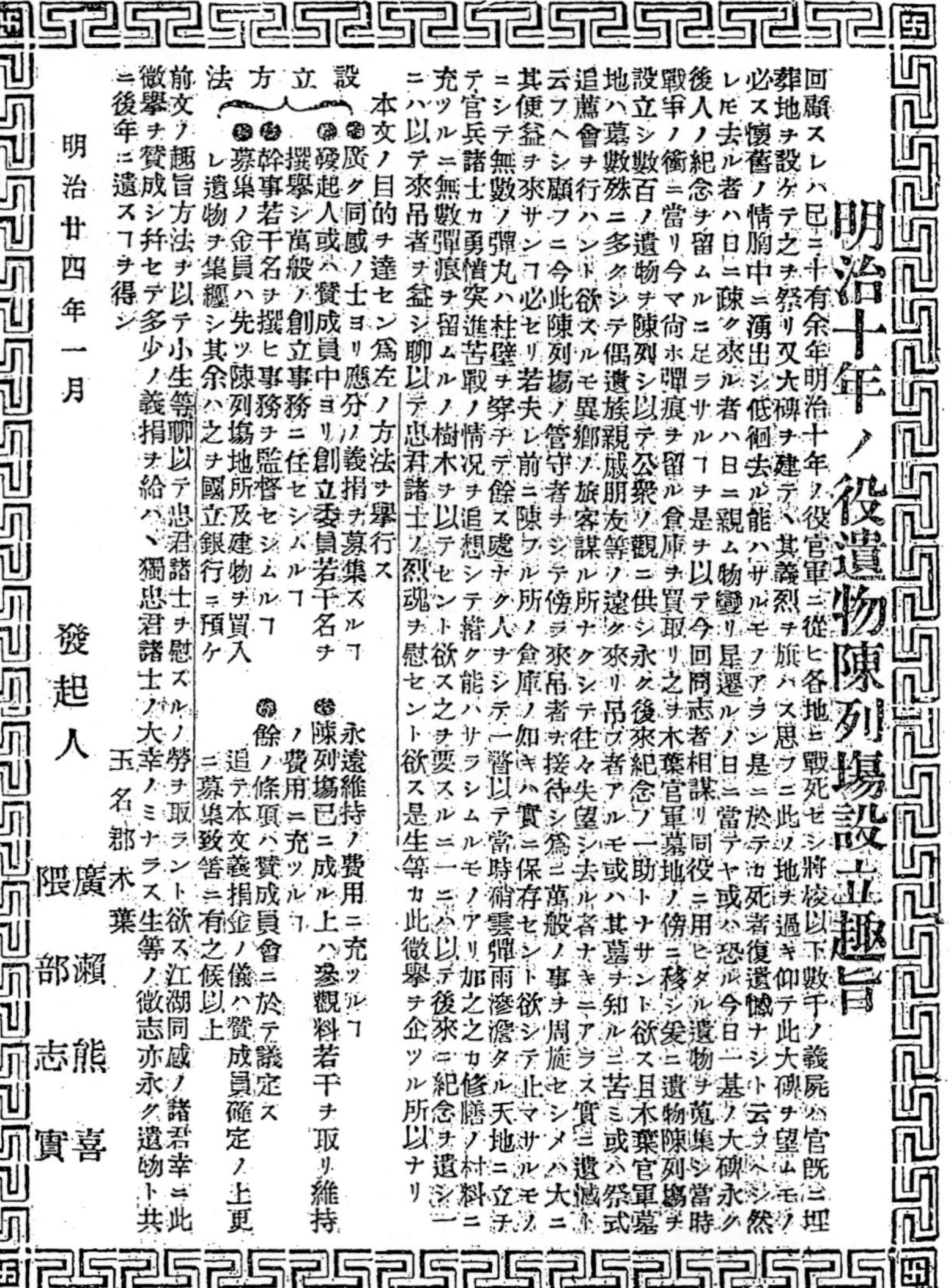

國教第六號

（明治二十四年二月二十五日發行）

社說

九州の佛教

我が日本帝國が眞理の光を以て充滿さるゝは夫れ今後幾年の後に在る乎。吾人未だ得て之を推測すると能はずと雖ども。吾人は僅々たる數年の間に於て耶蘇教佛二教の進步を看て大に感なきこと能はず。耶蘇教は泰西文化の風潮と共に我邦に進入し。其始めや實に一瀉千里の勢を以て全國に傳播するの有樣を呈せしも。此二三年に至りては俄に其勢力を挫折し。殆んど復た一蹶振はざるに至らんとす。今其近因を推究するに彼れが我國體國情と相適合せざるの一事は蓋し其重なるものなりと謂ざるを得ず。彼の耶蘇教の擴張を以て名聲を全國に轟したる西京同志社の如きも。近日に至りては其社中に漸く卓見超識の士將さに踵を接して起り。頻りに歐化主義を排斥して。國家開發の主義を尊尙し。其教理を論ずるが如きも漸次深邃高尙なる哲理的に其步を進め。奇跡說の如き神子說の如き繆妄の說を擯けて。大に眞理の精神を尊崇し。冥々の裡に宗教革命の氣運を胚胎せんとするの光景ありと聞に至るは。吾人が眞理の爲に大に祝賀する所なり。次ぎに「ユニテリアン」の一派の如きは。頻りに其說を世に唱道し。自由思想の精神を我邦基督教の信徒に輸入し。將さに從來の耶蘇教を一變せんとするの目的を顯はしたるを以て。全國の信徒は大に感情を動かし。思想を變じ爲めに基督教社會の一大恐慌を攪起するに至る。而して我邦に於て日を追ひ月を經るに從つて。國民主義の勢力を得るは實に我が國家の爲めに一大慶福として賀す可きの次第なり。於是內尊外卑の風は。漸く進んで內尊外卑の風となり。彼の東京第一高等中學の一教員內村某の如き。强ひて其信奉する耶蘇教の儀式に從はんとすれば。輿論忽ち蜂起し。之を攻擊して止まざるに至る。若し彼をして數年前に此事あらしめば輿論豈に今日の如く之を攻擊せんや。而して今や斯の如くなるものは。看る可し全國民心の趣く所。內卑外尊主義に背いて。內尊外卑主義に趨ふことを。是に於て吾人は斷言す。耶蘇教の一大變化は將さに遠きにあらざらんとす。此他耶蘇教の進路を遮るの近因なるものハ。一にして足らずと雖ども。之を一言すれば耶蘇教の教理完全圓滿ならざる。漸く既に世人の看破する所となりて。其大勢の傾くもの即ち一大遠因ありと謂ざるを得ず」

之に反して我が佛教ハ實に前途無限の好希望を呈し嘗て防禦的の地位に在りしもの。今は乃ち進攻的の地位に轉じ。嘗て停滯的の地位にありしもの。今や乃ち進步的の地位に轉じ第十九世紀新佛教の保羅と綽號せられたる「オルコット」氏は我邦に來り。錦心繡腸の文字を以て。釋尊教主を讃美したる「アーノルド」氏も亦我邦に來り。今や倫敦に於て佛教傳播の先登者たる「フオンデス」氏も亦將さに我邦に來らんとす。之を要するに佛教復興の火の手は。既に文明各國に上りたり。而して近日泉源千解の哲學思想を携へて。歸朝したる井上哲次郎氏の如きは。我帝國大學に於て。東洋哲學及び比較宗教學の一科を開き。哲理的の判斷によりて。頻りに我が佛教を稱揚し。又た我が佛教信徒を獎勵せらるゝを以て。佛教の學理は學士社會に於て亦た一段の光采を添へたり獨り之れ而已ならず。內國佛教の光景に就いて。之を觀るも或ハ憂ふ可く。嘆ず可く。怒る可く悲む可きの現象なきに非ずと雖ども。佛教全躰の方向は如何んと問はゞ。駸々乎として進步するもの丶如し。此時に方りても有爲活潑の佛教家。活眼を開いて大に時勢を洞察し。進んで一身を挺し。眞理の爲めに犧牲に供するの精神を顯すことあらば。天下万事豈に意の如くに達し得ざるものあらんや。佛教數百萬の兄弟は。實に斯人の世に出んことを望めり。佛教數百萬の姉妹は。實に斯人の世に出んことを望めり。佛教世界何ぞ夫れ多事なるや。何ぞ夫れ好望なるや何ぞ夫れ愉快なるや」

斯時に方りて我九州なるものは。果して何如なる地位に在るものなるか。果して我邦佛教の盛衰に何如なる輕重を有するものなる乎。願ふに我が維新の大業は。實に九州の力與りて最も多く。現時政界の運動も。亦た我九州の勢力最も多し。試に彼の立憲自由黨より九州の分子を抹殺せよ。其影響する所果して如何。彼の國民自由黨より九州の分子を抹殺せよ其影響する所果して如何。其他文學に實業に教育に我が九州は縱令悉く牛耳を執らざるも。敢て人後に瞠若たるものにあらず然らば宗教に至りて亦た豈に然らざるを得んや」

彼の同志社を創設したるものは新島氏にあらざるなり。熊本舊洋學校の學生輩なり。もし我邦基督教の社會より九州分子を抹殺すれば。其影響する所果して如何。然らば佛教亦た豈に然らざるを得んや。方今九州に於て。佛教勢力の最も嶄然頭角を顯はしたるものは。熊本に藤岡、八淵の兩派あり。藤岡氏元と是れ慷慨激烈。法の爲めに一身を犧牲に供するの精神を有し。之を輔佐するに合志歸成氏の着實溫厚を以てし。其勢力は殆んど全縣に洽し。八淵氏ハ乃ち是れ雷霆の氣。懸河の辨。其氣象豪邁なることは古英雄の如く。其思想の緻密なること。婦人の如く自ら江東八千の子弟を率ひ。熊本大谷派の錚々たる諸名士と連結し。自ら隱忍して時機を待つ恰も饑鷹の枯林に在りて。天明を俟つが如く。殆んど日本宗敎界のオーコンチルバーチルと髣髴たり。筑前福岡には卽ち古今の大德七里恒順氏ありて。其道德其學識殆んど。海內に匹儔を見ず。而して公明直亮なる秦法勵氏之が輔佐となり全國の人心を收結して。其勢漸く四隣を動かす。此他筑後に濟々たる諸學士あり。長崎。佐賀。大分。も亦た人物に乏からず若し此等諸氏にして。相一致團結するあらば。佛敎以て改革す可く。中原以て震動す可し。而して此等の諸氏。此等の敎會。種々の事情よりして。一致投合する能はざるは。誠に九州佛敎の爲めに惜む可し獨り九州佛敎の爲めに惜むのみならず。亦た當さに日本佛敎の爲めに惜むべきにあらずや。乞ふ諸氏よ方今宗敎の大勢に就ひて大に洞察し。速に一致團結の策を採られんと切望の至りに堪へず

論說

僧侶被撰權の請願に就て

無名生

凡そ物其平を得ざれば則ち鳴る、草木の聲なき其常なり、然れとも風之を攪乱すれば鳴る、水の聲なき其常なり、然れとも風之を動蕩すれば鳴る、金石の聲なき其常なり、然れとも之を擊てば鳴る、是れ皆な其平を得ざればなり、人の聲に於けるも亦然り、平を得ざるの已むべからざるあつて後ち發す、而して其聲の高く激するは、則ち其意の切なるを示す所以なり

今僧侶の被撰權に於ける其鳴るや聲激して意切なり、豈に已むを得ざるあつて發するものならざるを得んや、蓋し論者の說によれば僧侶は既に國民たるの義務を負へり、國民たるの義務を負へるものは、固民たるの權理を有すへき資格を備ふるものなり、然るに僧侶は其權理の一たる被撰權を得ず、是れ其平を得ざる所以にして其鬱、中ちに滿ちて外かに泄れ、遂に請願の聲を發するに至りたるにて誠に止むを得ざるなりと云ふ、然れとも請願の聲を發して之を聞くものあらば可なりと雖とも、之を聞くものなくんば、其聲たるや徒然にして之を激して高からしむるも亦何の効かあらんや、我れ徒らに其聲を激昂して力を徒勞に廢消し、世人をして其愚を憫笑せしむるが如きは智者の大ひに愧つる所ろなり、知らず彼の請願者は惟に聽者をして其聲を聞かしむるのみならず、之をして其心を一動して、我が說に服さしむるの策ありや否や蓋し之れあらん、然れとも吾人は未だ其策の何邊に出つるやを聞知するを得ざるを惜む、吾人一片の憂豈に其故へなしとせんや、若し夫れ請願者は胸中一定の成策あるにあらずして誠に其聲を發したりとせは、聽者をして之を聞き以て我か平を得ざる所以を知らしむること能はずして止むや論を待たず、果して是の如くんは此一擧は正に以て佛敎徒全体の勢力極めて微弱なるを示すものにして他日其害を敎徒の運動上に及ぼすこと一二にして足らざるなり、願ふに彼れ請願者は皆な堂々たる一宗の代表として指目すべきの人士なれば、第一にも斯る無謀の事をなさゞるへくし、必ず遠からずして大ひに爲すあらんとするは、吾人の信して疑はざる所ろなり

夫れ道理の正なるものは、其正ならざるものを壓して遂に世に行はるゝに至るべきは當然の數なり、然れとも不完全なる人類社會は常に當然の數理を順行するものに非ざるなり、今ま論者の說の如く僧侶に被撰權を與ふるは果して正理にして、之を與へざるは果して正理に反せるものとせよ、當然の數より云

へば被撰權請願者は坐して其要求を貫徹し得べき理なれども、不完全なる人類社會に處して斯る氣樂なる思按は尤も以て無用なりと斷念せざるを得ず、坐して其要求を貫く可らずとせば、之を貫くに足るの手段を講じて、巧に之を遂行せざる可らず、東上委員を派するも可なり、權門を叩ひて情實を陳するも可なり、有志者の懇談會を催ほすも可なり、苟も不正ならず陰險ならずんば、何事をなすも毫も忌み憚る所ろあるべきなし、然れども其運動は俗に所謂空ら噪ぎならざらんことを要するは勿論にして請願者は其運動の前途に横はる妨礙を悉く排除するに足るべき勢力を有たざるべからず、然れども勢力を社會に有たすとせば固より充分に自己の勢力を張らざるべからずと雖とも、獨り自己の勢力を恃んて足れりとするときは、孤立の地位に立つの不便あるを以て社會の有力者と相結托し、以て大ひに自己の勢力を

牢確ならしめざるべからず、社會の有力者と相結托するとは他にあらず、對話面論して我が意見と我が精神とを腦裡に注入し以て之を我に與みせしむるに外ならず、換言すれは有力者の輿論をして我が運動の應援をなさしむるなり、彼れ請願者にして若し此一点に着目せずして、安んして其孤立の地位に立つが如きあらは、現今の時勢に疎きものとして度外視せらるゝの不幸に陷て止んのみ、東上委員固より不可なるにあらず、然れども若し彼れ有力者の輿論を動かすに足らざる輩ならは其用を爲さゞるなり、權門を叩く固より不可なるにあらず、然れども阿諛諂曲の言語擧動あるに於ては反つて僧侶能く何をか爲さんとて陰かに其身を愚弄せらんとす、懇談會固より不可なし雖とも、味方同志の集談會は會して幾百回に及ぶも、絕て其効なくして徒らに浪費を崇むるのみ、若し夫れ心事を一轉して廣く世の有力者と結

托するの策に出つれば天下豈に我が友なからんや、世の有力者にして既に我友たらば、依て以て新聞雜誌を利用すべく、依て以て演說著書に我が精神を發表すべく、大に輿論を喚起して當るべからざるの勢力を振ふも亦難きにあらざるなり、然れども若し策茲に出でざんば誠に危しと云ふべし、熟々一般僧侶社會の現狀を察するに其一小分を除くの外は大抵世の有力者を敬して遠くるが如き模樣なしと云ふべからず、敬して遠くる尙は可なり、恐れて之を避くるが如き奇觀を呈することも時として之れなきにあらず、然れども彼の請願者其人の如き固より取り除きたる一小分の人士にして有力者と結托して、共に國家の爲めに運動せんことを欲するものなれば、其胸中書策疾く熟して大ひに爲すあらんとするを信ず、何んぞ一篇の陳情書と數名の委員とを以て安んして天下の大事に當らんとするものならんや、予輩は被

撰權與奪の事に關しては別に意見を有する者あり、今は其利害得失を議するの政論上の自由を有せざれば之を論及せざるべしと雖とも、請願者諸君は自ら信する所を以て既に其運動に着手したるものなれば、余は其運動上に就き一言を呈するの不用ならざるを信ず

請願諸君は止むを得ざるあつて其請願の聲を放ちたりとせば、止むを得るに至らずんば決して其聲を閉ちざるの精神なからん、始めや其聲を激切にし忽ちにして微となり幽となり終に空無に至るが如き劣弱の擧動をなすものにあらざるべし、費用の如き巳に數百圓を費したりとせば、之に繼くに數千圓を以てせよ數万圓を以てせよ、吾人は其多きに驚かざるなり、若し費用に乏きを告けて、事を中途に癈するが如きことあらば、其結果は一般僧侶の不面目となからん、若し又百計盡きて尙ほ其意を貫く能はざんば、是れ

輿論が必要を認めざるに由るものあれば、萬止むを得ざれば隱忍して時機を待つの外なしと雖ども、始めより百難に當るの勇なくして妄りに事を擧げたりとせば、諸君は其失敗の影響によりて佛教社會に害を及ぼすこと遠からざるの責めに任ぜざるべからず、諸君豈に斯の如きの妄擧をなすものならんや、吾人は目を刮して諸君が將來の運動を見ん。

感應の說（承前）

遮宮大圓

一種の業因あるに由り日を逐ふて增殖する如く根を堅くし枝葉を繁める如きあり、彌勒大士の瑜伽論に其不增長を細示し長業を反顯したり、その一種の罪業ありとす、繁めるに至らざるを出すに十種の義あり一に曰く夢に作る處は例ゐ大罪なりと雖ども、罪の糺すべきなし、二に曰く小兒の無知にして誤を作す所ハ、其實善惡の得失を能く辨せざるの致す所なり、三に曰く故思なくして作る所のものこれなり、故思とは盜をなすに當り意中に審慮して如何せば此惡事を爲し遂げ得るやを計畫するはこれを審慮思といふ、必ずや此金を盜まんとて愈分別して盜まんと決したるを決定思といふ、盜因、盜緣、盜法、盜因、の整ふたると先正に我手に取入れたると先に結び付けたるこれを故思の盜業といふなり、殺生も邪婬もこれに同じ、然るに今故思なく思はず作る所は罪の輕きものなり、四に曰く故思にて爲せしと雖とも猛烈ならずして緩和なる手段にて屢ばしてなせる罪惡は輕きに屬す、五に狂亂してなす所、六に失念して誤りなす所、七に已れ好んでなすを欲せず强て宜しからずと思爲すれども、主人又は叔伯父の如きものゝ爲めに强迫されてなす所、八に自性に住して作る無記なるもの、如きは、善根であれ惡業であれ、す

れ程に善根といふほどに强き處なく、惡法には相違なきも惡業として繁ふべきに至らず、例へは衆人皆佛を拜せば吾も拜すれども有がたきといふ觀念なく、衆人皆詐るを以て己れも共に詐ると雖ども必ずしも詐らざるべからずとの思慮なくしてなすと先の如し、九に懺悔に損せられたる業、これはなせしと先は大惡なりしと雖ども、大に後悔して諸佛に懺悔し、、罪根の土を洗ひ落すが如く發露するを以て、其罪漸次衰萎せんとす、最後十は能退治に毀せらるゝ處なり、即ち觀念の智慧ありて吾心中に起る處の煩惱、妄想、幷に身口になす處の殺盜、婬妄、を靜に觀念してこれを打破らざる可らずと力を盡し、之を退治せんとすれば其力に依りてこの罪業の勢力を失ふものとす、上來述べし所の十種は皆な增長せざるものをいふなり、之に反せば日夜增長して終には大果を招くに至るべし

夫れ此罪業の重きを加ふるは如何して重罪となるや、これに三條の因緣あり、第一意樂によるが故に已れ猛利の煩惱に制せられ、止まんと欲して止む能はず、朋友知己の爲す所を見て、これが工夫を運らし、已れは彼れよりも巧なる所爲をなさんとの思想を運すをいふ、第二加行に由るもの即ち長時に思想を用ひ工夫を凝らし、大に熟練し來り臨機に事を誤るとなく、愈々盜とか殺すとか我手に落ち込まんとするまでの仕掛を稱して加行といふ、第三に田に由るもの即ち田といふに三あり、恩田とは父母師長のことをいひ、福田とは聲聞緣覺の聖者等をいひ、悲田とは佛菩薩にして且つ福田を兼ぬるをいふ、この大善根あるものに對してなす所の殺盜婬妄は天地も容れざる處にして、大逆罪の名を附す（完結）

國教記者に告ぐ

中邨六藏

貴社寄書家には天下の名士を雲霞の如く擁せられあるがゝ、僕は野生が如き淺學且つ目下寸暇も無きものにまで寄書を命ぜらるゝは、蓋し餓鬼も人數、枯木も山の賑はかしなればとて斯く强て命ぜらるゝことならん、然らば野生如何に淺學如何に寸暇なきにもせよ、敢て一言を呈せざるを得ず、然れども今回は何も蓄へたる議論とて無之、唯々一言貴社に望ましきことを述べて止まんとす、

曰く吾人假に之を見れば雪と鹽とは同一色にして別種のものにあらざるに似たり、然れども靜かに把りて之を味へば、淡鹹霄壤の別あり、夫れ卑屈と謙遜との如きも亦然り、泛く之を觀れば宛然同一種にして聊さかも異ならざるに似たり、然れども心を潜めて能く之を觀れば月鼈の相違あり、然るに世間往々卑屈の所爲を以て謙遜の所爲と思ふものあるは是れ嘆息の次第ならずや、

故に貪慾の如き私欲心に富みたる西洋下流の社會には、眞正の謙遜主義を吹き込むこと肝要なれども、我が日本の如き古來清潔なる謙遜主義の行はれたる人民には、復た必ずしも之を注入することを要せず、況んや近來卑屈の行爲を以て謙遜を爲すと誤まるものあるに於てをや、寧ろ斯の如き誤まり易き格言は姑らく之を罷めて、彼の卑屈の所爲を一掃し去らん爲めには、自尊主義と云ふ格言を擴張せざるべからず、然らば自尊主義とは何ぞ、曰く人あり我に問ふて汝が家内如何と聞くものあらば、我は則ち答へて言はん、我家貧なりと雖ども衣食に妨げなし、父母は聖賢にあらずと雖ども德ありずあれ通常人の及ばざる所、且つ兄弟姉妹の如きは未だ學問せずと雖ども、孝悌の心に篤く、且つ頗ぶる職業を勉むるの風あり、而して一家怡々として和睦せりと答へんとす、

又た人あり汝が縣下の狀況如何と問ふものあらば、我は將に答へて言はんとす、我が縣下は山川美麗にして土地豐饒、五穀善く稔り、鷄豚魚肉の類皆な備はらざるはなし、而して風俗朴直、且つ其當路の知事は賢明にして頗ぶる牧民の才に長じ其他縣官より縣會議員に至るまで、悉く皆な忠良貞順のものゝみにて、縣內能く治まり實に明治太平の縣下たるに耻ぢざるなりと、

若し又我に問ふて日本國の情況如何と問ふものあらば、我又將に之に答へて言はんとす、我日本國は山川の美、世界に秀絕し人民の風、勇仁義愛の心に深く、其國たる外形に於ては、歐米各國と其富强を爭ふこと能はざるが如しと雖ども、其訓礙に至りては敢て貧弱なるにあらざれ、又人民の天性智力の如きは遠く歐米の上に出づるものあり、且つ上に明天子あり堯舜と其德を齊ふせられ、特に世界に無類なる萬世一系天壤無窮の皇位を踐ませられ、治民の術固より堯舜の下に出でさせられ玉はず、且つ其宰相たるもの其他諸有司たるものは悉く皆な賢良方正能く其職に任へ、上下親睦、風俗淸潔にして恐らくは天下亦斯の如きの眞正開明國あらざるべし、況んや我海陸軍に從事するもの其將校には國の干城たるもの乏しからず、且つ其兵卒は悉く皆な熊羆と其膂力を同ふし實に一騎當千の武夫にして、且つ加ふるに我宗教の如きは宇宙間眞正無比の哲學宗教にして、數千年前釋氏の說破し置かれたる明說にて、天下之に加ふるものなきを知る、彼の基督教の如き淺劣卑猥のものにあらざるなりと、

斯の如く余は願はくは自尊主義を擴張して以て彼の自家自縣の非を他人に訴へ他縣に告げ、若くは自國の非を外國人に諂ふものゝ卑屈を一掃せんとす、是

れ余が貴社に勸めて天下に絶叫せられんことを欲する所の自尊主義なり、先づ今回は之を一言して止まん

印度史を讀む

加藤熊一郎

諸行は無常なり盛衰は常、人事の豈に左右し得べきところならんや、往古來今、宇內國を建るもの、其幾許なるを知らず、其盛衰榮枯亦た幾變遷を經過せるやを知らず、然れども彼等は皆な敵となり味方となり或は東西に分離し或は南北に合從し、或は權威赫々たる強邦となり、或は氣息奄々たる亡國となり、輾轉變遷しつゝあるなり、見よ、古昔華美と榮譽とを四隣に輝したる巴比倫亞悉利亞今焉にある、美術の精巧と文學の幽妙とを以て、一世を風靡したる希臘今焉くにある、不屈の精神と豪毅の氣象とを以て天下を蹂躙したる羅馬今焉くにある、舊國埃及西利亞、今ま將た何の處に存する、彼等の中には僅に獨立の命脈を繫ぐものあらん、然れども其大半は豪勇榮華一時の夢と消失したり、人若し彼等の古都を過ぐる累々たる古墳を萋々たる野草の中に認め茫々たる沙漠中、時に昔時の遺跡を見ば誰か一點袖を沾す涙なからんや

東洋國あり、印度と云ふ、面積一百五十五万方里、人口二億五千六百万地味肥へ產物豐かなり、其建國を問へは今を距ること五千年、實に世界の舊國たり、而して現時は全く自主獨立を失ひ彼の碧眼鬚奴の爲めに生命財產の權を奪畧せられ、壓抑日に甚し然れども彼等人民は、皆因循に流れ姑息に陷り、舊來の元氣を沮喪し、喜馬拉山上の雪清しと雖ども、以て其屈辱を雪ぐに足らず、「ゲンヂス」河の流れ急なりと雖も、以て其塗炭を濯るに足らず、却て「ボンベイ」港內に林立する英船を見て、戰々兢々乎たるに

至れり、彼等は已れが祖國の滅亡を悲まざるか、英國の虛政を憤らざるか、彼等は其前代に於て幽玄美妙なる哲學を發見せり、完全無垢なる宗敎を形ち造れり、大敎主釋迦を出せり、大英雄バーベルを産せり、而して萎靡不振今日の如きに至れるものは何ぞや、二億万人の多き豈に一人の勇壯活潑其人なからんや、然れども其多數の精神氣象共に沮喪せるか故に、終に亡國の地位に沈淪するに至れるなり、此史を讀むもの誰か慨嘆せざらんや、然れども、凡そ國家の滅亡し、沒落する所以のもの、多くは是れ人民精神の腐敗に基因せざるはなし、人民精神の腐敗も亦た偶然に發生し得べきにあらず必らず因て來るところなくんばあらざるなり、何をか其基因といふ、他なし宗敎の衰頹卽ち是れなり、

想ふに印度の始めて起るや、波羅門敎實に彼が案內者たり、而して其愈繁盛に赴き國威四隣に輝き、今日に至るも尙は且つ曾て一大國たりしを承認せしむるに至りしは、佛敎の力なり、蓋し佛敎は婆羅門敎及其哲學の進化したるものにして、亦印度固有の宗敎に外ならざるなり、然るに中世回敎侵入し國漸く將に衰へんとし、基督敎の傳播と共に國は全く獨立を失ひ英國の頤下に屬するに至れり、吁嗟宗敎の變易は信仰の變易なり、信仰の變易は精神の變易なり、精神既に變易す國滅せざらんとするも得んや、埃及の敗將アラビートパッシャは南海の孤嶋に嘆じて曰く、歐州の東洋を征畧する策は干戈にあらずんば顧問官を送りて施政を左右せしむるに在りと、余は更に加ふるに宗敎の傳播を以てせんとす、試に思へ彼歐州各國が「オットマン」帝國を忌み、新月旗を憎み埃及を從へ、安南を畧し緬甸を奪へるもの、一に皆な其呑噬飽くなきの致すところなりと雖とも、彼等財富を望むの甚しき豈に初めより干戈を弄せんや

彼等は其始に於ては姦商る瀾倒る埃及る皆ある宗教を傳播せんと企てたり、然れども其結果の不良なりしか爲め、終に事に托して彼等を略奪せり、若夫れ宗教傳播せば其結果に於て亦今日と異なる所あらざるなり、嗟彼の基督教は今や彼れ歐洲人士呑噬の具となれり、佛人「ドラブレー」嘗て曰く、宗教の異種なるは今日戰爭の一原因なりと、余は彼等が果して宗教信仰の厚き、熱心の極、異宗教徒を屠戮するや否やを知らずと雖ども、彼等若し基督を信ぜハ、其博愛平和の教育を棄てゝ、何故に奪略戰鬪今日の如きやを疑はざるを得ず、畢竟彼等の信仰する基督教は略奪の干たり、呑噬の具たるを免れざるなり、印度の衰頽滅亡豈に故なからんや

然れども憂ふる勿れ、今や佛教は大に挽回し、世尊の妙理大に發揮し、昔日印度人民の信仰を支配したる佛教は將に宇内人民の精神を支配せんとし、米にオルコット氏あり、英にフオンデス氏あり、佛に瀕外宣教會支部起らんとし、獨に佛教信者の大學教授あらざ、狀態如此し、佛教豈に振はざらんや、纎潔せり、時到れり、佛教復興の時到れり、而して印度人民亦漸く英王の酷政を怨み、將さに大に反亂を企んとすと、若し夫れ歐洲の平和破裂せは、印度豈に今日の如くにして已まんや、其第二の合衆國を建立するに至るや想ふべからざ、快又快ならざや、風雷霹起り、激雨窓を打つの夕、偶々印度史を繙て感慨に堪へず、筆を走らして一文を綴る、

蒐録

左は井上哲次郎氏か東京斯文學會に於て演説せられたる大要なり、匆卒の際筆記したるものなれば固より誤謬の點なき能はざ請ふ諒せよ、

歐洲に於ける東洋學

井上哲次郎

歐洲に於て東洋の學と云へば、埃及其他の言語文章に關すると悉くを指すも、余か今ま述んとするは主として印度以東を指すなり、印度の學はこれを支那日本に比較するに最も盛んに行はるゝものにして、彼の英國裁判官ウイルリヤム、ジョンス氏を以て此學の始めとす、爾來英を始めとして各國には共に這種の學藝を教習するもの多し、殊に獨乙の如きは、二十の大學悉く梵語を教授す、學生はさまで多からざるも、何れの學校にも就學者あり、然れども其研究するは佛教にあらずして、波羅門教の經典なり、其他印度の文學に關する書類其數多く、歌謠詩賦の如きもの大に行はる、（彼の「マハマラター」の如きは最も名高き詩なり）佛教もまゝ講ずる者ありと雖ども、南部佛教にして「パリー」語を以てこれを書せり、然れども多く梵語（サンスクリツト）を用ゆ、

歐洲梵語の大家は非常に多く、到底日本人等の企及すべきところにあらざ、最も有名なるは獨のウエーバー氏とす氏は自國の語を知る如く梵語に通し、馬鳴の書を多く飜譯せり、氏は亦大に波羅門の教義に通ず、魯には「ベトリンク」氏あり、英には「モニユル」氏あり、「マクスミユラー」氏あり、米には「ホイトニイ」氏あり、其精通博識印度學者と雖ども到底及ぶ能はざるものあり、彼の印度の學者は能く梵語を以て詩歌を賦し經典を誦するも、其研究方法歐洲の學者に比して大に劣れるが故に、印度學校の教科書も尚は英譯の文典を用ゐざる可らざるに至れり、

獨乙に古へ「フランスボルク」なる人あり、博學多才釋迦とは人種の名にして、牟尼とは智者の意なり、而して此人種は「アリヤン」種に屬することを唱道せり、即ち今日の歐語は「ゼルマニツク」「ローマニツク」の脈語及「スラボニツク」語脈あるものにして、要するに印度「ゼールマニツク」に屬することを發見せり、爾

來歐人か東洋印度學を研究するの念益盛んになれり、かくの如く歐洲人は學理の力によつて、言語學を研究するにより、其發達速かに其研究精確に、到底東洋人の及はさるところあり、然れとも佛教のことに關しては、東洋人之れを放棄し去るへからす、何となれは歐洲に於ける佛教は主として南方佛教にして所謂小乘なるものなり、されと北方佛教と雖とも小乘なきにあらさるも、其東洋文明に大なる影響を與へたるは北方佛教なり、故に之れを研究するは甚だ肝要なり、然るに歐洲人は小乘家の佛教を講究し、之れを以て佛教全体を推論するが故に大なる混雜を來せり、獨國有名の南方佛教學者オルデンベリヒ氏は曰く、南方佛教は古くして北方佛教は新し、故に南方佛教を研究すべしと、然れとも氏の論亦缺點なきにあらす、氏は南方佛教を古しと云ふもそれのみにて其年月なく何故に古きと云ふ所以を示さす、且つ氏は支那語を解する能はす、之れを以て未だ北方佛教を知らす、唯だ以て不可なりとす、論據薄弱なりと云ふへし、佛國にセナール氏なるものあり曰、釋迦は人にあらす太陽なり、而して日本にあらす、大佛は釋迦にあらす、「ビルシャナ」即ち光線(「バイロケヤナ」なり「バイロケヤナ」は印度の神の名)なり、而して亦理なき言にあらす、要するに大乘の如き至美なる學理のことは彼れ之れを知らす、近者少しく之れを研究するもの出たり、魯のバッシリエフ氏、英のエトキンス氏佛のビュルノフ氏、獨のアイツル氏、は現に支那にありて其佛教を講究せり、日本人も支那佛教講究に力を盡すへし、然れとも今日に於て經文の飜譯を讀み之れを研究するは不可なり、原語を研究して佛教の理を究めるは佛家の務めなり、泰西學者稍もすれば云ふ北方佛教は僞教なりと、今日の佛教家宜しく取て其理を證明せさるべからさるなり、

之れより支那學に於ける景況を述んに、支那學は梵語より之れを研究するもの少し、併し日本語よりは盛んなり、佛にはアベルレミサー氏、獨にはショット氏、等大に之れを究め魯にはバッジリエフ氏、ミナコフ氏、英にはモリソン氏ラユベリー氏あり、氏一種の說あり支那の文學と巴比倫の文學亞西利亞の文字とは相似たることを論せり、大學教授ツグラース氏あり老孔のことを論せり、氏は老教を以て佛教を基礎として立てたりと論せり、蓋し不稽の言のみ支那語は主として南方の語を研究し、北京近傍の語を研究するもの少し、

日本の學問は如何織田信長の時「バテレン」の連中あり、來朝して文典等を持ち歸りしも爾來中絕の狀となり、近世に至り再興し和爾陀人之れを研究し、ジーボルト氏は日本の文學宗教のことを研究し、一書を著述せりホクマン氏は純粹の日本學者にして文典を作れり、レオンドローク氏は日本紀を佛語に譯せり、文典、國學のことに關して著述あり、英にはサトー、及チャンバーレン氏あり墺にビツマイヤー氏ありて神教のことを譯せり、如斯各國日本のことを研究せり、而して東洋大學の設るに至つて日本語も亦其一科目たるに至れり、獨乙に於て此科を設くる前へ佛蘭西に於て之れを置けり、東洋學校は英佛獨墺魯悉く之れあり、魯國日本語最も注意して精密なり、斯く各國にあつて東洋の事情は善くわかりなれり、又日本の美術のことは其研究甚だ盛なり、殊に佛國の如きは研究者多く其勢盛んなり、

余は以上に於て歐洲に於ける東洋學の大要を略述し來れり、今余の見解を以てすれは學者の增殖と共に東洋學大に發揮し、後には日本學支那學として之れを研究するの學者增し、東洋のこと益明かならんとは

一は學問上一は政略上の必要より起れるなり、日本人は日本語を充分に研究すべし、これを歐洲人より教へらるゝ様なれは一國の汚辱なり、日本人は自國の語を學ぶこと少なく、徒らに西洋に心醉してABCのみ學習し、これを等閑視するに至ては國家教育行はれざ、我國固有の精神を喪失するに至らん、彼の印度を見よ自國の語を教ゆるに英の文典を用ゆるにあらずや、

翻譯

自然ノ理法ヲ論ズ（承前）

メルケエルス氏

凡ソ人ガ已レ自ラナシタル行爲ハ各人一箇ノ性質ヲ組成スルモノナリ、若シ爰ニ不整雜駁ナル力（フォース）即チ惡ナルモノアリテ、或ル反對ノ動作ノ爲メニ中立セラルヽモノトセバ、其力ハ如何ナル影響ヲ受クルヤトイフニ、譬ヒ潔白ナル精神力トハナラザルモ、猶ホ以前ノ如キ私慾的ノ働ヲ變シテ多少異ナル結果ヲ呈スルナラン、換言スレハ惡テフ力（フォース）ハ變シテ幾分カ善ナル力トナラン、之ヲ以テ精神ノ力即チ靈魂活動力ノ平衡ガ積極的性質即所謂智力ニ傾クハ人間ハ積極的ノ存在ヲナシ、而メ事物ノ勢力、理法、元則或ハ要素等ノ爲メニ制限ヲ受クルヿナシ、形而上ノ存在此ノ如キ有樣ニ於テハ人間ハ常ニ快適活動及滿足ヲ感ス、然レモ此有樣ヲ持續スル間ニハ多少外物ノ結果ヲ感シ、苟クモ之ニ抵抗スルトキハ忽チ不滿ノ狀態トナル、精神ノ性質ト常ニ光明ナル活動シタル經驗ナルモノナリ、之レニ伴フトキハ人ハ常ニ精神上活動ヲ感スルモノナリ、夫レ既ニ述ヘタルガ如ク感覺上鈍ナラスシテ鋭ニ賜ナラスシテ敏ニ不滿ナラスシテ愉快ヲ生スル所以ノモノハ、人間ヲ組織スル内部ノ力カ精神ノ性質ト智力ニ關スルヿヲ示スモノナリ、但シ情緒ノ反動ニヨリ靈魂ヲシテ中絶ノ位置ニ立タシメ、或ハ此反動作用ガ智力ト混乱スルノ場合ハ此限リニアラス、此ノ如ク反動作用ノ交渉スル時ハ、通常ノ積極的智力ヨリモ少シク多量ノ智力ヲ用ヒザルヲ得ズ、且ツ此肉体的ノ靈魂ハ自体ノ純潔ヲ增スニ從フテ少シツヽ妨礙ヲ被ルモノナリ、然レモ此靈魂ガ積極的ノ力（フォース）即チ智力ヲ得ルトキハ、精神活動力ノ增加ニ底シ、從テ積極的勢力ノ結果ヲ增加ス、之ニ於テカ靈魂ハ一ツノ力トナリ絶對的靈魂ノ理法トナリ、凡テノ障礙ヲ排除シ隱然智力ノ動作ヲナス精神ハ又タ現在生活ノ如ク、人間ノ積極的性質ヲ組成ス、精神ハ一ツノ理法ナルヿ、及ヒ積極的性質ノ靈魂ト調和スルヿ、人間ハ完全ナル獨立ノ理法ニシテ且ツ生存上互ニ相提携シテ運動ス所謂積極消極ノ結合体ナリ、之ニ因テ之ヲ見レバ人間モ亦宇宙ノ理法ナリトイフベシ、凡ソ此ノ如キモノハ理法トイヒ、運動トイヒ、活動力トイヒ、絶對的ノ力（フォース）トイヒ、又打破スベカラザルモノナリ、然リ而メ完全無缺ノ有樣ニ於ケル人間ナルモノハ、運動、活動力、絶對力、ニシテ且ツ不死ナルモノナリ、換言スレハ神（ゴッド）ノ幻影ナリ、之ヲ以テ一方ヨリ云ヘハ神トイヒ、他方ヨリ云ヘハ、神ノ形チ有スル人間、一ツハ智力、他ハ絶對的獨立、一ハ無限、一ハ永久ナリ、之ヲ此レ自然ノ理法トハイフナリ、（完結）

寄書

今日ノ僧侶ハ半ハ跪（ザトヘ）カ

隮愚 體量

東ヨリ西ヨリ南ヨリ北ヨリ、海トナク山トナク、交路ノ通スル限リハ、朝ニ事アレハ夕ヘニ、夕ヘニ事アレハ朝ニ、吾儕山間茅爐ノ陋居ニマテ、速ニ能ク勞ヲ得テ、跛々喃々耳朶ニ觸ルヽモノハ今日世態ノ有樣ナリ、而シテ取ルヘキモ尋フヘキモノアラン乎

、捨ルヘキ悲ムヘキモノ無ラン乎、吾儕此ニ千思万考スルモ取ルヘキ喜フヘキモノ殆ント無キカ如クニシテ、捨ルヘキ悲ムヘキモノ亦以テ無キヲ保スル能ハス、顧ミテ吾國僅々二十餘年間ノ短歴史ヲ考フルニ、固ヨリ吾カ日本人カ天然摸擬ノ才ニ長スルトハ云ヘ、何ソ料ラン、政事法律兵備ノ大ナルヨリ、學門技術教育宗教衛生等、及ヒ一般人民ノ風俗思想等ニ至ルマテ、今日ニ之レカ發達ヲ見ル、而シテ之レト共ニ或ハ事ニ其ノ秩序ヲ誤リ、多クハ急進過激ニ失シ、却テ一般人心ノ激昂、思想ノ紛擾、遂ニ滔天飛地ノ一大波瀾ヲ國面ニ於テ呈出スルニ至ルヲ見ルモノアラントハ、然レトモ吾カ日本人カ他ノ長ヲ取ルノ才能ニ長スルハ、他國人モ共ニ許ス處ロニシテ、支那朝鮮ノ交通ハ遠ク久フスト雖モ、泰西諸國ニ於ケル開國ハ、異種ノ人類、種々ノ風俗習慣ヲ異ニスルニモ拘ハラス、時ヲ移サス均シク之ニ交通ヲ結フニ當リ、泰西各國ニ對シ、恰モ好シ日本人カ特種ノ天才ヲ以テシタランニハ相違ナシト雖モ、時急ナリ事多事ナリ、如何ソ其ノ間一々之レヲ選フノ遑アルヲ得ンヤ、之レヲ要スルニ幾多ノ原因事情アリテ然ルモノナレハ、理勢此ニ至ラスンハアラス、何ソ深ク怪ムニ足ランヤ、否此ニ努力シタリト云ハンノミ、一轉シテ濶大家ノ眼光ヲ以テ、一ニ世界ヲ見下シタル議論ニ依レハ、凡ソ世界各國ノ變遷モ其開達否塞ニ於テ、且ラク緩急遲速ノ差アリト雖モ、概シテ之レヲ云ヘハ世界ノ常態ニシテ世界ソノ物ノ自相ナリト云フニ外ナラス、語ヲ換ヘテ之レヲ云ヘハ一塵ノ充欠ハ、世界動靜ノ一原子ニシテ、一思想ノ正否ハ心意ノ明晦ニ關スル一大原因ナレハ、事理ノ飽細トナク、形物ノ大小トナク、共ニ只世界調和ノ順逆ニ關係アリテ然ルノミ、一ニ人力ノ左右シ得ヘキニアラス、以テ之ヲ憂フルハ杞人ニ似タリ、之レ窓前ノ落葉モ何ソ異ナラント、夫レ然ラン然レモ吾儕春日花下ニ笑フテ忽チ秋日庭前ノ落葉ニ悲ムノ靈能ヲ有スレバ、假令ヒ大小平等ノ理ニ通曉スルモ、娑婆即寂光ノ妙理ヲ着得スルモ、小ハ未タ以テ大ヲ支ヘ、娑婆ハ以テ未タ寂光ヲ遮セサルハアラス、如斯ノ境遇ヲ脱セサル限リハ、微塵モ尋テ洩ラサス、寂光モ求メテ止マサラントス、豈ニ佛教ノ單理ニ安スルヲ得ヘケンヤ、況ヤ眼前世運ノ危急ニ接スルヲヤ吾儕若シ今日ニシテ小心翼々一身ノ在ルヲ忘レテ、世間ヲ濟フノ策ヲ施コサスンハ、大悲ヲ念頭ニ浮フ

ルノ職分其ノ實何ノ日ニカ竭ス處アランヤ、

然レハ今日ノ形勢ニ當タリ、身佛門ニシテ徒ラニ世ノ風潮ニ乘シ、一ニ自己ヲ利スルカ爲メニ爲法ノ事業ヲ口實トシ、強テ世ノ趨勢ヲ執拗シテ、孜々汲々期シテ成果ヲ待ツカ如キハ、世ノ擧テ擯斥スルモノ、如クナレハ吾輩殊ニ言フヲ欲セスト雖モ、却テ惜ム吾カ教門中磊磊タル人物ニシテ、徒ラニ磊磊然トシテ裏面或ハ婦人ニ等シキ擧動無キニアラスト雖、遂ニ全ク磊磊然ニ過キス、而シテ世運ノ盛衰否ナ佛教ノ危急モ更ニ宛モ窓前ノ落葉ト等シク看過シツヽ送ルノ憾ナキニアラザルヲ、然レモ今日ノ衰運ニ在テ名譽ト位置トヲ保チ得テ、其ノ實ヲ盡シツヽアル名譽ト位置トヲ抛テ、短身獨歩縱横ニ爲法ノ實ヲ盡シツヽアル人物夫レ幾人カアル乎、吾輩一タヒ思フテ此ニ至レハ血涙身ニ灑クヲ知ラス、而シテ吾輩ヲシテ此ニ泣カシムル者ハ在僻ノ愚僧ニアラスシテ、却テ法門ノ一干城タルヘキ磊磊タル僧位ノ人ニアリ、若シ愚僧ニシテ然ルモノナラハ宜シク恕スル處アルヘシ、嗚呼泣カサラント欲スルモ得ヘケンヤ、

又少シク眼眸ヲ轉シテ、吾輩教門内ノ運動ニ留メテ、考一考セハ諸宗大圏体ノ輿論ノ有無ハ先ツ措キ、一宗一派ニ於テ輿論ノ終結ヲ得テ、能ク其ノ軌轍ヲ蹈ミ、濶發地ニ運動ノ眞價ヲ有スルモノ果シテ之レ有ルカ、一宗一派ノ寺法ノ宜シク正當ヲ得テ一派ヲ統理シテ實際宗門ノ美果ヲ収取スヘキノ實アルモノ之レアル乎、小ニシテ輕キモノハ良々其實行ヲ見ルト雖モ、是レ只從來宗内ノ慣習上存スル如キモノヲ以テ之レヲ行フノミ、故ニ甲乙地方大ニ其ノ不公平アルヲ見ル、而シテ大ニシテ尤モ重要ニ出ツル如キモノハ是レ只一針點ヲ取ルヲ得ンヤ、今日ノ澁滯此ニ至ラスシテ何ソヤ、抑モ又寺法ノ不完全ナル其ノ責メ一ニ輿論ノ不完全ニ由ルモノニシテ、而シテ其教門中一派々々ニ割踞スルモノハ、一モ今日ノ時勢ニ適應シテ、駸々佛教ノ輝光ヲ世外ニ中射シ去ルノ眼光ヲ以テ發シタル議論ヲ見ス、却テ局外ノ人ニ於テ之レ在リ、吾輩此ニ大ニ當局僧侶ノ心事ヲ怪ムト共ニ、悲憤慷慨ニ堪ヘサルモノアリ、何ソヤ今日吾國政海ノ波瀾モ未タ今ヲ以テ極度ト爲ザルモ、早ヤ政熱ノ爲メニ都鄙ヲ問ハス、一般民心ノ激昂甚シク、中ニ山塞僻地ノ田舎ニ於ケル却ツテ野心ヲ抱ケル僞政家多クシテ、民心ヲ不善ニ攪動シ、遂ニ德義ノ跡ヲモ斷タシムルノ狀アルハ特ニ掩フヘカラサル

ノ事實ナリ、此ニ於テ乎世ノ志人ハ吾カ佛教ニ對スル感覺ハ案外ニ出テヽ、一般民心ノ徳義ハ既ニ細クシテ如糸ト云フノ感情ヲ持シ、遂ニ之レヲ繋クニ佛教ヲ以テ之レニ望メリ、各地村落ニ至マテ佛教會ノ盛ナル是レ其ノ徴證ナリ而シテ吾輩窃カニ世ノ志人ノ思想ノ針點ヲ知ル義キニ議員選擧ニ際シ多數ヲ守フカ爲メニ、佛教ヲシテ一ノ手段ノ要具トシテ徒ニ假面ニ讃揚シタルノ卑怯拙劣ナリシヲ、自ラ悔悟スル處アリ、聊カ學道ノ重キヲ覺リテ、大ニ徳義ノ風采ヲ帶ヒテ、稍々佛教ニ對スルモノ、比々其ノ多キヲ目擊セリ、而シテ吾曹ハ之レヲシテ眞弟子眞男子タラシムルモノ之レ其ノ責任ナリ、而シテ其ノ志人タル概シテ今日佛教ノ澁滯ヲ忿懣セサルハナシ、今日ノ如キ逡巡以テ舊日ノ日ヲ送ルアラハ其ノ責吾々當局者ニ向テ將ニ訴フル處アラントス、如斯八方ヨリ起リテ初メテ輿論終結ヲ見ルトセハ、吾輩何ヲ以テ其ノ責任ヲ全フスルヲ得ンヤ、是レ悲憤ニ堪ヘサル所以ナリ、

殊ニ顧ミレハ吾カ一派ノ中ニハ老練ノ學師モ少トセス、青壯年ノ才器アル學子モ亦乏シカラス、然ルニ其ノ老練家ニシテ未タ一モ將來ノ弘法ノ方針上ニ就ヒテ百年ノ長計ヲ畫シテ、之レヲ指點セシモノアラス、然レトモ吾輩ノ管見ヨリ窺フトキハ、決シテ計畫ノ無キニアラサルヲ信ス、サスガニ老練ノ老練タル所以ニシテ事ヲ重キニ持シ時ヲ待テ大ニ致ス處アルヘシ、而シテ亦遠キニアラザルヲ期シテ唯仰テ時ヲ待アランノミ、而シテ吾輩未タ壯年學生ノ吾一派ノ前途ニ對シ如何ノ感想ヲ抱ケルヲ知ラスト雖モ、殊ニ同胞諸君ニ質ス一事アリ、曩キニ普通校ニ於テ大ニ英名ヲ轟カセシ、英邁機敏ナル一學生修學ノ爲メ大ニ志望ヲ懷キ、他モ亦一派ノ爲メ大ニ望ミヲ將來ニ屬シ、既ニ英國ニ向ケ渡航シ現ニ在學中ナル小林洵氏ノ書翰ナリトテ、此頃ノ令知會雜誌ニ掲ケタルモノ是レナリ、以テ左ニ轉載ス、

引續キ御清昌ノ事ト察シ候降テ小生事無事在學仕居候間乍憚御安心可被下候此頃ハ國會前故喋々多繁ノ事ト察セラレ候當撰者ヲ見ルニ僧籍ニ在リシ人モ隨分多キヤニ見ヘ候何卒之レヨリ生スル好結果ハ勿体ナクモ法衣ヲステ、俗界ニ退却シタル丈ノ功能有之ハ重疊万一其甲斐ナクメ空シク人ノ笑トナル如キ事アラハ冥慮ノ程モ恐入リタル事ニ候ハスヤ本山等ニテモ十分ニ古格ヲ守リ如何ニシテモ動カヌ樣ノ固メヲスルカ肝心ニテ進歩トカ改革トカ云フハ大ナル誤リト存候英國教會ノ持テダルハ習慣トハ云ヘ宣教師タル人々ハ悉ク大學ノ博士學士タル人故先ツ今ノ處ニテハ學問ニテ持テルモノ、如シ故ニ頑然トシテ動カヌトモ日本ニテハ少シク之レト違フ故不動ノ固メハ六ケ敷今日本ノ宗門ニ對シテ教會組織トカ大改革トカ云フハ大過失ノ事ナリト信シ候云云(下畧)

吾輩直ニ批評ノ加フルヲ欲セス、然レモ此ニ一話ヲ以テ章ヲ結ハントス、此ニ童子相集リテ江邊ニ遊フ時ニ一童衆童ニ語テ云ク、此ニ誰レカ篇舟ヲ繫キ去ルモノアリ幸ニ彼レニ乘シテ一興ヲ試ミン、掉櫓ノ法何ノ難キコトカアラン、吾恐クハ其ノ道ヲ能クセン、諸子如何ン衆童忽チ一聲ヲ以テ、同意ヲ表ス、而シテ共ニ先キヲ爭フテ舟中ニ坐ス、一興言フヘカラス、稍々アリテ舟ノ滯泊ニ倦ミ纜ヲ解キ櫓ヲ轉シテ、屢々灣中ニ在テ流ニ任ス屢々亦興ヲ添フ時ニ不圖圖風吹キ來テ、大ニ激波ヲ起ス舟將サニ危カラントス、一童以爲ヘラク楫櫓ノ術已ニ施ス能ハス、徒ラニ此ニ安ンスルアラハ漸クニシテ廣灣ニ漂流シ、遂ニ風ノ爲メニ轉覆スルハ亦免ルヽニ道ナシ、今ニシテ寧ロ死スルトモ激波ヲ排フテ岸頭ニ至ランニハ如カス是レ機急ノ一策ナリト、忽チ衆童ニ向テ議ス衆肯ンセス瀾發ナル二三ノ童子ハ方サニ身ヲ激波ノ中ニ投シタリ而シテ舟ハ激波ニ捲カレ廣灣ニ向テ流ル兩ナカラ未ハ如何、

史傳

日本佛教沿革の一斑

開明新報社 神代洞通

緒言

人王第三十六代欽明天皇御宇十三年に、百濟聖明王佛教を吾が皇朝に貢献せしより、今上皇帝明治廿四年に至る迄、之れを概括するに、上下一千三百四十年、其の間、高僧知識かはる〲起り、天皇后妃これに歸依し給ひ、月卿雲客これを奉持して、法益常に遍ねし、然るに此の法たる、之れを三韓及ひ支那に傳へて弘むるあり、或は日本に更らに一宗を開闢せるあり、時には外障小厄ありてその盛衰汚隆一ならさると雖も、法水混々として、遍く五乘の機を

遍ほし、四軍（羊、鹿、牛、大白牛車）普く馳するの、これを地球上古今佛教傳播の歴史に求むるも、恐らくば他に比類なかるべし、見よ印度は釋尊出世の靈地なるも、遺教の澤、一千年にして斬ち、支那の如きは晋宋齊梁隋唐の世に全盛なりしも、元明已降は漸次汚下に趣き、清朝に至りては纔かに餘喘を教外の一宗に保つのみ、其の今日荒涼たる景狀を形容すれば杜牧の所謂南朝四百八十寺、多少樓閣煙雨中といへるもの清朝の佛教を描寫して餘蘊なきものと云ふべし、古昔三韓の盛なりしも忽焉として逝き、今は深山空谷の中に纔かに僧侶の名稱を留むるも、賤族を以て賤められ國民に齒せられず、その他暹羅、西藏の如き佛教の盛大を誇稱すと雖も亦これを日本の佛教に比較せば、其の弘傳の長久なる、その法理の純潔なる、蓋し遠く及ばざるものあらん、嗚呼盛なる哉、日本の佛教、聖德皇大乘相應の聖識、實に空しからずと云ふべし、今これが沿革を叙する亦決して無用の業に非ざるを信ずるなり、只余や寡聞淺識觀察力に乏しく、殊に本誌の餘白限りあれば、穿く挂漏の多き、亦其の責めに於て敢て辭せざる處なり、請ふこれを恕する所あれ、

沿革の時期

余は今一千三百四十年間を大分して試みに三時期となし、其の沿革を叙するの便宜に供す、

第一期を欽明天皇十三年より鳥羽天皇保安四年迄凡そ五百七十二年間これを佛教流通傳播の時代とす

第二期は崇德天皇天治元年より後水尾天皇寬永六年迄凡そ四百十六年間これを佛教發達進步の時代とす

第三期は明正天皇寬永七年より現今に至る迄二百六十二年間これを佛教停滯不振の時代とす

已上の三期は上に述ぶるが如く、一時便宜の上に就て云ふ迄にして、確として動かすべからざるものあらざるなり、然れどもこの三時期の順序に於ては余は自ら誤なしと信ずるものなり、請ふ漸を逐ふて概述せん、

第一期　流通傳播の時代（上）

五十七朝五百七十二年間、これを稱して流通傳播の時代となすものは、欽明の朝百濟王佛像經卷を貢献せしに始りて、爾後三論、法相、律天台、眞言、の五宗及び俱舍成實の寓宗の如き皆な支那弘傳の儘吾が國に流布したる時期なるを以てなり、歷代の天皇にして未だ表面佛教を信じ給はざりしは纔かに欽明、敏達の二朝なり、これ佛教本邦に入るの際、中臣連、物部守屋の二人、馬子と政權を爭ふの餘勢、馬子の佛を崇じたる爲め、二人これを排擊したるものなり、然れども其の影響は暫らく佛化を屏息せしめたり、亦これ佛教の一小厄といふべし、然るに佛教の吾が國に入りしはこの已前にあることは水鏡に繼体帝の十六年（欽明帝の十三年より三十一年前）南梁の司馬達大和高市郡阪田原に於て草堂を結んで佛を奉ぜ、世未だ佛を知らず、號して異域の神と云ふ、又志磐の佛祖統記に梁の元永々年（欽明帝十三年より四十八年の前にあり）罽賓國の沙門五人扶桑國に至りて佛法を流通することを記せり、已に佛教の蹤跡ありしを知るべし、次で用明天皇始めて佛教に歸依したまひ、推古天皇詔して佛法を興隆し、これより群臣競ふて佛寺を作り、聖德皇太子十七憲法中に、佛法僧の三寶を以て四生の終歸、万化宗の極宗となし給ひ、身攝政の位にありて、三寶を紹隆し、維摩、法華、勝鬘の三經疏釋を作り、これを講敷しては両華の瑞を感じ、山城、大和、攝津の間に宏壯なる伽藍を建立する等、實に日本の教主を以て稱すべ

し、而して日本の文物は始め三韓に取り、皇太子小野妹子を隋に遣はして國書を通せしより、遣唐使、留學生踵を接して絶へず、文明の需用は殆んど支那に供給を仰ぐ、其の狀猶は維新の際、吾國公使を歐米各國に派し、其の文物を輸入するに汲々たるが如き有樣あり、舒明天皇十二年に、齋會を宮中に設け、僧慧隱をして無量壽經を講說せしめ、齊明天皇六年に、一百の袈裟一百の高座を作りて仁王般若を講說せしめ、爾後宮中齋會の講說、誦經、燃燈、灌佛、宮中安居、放生會、盂蘭盆會、無遮大會に至る迄歷史の紀する所筆を絶へず、宮禁の內年中の行事佛事殆んど其の半に過ぎたり、而して歷聖の僧侶を厚遇ありしは、孝德天皇、の僧旻に於けるが如く、其の病むや車駕房に臨みてこれを訪ひ給ひ、其の手を執りて云く、若し法師今日亡ひなば、朕は則ち明日亡びんと、其の死するや、哀悼痛哭中使を遣はしてこれを弔し給ひたる等を以て歷朝に於ける其一班を知るべし又聖武帝の東大寺を創め、大佛を鑄造し、戒壇院を建て、鑑眞を戒師とし、行基を大僧正とし、（僧正の官は推古天皇三十二年沙門の不律を撿校せしむる爲め觀勒を僧正とするに始る、然れども大の字を加ふるは行基にあり）身九五の位にありて北面下座し、其の啓疏に三寶の奴勝曼と稱するに至りては、其仰崇敬の厚き、梁武をして一步を讓らしむるものあり、而して其の後剃髮入眞法名を稱し給ひしは、淸和天皇の沙門宗睿に就て持戒し、素眞と稱し、宇多天皇の仁和寺にありて空理と稱し、三歸十善戒を益信に受けて法皇の號を稱するに至り、御門跡の號始り、隨つて公卿の披剃入道するものを、院家院室と稱することゝなれり、其の後醍醐天皇の寶金剛、朱雀天皇の佛陀壽、村上天皇の覺貞、圓融天皇の金剛法、花山天皇の入覺、一條天皇の精進

覺、三條天皇の金剛淨、後朱雀天皇の精進行、後三條天皇の金剛行、白河天皇の融覺、鳥羽天皇の空覺と稱し給ひて、法皇位にあるが如き、恐らく三國に其の比例少かるべし、故に皇子后妃の受戒入道あらせられしが如き、枚擧に遑あらざりしも、平城天皇の皇子眞如法親王遠く法を求め、印度に至らんとして、遂に羅越國にて薨去し給ひし如き、千歲史を讀むるものをして涙滴の下るを覺へざらしむるものあり、中に就て淸和天皇の思を佛敎に潛め、敎を眞雅に受け、僧の宗叡を常に左右に侍せしめては、華嚴涅槃の諸大乘敎を聞き、朝夕菜蔬に御し、酒酢壇鼓を絶ち、六時苦修、三日一度び齋飯を進め、其の崩ぜる、西に向て定印を結び、宸儀儼として動かず、修得の佛僧と雖も、亦其の右に出づること能はざるべし、而して其の位にある樞機整密、國家安靜、後世治を稱するもの、必らず指を貞觀に屈するもの、亦佛化に資するものあるを知るべし、而してこれに繼ぐものは宇多天皇にして、天皇幼より脫塵の志銳ありしも、光孝天皇の崩御に逢ひてこれを果さず、然れども素志遂に變じ給はず、眞言の法說を傳持し給ふ、花山天皇の如きは、脫屣の初銳意ありしも、晩節を全ふし給ふこと能はず、惜むべしとなす、白河天皇の如きは、法華經を增擧に、止觀を良眞に受け給ひ、叡信殊に篤く、屢々叡山高野に幸し給ひしも、其の跡に就てこれを見れば、只世福興建に汲々とし給ひしが如し、而して僧階進陞の規整ひしも、貞觀にありて其の高僧知識にして學業優長なるものは藥師寺の最勝會興福寺の維摩會の講師を經、始めて大極殿御齋會の講師となり、この三會を經て始めて僧綱に任ぜらることを得るに至り、秩然として紀綱張れり、これより以前僧正の階位に昇る如きは只不次の寵錫に由るものあり、要するにこの時期は僧侶

經世の才に富み、佛化を以て王化を裨補し、世の蒙昧を啓き、文物を進むる實に佛教歷史上に一大光彩を煥發せしむるものあり。即ち齊明の朝にありて、智踰指南車を創め、道昭、行基、空也の如き或は路傍に井を穿ち、諸船に渡を設け、行路を開き、河を疏して灌漑に便す、今に至りて其の澤を蒙るもの少からず、彼の宇治の山城、攝津の難波橋の如き、道昭の架する所にして、火葬の制亦其の唱導に由れり、或は普照の路傍に菓樹を植へ、行人をしてこれを啖ひ且つ炎夏の候は樹蔭に就て涼を取らしむ、後世國道に並樹を植へてこれを表する亦これに濫觴すといへり、或は傳教の遷都の儀に參はりて市街を開きし、九條袈裟の制に則るが如き、又役行者の和州の金峯、伯耆の大山に於ける、泰澄の加賀の白山。越後の立山に於ける、弘法の紀州の高野に於ける、無人絶域の地を開拓して、佛教弘通の餘力濟民經世の大業を爲せし事蹟に至りては後世日本の史を讀むものをして佛教の恩澤深きを感ぜしむ、而して其の宗旨の汚隆に就て云へば、桓武の朝傳教弘法の二大師世を同ふして出で、深位の菩薩を以て一は天台を唱へ、一は眞言を開き、是に於て法相華嚴の二宗鑣を並へて馳することを能はず、東大、興福の二寺は延暦、護國の二寺金碧耀煌たるに如かざるの觀あり而して天台一家に於ける慈惠、智覺の徒互ひに相爭ひ、其の僧衆の多き、兇暴の極、動もすれば兵戈を弄して其の堂宇を灰燼にし、遂に世の武將兵家と爭端を開き清淨無爲の梵宇をして修羅の巷と變せしめ、白河法皇は雙陸の釆と、鴨川の水と全しく意の如くならざるもの、一として山法師を算へ給ふに至れり、概括するにこの時期に佛教の弘通せしものは重もに王朝の力によりて佛教其の物の發達にあらず、故に其の盛大なるは後世人目を蒸灼するものありと

雖も又一方よりこれを云へば佛教感化の力甚だ微弱ありしことは禱災祈福の事に汲々たりしこと歷史に跡を絶ざるを以て見るべし、これ佛教を以て今世の幸福を求るの釣餌として其の最大目的たる眞正の無上涅槃に趣向し、菩薩二利の行を勵むに於ては甚だ冷淡の傾向ありしあり、故に第三期の今日に至りては當時金碧を鏤はめ丹堊を塗りし南都の東大、興福の二寺も權傾き、兩漏りて其の壞破の慘狀は古を訪ふの行客をして坐ろに今古俯仰の感に堪へざらしむるものあり、天台、眞言は倘は寺宇の多き、僧衆の夥き各宗中にありて今に遜色なきも亦その隆盛は當時の十二の比にあらず、叡山の寂寞荒涼たる空く狐兎の跡を大廠荒蕪の中に印せしめ三千の坊舍今焉んくに在る、高野の松風蘿月は依然として變はらざるも靈命は於て已に減損せり、教王護國寺の大師影前獨り香煙騰鏃たるは現世祈福者の多きに由るのみ、嗚呼歷聖奉護の厚き亦頼むに足らず只頼む所は佛教感化の力深く人民の腦裏に熏染するにあるのみ今の佛教者たるもの第一期佛教盛衰の沿革に就て深く考へざるべからず、（未完）

評論

死刑廢止の請願

被選擧權の請願に於る。僧籍別置の請願に於る。滔々たる七万の僧侶は。只ゞに一身のことのみを計りて更に一國の公利公益を計らんとするものなし。此際に當りて獨り眇々の身を以て。社會一般の公益を圖らんとするは。優婆塞大内青巒氏なり。氏は貴衆兩院に向つて。死刑廢止の請願をなさんとて。洽ねく各宗管長の同意を求めたり。其趣旨の梗概を擧れば。

一凡ゝ刑罰は人の心魂に及ぼす可らず然るに死刑

は人の身體心魂併せて之を奪ふ是れ法理の正を得たる者に非る一なり

一凡そ刑罰は犯人の一身に止まり決して他人に及ぼす可らず然るに死刑は人の父母を奪ふ其子何の罪ありて更に再び得べからざるの父母を奪ふことを爲すや是れ法理の正を得たる者に非る二なり

一凡そ刑罰は專ら犯人を懲戒し兼て他人を警戒す然るに死刑は犯人を殺す懲戒の効何にか在る設ひ多少警戒の用なるに非るも甲を殺して乙を警戒すべき者あらんや是れ法理の正を得たる者に非る三なり

一凡そ刑罰は萬一の誤判を慮り之が回復の途を餘すを要す然るに死刑は一旦之を執行すれば更に之を回復す可らず是れ法理の正を得たる者に非ざる四なり

一凡そ刑罰は拷問磔刑斬罪等の苛酷を用るの非なる國家既に之を認め之を廢せり然るに苛酷の極は殺に在り而して尚ほ絞殺を行ふ是れ法理の正を得たる者に非る五なり

一凡そ刑罰に大赦特赦の恩典あるは實に天皇聖德の國民に光被する所なり然るに死刑は一旦之を執行すれば復た天恩を蒙ること能はず是れ法理の正を得たる者に非る六なり

一凡そ刑罰の重罪を處する槪ね常事犯國事犯の差別あり然るに死刑は其差別なし是れ法理の正を得たる者に非る七なり

一凡そ刑罰に死刑の一科あるときは重罪を犯したる者自暴自棄して更に惡名を増長し暴擧して旦夕の快樂を取る是れ法理の正を得たる者に非る八なり

吾人は手を撃つて此美擧を喜び。併せて應分の助勢をなさんことを期するものなり。然れども居士が此擧の成否云何を顧みず。只ゞ一時の名譽を貪らんがためにしたるものとせば。吾人は大に其心事の卑しきを嗤はざるを得ざるなり

曹洞宗有志會

人にして節操あるは猶ほ舟に揖あるが如きものにして。人苟も節操なからん乎。黄金の爲めに自說を枉げ。權勢の爲めに素志を失ふこと。猶ほ舟の揖なくして風波の間に漂ふが如きものあらん。故に古より節を守り操を懷くの士は。假令一時の辛酸を嘗ると雖ども。其至る所國難を救ひ榮譽を收むるに至るべし。若し又之に反して。權威のために素志を枉げ黄金のために本意を失はん乎。一時は多少の便宜を得るが如しと雖ども其至る所大にしては一國の國是を悞り。小にしては一身の榮譽を害ふに至る。故に政治家の如き宗敎家の如き苟も國家監督の任に當るものは。須臾も節操の二字を忘却すべからず。然るに輓近人心の浮薄と共に節義の如きは。全く封建時代の遺物と見做され。時としては之を唱道する者を指して。頑固の名詞を與へんとするものあるに至る。而して泰西拜金の風更に之が氣焰を加へ。賄賂を收むるが如きは。必竟勞力に報ゆるの義務ありとの感想を惹き起すものあるに至れり。正を踏み義を思ふの志士。豈に一片慷慨の涙なからんや。而して吾國に於て初めて此汚辱を博したる政治社會にして曩きに東京府會に於て議員收賄の事起り。又た昨年の末に當りて。立憲自由黨撰出の衆議院議員中に。賄賂を請取りたるものありとの風評囂しく。之がために帝國議會は公然議會に持出して之を取調べんとするに至れり。之を以て滿天下の志士論客は。之を筆誅し之を譴責し。甚しきに至りては之を腕力に訴ふるに至れり。其他政治社會に於る收賄事件は。一二を以て數ふべからず。然れども吾人は竊かに喜べり。吾佛敎界中一新聞だに。斯る怪報を傳ふる者なきを。吾人は獨り雀躍したり。吾佛敎者中亦た一人の賄賂を收めて事を處するが如きものなきを。然るに何ぞ慮らん。客月十八日發行の開明新報は。左の怪報を傳へたり

●曹洞宗有志會の價三千圓

紛議解けしことは已に本紙に報道せしが今奇怪なる風説を傳ふるものあり云く全會は現管長の交迭を望み或は全宗護法會金に不正あり杯と喋々し一昨年以來非常に囂々として壯士は性命を犧牲に供すると云ひし志士も僅かに三千圓を當局者より頂戴したるが爲めに解散したりとされば有志會の價は即ち三千圓なるべし亦或は志士の精神は價八圓ぞこれ去臘の有志會員の人員は四百餘名なれば此に三千圓を割り充れば一名に付八圓强なり志士の精神八圓にて右左せしは至極御手柄　（後峯）

若し此怪報をして果して信あらしめん乎。吾人が喜びは一場の馬鹿話に過ぎざるなり。吾人が雀躍は眞に雀躍を眞似たりしなり。政治政會が徳義を重んずべきは。勿論のことなりと雖ども。宗教社會は尚ほ更らに此等の不善行を愼まざるべからざる。宗教家の職務は果して何くにある。外社會の水平面上に立ちて道徳の興隆者となり。道徳の實行者となり。道徳の模範となり。以て人類の徳義を進め。以て社會の風教を維持すべき者にあらざるや。故に其地位の如きる。此點よりするも兄は。遠く政治社會に踰越し之が不德を匡正し之が不義を防遏せしむるものなり。然るを何ぞや自から不德の隷となり。自ら不義の奴となり。瑣々たる黄金に心魂を奪はれ。節操を枉げ素志を破り。踧々として不快の戯を抑え。一宗の盛衰興亡を度外に置かんとするは。是れ果た云何なる事ぞ。想ひ見よ。日蓮大士の如き。身は俎盤の上にありといへども。寧ろ其素志を變ずることなく。諤々として自說を說いて止まざりしにあらずや。然るを何ぞや僅かに三千金のために。其不服を殺し會合を解くが如きは何ぞ卑劣の甚しきや。吾人は大に其事實を詮索し。果して其事の間違なきを發見せば。吾人は猶豫なく明治の佛教史中。特筆大書して之が不德を曝し。併せて將來を警戒せんと欲するものなり

高等中學不敬事件の顛末

第一高等中學に於ける敎員の不敬事件は。近來世上の一問題となり。東京府下の各新聞雜誌は。社說に雜報に。其事實を報道し。其是非を論究するに至りたり。惟ふに此事たる一小節事に似たれども其關する所實に重大にして决して等閑に附す可からざるものなり。よりて吾人は聊か其事の顛末を記し。讀者の哀情に訴へんと欲するなり

昨秋我　天皇陛下が敎育上の事に付。勅語を下し玉ひしことは。吾人の篤く服膺する所なるが。第一高等中學に於ては。木村校長より其筋の手を經て。御宸翰を拜戴し。一月九日を以て同校倫理室に於て。其奉戴式を行ひしに。同校敎員内村鑑三氏は。現在其班に加はりたるにも拘はらず。一切拜禮をなさゞるにつき。同校の有志は。大に之が不埒を譏せしが。漸く其議論は全校の一問題となり。口議筆論止まざりしが。遂に内村氏の許に至りて之を難詰せしに。内村氏はいと平氣なる顏付にて。余が當日宸筆の勅語に對し。敬禮を表せざりしは。余の信仰に戻ればなり。余が精神に對して。敬禮を表すべきも。無精神の勅語に對して敬禮を表する能はず。若し生徒諸君が余が行爲を以て不穩當なりとせば。余が唯だ職を辭するの外なしと言ひ放ちたるにつき。生徒は増々其事の不敬を憤り。直に之を報告せしに。同校の激昂一層を加ふ。或は内村氏に向つて。辭職を勸告すべしと云ひ。或は校長に向つて彈劾書を送るべしと云ひ。或は師弟の間柄なれば。穩當なる處分を施すべしと云ひ。議論百出更に其歸する所を知らざりしが。遂に内村氏に向つて再應の質問をなし。充分確かなる返答によりて决する所あるべしとの事に决しに二三の生徒は再び内村氏を訪ふて質問を起せしに

矢張元の通りの返答につき。生徒の一人は尙ほ之れを詰りて曰く。若し足下にして斯きの精神ありせば。大廟に至るも賢所に詣づるも。同じく敬禮を表せざるかと。氏之に答へて曰く。余は何れに至るも同樣の精神ありと。是に於て右の生徒等は同氏の許を辭して。再び校內に歸り。之を衆に謀りしに。何れも激動甚しく遂に內村氏に對して。辭職勸告書を送り。木村校長に向つて。一篇の建白書を差出すに至りたり。是より先き木村校長は相州に旅行中なりしが。此事變を聞き早々旅裝を整へて東京に歸り。頗る斡旋する所あり。內村氏の同勤木村駿吉氏は。竊かに左の書面を作りて各新聞紙に投じたりしが之がため校內の騷擾も一時靜肅に趣きたり

拜啓近頃諸新聞紙上に於て第一高等中學校勅語奉讀式の節拙者の動作不敬云々記載候得共右は單に該事件外表のみにして是を以て不敬不臣と云はれ候は實に拙者に取て遺憾の至に有之候嘗て海外に遊びし前より今日に至る迄拙者の心中に勤王愛國の念熾なるは拙者親友共の悉く認めたる處に有之候從て今般　勅語御下賜相成候は臣民一同の感泣する所にして拙者に於ても一層其御趣意の在る所を奉戴實行仕らんと心中私に盟ひ居りしのみならず率先して是を本題とし數回の演說を致し該校生徒を誘導する所あらんと期し居候次第に有之從て此奉讀式場に於て我々臣民たるもの謹で此　勅語の精神を奉遵實行すること是れ眞誠勤王愛國者の大眼目とすべきことにして世上徒に低頭して其實行に熱心ならざるは反て是れ虛文不忠の所爲との念勃興し轉た感慨の至に勝へず然るに又平生より我等の拜禮すべきはスピリツトあるものに限りスピリツトなきものは如何に貴きものと云へども其前に低頭して拜禮するは是れ學理上不必要なることと自信致し居り候に付ては今般の式場にも以て平生の自信にのみ據り他を顧るに遑あらざりしにて遂に空しく拜禮を過し候にて復他意あるに無之候然れども退て今日に至り親友等は其事を論究するに眞意より出る敬禮は遵くべき事に非ずして之を顯さゞるは反て眞意に悖り候儀と感ぜられ眞意を現はすに敬禮の已むべからざるを確認し茲に親友金森通倫、横井時雄、中島力造、木村駿吉等諸氏の賛成を以て改て拜禮することに致せり先きには論理上の自信より空しく拜禮を過し今は其思ひ足らざりしを悟りて改て拜禮す苟も悟る所ありて改むるに憚らざるは拙者平生の心中を現はす所以に有之候右の段貴社紙上に御掲載被下該記事に付讀者の惑を解れ候はゞ幸甚に候尤も拙者儀昨今病篤く已むを得ず親友をして代て筆を採らしめ候不一

然れども右の書翰は。同勤木村氏が一己の權謀に出でたるものにて。之を以て一時を彌縫せんとしたりしも。同校國文科の生徒は。更に其氣焔を起し。決行する所あらんとするより。內村氏も遂に辭職するの已むを得ざるに至りたり。而して其同僚の一人たる木村駿吉氏は。其後に至り右の事件に關し一場の演說會を開けり。內村氏と同樣の意見を吐きたるを以て。同校の生徒は又た〳〵之が爲めに沸騰し。苟も　天皇陛下に對し不敬の精神を懷く如き。失禮の敎員は吾々の敎員として共に服從すべき者にあらずとて。氏の授業時間には。一人の出席者なく。頻りに辭職勸告を唱導し居りと

耶蘇敎が我國體と相容れざることは。其敎誡によりて明認あることなれば。其の信仰者の一人たる。內村鑑三氏にして。斯の如きの振舞あるも。亦た決して怪しむに足らざるなり。然れども職を高等中學に致し。身自ら人の師範となりて。國民の道德を敎ゆるものにして。勅語は紙片なり。宸筆は無精神なり。拜するに足らずと云ふに至りては。不敬も亦極まれりと云ふべし。固より是等の敬禮は。單に宗敎的信仰より來れるものとせば。敢て非難するの限りにあらずと雖ども。一國の臣民たるものが。至尊の宸翰に對して。一應の敬禮を表するは。忠順の心より來

るものにして。決して宗教的信仰より來れるものにあらざるなり。されば苟も日本國裡にありて。其生を享け其生を有つものは。耶者にまれ。佛者にまれ。同じく之を奉戴し。之を敬禮せざるべからず。然れども内村氏にして。無精神の宸翰を拜禮するは。耶蘇教の教示に戻り。亦學理に合はざるとして。之を拜せざらん乎。吾人は容赦なく。日本の秩序を破り。日本の國體を蔑するものなりと斷言せざるを得ず。嗚呼外教を信ずるの極。遂に斯る妄信に陷るに至る。日本國民たるもの。宜しく鑑みる所あるべからざる

兵役免除の請願

僧侶をして一般國民と同じく兵役に服せしむるは。果して其當を得たるものか。將た其所を得ざるものかは今姑らく之を措き。苟も僧侶社會にして公然天下に向つて之を唱道し。亦た議會に向つて其免除を請願したる以上は。百折撓まず千挫屈せず。飽まで其素志を貫徹せんことを期せざるべからず。若し兵役免除の請願者にして。再び被選擧論者の覆轍を履み。嗤を天下に取るが如きことあらば。增々佛者の無勢力を現はし。亦云何ともすべからざるに至らん。是れ吾人が其事の是非云何に拘はらず。充分の奮發を望まざるを得ざる所以のものなり

雜報

●大谷派の改革黨　愛知縣下尾三兩國に於ける。大谷派の改革黨太田善四郎、伊藤壽太郎（共に常置委員の）二氏及澤田誠淸外數氏は。愈々過日より上京し。日々同本山事務所に通りて。改革を促し居る由なるが。其要點は左の六ヶ條にありと。同本山は果して此要求に應ずるや否や

●第一僧侶は布教傳道を專務として會計。營繕等の用度に關係せざる事

●第二買上品等は一切公の入札方法に由る事但し入札に依り難きものは之を除く

●第三本山職員は諸國僧俗中にて至當の人を公撰し半年乃至一年間在京事務に從はしむ其の俸給は公撰したる諸國に於て便宜額を定めて之を給與す

●第四毎年一回全國信徒より成る本山集會なるものを開設し年度の豫算を決議し及び前年度の現在の負債は本山集會にて消還の方法を議定する事

●第五本山現在の負債は本山集會にて消還の方法を議定する事

●第六現金は在來の如く銀行をして之を取扱はしめ何人と雖も現金を授受せざる事

●附帯の原因　龍華空音氏が大谷派本願寺本山に對し改革的の運動をなしつゝある由は。前號の本誌上に掲載せし通りなるが。同氏が改革を企てたるの大原因は固より同本山の施政上に於て不埒の點あるを發見したるによるべしと雖ども。其附帯の原因は。同氏が嘗て同本山に出勤したるとき。同事務所に於て美麗なる服紗包の裝置しあるを見たるにつき。何物なりやとて端なく之を開き見たるに。豈に圖らんや猥褻なる枕繪草紙なりければ。同氏も大に驚き直ちに之を上申したるにつき。流石同本山にても聞き流されず嚴しく之を詮索したるに。其所有者を發見したるにつき。直ちに之が職を解きたるも。同氏は豫て改革の希望を懷き居りたる折柄なれば。尙ほ更ら其精神を喚起し遂に志を決して斷然改革の火の手を擧ぐるに至りたりと。吾人は容易に其事の眞僞を確むること能はざれども。眞に斯る事實ありたりとせば。誠に本山の腐敗を代表したるものにして。龍華氏の不快も亦無理ならぬ事と云ふべし

●細川。楠の兩嗣講　大谷派本山にては去る廿二日寺務所本局職制を改正し。嗣講細川千巖。楠潜龍の兩氏へ上局出仕を命じ。准參務の心得を以て事務を取扱ふべき旨の達しありたり。亦同日足利法藏氏は庶務課長に任ぜられたりと

●中學林設立の計畫　京都に於る曹洞宗の僧侶數名は同地に於て曹洞宗中學林を設立せんとの相談中ありしが。愈々其話の纒りたりと見ゆ。去日同府下西の京村字北野に於て茶畑二千餘坪を買ひ入れたり

●智恩院の訴訟事件　蒼蠅ほど本誌に掲載せし。智恩院の負債事件は。大審院の確定裁判により。原告より物件取押を要求せしに。同院にては之を諾せず。再び其執行上に付京都地方裁判所に向ひ訴訟を起せしも。大審院の宣告の通り。同院の本堂及佛具を除くの外は。悉く原告の執行附立に應すべきものなりとの判決を與へたるも同院にては尚ほ之れに服せず。再び大坂控訴院に提訴したるにつき。近々其開廷あるよし

●高田派本山の總管　先の總管稲垣堪空氏死去したるに付。其後任を長谷部圓祁氏に命ぜられたり

●死刑廢止の請願　大内靑巒居士が死刑廢止の請願をなさんとて。各宗管長に向つて。其同意を求めたることは。評論欄内に掲げし通りあるが。其後各宗管長は此事につき。一場の會議を開きしが。贊成者は僅かに二名にて悉く否決せられたりしと

●兵役免除の請願　眞宗。天台。淨土。日蓮。曹洞の各宗は。去る二日貴衆兩院に向つて。兵役免除の請願を差出したり。蓋し其理由を揭れば左の三点にあるもの丶如し

一　僧侶にして尋常中學々科以上の程度を有する宗學校を卒業したる事

二　寺院の住職又は住職の候補者

三　各宗派の宗制寺法に依て終身僧侶の本分を盡するものあることを其宗派の管長證明したる事

●佐伯旭雅師遷化す　有名なる京都府下宇治郡山科村隨心院の管長佐伯旭雅師は。客月三十一日遷化したるに付。本月七日同院に於て葬儀を行ひたるよし。佛教界中亦一將を殞す。實に遺憾の至りと云ふべし

●尊王奉佛大同團　本部は是まで東京に設立しありしが同地にありては經費の多きを要するのみならず。擴張上に於ては反つて京都を以て便宜ありとし。這般京都市大宮通り七條上る御器屋町に於て其本部を移し。去る十一日を以て其移轉式を行ひ。續いて同市智恩院に於て同團長大内靑巒居士の演說ありしが。聽衆は無量二千有餘名にして。近來稀れなる盛會あり

●遺物陳列塲設立の計畫　回顧すれば明治十年の役に際し各地に戰沒せし將校士卒の義屍は。葬地を設け碑碣を立て丶。其忠魂を慰め其遺蹟を表はすと雖ども。未だ其戰時に使用したる銃砲刀劍等の遺物を蒐集して之を永遠に保存せんとするものあらず。よりて這般同志の士相圖りて洽ねく是等の遺物を蒐めて大方の縱覽を許し。後世子孫をして長く當時の光景を追懷し以て忠君愛國の精神を喚發せしむるの一助となさんとの主旨を以て。這般熊本縣玉名郡木葉町の有志者廣瀨。隈部の兩氏之が發起となり。洽ねく有志の義捐を募集して遺物陳列塲を設立せんとす。江湖の諸氏幸に此美擧を翼賛し成切の菓を結ばしめんことを希望す

●簡易科教員速成傳習所　東京本鄕區駒込東片町百八番地に設立せる小學簡易科教員速成傳習所に於ては。是まで道俗の卒業者を出したる由なるが。同校は這般更に文部省令に據り學科の程度を進めて小學科となし大に僧侶教員を養成するの計畫なりと。委細は廣告欄内に就て一覽あるべし

●眞宗問答　眞宗本願寺派數學科長加藤正廓氏の著に係る。英文眞宗問答は。近頃印度に出版したる由なるが。其譯述も餘程上出來の由なれば。其稗益

する所鮮少なからざるべし

◉耶蘇教徒の計畫　北海道に於る基督一致紋鼈教會員田村。林。齋藤。小山。外數氏は今般北海道膽振國虻田に於て。孤兒院を設立するの計畫にて。曩に在京の有志者中島。嶋田。植木。山尾。津田。の諸氏に謀りたるに。何れも大賛成にて應分の力を盡すべきを約したるにつき。愈々其實工に着手する筈なりと

◉珠聯　左の二編は長崎縣下島原町菊地寛容氏の寄贈に係るものなるが。頗る妙味を感ずるものあれば。茲に掲げて讀者の一粲に供しぬ

述懷

醉生夢死利名春。美妻嬌妾幾時親。
其爭不急世間事。總屬蝸牛角上人。

同

迷故猶居三界城。電光閃裡競春榮。
我家幸有長生術。應念無量壽佛名。

◉小學校一覽表　眞宗本願寺派の管轄に係る地方小教校一覽表を得たれば左に掲て讀者の參考に供す

明治廿三年度共立小教校一覽表

校名	職員數	教員數	高等科生	尋常科生	校費	下附金現額	下附金定額	月表届出數
積德	二	五	八、八	四六、七	四九、四三八五	三〇一、八九九	四〇二、五三二	一〇
員利	一	四	一四、六	四五、五	四八、三一七〇	一〇八、九九六	一〇八、九九六	一〇
五瀬	二	五	一三、一	二二、二	六二、〇三九〇	三四〇、四二四	二四〇、四二四	一〇
金龜	三	五	一三、八	一八、五	一〇六、九三五〇	三一二、六八〇	四一二、六八二	一〇
金阜	一	五	二一、七	一八、五	四七、九〇〇八	二一六、二一六	二五一、二一六	一〇
廣宣	二	二	九、七	二九、四	二三、三一九〇	五一、九八〇	五一、九八〇	八
顯白	一	二	一〇、三	三四、五	三七、六〇〇〇	三二、四六五	三二、四六五	一〇
水波	二	三	〇	〇	〇	〇	二一七、三四〇	〇
空華	一	四	一九、八	四七、三	七五、一三四九	一六四、八二六五	二一九、七六九	一一
興仁	三	六	一八、八	一八、五	五二、四〇五三	四三九、九三〇	四三九、九三〇	一〇
楓川	一	三	〇	二六、一	四三、七〇八七	三五二、三一四	四六九、七五二	九
履信	一	七	二四、二	三四、五	五一、八一八二	四〇八、九〇三	二七二、六〇二	七
博練	二	六	一八、八	六九、七	六一、二六八八	二四〇、二三五	二三〇、二二五	九
進德	三	七	一三、〇	五七、七	二七九、三九八八	〇	〇	一一
開導	一	一〇	三八、九	四五、六	一八二、六四九二	五三五、〇八四	五三五、〇八四	一〇
崇信	二	四	二七、五	三〇、	五二、〇七三〇	三三七、二七八	三三七、二七八	一一
歸闡	一	七	一七、一	二四、二	一二七、五八〇六	二一三、九四八	二六三、九四八	九
開明	二	二	〇	〇	〇	二五四、〇一六〇	二五四、〇一六六	〇
振風	三	一一	二四、三	三九、三	九五、三九〇三	二八五、六四八	三七八、七二〇〇	一〇
東肥	一	七	二二、〇	三三、三	七三、〇一〇七	一八〇、三六九	三六〇、七三八	一一
荅陽	一	三	一一、三	一四、五	三一、〇九六七	六六、九一二	一三三、九一三	九
宮城	一	七	一一、九	一八、八	六八、三二七七	四五八、九一八	三〇五、九一八	一〇
合計	三五	一一五	三六三、七五	七〇五、八	一五六九、四一二二	五三〇三、〇三一〇	五九一九、五二七六	

時事摘要（自一月十六日 至二月三日）

◎十六日　貴族院は柳、國司、の兩議員死去につき各一片の吊詞を送ることを議決し次に度量衡法案の第二讀會に移りしが谷、小畑、外山三氏の發議により同法案第九條販賣人員制限の項を削除することに決議したり又同法案第十、第十一、第十二の三箇條は村田氏の修正説に第十二條は特別修正員の修正説に決議し尚特別委員より追加したる第十四條は種々の議論ありて遂に削除す第十五條は原案に第十六條は村田氏の修正説に第十八條は特別委員の修正説に各々可決したり◉衆議院は豫算案中陸軍省の事につき衆議院議員より政府委員に對し種々の質問ありたり◉豫て發行停止中なりし國民新聞は本日解停の命を受けたり

◎十七日　貴族院にては池田章政氏辭職したるに付之が補缺撰擧を行ひたるに松平信正氏當撰したる旨を報告す次に度量衡法案の第二讀會に移りしが村田氏は原案第十九條は政府の依賴もあれば原案の儘可決せられたしと述るや谷干城氏は忿然立つて云らく政府より依賴あるにつき云々とは實に奇怪千万の話なりとて大に之を難詰し次いで鍋島、渡邊、板倉の三氏も交々立ちて之を非難したりしかば休憩後に至りて村田氏は大に其失言を謝したるに付滿場の議決によりて之を議事錄より削除し更に議事を開きしが第十九條は元の通り修正説に第二十條第二十一條は削除説に第二十二條は原案に各可決したり◉衆議院は井上議員より外務大臣に對する質問は荅辨するの義務なき事幷に立入議員より衆議院規則修正案松田議員より豫算修正案を提出したる旨を報告し次に全院委員會を開き海軍省の部につき種々の質問ありて閉會を告けたり

◎十八日　兵庫縣第三區の衆議院議員法貴發氏死去したるに付補缺撰擧會を開きたるに立憲自由黨員田艇吉氏投票多數にて當撰したり◉信州に於て移廳論の主唱者たる南部七部の縣會議員は移廳事件につき北部議員の振舞云何にも不都合にして且つ知事の處置も公平ならざるとし斷然其治下を離れて獨立するの決心にて夫々規約を締びたり

◎十九日　衆議院は政府より刑法案を提出したる旨を報告す次に立入氏は議事時間延長及議事日程變更の動議を提出したりしも贊成少數にして否決せられ

たり夫より全院委員會に移り衆議院議員より司法次官に對する數條の質問ありて閉會したり●板垣伯は立憲自由黨を離れて別に新政黨を組織せんとて同黨事務所へ脫黨屆を差出したり●立憲自由黨は東京木挽町厚生館に大會を開きたり議長は星亨氏にして參會者は二百四十壹人ありし議案は第三項にして第二項までは原案に可決し第三項は委員を撰び充分取調べの上再議に付せんとのことにて無事閉會したり

◎二十日　午后一時十五分貴衆兩院共に火災に罹る（但し其原因は電燈線の爆發に由ると云ふ）之によりて貴族院は鹿鳴館に衆議院は東京女學館に於て議事を開きたり貴族院にては伊藤議長先づ立つて出火事件を報告し尙は本會は議場の整頓するを待ち再び議事を開くべしと告げ一先づ閉會したり●衆議院も同じく出火に關する報告書を朗讀し次で曾根書記官長は出火の現狀を詳述せりそれより中島議長は內閣總理大臣よりの通知書を朗讀して衆議に問ふ鹿島、谷河の二氏は書類燒失の有無を質問す中島議長は其筋へ照會の上確答すべしと述ぶ末松氏曰く這般の出火は誠に宮城に接近したることなれば　天皇陛下には大に震襟を惱まされ玉ふこと、恐察す就ては議長を以て天機を伺ふこととしたし且つ這般の出火に際し辛苦を盡したる人々に對し帝國議會は滿足に堪へざるの決議をなすべしと云々亦芳野世經氏は這般の盡力者には身命を抛つて力を盡したるものさへあれば議會は相當の謝禮を贈るべしと述べければ何れも贊成ありたるに付先づ末松氏の發議を議場に問ひしに起立大多數にて可決す次に尾崎行雄氏は緊急動議を提出し今般の出火は其原因既に明かなるが如くなれども一般人心の恂々たる折柄なりば委員を撰び充分の取調をなすべしとの發議をなせしも贊成少數にて消滅したり●山口縣下に於る非地價修正の運動は增々盛んにして縣會議長古谷新作、縣會議員本間源三郎の兩氏は自ら之が率先者となり當日山口竪小路町に於て大會を開き將來の運動につき數條の同盟規約を締びたり

◎二十一日　元田樞密院顧問官は流行性感冒に罹りて本日逝去●布哇國皇帝には米國へ旅行中本日桑港に於て崩御

◎二十三日　東京府下に於る石工千三百餘人は組合規約に不服を唱へ遂に同盟罷工を企てたり是れ蓋し日本に於る同盟罷工の嚆矢と云ふ可し

◎二十七日　衆議員森時之助氏の委托金消費事件は豫て東京控訴院に於て控訴中なりしが本日同院に於て重禁錮一年三ケ月罰金三十圓に處せられたり●大井憲太郎氏は朝野新聞の編輯人を相手取り私信僞造の訴へを起したり

◎二十八日　石川縣撰出の代議士相川氏の被撰資格に關する訴訟事件は相川氏の敗訴となり被撰權の資格なき旨の宣告を受けたり●我國の醫者仲間に於て錚々の聞へある大坂高橋病院長高橋正純氏はインフルエンザーに罹りて逝去す●議事堂火災後の貴族院は本日午后一時初めて開會議長は先づ立ちて豫算委員第六課主伊丹重賢君の代りに千尋家福君當撰したる事、九鬼子爵逝去につき前例に倣ひ弔詞を送る事及び毛利公爵、尙侯爵並に堀邊五郎君の請暇を許可する旨の報告をなし夫より度量衡法案の第三讀會に移る谷、三浦の二議員は癈案說を唱へ重野、島內、菊地の三議員は之を駁し未だ議決に至らざるに先ち議長は同法案のテニオハの使ひ方につき全院委員會を開かんとて同意者の起立を求めしに過半數にて其事に決したるが━━金子氏の意見に從ひ第二讀會を終りたるものは事務局の書記官に托して之を修正せしむることになりたり

◎二十九日　火災後の衆議院は本日初めて開會議長は先づ議事時間延長のことを衆議に問ひしに多少異論を唱ふるものありしも多數にて延長のことに決す是より島田三郎氏委員長の席に就き全院委員會を開く議案は豫算案の續きにして陸海軍兩省及司法省經費の事につき數回の質問ありたり●貴族院は午前十時開會、假議長近衞篤麿氏は先づ度量衡法案の議事を衆議院に廻したること及び本日より戶籍法案の議事を開くべき旨を報告す最初同案施行に要する費用のことを議し續いて戶籍法案は勅令を以て定むるか將た普通の法律として發布すべきやの点につき多少の議論ありたり

◎三十一日　貴族院にては前日に引續き戶籍法案は勅令として規定すべきか將た獨立法と見做すべきかにつき頗る議論輩出せしが結局同案は法律案として第三讀會を開くことに決す●衆議院は度量衡法案を貴族院より受領したること、湯本議員より治水に關する建議案を、佐竹議員より民法修正案を提出したることを議長報告すそれより前日に引き續き全院委員會を開き文部省並に農商務省の政府豫算案につき

質問ありたり就中會社保證金の一條に至りては政府委員は衆議院の質問に對し更に明諒なる説明をなさゞりしにつき全院の決議により農商務大臣の出席を乞ふことになりたり

◎二月二日　貴族院は戸籍法案の第二讀會を開く細川議員は特別調査委員に托し同案の調査をなさしむべしとの動議を提出せしが起立少數にて消滅す夫より逐條審議に移る同案第一條削除するとせざるとに付ては多少の議論ありしが遂に削除説多數にて之に決す第二條は特別修正説に第三條第四條は總て原案に可決す◎衆議院は議長先づ政府説明員更迭の要求は政府より採用せざりしこと、天野議員より憲兵令第三條改正の件、小間議員より富岡製糸場拂下げの件を提出したる旨を報告す是れより政府が衆議院の要求に應せす説明委員を更迭せざりしことにつき議論百出さながら鼎の沸が如く或は再び政府に向つて説明委員の更迭を求むべしと云ひ或は斯る不親切なる政府は信じ難しと云ひ或は政府は一個の偶像の如しと云ひ或は説明をなし能はざるが如き不明諒の發目は悉く之を全癈すべし何ぞ又政府委員の臨場を乞ふに及ばんと云ふものあり滿場囂々として恰んど之を聞き取ること能はざる程なりし此時議長は東氏の動議(再び政府に向つて説明委員の更迭を乞ふこと)に對し同意を求めしに起立少數にして消滅す午后の開會に至り新井氏先づ立ちて政府が這般の處置は自ら其責任を欠くものあれば議事日程を變更し更に大書して將來の議事錄に止めんとの動議を提出せしが滿場多數にて可決しければ議長は政府の同意を得るため暫らく休憩せしが三時に至り政府の同意なき旨を告げ當日の議事日程に返へり全院委員會を開きしが再び右の異論を生じたり然れども既に時間にせまりしを以て閉會を告げたり

◎三日　貴族院は午前十一時開會議事日程は前日に引續き戸籍法案の第二讀會にして第五條は原案に、第六條は修正説に、第七、第八、第九の三ヶ條は原案に、第十條は村上氏の修正説に、第十二條は藤村氏の修正説に、第十三條より第三十二條までは特別修正員の修正説に可決したり◎衆議院は政府に向つて再び政府委員の臨場を乞ふことに決す次に大谷議員は緊要動議を提出し査定案は官制に立入り其旨を失したる者に付議事日程を變更すべきを主張せしが百三十四に對する百二十七の少數にて其議消滅す

遞信省認可

國教雜誌社規約

●國教擴張の初歩として雜誌社を組織し毎月一回雜誌を發行し正社員及ひ贊成員に頒布すべし●本誌は宗派に偏せず教會に黨せず普く宗教界に獨立して佛教の眞理を開闡し佛徒の積弊を洗滌して之が改良を圖る●本誌は諸宗教の批評及ひ教法と關係ある問題を討論し而して其教法界に現出する點に至つては文學。理學。經濟。衛生。教育等の論説雜報をも掲載すべし●本社員を分つて正社員贊成員の二種とし毎年一圓以上の維持金を納むる者を正社員とし單に雜誌を購讀し又は十錢以上の義捐金を納る者を以て贊成員とす●本社の正社員たらんと欲するものは住所姓名を記し維持金を添へ本社に申込むべし本社は之に對し締盟狀及ひ其都度發行の雜誌を交付すべし普通の購讀者は規定の金額を添へ住所姓名を記し本社に申込むべし」但雜誌を購讀せず單に義捐金を投するものは其旨通知すべし●維持金義捐金の金高及ひ其姓名は請取の順序により雜誌に掲載すべし●維持金義捐金は銀行又は資産ある名望家に托して之を保管し貯金一千圓に滿るときは教法必要の飜譯著書等を出版し割引若くは無代價を以て正社員に頒布すべし●雜誌代價一冊六錢。六冊前金卅三錢。十二冊前金六十錢「但熊本市を除くの外毎號郵稅五厘を要す」廣告料は五號活字廿五字詰にして一行三錢宛●總て本誌代價は前金にあらざれば發送せず」但し郵劵代用は一割增の事

社告

○紙面の都合により交換廣告は第七號以下に掲載す可し

○江湖の諸彥より本社に投せられし各種の寄書は成るべく號を逐ふて掲載すべき筈なれども編者の見込により或は之を沒書とす可きこともあるべし此段豫め及稟告置候也

○本誌は例の通り客月廿五日に發行し夫れ〳〵配附可致筈の處活版器械へ損所を生じ印刷延引致候而已ならず運送大に隙取り候ゆへ同日に配附行はれざる段幾重にも御容謝被下度候也

明治二十四年二月廿二日　印刷
明治二十四年二月廿五日　出版

發行兼印刷人　熊本市安巳橋通町七十五番地　篠方典
編輯人　同市同町七十五番地　志垣弘

發行所　熊本市安巳橋通町七十五番地　國教雜誌社

（印刷　京都西六條　山本活版所）

明治二十四年四月廿五日發兌

國教第七號目録

國教第七號

(明治二十四年三月二十五日發行)

社説

左の一編も社友島地默雷氏の寄送に係るものあるが頗る本社の意見に洽合するものあれは掲せて本號の社説に換ゆ

至誠なき事業は継續せす

島地默雷

其起るや飄爾として來る。恰も烈風雷雨の万木を鳴らし黒雲を驅り破竹の勢當るべからさるが如く。衆月瞻然拍手其快を稱せざるなし。其滅するや寂然聲なく火の消へたるか如く煙の散せしか如く。人一言の是に及ふものあるなし。忽ち起りて條ち滅し。興敗常なく朝夕を保たさる者。是實に近時我佛教社會に於る有志者創立の事業上に發現せる形跡なり。噫是れ何の所以ぞや。予輩實に其現象の奇異なるを怪み。其由來する所を思察するに是必ず偶然の事にあらず。其然るべき所以の者有て因果關係必然の理由を履て來る者たるを知るなり。何ぞや他なし。其始め事を起すに當りて未た必しも一片至誠の赤心。所謂仰天俯地佛陀の冥鑑に照し。社會の公論に訴へ。毫も愧る所なく。内外四衆の衷情を感動衝起するに足るべき赤心あるにあらず。從いて思考精密計畫鄭重にして。前途に向つて十分に事業継續の目的確立せしにもあらず。唯是れ一時投機の手段。若くは籠絡術耀愚人を玩弄するに過ぎす。故に口を佛教に假り。名を護法に托すと雖ども。其實の存する所以は自他互に我權を主張するに非れは。或は私利を貪求するに出て。幾多の資財を募集し千百の人員を結合し乍ら。煙化霧散遂に其痕跡をだも見さるに至る。其始めや氣焔丸揚頗る勢威を有せしか如きも。恰も對抗演習の炮聲に異ならず。唯音響計にして實彈あるに非ざれば。一時人の耳目を聳動するのみにて。毫も人心を感激せしむるとなし。換言すれは人皆其實彈なるを知るを以て。毫も注意を喚起せず。冷然棄てゝ顧さるに至れり。夫冷淡索莫如此くにして如何そ事業の繼續を望むべけんや。繼續且つ望むべからず。況や其發達隆盛をや。又況んや佛教の興起に於る。將た社會公衆の福利に於ける。之れか寸尺の効益を議するに遑あらんや。於是乎開會、結合、數月日を出ずして早く已に閉會散解。否最初の轟々たるにも拘らず。最早寂寥無聲無臭の結果を見るに至る。其因を推し果を尋れは。毫も怪むべきとあるにあらず。否寧ろ當然の結果といふべきなり。

夫れ至誠は天地の道なり。万物の原なり。天柱是に依て立ち。地維是に依て存し。万物是に依て成る。人は万物の靈として兩間に生じ來て。其化育を賛く。所謂人爲以て天工を補翼するに至りては。經營周旋以て事業を作爲する者皆天地の至誠によりて。万物の大德に則り。利用厚生以て。畫策の歩を進めさるべからず。若然らずして自己の慾望心にのみ使役され天地の至誠に背き。万物の大德に戻り。快を一時に占め。利を一己にのみ得んとせは。凡そ其事の何たるに論なく。失敗傾覆せさるものは殆と稀なり。何況や天下の至公至正を以て其心とし。法界の群生を擧て悉く子視し。拔苦與樂菩提の道に進ましめ。轉迷開悟涅槃の岸に達せしむる我佛教の大慈仁を傳化する者にして。啻に尋常一片の誠心なきのみならず。權謀術數他人を瞞過するか如き事あらば。是既に魔事にして佛事にあらず。奚そ勝妙快善の結果を望むべけんや。然れとも世の事業を創興する佛者豈悉皆如此不實無信の人のみならんや。而して此不幸の現象を發する到處に多き者は何の故ぞ。法運濱頽の自から然らしむるとせん歟。亦必す其原因なくんはあらざるなり。余は都鄙各地を歴遊して實際に目撃する所。近時佛教社會の弊風日に益々甚しきを見る。奚そ之を浩歎せすして已むべけんや。内には道俗互に我見に長し。靄然忠愛の情想を懷く者少く。外には彼等相競ふて闘諍喧囂し。相視る寇讐の如く。隙を窺ひ非を發き。相敵壁せんとするものゝ如し。嗚呼これ無所違諍の和合衆にあらずして。突然修羅道を現起する者に異らず。我黨の士猶且つ其頭上に匪せんとす。彼れ局外者彼れ宗敵者は果して何等の感を發すべきぞ。思ふて此に至れは鴻歎又鴻歎。次くに一掬の紅涙を以てせざらんと欲するも豈得べけんや

彼の世間俗輩が結搆せる政黨分合の事に於るも。其反對黨に對する擧動の過激なるか如きは固より指彈すべしと雖とも。其同黨兄弟に對する僩繆親密は如何ぞや。故に當派分合の事に關しては。其從來政敵として互に相攻撃せしにも拘らず。從來意見を異にして確執相讓らさりしにも拘らず。殊に一層困難なる種々の情實をも打破して靄然一堂に會同し。各胸襟を開て協合一致の實をも表彰せるにあらずや。彼れ世俗煩惱世界の人物にして猶如此。我黨出世高尚の位地に占居する佛教者にして或は之に及はず。却て數歩を他に讓らさるを得さるに至るは豈慚愧すべきの至りならずや。

彼の蠱痴盲昧。國家の安危。宗門の興敗。恬として知るとなき翁媼に至つては云ふに足らずと雖も。苟も衆人を結合し。事業を創興する首唱者發起人の如きは。其地方の領袖なり。其多數の耳目なり。此領袖耳目の人にして其心の持する誠實ならず。朝興夕癈電影當ならざるが如きあらば。信を大方に失ひ。災を宗門に招き。我佛教の勢威を殺減する蓋し尠少にあらず。深く注意考察せざるべけんや。嗚至誠か至誠か。至誠にして動かさる者は未た之あらず。

実人心を感動する能はず。其事業を成就する能はざる者は。一に至誠に缺くる所あるによれり。我至誠を以て向はゞ。人亦至誠を以て我に報はん。至誠以て至誠に伴ふ至誠公衆を擧げて至誠を結合す。何の事か成らざらんや。若し至誠に欠くる所あらば。百方計畫精慾を尽すも。教門社會の事業は私利に不便なれば。貪利求慾思念ある者の永久すると能はず。早晩必らず厭倦を生じ。分離類散せんと疑なし。是れ企望未だ成らずして。雲烟倏忽ち起り忽ち滅し。信を社會に失ふ。笑を大方に取る所以なり。故に事の敗るゝは其敗るゝの日に始まるにあらず。其成興の時に當つて早く已に敗るべきの種子隠然其萌芽を發し居る者なり。宜なる哉其起る壯快活潑雄偉の勢ある者。一端失敗顛躓するや。恰も大風吹止て四顧寂然たるが如く。復た聲臭を聞くに由なきに至る。至誠の具缺豈に可不鑒乎

論説

耶佛の二教　中西牛郎

彼の佛國の碩儒レナン氏が有名なる耶蘇傳を著はし。基督教を辨破説例し。霹靂一聲天下の俗耳を驚破したるは。今日を去ること三十年前の事に過ぎず。氏は實に現世紀の一大豫言者なり。氏は實に孤角を吹いて基督教を辨判せんがために此世に來れるものなり。氏は實に此世の妄想と誤謬とに汚されず。霽光白璧の衣を被むりたる天使なり。氏は實に思想革命の一大預説をなして曰く。靈魂、信仰、道德、熱心の詩たる人情、人道は。世界に於て二大人種の間に煥發したり。即ち一は印度歐羅巴人種にして一はセミット人種是なり。蓋し印度歐羅巴人種の宗教組織は。本來純乎たる自然的にして。其思想や深奥。其旨趣や道德。乃ち人心を以て万有を懐抱し。無限の感情を以て充滿されたる愛すべきの詩學なり。彼の日耳曼及びセルティックの天才彼の歐州千古の詩人セーツキスピーヤ、ギエテーの輩は皆な其發表者にあらざるはなし。之を稱して神學と云はん乎神學にあらず。之を稱して道義哲學と云ん乎道義哲學にあらず。否な寧ろ衝哀と謂んのみ。悲想と謂んのみ。想像と謂んのみ。至誠と云んのみ。宗教道德の由りて生ずる源底と云んのみ。然れども人道の信仰は。不幸にして斯れより來らず。波羅門教は只印度保守主義の勢力によりて。今日に至るまで生息し。佛教は遂に泰西に傳播するの時機を失し。ドルイジズムは國民的の形躰を顯はして世界的に進む能はず。希臘の諸宗教は人の靈魂を滿足せしむるの食物たる能はず。波斯の宗教は巧に組織せられたりと雖も只其外より假りて摸擬したるに過ぎず。故に人道の宗教を建設したるの榮光は終にセミット人種に歸せざるを得ず。

嗟呼此れ豈に氏が佛耶両教の歴史を叙して其前途を豫言したるものに非ずや。氏が佛教は終に泰西に傳播するの時機を失したりと嗟嘆して。獨り耶蘇教を推して世界人類の宗教と許さゞるを得ざりしは。殆んど千有餘年の長夢と化し去らんとするに非ずや。之を要するに吾儕歴史的の眼光を以て佛耶両教を觀察すれば。一はアリアン人種に發し。一はセミット人種に發生し。全然其出所と性質を異にするものなり。而して此二大宗教が將來に於て勝敗の運脈を分つは、其教理の優劣によりて初めて判然するものとす、

此二大宗教は、既往に於て如斯の歴史を有するが故に、今日に方りて之を講究するは誠に緊要なりと云はざるを得ず。而して佛教の講究は耶蘇教の講究よりも一層趣味あるものにして。方今泰西の科學、哲學、歴史、文學は一つとして佛教を直接若くは間接

の關係を有するものにあらざるは莫し、況んや佛教の如きは世界文明の一大潮流に關係するものなれば從來の佛教家は勿論。一般の國民は亦之が正邪得失を講究すべきなり　（未完）

反響

中西元治郎

基督教が我國に一時勢力を得たる所以のものは。彼の輕佻浮華の僞開化家醉外家が。盲斷より盲信したるの結果にして。豈に永く其勢焰を保つことあらんや。基督教焉んぞ文明進歩の大潮を制控することを得んや。凡そ邪教が因て以て政治上に侵入するの潜力は人權の自由を唱導するにあり。一切平等の旨趣を賣販するにあり。然れども邪教が教示する所の自由は宗教家の自由、宗教家の平等にして。政治上の自由、政治上の平等にあらざるなり。基督教の道學は仁愛の德を說くに切にして權利を要求するに乏し。故に謙遜。含命。耐忍。供身。等一切己れを亜し自ら守るの道に退いて奮て自ら振起し。發揚することを知らず、皆務めて神を愛することを求め。又其神の愛する所となることを求むるにあり。故に大に政治上の自由。平等と其趣を異にし、政治上の平等は。人間固有の權利を相均しからしむるものなり、基教の平等は。人々負ふ所ろの責任をして相均しからしむるものなり。而るに世此の理を誤り。基教をして政治上の一大進歩力と稱するものあり。謬れるの甚しきにあらずや。

米國桑港「シカリフホルニヤ、リベラル、ユニテリン」を稱する自由進化說を以て鳴る一會合あり。去る三月廿九日を以て第三年期の會合をなし。其首領「サミール、ピー、フワツトナム」氏は。激痛酷烈の辨を揮ひ。耶蘇教の非なるを論じたり。今其要領の通信を得たるを以て國教紙上を借りて讀者に報せんに、

（前略）吾人の反對を表す可きは其數實に夥多なれども、其最も反對なるは羅馬教に若くはなし。全教は政治上に勢力を逞ふし。法王に「ヴエトー」の權を與へ之れを法律の明文に記入せんとせり。同教は公立學校とは正反對に立つ者にして、大に世道に有害なるものなり。而して同教か嘗て王國に於て其勢力を振ひ爲めに弊害を生ぜしこと鮮少ならず。王國を腐敗せしめ破壞せしめたり。歷史を讀むもの、將さに遺忘すべきことならざるなり。今や轉して之れを人民多數の決議に依て其政務を左右する共和政体國に輸入せは。其弊害は昔日に倍蓰するや疑なかる可し。而るに現今「紐育」府に於て同教の勢力は。昔時羅馬の首府に於るよりも甚だし豈に思はざるべけんや。（[illegible]）古來我か合衆國に於ては新舊の兩教は互に相分離し居りしも。近來に至ては政教一致を以て其目的と爲し。兩教互に相結托せんとせり。「ナショナル、レホーム、アッソシエーション」も亦同一の目的を有するものにして一には我政府を殺滅し。二には我憲法を破滅し。三には政權の頭上に耶蘇を奉戴し万般の法律は經典を以て其基礎をなさんとせり。「アメリカン、サバス、ユニオン」の如きは「ワシントン」府に權勢を集合し之を以て四方を壓制せんとせり。一國首府に權勢を集合するは吾人の最も恐るゝ所にして其弊害や政治上と經濟上と宗教上とを問はざるなり。「ウーマンス、クリスチャン、テンペランス、ユニオン」は口に道德及ひ社會改良を說くも其中心を探れば政治的結社たるに外ならざるなり。「ナショナル、プロビビション、パーテー」も亦同一の目的を有する者にして。非亞米利加憲法黨なり。如何となれば政教一致を好めばなり。憲法中に上帝を置かんと欲すればなり。吾人は又「ファーマー、

アライヤンス」に向つて反對せさるを得さるものなり。蓋し此黨派は政治的經濟上と宗教とを混同せんと欲すれはなり。之を要するに「カソリック、チヤーチ」と「ホワイト、キヤップ」とは首尾相應し其勢ひ恰かも常山の蛇の如く實に是れ我か共和政体を破壞し去らんと欲するものと云ふ可し。抑々吾人か經典を公立學校に用ゆるの不可なる所以を論するものは何んぞや他なし。不道德のものなれはなり。（眞に然り）往々醜陋悪鬪の教旨を含めはなり。（爭亂盜賊一夫多妻等の凶德を許せはなり。是れ基督の基督たる所以なればなり）圓頂黌々世界の僧侶多しと雖も能く其全文を通覽して其蘊奥を極めしものあらす。（短見能く人を過る）天下何の宗教か耶蘇教の如く非道なるものあらんや。（慘憺無殘の歷史は能く之を證せり）罪悪の章に曰く赤兒慈母の胎内に在ては。能く笑ひ能く樂しむる一朝此世に生れは。即ち罪悪を受くと。贖罪の章に曰く人万人を殺害しては天門に進める耶蘇を見て天國に入ることを得と。永劫の章に曰く天上に苦惱の大海あり。又無窮の烈火ありと蓋し右等の教旨たる盜盜め人間の生活に必用なるものなり。噫此悪道逆にして殲滅するに非すんは吾人何を以て光輝赫々たる共和國を見るを得んや。此悪道にして排除せらるゝに至らん乎。之に於てか耶蘇寺院は蕩然として我か大陸中に其跡を絶たんなり（其跡を絶つにあらされは恐くは平和の天地を見ること能はさらん）ア、恐る〜冗悪教なる哉）

余は右の演説を讀者に報することを喜ぶ。耶蘇教を以て殆んど全國の精神となす米國に於て斯の如く痛く反對するものあるを見る。要するに米國に於ける各傳道會社か已れの宗教を利用して政治を亂たさんとするの跡あれはなり。是れ政治をして其目的を錯りしむるものなり。況んや荒謬不正の頑論をして。以て社會に應用せしめんとするものあるに於てをや。茲に於てか我か親愛の佛教者に告ぐ。彼れ米人は既に耶蘇の空理に飽けり。慈愛無量天空海潤の眞理を聞かんことを望めり。余輩は信す。今日の佛教は日本國裡の佛教にあらすして世界の佛教なることを。誰れか進んで佛陀の榮光を彼れ外人の頭上に注ぎ。我か赫々たる眞理をして層一層赫耀たらしめざるや。果して然るを得は政治上に忌想を抱ける崇外的偏政家は蕩然として跡を絶たん。基督教の人權一切平等は政治上に於て大害あり。文明の潮流に何かの功あらん。政教一致は務めて避くへきなり。然れとも佛教の教理は能く政治上の自由平等に吻合す。吾人は寧ろ政教相資の實を示さんことを望む。佛教か東洋の政治上に於ける功力を見よ。

宗制改革論

無名生

宗教に宗制あるは猶は國家に政府あるか如きものにて。各々其性質其組織を異にすると雖ども。宗教に宗教裁判あり。教會組織あり。教學上の執務あり。布教上の政略あるは。猶は政府に於て立法、行政、司法の三大權ありて。國家の安寧を保ち國民の進歩を計るか如し。故に國家にして立法其宜しきを失ひ。一國の國体民情に反して。法律を組織せん乎。國家を治むるの法律は反つて國家を破るの法律たらん。行政にして一たび其宜しきを失はん乎。金法玉律も反つて民を虐ぐるの具とならん。司法にして一たび其當を失せん乎。刑を正し罪を罰つの要素は。忽ち變じて刑を無にし罪を破るの結果を生せん。之によりて國家組織の完全なる邦國は。民富み國强く。國家組織の不完全なる邦國は。國に貧しく民進まさ。是れ蓋し當然の理數と云ふべきなり。宗教の宗制組織に於る猶は如斯きものにて。如何に佛教が絕對無二の眞理教なりと雖ども。宗教組織にして一たび其宜しきを失はん乎。猶は國家が國家組織の得失によりて。其汚隆を共にするが如きものあらん。見よ彼の妄誕なる耶穌教が十九世紀の理想世界に於て。猶は能く世界の信仰を有する所以のものは何ぞや。是れ必竟するに宗教制度の其宜しきを得たると。牧師其者が熱心布教に從事するの致す所と謂ふ可きなり。亦彼の獨、淸の二國が。十九世紀の自由世界に立ちて。依然專制政治に則り。獨立の体面を維持する所以のものは。必竟國家組織の宜しきを得たるに起因せざらんばあらざるなり。之によりて之を見れば。宗制組織は國家組織に於るが如く。其發達上尤も研究すべきの問題たる可し

然れども佛教ハ廣し。宗派は多し。到底同一制度の下に之を立つることを能はぞ。尤も眞宗も禪宗も同一の宗義同一の習慣を有するものなれば。其宗制上同一の方法を執るは。固より當然の事なれども各々宗派、歷史を異にする以上は。其組織も亦た箇々特別ならざる可らず。故に吾人は一宗一派に就き。其組織を研究し。施いて佛教全体の組織に及ばんとす

眞宗

眞宗は今を去ると六百三十餘年前に當りて。宗祖見眞大師の開基建立せし所のものにして。今や其本山は別れて數派となり。一々其趣きを異にすれば。其組織の如きも同一の摸型に入るゝことを能はぞ。多少其方法を異にせざる可らされども。斯くては議論該博に亘り。多量の紙數を費やすべければ。先づ其標準を両本願寺に執りて之を論ぜんとす

法主

法主は一宗の最高地位に居り。一宗の教權を掌握するものなれば。其知識其德行は一宗の中にて最も傑出の人物を以て。之に任ずるは事理の尤も宜しきを得たるものと云ふ可し。是故に他宗にありては公撰若くば指名の法によりて。賢を擧げ能を用ゆるの方を執れり。然れども眞宗の如きは開山以來。善知高僧の人のみにて法燈を嗣かせらるゝに至りては、决して撰擧、指名の方法を執るを要せぞ。人或は云ふ現今はイザ知らぞ、將來の法主にして若し愛妾を蓄ゑ。肥肉を啗ひ。驕馬に鞭ちて瓊門を出入し。若くば藝妓の脅迫に遇ふて數千金を出し。高楊枝をくわゑて狹斜を彷徨するが如き人を出すも。一般の信徒は飽まで神聖なる教祖として之を奉戴す可き乎。然り單一の理論上より云へば。固より不可なるが如しといへども。法主は完く社會の塵俗を脫して神聖の地位に立つものなれば。固より吾々凡夫の如く卑劣の行爲あるべきの理なし。よし數步を論者に讓りて。法主に如斯き振舞ありとするも。民信の歸する所到底他を以て之に更ゆるが如きこと能はぞ、否な能はざるにあらぞ。爲すことの不得策なることを知ればなり。故に吾人は社會の許さん限りは。飽まで一宗の靈体として之を尊崇せざる可らざるなり。然らば法主は全く宗制の外に立つて。一宗の事に就ては更に心神を勞することを要せざるか、否な法主は一宗の教祖にして衆生濟度の大任を帶びるものなれば。一宗の統治權と裁可權とは尤より法主の掌裡に存することは、吾人の辨論を要せざるなり。然らば法主は如何んして統治權を完ふし。亦た如何んして裁可權を施すべきか。乞ふ更に詳說せん（未完）

佛教目下の急務

秋山銀二郎

我邦佛教の萎靡として振はさるや久し。之を振興するの策果して如何。吾人は本と佛教家にあらす。故に其振不振の如きは。之を雲煙過眼に附し去り敢て

一瞥の勞を取るに及はさるか如しと雖とも。奈何せん佛教は我邦固有の宗教にして。直接に國家の元氣を爲す者なり。左れは佛教の死活は我邦の死活に關し。其振不振は直ちに國勢の强弱に影響す。故に啻吾人のみならす苟くも日本の國土に在籍し。万世一系の帝室を奉戴し。其臣民たる名義を有するものは。縱令佛教家と局外者とを論せす。皆一樣に佛教振興の策を計畫せさる可らす。蓋し之を計畫するは偏へに佛教の爲めのみならす。即ち我邦家の幸福利益を增進するに外ならさるなり

然り而して我日本は先年に泰西交通の路一たひ開けしより。二千有餘年の長夢は端なく之れか爲めに攪破せられ。倉皇眼を擦して臥床を起ち出る間もなく。我門戶を敲ひ我姓名を呼ひ。刺を通して交際を求むるもの。陸續として日夜間斷なく。殆んと應接に是れ暇まあらさるか如し。而して夫の來訪の客は或は容貌の極めて雄偉なるものあり。或は才智の極めて俊秀なるものあり。或は服裝の極めて華麗なるものあり。或は辨論の極めて巧妙なるものあり。又其齎らす所の土產物は悉く皆新奇ならさるなく。精巧ならさるなく。一見以て我主人公を眩惑するに足る。是に於て我邦人は彼れか容貌に眩し。彼れか才智に服し。彼れか服裝に耻ち。彼れか辨論に惑はされ。彼れか土產物に驚ろき。深くも其心術の正邪を探らす。彼れを引て良友となし。彼れを敬して師父となし。其言ふ所は百も之を聞き。其告る所は千も之を諾し。唯々として唯々其歡心を失はさらんことを務むる者に似たり。何くんそ知らん我邦の良友師父とする所の外國人。殊とに泰西人は其腹中毒を有すると。猶は夫の蝮蛇の如く。其外貌の温和嬌媚なるに引き換へ。其心術の不正なると。恰も夫の妖婦媚妓の如く。彼れか最後の目的とする所は。唯一の我日本帝國を强奪し、我同胞を鞭撻して其驅使に供せんと欲するにあるとを。然り而して彼れ泰西人か齎らせし土產物中。最も恐るへき毒害を含むものは。意ふに耶蘇教より甚しきはなし。蓋し此宗教は其外面を神聖にして。其心腹を魔鬼にする所の邪教なり

耶蘇教一たひ我邦に入りしより其勢威の猛烈なること。恰も堤防を決して江河を漲らすか如く。烈火を扇て廣原を燎くか如く。學士の肺腑に浸染し。政治家の心膓に滲入し、婦女童幼の迷信を惹起し。口に亞孟（アーメン）と唱へ心に天父を祈り。教會堂に出入して讚美歌を歌ひ。宣教師に就て說法を聽聞するもの。其數幾何なるを知る可らす。而して冥々の中其教理教訓の毒害を我邦に傳播すると殆んと言に勝さるものあり。忠孝の大節之れか爲めに蕩然として失ひ。固有の風俗之れか爲めに泯焉として亡し。愛國の情操之れか爲めに一掃して痕なく。輕佻浮華の俗。淫猥鄙陋の風。之に代て國民の心情を動搖せんとす。蓋し外患一たひ來て內憂忽ち生し。邪教勢力を得て正道跡を収めんとす。今日の我邦は實に大患心腹に生するの秋と云はさる可らす

是千古未曾有の大患を排除し。一道の微光を闇雲の中に望むか如く。能く我固有の道義を復興し。我固有の正道を顯揚し。以て一國獨立の体面を保持せんと欲せは。誰れか能く之に任す可ん乎。夫れ我れの病あるや之を憂ふるもの我れより切なるはあらす。然れとも我れと共に其憂を同ふし其痛痒を一にするものは。即ち我家人にあらすや。今夫れ耶蘇教の侵入を憂ひ。之を防禦し且つ排斥するは。佛家當然の務めなりと雖とも。我國民たるものも亦何くんそ袖手して之を傍觀す可けんや。何となれは佛教家と吾人とは本と一家內の人たるに外ならされはなり。是故に吾人は宜しく世の佛教家と一心同体をなし。左

提右挈共に進んで。外教に當らざる可らず。蓋し現今の急務は此一事より過ぐるものなかるべし

然りと雖ども耶蘇教は佛教者の正面の大敵なり。佛教者の之に對して正に主動者の地位に立つ者なり。故に此主動者にして浩激勇往の氣象なく。奮前直進の氣慨なく大敵已に眼前咫尺の間に逼るも。猶豫狐疑して一矢を放たずんば。吾人縱令佛教を愛するの心あるも其れ之を奈何せん。何となれば主戰者未だ動かずして援軍先づ戰を挑むの理なければなり

吾人は今の世の佛教者を視るに。彼れは何ぞ其勇氣に乏しきの甚しきや。何ぞ其一往敵に當る氣慨なきの甚しきや。外教の徒吶喊の聲は。天地を動かし。山となく川となく。都府村落となく。四方八面皆敵陣ならざるなき今日に當り、彼れ佛教者は悠々として寺院に籠居し。悶然として酒食に耽り。木魚を敲き。經文を誦し。口に彌陀佛を念ずるを以て其當然の職務となすものゝ如し。其れ佛を念ずるは洵に善し。然れども誠心以て之を念ぜざれば佛の光は何ぞ能く彼等を照さんや。況んや外教著しく勝利を制すれば。佛堂は彼等の教會堂となり。經典は燒盡せられ。僧侶は奴とせられ。佛教は終に其生命を失ふに於てをや。嗚呼吾人は佛教の能く我國家の精神元氣を爲すを知る。而して又耶蘇教は佛教の正敵にして國家の害物なるを知る。故に之を排除するは佛教家及吾人の最大急務なるを知覺せり。然れども佛教家先づ動かずんば吾人は誰れと共に進んで外教を排除せんや。蓋し佛者の無氣力なるは。啻に佛教の大患なるのみならず。併せて國家の大患なり。然れば則ち吾人は第一に佛教者の元氣に振作せんことを希望せざる可らず。其れ元氣一たび充張すれば勢力の發する所滔々乎。泊々焉狂瀾を起し。怒濤を捲き抵る所摧破せざるはなし。而して夫の外教を驅除するに於て又何かあらん。是に於て乎知る佛教目下の急務は唯佛教者の元氣を鼓動振作するにあることを

蒐錄

左に掲ぐる無神論理は。白川、片桐二君の編述に係るものにして。全二百餘頁にして。議論周到。引証明晰にして。頗る無神の理を明にするものあれは。本號より之を掲げて。讀者の瀏覽に供せんとす。而して該著者は之を出版して世に公けにするの目的なりしを以て。大內青巒、中西牛郎二君の序文ある之に附帶しあれば。初めに之を掲載し。次いで本編に移らんとす。讀者宜しく厭倦を忍んで。之が全篇を見よ（因に記す京都にて發行する經世博議第三號附錄中へ。之が緒論を掲げたるも。其後本誌より全篇を讓り受けたるに付。以後該雜誌へは掲載せざるものとす）

無神論理序

吾嘗疑乎神之有無矣。以神爲有耶。不可不明其所以爲有也。以神爲無耶。遂不安於我心也。雖然神之言則同也。神之爲義亦博矣哉。耶蘇家乃指其有意主宰者爲神。神之遍乎物而見者爲靈魂。神之爲人而生乎吾儕之間者爲耶蘇。是乃耶蘇一家之言。而學者非其妄誕不經而斥之。即其非而斥之者。亦未必不無所神也。神之爲義亦博矣哉。然則天下說神之至理至確而學者不能非而斥之者。獨有不生不滅眞一靈性而已矣。然耶蘇之說將進入於佛家之說。其間必有無神之說而出矣。此亦自然之勢也。俱舍說神。三論破之。而華嚴天台復顯之。顧彼斯邊撒爾氏不可知論。乃三論之類耳。嗟呼無神邪。玆有顯正乎。無神之理豈可不講哉。此書片桐白河二君所著。議論精確。文字明快。至其講無神之理。蔑以復加矣。然是特破耶蘇一家之神而已。而二君之所見乃將有深於是者。世之讀此書者不失著者之意則可矣。

明治二十三年六月　中西牛郎識

無神論理序

神の有無。學者宗教家の筆舌を煩はして其れ久し。理學哲學の流。無神の說を主とする者。十に八九。鼓を鳴らして烏有先生と無何有の鄕に攻め。而して之れを食せんとす耶蘇等の教。乃ち敗殘の餘を以て。左逃右避。未だ肯て降旗を竪てざ。彼れ論し是駁し。愈々出て愈亂る。紛々紜々收拾すべからざるが如し言を知らざるに坐するのみ。且つ問はん。理學哲學の流。以て神となす所。果して是れ耶蘇の以て神となす所なる歟。其目的とする所にして同じからざ。則ち千辯万論を累ぬるも。竟に是れ暗中の搏鬪。両面の盾。各々とらへて以て銅となし鉄となすの類のみ。我が佛教天神を以て六趣の一となし。天龍八部衆の誑なり。以て神なしと云ふを得ざるなり。但之れ因果の大法は。佛教の基く所。抑も亦宇宙万有の通理。即ち等覺の大聖も亦惟だ此大法の成す所なり。天神の宿福深厚を以てすと雖も。以て免るべきに非らざ。其報一び尽れば復た惡趣に輪廻す。猶ほ箭を仰て天を射る。勢力尽れば箭自から墜るが如し。蓋し此くの如くにして而して神を說く應くは遺憾なしとす。其造化の主。自から万有の因となりて。而して其由て成るの因は即ち選乎。無中に有を生じ。有を滅して無となすか若きは。昭々たる眞理の靈界。豈這箇の怪物に一塵を假すべけんや白川正治。片桐道宇両君等無神論理の著あり。序を余に問ふ。聊か平生の見る所を敍して。世の讀者に正すと云ふ

明治庚寅二月東京柴坂の蠖泉窟に於て

鷲々居士　大内青巒識

無神論理凡例

余等此の書を編成するの本意は。信神教の論理を評究し。迷妄の信仰を擊破し。以て圓滿無缺の眞理を明かにせんと欲するに在り。故に專ら左の四点を論究す

「第一」基督教の所謂眞神とは如何なるものなるや

「第二」哲學者の所謂眞神。又は絕對無限究竟原因等は。如何なるものなるや

「第三」人類の心意に眞神の實在を知る觀念。起るべきものなるや

「第四」人類は他の觀念に憑へて。眞神の實在を知る觀念の起るべきを證し得べき者なるや

其他哲學上の問題に渉りて。汎く之を論したる者なきにしもあらずと雖も。是れ本論の目的にあらず餘波なり。故に精粗詳畧固より一ならずして。讀者自ら滿足せざる處なきに非ず。然れども餘波の力足らざるを以て。本論の趣旨を害することなくんは。敢て之を補ふことを要せざる可し。故に讀者之を補ふことを爲さずして。異日夙く純正哲理の全体に關する理論を述ぶることを得るの機會を俟ちて之を編成せんとする也

此編に論ずる處の目的は。既に斯の如く而して論鋒の向ふ所は有神論に在り。万能自在神聖無限の實在ありとする思想を不合理と爲し。以て之を排斥するに在り。故に讀者は哲學諸大家の敎系中より之を確實にするに足るべき理論を引用したること多し。然れども亦敢て其の敎系を詳說するの目的にあらざるを以て節略したるもの尠しとせず。是れ唯讀者が論議を援くるの材料に供したるのみなれは也

然り而して此の編は誠に是れ一小冊子なりと雖も。讀者か有神說を評究する目的に於ける大槪を達し得たりと信ずるか故に。聊か之に滿足して。大膽にも之を世に公にせんと欲するものなり

編　者　誌

目　次

無　神　論　理

緒　論

歐洲に在りては往古より今日に至る迄。神明を論するを以て哲學の骨髓と爲さゞるは莫く。彼の希臘の先哲前輩が形而上思辨(メタヒジカールスペキユレーシヨン)の道を開きたるより。以來。幾んど二千有餘年其の間に群起したる。學者思想家の之を論するや枚擧に遑あらざる也。故に今予輩后學の徒か淺學無識の身を以て。妄に之に喙を容れんとするは蓋し僭越の罪を免れざるべし。然りと雖も東洋に於ては議論の神明如何に及びたる者は近來に至る迄。未だ多く見ざる所なり。故に神明の如何を談ずるか如く。形而上の理を討撿せんとする思想の發達甚だ不充分にして殆んと之を等閑に附し。敢て顧みざる者の如くなりき

然るに一朝鎖港の國是破れ。外人踵を接して我國に渡來するや。唯一信神の教亦漸く我内地に蔓まらんとするの機に至り。佛教徒の驚愕神官の狼狽は。余輩か今日に至るも尚ほ且つ之を見る所なり。而して彼等驚愕狼狽の中に在りしも流石に其の教宗の守らざる可らざるを稍知すると見へ。百方力を竭し氣を勵まし。以て外教の蔓延を防禦せんとするもの丶如く。説教に講談に之を攻擊し。遂に唯一信神の虛妄なるを蓋斥せんと企てたり。其の論旨は淺薄なるものなきにしもあらずと雖も。其の世界に大勢力を有する宗教に向ふて。　戰を挑むの勇氣に至りては。余輩誠に感服する所なり

斯の如く先つ彼我宗教の間に於て。神明の如何を論するの端緒を開きたるより。宗教に冷淡なる我學者の間にも。亦神明の實在如何を考究せんとするに至れるが如し。或は是より先き既に歐米の學術に通曉したる學者中にも。神明の實在を信する徒もありしならんと雖も。我邦人の神明如何を思ふに至れるは即ち宗教上の爭論よりして誘起したる者なり。之よりして漸く我が學者の間に之を論せんとするに至れる也。既に學者間に神明を論せんとするに及びたるを以て。近時發刊する處の新聞雜誌等に於て之が議論を揭ぐる者比々たり。或は歐洲哲學者の語を引用して之を論ぜるあり。或は支那宋儒の主唱したる大極論を應用し之を議せんとするあり。或は唯物論に。或は唯心論に。或は概念論に。或は超絶哲學に。或は經驗哲學に。各自百端其の學修せる處を執て之を論議せんとするに至れるは豈に亦盛なりと謂はざるを得んや。此の問題は實に近時學者間に起れる一大要件たるべしと云ふも亦敢て過言ならざるべし。然れども往古より今日に至る迄學者思想家の大疑問たると此の問題に過ぐる者なきは歐洲列國に於てすら既に然りとす。況んや后進なる我國に於てをや。念ふに將來必ずや此問題に關して大に論爭群起し爲めに云ふ可らざるの狀況を見んと。今より豫知すべきなり

吾等今斯る大問題に關して意見のある所を述べんとするは頗る大膽なるに似たれば。人或は一槪に之を放棄し一讀の勞をも取らざるやも知らず。然れ共余輩の形而上思索に汲々たる今日に於ては。之を論究せざるを得ざるに至れり。且つ余輩の多少形而上の理を解したる日より今日に至る迄。沈思冥想大に此

の問題を考究したれは。亦世に向て公言する所の思想たるに非す。獨斷妄想を以て。漫に之を論するの徒に異なるを信すれは也　（未完）

支那現行の宗教一班

東肥　樂天處士稿

現今支那に行はるゝ所の宗教は。其種類極て多く。儒教あり。道士教あり。佛教あり。回々教あり。喇嘛教あり。又近世外來の耶蘇新舊兩教之に加はる。各教と幷立の勢を爲せり。且儒道佛の三教よりは。各支派岐流を生し。儒には大成門を生し。道には金丹、瑤池、上乘、淸淨、及ひ兌卦、離卦、八卦、の諸門を生し。佛には白蓮、紅燈、在禮、在園、等の數派を生す。是等諸門各派の主義は。多くは奸猾邪惡の徒か。藉て以て鄕愚を誘惑し。無賴の徒黨を籠絡するの利器と爲すに過ぎたるを。是以て正道日に暗く。眞理月に沈み。德行は諸善となり。禮儀は虛飾となり。孔孟倫理の教は其名存して其實行はれず。殆んと告朔の餼羊と一般也。佛教の如きも大刹巨閣は到處聳立すと雖とも。之を望見して只昔時の隆盛を想像するのみにて。其の寺院の徒弟と稱するものを見れは。阿片を喫し博奕に耽り。大和尙と稱するは徒に坐禪觀念の修行のみを爲して宛も偶像と一様にて。世人を感化し進て宗教の擴張を計るか如き者其れ幾人かある。蓋し國勢衰弱の餘。人心自ら浮薄に流れ。儒佛の如き優美高尙の教は既に凋謝し去て專ら祈禱の妙用を示し。神仙の利益を說する道士教の若きものゝ頗る繁盛を來し。之に次ては彼の三教の支派なる淺近陋劣なるもの跋扈して。人心を左右し弊習を流すもの實に名狀に忍ひさるなり。外教の如に至ては能く力を布教に用い。今や傳道師の足跡は。內部の十八省は言ふに及はず。蒙漠の曠原西域の深山到處に遍しと云ふと雖とも。實際を觀ふとしは。感化の力甚た薄弱にして。未た彼等宿志の萬分一たるも達する能はず

夫れ各教の現狀を總言すれは大略前段の如し。因て思ふ一國人民の崇尙する所のものは。一國進步の度に伴隨して。其趣たるを異にするものなることを。支那の文明は古に進て今に退たる風俗人心の腐敗今日より甚しきは非さるへく。國勢の不振內治の弊害亦此時より甚しきは無るへし。於是乎國人の嗜好崇尙全く一變するもの〻如し。何とや宗教と謂ひ道義と謂ひ名擧と謂ひ。凡そ國人の最も尊崇す可きものゝ其價値を失ひ其の勢力を失ひ其の信仰を失ふたれはなり。貨財と謂ひ黃金と謂ひ之に代て無上の貴きを占め無上の勢力を得たれはなり。古來談國人の德義品行を支配せし孔孟の道今何くに實行する乎。漢代梁時に盛行せし佛教今何くにある乎。之を要するに今也支那人心の最も貴ふ所のものは黃金也最も慕ふ所の者は貨財也。故に之か爲めには死すも可く生くも可く殺する可く。辱すも可し官爵も以て購ふ可く。罪科も以て免る可く、交際も以て繫く可く。黃金貨財の向ふ所。廉恥なく名譽なく德義なく宗教なし。宜なる哉彼等聖世は欲望は營利の一点に止て。身心の快樂は阿片に勝るものゝ無きとをや。

人心の野劣に趣く其れ是の如し。是に由て之を推すに夫の關羽を祀て厚運を祈り。瘟王を拜して病疫を拂ひ。財神を祀て富を得るに孜々汲々として孔孟學理の蘊奧。佛教經典の妙味之を舍て講究するに遑あらさるも亦た深く怪むに足らさる也。今支那各宗教の現況を序せんとするに當て一言此に及ひ該國人民か宗教心の程度をトし以て之を冠らしむ。以下請ふ各教の部門を分ち逐次に之を陳へん　（未完）

左の一章は目下米國キャリフルニャ州に留學中な

る杉山氏が。社友堀内静宇氏の照會に答へたるものにて。頗る同州に於る耶蘇教徒の近況を詳かにするものあれば。玆に其全篇を掲げて。讀者の参考に供す

キャリフォーニア州に於る耶蘇教の近況

御芳状に接し滿足の至りに奉存候。當國に於る耶蘇教の摸樣。愚報可致旨被仰越候段奉承仕候。抑說米國全部に於る耶蘇教の區域は甚だ廣ければ。キャリフォーニア一州の教况を見て。米國の全躰を推すことは頗る不適當の事と奉存候。只ゞ以下陳る所はキャリフォーニア一州に於る耶蘇教の景况と思召し被下度候。當キャリフォーニアはユーナイテッド、ステーツ(合衆國)中。尤も宗教情想に冷淡なる所にして。宗教家が夙に苦心せし所なり。而して當州は何故に宗教情想に乏しきかと云ふに。當州は四十年前初めて一州を組織しステート(合衆國を指す)の仲間入をなしてより。十年前頃まで續々歐州各國より移住し來りたる人間は。皆な拜金宗崇拜の下等種族のみなりしを以て。宗教、道德の事には毫も頓着せず。單に射利的の事にのみ精神を注ぎ勞力を費やしたり。然るに星移り年重なり。段々殷富に赴くに從ひ。漸く宗教、道德の事に耳を傾くるに至りたり。即ち四年以前桑港に於て美術學校の起りたるを初めとし。段々道德協會、道德談話會、等の創立ありしは其尤も較著なる可し。夫れ然り僅々たる短日月に於て如斯の進歩あるを見れば。早晩宗教的渴望は勃然として此間に起る可きなり

夫れ然り當州の人民が云何に宗教に冷淡なればとて日本の上流社會が宗教に冷淡なるが如きのものに非ず。小生が當地に來りし當時は。實に宗教の盛んなるに驚き。殆んど十世紀の羅馬に遊びたるの心地したりき。然れども是れ只ゞ皮相の隆盛にして。眞の隆盛にあらずなどゝ詳かに其事情を陳述せん。

先づ目下の處にては。新教と舊教とは差程相違なく。謂はゞ兄たり難し弟たり難しの方なり。然れども耶蘇舊教は二十世紀の曉天と共に其孤影を失ふなる可し。何となれば該教は依然として羅馬時代の舊習を保存し。上に神聖なる法皇を戴き。壓制を以て立ち壓制を以て治め、實學に逆つて人間の階級を重んぜるが故に。自由平等を重んぜるの社會には到底其命脈を維持することを能はざればなり。就中佛教の正面に立ちて。優劣を爭ふの餘喘あるは耶蘇新教の幾派にあるべし

故に是より新教各派の組織及其景况を概陳して貴覽を煩はさん。余の見る所によれば「スレバノールスメリケン」ノプロテスタント」は隱然三部の區劃をなすものゝ如し。當州の如きは其中部にして一は「パシフヰツクコースト」にして一は「アタランチツクコースト」是れなり。而して當州は前項既に陳るが如き有樣なるを。以て年々布教の收支相償はず。之によりて該教徒は常に各派の本部及び各國の有志について義捐支出をなし。以て其費用を支へりと聞く

教派は總て四十にして。昔時は互に反目して。敵對視したりしも。近年に至りては大に其不得策を覺り。漸く親睦和合するの有樣なり。就中外教に對するを執りては四十の教派も全く相一致して。同一の運動を執れり。是れ日本に於る佛教の各派が。互に相反目して毫も和合の途なきに比すれば。誠に感ずべきの至りなり。然り而て右四十の教派中尤も勢力あるは「プレスビートリアン」「リビスコペール」「コンガリゲシヨナール」「メゾジスト」「バプチスト」の五派なりとす。又近來歐洲より新來したる一派あり。自ら稱して救世軍と云ふ。彼等は隱然犯す可らざるの風を装ひ。八九人宛軍樂を奏して大道を横行し。各地の道傍に止まりて

謗教濱認をなす。殆んど日本の空也念佛の風あり。而して彼等の目的は耶蘇の教化貧民を弔に及ばざるを嘆じ。彼等も一般の人間と同じく神の助を與へんと云ふにあり。彼等のの組織は純然たる軍制組織にして。一派の大將軍は佛國にありて。各國に其教徒を派遣せしむ。當地に於ては將來はいざ知らず。目下の勢力は至つて微弱なり。然れども歐洲に於て非常の勢力ありと聞けり。當地の耶蘇教は鋒を揃へてこれを攻撃すれども。彼等は恬としてこれに頓着せず。増々太鼓を敲兇軍樂を奏して。其教線を張れり

それはさてを兇。右の四十の教派は。各其宗義を異にすると雖ども。公共的運動は相共に提携するを以て。其規約も一統に出でざるを得ず。故に彼等は其政略方針を定むるに當りては。四十派の輿論のある所に從てこれを決す。其方法は毎年小會、中會、大會、の三會を開く。小會には各州の各派中より一名宛の委員を撰んで州毎に小會議を開く。中會は小會の委員中より各々一名を公撰してこれを組織す。中會の被撰員中より更に英俊を拔擢して大會を組織す。これを名けて「プレスビー、テリー」〔プレスビー、テリーとは長老會議と譯せんとす〕とす。「プレスビー、テリー」の會長は同會の中にて智德拔群の人を撰んでこれに充つ。而して瑣末なる事件は小會中會の議決に止め。稍々事件の重大なる者は小會にて議了してこれを中會に廻はし。更にこれを大會の商議に付す。大會にてこれを可決したる時はこれを會長の手に廻はし。會長の裁可を經て初めてこれを實行するの規定なり。(因に記す。大會長の嚴察は。大會長の權内に委ねありと聞けども云何にや。余は其眞僞を確めず)

次に各小教會堂の組織を略述せんに。會堂の主僧は日本に於る佛教寺院の住職の如く。十年も二十年も一寺に住職たることを得ず。況んや世襲の如きは夢想にも倚は将ばざる所なり。さて住職の年期は各派に長短ありて其制を同ふせず。「メソヂスト」は一年を以て定期とし。「プレスビテリアン」は三年を以てこれが定期とす。併し其年限中といへども。其會堂(寺院)の會衆が不適當と認むるときは。勝手にこれが更迭を訴願することを得る。大會は此の訴願に對して。一場の會議を開き。其理非曲直を審議して。適當の處分を行ふ。又或る會堂の牧師にして。會衆の意向に投ずる時は。會衆は大會に向つて。これが継續を願ふ。而して其繼續愈々久しきに亘れば大會より相當の賞品を與ふ。倚は右牧師の任命は一に大會長の指名によるものとす。其他詳細の事は頓筆の能く尽す所にあらざれば。弄肩の節々難述可致候(以下次號)

庚卯一月下旬上京。滯錫二旬。聊有所感而賦。五古一篇。以寄我國教社。

鷲池三舟

北越開宗日。鸞鑾度痴迷。豎中石爲就。山路血染趾。

師弟交情長。何擇富與貧。群々數不厭。只有同行親。

緇素門爲市。貴紳問迷津。九十年化盆。流芳六百春。

天皇感遺德。優詔證見眞。君不見法孫繼嗣長。暖食忘苦辛。草鞋變珠履。竹杖換鸞裘。誰識師弟約。何堪傳法燈。世降精規紊。寺古習慣仍。〔仍字下得妙〕百万信徒志。壘々積爲陵。貯藏未得法。早晩旨內崩。衆會議何事。只有殺用增。隱々懷慨士。悲憤不能勝。状志多歸俗。肱衣非破僧。誰取啟進策。護法結同朋。鑑。西有知識。我道正將興。〔不知則正法之興可期而俟矣人有知識可以正法之興可期而俟矣〕

狄谷雅評　全篇慨慷淋漓使讀者扼腕

寄書

人は必ずや幾分の哲理を知らざる可からず

白川正治 自由新聞社にて

宇宙萬象の原理根本を講究し、其原因より結果まで、

細を究め微を探り、幾々數千万言を費して、博學洽聞を誇るは、所謂哲理両學者達の任にして、到底吾等尋常人の企て及ぶべき事に非ずと雖、之を單に學者の任務とし全く度外視して普通人の為し能はざることゝなし、甚る之を顧慮せざるに至りては、又吾等人類たる者の為すべきことに非ず、何となれば苟も人たる者の本能のみ有せる動物と異りて、業に已に一大道理を理解するの心意ある者なれば、自己の原始は如何、自己の此の理解心ありて萬有を通觀し以て事物を認識するは如何、と云ふが如き道理は假令概畧にても會得するに非れば人の人たる本來面目なきを以てなり、若し此等の思想を念頭に措かず如何なる者より、如何にして吾等の存在するかをも知らず又如何にして吾人は萬物を知り道理を識るかをも心得ず、漠然として此の世界に生活し、茫然として社會に存立し、情慾の奴となりて一生を徒過するが如きあらば、豈に何を以て萬物の靈と誇る、吾等の本分と謂ふ可きや、夫れ人は道理を解する動物にして他の情慾のみなる下等動物とは異れり、然らば則ち苟も人たる者は假令概畧にても、宇宙萬有の原理、人間存在の道理、知識發生の根本、理解力具備の縁由、を領得して箇の道理心を涵養發達するに鋭意せざる可からず、換言すれば吾人の原始、万物の構造、吾人の生存、智識の發生、此等の原理應用の區域、作用の性質、及び諸原理間の相互關係等を領得し、人の人たる所以の本分を知る事は實に肝要なりとす然れども所謂彼の學者と名稱をせられたる以上は何種の學者を問はず、斯の如き宇宙の原理殊に人間根本の道理を領得せざる時は、萬有を通觀するに當り往々不都合を感ずるを以て、無論研究せらるゝ事なれば世の學者は皆との必得あるべし、然り余は世上幾多の學者に對し、此の哲理上の研究を明了にせよと云ふにあらず、啻に尋常人に向つて概畧にても此の心得は人たる者の苟も會得せざるべからずと云ふにあり

夫れ前項に掲げたる所以は、凡そ人たる者の一般に會得する道義を論ぜし者なり、之を領得せざれば下等動物と何んぞ擇ばんや、故に此の理由を領得したる以上は人は假令概畧にても此等の道理を知得することに勉むべし、若し然らずして時に經々進歩の輩が會々魯論を擔ぎ出し生を知らずして安んぞ死を知らんやと、又秘藏寶鑰の死死死死暗死終、生生生生暗生始、とある如くならば常に生死の間に彷徨して、人類の果敢なきこと恰も泡沫夢幻の如くならん、是れ果して靈妙なる人類の本來面目と言ふべきことなる歟、吾等は斷言す人苟も死生終始の理を領得せずんば以て人類本來の面目なしと、夫れ斯の如く吾等人類たる者として、此等の道理は一片たも領得し且つ研究せざる可らず、而して之を領得せんと欲せば何を以て之を學ぶべきか、則ち是れ哲學なり之に因りて以て哲理の思想を喚起し、之に因りて以て茫乎たる宇宙万有の淵源を歸し、智識の理趣を究むべきなり、是れ則ち哲學の本領にて所謂「智識の學問」たる所以なり、智識を以て宇宙萬物の本原を推究する者は、此の學問を措て他にあらざるなり、故に哲學を希臘語にヒロー（愛する義）ソヒヤ（智識の義）と云ふ其他英たり獨なり皆これに淵源を發して智識の學問と解せるも亦た宜なり、而して是の希臘語の遠く淵源したるは印度古代のサンスクリットより變遷したるもの多しと、古代印度の文化隆盛なりしと亦た以て徴するに足る、果して然らば純正なる哲理の蘊奥は何れに向て津梁を求むべきやと問はゞ、吾等は又斷じて圓滿無缺の眞理を包含し其の光輝東天より發して遙かに泰西諸洲を遍照せんとする玄妙甚深の

佛教に歸依せざる可らざる、嗚呼滔々たる天下の人類假令哲學にても此の哲理思想なくんば不可ならん、敢て學者のみに限らず、哲理の必得は廣く吾等の忘る可からざるとなり、吾等は特に將來の希望を一にする青年諸氏に對し、敢て一片の微衷を獻ぜ、知らず我敬愛なる青年諸氏は以て如何となす

起きよ正義の君子
奮へよ愛國の志士

禿　　克

顧るすれば世の淺薄なる觀察者口を開いて曰く、日本當時の現象は實に祝すべく賀すべきの事のみにして、窮屈なる徳川の時代は、一變して明治の新日本となり、封建割據の制度は、一遷して立憲代議の政体となり、海には滊船あり、陸には鐵道あり、電線空を飛び、郵便都鄙を走り、吾人をして轉た文明の賜るのを享しむ、其他無形世界を觀じ來れば、政治に、法律に、教育に、宗教に、駸々乎として開明の域に進む、吾人豈に之を賀し、之を祝せざるを得んやと

然れども翻て眼を轉じて、我國道德界の現象を觀察せよ、蓋し思ひ半ばに過るものあらん、見よ我兄弟は果して仁義忠孝の大道を守りつゝある乎、親愛貞操の美風は依然として我姉妹の胸裏に繫留して動かざる乎、罵詈讒誣陰險刻薄不祥不潔の分子は我社會を腐敗せるにはあらざる乎、吾人の恩を謝すも少しく疑なき能はざるなり、否疑團凝結して容易に解けざるなり、事實は吾人に告げて曰く、外人に阿つて自ら利せんが爲、我國家の利害を顧みざる者あり、歐米の虛光に眩惑されて、我國粹我邦美を拋棄せんとする者あり、外國の新聞記者は國王を人民の裝飾に比論し、別に是と云ふ必要もなけれども亦なくては何やら物足らぬものなりと、無禮なる不敬なる顧みず、暴言を吐きしと殆んど同一般の事を、或る公開の場所に於て口走りたる者あり、父母に對して孝道を盡すの義務なしと云ふ論題を提出して、之を討論に付せんとする者あり、男女同權を主張し、舞踏も學ぶべし、小說の著述もなすべし、其衣は洋服ならざるべからず、其髮は束髮ならざるべからずと唱ふる生意氣なる婦人の內幕を探れば、臭聞炎々起りて鼻をつくものあり、銅臭を以て名譽を博せんとし、人を欺いて私利を壟斷せんとするの無腸漢、身は樞要なる政府の位置に立ちながら狹斜の間に流連して、美人の膝を枕とする無賴漢、嗚呼如斯きの有樣を以て推移せん乎、道德地を拂ひ信義跡を斷ち、敷扶桑秀づるの國我朝日に匂ふ大和國將に泯焉として滅せんとす、苟に我日本國の命運は累卵の危きよりも尚危し矣、豈大和民族たるものゝ慨慨悲憤の涙を注がざるものあらんや、

抑も此の泣くべく慨すべき現象を來したる源因如何、曰一は歐米心醉是なり、二は基督教の侵入是なり、我國未だ歐米諸國と交通せざる前に當ては、果して今日の如く陰險、詐僞、賄賂、等の不祥の文字を以て充されざりし乎、未だ基督教の侵入せざる前に當ては、今日の如く倫道破壞し不義不德のものゝ多かりし乎、等の問題は、先づ前二者の弊害を證明するに足る者なるべし、一に歐米心醉とは何ぞや、曰我國民が花は櫻文明は歐米と歐米とさへ云へば、直に文明の代名詞の如く思ひ、一も歐米、二も歐米、歐米の事物歐米の言語なれば、悉皆善良なりと心醉したるによるなり、其心醉の弊害今日の現象を來せしなり、俚諺に心醉を戒て曰惚れて顔見りやアバタモエクボ、眼引くのも所作の好きと、心醉豈に恐れざるべけんや、二に基督教の侵入とは何ぞや、曰子をして其父

に叛かしめ嫁をして其姑に叛かしめんと唱ふる不合理的の宗教、所謂人倫を破壞せるの基督教なるを以て、我國体と國性とに大に齟齬せり故に一たび傳播するや、無數の無腸奴無頼漢生意氣を出し君に忠ならず父母に孝ならず、朋友に信ならずと雖恬然愧さるに到り以て今日の形勢を致せしなり、聞ならく印度安南の亡滅も、基督教に基因すと、基督教豈排撃せざるを得んや

枝葉を枯さんと欲せば其根を斷て、良果を得んと欲せば善良なる種を播け、我國の現象を挽回せんと欲せば、吾人の讐敵たる二源因を打破せざるべからず、四千万の同胞よ我が短所に彼れの長所を補ふは善し然りと雖心酔する勿れ、心酔は汝の敵なるぞ、猛省せよ心酔することを猛省せよ、兄弟姉妹よ、基督教は人倫を破壞するぞ、基督教の眞理とする所は、是天地の邪道なるぞ、此妖雲――此妖魔――實に汝の讐なるぞ、排撃せよ、基督教を排撃せよ

然り而して以上の二原因を打破すべきは勿論の事なりと雖ども、只ゞ是を打破するのみにては日本當時の現象を挽回すること難し矣、宜しく佛教の興隆を希はざる可らず、佛教は我國体と國性とに密接の關係を有し、二千年來佛教興れば國家亦興り、佛教衰れば國家亦衰へ、始終興衰を共にせり、而て佛教は慈悲忍辱を以て其精神とせり、智力情感を以て其組織とせり、博愛平等を以て其主義とせり、所謂絶對無二の眞理を有するものなれば、佛教を傳布し佛教を隆盛ならしめば、我國の泣くべき慨すべき現象を轉じて、祝すべき賀すべき現象となすは易々たるの業のみ、掌を運すが如きのみ

巍々として東海に獨立するものは我帝國なり、洋然として亞細亞大陸を睥睨するものは我神州なり、數千年の久しき皇統一系天壤無窮の皇運を保維するものは我扶桑國なり、優美なる小説〔紫式部等の著を指す〕風致に富める繪畫〔狩野派等を指す〕漆器若くば陶器、凡て美術的の高尚なる觀念を有するものは我大和民族なり、峻秀なる山清遠なる水、海には無量の魚介を有し、山には數多の金銀を包藏し、以て吾耳目を娛ましめ、以て吾生を養ふものは神聖なる我蜻蜓州なり、嗚呼如斯きの豐土如斯きの民族も、道徳一たび破れて更に皇室の尊ぶべきを知らず、道義一たび去りて更に廉恥の辨へを知らざるに至りては、無慘にも此邦土は貪慾なる豺狼の餌とならん、吾四千万の兄弟は憐れにも彼等蹂躪と伍を同ふするに至らん

嗚呼讀み去り讀み來りて一念茲に及ばゞ、誰れか亦愛國の感情を起さゞるものあらんや、誰れか日本國の萬世無窮なるを祈らざるものあらんや、起きよ正義の君子、奮へよ愛國の志士、吾人は汝等と心を一にし力を戮せ、第一に歐米心酔者を尽滅に歸し、第二に基督教を太平洋外に驅逐し進んで我佛教を宇内に傳播し、平和、平等、博愛の美華を開かしめんことを希望す

史傳

大教主釋迦牟尼世尊の小傳

釋迦牟尼〔釋迦は日耳曼印度族の名にして牟尼は寂者の義なりと云ふ〕一名を悉達瞿曇と稱す。紀元前六百二十三年。中印度迦毘羅衞窣都に生る。父は國王首圖駄那。母を摩耶夫人と稱す。幼にして温順恭敬。學を國中の碩儒に受け。長じて聰明敏達軀幹勇壯膂力人に過ぐ。始め太子の生るゝや。占士あり謂て曰く。此兒必ず佛者たらんと。王之れを憎み。世間的憂苦を知らしめざらんと欲し。四時の宮殿を造り。秀潔なる庭園には佳木奇草珍禽異獸を畜ひ。美姫麗嬢をして之れに侍せしめ。太子十六歲の時。首布羅不駄王の女。耶素駄羅を娶り。專ら

太子をして快樂ならしめんとせり。然れども太子は心を高妙玲瓏の地に置き。融々たる落光。晴々たる鳥語。以て自ら樂しとなさゞ。一鞘車に乘して戶外を逍遥し。老病死の苦を見るや。人間苦惱の原因を探究せんと欲し。一夜王闕に宮人皆な眠に就くの時。太子は最愛の妻子に離別の辭告をなし。車匿を召して「カンタカ」と稱する愛馬に跨り。飄然「アノミ」河に至り。從者に衣服修飾愛馬を授け。王宮に還らしめ。自ら「ウヂリエラ」の山林に入り。波羅門の隱者に從ひ。以て人生苦痛の原因を探らんと欲し。難行苦行沈思斷食而も其希望を果す能はず。去て「ブッダガザ」に赴き。邪念を去り思を凝すと多時。其間日に僅に一粒の米を食ひ。一滴の水を飲むのみ之れを以て身心大に疲勞し。終に昏迷地に倒るゝに至れり

是に於て釋迦身体の疲勞は。以て心性の開發を致す所以んあらざるを悟り。貴女の惠により食物を得。更らに手に乾鉢を携へ。「ニランジヤナラア」河に浴し。口腹を滿し氣力舊に復するを待ち。再ひ森林に入り以て希望の智見を得んと欲し。端然菩提樹下に坐し。誓て曰く道成らずんば此坐を去らずと。其夜釋迦は苦痛の原因を智得し。併せて慾念斷滅の法を發見し。天明に先ち恰も蓮華の開發する如く最神智を獲得し。四諦を證して彼の朝暾の東天に輝きて暗黑悉く去る如く。人間苦痛の原因を發覺せり。實に釋迦が此道理を發覺するに當てや。猶は千兵万馬の中一人之れに敵する如く種々の邪念邪相を截斷し。以て千古不滅の一大眞理を發見せり

釋迦の刻苦既に六年。一朝豁然として眞理を覺得するや。山を下り寂滅道場に於いて唯一大乘の法を說く。之れを第一華嚴の時と名く。其後鹿苑に於て因緣所生の玄理を說き善因善果、惡因惡果の談を明にし。說教十二年俱舍阿含等の小乘を說く。之れを第二鹿苑の時と云ふ。而して更らに淨名經觀、無量壽經、楞伽經、等を說く。之れを合して第三方等の時と云ふ。皆所謂大乘なり。然れども其實は大小兼學の敎にして唯一大乘にはあらざるなり。其後十六會上に二十二ヶ年間唯一大乘を說く。之れを般若の時と云ふ。然れども是れ利他の主義にして聖人行ふ所の大道なり。是に於て釋迦更らに其本心を明にして法華を說く。法華は是れ實に佛敎の本旨にして唯一佛乘なり。之れを第五時と稱す

釋迦の示敎は斯く五時に分つと雖とも。敎は實大乘、權大乘、大小兼宗、及小乘の四とす。以上を五時四敎と云ふ

蓋し釋迦の敎は八万四千なりと雖とも。一言以て之れを言へは。宇宙の原理自然の大則たる因果の理を明確に說述したるに過ぎざるなり。然れども此因果の理法は諸哲學者の往々偏見獨斷に陷るところにして。釋迦の明確なるに如かざるなり。四諦十二因緣の理吾人は之れを讀む每に其巧妙なるに驚かずんはあらざるなり

抑も釋迦蓋世の識を以て九十二種の外道を論破し。印度哲學を大成し。以て其社會を改良し。遺法は流れて東洋全土を支配し。併て西洋に及ひ。世界無冠の帝王たり。壯なる哉生きては國家を文明至隆の地に進め。死しては眞理の發見者として世界の尊崇を享く。誰れか云ふ項羽は豪傑なり。那翁は英雄なりと。「提兵百万西湖立馬吳山第一峰」是れ豈に英雄の眞髓ならんや。「鋒とりていでや船邊の月を見んいつか屍の上に照るかと」是れ豈に豪傑の本色ならんや

釋迦四方を遊說し。敎旨を述へ敎化を施すこと殆んと五十年。印度社會に一段の光輝をを與へ。五月の望即ち八十歲を以て。衆多の子弟に圍繞せられ悲痛

慟哭中に寂然として涅槃に入れり

評論

第二回佛教者大懇話會

第一回佛教者大懇話會は。昨年東京に於て之を開設したるが。臨會者至つて少なく。重ねるに會議不整頓なりしがため。其結果は甚だ面白からざりしと聞けり。然るに本月二十日名古屋に於て開設したる第二回佛教者大懇話會は。其靈筵甚だ大にして全國の之に望むもの無量百八十餘名の多きに及べり。是れ蓋時機其宜しきを得たるによるべし。而して其議場の整否云何に至りては。頗る非難すべきの迹ありと雖ども。各出席員が熱心事を議するに至りては。轉た感服の外なきなり。吾人は將來増々斯會の隆盛を計り。是によりて日本佛者の輿論を作り。是によりて日本佛者の輿論を導かんことを希望するものなり

其二

全國の佛教者が名古屋の別院に集りて。佛教上の議事を開きたるは。惟に辨論を闘はすがためにあらざるべし。必ずや佛教者が將來執るべきの方針を議定し。之を實行せしむるにある可し。彼等は其議場に於て幾多の緊要問題を議決したり。然れども之を實行するに當つては一人だも其責を有するものなし。是豈に不都合の至りならずや。尤も帝國議會が政府に於るが如きものなりせば。各々其責を異にするものなれば。議會は議會を全ふするに止まるべしといへども。懇話會の如きは自ら立ちて其方案政略を議し。自ら立ちて之が實行を圖るものなれば決議を終りたる上は其會合者の幾分を撰んで。之が始末方を委任せざるべからざるぞ。若し然らずして決議の儘に抑移らば。幾日の辨論亦何の用をかなさん。幾百の決議案亦何の功かあらん。吾人は同會の會主が。速かに其委員を撰定し。諸々其決議案を實行せん事を望む

反省會

徽々たる文學寮の師弟が相謀りて反省會なるものを組織し。禁酒進德の大義を唱道せしより。未だ六週年に充たざると雖ども。今や其勢力増々盛んにして反省會てふ一名詞は殆んど天下の知盡する所となりたり。聞く同會は本月廿日京都に於て一大會議を開きた大に將來の擴張法を議したりと。吾人は同會が増々奮つて其精神を發揮し。其會勢を擴張し。臭氣鼻を撲つの世界をして。香氣馥郁の淨土たらしめんことを希望す

舊富岡縣知事

去明治十年安岡縣令の後を嗣で。熊本縣の令尹たりし富岡敬明氏は。這般其印綬を解いて更に貴族院議員に榮轉するに至りたり。吾人は氏が縣治上幾千の功績ありしや否やは今姑らく之を措きて。就職以來十有六年の久しき。我縣下に望み上意に違はず下情に戻らず。能く其責任を全ふしたるの功勞を謝し。併せて氏が將來の健康を祈るものなり

熊本の商業家に望む

九州鐵道は漸く其工事を進めて。日ならず熊本市に全通せんとす。又三角港は外艦の入港と共に漸く其盛昌を來さんとす。此際に當りて熊本商人たるものは。宜しく起つて鐵道を利用し。滊船に便り。大に商業の擴張を圖らざるべからざるぞ。若し姑息時を惰り因循機を失せん乎。熊本の商權は忽ち他國商人の手に落ち。鐵道なり滊船なり一に彼等の利用する所とならん。是れ吾人が熊本商人の將來を慮り。豫じめ其覺悟あらんことを望む所以なり

協興學舘

黨派的機關學校が往々教育の正徑を愆りて青年子弟を傷くるは。常に識者の嘆する所なり。我縣下學校

多し。然れとも其多くは黨派的機關學校にして。純然獨立の体面を維持するもの鮮し。聞く山鹿町の協興學館は同地の有志者が發起となりて設立する所のものにして。斷然黨派以外に立つて敎育の針路を執れりと是れ實に慶す可きの事と謂ふ可し。然れとも該學館が陽に獨立の假面を裝ふて陰に一黨派の機關となし。一般の青年子弟を驅つて。同一の摸型に入るゝが如きことあらば。實に浩嘆の外なきなり

雜報

●第二回佛敎者大懇話會　豫て各新聞雜誌に廣告ありし第二回佛敎者大懇話會は。去廿日より向ふ廿三日まで。名古屋下茶屋町東別院に於て開會したり出席員は總て百八十餘名にして。午前第十時何れも議場に參集したり。是に於て酒井氏は假議長席に就き。正副議長の撰擧を行ひたるに。石上北天氏正議長に。堀部勝四郎氏副議長に當撰す。此に於て何れも休憩所に至り午餐を喫し。午后一時再び開會す。初め伊藤氏發起人一同に換りて。懇話會開設の趣旨を述べ。次に石上。堀部二氏の演說及堀内靜宇氏の祝詞等あり。それより本案の討議に取掛りたりしが議事細則は原案の儘通過し。第一號議案の第一。第二。第三の三箇條は廢案に決し。第四條は發案者之を取消し。第五條は廢案に歸す。第六。第七。第八の三箇條は共に原案に可決す。廿一日午前第九時開會堀部勝四郎氏議長席に着き第二號議案を議事に附せしに某議員より第十四號案を先に議する說を出し滿場の賛成を得て第十四號案を議せしに滿場一致を以て「內地雜居尙早の問題に付佛敎者の同盟を爲す事」と決し休憩後第二號案を議せしに第一條第二條とも原案に決し零時十五分休憩。喫飯後一同寫眞し午後二時石上氏議長席に着き第三號案を議せしに廢案に

決し次に第六號案の第二條を議せしに是亦廢案となり同第三條は修正委員を各宗派より一名宛選びて修正せしむる事となり暫時休憩の後再び開會し第八號案の第一條を議せしに堀内君の托鉢の取締を嚴重にすると云ふの修正に決し次に前に設けし委員の修正に係る第六號案第三條は委員の修正に決し其の佛敎旗は委員は日章の中へ万字を白にて拔くこととなりしも彼の六金色を用ふるの動議出て多數を以て六金色とするに決し次に第七號案を議せしは未だ其法案の印刷も出來て居らざるを以て議長に於て該案を預り置く事とし五時廿分散會したり廿二日午前第九時三十分開議堀部勝四郎氏議長席に着き建議案即ち佛敎各宗學校へ大和樂唱歌を加ふべしとの件は後回しとする事にして第八號案の第三條を議し是は廢案となり同第四條は「全國佛敎徒は毎戸必ず佛敎徒たるを表する小木札を貼標せしむる事を各宗協會へ建議する事」と修正するに決し次に第九號案第一條は廢案修正原案とも賛成少數にて自然白紙となり休憩後第九號案第二條は滿場異議なく可決し次に第十一號案の第一條は「全國佛敎各團躰の通信事務は毎年佛敎者大懇話會の事務所に於て取扱ふ事」との修正說に決し同第二條第三條は原案に決す次に第十二號案は討議せざるを以て廢案。議長預。原案の三說に付採決し議長預りに決す次に第十五號第十六號の兩案は多少の議論ありしも結局原案に決す此に於て堀部氏退席石上氏着席して議員總代松田變齋氏和氣靄然の間に議事を結了したる事を祝する旨の演說をなし議長閉會を告げて一同退席す時に午后零時二十分なり夫より喫飯の上一同打揃ふて天主閣を拜觀し午后四時より金城館に於て園遊會を催ふしたり

●議案　別項に詳述せる。名古屋佛敎大懇話會へ提出せし議案は左の如し。(因に記す配布の議題中。

第四號第五號は提出者出席なかりしに付後廻しとし。第一號案の第四條。第六號案の第一條。第八號案の第二條及び第十號案第十二號案は。何れも提出者より取り消したるに付。今之を記さず。

○第一號　　提出者　　名古屋佛教同盟各會

第一條　佛道に總管長一名を置き各宗本山初めて寺法を一任して教權の獨立を鞏固にする事○第二條　維持し難き寺院は合寺の制度を設く事○第三條　各宗僧侶の法衣を一樣にする事○第五條　肉食妻帶禁止の宗規を廢する事（各請願）○第六條　佛葷禁酒を實行する事○第七條　寺院境内並に附屬の墓地等は必ず外教者に貸與すべからざる事○第八條　全國各地に佛教の團体を組織する事

○第二號　　提出者　　東京府　石上北天

第一條　各宗管長は其宗々制寺法に從ひ政府の干渉をうけざることに致度事○第二條　貧民救濟の方法を實地に施行するは目下僧侶の急務たるべき事

○第三號　　提出者　　岐阜縣　矢野俊岳

各宗一致協賛して布教上の機關たる日刊新聞發行する事

○第六號　　提出者　　愛知縣　明道佛教會

第一條　一般僧侶たる者は道路に於て出會したる際は必ず低頭の禮を尽すべき樣致度事○第三條　國祭日（國旗）佛祖忌日（佛旗）を各宗寺院は必ず門頭に立つべき樣致度事

○第七號　　提出者　　長崎縣　松田鑁齋

和信與退き講を組織し布教費に充つる事

○第八號　　提出者　　愛知縣　佛教青年會

第一條　全國擧て各宗托鉢禁止の事○第三條　佛教各團体に於て演説又は講義等開筵毎に參聽者をして容易に實行し得る簡略の教禮式を一定する事○第四條　全國佛教徒は毎戸必ず佛教徒たるを表する小木札を貼懸せしめ並に佛涅槃佛誕生佛成道三令日には必ず六金色の旗章を揭出せしむる事

○第九號　　提出者　　尊皇奉佛大同團

第一條　尊皇奉佛大同團へ各教會を聯合する事○第二條　全國佛教者第三回大懇話會を二十五年四月二十日より三日間西京に於て開會の事

○第十一號　　提出者　　東京府　堀内靜宇

第一條　帝國佛教青年會中央部を設立し之を東京に置き以て全國佛教青年會の發達と便益を謀るべき事○第二條　皇室の葬祭を佛葬式に復古せられんことを請願する事○第三條　居士同盟會を組織する事

○第十二號　　提出者　　石川縣　共潤會

僧侶は各種議員の被撰者たることを得ず但し右一ヶ條を各宗の寺法に加ふることを各管長に建議する事

○第十四號　　愛知縣　櫻木利三郎

内地雜居の問題に就き佛教者の同盟を爲す事

○第十五號　　提出者　　愛知縣　太田元璗

佛教學校の學生は官立と同一に徵兵の猶豫の允可を請ふの件

○第十六號　　提出者　　京都　反省會本部

全國佛教者の會合には必ず禁酒すべき事

◎各宗協會　は客月廿五日東京に於て臨時大會を開きたるが。其議案は昨年同會に於て組織したる慈善會の規則は。不完全の箇條ありて。實行上頗る不都合を感ずるものあるより。再び之を衆議に問ひ其非点を修正するにありしも。當日は遂に其議事を全ふすること能はずして止みたり。尙ほ當日議員某の提出せし議案中左の二案を可決したり

第一　各宗僧侶道路に相逢ふ時。其面識と否とに拘はらず。相互ひに相當の敬禮を表せしむべき事

此れ軍人或は學校生徒が現に之を實行し居れば僧侶も互に法衣着用の時は相當の禮儀あるべき筈といふ趣意也

第二　近來世上一般、葬儀に頗る多數の供華を贈ふの風あり。喪家も須はずしもに非ず。各宗僧侶より此無益の徒禮を減殺せん事を。諭諭するも。自づから經國の一端ならんと思考すれは。之を行ふべき事

此は最も府下貴紳の葬儀に。此弊多くして近くは故三條内府の葬儀の節の如きは。何百對の多きに及びたれは。到底儀列にも加へ難き程の多數故に。前日迄に皆荷車に載せて墓地へ贈り一處に詰め込みて供へたり。數千圓の金を投し作り。寸分の益もなく。處置に困るといふ風情なり。斯程多數には非ざるも。大抵數十對の供華あり。喪家には。此無益の華を貰ひたるが爲め。一對に付二人或は四人宛の人夫を雇ざるを得ず實に雙方の損失莫大なり。是は香料或は菓子料

等に致さは大に得策なるへしといふ意なり第三に各宗僧侶の冠帽。區々其体裁を失する者ありしか製様を一体にして。僧侶適當の製を定むる亦僧儀理鑑の一端なるへし。依て往時古德の帽巾に則り。古今掛酌折衷して。寶冠形を新製し僧侶一般の通帽とせば云何

●同志俱樂部　眞宗本願寺の巡教師一二三尽演。弘中唯見。鈴木法琛の三氏は。爾來全く本山の羈絆を脱し獨立の地位に立ち。宗制改革の素志を達せんとの目的にて。本月上旬斷然其職を辭したり。聞く所に據は右の三氏は宗制改革の初歩として。同志俱樂部を組織し。大に同志者を翕合するの目論見なりと

●更迭と當撰　法相宗管長千原定朝氏は。興正寺住職雲井良海師と管長更迭をなしたり。又淨土宗西山派にては。去月管長の撰擧を行ひたるに。吉永泰空師之に當撰し。直ちに就職したり

●名僧の訃音　淨土宗前管長鸕鷀養徹定師は流行性感冒に罹り客月十五日尾州名古屋に於て逝去。又臨濟宗にて有名なる鰲嶺師は客月三日名古屋德源寺の自坊に於て入寂したりと。あたら佛界の名僧をして一朝黄泉の客たらしむ。實に惜むべきの至りにこそ

●九州俱樂部認定宿　京都六條境内に不正の旅宿ありて。常に各地方の信徒に損害を蒙むらしむる事は。誰しも遺憾に思ふ所なりしが。這般同俱樂部にては。正直なる旅宿を撰び。各々九州俱樂部認定宿の看板を揭げしめたれば。九州の信徒にして上京するものは。此認定宿に投じ。他の奸猾なる客引に罹らざらんことを希望す。尚は認定宿の町名。屋號を擧れば。左の如し

町名	屋號
京都油小路御前通北入	大黑屋彌兵衛
同　西中筋御前通北入	宇佐美直八
同　油小路御前通南入	平井三郎
同　油小路魚棚北入	渡邊あつ
同　西中筋御前通下ル	金屋孫兵衛
同　油小路御前通北入	あこや源四郎
同　東中筋御前通北入	片山義助
同　西中筋北小路角	大島屋幸七

〔遞信省認可〕

社告

◎本誌第七號は客月廿五日に發行可致筈の處編輯人病氣に罹り執務行はれず遂に本月まで延引に及び候段幾重にも御海容被下度候尙ほ第八號よりは記者を增聘し紙數を增し一し大に記事の体裁を改良可致候得者舊に倍し一層の御愛顧被下度候也

明治二十四年四月廿二日印刷
明治二十四年四月廿五日出版

發行兼印刷人 熊本市安巳橋通町七十五番地 篠方典
編輯人 同市同町七十五番地 志垣弘

發行所 熊本市安巳橋通町七十五番地 國教雜誌社

（印刷 京都市綾小路烏丸東入 山本明進堂）

國教

第八號

目次

明治廿四年六月廿五日發行
（每月一回）

反省會雜誌 第六年第六號目次

定價三錢五厘郵税五厘

禁酒進德

生徒募集 特別廣告

一本科生……當舍所定ノ學科ヲ全修スル者

一豫備生……來ル八月第三高等中學校募集ニ應スル者 尚ホ期限切迫ニツキ教授一層擴張セリ

右臨時入舍ヲ許ス

規則望ミノ者ハ二錢郵券ヲ以テ申込ム可シ

一附言 當舍ハ鴨川ノ東吉田山ノ麓ニアリテ厥土塏燥厥境閑靜厥水純良厥氣滿淑實ニ修學衛生天地ノ適地ヲ占メ將サニ舍ニ入ラントスルモノ其レ之ヲ察セヨ

京都市上京區吉田町

私立 盡誠舍

發行所 京都市油小路北小路上ル玉本町 反省會本部

特別社告

國教の義編輯上の都合により京都に於て印刷致居候處當社への運送大に隙取り往々發行の期日を愆まり之が爲め讀者諸君の高慮を煩はすこと尠からざりしが本誌第八號より本社に於て發行致候につき盟つて發行期日を過らざる樣取計らひ申べく候間左樣御諒知被爲下度尚は日本宗教界のオーコンネルパーチルと稱せらるゝたる八淵蟠龍師は更に此文壇に上りて充分の助勢を執らるゝことに相成候而して編輯上の工合も是までの如く徹頭徹尾宗教上の記事のみにては一般の購讀者に對して或は厭嫌を招くやも計り難く候につき本誌よりは有ゆる世間の出來事を記載し讀者の瀏覽に供すべく候間舊に倍し増々御愛讀の程希望仕候也

本社の正會員若くは贊成會員にして未だ定規の金額御拂込み無之候御方は至急御送附被爲下度有樣多分の滯納金にて會計上甚だ差支へ候間來月十五日まで右の御手數被爲下候樣及御願候也

國教第八號

(明治二十四年六月十五日發行)

社説

露國皇太子殿下の御遭難に就き聊か所感を述ぶ

八淵蟠龍

露國皇太子殿下か我國に來遊せられし際。兇漢津田三藏の暴行に依り不慮の御遭難在りし顛末。及ひ此變事に付我か　天皇陛下を始め吾々四千萬の同胞か驚愕憂慮せし事は。既に已に讀者諸君の熟知する所にして。今更ら之を陳述するの必要なしと云へとも。吾人は同殿下が奉教上の事よつき。聊か一言を呈せんと欲するなり

殿下か我か長崎港に着艦在りしは。四月廿七日の事なるが。同日より五月三日までは該國の國教に属するレント即ち耶蘇復活祭に當るを以て。上陸を停め艦中に於て屏居齋戒し給ひ。我か　天皇陛下より御出迎の爲め特に出張し玉ひし。有栖川親王殿下及ひ接待員數名へも公然御對顏成され難く。翌廿八日に至り一週間も空敷御隔絶も不本意なりとて。一個親友の御身分にて窃かに艦中へ御招きあそはしにつき。若宮殿下は微服にて僅かに藤井傳令使一名を從へてアゾウワー艦に到らせられ。暫時御對話の後午餐の會食ありしに。露國皇太子殿下希臘親王殿下及露國公使其外式部官の方々には。皆な復活祭中に付き一切肉類を食せられず。唯正實たる有栖川親王殿下及ひ藤井傳令使にのみ肉類を供せられしと云ふ。嗚呼萬里の異域にありて我が日本帝國の皇族に對するも。毫も自宗の教制に戻らず。持律嚴正以つて自家の本分を全ふし玉ふ。其奉教制度の確乎不拔なる。豈に感心の至りならずや

或は云露國の如きは政教一致國教制定の國なれとも。其奉教制度斯の如くなるも。我邦の如きは政教全く分離し。其信仰は各個の自由に放任したれは。露國の如き持律奉教の制在る可らす。宗教を以て社會を支配せんとするは文明世界の容れさる所なりと。其れ然り世運の進歩に從ひ。政教混同の弊を改め二途に判別せんとするは。社會自然の道理にして。誰れか不可なりとせんや。然りと雖とも宗教を以て社會を駕馭せんとするは文明世界の容れさる所と云に至ては。吾輩實に怪訝に堪へさる所なり。凡そ政教の相須つて社會に行はるゝや。政治は專ら人民の權利を保護し。社會の安寧を保持し。一に外部の監督を司とり。宗教は各個人民の邪思を匡正し。道義感情を煥發して以て内部の發達を企圖す。之れ則ち政教並ひ行はれて相悖らす。二者相俟つて以て國家の安寧を計り。社會の秩序を維持する所以なり。故に政治あるの國は必す宗教あり。宗教あるの國も又必す政治の觀るへきあり。若し國家にして政治なからん歟。何を以てか吾人々民の權利を全ふし。安寧を保つことを得んや。若し國家にして宗教なからん歟。吾人人類は恰も暗夜に曠野を彷徨するか如く。其精神は肉體上の劣情に絆され遂に暗澹悲愴の境遇に墮落せん。按するに佛國革命の以前に於て。一般の宗教は全く腐敗の極に達し。人心を治むるの力なく社會を動かすの勢ひなく。上下の人心全く政治の一方に傾斜し。遂に恐るへき革命を惹き起すに至れり。之に由りて之を觀れは宗教の國家に關係ある重且つ大なるものと謂ふ可し。

抑々吾人國民たるものが國家を愛するの精神あるは。自然の道德に發するものなれとも。道德は愛國心の要素と云ふも敢て誣言に非す。然り而して此の道德なるものは宗教の涵養に成り。宗教の感化は克く道義の光彩を發し。上下となく貴賤となく燦爛たる德光の美花を開かしむ。斯を以て各國中宗教なきの國は有らさるも。或は其國家の主權者たる天皇其人にして宗教を尊信せす。其官吏にして宗教を保護すへき念慮なく。其人民にして宗教に冷淡なる國は。自ら風俗頽敗し浮薄に陷り驕奢に流れ廉恥地を掃ひ綱常日に弛むもの往々皆な然り。斯の如きの邦國は表面云何に愛國の志士と稱するもの在るも。其心意は利己の私慾を逞ふするの詭辨術策に出て。上下の念一に功名利慾に走り。外部の開明一歩を進むれと内部の道義一歩を退き。仮令智識技藝の進歩するあるも亦將に救濟す可き克はす。亂臣賊子漸く輩出し愚民を教唆し道義を壞亂し。其極終に國家を率ひて亡滅の悲境に至らしむ。嗚呼宗教をして國家の外に置くときは遂に斯の如きの結果を生するに至る。國を治むるもの豈に戒愼せさるべけんや。

夫れ然り吾人は露國か奉持する所の宗教に就ても敢て意を同するものにあらすと雖とも。露國皇太子殿下か宗教上に對する奉教持律の堅固なるに至つては。大に感服の意を表するものなり。蓋し露國皇帝陛下並に皇太子殿下か今回の兇變に處するも。一已の狂暴として更に怨恨忿怒の色なく。國際間一點の牆壁を狹ます圓滑に平和の局を告ヶ玉ひしは。素とより一已の狂客か不慮の暴行を働きたるものなれは。國際を以て之を處すへきの理なしとの御意に出てたることは勿論なりと雖とも。必竟露國皇室に於る宗教的感化預りて力あるものゝ如し。何となれは皇太子殿下の御遭難に際し。両陛下よりて「幸ひに皇天の冥助により云云」の電報を發せられ。又同國に於る宮內大臣の公布文には「天帝の冥護にして感謝すへきなり云云」の語あり。之に依りて之を觀れは露國両陛下と一に上帝の冥護に依りて遭難の大ならさるを喜び玉ひ。其事の一己人に在るも國際間に在るも宗教の冥護に訴へ。更に私情を挾まさるもの〻如し。又皇太子殿下か京都御滯在の砌り大谷派本願寺へ建築費として金二百圓。本派本願寺へ貧民救助費として金二百圓を寄贈せられたるを見れば。同殿下が宗教に對する心意の殊勝なるを見る可し。而して遭難の後に當りて。露國皇太子殿下は自ら口を開ひて。「日本帝國に對する感情は此變事によりて毫も變ることなし」と語らせら玉ふ。殊に我か　天皇陛下の厚誼に對し勅使の派遣を謝絶し玉ひ。之れが爲め我國を嫌厭し。之れが爲め我國を憎惡し。施ひて日露の交際をして不圓滑ならしむるか如き傲慢卑劣の心意なきことと固く吾人が信任する所なり。況んや我が　天皇陛下か鳳輦を京都に枉げ親たしく其御遭難を御慰問あらせられたるの聖意と。我が同胞四千萬の人民が懇切なる誠意を竭したるの形迹は。皇太子殿下が深く滿足の意を表せられたるに於てをや。吾人は是よりして日露の交際上增々其厚きを加へ。天地と共に其長きを持たんことを希望し。併せて露西亞皇帝陛下及び皇太子殿下が宗教上に對する精神の渥きを讃美し。我が四千万の同胞をして將來宗教上の注意斯の如きものあらんことを希望するものなり

論說

宗教取捨辨

堀内靜宇

凡そ國家あり人民聚落をなす所に。必す宗教ありて其國家の要素となり。其人民の信仰を維持せざるなし。此の如きは世界萬國何れの處と雖とも大概同一なりとす。蓋し宗教の國家人民に必要なる所以は。是れ人性の自然に出て。決して人爲の左右する能はざる所なり

去れば苟くも其宗教にして能く國家の教化に効あり。人心の平和を保全する以上は。漫に之れを變更すへからさるなり。若し一時國家の改革に乘し。漫りに之れを變更するか如きに至ては。其害尠少にして止まさる可し

抑も其國在來の宗教を變更し去るときは。國家の要素に變動を來し人心の結合を弱めることと數の免れさる所なり。何となれば宗教なるものは。人の品性に關し至重至大の關係を有し居れば。宗教に變動を見るときは。國民の品性に忽ち影響を與へ風俗習慣を一變するの恐あればなり。實に宗教を變更することは容易ならさることなれは。深く注意を加へさる可からさるなり

今や吾邦の形勢を觀察せるに制度文物の改革を告くると共に。宗教をも改革し在來の神佛各宗を捨て。耶蘇教を取らんとする論なきにあらす。是れ甚た謂なき次第なり

吾邦在來の宗教即ち神佛各宗殊に佛教の如き。其教理の深遠にして其純全なること。世界の諸宗教の最良なるものなり。彼の耶蘇教の如きは之に反し。今日已に學者輩の攻擊を受け殆んと倒れんとするものなり。然るに此美なる佛教等を捨て粗惡なる耶蘇教を取り。以て吾邦の改革を謀らんとするは何如なる理由によるにや。實に恐る可き考案と云はさるべからず

試みに耶蘇教の性質を分拆せよ。耶蘇教の吾國に取りて最も不適當の宗教なることと思伴は過くるものあらん。夫れ耶蘇教は耶和華なる神を以て宇宙獨一の主宰と仰き。世界萬物の能造者となし。天地間耶和華より尊崇すへきものなしと斷定せり。故に他に如何ほど純然なる宗教ありと雖とも耶蘇教に對しては異端邪說として之れを排擊し。毫も之れを容

認せさるなり。耶蘇教も此の如き宗教なるを以て。其向ふ處該教徒は他教を敵視し其教義を譏誣し其祠堂を破壞し其國の習慣風俗と衝突するなとを憚らす。時と場合とによりて異教徒を迫害し其生命を奪ふすら厭はさるなり。若し之れを疑ふあらは彼れ耶蘇教の從來の歷史を觀察せよ。蓋し最初基督教の羅馬に傳播してや羅馬の宗教を撲滅し。後ち歐州各邦に傳播するや。歐州各國の宗教を破滅し去れり。大に其迫害を逞ふせし所の事迹は。一々枚擧に暇あらさるなり

夫れ既に耶蘇教の性質此の如く殘忍にして且つ平和寛大の精神に乏しきものなるときは。今吾邦宗教の改革を欲する爲め此の教を採用するは是れ第一吾國体と皇室とに不利益を與ふるものなるへし。何となれは吾邦の如き卽ち皇宗皇祖の開闢し給ふ所にして皇室と是れ神種神孫なり。然るに耶蘇教と其眼中只耶和華あるを知て他教の神明あるを認めさるものなるを以て。若し吾邦にして廣く耶蘇教の行はるゝに至ては。國人又國体の貴ふへく皇室の重んすべきを知らさるに至るの恐なき能はされはなり。看よ世人の耶蘇教に改宗するや祖先の神棚を廢し祖先の位牌を棄てゝ顧みさるは。是れ祭祖祠先の精神を滅却せしむるものにして。其結果は祖國の習慣風俗を豹變するに至らさるを得ず。又國家の大祭に遭遇するも。更に充分の祝意を表せさるは是れ大に尊王愛國の精神を弱めさるを得ざるなり。蓋し國家の不羈獨立を損し大に其國本を薄弱ならしむるは。尊王愛國祠先祭祖の精神を亡し。其習慣を改變するより恐るへきもの未だ曾て之れあらさるなり。果して然らは耶蘇教の傳播は大に吾邦に有害なるや明瞭なりと云はさるべからず。世の神佛各宗を捨てゝ。耶蘇教を取らんとする者の謬誤なるを知るべきなり

（未完）

暹羅の佛教

織田得能

凡そ暹羅國進化の一斑を評せは。或は文明と云ひ或は野蠻と云はざるを得す。蓋其智識の程度は我國三百年以前に於る。智識と同一致なるべしと雖とも。其建築物の如きは反つて我國より發達せり。殊に民法の如きと完全無缺と云ふも。決して誣言に非るなり如斯同國人が一方に於て開化したるも。云何なる原因に依るかと云ふに。彼國の人々は我國地方の青年が遠く笈を負ふて東都に遊ぶが如く。英國若くは佛國に遊んで大に學業を修め。只管英佛の長を取りて我短を補ふにあるへし。斯の如く暹羅は英を學ひ佛に倣ふの習慣あるが故に。或は該國固有の佛教を棄てゝ外教を執るべしと思ひの外。三千年以前の佛教は依然として舊体を改めす。上は國王より下庶人に至るまで。一に佛教に歸依し佛教を尊信せると。我國人が動もすれば固有の佛教を拋棄して。耶蘇教を執らんとするものに比せば。其差幾干ぞや

さて之より進んで暹羅國僧侶の有樣を述んに。同國の人民と上下の別なく貴賤の差なく。何人にても二十年以上に至れと。皆な剃髮して僧侶となる。其年限と短かきもの一年乃至三年。長きもの十年以上にして孰れも戒を持し論藏を學び「パリー」語を修む。將來皇帝の位を嗣かせらるゝ皇太子殿下も。一度は必らず出家して長老を師とし戒律を修め。而して已れが好むだけ僧侶の職を有ち還俗の後。初めて官途に就き若くと實業に從事せらるゝなり。故に暹羅の人民と士農工商の別なく。皆な一應還俗したるものにして其信仰又實に薄からざるなり。余一日某大臣を訪問したり。座に一人の貴顯（佛國駐在の公使なりと）あり。得々然として佛教の理を談じ佛教の美を稱し。終りに臨み大に自國佛教の隆盛なる事を語り。

余にはふるものゝ如し。暹政府樞要の貴顯よして斯の如く然り其勢力亦た知るべし。之に引き換ゑ我國の有樣を見よば。實際其心より佛教を信じなからも之を秘し之を隱し反つて之を忌嫌するの風あり。然りとも是豈よ咎むるに足らんや。僧侶よして僧侶を羞ぢ其服を俗にし其髮を蓄ゑ并りよ僧侶の本性を隱さんとするものあるに於てをや呼

暹羅の國人が僧侶を敬まることよ至りてぞ。實に驚き入りたり。今其一二を擧ぐれば假令ば今一人の僧侶ありて乞食とありて門外に立ち鉢を捧ぐれば。如何なる貴顯の人と雖ども。自ら門外に走り出でゝ合掌三拜し。而して後ち之に財物を施與す。亦た道中よ僧侶に遇ふたるときも。之と同樣にして頂首禮拜するあり。是畢竟僧侶其人を貴ぶに非ずして敎法を貴ぶがゆゑなり。蓋僧侶は三寶の一にして佛法の弘通を許るものなれば。之を敬まるは至當の事と云ふ可し。而して同國の僧侶と品行方正にして更に之を非議するの點なきを以て。增々一般の尊敬を嵩めり。之を要するよ同國ど斯の如く佛教の盛んに行とるゝがゆへに。和氣藹然として上下各々其職を樂み。人を殺すものなく物を盜むもの稀れに。一國更に不穩の擧あるを見ず

寺院の組織法は我邦と大に其趣を異にせり。寺院と各信徒の協力して築造したるものにて。彼の寺院は誰れの所有なり。此伽藍ど余が住する所ろなりと云へるが如き差別は更よなし。各々其最寄の寺院に入りて戒法を修むるなり。而して此僧侶を總括するものを長老と云ひ。國王より其位階を授く。尙ほ國王ど國中の僧侶を拔擢して錫崙等に遊學せしめ「パリー」語などの研究をなさしむ。故に同國僧侶中には大德智識亦其數に乏しからず

暹羅に二樣の法律あり。一を國法と云ひ。一を佛法と云ふ。國法は在家のもの之を守り。佛法と出家のもの之を守る。出家若し罪を犯せば初め佛法によりて之を處罰し。後亦國法によりて之を罰す

外敎徒ど學校を建て教會を設け。荐りに布敎を試みれども。一人として之に加わるものなし。就中教會堂の如き一人として參詣するものなし。故に英米人之を說き英米人之を聞くのみなり。支那孔孟の書ども亦たゝ飜譯したるものあれども。之を一箇の宗敎として覩るものなし

余は以上陳述したる通り。同國が佛教の勢大なるに至りては頗る欽羨の情なき能はずと雖ども。其少乘教なるに至りては轉た失望の感あり。余ど大乘の教によりて衆生の濟度を計らんとするものなるが故に。或時容易に大乘敎を彼國語に飜譯して。某大臣に示したるに惟だ面白しとの一語を吐けり。余と彼れが面白く感じたるのみにて。有り難しとの感念を起さ起さゞりしに至りて大に失望したり。蓋彼等ど大乘を以て眞の佛說とせざるを以て。大乘を以て少乘に換ゆることは容易の事にあらず。然れども吾々が身に二百五十戒を修め。少乘を學び「パリー」語を採り。彼等の導師となり彼等の教師となり。諄々縷々少乘の非理を說き大乘の眞理を示さば。漸く彼等の信仰は大乘に進まん

右の一篇は織田得能氏が道交會に於て演說せられたるものを筆記し之を文語体に組成したるものなりされば其演說中誤聞の點亦少からざるべし是れ織田氏並に讀者諸君に向つて拜謝する所なり

人とは如何なる者ぞ

福　井　了　雄

人とは如何なる物ぞ橫目竪鼻の故に名くるか。音節言語の故よ名くるか。直立步行の故に名くるか。一社會を組織する故に名くるか。印度の蟻蟻と社會を

團結して君臣の別あり。一種の猿猴は。直立歩行せり。飼養の鸚鵡は。頗る人語を真似す。又横目竪鼻の動物なきにもあらず。然れば人の他の動物に異る所以のものは。其の進化發達の度遥に超過し。良知あり良心ありて百般の事物を處置し。善惡正邪の事柄を辨識するの故に非ずや。然れば人にして此良知なく良心なくんば。人にして人に非るなり。されども。人生まれながら良知を有することなく。良心を有することなし。經驗の重積。訓育の習練。所謂習ひ性と成りて。一種の性質を生ずるなりと。西哲曰く兒童の心意は。白紙の如し。之をして黒からしむるも。赤からしむるも自由なりと。是れ經驗の一方に偏するの説とは雖も。亦其理なきに非ず。此に於てか教育の必要起れり。凡そ人なるものを解剖せば左の如し

- 人
  - 心意
    - 心体 …… 哲學
    - 心象 …… 心育
      - 知 ‥ 知育
      - 情 ‥ 情育
      - 意 ‥ 德育
      - （知育・情育・德育）心理學
  - 身軀 …… 体育 …… 生理學
- （哲學・心理學・生理學）教育

上圖に示すが如く。身体とは有形なり。心意は無形なり。此無形の心意こそ。吾人が日夜に愛憐する所の「我」なり。逆を見ては怒り。順を見ては喜ぶの「我」なり。名譽を欲し資財を求むるの「我」なり。而して我の本体に至りては。主として純正哲學の講究する所にして。古來心体の有無に就きては議論紛々たりき。今其一二を擧ぐれば。ヒユーム氏等は無心体論にして心象の外に心体あることなしと云ひスピノザ氏等は有心体論にして心象とは。畢竟心体の鏡面に顯はれたる影像なり。既に影像あらば如何でか其本体なからんと云ふ。又彼有名なるカント氏は。心体を立つるとは雖も。吾人今日の知識にては未だ知るべからず。何となれば。吾人の知識は未だ相對的にして比較上善惡醜美を知るのみ。絶對的のものに至りては知るべからざるあり。今心体は絶對なり。故に知るべからず。知るべからざるゆへに。体象別体なりと云ふ。近代の斯氏は。又此説に反對して体象別体とは雖も。象は体の影たる以上は。其間に幾分か關係なからざるを得ず。其關係は全く同きにあらず。全く異なるにあらず。象は体の本眞を變じて攝影するも。圓をして方ならしめず。方をして圓ならしめず。之を變形實体論と云ふ。夫れ斯の如く異説紛々たれりと雖も。其心体の不可知に至りては。皆同一なり。故に今亦詳論せず。

次に心象とは。專ら心理學にて講究する所にして通常之を分類して。智情意の三とす。智力には種々區別あれども。其要は事物の類似を契合し差點を辨別し。及び之を記臆するの外あらざるなり。而して此能力も初より發達したるものに非らず。父兄師長の教育と實際の經驗とに接して。次第に進歩し。終には智者を以て一世を蓋ふの李鴻章となり。政事家と以て世界を動かすのビスマークとなり。シツクスピーヤの博學となりゴールドスミツスの詩學となり。ニユートンスの發見となり。亦た釋迦孔孟の道德となる。此の如きの大家も。其基は皆父母師長の訓養に在り。此に於て教育第一成分の智育あり。又情にも其分類數多あれども。要するに快樂若くは苦痛の心意の状態なり。吾人日夜に事物に觸れ。境遇に接して種々の情を起こすと雖も。概括すれば。苦樂の外を出ざるなり。而して此情こそ實に强大なる勢力を有するものにて。彼の新田中將も。南洲翁も亦ナポレオンも皆情の爲に死せしなり。古人曰く人を智の爲に動かさしめ。情の爲に動くしと。宜なるかな嗚呼汝情よ。汝の興奮するや。其力よく堅城を抜き勢よく鐵艦

を砕く。英雄を泣かしめ。傑士を怒らしめ。慷慨の士をして悲憤して死に就かしむ。皆汝情の力なり。故に吾人は此情を牽制し。邪路に馳せしめずして正道に進ましむるを要す。是は教育の第二成分情育のある所以なり。情育と智育とは。其關係常に離れざる故に。智育中に合説するも可なり。

又意志とは心意自個の發動作用を云ふ。故に其區分も随ひて多しと雖も。其の要は内部より外部に表はす行爲、即運動を内部のみに止まる注意、決斷、反省、願望、等とに外ならざるなり。吾人一事情に接し。之れを處置判斷するには。智力の裁判官に訴へ。感情の撿事に依賴して漸く之が判決を得れば。之を實地に施し。行爲に表はす。即ち意志なり故に其行爲をして悪からしめざるは善人なり。然らざれば悪人なり。吾人悪人たるを好まず。是に於てか。意志の訓練を怠るべからず。是は教育の第三成分德育ある所以なり。而して此德育は教育全体の最大目的にして。德育の完遂は。即ち教育の終期なりと謂ふへし。

次に身軀とは。專ら生理學に於て研究する所にして物質なり。有形なり。古人曰く身体とは。精神の借屋なりと。借屋と家人とは密接の關係あり。假令ひ借屋たりとも。粗野且つ堅牢ならざれば。家人の品格を損すへし。故に平素より修覆を加へて。美麗且つ鞏固ならしむへし。修覆とは即ち食物と筋練となり。食物を以て成長を促し。筋練を以て强壯を謀るへし。然らざれば。借屋の衰頽を招くのみならず。家人の健康を害せん。或曰く健康なる身体にぞ。完全なる心意を宿すと。是ぞ教育成分中体育のある所以なり。夫れ此の如く人たるものは。身体と心意との二者より組織せられしものゆゑに。身体に滋養を與へて其の成長と强壯とを謀るか如く。心意にも日毎に滋養を供して其發達を謀らざるを得ず。心意の滋養とは以上に論せし智情意の三育に外ならざるなり。若し滋養を與へざらんか。良智の發達進化せることなく。良心の養成完遂せることなし。進化完遂せざる。曷ぞ人と名くべきを得んや。苟も完全なる人たらんと欲するものは。須く完全なる教育を受くへし。教育の目的は。完全なる人を造るに在り。完全なる人は詳言せは。心力に偏せず体力に僻せず。二者併進して目的を達したる人を造らは。教育の要既に終れり。故に予は人を定義して完全なる教育を享たる一個の動物なりと謂ふなり。

苑録

宗教指針序

宗教の人心を支配するや極めて深し。於是乎人間萬般の規矩を改良せんと欲するもの。宜しく其眞理の講究を忽にすべからざるなり。是れ恰も水を治せんとするもの。當に山勢水脈の形勢を視察するのみならず。必ず其水勢を審にし。其動靜の變をも慮らざるべからざるが如くならざるべからず

宗教の一國に於る關係たるや。物質的よりも寧ろ精神的の關係あり。夫の人爲的法典は學理上若くは思想上に於て金科玉條なるべしと雖ども。未だ社會漸進の發成並に民心の情感に恰適せざるものあり。而して克く之が内裡の調和を作爲するもの。是れ實に靈活なる宗教の任なるべきか。宗教の任果して然りとせば。國教は須らく其國性に合し其國情に適ひ道德學秩序の命令と制裁の威力を保全するものたらずんば能はず

人は云ふ佛教は「オーソドックス」教に次て世界の厭世的宗教中の代表者なりと。然れども曷んぞ知らん佛教は智力的哲理なるのみならず。情感的にして而

して倫理的宗敎なるを。其敎理たる啻に仁義忠孝の道。五倫五常の儀に冥會せるあるのみならず。決して現世的を脫離せずして。今日の文敎世道に裨するもの多く。又甚だ聖人の大旨に違背するあらず抑も佛子が所謂因果報應の理を說き。又寂滅眞如の道を唱ふるや是れ人慾の惑溺見聞の放縱を戒むるのみ。佛子は內我見の偏僻を戒めて揚子の說に反し。外我見の倒見を戒めて墨子の說を斥く。佛子は一切衆生の慈悲圓滿を說くと雖ども。亦社會黨平權主義を唱導するものにあらず。若し夫れ進んで其眞理を擴充せんか。泰西物理の法進化の原則に節合するを見るべし。人若し少しく潛心精慮するあらば。佛敎の人生の悲境に注意を凝らし。之が救濟を講じて積極的に消極的に。慰諭若くば鼓舞以て。其順路を得せしめんとする。天壤天然の立法者たるべき眞如の光輝を諦觀するを得ん

然れども我國人にして今尙韓歐程朱陸王の書に誤られ。儋然釋宗を目するに異端を以てし。腐儒の妄斷に陷るものあり。又彼の徒らに權謀を揮ひて國民の歸念を攪擾し。政權の變機に乘して。順逆を紊亂せんとする外敎の破壞旨義に迷信するもの甚だ多きが如し。是に於て我輩曾て此等謬執妬嫉の徒を曉會せしむべき。開化誘導の干城を得んことを希望せる切なりき

今や長友加藤氏亦予輩と其感を同ふする所ありてか。宗敎指針なる一書を著はさる。氏が該博なる東西の學識と深邃なる新思想を以て。各敎を較量剖判し。竪說橫議以て大に釋宗の眞諦を闡明し發揮し。毅然佛敎を以て永く絕對的に各敎優勝劣敗の競爭外に卓立するものなりと觀證し。又飜りて之を我國內裡に於ける幾多歷史上現實上の問題に質し。尙之を國家前進の趨勢民心變轉の機運に測りて。唯一國敎となるべきを擔保せる如き。其排說の奇拔にして而も用意の周到なる。亦以て治道秉敎の粱肉となすに足る。聊か懷を陳じて序に代ふと云爾

明治二十四年二月念

東京龍閑僑居に於て　後學　辻　治之

キャリフホーニア州に於る耶蘇教の近況　（承前）

余は此地に來りて耶蘇敎徒（舊敎徒を除く）の品行方正にして且つ學力の富贍なるに驚きたり。一般の人は云へり牧師となるは代言人となるより哲學者となるより文學者となるより一層の至難を覺ゆと。之を以てプロテスタンの如きは常に牧師の缺乏を告げ。布敎上大に困難を來すことあり。余が時々バイブルを聽聞するヴァンネッス　アヴェニューチョトチ、のマッケンシー師の如きは。學德兼備の人物にして嘗州の牧師中恐らく此人の右に出るものなかるべし

次に牧師の資格を得るには如何なる修業を要するかを述んに。先づ牧師となるには世間普通の大學を卒業し。更に進んでニユーゼルシーナル、プリンストンのタオロジカール、セミナリイー（神學大學）に入り。三箇年間諸種の神學及びヘヴリユー、グリーキの二語を修め。（蓋舊約全書は其本ヘヴリユー語に屬し。新約全書はグリイーキ語を以て綴りたるものなるを以て。其原語に就き。充分の研究をなさしめんがためなるべし）而して右三科の外に辨舌練習科なるものありて。每日三時間の練習をなし。卒業の上充分の成績あるにあらざれば牧師の任に充ることを得ず。之を以て苟も牧師の任にあるものは。一般の神學は勿論理科學に至りても一通りは必ず心得居るものと知るべし。殊に辨舌の如きは其尤も巧みなるものにして。俳優。落語家の如きも決して其先驅者た

ることを得ざるべし。我國の佛教學校に於ても。早晩此一科を設け。其分辨術の熟練を勉めたきものなり。

夫れ然り而して斯の如き價値ある牧師連が。僅かに五十弗百弗の俸給をとりて。海外に布敎者たるは。甚だ怪訝の至りに堪へざるなり。然きども余が昨秋ヤンナーの溫泉に病を養ひしとき。アリソストンの學生に逢ひしが。其人の話しに日本あたりに出稼ぎする牧師の多くは。本國にて糊口の少なき代物なりと。益又譌言に非る可し

次に敎會堂（寺院）維持法の一班を述べん。▍敎會堂の資本は二種の徵收金より成り立つ。一は月掛と稱するものにして。其敎會管理の會衆中より月每に應分の納金をなすものなり。一は「ピユート」と稱し。上中下の三等に分ち。敎會へ參詣する者の入席料として徵收するものなり。此二種の據金を以て維持の費用に充つるが故に。假令不幸にして會堂の燒失するが如きことあるも。直ちに此維持金を以て建築費に供するを以て。日本の寺院の如く。或れ火災に罹れり寄附金を出すべし。或れ屋上雨を漏らす勸進帳を作るべしと云へるが如き。不体裁の事なきなり。會堂之を要するに米國一般の信徒は金持多くして。會堂は自分の會堂にして牧師一巳の會堂に非ず。牧師は共に吾々の德義を進め共に吾々が靈魂を慰むるものなりとの感想を懷くに由るなるべし。尙ほ上に陳べたる「ピユート」は中々の高價にて。極下等の相場月に百五十弗位なり。信徒は此切符さへ携へ行けば云何なる場合にても御定りの席に安坐して自由に聽聞することを得るなり。之に反して貧窶なる信者は此切符を所持せざるが故に。通常の場所を出ること能はず。此等は眞宗各本山に規定したる。堂班の制と略ぼ相似たり。只だ一般の信徒と。僧侶其者との差別あるのみ。此外各分派の內規。各敎會の紛紜等。道信致度事澤山有之候へども。事校雜に渉るべければ。何れ次便により詳しく可申候以上　（完結）

無神論理

緒論　（承前）

抑も耶蘇敎は一宗一派に限れるに非ず。故に其の說く所も亦各異なり。其の敎徒の所謂神明なる者と。哲學者の所謂神明なる者とは。其說く所相異なるが如く其信する所も亦相同しからざるに似たり。蓋し基督敎徒が說く所の神明なる者は。宇宙の大智大悲の「準備主」にして「道德の主宰者」なり。祈願を聽納して之に應答し。公正を賞して不正を罰し。罪過を怒りて欽崇遵從を喜ぶ者なり。而して神明の其意志を人類に示すに當りては。或は特別なる直接天啓を以てし。或は不可思議なる靈驗を以てし。或は人類各自の靈魂中に自ら覺悟する所を以てし。其他有形界に見るべき。無數の奇巧「不測の匠圖」を以てする者なりとせり。此說に據れば神明なる者は。天に在る其身は父にして顯然たる身體あり。又意識あること猶は神明の人類一統に賦與したる身體。及び意識の顯然たるが如き者あり

又近世哲學者の唱ふる神明なる者は。之を無限なり絕對なり。第一原因なり。究極原因なり。自因なりと爲すものなり。此の論に據れば神明は必然に存立して無始。無終。不動。不損なり。且つ淸淨寂動（卽ち無情欲寂動）を以て其實體となせるが故に其の自體の元精中旣に創造の力ありて。萬物を創造すと雖ども。企念あるにあらず。感動あるにあらず。又意識あるにあらず。素より之を以て具身なりと爲す所以の特性あるものにあらざるなり

然り而して以上の二說に加ふるに。亦一說あり其說

たる恐くは以上二說の本源たるべき者に似たり。蓋し此說に據れば神明なる者の實在を知るは。人類原本に神之觀念あるが故なり。卽ち神明を知るの觀念は。人類の心意に本在し。人類の原本意識の深淵に潜伏し。初めは明晰なるを得ず。從て人類之を視定することを無しと雖ども。苟も一旦此世に出生以來曾て之を見ざるの日なく。凡そ此世に出て來る人の道を照す處の眞實光明たるべき者なり。是則ち後ちに此事に關して人の建設する一切理論の種子たること勿論なり。人心に本在する自餘の本然觀念の如く。此觀念も亦、天啓、反省、教育、を竢て啓發する者にして。人に依て其發起し遲速多寡ありと雖ども。天啓、反省、教育、は此の觀念の其の以前より人類の心意に本在するが故に始めて其功あるものなり。現に此の觀念に愬へて。其眞實を証するものなりと云ふにありて。人類の心意の本自に於て神之觀念ありとする者なり

蓋し以上に揭出せる三說は。唯其要を摘みたるのみ。其の詳細に至りては。余輩之れを說くの目的にあらざれば暫く之を省畧せざるを得ずと雖ども。今世にありて神明の實在を信ずる者は。恐くは以上三說の外に出ざるべし。或は其の一を採り。或は其れ二を容れ。或は其れ三說を合せて。以て神明の實在を說くものありき。之を神學者に問ひ。之を哲學士に質す時は。千萬無量の答辨解說も出ることとなるべし然りと雖ども余輩の觀念には。天啓の以て神明あるを告ぐることなく。反省の以て上帝あるを明かにすることなく。教育の以て全智者あるを教ふることなきを奈何せん。況んや兒童の如く。婦女の如く。又痴愚者の如く。祈願を聽納しては。之に應答し。公正を賞して不正を罰し。罪過を怒りては。欽崇遵從を喜び。又は特別なる直接天啓を以てし。或ひ不

可思議なる靈驗を以てし。或は各自靈魂の內に自から覺悟する所を以てし。其他有形界中に見るべき無數の奇巧、不測の匠圖、を以て其意志を人に知らしむるが如き。具身の神、在天の父、あるを觀念することを能はざるに於てをや。去りとて又神明を無限なり絕對なり。第一原因なり究極原因なり。又は自因なりとするとも余輩の心意に滿足せざる所なり。設令世の基督教徒が余輩を目して異端なり不信者なり。瀆神者なり。總て神の冥罰を被るべしと稱するも。余輩に於ては亦何の恐るゝ所ろ之あらんや。英のボリンブローク、ヒユーム佛のコンジヤツク、ボルテヤコンドルセの再來かと疑ひ不道德者流なりと誹笑するあらんも。余輩の更に關する所にあらざるなり。余輩は唯余輩の形而上思索に於て余輩の信ずる所を以て。神明を論ぜんとするのみ。古人は余輩の問ふ所にあらず古人は余輩の說を援くる者にあらざるべし

十七世紀の中葉に當りて。近世哲學の開祖とも稱すべきデカルトは一切の古說を棄て。一切の事物を疑ひ併せて自已の存在までも。之を疑ひ以て新に自已の思索を以て自已の教系(システム)を建設したり。又ホッブスは古人を輕んじて古說に據らず。自已の教系を建設し。我若し書を讀むこと他人の如く多からんには我亦他人の如く無學なりしならん危ひ哉と云へり。此等二家の哲學の教系は後世之を是非するものなきにあらずと雖ども。然れども他人の說に據らず。自已の思想を練り以て一派の教系を建設するの力量に至りては。實に大思想家(グレートシンカル)なりと云はざるを得ず。蓋し學者は今古の書を博覽し其强記の才を以て。世に其の學ぶ所、知る所を祖述するのみ言を替て之を云へば。自已の腦裏に蒐集したる古今の學說教系を世に傳達するのみ。學說の發明者にもあらず。教系の建設者にもあらず。文庫書籍館と一般なる者のみ。之

に反して思想家は自己の思想を據る。自己の教系を建設するものにして。之を形而下の諸學に比すれば幾んどコッペルニカスの地動說の發明。ワットの蒸滊力の發明等の如く。全く自己の思想を以て自己に教系を建設するものを云ふ。若し世に此思想家なくんば形而上の學理と。古より今に亙り更に進步することあるを見るべきにあらざるなり。思想家の學者より貴きこと以て知るべき而已。余輩今神明の如何を論ぜんとするは。古人の說を用ひ古人の教系を祖述せんとするが如き學者の所為に傚はんとするにあらず。大膽なるに似たりと雖ども思想家たるの位地よ樹立せんとする者也。是故に神學者たり哲學士たる人々の諸說(即ち前に掲げたる諸說)を一切拒否して。以て新に自己の思索に依て自己の神明論を建設する者なり。而して其說く所の如何を知らんと欲せば。請ふ姑く下文を一讀せば幸甚

第一章

神之觀念の撞着

神之觀念に二樣の解釋あると余輩既に緒論に於て之を述べたり。故に讀者若し其觀念を比較せば容易に其の撞着する所あるを發見するを得ん。看よ基督教の神之觀念に於ては神は是れ具身なりと云ひ哲學者の神之觀念に於ては神は是れ非具身なりと云ふにあらずや。一方に於ては神は意識ありて公正を賞し不正を罰すと云ひ。一方にをいては神は意識あるにあらずして清淨寂動なりと云ひ。前者にありては神は企圖ありて靈驗を垂ると云ひ。後者にありては神は企圖あるにあらずして感動することなしと云ふにあらずや。若し基督教徒が云ふ如く神明と宇宙の大智大悲の準備主にして道德の主宰ならんか。哲學者の云ふ如く企念あらざるの謂なく。感動あらざるの理なく。又意識あらざるの理ある可らず。若し哲學者の云ふ如く清淨寂動を以て其實體とするものならんか。基督教徒が云ふ如く大智大悲の準備主たり道德の主宰たることを得るの理ある可らず。若し基督教徒が云ふ如く神は天に在る具身の父ならんか。哲學者の云ふ如く絕對無限なるべき樣やある。若し哲學者の云ふ如く神は企念あるにあらず感動あるにあらず。又意識あるにあらずとせんか。基督教徒が云ふ如く天啓、靈驗、又は信仰する所を以て其意志を人に傳ふるの理やある。若し基督教徒が云ふ如く有形界に存する不測の匠圖、無數の奇巧は是れ神の意志を示すものなりとせんか。哲學者の云ふ如く神は萬物を創造するの企念、意識又は感動あらしものにあらずとの謂れあらんや。若し哲學者の云ふ如く神は無企念、無意識、無感動のものならんか。基督教徒が云ふ如く神が罪過を怒りて欲樂進從を喜ぶの理あらんや。若し基督教徒が云ふ如く神は具身にして意志あるものならんか。哲學者の云ふ如く神は不動なりとす可らず。若し哲學者の云ふ如く非具身にして無意識ならんか。基督教徒が云ふ如く人類の如き身体及び意識を備ふるものなりとす可らざるなり。之を要するに基督教徒の神之觀念と哲學者の神之觀念とは幾んど氷炭の對を為す者なりと斷言するに於て。余輩は更に憚る所なしと信ずるなり

此の撞着したるに觀念の本源とも云ふべき神之觀念に至りてと。其觀念偏に人類の心意に本在すと云ひ。以て相撞着したるに觀念を包括するに似たり。否な其撞着したるに觀念の本源たりと謂ふと雖ども是れ抑も主角を起す觀念なり。看よ現に人なりと思へる觀念と人ならずとせる觀念とは相異なることなきか。現に形ありとの觀念と形なしとの觀念と相撞着することなきか。哲學者なれば哲學者の神之觀念となり。基督教徒なれば基督教の神之觀念となるが如き。

首尾両端何れにしても不可なきが如き觀念の人に起るを以て。之を心意の本自に存在するものとなす。其曖昧摸稜なる實に笑ふに耐へたるのみならず。發すれば直ちに撞着の觀念とならざるを得ざる觀念は。即ち是れ圭角乖戻を生ずるものなりと云はざる可らず。是れ豈撞着する觀念の本原なりと云はざるを得んや。果して然らば人の本自に存在すると云へる神之觀念は。其の啓發すると同時に必ず先づ前二者の觀念の內。何れにか撞着するものなりと斷言することを得るや明白なり

夫れ斯の如く三様の神之觀念と互ひに相ひ乖戻し圭角せるものあり。故に若し此の三様の觀念を併せて以て神明實在の確信理想となさんとせれば。忽ちに自家撞着に陥らざる可らざることも余輩が多辨を要せざる所あらん。新大陸の文明國なる或る哲學者と此の三様の觀念を兼併して充足なる神之觀念を建設せんと企て。既に其書を著し所謂近世哲學の中に之を架設したりと雖とも。素より撞着しさる觀念なれば焉んぞ能く綴合せることを得べきや。其の彌縫策の拙劣なる破綻を蔽ふこと能はずして。遂に其著の價格を失墜せるの想ひあらしむ。余輩之が爲めに之を惜まざるを得ざるなり

然れども神之觀念の撞着せることは。啻に右三様なる觀念の間のみにあらず。其一の觀念の內に於てまでも往往相撞着せることあり。今其一二を擧ぐれば先づ基督教の神之觀念に於ては。神を以て具身あり意識あり感動あり又は企念あるとなし之を天に在る父となせり。然らば是れ全く人類の如き有機活体と見做さべきものならん。然れども凡そ此の宇內に存在する人類の如き有機活体にして吾人人類の可視界中にあらざるものや。ある神と之に反して全く可視界中にあらざるものなり。可視可感的の二界中を

超越して全く可思界中に存する抽象虚形的の者なりと云はざるべからず。然るを此の觀念に於ても具身なり意識あり感動あり企念ありて天に在る父なりとして現實の有機活体とす。焉んぞ知らん。其有機活体と可思界中に存せる抽象虚形的の不現實体なることを。具身なりとせるも我が思想なり意識ありとするも。我が意識なり感動ありとするも。我が感情なり企念ありとするも。我が念慮なり在天尊父なりとするも我が心意なり。是れ全く漂々然として浮出し来る我が想像內界の一塊のみ。外界(イキステルナール、ウオールド心外百般ノ事物ヲ云)現實の有機活体にあらざるなり。然るを心外遠隔の天にある有機活体とするは何ぞや。心界に抽象したる虚形を以て外界に現實なる有形物とするものにて。是れ即ち撞着したる感念にあらずや。宜なる哉哲學者が此の神之觀念を以て兒童の神之觀念なりとして蔑視することをや

然れども哲學者の神之觀念に於ても又撞着あるを免れず。蓋し此觀念に在ても神は清淨發動的を以て其の實体とするが故に其の身体の元精中に創造の力あり。必然に萬物を創造すとなせるものなれば神と既に其の自体に發動と創造との力ありとなすものなり。設令無情欲と雖も發動的たる上は。企念あらざるまでも何等かの原動即ち心意ならざるを得ず。設令自体の內と雖とも元精ありとなす上は感動あらざるまでも何等かの神髄即ち心氣あらざるを得ず。設令其元精內にありと雖とも創造の力ありとなす上は意識あらざるまでも何等かの企圖即ち元型なからざるを得ず。設令無情欲發動と雖とも之を實体とし自体の內に元精ある上は具身あらざるまでも具體即ち形質あらざるを得ざるべし。況んや萬物を必然に創造すとなせば其の元型なきこと能はず。元型あれば其企圖なきこと能はずと推想すること誠に當然の順

序なるべきに。元迄り企圖りなくして。發動あり元精あり創造ありとせ。加ふるに實体あり自体内に元精ありとせて却て具体即ち具身にあらずとなすと何ぞや。發動と創造ありとせば其實神意と企圖とあり。自体と元精ありとせば其實形体と意識とありとせるものたるを悟らざるものゝて。是亦即ち撞着の觀念にあらずや。是等哲學者輩の理論の多く獨斷に流れ易きも亦故ある哉

且又彼の人心本有の神之觀念に至ては。誠に未熟の謬と謂はざる可からず。故に若し之が種子となりて哲學者や基督教徒の神之觀念たるものとならんにも各々相撞着し個々相乖戾するを免れざるのみならず。此の觀念にのみ依るとせば。或は純粹なる唯一神教に至るおそれもあるべく。或は粗笨なる妄信の根源となりて。凡物教となりて木石土砂の凡物をも禮拜するに至るべく又或は多神教となりて人物水火山川禽獸を禮拜するに至るべく。而して其發展したる結果の相撞着せるの甚だしき。斯の如くなるに至ては其の人心に本有する時も亦尙は撞着したるものならんかと疑はざるを得ず。嗚呼神之觀念の撞着乖戾すること斯の如し。余難ど唯其滅裂の甚しきを冷笑し去らんとする者あり

寄書

當今の青年

無名生

當今の青年は將來日本の相續者となりて一國を經營するものなり。去れば將來の日本をして富國强兵の域に至らしむるも。亦た萎弱貧襲の悲境に沈ましむるも。一に青年諸氏の覺悟云何にあることなれば。其責任の存する所重且つ大なりと。是れ故に世間の志士論客は諸氏が爲めに意見を述べ是非を論ずるもの實に鮮なからず。余は固より淺學にして是等の大問題に就き喙を容るべき能力を有するものにあらずと雖ども。今日の青年と共に未來の世界に立ちて。一國の生計を圖らざるべからざる者なるを以て。敢て一言を陳して。諸君の淸覽を煩はさんとす

當今の青年社會は流石に開化の風に吹かれたるだけありて。其智識と見識とは遠く古人に越へたるべし。さりながら其行状と成行とを見れば甚だ權衡を失ひたるものゝ如し。彼等は喋々として南洋の政略、南洋の移住を說き。支那は吾之を取らん。東洋は我が地となさんなど。快活有爲の事を說けども。其成り行きを見れば田舍の教員となりて二圓の月給に安んじ。役場の助役となりて肩を縮むるが如きものあり。或は東西貿易の不得策を說き。國家施政の不都合を鳴すと雖ども。已に一箇の生活に苦んで其去就に惑ふものあり。或は大功は細瑾を顧みず。英雄能く色を好めりなど唱へて。空しく日を柳巷花街に費やし困迫の極遂に鄕里の父兄を詐いて。金錢を貪るものあり嗚呼何ぞ夫れ言行相反するの甚しきや

嗟斯の如き輕浮浮薄なる青年社會が如何にして將來日本の繼續者となりて。我國を利し我家を有つことを得んや。吾人は甚だ覺束なきことゝ思ふなり。吾人は敢て青年諸君が大志を抱けるを非難するものにあらず。否な反つて其志の大ならんことを望むものなり。然れども其口に發する所其心に抱く所只だ其大なるのみにして。其行ひの以て其目的を達するに足るものなくんば。寧ろ唇氣燄を擧らざるの勝れるに若かざることを主張するものなり。又た青年諸氏が政治の方針貿易の得失に就て嘴を容るゝを咎めず。惟だ政治に就て嘴を容れんと欲せば。容るべきの資格を作りて之を容れ。貿易の不振を憂へば身自ら其道に入りて。救濟の方法を講ぜんことを希望するのみ

凡そ何事にても口上のみにて出來し得るものならんには。天下を一統することもなし得べし。巨萬の金持たることも得べし。然れども之を實行するときに當りては。一村を統治することも容易にあらず。一本の苗を育つることも容易になし得べからず。故に古の聖人も言ふ訥なるも行ひに敏ならんことを望みたり。是れ何事にても實行することの難きがゆへなり。釋迦牟尼世尊と眞理の教主として千百載の今日に至るまで。全世界の尊敬を受くると雖ども。迷を轉することを得ば。吾々凡夫と雖ども尚は釋尊たることを得べし。孔子云何に聖人の名を博すと雖ども。忠信孝悌の四字さへ履行し得ば。同じく彼と同等の位に上ることを得べし。吾人青年社會と雖ども一たび經佻の弊を棄てゝ實着に就き。浮薄の害を去りて剛毅に就き。口に發する所の事實と心ゝ懷く所の志望とをして。着々實行するの精神あらば。我日本の將來をして。米國の如き商買繁昌の國たらしむるも亦た英國の如く世界工業の中心たらしむるも。一に我輩の希望に存せん。噫我邦をして微弱貧窶の悲境に沈むもの我青年社會にあり。我邦をして富國强兵の盛況に至らしむるも我青年社會にあり。青年たるも豈に鑑みざるべけんや

反省園開拓の趣旨

禁酒を以て天經とし進德を以て地義とする反省會は一圓の主義一度ひ社會に現れしより歲月匆々巳に六年の星霜を經過せり其間恒に飲酒の悪弊を掃蕩し德義の腐敗を排除せんことを力め今や同盟の會員は壹万三千の多きに至り漸々社會の水平線上に頭地を出だし我徒の勢力は駸々として日進するが如し然りと雖も顧みて社會全體の上より觀し來れば腐敗汚濁の大氣は疊々層々社會を埋め正義の徵聲又何れにあるを知るに由なし此時に方りて我徒禁酒の一團は孤軍單獨空しく四面楚歌の間にあり聞しところは誹謗の言受くるところは攻擊の語現今の社會に於ける禁酒問題の如きは猶數千仞の海底に沈沒し居るものゝ如し嗚呼果して如此の有樣にして何れの時か我徒の素志を達すべき區々たる言論一時の勝利は固より以て賴むに足らず當に奮つて絕大の活動をなし永遠の成功を遂げ以て社會眞正の改革を成就すべきなり而して其活動をなし成功を遂げ以て我徒終極の目的を達せんと欲するには宜しく先づ其最大要素たる資力を作るを以て第一着手とせさるべからざるなり

不肖徹太郎素より何の爲る所なしと雖も業巳に全幅の精神を抛て禁酒進德の事業に從ふ一身只主義と共に立ち主義と共に倒るゝの外あらざるなり故に曩に大に感激する所あり單身北海に渡り禁酒運動の資力を作る第一着手として北海開墾の事業を計畫し巳に其許可を得たり思ふに北海道は是れ日本北門の鎖鑰にして今後の富源は實に北海道にあり北は魯西亞に對し西と淸國に對し殷富忠愛勇敢活潑の國民を皷舞振作して以て國家の長城を築き護國護法上將來に望みあるものは北海の天地を措ひて又何んかあらん而して今や北海開拓の國民的事業は大に其步を進むと雖も其大半は猶ほ肥原沃野滿目千里空しく無人の境に屬せるものあり之を開き之を墾して其方法宜しきを得ば我徒の目的を達する又疑ふべからさるなり而して徹太郎と此の開拓に關し竊かに又他に期する所あり他なし是れ彼の北海今後の殖民をして不幸にも若し今日の儘に放任せしめんか新開の國民は富裕に流れて奢侈に陷り易く而かも氣候寒冷なれば內地飲酒の悪弊を移植せば其悪風の及ぶ所又謂ふに忍びざるに至らん健全富貴の國民を焉んぞ現出するを望まんや徹太郎の期する所は我反省園を初とし北海に禁

酒村落を起し清白なる禁酒の習慣を作り一歩又一歩漸次此計畫を增進し大に禁酒の美風を盛ならしめんとするにあり而して更に又後來に期するところは我徒に向て最も必要なる教育を盛に北海に禁酒主義の學校を起し大に禁酒同胞の人物を養成し以て他日の活動を計り併せて國設上北門鎖鑰の一方面たらんことを期するにあり事や素より至難徒らに空論を吐くに似たれども徹太郎胸中の冀望は實に此の如し豈漫に無責任の言論を弄するものならんや事の成否は唯他年の結果を俟ちて知らんのみ

あゝ渺々たる一介の貧なき才なきの微躯を以て如此の大業を負擔せんとす素よりされ一個獨力の及ぶ所にあらざるなり是を以て先きに朝野の貴顯紳士學者高僧に向つて其賛助を冀め大に計るところありき幸にして別項に記載せるが如く諸氏は各熱涙を揮ふて此事業を賛し其勞を分ち其資を投ぜらるゝの光榮を

得たり依して冀くは滿天下仁に富み義に勇むの有志諸賢苟も國家の爲めにこの清明高潔の主義を助くるの意あらば徹太郎の微衷を容して一滴の同感を與へ以つて開拓の義金を投ぜられんことを禁酒道德正義の爲めに切々懇願に堪へざるなり

反省會員

明治二十四年五月　　開拓主任　吉丸徹太郎

贊助員第一回報告

知恩院門跡　日野靈瑞師

東寺長者　原心猛師

從二位伯爵　冷泉爲紀殿

大谷派管長　大谷光瑩師

義金

義金は多少に係らず請取証を出し別に反省會雜誌上に其芳名を廣告し該雜誌一部を呈上せん

但し御寄贈の節は必ず開拓義金と御記載ありたし

寄贈所　京都　反省會本部

評論

日本佛教徒に訴ふ

大聖教主釋迦牟尼世尊正覺の靈地たる印度佛陀伽耶ど久しく異教徒に歸し。全國の佛教徒をして空しく遺憾の涙を浮べしめたるが。這般同地の地方長官は右の靈地を五千圓にて賣却する旨披露したるに付。嘗てチルゴット氏と我國に來遊したるダンマパーラ氏は。當時印度留學中なる釋興然氏と計りて。之を購求せんと欲し。先づダンマパーラ氏とシヤム、ビルマ、セイロン、の佛教徒より四千圓の義捐を募らんがため既に發足の途に上り。釋興然氏も該地の有志者に就て寄附金募集の任に當り。尙ほ日本各宗管長に向つて義捐寄贈の事を依賴したり。噫此靈地佛陀伽耶は久しく異教徒の手に歸したるにも拘はらず。闘はずも賣却の沙汰あるは實に吾々佛教者にとりては。望外の幸福千載の好機と云ふべし。吾々佛教徒は宜しく此際に當りて充分の義捐を募集し此靈地をして回復せざる可らず。熱心なるダンマパーラ氏は獨り眇々の身を以て單身異域に渡り。四千金を募集して靈地回復の費途に充てんとす。其心情實に察するに餘りあり。我國の佛者少しと雖ども尙ほ數百萬を有す。數千の金額亦何かあらん。苟も佛陀の教義を奉じ佛陀の福音に沐浴するものは。宗の異同を問はず派の東西を論ぜず。奮つて應分の義捐を投じ。兩氏の重荷を扶けて速かに其功を奏せしめざるべからず。是れ單に佛陀の靈地なるが故に之を購求するに非ず。之を信仰上よりし。之を義務上よりするも。吾々佛弟子たるものが決して不問に附すべき事柄にあらざるを知ればなり

藤嶋了穩氏

氏が初めて歐州より歸朝するや。世の佛教徒は氏に

向つて無限の期望を抱きたるにも拘はらず。更に花々しき運動もなく。寂として本郷の寓居に引き籠れり。尤も宗教新聞發行の計畫。文學寮移轉案の建議等ありたりしも。悉く失敗の結果を見出したるの外なし。之を以て世の囑望者は頗る氏に向て失望の感を抱たりき。然るに氏は外頭本願寺派内局出仕となり。這般更に文學寮長の任を帶ぶるに至りたり。盖し文學寮長の地位は氏が夙に期望する所にして。一昨年里見了念氏が文學寮長を辭するや。本山は氏を聘して其後任を托せんとしたりしも。氏か要求したる教育上の方針は遂に本山の容れさる所となる。遂に名和内學院長之を兼務して今日に至りたりしが。這般氏が異議なく其任に當またるを見れも。本山も亦氏が要求を容れたるに相違なかるべしと思ふる。吾人も固より氏が教育上の方針云何を知すと雖ども。其思想の新奇なる。其精神の快豁なる。必ずや泥古、偏僻、壓制、卑屈、の舊慣陋習に則らさる可し。況んや中西牛郎氏ありて氏と其方針を同ふし。氏が施設を翼賛し。共に與に教育の改良を計らば。文學寮の隆盛目を刮りて待べきなり

熊本縣下の實業家に勸告す

其弊害の有無は姑らく之を措き。我熊本縣民が政治上の思想に富み自治の精神あることは。恐らく九州中其比を見ざるべし。亦教育上に於ても其執る所の方針に就ては。頗る吾人の意を同ふせざるものありと雖ども。教育家の多き校舍の多き。亦た他に其比あるを見ず。宗教上に於るも亦た然り。法酬二社は各々厖大なる團体を統轄して犄角の勢ひをなし。其他各地方に散在せる佛者の團体は其運動亦た見るに足るべきものなしと雖ども。其信徒の多き其團体の鞏固なる。一歩だに他縣に讓る所あらず。然れども實業上の事は實に緩慢不振亦た云ふに足るべきもの

なし。力食社の織物は頗る精良の譽を博すと雖ども。未だ薩摩絣の精緻にして販路の廣きに及ばず。縣下の陶器不細工なるに非れども。肥前鹿兒島の陶器に及ばず。縣下の炭鑛は九十餘箇所ありと雖ども。福岡炭鑛の隆盛なるに若かず。市内の商業振はざるに非ざれども。長崎市の繁昌なるに若かず。熊本の煙草評判高しと雖ども。國分の本家を壓倒するに足らず。其他商工會社少きに非すと雖ども。一として隆盛を極むるものなく。養蠶製茶の事業漸く各地に起ると雖ども。規摸狹小にして固より以て稱するに足るものなし。嗚呼我縣下が政治の發達、教育の進歩斯の如きの偉觀を呈するにも拘はらず。獨り實業上に向つて停滯不振の現象を現はす所以のものは何ぞや。人或は資本の缺乏に歸すると雖ども。吾人は斷して左の二點にあることを知る。曰く從來の資本家が因循姑息にして。毫も新事業を起すの勇氣なきこと。第二中流以上の人物が政治教育の一方に偏して。實業上の精神に乏しきこと是なり。見よ彼等の祖先傳來の營業を墨守し。他の潤益ある事業に轉すること能はざる者にあらずんば。徒らに幾千の金を守りて一生の樂となし。適々有志の者ありて。新事業の計畫を勸むるものあれば。偏に將來の失敗を恐れて之を逃れんとするの輩られゞ。而して中流以上の人物も。多く身を政治社會に任ね政治の外又他に功名の場所あるを知らず。財を失ひ產を破り。遂に其身の進退に窘むが如きもの往々皆な然り。嗚呼斯の如きの有樣にて。資本家は資本を墨守して頑然覺る所なく。政治家は政治に狂奔して更に意を實業に用ゆることなくんば。我國の殖產何の日か盛んならん。我國の商業何日又奮はん。九州鐵道は漸く其工事を進めて日ならず我熊本に全通せんとす。三角港も漸く舊來の面目を改めて。繁華に趣くも遠きにあら

ざるべし。此際に當りて我實業社會が安閑として懶夢を貪るが如きことあらば。機敏なる他國の人間は續々として我領地に來り。手を張り足を伸ばし。遠慮なく我利益を壟斷すべし。既に或る西洋人の如きは玉名の物産を購ひ集めて。長崎に販路を開くの計畫あり。亦縣下の炭鑛中三分の二は。既に已に他縣人の採掘する所となれり。嗚呼我縣下の實業は。今にして斯の如きの有樣あり。一端其機を愆らば。熊本の將來又た知るべきのみ吁

湖南事件

露國皇太子ニコラス親王殿下は。將來世界第一の强國たる露西亞に君臨せらるべき人なるに露國皇太子殿下と皇后陛下が尤も寵愛せらるゝ所なり。而して我國の警察官津田三藏は圖らずも同殿下が我國漫遊中。近江の湖南に於て殺害を企てんとしたり。事若じ不幸にして其處を失はん乎。數千の艨艟も忽ち我諸港に來りて黑烟天を焦すに至らん。噫當時の成行云何と頗る朝野の人心を寒からしめたり。然れども一端其局を結ぶや。啻だに兩國の平和を破らざるのみならず。反つてニコラス親王殿下をして我國民の厚遇を謝するに至らしめたると。單に聖意の優渥なると。我國民の同情能く殿下の怒りを和げたるによるべし。嗚呼外交上に於る我國未曾有の一大事件が。案外にも平和に其局を結び。日露の交際上亦た昔日に異なることなきを得たるは。必竟我　天皇陛下の優渥なる聖意より發したるに外ならず。吾人は只だ四千万の同胞と共に。聖意の渥きに感泣するの外なきなり

其二

兇漢津田三藏も神經質の者なり。然るを警官の位地に列して這般の事變あるに至らしめたるは。當局者の失念に出てたるものに付。我政府は用捨なく滋賀

縣警部長の職を免じ。併せて其位階を褫奪したり。是れ政府の處置宜しく斯の如くならざるべからず。されば吾輩は此事に就て最早希望を懷くの點なしと雖ども。尚ほ將來警官の身として斯る大事變を惹き起すが如きことあるまでも。大に警察の信用を失ふに至るべければ。苟も警察官任用は局に當るものも。充分此等の點に注意し。豫め事を未萌に防ぐの覺悟なかるべからず

雜報

◉內閣大臣の更迭　各月中內閣大臣の更迭を舉れば。山縣內閣總理大臣は願によりて本官を免せらる。其後任と松方大藏大臣之を兼ね。西鄉。大山。山田。芳川。青木の五大臣と。何れも願によりて本官を免せられ。其後任は品川子內務大臣に。高島子陸軍大臣に。大木伯文部大臣に。田中子司法大臣に。榎本子外務大臣に。孰れも任命ありたり。而して前陸軍大臣大山伯は。更に陸軍大將に任ぜられ。前文部大臣芳川子は。樞密顧問官に轉任したり

◉全國敎育聯合會　も去る四月廿六日より向ふ三十日まで。都合五日間。東京に於て開會したるが。其可決案は左の五項なりし

一高等小學校生徒へ修身敎科書を持しむる事
一小學敎員の免許狀を終身有効とする事
一諮詢及討論問題とも可決の場合に於ては。全國敎育聯合會員一同の連署を以て。之が實施を文部省に建議する事
一兩陛下の御眞影を全國小學校へ下賜あらんことを。文部省へ本會より上申する事
一地方敎育議會を設くる事

◉一は收め一を奪はる　善惡禍福は糾へる繩の如し。昨日も此上なき幸を得て喜べは。今日も圖らず禍ひに罹りて其處を失ひ。昨日までも無量の苦界に身を沈めしも。今日は出世の春に遇ふて綺羅を纏ふ

の身となる。實に測りなきも人身の榮枯にぞある。這般の大津事變に就て。滋賀縣知事は就職後僅かに三日も經ぬ中に。早や免職の沙汰を受く。同縣警部長も同じく失望がために現職を免ぜられ。剩さへ其位階だに褫奪せられたり。之に引き換へ一葛布衣の人力車夫たる向畑次三郎。北賀市市太郎の両人は。露國皇太子殿下の危難を救たるの手柄により。我政府よりも勳八等に叙し年金三拾六圓を下賜せられ。露國政府よりは當坐の褒美として金千圓を賜はり。尚ほ每年貳千五百圓宛を支給せらるゝ事となりたり。窺測りがたきは人間の榮枯にぞある

●曹洞宗臨時宗會　客月廿五日より向ふ三日間。東京芝公園地宗務局へ開く可き臨時宗會に就ては。流言さまぐ\ありて或は。此宗會の結果云何によりては。一宗の一大波瀾を起すに至るべしと云ふものさへありしが。云何なる譯にや同會は三日の開會とも出席員定數に充たずして。遂に閉會するの已を得ざるに至りたり。咄何等の怪事ぞ

●忠愛新報　久しく吾人が待ち設けたる忠愛新報は。愈々去る十六日發刊したり。紙質は左程上等と云ふ譯にもあらざれども。印刷も流石新調の文字だけありて中々鮮明なり。編輯の体裁も流石初號の事にて完全の域に至らずと雖ども。敬神愛國の氣焰は藹然として紙表に溢るゝを見る。之を要するに印刷、紙質、編輯、のの上より云へば。熊本新聞中恐らく其後者に就さるべし

●蛟龍再び雲を得ん　久しく政界を退きたる獨國の前宰相ビスマルク侯には。再び國會議員に撰ばれて足を政界に投じたり。獨乙内閣人物に乏しうらすと雖ども。侯が一たび勢力を國會に得て。現内閣に當らば。誰れか亦之に敵せん。侯は再び入りて内閣を組織するに至らん

●追吊會　客月八日より向ふ十日に至るまで。玉名郡に於る法住教社員一同にて。同郡山下村安養寺に於て。今を距る一百年前寛政四年温泉嶽壞崩し潮水汎濫のために身命を魚腹に葬りたるもの。三千餘人の靈魂を吊せんがため。其追吊會を執行したり。熊本よりも社長八淵蟠龍氏外二名出張。會するもの老壯婦三教會員等無慮一万餘人に及び。青年會員は孰れも同社の徽章を肩にし尤も整頓を極めたり。八九の両日も八淵氏の演説等ありて。相變らず盛況を極め。十日には孰れも大運動會を催ふして其墓地に至り煙火の打揚等ありて同地近頃稀有の盛況なりしと

●死する者十二人　國會開設以來両院議員の逝去せしもの前後十二人にして。貴族院にては三條實美公を初めとし。國司順正、柳楢悅、九鬼隆義、前田謙祐、中村正直の六氏。衆議院にては三浦義建、法貴發岩崎重次郎、間中進之、小林雄七郎、山際七司の六氏なり

●津田三藏の處刑　我國民の感情よりせば兇漢津田三藏は死刑に處するも。尚ほ飽き足らずと雖ども一國の國法は感情によりて左右すべからず。威壓によりて枉ぐべからず。遂に公平なる我法官は謀殺未遂を以て之を論じ。被告三藏を無期徒刑に處せられたり。之によりて全國の新聞雜誌も。大に其判決の宜しきを得たるを稱し。露國政府にても頗る滿足の意を表したり

●内務省訓令　這般内務大臣は。各社寺の氏子壇家惣代は。三年每に改撰し。又は不良の所爲あるときは。臨時改撰すべき旨布達ありたり。其文面は左の如し

◎内務省訓令第八號　北海道廳　府縣

明治十四年當省乙第三拾三號達中共有の二字を社寺有と改め末條に左の一項を增補す

總代人は滿三年每に改撰市町村役場若くは戸長

役場へ届出しむべし尤も期限中と雖ども犯罪其他不良の所爲あるときは臨時改撰せしむべし
但臨時改撰の外は前總代人再三當撰するも妨げなし
明治廿四年五月廿五日　内務大臣伯爵西郷從道

内務省令第八號參照
内務省乙第卅三號達（明治十四年七月廿一日）
各管内社寺總代人之儀氏子壇家中（氏子壇家なきものは信徒）相應の財産を有し衆望の歸するもの三名以上相撰み戸長役場へ届出させ今後該社寺の願屆等は渾て連署を以可爲差出且社寺收入財産は（田畑山林の所得は勿論賽物祈禱葬儀回向料等一切の受納物を云ふ）其共有に屬すへきものと其祠官住職に付するものとの豫約毎社寺適宜相定平素混亂せざる樣取調方可爲致此旨相達候事」但神宮官國幣社は非此限

●各國教育費の程度　英國の歲入は。九千萬磅にして。之に對せる教育費は。五百萬磅餘。普國は歲入十三億二千マークにして。教育費は五千八百萬マーク。佛國は歲入三十八億萬フランにして。教育費は一億三千萬フランなり。即ち英は歲入百分の六三普は百分の四五。佛は百分の三四なり。然るに日本は。歲入八千萬圓にして。之に對せる教育費は。九十萬圓餘。僅かに百分の一一に上らず。此割合を以て算する時は。英國は日本に比して。年々四倍つゝの進歩を爲し。普國は四倍。佛國は三倍の進歩を爲す道理なり。此の如きの有樣にては我日本の前途。頗る氣遣はしき次第なり

●六百五十萬圓　昨年の帝國議會に於て。議員諸氏が汗水を流して減額したる歲出六百五十萬圓は。朝野共に其處分法に迷ひ。或は教育費に充んと云ひ。或は殖產費に用ひんと云ひ。或は海軍擴張。或は築港費と其注文れ申込は既に十四五の多きに及べども。所謂帶に短し手襷に長しの方にて。其輿論の決定せるまでは。容易にあらざるべし

●慰勞及寄附　露國皇太子ニコラス殿下より。大津兇變の際同所へ警護せし警部。巡查へ當時の慰勞として金二千圓。東京養育院へ金千圓。各々御寄贈あらせられし由

●不釣合の裁判　近頃淸國上海の英國領事館にて判決したる竊盜犯の判決にて。一は一富人が價ひ拾五磅許りの器物を竊取したるものを無罪となし一は一貧人が價ひ一磅に充ざる品物を盜みたるを五箇年の禁獄に處したる事是なり。今其判決の理由を擧れば。富人某の犯罪と一見せし器物の美麗精巧なるを愛し。戀々之を手放すに忍びず。全く不知不識の中に持去りたる者なれば。固より盜犯を以て論すべき者にあらず。仍て本罪に數等を減し且つ情狀を酌量し無罪放免せる者なり。又貧人某の犯罪は。其盜品の價ひ些少なりと雖ども。全く惡意を以て竊取せし者なれば。其罪甚だ重大なり。仍て懲戒の爲め○禁獄五箇年申付るものなりと。……叫何等の裁判ぞ

●支那の一揆　は前項に記せし如く。左程の大事變にあらずと思ひの外。該項組立の後に至り。東京新聞の記する所を見れば。實に驚くべき變動につき左に其梗概を記して。讀者に報ず
本月八日上海發にて。米國の東洋艦隊司令長官ベルクナップ氏より横濱に屆きたる電報に依るに本月五日。九江に於て暴動起り英佛の砲艦及び米艦パロース號は之を鎭撫したる外國の婦女小兒と軍艦インコンスタント號まで引揚げたり蕪湖にて外人二名殺されたりパロース號は直に同所へ向へり漢口にも紛擾將に起らんとし砲艦ポンポイセ號も同所に駐まれり當上海も人心頗る恟々たり。北京に在る諸外國の公使は支那政府に於て外國人の保護出來ざるに於ても諸外國自ら保護の手段を爲すべしとの旨を通知した

り七艘の外國砲艦は揚子江を遡ぼり云々と然るに又十日に至り同氏より横濱に達したる電報は暴民の猖獗ます〳〵甚しきを示せり曰く暴民の一隊ヤンチヨウを攻撃したれども是は鎭江に於て防ぎ止められたり。又他の暴民も八日の夜。ウーシーに在る佛國宣教館を打壞し今は當上海を距る七十英里スーチヨウまで押寄せ來れりとの報あり此道路も直に上海に接續するが故に次第に寄來らば上海より十八英里の地に在る佛國宣教館と同く四英里を隔るシカウエーの同館を攻撃するに至らん。露國及び佛國の砲艦は右に付き揚子江に遡れり是にて上流に遡りたる外國軍艦も都合九艘なり。英獨の砲艦おの〳〵一艘並に米艦アリアンス號も上海に在り此暴動は支那の内亂なりと思はる云々以上三報に依て考ふるに暴民の蜂起は獨り南京蕪湖邊に止まらずして上海近接の地に及ぼし且つ彼等は進んで上海を衛かんとせるに似たり此事件の如何に落着するやは吾人詳報を怠らざるべし

●暴動の目的　右暴動の原因に就ては噂まち〳〵なれども北支那日報等の報ずる所に依るに今の滿洲政府を斃さんとする秘密結社卽ち哥老會と稱する團体が賤民を煽動して外國人を襲撃せしめ斯て政府と外國との間に葛藤起り遂に戰爭と爲るを窺ひ機に乘じて滿洲政府を潰さんとする手段なりと云へり又他の説は兩江の前總督曾氏も此不平團体に賄賂として五萬両づゝを與へ來りしに今の總督劉氏これを廢したるより彼等怒つて蜂起したりと云へり又第三の説に斯る深き原因あるに非ずして兼て外國嫌ひの支那頑民期せずして東西相應じたるまでならんと云へども揚子江兩岸の各所に散布する哥老會なるものは長髮賊の遺風を酌み愛親覺羅の朝廷を打滅して中華を滿洲人の手より救揚げんと企て其仲間には官吏、軍人又は學者多く加はり其働き秘密陰險にして政府容易

に探り知る能はざるの次第なれば今度の暴行も哥老會の煽動より出でたらんとの説夫れ或は眞ならん

●蜂起の場所　支那暴民が外國人を襲撃するの沙汰も久しく聞かざる所なりしに本年。數ヶ月以前にヤンチヨウに於ての蜂起を手始めとし五月十二日蕪湖の暴動。六日を過ぎて南京の暴動。其後ち六日はど經て又候同所に蜂起の事あり夫れよりホウチヨウの紛擾。間もなく上海に於て激烈なる激文の張出しあつて今や九江。漢口。其他揚子江岸の各所は一齊に暴民の蜂起あるに至らんとす今や支那政府が兵力を以て嚴に此等の暴民を處罰するにあらざれば英佛獨露米の軍艦は代つて暴民を征せんとするの色あり支那の外交政略また一段の困難を添へたり

●御注意　暑くなるにつけて。そろ〳〵虎列剌の門出があるゆへ。何れも食事を謹み。清潔法を行ひ。この大鬼に罹らぬよふ豫め充分の注意あられたし。

既に虎列剌の本家とも云ふべき大坂市中にては。八名の虎列剌患者を生じたる由なれば。九州漫遊も遠きにあらざるべければ。宜しく兵を練り城を堅ふし。豫め虎軍の來寇を防がざるべからず

●コッホ液　一時世間の耳目を聳動したる肺結核の大妙藥コッホ液も。我國の刀圭社會にも目下實驗の最中にて。或は天刑病に適中せりと云ひ。或は牛馬の諸症によろしからんなど稱ゆる者さへありて。未だ肺結核にとりては。充分の成績を見ずと云ふ

●多く茄子の實を得る法　少し時候後れの報道かは知らざれども。農家の參考にまで書きしるすも茄子の實を多く得る方法にて。先づ苗ぶせのときより適宜に人糞肥料を施し。漸く成長して初花をつくるの時よいたり。悉く其花瓣を取り捨て。第二期の花瓣のみを殘すときは。十中の八九は必ず實を結ぶよし。ソコデ親の意見と。茄子の花は。千に一も無益し。

なきに至るべし呵々
附たり石鹼の汁は。茄子にも大害にて。之を注きかくる時は直に枯果るよしなれば。農家よは隨分注意あるべし

●洗濯の材料　上方にいた人は皆な知ふることとなれば記者が報するまでもなき事なれども。知らぬ人(取り別け婦人方)のために一寸かき染むる洗濯の材料は。灰汁にして之を取るには桶の中よ灰を八分通り入れ。其中に水を充分入せて。桶のをもてよ適當なる(〜だ)を通して。其灰汁を取り。夫よて着物類を洗ふときは。充分垢を落すおとを得べ去

●鳥目　には鰻の膽が一番妙藥なりとの事は嘗て聞知せしが。鯖の膽は鰻の膽なぞよりズツト效能あるよしにて。普通れ鳥目なれば。一週間以内にて必ず平愈すと云ふ。其用法は鯖れ膽れ之をとまで串よぬき。火よ炙りて醬油よ浸し。一日に三つ程服用するにあり。尚ほ或人れ説によれば。海鰻の膽も鳥目にも餘程效能あるよ去なれば。該患者は一たび之を試みては云何

●是れでおろ　油斷があらぬ。東京にて豪家の聲へ高き岩崎、三井、澁澤れ如きは。夙よ九州に向つて金礦けの口を見出さんと。蚤取眼で探しをることは。皆な人れ知る所なるが。今度大坂の住友、芝川の両家よりは各々二三の使者を九州に遣とし。金の生る木を探索しをれりと。噫油斷と大敵あり。速かに覺悟あらまほし

●收入　露國皇太子殿下の御遭難に付京都電信局の收入は七萬圓なまとテモ莫大なる金高ならずや

●發明　廣島縣の淸水正智とあん稱べる人と近頃樫の木栗の木から酸を製することを發明去たるとの事

●逝去　女子高等師範學校校長貴族院議員中村正

直氏は去る六日逝去されたり

●入寂　チルコツト氏と相提携して東洋佛敎の擴張に盡力したるブラバスキ夫人には客月八日入寂

●帶留　世れ流行と云ふと妙な物にて近頃東京にて男の帶どめが大變流行せる由(粹さま御注意)

●提出　第二期の國會にて自由黨は巡査の帶劍を禁ずる議案を提出するとの事

●辭職　折角學た甲斐もなう今更ら辭すとは胴欲なと云ふか云はぬか知らね共衆議員の辭職せし者都合九人

●入費　這般の大津事變に就て御上より支出されし總ての入費は三百萬圓なりしと

●遷化　日蓮宗前管長三村大僧正には客月十七日病ひに罹りて遷化せらる

●賑合　客月廿五日京都大學林にて施行せし宗祖の降誕會は非常の賑合にて其出物は近頃になき上出來

●和魂　責て露國への申譯と自ら咽をついて死果たは千葉縣の女丈夫畠山勇子嬢稱す可きと是此和魂

●寮長　評論にもある通り本願寺內局　出仕藤嶋了穩氏と這般文學寮長に任せらまたとの事

●就職　淨土宗管長太田廓空氏は客月廿二日辭職したるに付山本觀純氏其後をつげ里

●佛祭　每年熊本にて施行する招魂祭の祭式は本年より佛祭にしたるは實に喜ぶ可きの限りにころ

●熊本　の招魂祭と近來稀なる賑合よて各所よまの奉納物と烟火、手踊、二輪加、競馬、等なまし

●停止　大津事變に就て發行停止を命せられたは中正、國民、大坂、鳴門、松江、濃飛、上毛の八新聞

●收入　客月廿一日より三十一日迄九州鐵道れ收入金と壹萬千三十八圓四十壹錢なりしと

●終結　小崎氏よま松山代議士に對する富撰訴訟

廣……告

の判決よよをは松山氏の當撰と全く無効に歸えたり

●電燈　熊本電燈會社の工事は昨今大に捗取りえ由にて來る廿五日頃よは愈々點燈を初むるよし

●送達　郵便て送らせぬ者やら送ても早く屆ぬ者やらを極速に極價安く送り屆くるは熊本傳便事務所

●失敗　大津事變に就き自由改進の二黨は內閣に向つて總辭職を勸告したれとも始尾よく失敗を取たり

●燒失　信濃の善光寺は去る二日祝融の禊ひに罹り僅かに大勸進。本堂を殘したるのみ

●上伸　第二回佛敎者大懇話會れ決議案は客月八日石上議長堀部副議長れ連署にて各宗管長へ上伸せ

●正誤　本誌社說中希臘皇太子とあるは希臘親王殿下の誤なり

二十四年六月十一日發行

團報

第一號目次

●大同團○時事に就て慙愧する所あり…靄々青巒●論說○基督教は決して國教となすべからず…中西元治郎○內外の異を明辨せよ…大學教授內藤耻叟○日本女子れ大耻辱…鷲尾順敬○必ず先づ汝れ心を正大よせよ…文學士道林居士●雜錄○心れ世界…唯意居士○加藤惠証師演說材料集（其五）○團友の詞藻○餘興●團友寄書○天春文衛君の演說…伊勢愛國道士○朝鮮少年の遊戯…三車外史○修心論…讚岐木谷元四郎○秋山君の書翰…東京杞憂生●巡回日記○越中漫遊日記…靄々居士手記●本團記事○特別團友の遷化○幹事長の出張○本團の支部○特派員○本部特派員加藤惠証氏第十三回復命書○本團章牌寄贈者芳名錄○本團正友姓名錄○本團助友姓名錄●廣告

法の園

第貳拾六號……目錄

（明治廿四年六月一日發兌）

○大法主殿御消息●說教○眞俗二諦〔司教赤松連城〕●法話○宣布院よ於ての法話〔一等巡教使安國淸〕○如來大悲恩德はの一首よよりて〔一等巡教使島地默雷〕○道心れ事〔補教龍川慈雲〕●論說○苦れ辨〔松村愛濤〕●蒐錄○佛法僧まれ草〔故香山院〕●講錄○御一代聞書〔一等巡教使安國淸〕○二河白道譬小話〔大學林教授梁瀨我聞〕●雜報○露國皇太子殿下の御遭難○御親書○車夫の光榮○津田三藏の處刑○霧國皇太子殿下の御來山○本派法主殿○大派法主殿○降誕會の略況○入定者を發見す○好きいましめ

○本社廣告○廣告（一部郵便共金四錢）

國教雜誌社規約

●國教擴張の初步として雜誌社を組織し每月一回雜誌を發行し正社員及び贊成員に頒布すべし●本誌は宗派に偏せず教會に黨せず普く宗教界に獨立して佛教の眞理を闡闢し佛徒の積弊を洗滌して之が改良を圖る●本誌は諸宗教の批評及び教法界に現出する問題を討論し而して其教法と關係ある點に至つては文學。理學。經濟。衛生。教育等の論說雜報をも掲載すべし●本社員を分つて正社員贊成員の二種とし每年壹圓以上の維持金を納むる者を正社員とし單に雜誌を購讀し又は拾錢以上の義捐金を納る者を以て贊成員とす●本社の正社員たらんと欲するものは住所姓名を記し維持金を添へ本社へ申込むべし本社は之に對し誓盟狀及び其都度發行の雜誌を交付すべし普通の購讀者は規定の金額を添へ住所姓名を記し本社に申込むべし」但雜誌を購讀せず單に義捐金を投するものは其旨通知すべし●維持金義捐金の金高及び其姓名は請取の順序により雜誌に掲載すべし●維持金義捐金は銀行又は資產ある名望家に托して之を保管し貯金壹千圓に滿るときは教法必要の飜譯著書等を出版し之を割引若くは無代價を以て正社員に頒布すべし●雜誌代價一冊六錢。六冊前金三拾三錢。十二冊前金六拾錢」但熊本市を除くの外每號郵稅五厘を要す」廣告料は五號活字廿五字詰にして一行三錢宛●總て本誌代價は前金にあらざれば發送せず」但し郵券代用は一割增の事

明治二十四年六月廿二日 印刷
明治二十四年六月廿五日 出版

熊本市安巳橋通町七十五番地
發行兼印刷人 篠方典

全市全町七十五番地
編輯人 志垣弘

發行所 熊本市安巳橋通町七十五番地 國教雜誌社

(熊本九州日日新聞社印刷)

第二國教

第壹號

明治二十四年十月十日發行 (每月一回)

目次

注意社告

本誌は客月廿五日發行可致筈の處**印刷**非常に隙取り遂に同日**發行**するの運びに至らず本日まで遷延致候段偏に御海容被下度尙本誌は遞信省認可を得さるに付近隔の地は**直接配達人**を以て及御送附候へ共**不案內**の事ゆへ、延引致候哉も計り難く候間其段は豫め御承知被下度候

右れ如く本誌も遞信省認可を得ざる者に無之候へ者若し本誌を他の人に**御郵送**被成候はば**二錢切手**貼用の上御投函被成度左なくは請取人に於て若干の**不足稅**を**支拂**ふ場合に立至り可申候に付此段豫め及御注意置候尤も認可有之候節も一應**新聞紙**上に廣告可仕候共上は封紙へ**（遞信省認可）**の五字を記載し五厘切手貼用の上御郵送相成候は者少しも差支無之候右等の事も御承知の事とは存候へ共**爲念**一應得御意置候也

社告 （必讀を要す）

●弊社印刷上の都合により一時**京都**ぇ於て支局相設け置候處**第八號**より本社に於て**印刷**致す事ぇ相成候に付支局の儀は全く相廢し候ゆへ以後何事に限らす**本社**に向々**御照會**被下度候尙ほ又**交換雜誌**の如きも本社に宛て**御郵送**被下度此段廣告仕候也

●**教友雜誌** 毎月二回定時刊行 一冊代價前金五錢
本誌は日蓮宗の教學雜誌にして有益れ法說論說あり

發行所 山梨縣甲斐國甲府市稻門村 **教友社**

●●●●●小生儀昨年八月より京都に於て國教編輯の任に當り候處去六月中旬歸鄕致し引續き第二國教の編輯に從事致候就ては今後小生への御手紙は左の宿所宛御仕出被下度此段辱知諸君へ謹告仕候也●●●●●●●

熊本市安巳橋通町 國教雜誌社 **吉村眞治**

拙者儀今般都合有之復籍仕候間辱知諸君に謹告す

（西寺事） **藤院大誓**

●●●●●●●●●●●

○看よ、佛教は現今佛教海中第一流の雜誌なり

●**佛教** 毎月一回

●本誌は紙面大**改良**を施し●社員には毎月金五錢にて頒つ●

●四錢を投ぜば規則掲載の佛教一冊を呈す●乞ふ入社せよ快男子●六月發行の廿六

●號には雲照律師の**道德論**鈴木券太郞氏の**保守黨**、**進步黨**と云へる嶄新適切なる議論其他玉論紙上に溢る

○其發行所は、東京淺草區吉野町能潤社なり○

●●●●●●●●●●●

佛教新運動

明治二十四年九月廿五日發行
（入會者）第參拾一號目次 （月六錢）

●論說
●講演 ●諷叢 ●小說 ●文苑 ●雜報 ●寄書 ●雜錄

●怪聞……………………溪、隈、生
●佛教護國論（承前）……加藤咄堂
●至大の財產………………松村海印
●信、智に本つくや否やを論す……竹霞小史
●人類食物論（第五）……大原嘉吉譯
●爲宗言 第二（三）……宗野爲太郞
●文學狂（下）……………若葉亭主人
●題達摩面壁圖……………外五件
●僧侶妻帶論………………武田芝山
●格言………………………四則
●戰機………………………雞肋生投

發行所 京都市林下町淨土宗學支校內 **悟眞協會編輯部**

第二國教第壹號

第二國教

第二國教發刊に就て

佛教の信者は全世界に遍滿して今や五億万餘の信徒を有するに至りたりと雖ども。未だ無宗教の徒をして迹を天下に絶しむる能はず。未だ邪教の輩をして佛陀の教に歸せしむる能はず。今日の佛教は保守の弊を蟬脫して漸く法輪を新佛教の途に向はしめんとするの氣運ありと雖ども。未だ彼等をして長夜の眠を醒さしむるに足らず今日の佛教は漸く其舊体を一變して新奇なる運動を初めんとするも。未だ各宗の本山をして共同一致の大精神を發揮せしむるに足らず。噫是佛教今日の狀態なり。吾人微なりと雖ども佛陀の教に從ひ。佛陀の教を布んとするものなり。豈に此境遇に處して默從爲すなきに忍んや。於是乎吾輩同志の士は客年九月熊本に於て國教雜誌社なるものを組織し。國教と稱する月刊雜誌を發行したり。爾來號を重ぬること八號。年を閲すること殆んど一年。此間吾人が辛苦經營せる所のものは誠に尠少にあらず。或は逆拂たる怒濤を破り。迍邅たる山巒を踰ゆる險に處し難に遇ふ若其幾回なるを知らず。然れども吾人が正經なる目的と獻身的運動とは。大に大方佛者の賛賞を得。去六月下旬に至りては殆んど二千有餘の會員を有するに至りたり。是よりて吾人は國教の第八號より增々紙面の改良を計り。全國同志の賛成を求めんとしたりしに。豈に圖らんや國教第八號は。出版條例第一條に抵觸したるがため。去七月十一日左の達書に接せり

國教發行人 篠方典

國教雜誌記載事項出版條例第一條但書範圍外ニ渉リ候ニ付客年九月九日許可ノ指令取消候旨其筋ヨリ

り進アリタルニ付此旨相達ス

明治廿四年七月十一日　熊本縣知事　松平正直

如斯く國教は認可取消の厳命に接したるを以て。再び第八號の後を嗣て發行することを能はざるに至りたり。之によりて本社は國教の相續者として第一國教と題する月刊雜誌を發行したき旨。同月十三日付を以て其筋に出願したるに。漸く去る十一日認可の恩典に接し。再び諸君と相見の榮を得たり。想ふに本社が七月より八月に至るまで。諸君の眷顧に背き。諸君の清覽を傷けたるものは幾千ぞや。是偏に編者踈漏の罪にして亦誰をか怨みん。吾人は唯ゞ叩頭して其不覺を謝するの外なきなり

國教は既に死して其幻影を止めずと雖ども。其精神は依然として第一國教の中にあり。國教は既に去りて迹なしと雖ども。其生活力は移りて第一國教の上にあり。吾人は是より嶄新なる第一國教の生活力を利用し。舊佛教の覺醒者たり。新佛教の率先者となり。正を賛け邪を挫き。以て國教本來の目的を貫徹せんとす。殊に紙面の體裁の如きは敢て急遽の改良をなす能はずと雖ども。本社資本の許さん限りは。増々奮つて之が改良を計り。讀者諸君の眷顧に酬ゆる所あるべし

或る一部の人は云ふ。國教は財政に窮るしむ。其失敗近きにあらんと。殊に去六月發刊せし以來。世間種々の謠説を傳へ。一蹶亦振はざるが如く言觸す者さへありたれども本社は一難一危に遭逢して志氣を屈し精神を阻喪するの如き。無氣力不活潑の軟弱体にあらざることは。諸君か夙に信認する所なり。蓋し本社の如きは資本に乏しく人材に富まずと雖とも。其精神の剛邁なるに至りては。万雷前に落ち泰山後に崩るゝも毫も辟易する所にあらず。豈に如斯きの小變に遭遇して固有の精神を棄却するものならんや。蓋し始めあるものは必ず終あるは。天地の理法なり自然の法則なり。國教豈に獨り此の理法を免かるゝことを得んや。然れども第一國教の滅亡せしは。舊佛教が一點たる其餘痕を止めざるの日にあり。國教雜誌社の解散は。新佛教が洽ねく全世界に遍滿普及するの日にあり

編輯者誌

佛教の新氣運

八淵蟠龍

佛教は衰へたり。佛教は安危存亡の中流に立てりと。悲泣嗚咽四方の聲亦喧しく。孤城落日の景状を讀せしは既に明治維新の頃なりき。然とも盛衰榮枯は社會自然の法則にして。輾轉變遷佛教遂かに活氣を復し。光焰萬里春風和氣の景状を画き。佛日西海に沒し悲風膚へに塞き衰状は。轉じて櫻花爛熳旭日昇天の佳光を發し。昨日累卵と叫び衰頽と歎きし悲聲は。飜つて旌旗堂々獅子奮迅の勢と成り。佛陀軍の唱歌は天地に轟き。佛教賛美の聲は洋の東西に響き。勃然沸然全地球を之て赫々たる佛陀眞理の慧光を輝し。國の内外をして一大喫驚せしむべき新氣運の到達之来るに遭遇之たり。吾曹手の舞足の蹈む處を識らず。實に佛教千載の一時空前絶後の好機會。此の時に在らずして復た何の時にかあらむ。之れ余が佛教の新氣運と題し。大喝一聲天下に唱導する所以なり

顧ふに佛教千載の一遇たる新氣運の已に幅輳し來るも偶然輻輳し來るに非ず。種々の原因種々の事情ありて。斯くの如きの時運斯の如きの機會に到達したるものなり。此の新氣運に際し。此の好時機に接し。徒らに時機の如何をも顧みず。此の好時機を空しく經過せは。復た何の時か爲すべき時機あらむや。奮然蹶起此の機會を察し此の時運に乘し。順風を俟て

帆を卷き。一瞬万里大洋を航するか如く。進むて佛敎擴張の途よ上るべし。氣運再度來ふす時機暫くも止らす。變々化々天運循環。寸時も止むなきは天地萬象の通則なり。今日は是れ千載一遇の新氣運。再ひ得難きの好時機なり。勉めよ佛敎の諸氏。進めよ佛敎の諸氏

然るに顧みて我日本佛敎の現狀を觀察すれは。實に寒心に勝へさるものなり。今や天地一轉社會維に新まり。開明進步の潮流は駸々として鼎沸するゝも拘らす。佛敎興起の新氣運は灼々として煥發せるにも拘らす。日蓮宗の葛藤。曹洞宗の紛議。大派本願寺の改革論。某本山の身代限。某本山の裁判等。言を發き筆を馳するも忌々敷。時機反對の運動のみ演出するは之れ何等の結果そや。思ふて玆に至れは。長大息に勝へさる處なり。然れ共之れと是れ封建宗制の餘弊未た新佛敎の曉きに達せさる舊佛敎の殘霧。頑固的。名聞的。利慾的の結果競爭ありとせは。我輩又何をか言はむ

蓋し明鏡も僅に一點の纎翳を着るときは。其玲瓏の明を失ふて萬象を照らす能はす夫の目前咫尺の際に着眼するものは決して悠々萬里の遠山を望む能はす。是を以て吾輩は嚮きに。一室の間に屛居し。眼前利害の表に超脫して我佛敎千載の大計を思念し。種々の善權を以て佛敎を挽回せむと欲し。靜に考へ遠く思ひ。以て一朝時機到達するを待ち設けて以て。吾輩の平生計畫する所を實行せむと企たて居たりしか。今や其時機は巳に到達したり。今日にして自ら振はすむは殆んと將に佛敎千載の好機を失する者あらむとすとの感想より。先其運動の第一着手に其精神思想を發表する機關として國敎雜誌を發刊し。巳に第八號に至り。編輯の不注意より條例ゝ觸れ。其筋の取消を蒙るの不幸に遭遇せり。然りと雖とも這般第二

國敎を發行するの恩許を辱ふし。文壇上諸君と相見ゆるの榮を得たれは。余も亦文壇に加はり。淺學無識を顧みす余か懷抱せる精神思想を吐露し。禿筆を以て諸君に訴ゑむと欲す

余固より文章に暗し。彼の中西氏の如き一瀉千里の健筆を以て。滔々宗敎の活勢を筆述し克はす。余固より修めたる文學なし。彼井上。南條。村上。吉谷。齊藤。諸氏の如く明晰了々學說を以て解釋し克はす。余固より經驗に乏し彼の雲照。坦山。默雷。達域。諸氏の如く。金城鐵壁の議論を博し克はす。然れとも文章と思想を晦き。言語を代用せしるの機關。文學は自身固有の知識を開導利用令しむるの器具たるゝ外ならす。讀書山を爲し日夜孜々考究間なきも。之れ唯古人の思想弁論を再演するゝ過きす。西哲言とすや其入るを以て學者とせす。出すを以て學者とすと宜なる哉。世界萬象盡く活學なり。文飾何そ詳はむ積學何そ求めむ見聞覺知演出する處の萬象一として學問あらさるなけれは。吾輩は其時事に就き。拙文淺識を憚らす。考究せむと欲す。請ふ諸君幸ひに恕せよ

夫れ我佛敎か今日の如き空前絕後の好機會。千載一遇の新氣運を發生し來りたるも。抑も維新以來佛敎諸氏の辛苦勤勉せし功勞に由るもの〻如しと雖とも。世論巳に云へるか如く。佛敎現時の盛運は主動的に成りたるもの非すして他動的に喚發したるものなり。換言すれは佛敎者其者の働きに依りて佛敎を喚發したるものに非すして。理哲二學の進步に從ひ世界高尙の眞理を探求せむとして。佛敎は世界無比の眞理なることを發見したるものなり。噫乎誰か僧侶の德行を信せしめて此新氣運に到達したりとする乎。誰か佛敎者其者が社會を率先して此盛時機を迎たりとする乎。吾輩論して斯に至れは識らす顏を掩ふて赧然たり。然れは佛敎其者の價値は世間有眼の士

の已に認識する處となり。昔日腐儒僻洋の淺薄論者か猥りに皮相の見解を以て暴ゝ攻撃を試みたる妄想時代とは比々天淵ならずや。然りと雖とも未た以て佛教の眞髓を解剖し轉迷開悟斷惑証理の眞價値を認識しゝる。眞正佛教の盛運を迎へゝるにはあらす。彼の理哲二學か探求的學問的に佛教の光暉を煥發したるものなれは。彼か淺薄妄想の時代に比すれは尤も喜ふへき賀すへきの好機運なりとするも。尚ほ一歩を進めてこれよりと信仰的宗教の盛運を迎へむとするは吾輩の熱望に堪へさる處なり。凡そ他動に依りて起るものは他動の力止む時と運轉從つて止るは自然の道理にして。今や理哲二學の唱導に依り一時盛運を來すものこれ則ち他動の盛運なり。焉ぞ依賴的に他動の盛運に安着す可けむや

抑も我佛教は維新以來千波万浪の洋中に棹し。安危存亡の中流を航し。漸くにして妄想の時代を送りて實理の時代を迎へ。破壞の時代を送りて建設の時代を迎へ。退守の時代を送りて進取の時代を迎へ。防禦の時代を送りて攻撃の時代を迎へ。束縛の時代を送りて自由の時代を迎へ。干渉の時代を送りて獨立の時代を迎へ。迷信の時代を送りて眞理の時代を迎へたり。實に千載の一遇空前絶後の大機會なり。大聲疾呼踊躍歡喜以て祝すへし以て賀すへし。然れとも其厄運に際會しては悲泣の涙を絞り。盛運に遭遇しては喜悦の顔を開き。時事に應して經過し去るは小人の悲み小人の喜ひにして。智者の欲せさる處君子の好まさる處ならずや。宜しく既往を探ね將來を鑑み。着々歩を進めて以て。時機を空過す可らす。然り爾らば今の時は依賴的に時運に放任し。徒らに閑日月を送るの時よ非す。目前咫尺の間に着眼し。一宗一派の小論を懷ひて。彼我の權利を諍ひ。紛議を驤ぐの時に非す。我日本佛教徒は小異を闢き大同を採り。一大方針を樹立し。勇猛震烈主動的に進取の策を講し。四馳八奔自動的に擴張の法を議し。壯劇に活潑よ以て佛教の新運動を企て。多年固着せる舊佛教の長夢を攪破し。封建宗制の殘霧を一掃し。安寧秩序を紊さす義務を破らさる限りは。宗教の自由を伸暢し。汎く海外に宣布して。世界の一統宗たらむことを期すへし

論説

宗教取捨辨 （承前）

堀内静宇

且つ夫れ耶蘇教の信仰たる專ら感情を以て主とし。智解を重せさるを以て。耶蘇教の世人を教化する唯た感情に訴へ。一にも二にも耶和華の全智全能を賞揚し。未た耶和華の何物たるを知らさるよ。既にこれを仰ひて此上もあるき有難きものと讃美し。遂に人をして知らす識らす其了見を闇まし。迷信の深穽に陷らしめ。心身を擧げて耶知華の奴隷となり。自ら甘んせしむるの弊あるにあらざるなり。彼の耶蘇教徒の喋々する「リバイバル」の如きは。即ち其的証にして耶蘇教が人をして其本心を忘失せしむるに足るを知るべし

蓋し耶蘇の「リバイバル」とは是れ信仰復興の現象を云ひ。即ち信者の信仰の强大なるに由て。奇瑞を祇ひ聖靈よ感ずるなどの時よ唱ふるものなり。抑も宇宙は不思議を以て充たさゞるにもせよ。人が生きながら神の聖靈に感じ奇瑞を目撃するなどは。果して道理上に於て是認し得べきものなる乎。此れ如きは是れ道理上よ於て是認する能はさるは勿論。必竟痴人が夢を說くと一般毫も取るへきものよあらざるなり。然れども怪むへし彼耶蘇教信者は之を以て眞實と思惟し。一人「リバイバル」を唱ふれば何人も之に和

し。其熱度の盛んなる時には狂人も啻ならざる擧動を顯はせり。是れ他なし耶蘇教其物の性質の然らしむる所なり。即ち耶蘇教は感情を以て信仰の基本となすが故なり。固より宗教にして人の感情に訴へ其信仰を發せしむるも可なるべしと雖とも。其一變して忘信となり。人をして氣狂と做し其本心の作用を忘失せしむるに至つては。其人性を蟲毒すること深且つ大なりと云はさるを得ざるなり

されば耶蘇教にして益々我邦に流布し各人の家内に及はん乎。彼耶蘇教は人の感情を動かし人をして知らず識らず迷信の深穽に陥らしむるものなれば。一家内を惑亂し時ならぬ風波を揚々しむるの憂あるは斷乎として知るべきなり。何となれば耶蘇教の信仰は前述の如く唯感情一邊に偏するものあるを以て。子にして耶蘇教の信者ならんには。其父母の信仰を打消し。已と同一に耶和華を尊崇せしめんとし。否らされは之を相爭ふて父子互に讐敵となり。大に家内の平和を破るに足るものなればなり。耶蘇基督曾て衆に告々て曰く「地に泰平を出さんと思ふ爲めに來れりと意ふなかれ。泰平を出さんとにあらず。刄を出さん爲め來れり。夫れわが來るは人を其父に背かせ。女を其母に背かせ。媳を其姑に背かせんが爲めなり。人れ敵は其家のものなるへし。我よりも父母を愛む者は我に協さるなり。十字架を任りて我に從はざる者は我に協さるあり」と嗚呼耶蘇基督の其人に教ふる所の主意にして此の如きものとありとせば。即ち耶蘇教の行なはるゝ所耶和華獨り其勢力を逞ふし。君父の恩惠は其之を視ること薄紙の如く。耶和華の命令は能く人を活殺するも君父の命令は之を爲すこと能はず。所謂五倫五常の道は廢れて父子兄弟姉妹舅姑の愛情は終に冷却に歸せん。故に耶蘇教の吾邦に傳播し一個人より一家一族に及ぶと共に吾邦の美

風即ち忠孝の道を破壞し去り。君君たらさるも臣臣たり。父父たらさるも子子たり。夫夫たらさるも婦婦たるの我日本民族一種の性情を奪ふに至るも勢の免れ能はさる所なり。果して然らば耶蘇教も我邦の爲め恐るべきものなること豈亦た明瞭ならずや。然り而して凡そ耶蘇教の此の如き所以は是れ彼れ耶蘇教は感情を以て主とし。人をして耶和華を安信せしめ。其眼中耶和華と君父とを並へ存せしむる能はざるが爲めなり

已に耶蘇教は單純其宗教たる點に於てすら此の如き性質あるなり。若し夫れ此教にして政教と混同し。政略上の機關として使用せらるゝに至つては。其之を吾邦に引入るべからさること一層切實なるものあらん。試に希臘教を見よ彼の教も即ち露國の皇帝と密着の關係を有し。希臘教も露國の國教にして露國皇帝を戴て之を教主と做し。僧侶の拜命訓令は都て露國皇帝の司とる所なれば。苟も希臘教の信者たる以上は露帝及ひ其帝室の爲め祈禱し。之れに臣事せさるを得さるなり。語を換へて言へは希臘教を奉するときは其宗教の儀式として露國皇帝に尊敬を表し之れが命令を聽順せさるを得さるなり。斯を以て吾邦人民中に希臘教を信奉する者を生せん乎。彼等は信仰の自由を以て口實とするにもせよ。既に彼等は二心ある臣民なりとの嫌疑を避くべからざる所なり。是れ希臘教會の組織に於て自然の結果なるに由るあり。されば吾國人民にして其信仰已に他國の宗教に移り。而かも他國の皇帝に臣事せさるを得さるものとならん乎。國家の爲め其大害たる蓋し測るべからさるものあるや明かなり。吾人毎にニコライ會堂の巍々として駿河臺に屹立するを視て。慨然措く能はさる所以のもの又之れが爲めなり

耶蘇教の吾邦に取りて。其不適當の宗教なることを吾

今日の佛教徒は宜しく進んで殖民事業に従事す可し

中西元治郎

嗚呼今後の日本は多難なる日本なるぞ。政治宗教日を逐ふて新生面を開かん。而して吾人は此際に處する佛教徒の覺悟如何を求むるに急なるものなり。今や端なく殖民問題の聲は全國の輿論となれり。吾人も信す今や日本人は日本國内の日本人にあらずして。世界上の日本人なることを。南洋に北米に將來第二の日本國生ぜんことを。是れ自然の勢の促かすものあるをばなり。此時に當り佛教徒は如何なる道に進まんとするや。請ふ殖民の止むべからざる二三の理由を陳述して大方の教示を乞はん

第一、世界の大勢を察するに。駸々乎として日に急忙の域に進み。國家的の觀念も基督教親属も。一は生存競爭なるもの、爲めに破壊され。製造に生産に貿易に一として猛烈なる競爭を見ざるものはなく。昨日の深山幽谷は今日の繁都鬧市となり。荒涼寂寞の港灣も忽ち林立檣檣の埠頭と變ぜ。富を需め利を逐ふが爲めに。無慈悲にも優者は劣者を壓倒して。益々其利益を占んとするは蓋自然の勢ひなり。

一方には錦衣玉食浮世の榮華に眠るものあれば。一方には飢寒に叫ひ辛苦に泣くの貧者あり。其懸隔することを霄壤も啻ならず。米國の如き彼の祖先が血と骨とを以て礎となしたる共和政下の自由民も。今日は是全一種の奴隷民たるに過ぎざるなり。殊に我國の如きは四方環海。其國土は依然として長さ七百余里幅二十里より七十里に出入し。面積二万四千七百餘里に過ぎず。故を以て需用供給の原則は。爲めに勞力の剰餘を生し。勞銀爲めに低下し。貧民愈々増加し。盜賊欺僞の徒益々蕃生す。佛教の感化力も基督教の愛も之れを救ふよ殆んど道なかるべし。從ふて德義を修めんとするも能はざるの進なく。考ふるの時なきに至る。世道人心の朽敗する恐るゝに餘りあり。豈に國を愛するの情に於て厚さを加ふるの理あらんや。遺利を海外よ求め。或は民を殖へ人を移して第二の自國を創出するよあらずんば。坐して自ら其覆滅を招くに近からんか

第二 貿易と人口。我日本人は能く白人種を凌駕し得るや。恐らくは彼れを壓し彼と競爭する難きを知るなり。今の勢にして進まんか。貿易上の全利は彼れか掌中に陷り。我財源涸渇の疾患に病むと氷を視るが如し。試みに貿易上の實例を以て徵するに

輸出入

	内國商	外國商
明治二十一年	七、〇八一、三五円	五六、五九九、二六九円
同二十年	六、五五五、四三五	四三、九九六、〇八七
同十九年	五、七三一、一五一	四一、六二八、五七〇

人が進へ之知きものあらんには。耶蘇教を取り而して吾邦の宗教と爲さんと欲するおどの恐るべき何を喋々の辨を須ゐんや。是に於て乎吾人は世の耶蘇教に心醉し。之を弘通せんと欲する者に向つて。速かに其謬見を捨て世人を誘惑するなからん事を欲するなり。而して吾人を以て之を觀るに吾邦の如きは幸よして神儒佛の三道古へよりも弘く民間に普及し。就中吾佛教に至つては。國民多數の信仰を繋ぎ吾國の特性を維持し吾國人民を薫陶し。以て其善良なる氣風習慣を馴致し。殆んと吾邦の國教たるの觀有て存す。故に若し宗教を以て國家の要素なりとせば。能く此佛教を擴張し國利民福を增進すへきなり。是豈一國在來の宗教を變更せざるのみならず。却て大に國粹を顯揚する道なるを信ずればなり

	內國商	外國商
明治二十一年	八、四九九、七九九円	五三、八二〇、二四七円
同　二十年	五、〇三〇、一三二	三七、三六五、七〇三
同　十九年	二、五六六、一五〇	二八、三一一、八〇〇

輸出入平均百分比例

	內國商	外國商
明治二十一年	三、三七円	八七、六三円
同　二十年	三、四六	八七、五四
同　十九年	〇、五八	八九、四二

右三年間平均百分比例を以てすれは。我商人の貿易商拾壹圓八拾錢に對せる。外國商人八拾八圓二拾錢を以て相當す。而して外國商なるものは遠波を航し來る少數の外人に過ぎす。言を換へて言へば一人の外國商の腕と百金の利を占有するも。日本商一人は僅ゝ一金を得るだに難かるべきなり。即ち我辛苦の富と外人の遊樂に供するが如し。是れ畢竟するに我商人の幼稚なるに坐すと雖も。進んで外人と競爭に航して彼れと角抵せるの勇氣なきに坐せすんばあるべからす

又年々內國人口の増加は驚くべきことにして。年々五十万以上の増加あり。此増加よして焉んぞ生存競爭の起らざるべき。恰かも劍を揮つて血を流すにあらすして。利を爭ひて餓死せしめんと圖るに伸し。例せは年々諸學校より出る有爲の青年にして業なきに苦しみ職なきに自暴し。無賴の壯士の群れに入り詐僞の徒と變し。其已れか學窻れ下孜々刻苦したる螢雪の功を。不信不德の點に向つて利用するの止むるを得さるに至る。嗚呼嘆慨悲憤れ極あらすや。茲に於て知る此人心の腐敗を救ふの道何そ法律政治を以て矯正することを得んや。其無形の人心を支配する所の宗教家の責任亦大ならすや。吾人は深く佛教れ徒に望む我國人民が忠君愛國の情に富み義俠博愛の精神よ秀てたるは。是れ佛教が感化する所の信仰心な

ることを。然らば宜しく世界の潮流を制し。將來の向背に鑑み其方運に進まんことを。見よ彼れ耶蘇教徒の爲す所を。亞非利加の內地と南洋の隅人跡なき蒙昧未開の地に進み幾多の艱難迫害と凌ぎ。而して己れが本國に入るれ道を與へ利便を供し鋭を盡して憾なからしむ。顧みて我佛教徒のなす所を見よ。弘法傳教の如き人ありや日蓮親鸞の如き人ありや。未た山川を跋渉し荊棘を排き難行苦行れ昔人の如きものあるを見ざるなり。況んや世の大勢に鑑みて進んて殖民者の先導となるものを聞かさるなり。啻に聞かさるのみならず。是等殖民者の心膽をも慰むることを知らさるなり。米國れ如きは我と大平洋を隔てゝ相對し。經濟富饒利源無盡今や業既よ五千餘人。其桑港及其近傍にあるもれ三千人。シヤトル、タコマ、ヴアンクヴアー等に一千餘人。是等五千餘人の精靈は彼外教徒の支配に歸せんとす。一人の僧侶一人の說教者なく。不知不識外教に心醉せんとす。又布哇の如きも我同胞れ移住するもの二万人以上に及ぶ。而して是等の移住者は概ね廣島、山口、熊本等佛教の盛んなる地方より移住せし農民なれば。朝夕唱名念佛れ情盛んなるは自然の勢なるも。反つて彼れ外教徒が熱心なる福音に導かれ。遂に本國の宗教を棄てゝ基督教に改宗するもの多く。布哇群島亦故國の法を說き功德を唱ふるものなきに至り。間々自暴自棄の人民を出し醜を外國に流すもの多きに至る。其他南洋諸島の如きも二百餘の同胞あり。然れども是等に安身の地脚を與ふるものなし。吾人は常に此事を思ふ毎に。我徒の勇氣なく進取力なきを慨せすんばあるべからざるなり。吾人は深く信す日本今後の大勢は殖民の必要を益々感すべし。而して日本の危急を救ふの策も亦恐らくは之れより出てさるべし。吾人は重ねて望むは佛教者が此殖民者の先導者となり。艱難辛苦を

凌き既に傾んとする國家をして天日を見るの思ひあらしめよ。是れ釋尊の遺志にして邦家ヽ盡すの義務ならんと信す。願くは各宗の大德にして少しく省ミる所あらば。進んで南洋北米の同胞を救ひ。併せて本國人心の朽敗を勃興しめよ

法　海

行誡上人の法語

三世因果の道理と申事も。凡夫世界の人れ絕てしらさることよて。此も三世諸佛の百千劫の修行力にて。さとらせ給へる御說法の。不思議に今れ世に殘りて。宿善の人々はまれ〳〵に承るおとなりかし。たよそ誰々も今生一生のことはみな〳〵むかし〳〵の宿德よて。あらわるゝものなる事。愚老が今日までの年。今日までの果報をみても玄るへきなりらし。後生の事は今生にて宿善を種植せされは。九品れ花れ臺なとゝ申事は叶はぬ事なり。此こと御經共にらあて說かせ給へるゆゑに。られ〳〵も南無阿彌陀佛と唱ふるろ。往生れたねとしらせ給へかし。ことしまて世ヽあらんとは思はさりしを

また筆染てかくおん

りふもまさみそれふる寺裏けれは
圍爐りのほさ火たきくらしつゝ

子れとし一月廿三日　花信歲八十三
八善社人々おもとへ申

一遍上人の法語

夫れ三界を衆苦の住所。身は卽ち苦のあるじ也。財寶は煩惱の所依。心又欲の源也。六道四生のとぼそを出すしては。いかてか四苦八苦の家をいとわん。心を花にとゞむるは。名殘を木の下にのこして。またこん春をまつ。輪廻こゝに絕す。思を月にかくれ

も。面影ヽ夜の雲をいとひて。とゞまらす秋を惜み。妄愛いよ〳〵ふかし。衆生輪廻の迷はいつをか始めとし。いつをか終りとせん。生を生の初めとせんとすれは。生の始めにもまどいぬ。死を死の終りとせんとするは。死の終りよもくらし。恩愛離別のなけきの煙。心の上にたふへは。愁嘆のほのほ肝をさかすといふ事なく。生死必來のかなしみの風。病れ床にさわげは。無常の凡心をさかすといふ事なし。たま〳〵穢土を厭離せんとすれば。其躰を執して其影を別れんとするが如し。いづくにてか此を離るべき。山又山のをくまでも。ます〳〵淨土を欣求せんとせれも。我身を忘せて我身を求めんとするに似たり。いづくにてかこせを願ひ得ん。西なを西のさかひまでも。身は水の上の泡の波に漂ふよりも賴みなく。命は空中のまぼろしれ。目をましろかせばむなしきが如し。乏ろし業障の身命を彌陀にゑこうして。本願の名號をとなゑんにも。稱名念佛の行者をば。六方恒砂の諸佛も光をならべて護念し。信心決定の人をば天魔波旬も。いかりをひるかへして讚嘆す。早く一心に念佛して。畢命を期とすべし

中將姬の箴言（和論語）

此身をすつれは。すてぬものなるに。あいしてなをもこの身を苦しむることとろわさまし

偶々うけ難き人身をうけて。夢の中に夢をみて。この世をあいし思ゑる者も。寶の山に入て。得ることなく歸るが如し

みな人の。たのみかいなき人の心をたのみ。佛のちかひを疑ふも。をろかにあさまし

位高くして。七珍萬寶藏にみて心のまゝなるも。あさな夕なの煙りたちかねたる家も。此世の限りは同じ。あだヽ月日を送まて。ながき苦しみの淵に。

しづまんこそかなしけれ。智惠あるものは智惠にまどひ。愚かなるものは愚かにして辨まへず。無常のうしろにせまり來るを知らず。あかし暮すこそつたなきさかいなり

今日もありて明日はなく名のみばかりになりそてゝののちも。それ名も白雲の。きゑぬる世の中をしふでや人の我身ぞと。人我のあらそいある。はかなけを

古德詠歌集

願蓮　法師

にごりある水にも月は宿るぞと
思へばやがてすむ心かな

聖德　大師

たのめ人彌陀の御舟に通ふ世よ
乘りをくれなは誰か渡さん

慶政　上人

たしみてもかへらぬものは月と日と
水のながれと人の行末

摩尼　光明

末の世をてらす御法のともし火は
阿彌陀佛の光なりけり

信生　法師

よしさらば我れともさゝじあまを船
みちびく法のなみにまかせて

西行　法師

夢さめてころものうちをけさみれば
珠數うけなから迷ひぬるかな

一休　和尚

九年まで坐禪をせしもいたづらよ
まことのときは彌陀のひとこへ

慧燈　大師

いづる息いるいきまたぬ此世なれば
いそぎてみたをたのめみな人

雜　錄

中西牛郞氏對德富猪一郞氏

加藤咄堂

山水偉人を生ずるか偉人山水に生ずるか。蘇山筑水何ぞ偉人を出すの多きや。維新以前に於ては氣宇豁達宇内を睥睨せるの横井小楠翁あり。淋漓たる鮮血國に殉せる林川上の輩あり。當代に於ては甚深妙美の哲學を組成せる中村六藏氏あり。博學多才基督教の「チャピオン」たる横井時雄氏あり。温厚篤實新佛教の唱首たるの中西牛朗氏あり。流麗の文輕敏の才を以て顯はれたる德富猪一郞氏あり

吾人は氏等か性情を悉さず。亦之れを悉すの要なきを知る。然れとも唯た近者相對峙せるの觀ある德富中西二氏れ性情(寧ろ持論)に於て吾人は少しく感なくんばあらず。今ま故に之れか批判を試みんとも。讀者希くは吾人徒に言を好むとなす勿れ。蘇峯生德富猪一郞氏が「將來の日本」てふ一小冊子を懷にして洛に入るや。其名嘖々として喧しついで國民の友を發兌し「新日本の青年」を刊行するや。人稱して東京文壇に一名花を添へたりとし。氏が「オルガン」句調は一時の大流行物となれり。時に氏が齡未た二十五六に過ぎず。而して能く文壇老將と馳聘し渠輩をして後へに瞠若たらしむ。何ろ其才の奇にして其文の妙なるや。中西君は其名德富氏に及ばず其才德富君に若かず。然れとも其學の深奧なる其論れ奇拔なる亦決して德富君に一歩を讓らさるなり。其始めて宗敎革命論を著し新佛敎を主唱するや。一種の社會に於ては氏を以て新佛教の救主とせり。ついで米國に遊ひ落機の山密必秘の水其氣を養ひ來るや。筆を走ら

して組織佛教論を著し江湖新聞亦氏を聘せんとす。氏にして若し輕々名利を好むの人ならしめは直ちに入つて筆を執まもしならん。然れとも氏亦不屈の氣あり已れか意見用ひられさるを以て入らす。今や飄然去て山紫水明の地にあり。吾人は實に氏を敬愛す一定不屈の風識あるが故に之を敬愛す。日本記者曰く今の時に要するものは才に非ずして氣なりと。吾人も亦其感を同ふするものなり。歐風颯々として我が蜻蜓州裡を吹きあらし基督教將さに大に傳播せんとするれときに當り。斷然起て宗教革命論を出し。日本人民をして大に顧るところあらしめたるもの豈に才あるもの丶爲し得べき所ならんや。洋行歸朝者口を揃へて其美處其優處を説くのとき。歸り來りて直ちゝ歐米宗教の醜を摘發せるもの氣なきもの丶爲し得き所ならんや。彼の滔々たる風潮に從ひ儒教道德の基本たらさるを説きて基督の功德を賞し。商業將さゝ流行なさんとするの時アダムスミスの飜譯をなし平和主義を唱出する如きの比ならんや。然れとも大聲は俚耳に入らず。傑士不遇を歎するは古今の常態宜へなり。中西君の名德富君に及はさると然をとも咎むる勿れ中西君の名の德富君に及はざるところ。即ち中西氏の中西氏たる所以なればなり。されど議論を曖昧にし其説を一二にし巧ゝ世人の嗜好に投するか如き才に至ては。中西氏の決して德富氏に及はさるところなり。嗚呼二氏と其鄕を同ふし其校を共にす。（共に同志社英學校にあり）而して一は深奥なる理論家となり。一と流麗なる文章家となり。一は敬虔なる宗教家となり。一は敏捷なる政論家（敢て政治家と云はす）となり。一は快丈夫とあり。一は才子とある。何ろ其性行の異なるの甚しきや。然り此性情の差は能く一をそて基督信者たらしめ。一をして佛教信者たらしめたり。蓋し基督教は淺薄俚耳に入り易

し。才あるもの丶探て名聲を博するの具となすへきなり。佛教は甚深の教理を有し輕薄才子の得て窺ふべきものにあらず。之れ両君の其信を異にする所以乎。吾人は德富氏の秀才なるを知る。既に之を知る亦其基督信者たるを知らずんばあらす。中西氏の不屈の氣あるを知る。既に之れを知る亦佛教信者たるを知らずんばあらず。吾人と両氏か政治上の意見に於て相一致し得べきや否やを知らす。唯學術上宗教上に両氏の抱懷せらる丶意見の大略を知るが故に。聊ろ比較評論を試みたるのみ。豈に他意あらんや

編者一日八淵師の書藏を閲するに。藏書の多き汗牛棟充も啻ならず。就中其藏書中氏の抄錄傳寫に係るものにして。世人の閲讀せざるもの多ければ。時々本誌上に掲載して讀者れ瀏覽に供そべし。左に掲ぐる累七辨も。師の抄錄に係るものにて。祀先の理由及其起原を詳論したるものなれば。又一讀するれ價値あるへし

累七辨　八淵所藏ノ一

凡ソ人死シテ後七日ゴトニ。佛ヲ禮シ僧ニ施シ經ヲ誦シ齋ヲ設ケテ以テ。亡者ノ冥福ヲ祈ル之ヲ齋七ト云ヒ。又累七齋ト云フ其説一ナラス。然レトモ和漢軌ヲ同フシ儒佛律ヲ均フス。中陰經云人死七々然後免於中有之趣。」中有極壽七日（中陰亦名中有）因果不亡爲有。」俱舍論云死生二有中五蘊名中有。」婆娑論云中有極多住七々日四十九日結生。瑜伽論云人死中有身若未得生緣極七日必死。而復生如是展轉生死至七々日。決定得生云々」世人七日毎ニ法事ヲ修スルコトハ。亡者中有ニ在リテ罪福未タ定ラス。追薦ノ功ヲ以テ生有ヲ扶ケテ善處ニ到ラシメントナリ。梵網經云父母兄弟和上阿闍梨亡滅日及三七日四五七日乃至七々日亦應讀誦講説大乘經律。」藥師經地藏經佛祖統紀等。備サニ

之ヲ載ス。蓋シ七ハ奇ニシテ陽數ノ極ナリ。十ハ偶ニシテ陰數ノ極ナリ。故ニ我佛家ニ七ノ數ヲ以テ悉地成就ノ驗トス。倶舍論疏ニ人胎內ニ在テ七日ニシテ變ズ。七日ニシテ成ルト云。析玄記云人於胎位中物七日內受質之相狀如凝酥是名羯羅藍。二七日內形成之相狀如瘡疱是名頞部曇。三七日內形成之相肉是名閉尸。四七日內形成之相狀漸堅硬是名健南。五七日後四支諸根形分具足是名鉢羅奢佉。是ヲ結胎ノ五位ト云最モ理ヲ究ムト謂ツヘシ。儒ニ虞祭有七ト云フモ其謂レナキニ非ス。皇國古ヨリ七々齋ヲ設ケ第百个日一回三回七回乃至三十三回五十回一百回忌ニ至ル迄追遠ノ志ヲ厚フスルコト數百千載ノ遠邁ニシテ。是レ君子國ノ名ニ稱フ所以ナリ。今復タ累七ノ數理ヲ考ルニ。論衡訂鬼篇云鬼者甲乙之神。甲乙者天之別氣。人病死甲乙之鬼至矣。然而殺鬼之至者。又庚辛之神如何驗之。以甲乙日病者死期常在庚辛之日也。予以是思之此則五行相尅之理。如木日之鬼。金爲之殺。金日之鬼非火爲之殺乎。推之七々之說亦是此理以其相剋之理故。爲之解厭。」註云五行以相生言之。則水生木。々生火。々生土。々生金。々生水。以相剋言之。則水剋火。々剋金。々剋木。々剋土々剋水。云云」怡庵雜錄云佛老有地府十王之說。蓋十干之義。其五殿稱閻羅。最尊者以位配戊己居中故也。其有七々之名者蓋取十干。循流至七則剋制如甲子。至第七日庚午遇庚剋制。更以十二支論之。一日子至第七日。遇午爲冲。冲和也一日丑第七日遇未爲冲。其相剋相冲。故作善事爲之禳解易卦曰七日來復」亦此義也。王笑寒音云人之初生以七日爲臘。臘接也新故交接之義故人初死以七日爲忌。一臘而一魄成。故七々四十九日而七魄具矣。一忌而一魂散。故七々四十九日而七魂泯矣。」易云精氣爲物遊魂爲變。故知鬼神之情狀。此等ノ諸說併セ考ヘテ理ヲ明ラムヘシ。禮記曰雖一日之祭數日忌矣。」忌ハ齋ナリ。齋トハ已ニ克テ心ヲ澄潔ニシ。心ヲ齋一ニスルナリ。儒ニ修身ノ孝アリト云ハ。追遠ノ思ヲ深フシテ。罔極ノ恩ヲ報ユルニ在リ。又百日卒哭スルコトハ其哀ヲ盡スナリ。小祥大祥ノ齋ハ追薦ノ意ヲ厚フスルナリ。觀經疏曰佛向忉利天一夏爲母說法爲報十月懷胎之恩。增一阿含意同論語云子生然後免於父母之懷。故報以三年之喪。三年之喪天下通喪也。」儒佛ノ軌律粗此ノ如シ。近時洋學世ヲ惑シテ。祖先ノ祭祀ヲ忽緒ニス甚シキニ至テハ猶血ヲ供ヘテ祀ル者アリ。潔齋セスシテ祀ル者アリ。鬼神豈ニ猶血ヲ供スルノ非禮ヲ享ケンヤ。祭儀篇ニ云齋所謂不飮酒不茹葷之類」ト。皇國祭祀ノ法ニハ葷五辛ヲ食ハス。神祇令ニ云不得弔喪。問病食肉。云云」思フテ知ルヘシ。頃日友人祀先辨謬辨ヲ著シテ洋學ノ邪僻ヲ弁駁ス。然レモ未タ意ヲ盡サヽル處アリ。依テ所見ヲ書シテ。以テ四方ノ君子ニ質ス

庚午仲春　佛眼山人定草

祀先辨謬辨序

蓋祭祀之義大率有三。薦於天地所以示人報本也。祠於聖賢所以訓人崇德也。享於祖考所以敎人追孝也。三者行於天下。則萬人順百神和。此先王所重祭祀也。近時有西洋倪維思者。著書曰人之入於邪而不自知者。莫如祀先。人卽知其邪而不忍棄者。亦莫如祀先。誠欲棄邪歸正卽不得祭祖先。吁何其言之悖也。人苟有禮則不由忠與孝而何由乎。若以祭祀爲邪。則忠孝之道復將安立。忠孝之道不立。則先王之敎。蕩盡掃地矣。其顚倒是非。混淆黑白。莫此爲甚焉。余嘗憤然欲闢斥其邪說而未果也。偶有友人。齎祀先辨謬辨一卷來視余。余取而閱之。逐辨駁西洋說。至理快暢。議論精確。先得吾心。此書一出邪徒無復所容奸焉耳。夫祭祀天下之大典也。豈可以醜夷孟浪不經之說。紊亂我先王聖人之綱紀乎。乃序以頒諸同盟

之士。云

治巳仲冬　　杞憂道人

讀祀辨先醫辨

凡物之異於已者。始見之也。雖小必怪之。及數見之。雖大亦不怪之。不啻不怪。亦反喜之何乎。馴致之勢乃然也。世之喜洋學者。其始不過曰饑曰鑑。而喜其新奇愛其精巧。浸々乎爲其所陷溺。終至曰敎法亦無所害。而鼎夷乘之。皇張其說。忽謂祀先爲謬。毫無所忌憚。夫祀先出于孝敬之誠。彛倫因以叙。國體因以立。西土猶曰祀與戎國之大事。况我

神洲振古。崇尚祀典。非西土之比乎。斯典一癈則國非復國也。而世之溺洋學者。反爲之回護。曰敎法無所害。不亦甚乎。馴致之勢果可畏哉。隱士慨其如此。將救其狂瀾。乃爲斯辨。方所以明國體叙彛倫也。讀此而不慨悟者。不啻非神洲人。亦是禽獸也已

鳥有道人

楠公が赤坂城に立て籠りしとき城中の張紙は

珍膳も毎日向へばうまからず。上下ともに能く知べき事にや○又高代の馬何かせん。長三寸計ありて力量强く遠行に疲ざす。足の早きを以て能とす○鎧冑は實れ善を以て好とす。太刀は骨れ切るを以て善とすべし。作を好むべからず○鎧は毛を嚴にすべからず此等の事一切にあらず。知らずして財を遣て過失を好むは闇主の專とする所なり。是古より申傳へし道なり

水戸公座右の箴

苦は樂のたね樂は苦のたねと知るべし　　恩をわするべからず　　主人と親は無理あるものと知るべし

提に恐れよ火にをじよ無分別者よをじよ　　欲と酒色を敵とすべし

下人は不足の者と知るべし

朝寢すべからず　　咄の長座すべからず　　九分は

不足十分はこぼるゝものと知るべし　　子程に親を

思へ子なき者は身にくらべて知るべし　　小成事に

分別せよ　　大成事に驚くべからず　　分別と堪忍

にあるべし

朝鮮釜山港通信

安養寺圓晉

或る朝鮮官吏の話によれば。目下朝鮮に布敎せる外敎徒は新舊二派のものにして。其信徒と無量一万五千人あり。（其中婦人尤も多く男子は至りて少數なり）布敎者の多くは。露士亞若くは英國人にして。露國牧師の中には數年間當地に住居するもの甚だ多し。是等と能く朝鮮語に通じ。又た人情風俗を熟知するか故に布敎上大に奏効あり。英國の牧師と露國の牧師とは布敎上何程の巧拙あるかは知らざれども。是等の點に於ては一歩を露國の牧師に讓るべし。之を要するに彼等外敎徒が敎學上に布敎上に大に力を盡すは誠に感服するの外なきなり

當港には西洋人。支那人。朝鮮人。日本人。等各種の人類雜居し居れり。就中我國の部分にと日本共立病院あり。共立英學校及ひ此が附屬學校等ありて隨分勢大なり。宗敎（若し云ふことを得ば）の部分にては。丸山講あり。黒住派あり日蓮宗說敎場あり。眞宗本願寺派別院等ありて各々其敎線を擴張し居れり。黒住派は佐藤大講義之を管理し信徒は二十八九名あり。丸山講にと一人の敎師なし。其信徒中有力なるもの之を導る。信徒と二十人に充たず。日蓮宗の信徒は殆んど二百餘名ありと雖ども公然たる敎師なし。然れども前者と同じく信徒中の。尤も氣のきゝたるもの之が傳道師となり居るり。尤も昨春までと見玉芙な

るもの渡韓し居りたるも。貧金の欠乏にて遂に本國に引き取りたる由なり。之を要するに日蓮宗の信徒と其信仰甚だ强く到底眞宗信徒の及ぶ所にあらざれ。然れども其信者の多くは癈疾若くは不具者にして人並の躰を持てるもの至つて少なし。本願寺別院には輪番不在にて。當時留守居は僧稻葉諦應なるもの其事務を執れり。是より先き太田某が該院在勤中は大に官民の人望を得大に其教線を張りたるも同人は去る十九年の冬事故ありて本國に歸り。其後今永某は稻葉諦應氏と共に該別院に從事し居りたりしが。何故にや兩者の間兎角相容れざるの風ありて。數々爭を惹き起したることさへありし由なるが。遂に今永氏は仁川港本願寺支院詰となりて。其後稻葉氏は一人の天下となり。別院の事務を悉く一手に引受居りへりしが。云何なる故にや同氏は人望餘りに宜しからず別院に參詣するものはさへ。漸く其數を減ずるに至りとへり（編者曰同氏の事に就ては委細の報道ありしも。私行上に亙るの憂ひあれば之を省く）若し夫れ本願寺別院は死人の葬禮を行ふに止まるものならしめば。何ぞ宏壯なる殿堂を要せん。何ぞ多少の資金を費して留守居を設くるに及ばん。只だ下宿住の僧侶一人にて事滿足せん。然れども本願寺の眞意は彼等無數の民をして佛教大悲の教に歸せしめ。施いて我佛光を海外に輝かさんとするに外ならざるべし。若し果して然りとせば。學德富贍なる僧侶を使はして盛んに之が實行を計るべし。遊惰無氣力なる僧侶は。布教上寸分の效能なし。只だに其効能なきのみならず。反つて我佛教の體面を傷くるものなり。當局者幸に之を反顧せよ。余は朝鮮の教况を默するに忍びず。敢て禿筆を揮つて貴社に投す

此一篇は去六月寄送せられたる者なれば當時に比すれば幾分か其事情を異にするものあるべし讀者之を諒せよ

祝第一國教發刊　　社末　新道義海

教籍文壇產一郎　　美名高使鎮西芳

此見豈唯宗風益　　永與日光競國光

編者云此一聯國教發行之際新道氏之所寄今改其題代第一國教發刊之祝詞

無神論理　（承前）

第二章

基督教の神の觀念

哲學者の所謂兒童の神の觀念に向ひては余輩深く之を論ずるを好まず。何となれば其觀念は獨斷と妄信とを以て充盈し合理の推測ある者なければ。亦實に深く思想を注入して尋究するを要せざればなり。然れども不合理獨斷說も亦愚昧の人を瞞着するに足りて迷信の徒を出すこと多し。余輩は茲に特に一章を設けて之を論じ。暗黒叢裡に彷徨する溺者に一縷の光明を與へて以て迷惑の雲霧を拂はざる可らざるを信ずればなり。茲に余輩の所論に便利を得るが爲めに兒童が神の觀念を再記するの必要を感じたれば。更に其れ要概を記さんに抑も基督教の神の觀念にありては「神は宇宙の大智大悲の準備主にして道德の主宰なり。祈願を聽納して之に應答し。公正を賞して不正を罰す。罪過を喜ばずして欽崇尊從を喜ぶ者なり。而して神の意志を示すに當りてや或は特別の直接天啓を以てし。或は不可思議の靈驗を以てし。或は人類各自の靈魂内に自から悟覺する所を以てし。其他有形界中に見るべき無數の奇巧不測の匠圖を以てする者なり。左れば神は在天具身の尊父にして顯然たる身体あり意識あること猶は神明が人類一統に賦與したる身体及び意識の顯然たるが如きものなりし」となすにあり余輩今此の觀念の笑ふべくして識者を滿足せしむるに足らず。奇怪にして信仰することを

能はず。遂に彼の神人同形論（アントロポモアヒズム）に陷るもればなることを論ぜん

第一に怪むべきは「神は宇宙の大智大悲の準備主にして道德の主宰なり」となすにあり。抑も此の命題即ち觀念は何等の命題即ち觀念に依て推究したるものなりや。神は宇宙の大智大悲の準備主なりとなす上は其必然に宇宙の大智大悲の準備主たるを證明する命題なかるべからざるを得ざるべし。若し夫れ之を證明する命題なくんば是即ち獨斷なり漂々然として浮出し來る想像的にして。何等の理證もなきものなりと云はざる可らず。將た又神は道德の主宰なりとなすは是れ蓋し世界人類の道德を主宰するものなりとなすものなりと雖とも。現に人類道德の存否差等ありとすれば其主宰ありと思想するとも難しと云はざる可らず。余輩熟々想ふに天地萬象の存在するとなすも我が意識なり。若し意識にしてなからずんば。天地萬象の存在するや否や混沌として知る能はざるべし。左れば世界も意識なり萬象も意識なりとする或る哲理も一應は理なきにあらず。果して然らば宇宙も意識にして大智大悲の準備主なり。道德の主宰者ありとなすも亦意識なりと云ふとも聊か憚る所やある。然るときは大智大悲の準備主も道德の主宰者も物界現實の存在にはあらずして心界抽象の虛形なり。余輩が漂々然として浮出し來る想像的なり。何等の理證もなきものありとするも決して獨斷にはあらざるべし。然れども是を幾んど唯心哲理の觀察なり。余輩は單に之を以て彼を怪むにはあらざるなり。抑も余輩の之を怪むは其如何して神は宇宙の大智大悲なる準備主にして道德の主宰なりと觀念し得るの理證ありやと云ふの一事なり。神は宇宙を造る大智大悲の準備主なりとなすと雖とも。奇怪なる創世記の七日間に天地萬象を造れりと傳說するあるのみにして。余

輩は其の如何して之を七日間に創造したるやを知ると能はず。否な其の七日間に創造したりとの理證を得ると能はざるなり。試みに物理學者や進化論者の說を借り來りて世界幷に有機活物の成來を考ふるに五六千年や一二萬年の間に成りたる者にあらず。天体も地球も元と共に流動熱体の一物なりしなり。其熱度の減少するに隨て固形体となり。其熱度の最も高く最も熾熱となりたる物即ち太陽なり。其熱度のこれより低きものの各箇に分れ即ち諸惑星となりしなり。我が地球も亦其の惑星の一なり。左ればこそ太陽を中心として諸惑星は其の周圍を一運に廻行して少しも其軌道を誤ることなきなり。我が地球も亦其の一にありて太陽の周圍を廻行するものなり。是れ世界の特に創造せられたるものにあらずして全く太陽と同体なりとの理證なりとす。然るを神先づ太陽を造り而して後世界を造りたりとなすは何ぞや。余輩其の未だ眞理ならざるを信ずるあり。我が地球の創始や斯の如し。而して其の上に棲息する有機活体は如何と顧みるに凡そ活体の細胞即ち原一は一々皆な自動子（アウトマトン他力外勢に因らず自ら發動發作するの効力あるものを云ふ）たり。我が地球の地球たる固形体をなしたる時既に此の細胞即ち原一の萌芽あり。各一世代を經る每に其の之に先だつ數世代より繼承したるが上に絕へず增殖し來りたるものなり。蓋し人類も亦活体たると素よりなれば其の之を組織せる細胞即ち原一は一々皆な自動子にして遠く數世代より繼承されたるが上に絕えず增殖し來りたる者なると爭ふ可らず。然らば人類は神が世界を創造したる後ち特に自己の身体に似せて土地の泥土を以て之を造り鼻孔より生活の氣を吹込みたるものなりとなすことを得べきか。進化論者が其證明をなすこの至れると既に今日は學者社會に通曉せしめたるとなれば。余輩は並に其證明の勞を取らざを

ども既に斯の如きものありとすれば。余輩は創世記の載する所を信ずること能はずと斷言するを憚らざるべし。抑も人類に道德性ありとするの說にして是ならば。余輩或は道德の主宰者ありやすると思意することを辭せざるべしと雖ども。全く教育の力を借り又は社會に內附する諸教誨の訓戒を借らざるときは人類に道德心を起さしむること能はずと定らば。余輩は道德の主宰者なるもの存在すると想ふこと能はざるなり。何となれば若し上天に道德の主宰者ありて吾々人類の道德を主宰するものならんには。人類の心意に於て業に既に道德性なるものありと信受せざることを得ざればなり。凡そ世界にある人類悉く道德性ありや吾人の境遇に於て吾人と同社會に棲息する人類の此の界に生出すると同時よ。近くは父母兄弟遠くは社會公衆の既に業よ前世紀より受け繼ぎ。且つ之よりて增殖したる所の道德の教誨ある心意よ接せり。而して其の巳れの心意にも亦父祖傳來の教誨を遺傳したるあれば。其道德性は容易に啓發して恰も天賦なるが如くに見ゆべけれども。之を以て直ちに人類に道德性ある證左とはなす可らず。今全世界の人類に道德性の普在するや否やを討撿せざる可らず。然るに野蠻曚昧の人民に道德性なく。文明開化の人民に之れあるは何ぞ。未だ充分の進步なき人民よ道德性少なく。既に早く進步したる人民に道德性多きは何ぞ。此の著明の事實にして謬りあるにあらずんば道德性の人類に普在する理のあるべき樣もなし。漸々に世紀を經ると共に其の道德性も漸々に積成し。始めは皆無なりしものも中古には少しく之あり。終には大に之を具備するに至るものなりとの證左を此の著明の事實の內よ存するにあらずや。然らば即ち天よ道德の主宰者ありとの信仰を余輩其の一片の迷想たることを疑はざるを得ざるなり。夫れ斯の如くなる以上は余輩は神の大智大悲とは何とか云ふや。神を準備主とするは何故ぞや。神を道德の主宰者とは何を以てなりやと。不信神よりも詰問して毫も恐るゝ所あることなし　　（未完）

佛門各種の統計

○現今各宗管長統計

天台宗二名○眞言宗一名○臨濟宗十一名○時宗一名○淨土宗一名○日蓮宗五名○眞宗八名○融通念佛宗一名合計三十三名

○本願寺派教師人員（七月調査）

教師全數壹万百九十七人（內最も多きは廣島、山口の二縣にして廣島は九百九十人○山口は七百三十三人なり）最も少數なるは埼玉、群馬の二縣よて何れも五名の教師を有するのみ

○眞言宗教師現員

大僧正一名○權大僧正八名○中僧正三名○權中僧正八名○少僧正三十八名○權少僧正五十名○大僧都七十五名○權大僧都百三十名○中僧都百六十九名○權中僧都一百六十五名○小僧都四百六十一名○權少僧都七百七十九名○律師九百四十五名○權律師千五百六十六名合計四千四百七十名

○智恩院末寺住職統計（最近調査）

寺數九百四十八（內無住七十三ヶ寺）住職六百五十四名（內男五百九十八人女四十六人）

寄　書

說の當否は編者其責に任せず

法の罪に非ず器の罪なり

不得止庵主人

道德の源泉となり無形の政府として天下万人の心性を感化し。以つて人類の品位を高からしむるものは實に宗教の力なり。社會の風紀を眞善の地位に進め個人の品行をして完美ならしむるものは實に宗教の

力あり。百世の師表となり宇宙の標準となり。衆庶億兆をして歸する所を知らしめ願る所あらしむるのは實に宗教の力なり。既に此至大至重の任務を負ふ。自家の道德固より高からさる可らす。自家の學識固より深からさる可らす。夫れ德高からさる學深からさる時は。則ち何を以てか天下万人の師表となり宇宙の標準となさん。衆庶億兆を感化せしむるを得んや宗教は社會風教の標準摸範として越然兀爾社會の上に卓立して。万人に通し百代を貫き。純粹正練至大圓滿のものたらさる可らさるや言を竢たす。僧侶は本來衆生濟度の大任を負へり。法は釋尊の法にして固より純粹圓滿のものなり。然して其の之を差排すへき器即ち現今の僧侶は如何。吾人も詳細に之を言ふに忍ひさるなり。凡そ天下の事未た曾て人を待たさるものはあらす。若し法は如何に純粹圓滿のものなりとも其之を差排する所の器にして純粹圓滿ならさらされば。即ち到底天下万人の師表となり社會後世の標準となり。以て人心を感化し社會の風紀を眞善圓滿の域に進ましむること能はさるなり。現今の僧侶か深奥幽玄の佛法を護持すると稱して。佛飯を喰ひ法衣を着するは。或は猶之れ小兒にして干將莫邪の利劍を弄するか如きも之と一般ならさるなき乎

看よ今の僧侶は道學倶に完美圓滿の境界に進達せるものありや。希臘の賢儒ソクラテス曰天下を動かさんと欲するものは先つ自ら動くと。蓋し天下の師表となり万世の標準たるものも先つ自家の德義高からさる可らす。自家の學識深からさる可らす。今の僧侶なるものは能く此資格を有し能く人を濟度するの量あるや。吾人決して之を信する能はす。而して敢て自ら揣らす乃ち尚ほ謂ふ能く天下の衆生を濟度せんと欲すと。嗚呼盜跖にして堯舜の冠冕を戴くものに非るなきを得んや。蓋し之れ佛家の所謂聲聞にして猥りに菩薩の地位に準擬せんと欲するものにあらさるなき乎。聲聞にして猥りに菩薩の位に準擬せんと欲するは或は尚ほ可なり。匹夫にして徒らに佛菩薩の地位を盜まんとするものに非さるなき乎

看よ今日僧侶社會の實况を看よ。唯一身を濟度するも能はざるのみならす。未た初めより之を濟度せんと欲するの志願をも抱負せす。彼等は居事果して何事を爲せし乎。彼等の最も粹醇無罪なるものは只山林獨修の人となり。教法の大義に通曉して檀家の法用を缺かさるのみ。毎朝早起一たび經を誦するの外二六時中果して何事を爲せし乎。時々葬禮に臨伴するの外平生何事を爲せし乎。只經文の音讀をなし死人を引取るの役目を成し得るを以て僧侶と謂はば。出家の在家に勝る所果して何くにありや。如斯き者を以て僧侶となさば僧侶は一種の國蠹と稱するも可なり。甚しきは僧侶を以て小乘の行事となし飲酒歌舞の門に出入し。寺院の寶物を典賣して酒色の資に供し。愚民の財寶を掠めて榮華養老の資本に充つる者あり。而して毫も曾て四恩十善の何物たるを諒解せさる者世間往々其例に乏しからすとす。若し吾人の言を以て讒誣となさば請ふ照魔鏡を取り來りて僧侶社會の眞相を撮寫せよ。一切の事相は有々と吾人の眼中に落ち來り思ひ半はに過くる者あらん。或る名僧嘗つて云へることあり。今日の佛法を以て眞の佛法となさば。世に佛法程悪しきものはあらさと。抑も名僧をして此言を發せしむるに至りたるものも法の罪か將た人の罪か。之に反して耶蘇教を見るに其教理は淺薄卑近にして固より見るに足るものなし。歐洲十九世紀の事物中耶蘇教程進歩せさるものもあらす。其教義は唯感情を以て主となし教師なるものは耶蘇の奴隷たるに過きす。然れとも彼等の熱心は中々佛教家の及ぶ所に非す。彼等は萬里の怒濤を凌ぎ絶域窮境に航海し。深く朦昧野蠻の國に入り。常に死處を卜し生命を賭し乾坤至る所其教法を布かんとと努め。以て安心立命の地となせり。彼等の成績は尠少にして著大ならず然れども堅忍不抜の志を以て十年一日の如く諄々其教義を説いて倦ます。故に漸次其範圖を開拓し其信者を増加せり。見よ本邦の如きは數十年前にありても一人の信徒だに有せさりしなり。而して今日は五幾七道到る處多少の信從を有せさるなきに非すや。今一人の信徒を増せは佛法界一人の侵蝕なり。十人を増せは十人の蠶食なり。而して我か佛者は歐に米に突進奮撃以て能く新範圖を開拓せしことありや。彼歐米人中偶々東洋學者と稱する者の研究に係る外果して何人か之を信せしや。本願寺の留學生は英都佛京に到りてサンスクリットを學ぶも。彼等に佛教の眞理を説きて悦服せしめたる者あるを聞す。彼神智學會何者ぞ彼等の出張所は歐米に遍きが如くなるも彼地に到れば寂々寥々音もなく香もなし。我佛者はヲルゴットの緣眼江鬚なるの故を以て是に依賴してなきをあふんとせり。其卑屈眞に笑ふに堪へたり。佛者は之を孤柱にして佛法の衰運を

既墜に挽回せんとしたりし者の如し。佛者は一二在家の顯官に佛法を信ずる者あれば恰も本尊の思をなし。暗に之によりて佛法を維持せんとするの感なきに非ず。其卑劣眞に愍むべきなり彼等の卑屈なる夫れ此の如し。而して尙ほ能く道德の源泉となり無形の政府として天下万人の心性を感化解脱せしめ以て人類の道德を高からしめ。百世の師表となり宇宙の標準として衆庶億兆の歸依する所あらしむる事を待べき乎。吾人万々其達はざるを知る。故に今よりして後眞に佛法の光明をして宇内に輝かさしめんと欲すれば先づ大に僧侶社會の弊事を一新し。僧侶其者の培養灌漑より始めざるべからず。今日佛法の衰運に歸したるは。法の罪にあらず器の罪なり

至上の快樂

在東京　武田興國

進では堂々たる四海の大權を掌握し、退ては整々たる政黨の首領と爲りて、赫々たる名聲を滿天下に輝すの人　亦た榮譽ならざるにあらず。出ては口角沫を飛ばして帝國の政治を評議し、以萬民の安寧を圖り入ては筆誅を加へて國家の興亡を論陳し、以て社會の輿論を惹起するの任を帶ぶる者、亦た爽活あらざるにあらず。朝に牙籌を運して巨額の黃金を利し、暮に窈窕花を欺く細腰を枕とするの境遇、亦た快樂ならざるにあらず。醉ては柳橋に吹歌管絃を聞き、醒ては北廓に妖娆たる櫻花を弄ふの壯遊、亦た愉快ならざるにあらず。然れども此等は皆な肉躰的の快愉にして精神的の快樂にあらざるなり、奚ぞ至上の快樂と賞嘆するを得べけんや。夫れ肉躰的の快樂は聖人賢者の嫌厭し、少人愚者の喜ぶ所なり。讀者は印度史上に於て記臆せしあらん、我大恩教主釋迦牟尼如來は、今を距る二千有餘年の昔、婉娩婀娜たる耶揄陀羅妃を配せしも、一旦釋然として覺悟するや、寂寞たる三更人無き宵、寶石を以て校飾し、珠玉を以て莊嚴したる、華美精巧の金樓玉殿を脫し、煜々たる星光を燈として、ヒマラヤ山頂にチヤンナを奔らしめ、以幽玄廣博なる眞理を探らんとせしにあらずや。蓋し釋迦如來、自ら愛妃の厚情を割き、自ら國王の高位を拋ちて、一切衆生を救濟せんとを誓願しつゝ、四十九年の其間、救苦與樂の妙藥を施し、轉迷開悟の妙法を說きたるにあらずして何ぞや所以に知る、釋迦牟尼如來は肉躰的の快樂を捨てゝ、精神的の快樂を娛むとは

素より吾輩の陳述を待たずして、既に公衆の識認する所なるを。

想ふに、肉躰的は快樂と形而下の快樂なり、神精上の快樂は形而上は快樂なり、形而下の快樂は快中の快なる者なりと雖ども形而上の快樂に及ばざること千萬なり、君知らずや、形而下の快樂は僅か五十年間の一世に停る而已、或は未來に辛酸を嘗むるの悲因とも變化するなり、豈に啻に未來而已ならんや、現在に於ても非常の悪果を招き、爲めに兄弟妻子離散するの不幸に遭遇する者、枚擧に遑あらさるなり、若し懷疑するならば、寒風颯々冷氣肌を裂き、細雨瀟々點滴檐を繞るの夜　殘燈明滅の下に座して潜心熟考せば、思ひ半に過る者あらん。反之形而上の快樂は永遠無窮の樂を娛とするなり、借問す、如何せば此永遠無窮の快樂を得る乎、謂く禪學を極め、天地と樂むとを得るに臻る是れ至上の快樂なる者なればなり」。

微々たるプロシヤの候國をして、奮然歐州の中央に崛起せしめ　無敷の抵抗を破り、幾多の艱難を凌駕したる、フレデリツク大王其人は、雲霞の如き大軍東西に逼り、戈を橫へて將に屍丘を築かんとするにも拘らず、悠然として軍務の閑暇を偸み、專ら思想を作詩に注ぎたりき、是れ何等の餘裕ぞ。新政厚德の旌旗を飜へし、幾万の精兵を叱咤して、朝に敵したる南洲翁其人は、虛碧に轟く砲聲耳を貫き、空天に逆る彈丸眼を遮るも　從容として‖笑儂向死如仙客、盡日洞中棋響閑‖を吟じたりき、是れ何等の閑日月ぞ。聖名以て天下の耳目を驚したる孔夫子其人は、圖らず陳蔡に厄せらるゝも、天の無道なるを怨みず、泰然として絃歌を彈じ、特り精神を慰めたりき、是れ何等の境界ぞ。夭逝以て聖人の衣を沾さしめたる顏回其人は、一簞の食一瓢の飲自ら足るとを知り、恬然として貧窶を甘じ、其樂を改めざりき、是れ何等の潔白ぞ。或はヂオヂチスの巨桶裡に起臥してアレキサンダー大帝の招に應ぜずして、虛心平氣なる、ブルノーの自說を曲げずして、身命を燄々たる烈火の中に投ずるに當て、神色自若たる　果して何等の大精神ぞや、滔々たる天下、是の如きの士幾人か有る　僅に是九牛一毛なる而已、斯く陳じ去り陳じ來りて、熟々其境界を思惟するに皆な天地と樂とを得たるの士にして、江潭に濁世を慨きサントヘレナニ零落を歎ずるの輩と、

日を同ふして語るべきにあらざるなり」。

然りと雖とも、彼等は文學的、或は理學的の一點ななり、天地と樂むことを得たる而已、決して形而上の樂を得たる者にあらす、否聊ゝ此妙境に達したる者るを信ず、何を以て之を謂ふ、他なし、彼等は未ざ宇宙の眞理を極め、而して天地と樂む者にあらざるが故なり。試に眼を刮して祖元國師を視よ、群虜尙は寺を襲ふも、孤り禪堂に坐して、自及の自身に加へらるゝを、懼れず兀然として——乾坤無地卓孤筇、喜得人空亦法空、珍重大元三尺劍、電光影裏斬春風——の偈を說て衆虜を屈服せしめしにあらずや、復た東坡居士を視よ、彼れ流離の間に處すると雖と、悠々然どして——山色淸淨身、溪聲好長舌——を口占したるにあらずや、就中吾釋迦牟尼加來を視よ、臘月八日の曉、菩提樹の下に大圓覺を証するや——有情非情同時成道、草木國土悉皆成佛——と述べ玉ひたるにあらずや。是れ宇宙の眞理を言句に發表し自ら天地と其樂を同ふしたる者なり、嗚呼快なる哉此妙境、嗚呼樂なる哉此妙境、達せんと欲せば、禪學を修むべし、禪學を修むる時は、男女長幼を問はず、賢愚利鈍を論せず、倏忽として佛教の浩蕩たる奧義玄理を探求し、本來の面目を證得するの期あらん、文學を修めて筇を百花爛熳たる公園地に散せば、特に愉快ならん、画學を修めて、妙景絕倫の勝地に散せば、特に愉快ならん、歷史を修めて、悲風慘憺たる古戰塲に彷徨せば、特に愉快ならん、況んや禪學を修めなば、山を跋へ、河を涉り、進退到る處、眞理を伴侶とし天地を樂み、所謂至上の快樂なる境界に到達することを得るや必せり、奚ぞ齷齪として名利を貪り、或は肉躰の奴隷と爲るを要せん、誰か云ふ、人世の行路難哉と、焉ぞ思はざるの甚だしきや。」

佛教盛衰ノ主因

村岡朝太郎

余ハ僧侶ニアラサレトモ學理上佛教ヲ信スルモノナルカ故ニ、日夜佛教ノ盛ンナランコトヲ望メリ、然レトモ余カ日ニ耳ニスル處目ニ見ル處、滿足ノ好況ヲ得タルモノ未タ十ノ二三ニ充タス、翻テ耶蘇教傳來後ノ景況ヲ見ルニ、駸々ノ勢佛教根本ノ地ハ復タ將ニイヱス神學ノ起業地タラントシ、千艱万難ノ關ヲ越ヘ、滔々トシテ文學的ニ宗教的ニ日本國民ノ心田意地

ヲ耕シツヽアリ、嗚呼此レ何ノ謂ゾ學理ニ問ヘハ以テ百世ヲ照スニ足リ、德化ハ以テ億兆ヲ服スルニ足リ、東方亞細亞ノ精神ヲ更造シ日本文明ノ基礎ヲ創建シタルノ佛教ニシテ、今斯ク地位ノ顚動セルモノ豈夫レ其因ナカルヘケンヤ、嘗テ聞ク佛教ハ三個ノ主因ヨリ成立スト、サレハ此教ノ隆盛ナルモ此中ニアリ此教ノ萎微セルモ亦此中ニアラサルヲ得ス、今余ハ佛教ノ萎微セル主因ヲ斷シテ僧侶ニ歸セントス、何トナレハ佛ハ不可思議ニシテ心意ノ限リニアラズトナシ法ハ幾世ニ通シ如何ナル國ニ於テモ、機根相應圓滿無缺ノ眞理ヲ具ヘタレトモ僧侶カ之ニ應スルノ資格ヲ有セサルカ故ナリ、卽三因其均ヲ失ヒ鼎足其一ヲ缺キタルノ致ス處、其缺ヲ補ハスシテ曷ンゾ其器ノ全キヲ望ムヲ得ンヤ、サレハ佛教ノ盛衰榮枯只一ニ僧侶ノ責ニアリト云フモ不可ナカルヘク、世界ノ東洋ニ再ヒ燦爛タル眞理ノ光輝ヲ發揮スルモ僧侶ノ奮發ニ依テハ敢テ至難ノ業ニモアラサルヘシ明鑑遠カラス耶蘇教カ始メテ日本ニ渡來スルヤ、彼ノ諸教會ガ派遣シタル教師ハ皆至嶮至難ノ關アリシニモ係ラス、能ク冥暗ノ雲ヲ破テ新藩圖ヲ開拓シタルニ非ズヤ此レ法僧其資ニ適ヒタルモノト謂フヘシ此際ニ於テ余ガ僧侶ノ資格ト云フモノ敢テ特殊ノ意義アル、ニアラス佛ヲ奉シ法ヲ說ク者是レナリ、余ハ只其法ヲ說クニ宜ク實際的ナラサルヘカラスト云フニアリ、其所謂ル實際的トハ教理ノ蘊奧ヲ究メ其妙義ヲ語ルニアラス、勤メテ葬送追祭ノ用ヲ弁スルニアラス、此等ノ諸項固ヨリ僧侶ノ必用件ニハ相違ナキモ斯ハ余カ玆ニ實際的ト云フ主眼ニアラス、腹ニ深妙ノ學ヲ藏メ口ニ幽玄ノ法ヲ說クモ是レ只僧侶ニ似タルノ學者ノミ、何ソ以テ執拗偏僻ナル人心ヲ化スルコトヲ得ンヤ、何ヲ以テ光明ヲ暗黑ニ導クノ媒介者タルニ足ランヤ、屈服ハ宗教ノ本旨ニ非ス、盲信ハ教法ノ尊ブ所ニアラス、今ノ僧侶タルモノ吹聽的ノ人物ニ多ク標準的ノ人物ニ乏シ、凡ソ世ノ事タル言フノ難キニ非ス行フノ難キナリ、今無形ノ言說ト實際ノ標準トヲ弁ヘテ何レカ人性ノ感化ニ効力アルカヲ撿セハ、必ス人性ハ摸倣ノ自然ナルコトヲ証スルヲ得ン、古ヘ佛教ノ我國ニ傳播スル能ク此理ヲ應用シタルカ故ナルコトハ史乘及ヒ實蹟ニ徵シテ明ナリ、亦余ハ躊躇セス言ハントス概シテ日本ノ佛教家ハ道義心ニ乏シト、何トナレハ近時耶蘇教ノ蓁々トシテ枝葉ヲ全國ニ伸帳スルヤ、佛家ハ皆刺激ニヨリテカ佛ニ

對シテカ執着ノ迷夢ヲ覺タルカ否哉ハ知ラサレトモ、其他教ニ對スル政略ハ冒頭ヨリ跨稱的攻撃的ニ流レテ、自教ノ擴張ハ却テ之カ爲メニ魂膽ヲ奪ハレタルモノ、如ク、只高妙ノ眞理日本國教多數ノ門徒貴顯ノ歸依富豪ノ信仰等ハ大ニ佛家ノ誇ル處、凡テ正當ナル宗教ノ資力ヲ以テ我ヲ立テ彼ヲ斥クルコトヲナサス、先ツ彼レノ短ヲ擧ゲ彼レノ醜ヲ嗤ケリ獨リ我ヲ立テントスルノ觀アレハナリ、此レ當時日本佛教ノ眞相ナリト云フモ不可ナカランカ、嗚呼一千余年前未開妄昧人情疎惡ノ中ニ有リテ能ク眞實ニ日本ヲ裸育シタルノ佛教ニシテ、今斯ノ体相ニ至ル豈心アルモノ痛惜ノ想ナカラント欲スルモ得ヘケンヤ、今ノ僧侶タルモノ能ク此ノ理ヲ体シ言行相伴ヒ佛教ヲ聞カシメンヨリ、寧ロ佛教ヲ見セシメントノ覺悟ヲ備ヘ、千婦其陶ヲ受ケ万夫其言ヲ信スルノ薫陶者タランコヲ要ス

之ヲ要スルニ三個ノ主因（佛法僧）トハ必スシモ佛教ニ限ラス凡テノ宗教ノ基礎ナリ又体相ナリ之ヲ具備セサレハ宗教ニアラス、而此ノ三因ハ又鼎足ノ如シ一ヲ損セハ不具ナリ、不具ノ器ハ用ヲナサス不具ノ宗教ハ世界ニ用ナシ衰ヘサラント欲スルモ豈ニ得ヘケンヤ、サレハ將來佛教ノ隆勢ヲ望マハ只僧侶カ僧侶ノ本分ヲ盡スニアルノミ、

噫余カ希望ハ茲ニアリ、余カ滿足モ茲ニアリ、諸君ハ余カ杞憂ヲ何トカスル

雜報

●印度佛蹟興復會　印度佛陀伽耶恢復事件の一たび我國に傳ふるや全國の佛教徒は眞宗にまれ禪宗にまれ齊しく其注意を喚起し。東京にては島地默雷師會長となり印度佛跡取調委員會を開いて。再三此事に就て熟議を凝し。又京都にても印度聖跡調査會を開き。各宗の有志相集りて此事に關する萬般の調査を遂げたりしが。結局右の靈跡は英政府の所有にして頗る珍重する所の者なれは。到底之を購求し能はざるも我國の佛教徒が絕へす彼地に到りて僧房に止住し聖跡守護の任に當らば。只に佛者の本懷たるのみならず。遂に當時れ守護者たる羅波門法主の管理

を離れて佛教者專仕の靈跡たるに至るべしとの主旨よて東西両京よ於る委員諸氏は再三熟議の末左の趣旨及規則書を公にしたり。尤も右の委員諸氏と該規則發表に先ち各宗の管長若くば執事に面會して。此事を諮るに何れも大に賛成し。其資金として每年一千圓宛を寄贈せる事を約し。尚ほ充分の助勢を爲す事を盟ひたる由。吾人は同會が始尾よく設置し得るるの大幸運を賀し。今後增々其事業を進捗し。佛陀伽耶の聖跡をして純然たる我か佛教徒の專仕たらしめん事を期望するものなり

●印度佛跡興復會創立之趣意

子孫として父母の恩を知り弟子として師長の德に報ゆるは人類の應に爲すへき孝順至道の法なりとす是故に我か本師釋迦牟尼世尊初て菩提樹下に坐して無上正覺を成し得て先づ一切人類れ應に持つへき戒律を制定して父母師僧三寶に孝順せしめ給へり而して最後涅槃の夕娑羅雙樹の間に於て常隨弟子阿難尊者に告け給はく世上よ四個の道場ありて能く我か弟子の心を喜はしむる所なり謂ゆる四個の道場とは即ち如來誕生の地と成正覺の地と初轉法輪の地と入涅槃の地と是なり阿難よ凡そ比丘比丘尼信男信女此四個の道場に參詣し淨心を以て此世を去らは必す天上に生すべしと

抑も本師釋迦世尊は一切衆生の父母吾等佛教徒の大師よして三界無比に尊敬すべき所なり凡そ人類普通の觀念に於てするも猶父母師長の墳墓の地を忘れす之か敬禮を爲す況や吾等は安心立命の皈着を示え給ゑる生々世々の大師世尊の靈跡を忘れ之を敬拜供報することを怠りて可ならむや豈啻に敬拜供報するのみならん乎既に消へたる法灯を挑け既に絕へたる僧寶を再興する是を眞の至道の孝順とす然るに悲哉九百餘年の昔婆羅門兇徒の殘害する所となり其間全く外教徒れ蹂躪する所に一任して佛教徒の之よ奉事する者なきに至れり四個の靈蹟も之が爲に剽暴せられ佛像塔廟は悉く風塵に汚され雨露に晒され殆と見るに忍ひざるれ慘狀を現はしたりと云ふ吾等遙に此事を聞き彼靈蹟の天を望めは漣然として双涙双袖を濕さざるを得ず然るに今や宇内諸邦に佛徒無きに非ず

否な四億の多きを以て數ふるにも拘らず今日まで眠れるか如く忘れたるか如くにして彼靈蹟を探究して敬拜止住する者なかりしは實に慨歎れ至りに堪へざるなり然るに佛教に因緣の薄き英政府は僅ゝに古蹟保存の誠意を以て十有餘萬の黄金を投して彼の大菩提樹下金剛寶石上釋尊始覺の道場なる靈跡阿育大王の興建に係る一百六十尺の石造の大塔に修繕を加へられ既よ古形に復するに至れりとは吾等佛教徒たる者大に其厚意を感謝せざるを得ず

嗚呼佛陀伽耶れ靈跡は萬國佛教徒の俱よ心を喜ばしめ感を促さしむる第一無比最勝の靈跡なるのみならず實に三世れ諸佛成覺の根本道場なり然るに此道場久しく自在天塗炭外道婆羅門法王の所領地となり彼か管守する所と成りて其神聖を汚し其尊嚴を損するに至りては吾等佛教徒れ聞くに忍びず見るに禁へざる所なり然れとも今や幸に其大塔及境地悉く英政府の所管に歸し其修營保護する所となり法王は只其守護を委托せられたるに過ぎざれは若し夫の世尊遺法の弟子法孫たる者此に止住して嚴に淨戒を護持し懇に世尊を供養し法寶を弘通するあらし吾より請求せるを須たずして英政府は佛教徒に委托するに至るは必然にして敢て望なきにあらざるなり

嗚呼佛教東漸して印度より支那支那より日本に流行し而して今や法運循環して我日本の留學僧釋興然比丘楞伽島に遊ひ遂に同嶋の居士ダンマパラ氏を將ひて本年一月廿四日を以て彼根本道場の靈蹟に參拜して其現狀を見るに及で無數の感慨を惹起し頻りに孝順追報れ念止む能はず遂に佛陀伽耶再興の大願を發し英政府の高等官に面謁して其議を陳述したるに皆大に贊成を表し且つ實地よ行はるゝ旨を告げられたり是よ於て二氏は萬國佛教徒に向て其贊成を促したるに既に暹羅緬甸楞伽等の諸國に於ても俱に贊成を表し有志家續々輩出し殊よ楞伽島にてはスマンガラ僧正を會長としヲルコット氏を顧問とし佛陀伽耶大菩提會なるものを創立し着々此事業を擴張せるに至れりと

我日本の佛教徒たる者此事を耳よして豈に等閑に附すべけむや方に感憤興起して追恩孝順の至道の佛勅を履踐し萬國佛教徒の喜ぶべき所を同じく喜ばしめ世尊の眞意所在れ大乘無上の法寶を恢復し既に絕へたる眞正の僧寶を再興するあらば佛教徒の孝順至道の法何物か之に如くものあらんや

抑も此事業たる一は該印度全國よ大乘佛教を興建して衆庶妄計の長眠を攪破して以て世尊の本懷を贊け以て佛恩に奉答し一は南北佛教の統一を謀り大小二乘の區劃を融泯して以て諸教の王たらしめ佛陀の光明をして世界全國に顯赫たらしむるれ一大機關たり是れ只教法上の問題なるのみに非ず延いて東洋の一問題ならんとするは活眼の士れ識る所なり依て玆に東西両京の有志者協議し本會を創立するに至れり冀くは十方同感れ緇素奮起勇進して國の爲め法の爲め進んて此事業を贊助せらるゝことを

明治廿四九月　印度佛跡興復會發起人

印度佛跡興復會規則

第壹條　名稱

本會を印度佛跡興復會と稱す

第貳條　位置

本會は地理上便宜の爲め東西両京に分ち東部事務所西部事務所を設く

但し東京に會計監督部を置く

其區域は東海道北海道の全部北陸道（若狹越前を除く）及ひ東山道（近江を除く）東部の管轄とし近江若狹越前及ひ五畿內山陰山陽南海西海四道の全部は西部の管轄とす

第三條　目的

本會は內外同感の緇素互に協同して印度佛跡の興復を謀り佛光を宇內に發揚するを以て目的とす

第四條　事業

本會は前條の目的を達する爲め漸次左の事業を實行するものとす

一品行端正志操堅固の僧寶を印度に派遣し佛陀伽耶の靈場に止住せしめ布教及ひ四事の供養を爲さしむる事但し時宜により篤信の居士を派遣せしむる事あるべし

一佛陀伽耶の靈場に僧房を建て止住所に充つる事

一佛教徒の佛跡參拜の便を謀る事

一印度各地に於ける佛跡を探撿し其保存を謀る事

第五條　會員

緇素男女を論せず本會を贊成する者を以て會員とす

會員を分つて五種とす

一特別員　一同盟員　一正會員　一協贊員　一隨喜員

特別員は各宗高德中より推撰す

同盟員は通常會費年金一圓の外金五圓以上を出し本會隆替れ責よ任するもの

正會員は毎年金五拾錢以上を納むるもの

協贊員は本會の事業を協贊し一時（又は月賦を以て）金五圓以上を寄贈するもの

隨喜員は本會の旨趣を贊成し金員物品等を寄贈するもの

第六條

本會員中死亡したるものゝ爲め佛陀伽耶靈場に於て法要を營むものとす

第七條

本會に會長一名副會長二名幹事十名（東部五名 西部五名）評議員若干名勸募員若干名書記若干名會計四名を置く

但し會計（東部二名 西部二名）書記を除くの外無報酬とし其他の職員は幹事協議の上實費を給することあるべし

職員章程は別に之を定む

第八條

會長副會長は特別員中より推撰し幹事評議員は同盟員中より互選し勸募員書記會計は幹事之を定む

第九條

永續資金は東西幹事の協議を經て確實なる銀行又は遞信省貯金局に預け永遠に保管するものとす

第拾條

毎年一回同盟員の總會を開き會計等の報告をなす可し

第拾壹條

本會々員人名は時々之を報告して其芳名を傳ふ可し

東部假事務所　東京市芝公園地第二十六號

西部假事務所　京都下京枳殼馬場正面下る萬屋町

●阿刀宥淨氏　東京四谷愛染院の先住阿刀宥淨氏は。印度佛跡巡禮の爲め。過般渡天したるに付。印度佛跡興復會より左に掲ぐる數件の取調を依賴したる由

印度にて佛蹟の現存する者及目下湮滅に歸せる者

僧房建立の手續及其費用。英國政府と法律上の關係。靈場保護の有樣。錫蘭に於る佛蹟復興會の意見並に其方法。其他數十件

●改革黨大會の詳報　龍華空音。太田善四郎。伊藤春太郎の諸氏が大谷派本願寺改革の事に奔走し居る由は國教第五第六號に掲載せし通りなるが。右の諸氏は直接に渥美執行長に面接して改革の已む可らざるを説き。或は同本山事務所に向て改革の要旨を建言するなど頗る力を盡せしも。仝本山は更に之に應ずるの氣色なきより。龍華空音。內藤湛念。佐野正道。龍華大圓。の數氏は爾來專ら美濃。尾張。三河の各地を遊歷して同志者を糾合せしが。至る所之に應ずるもの少からず。今や其勢力頗る强く。名古屋に於て得明會と名くる改革黨の本部を設け着々改革の實行を計れり。斯の如きの有樣なるを以て名古屋に於て大谷派に屬する溫和派の人々は大に之に反對し去る三月同地に於て顯光會なるものを設け。同志の士相結んで改革黨に對する反對の運動を執れり。亦大谷派にて錚々の聞へある中山理賢。平松理英の兩氏は云何なる譯にや。客月廿日俄かに名古屋に來り先づ得明會を訪ふて龍華空音氏に面會し。改革の精神及其手段等を質問せしに。仝氏の答へに到底現時の本山事務所が信任を置くに足らざる事は諸君も夙に之を知れるならん。故に我々は現時の本山事務所に請願して本末の大會を開設し。萬機公論によりて之が事務を執行するにあり。其實行手段に至りては來る十五日の大會に於て決議するの豫定なれば。今之を辨明する能はずとの旨を陳べしに付。平松。中山の兩氏は本山の財政各宗の有樣等種々內外の事情を述べて改革の不得策なるを說きしも。氏も一人にて之を決する能はず遂に其儘引き取りたり。其翌日に至り平松兄弟は龍華空音。佐野正道の兩氏を其宿所に招き改革上の事につき種々論說せる所ありしが。結局龍華氏が本山より堂班を停止せられ。又說教法要を禁ぜられたる身にして。改革の事などに奔走するときは。世間之を目するに私怨を洩らすの徒となし。一時之に雷同せらるゝの徒あるも。到底信用を世間に失

ひ。一事のなすべきなきに至るべければ。宜しく法主殿に向つて是迄の不埒を謝し純白なる大谷派の五等學師となり。以て大義を天下に唱道せば着實に改革の實行を期することを得べし。若し氏にして意を玆に同ふせば吾等全力を盡して推擧の勞を執るべしとの旨を説きしに。何れ明日他の同志者と協議の上返答すべしとの事にて立ち去りしが。其翌日即ち客月廿一日の朝に至り龍華氏は斷然右両氏の請求を謝絶するに至りたり。於是乎平松中山の諸氏は得明會に抗して反對の運動を執ることに決し。即日名古屋に於て演説會を開設し大に得明會の趣旨を駁撃したり。然れども同會は毫も是等の事に頓着せず。豫期の如く客月十五日京都に於て改革黨大會を開きたり。同日各地より出席せし改革黨の委員は伊藤春太郎。横田總次郎。西岡孤豆二。内藤湛然。龍華空音。同苗大圓。渡邊房次郎(以上尾張)保田確定(伊勢)藤谷慶秀(能登)小谷慈眼。宮野願成(羽前)橘臣順慶(攝津)小林堪章(美濃)長願來(近江)の諸氏を初めとし。其他二十餘名にして同日より向二日間洛東有樂館に於て會議を開きたり。其議案は本末總會議開設請願規約及ひ本山事務改正要領の二件にして。初日は第一讀會を終へて多少の質問ありしのみにて閉會を告げ。第二日にも右の議案に付種々の議論ありて遂に多少の修正を加へ。夫より幹事。會計員。誘説員。本山談判委員等の撰擧を行ひ無事に閉會を告げたり。聞く所によれば右の改革黨が京都に來るや。數名の壯士を引卒し闇に非常を警めたる由なるが。大谷派本願寺にても不慮の變事を慮かり壯士を備ひ入れたるなど穩かならざる風説を傳ふるものあるに付同地の警察にても一層警戒を嚴にし。會議中は數名の巡査現場に臨監して非常を戒めたり。是より先き大谷派本願寺にては龍華氏の擧動と一宗の安寧を破るものなりとて

堂班を停止し併せて法要説教を禁したるも尚は靜肅に歸するの摸様なく。日夜各地を奔走して同志を翕合するの有様なるを以て。執事渥美契縁氏は去八月廿四日一般の末寺信徒に向つて左の諭告を發したり

近年本山改革を以て名とし黨類を集め頻りに本山を批評し甚しきは無根の妄説を流布し本山の安寧を妨害せんため種々の口實を設けて純良の門末を煽動候者有之趣に相聞へ候得共本山に於て更に異常の儀無之候決して右等の風説に誑惑せられざる樣屹度注意し兼々御化導の趣を体認し法義相續不忘様相心掛くべく尚今彼如何なる儀を申觸し候とも輕々すべからざるは勿論如何なる者徘徊候共漫りに勸誘に應せさる樣門徒末々まて懇篤申示し置くへし

右論達す

執事 渥美契縁

然るに右の改革黨も增々其運動を進め。足下に集りて事を議するに至りたるを以て。渥美氏も大に之を憂ひ飽まで之を鎭壓して靜謐に歸せしめんと欲し。去月十八日龍華氏を召喚して之を糺明せんとしたりしも。龍華氏は何か思ひ當る事ありしにや。遂に其召喚に應せざりしと。今後の成行云何は次號を待つて報道すへし

●改革要旨と請願規約　前項に記載したる改革黨の要旨。及十五日の大會に提出したる請願規約の議案は左の如し。尤も大會の商議に依り。多少の修正ありしなるへし

改革の要旨

一從來專制獨斷の弊を破り議會を開設して本山役員の進退は廣く末寺信徒の輿論に決すへき事

一財政上の紊亂を矯正して帳簿上收支を明にし華美冗費の惡風を除くへき事

一寺務上非常の大改革を斷行し役員全体を改撰し且人員を減すべき事

一教學上の方針を確定すべき事

一布教上の積弊陋習を洗滌し大に將來の振起を促すべき事

総會議開設請願規約

第一條　總會議開設請願各地の有志同盟して齊しく本山に迫るへき事但し請願の際本山會計上万般の帳簿撿閲を要求する事○第二條　同盟請願員は請願に關し總て同盟員の多數により之を實行する者とす

（第三條以下省略）

●顯光會　豫て得明會に反對して。非改革の運動を執れる名古屋の顯光會員は。改革黨大會の當日京都に押寄せ來り。或は本山の當路者に向つて鎮撫の策を獻じ。或は公衆に向つて改革の不得策なるを演述し。專ら改革黨退治の事に奔走し居れり。而して其氏名は中山善昇。後藤猪太郎。藤井仁三郎。河原五兵衛。市田伊八外數氏なり

●本願寺法主猊下　が昨年來心臓病に罹り御難澁の趣きは豫て聞知せし處なるが近頃に至りて病勢俄かに變じ御危篤の由聞く所によれば全法主にも本年四十二年にて俗に厄年とか云へる事もあるゆへ何れも大に心を痛め今後の容躰を氣問い居れりと京都の各新聞に見へたり

●北畠大學　日本佛教界の俊傑北畠道龍師は三四年前より大學創立費及其維持金募集の爲め。奧州七州を巡回し居りしが。既に拾八萬餘の同志者を得。今回更に畿內及ひ中國に向つて同志者を勸誘するの計畫にて。氏の手先なる一木齋太郎氏は客月十日頃大坂に來り洽ねく府下の有志に就て之を謀りしに何れも賛成を表したる由なるが。北畠師も四五日を經て大坂に會し。當時專ら此事に盡力中なりと聞く（因みに記す北畠師の心算は全國を遊說して百方の同志者を募り。一人平均壹圓宛の義捐を得て。百萬圓を醵金し。年々之より生ずべき五萬圓の利息を保助金とし。甘く大學の維持を計るにありと云ふ）

●日蓮宗管長の處刑　京都上京區千本なる日蓮宗十八本山の一なる本昌寺の管長藤田日寛氏は。發狂人を祈禱にて治療すと唱へ。我寺へ多くの狂人を宿泊せしめ。一ヶ月四圓の賄料と外に祈禱料と稱え壹圓五拾錢づゝを取立て居たるが。上京警察署にては之を風癲人取締規則に違犯せるものとし。拘留十日に處したり。然るに藤田管長も此處分を不當とし。同地の裁判所へ正式裁判を求めたれど。同裁判所にても矢張り拘留八日に處したるが。これ又不服にて先頃大坂控訴院へ控訴したる由

●神智學會長　ブラバスキー夫人の後任は愈々ジヤッジ氏に決定えたり。同氏は神智學會中殊に名望を有する人にて。ブラバスキー夫人も。同氏を推して其後任となすべき旨。遺言したりと

●御下賜　本願寺法主大谷光尊。大谷派法主大谷光瑩の兩師は。維新の際力を王室に竭し。爾來公益を資くるもの少からざるに付。這般　特旨を以て御紋付五條袈裟一領宛御下賜相成りたり。是れ單に兩法主の光榮なるのみならず。亦以て眞宗一派の光榮と云ふべきなり

（各通）　正三位　大谷　光尊

正三位　大谷　光瑩

維新の際力を王事に竭し爾來公益を資助も其勞績顯著に付き特旨を以て御紋付五條袈裟一領下賜候旨御沙汰候事

明治廿四年七月十五日　宮　內　省

●大谷派本願寺に對する訴訟　和歌山縣士族安藤某氏の祖先は。昔時大谷派本願寺両堂建立の際。一千両を寄進したるに付。當時の法主は大に其志さえを嘉し。將來安藤家にして貧困に趣くが如きことあらば。年々千石宛を給與し其厚志に酬ゆべしとの証書に。德川家の証明を添へ。同氏の許に差出しをきしに。維新後同家も大に衰頽し。今日の暮さへ運び兼るの有樣に至りしゆへ。斯る時こそ秘藏の証書を功に立てばやと代人を以て大谷派本願寺に掛合しに。同

事務所にては斯る古臭き誣言は眞僞の程も判然せざれば其請求に應ずる能はずとて。一切取合ふの氣色なきより。安藤氏も大に其不德義を憤り。代言人堀田正忠氏に依頼し。約束履行の訴へを起したりと

●眞宗假名聖教　這般東京淺草區北清島町眞宗法話會より發行したる眞宗假名聖教なる者は。眞宗の教典中假名を以て綴れるものは。大となく少となく一帙に束ね。美麗なる西洋仕立となしたるものにて。天註傍註の如きも悉く本山出版の通りにしたれば。眞宗僧侶にとりて便益なることは吾人の云ふまでもなく。今後眞宗の教理を繹ねんと欲する人には此上もなき良書と云ふべし。尙ほ委しきことは本誌廣告欄內に就て一覽あるべし

評論

大谷派本願寺の改革黨

大谷派本願寺は曾て不急の土木を興し無謀の事業を企て。信徒の膏血をして一朝水泡に歸せしめたるの事實なき乎吾之を知らず。大谷派本願寺は財政の必迫を濟はんが爲め。一宗の尊嚴を害ひたるの形迹なき乎吾之を知らず大谷派本願寺と門末の賞貶。役員の黜陟往々其平を失ひ。識者の非難を招きたるの事實あるき乎。吾之を知らず

然れども改革黨は絕呼せり。本山の專制打破せざるべからず。本山の財政恢復せざるべからず。本山の役員改選せざるべからず。本山の教學振興せざるべからずと。若し彼等の宣言にして詐りなくんば。吾人の說く所又誣言にあらざるべき乎。吾人の說く所誣言に非ずとせば。大谷派の改革は眞に已むを得ざるものなり。改革黨の奮起亦實に已むを得ざるに出でたるものならん。然りと雖ども改革は常に善良なる結果を生ずるものに非ず。時に或は藪を敲いて蛇を出し。毛を吹て疵を求むるの結果なしとせず。然らば則ち改革なるもの豈に容易の事業ならんや

余は深く大谷派本願寺改革の必要を感ず。然れども彼改革黨が抱持せる改革の手段に至ては甚だ不同意を表せる者なり。何となれば彼等の精神は寧ろ破壞的にして建設的にあらざればなり。本山の役僧不德ならば之を全廢するも可なり。然れども彼等は云何にして其後任を撰ばんとする乎本山の施政專斷に失するの憂ひあれば本末會議を開くも可なり然れども彼等は云何にして議員を撰み云何にして議事を開かんとする乎。本山の財政紊亂せば之を改革するも可なり。然れども彼等は云何にして財政の窮迫を挽回せんとする乎。若し今日の改革黨にして是等の思慮なく是等の研究なく。漫然改革を計らんか云何でか改革の實功を奏せん。云何でか滿足なる改革の結果を生ぜん

余は大谷派本山の施政上多少の改良を加ゆべきを知る。然れども彼等の擧動に至りては大に不愉快を感ずるものなり。蓋し彼等の運動にして政治的運動ならしめば敢て之を咎むるの嫌ひなしと雖ども。宗教家の運動としては少しく無遠慮の嫌ひなきかを疑ふ。本山には固より多少の弊害あるべし。然れども公然之が非を發いて民心を攪亂せんとするは。決して宗教家のなすべき事にあらず。本山には固より多少の不人物あるべし。然れども公然之が不德を鳴らして輿論を喚起せんとするは。決して宗教家其者のなすべき事にあらず。之を要するに佛教家たるものは平和を貴び和合を重んずべき者なれば。一事一行着實穩當を主とせざるべからず。徹頭徹尾誠意誠心を以てせざる可らず。綺言妄言云何でか。改革の實功を奏せん。軽擧暴圖云何でか善良なる改革の結果を見ん

余は窃かに望む今日の改革黨よして大谷派積年の陋習を一洗して前途百年の大計を畫せんと欲せは。宜しく深計熟慮近く計り遠く慮り。能く内外の事情を詳かにし深く將來の利害を鑒みゞ。毫も失体の憂なからしめよ。若し一朝事を愆りて宗内の擾亂を喚起し本末其措く所を知らさるに至らば。如何てか地下に宗祖に見ゑん。輕擧事を圖りて民心を動かし。同胞志を異にして一方に割據し。宗内の統一を礙げ。本山の信用を害ふに至らば。云何でか大谷派百年の長計を全ふするを得んや

然れども吾人は敢て順良なる改革黨の志望を挫かんとせる者にあらず。彼等をして不滿足なる本山に屈服せんことを勸むる者にあらず。否な吾人は飽まで彼等を賛けて成功の睹に達せしめんことを希望する者なり。然れども吾人は一己の利達を求めんがため本山の改革を企圖する者を好まず。吾人は一己の私怨を泄さんがため本山を破壞せんとせる者を好まず。吾人は誠實なる改革者と公平なる改革論を賛く。誠實なる改革者公平なる改革論に非ずんば。何ぞ能く改革の實功を奏せんや

曹洞宗及日蓮宗

曹洞宗　　有志會の改革説となり。各黨派の樹立となり。瀧谷貫首の辭職となり。後董撰擧の競爭となり。或は法廷に至りて曲直を諍ひ。或は壯士を擁して威嚴を示し。内佛者の指彈を受け外俗界の嗤笑を招き。紛議百出擾亂間なく。天下の新聞雜誌記者をして之を書くなよ忌々敷感せしめたる曹洞宗の紛議事件も。昨今稍靜謐の姿となり。同宗唯一の大德と稱せられたる森田悟有師は。愈々瀧谷禪師の後を嗣いて永平寺の貫首たる事を承諾しゝれば。再び紛議を生するの憂ひなかるる可しと雖ども。吾人は曹洞宗既往の不始末を論じ。幷せて將來の希望を述んと欲す

古語に曰く鹿を逐ふ者は山を見ずと。彼の曹洞宗の改革者は熱心の極識す知ずと無遠慮の言を吐し者あらん。彼れ曹洞宗の撰擧者は熱心の極覺へす無作法の振舞をなせし者あらん。然れども本末意を異にし同胞派を構ゑ。互に名聞を爭ひ利達を求むるか如きは。果して眞正なる宗教家のなすへき所行なる乎。或は多數の勢力を假りて少數を壓し。或は訴訟を起して勝を法廷よ諍ひ。或は一時の機會に乘して同胞を離間せんとするが如きは。果して和合を主とせる佛教家のなすへき擧動なる乎

古よりを盡忠愛國の士は一身の榮達を後にして力を國家よ致せり。曹洞宗何者ぞ一黨一派の名利を求めんがため更に一宗の榮辱を顧みす。何そ夫れ甚しきや。一宗の榮辱を顧みざる尚は可なり。然れども彼等の紛議か云何程佛教社會に影響するやを顧みざるに至りてそ實に案外の沙汰と云ふへし。假令他の佛教社會は直接よ是が影響を蒙らすと雖ども。間接に及ぼす所のものは實に尠少にあらず。何となれは局外者は敢て此間に些少の區別を設けず。單に佛教僧侶の振舞とし佛教社會の紛擾とし。之を指彈し之を非議すればなり

夫れ然り曹洞宗は云何にして此影響を排攘し此名譽を恢復せんとする乎。既往に溯りて其紛議を消滅せんとするも到底其甲斐なかる可し。旻天に號泣して其非を悔るも今更詮方なかるへし。然らは如何して可ならん乎。只是宗内に鬱積せる猜忌、憎惡、瞋恚、逆意の妖氣を掃蕩して一宗の和合統一を圖り。上下其心を一にし同胞其力を戮せ。共に共に一宗の安泰。佛教の擴張を計るにあるのみ。吾人又同とり望まん。

日蓮宗　　人智の發達するに從て非眞理の宗教其迹を斂め眞理的宗教其勝を制するは宗教進化の定則にして又如何ともすへからす非眞理の宗教とは云何な

る者ぞ。道理に合せざる者是なる乎。今之か實例を擧ればクリスト教の如く論理上一定の教理なく。重に奇跡怪談を以て成立もの是なり。吾邦の佛教の如きは論理の定則に照すも心性の實驗に徵するも。確固として動かすへからさるものあり。是蓋佛教の眞理の教として世界の尊信を受る所以にして亦何ろ無用の贅言を要せんや。然れとも我邦の佛教中獨り日蓮宗に至りては頗る其趣きを異にするものあり。固より其處說に至りては同しく釋尊の教法に基きたるものなきは。毫も非難すへきの點なしと雖とも。彼等は日蓮上人を仰いて一宗の開山とし。上人の預言若くは奇跡を以て一宗の根據とし。之によりて衆生を導き之によりて宗脉を維持せんとせり。是れゆへに重野博士が龍の口法難の事蹟を駁するや彼等は大に驚き雲の如くに起りて之を駁撃したる乎。亦近頃小倉秀貫氏が史學會の席上に於て蒙古來寇の不稽を辨するや。彼等は非常に奮激し百方之が辨駁をなしたり。要するに日蓮宗が飽まても歴史上の豫言若くは奇跡を保存し。之によりて宗旨の安全を計り。之によりて一宗の命脉を保たんとするも到底愚者の見たるを免れす。何となれは開明の世界にて是等の歴史を容るゝの餘地なけれはなり。日蓮宗徒幸に眼あらは薄弱なる歴史上の憑據を捨てゝ神聖なる法華妙典の闡明を圖れ。是蓋日蓮宗萬全の策ならん

内務大臣の訓示

宗教家たる者は道德の解釋者となり道德の實行者となり。社會の陋習を矯正し人類の德義を上進せさむべきものなれは。其精神潔白ならさるべからす。其行狀方正ならさるべからす。然るに輓近佛教社會の狀態を見るに往々之と反對の傾向を現はし。愛國扶宗の徒をして轉た悲想に堪へさらしむるものあり

見よ昨今佛教社會に起りたる日蓮宗、曹洞宗の紛議

事件の如き。教家の不德。宗規の敗頽豈に之を宗教界の出來事と云ふへけんや局外者と之を評するに俗物中の俗物を以てし。佛教者の或者と之を評するに獅子身中の虫を以てす。嗚呼彼等と社會俗塵の外に卓立ゑて。風俗の改良道德の上進を希圖すべきものなり。而して今や反て彼等の嗤笑を招き彼等の忠告を受く。豈是履を頭に戴き冠を足に穿つ者にあらすや今にして世の佛教徒か頑然悟る所なくんも。佛教の前途夫れ知るへきのみ。乞ふ意を留めて左の一篇を視よ

(以上三篇吉村眞治起稿)

○内務省訓令第二十二號　　佛道各宗派管長

佛道各宗ハ慈悲忍辱ヲ旨トシ衆生濟度ヲ目的ト爲シ宗祖先德ノ芳躅ヲ追蹤シ其本分ヲ格守シ布教傳道ニ從事スヘキハ現ニ其宗制ニ揭ク本大臣ニ於テ是ヲ認可セシ處ナリ然ルニ各宗ノ内往々黨ヲ樹テ社ヲ結ヒ互ニ名利ヲ爭ヒ健訟ノ風ヲ釀成スル弊有之僧侶ニシテ有間敷所業ニ付各管長ニ於テ自ラ率先シ德義ノ上進ヲ冀圖シ風紀ノ頹廢ヲ匡正シ殊ニ宗務所ノ如キハ管長ノ指示ヲ受ケ宗内諸般ノ事務ヲ掌理スル場所ナルニ依リ公平無私ニシテ宗内德望アル者ヲ登庸スル等總テ宗規ノ戒飭方ニ一層注意スヘシ是レ殊ニ管長ノ注意ヲ要スルノミナラス宗内各自ノ戒飭玆ニ出スシテ仍ホ其弊ヲ矯正スルコト能ハザルトキハ本大臣監督上臨機ノ處分ヲ爲スハ格別トシ其一宗ノ自カラ衰亡ニ歸スルハ必然ニ可有之假令其宗名ヲ存スルモ既ニ其實ヲ失ヒ宗祖先德ニ對シ實ニ面目ナキ次第ニ可立至誡テハ自今猛省警悟シテ一宗ノ安寧ヲ保持スヘシ

明治二十四年九月三日　　内務大臣伯爵品川彌二郎

批評

九州佛教軍

(第一號)　九州佛教俱樂部發行

京都の地。佛者の團体及び之が機關雜誌の多き。東京を除いて又他に其比あるを見ず。然れとも數十の雜誌數十の團体中。其能く最初の精神を維持して。永遠に保存する者誠に鮮し。是れ必竟其組織の不完者にして。發起者の不熱心なるに歸せすんはあらざるなり。一昨年京都に於て組織したる九州佛教俱樂部は。其精神何れに存せるやと。吾人の容易に知ることを得さりとも。其組織に至りては。先づ其宜しきを得たる者と云ふべし。之に加ふるに豪邁不屈なる九州の人士が。熱心之に從事するに至らば。京都の各團体各雜誌中。嶄然其頭角を現はすは蓋遠きに非るへし。九州佛教軍なるものは。其機關として八月十三日同地に發行したる乎。其第六頁目の社告に「設備未た完からさるに。早く既に機關雜誌の必要を促がさ。時機大に

切迫し來り。匆窮忙極稿を蒐めて之を印度に附した
れは。雜報等を編輯するに遑あらず。雜誌の體裁を爲
さす。粗漏杜撰將さに其爲す所を知らさらんとまで。第
一號は。充分の整備を爲し。畢世の力を盡え。奮勉之に
從事し。看客各位の高評を仰かんとす云々」さゑは同
雜誌の第一號は。所謂假發行の如きものなれは。眞面
目に之を批評すること能はす。何そ編者の言に從ひ
。第一號か發刊を待つて。充分の批評を下すべし。唯
ゞ吾人か懼るゝ所は。第一號の不体裁よりして。反つ
て世の不景氣を招きゝるの形迹なきかを疑ふ。さり
なから健闘なる編輯員か畢世の力を奮つて今後の改
良を計らは。亦以て別天觀地の光彩を發するなるべ
し。吾人は只ゞ翹首して第一號の發行を俟つのみ

正法輪

（正法輪協會東京支局發行）

正法輪と稱する佛教雜誌は。臨濟宗妙心寺派の機關
雜誌として。去七月十五日其第一號を發行したり。流
石は一本山の機關雜誌と稱する程ありて。世間の佛
教雜誌中。をさ〳〵劣者の地位に立たざるへし。就中
其起稿者の多くは。當今佛教文壇の顏役のみなれは。
其論旨頗る吾人の注意を惹くに足るもののあり。之を
要するに同派に屬する門末信徒は。此上もなき好伴
侶を得たるものと云ふへし。何となれは一方には同
派に屬する。百般の遂書を知ることを得。一方には幽
幻なる佛教の理屈。及世界宗教の大勢を詳りにする
ことを得れはなり

寄贈雜誌　（自廿四年一月至九月三十日）

●經世博議（自一號至七號）經世博議社 ●傳燈（自十
二號至二十號）傳燈會●法の園（自廿一號至廿七號）法
園社●教友雜誌（自百一十四號至百二十九號）教友社
●反省會雜誌（自第六年一號至九號）反省會本部●九
州之文華（自三號至八號）不如學會 ●誠（自十二號至
十七號）盡誠會 ●密嚴教報（自廿九號至四十八號）振
教會●佛教新運動（自十五號至三十七號）悟眞協會●
法の雨（自廿七號至四十五號）法雨協會●青年之標準
（自十二號至十九號）佛教青年會 ●山梨實況（自一號
至十六號）山梨實況社●攝善會雜誌（自二十一號至二
十九號）攝善會本部●寶の林（自五號至拾二號）寶林
雜誌社●同學（自十一號至十四號）同學會●文筆叢誌
（拾一號）碩友學會●道の礎（自一號至四號）明鏡社●
貴叢餘芳（自八號至十五號）藝州文社 ●大悲之友（自
十六號至廿四號）愛友社●東京商業雜誌（自十五號至
廿號）獎商會●實業（第九號）實業協會●團報（自一號
至四號）大同團本部●教報（自十號至十一號）日新社
●法話（自二十九號至三十八號）眞宗法話會●播磨の
友（自十二號至十四號）播磨助長會●農民（自七號至
十一號）日本農民會●令知會雜誌（自八十一號至八十
九號）令知會●上毛之青年（二十一號）上毛之青年社
●情海之燈臺（自第一卷十八號至七號）日野少年會●大
家講義錄（自一號至二號）獨尊協會●法之栞（自廿三
號至廿七號）進德會●女教會雜誌（第三號）城北女學
會●金剛（自十七號至二十號）越後披雲會●眞誌（自
二十四號至廿七號）眞誌發行所●佛教（一十八號）能
潤社●普通衛生雜誌（第二卷第一號）衛生雜誌社●能
仁新報（自四十號至七十二號）能仁社●正義（自壹號
至五號）正義社●法の雷（自五號至十一號）青年佛教
會●屯字叢誌（第十五號）屯字會●毘婆沙（自一號至
二號）佛眼會●正法輪（自第一號至第三號）正法輪協
會●興德之基（第十二號）大和佛教會　（以下次號）

第二國教

第貳號

明治二十四年十一月廿日出版（毎月一回）

目次

●國教雜誌改正規約

一本社は佛教擴張の機關として毎月一回本誌（第二國教）を發刊し正社員並に普通購讀者ゟ頒つ

一正社員とは毎年一圓以上の義捐金を投して本社の維持を賛くる者とす但正社員とは別に雜誌代金を拂ふに及す

一正社員は毎號無代價を以て本誌に廣告する事を得但五號活字廿三字詰にして一回十行を越ることを得ず

一何人に限らず一箇年以上本誌を購讀する者五名若くは正社員三名以上を募集し其維持金及雜誌代金を取纏め本社に送附する者へは其年限中無代價を以て本誌を送與し長く其芳志に酬ゆ

一雜誌代金及ひ廣告料は必す前金たるべし若し前金を投せすして御注文あるも本社とは之に應せざるものとす但本縣在住の人にして適當の紹介人あるときは此限りにあらず

一雜誌代金とも可成爲換によりて送金あるべし尤も邊陬の地にして爲換取組不便利なれば五厘郵便切手を代用せらるゝも差間なし本社は普通雜誌社の如く割增をなさす

一雜誌の代金及廣告料は左の定價表による但國教第八號まては其定價によりて計算すべし

雜誌代金及廣告料一覽表

冊數	定價	郵稅	合計
一冊 一箇月分	六錢	五厘	六錢五厘
六冊 半箇年分	三拾錢	三錢	三拾三錢
十二冊 一箇年分	五拾四錢	六錢	六拾錢

廣告料は行數の多少に拘はらず五號活字二十三字詰にして一行一回三錢とす但廣告に用ゆる木版等本社に御依賴に相成候節は廣告料の外相當の代金請求可仕候也

明治二十四年十月七日印刷
明治二十四年十月十日發行

編輯者 熊本縣上益城郡津森村三百三十一番地 吉村眞治

發行兼印刷者 熊本市安巳橋通町七十五番地 志垣弘

發行所 熊本市安巳橋通町七十五番地 國教雜誌社

（遞信省認可）

特別社告

吾か親愛なる同志の兄姉正義の特資を寄せ至誠の保護を添へ給ふに依り本誌發行日尚を淺きにも拘らず大ひに隆盛を企圖し本社整理の運ゐ達したれば本號社說に筆したる如く來十二月より毎と月二回の發刊となし紙數三十二頁十九行二十七字詰とし從來より豫め字數六千字を增し講義演說等の欄を加へ其他必要の記事を揭げ代價を減じて一冊郵稅共四錢とし聊ゝ愛兄愛姉の厚意ゐ酬答せんと欲す其寄送せられたる特資の明細は次號より續ゝ揭載すべし

社告

愛知岐阜両縣の震災に付救恤義捐を佛門同胞兄弟に告白す

客月廿八日の大震災は。五幾東山東海の諸道に及び。其中心たる愛知岐阜両縣下の如きそ。非常の災害に罹り。其慘狀云ふ可らさるの悲境に逼迫ゑ居れり。其現狀は本社員が實撿の報導ゐ依り。彙報を記して本誌に揭げたるが如し。然るに禍福相補け。患難相救ふは人間相互の義務。況んや慈善博愛と佛門の報導する處にして。両本願寺を始め。各宗本山諸宗僧侶信徒及び慈善の人々奮つて救恤の方法を講じ。協同誘說する處なり。此際吾熊本に在ては。杉村市長興津市會議長之が發起となり。熊本の五新聞社協同して救恤義捐の勞を執り盡す處あれは。吾か第二國教の如きは。佛教機關に太て。特に天下に先だち大聲疾呼報導を怠らず佛門同胞の兄弟に誘說する處あらむと欲するも。月刊一回の雜誌其意を果さゞる所あれば。遲延ながらも。法雨教會、佛教婦人會が委托する處の廣告と震災彙報とを本誌に揭げて。吾佛門同胞の兄弟慈善家に告白す。斯のごときの震災。斯の如きの困難。一時ゐ救濟し能ふものにあらざれば。本社は法雨教會と佛教婦人會の依托に依り。十二月十五日迄を限りとし。義捐金募集の勞を盡さんと欲す。仰ぎ希くば佛門の兄弟姉妹。同情相隣むの誠意を以て應分の義捐を投せられんことを。其義捐金額。及び芳名は。一々本誌に揭げて公示すべし。

國教雜誌社

愛知岐阜両縣下の震災に就て全國慈善家に哀告す

●愛知縣震災概表

死亡者	二千二百六十八人
負傷者	二百七百一人
潰家	三萬四千六百七十六戸
半潰家	一萬千二百二十四戸

右十月三十日迄の愛知縣廳の取調

●岐阜縣震災概表

死亡者	千七百六人
負傷者	千九百三十七人
潰家	六千九十三戸

燒失　四千九百〇六戸
右十月三十日迄の岐阜縣廳の取調

嗚呼、明治二十四年十月廿八日は、是ぞ如何なる凶日ぞや、朝來突如として一大震動を起し、家は倒れ、地は裂け、橋梁と落ち、火事は發り、非命の死を遂ぐる者幾千百、重傷を負ふ者幾千萬、親が子を見殺しに泣くあれば、妻が夫を求めて叫ぶあり、其慘狀悲境、今にして之れを想ふも胸塞がり、身粟し、潛然として涙下るを覺へざるあり、況んや偶ま九死に一生を得る、彼の悲しむへき幾千萬の災民は、今や時將さに漸く寒天に向ふも、彼等は食するに物なきなり、彼等は着るに衣なきあり、彼等は住むに家なきなり、彼等は殆んど飢餓に瀕せんとせり、嗟呼血性ある者誰か此悲境を見此慘狀を聞き、哀憐の情なきものあらんや、庶幾くば全國慈善に富み玉ふ處の兄弟姉妹よ、進んで應分の義捐金を抛ち、彼の哀むへき痛むへきの同胞を救へよ、血涙を揮つて全國慈善家諸氏に哀告す

明治廿四年十月三十一日

佛教婦人會中央部
法雨協會本部

一救濟の方法は一に愛知岐阜両縣知事の取計ふ一任すべし
一義捐金は其金額及惠贈者の芳名を道の友及法の雨第二國教の三雜誌に登載し一々領收證を發送せず
一義捐金は特に指定あるものを除く外は両縣へ折半して送附すべし
一義捐金は收支決算は三雜誌を以て後日報告すべし
一義捐金は愛知縣名古屋市下茶屋町十三番戸佛教婦人會法雨協會及國教雜誌社へ御送附ありたし

華之園第四號目次

發行所　京都市下京區醒ヶ井通七條上ル華園町二番戸 眞宗興正派本山內 興仁教會雜誌部

第二國教第貳號

社説

第二國教の精神

第二國教が。第一國教の相續者とし責任者として。本年十月十日を以て文壇に現れ。大獅子吼して曰。國教は既に死して其幻影を止めずと雖ども。其精神は依然として。第二國教の中にあり。國教は既に去りて跡なしと雖も。其生活力は移りて第二國教れ上にあり。本社は一難一厄に遭遇して。志氣を屈し。精神を阻喪するが如き。無氣力不活潑の軟弱体にあらず。第二國教の滅亡は。舊佛教が。一點だも其餘痕を止めざるの日にあり。國教雜誌社の解散は。新佛教が洽ねく。全世界に遍滿普及するの日にあり。國教子の精神氣力。將に國教子が腦裡に懷抱せる。將來の希望夫れ知ぬべし。國教子文壇に臨み。此の言を發するや。冷然淡乎。或は評して云。其言や易し。其行や難し。吾人之を刮目して。其終焉を觀むと。何ぞ其言の輕躁なる。何ぞ其語の浮薄なる。國教は既に死して其幻影を止めざるも。其精神は依然として。第二國教の中に在りとは國教子自ら腦裡に畜へたる。自已の精神を社會に公言したるに外ならず。之を此の精神と國教子。其者の精神にして。加ふるに佛陀无限の智惠と。无限の悲愛とを以て。活潑勇敢の氣を養成し。精神の發達を援るものなるをば。仮令教海の風色魔雲日光を蔽ひ。霹靂空に飛び。狂瀾怒濤。眼前に横はるも。万折不撓。唯一念利濟の血誓を。十方法界の佛陀と。我愛兄愛姉よ訴へ身命財產。舉て犧牲に供し。獻身的に佛陀の使徒と成りて。佛陀濟生の恩報を勉むるの外。更よ其行ふ所を識らず。復た其言ふ所を知らず。

斯を以て國教は。或る一宗一派の庇蔭を仰ひて。之か

機關とし。之が保護者として。偏倚的に辨護を勤むるものにあらず。或は貴顯紳士。又と一部の政黨に左袒し。之が利用機關として。阿諛誘說するものにあらず。彼の白頭皺面の媼翁と共に。因循襲蹈古來の慣例。皮相の儀式のみに固着し。慷慨悲憤。時世を痛歎し。天保の頑貨と共に。其衰頽を期して待つものに非ず。依頼卑屈の愚心を叩ひて。政敎一致の往時を追欽ゑ。先聖知識の効績を數へ。恩波の餘瀝を仰ひて。門閥驕傲を。事とせんと欲するものにあらず。

國敎子が抱懷せる精神は。正義堂々。偏なく黨なく。獨立至誠にして。明治の活世界に立ち。其憂ふべきを憂ひ其喜ぶべきを喜び。國態豹變。社會陶汰の潮流に棹し。佛陀の智光を揭げて。迷妄の執見を破り。顯理的に物心兩界。萬有事理の眞義を照し。爲物大悲の德民を灑ひて。人間苦惱の禍害を潔め。濟世的に護國安澤。二利雙運の悲愛を施し。眞成自由の聖域に達せしめむと欲す。

試みに社會の現狀を觀察するに。今や我國維新革命の恩波に浴し。世運開展。文物日ゝ供り。漸く文明の域に進まんとすと雖ども。汚德醜行は。開化の產物となり。競爭場裡に優劣を諍ひ。金權を以て。社會を戰はしめ。百怪亂行。腐敗地を蔽ひ。醜行國に溢れ。廉耻影を收め。義俠地を掃ひ。非德の使臣。惡行の奴隸。日に月に多きを加へむとす。若し諸新聞。諸雜誌の通信公布する處の點々。拾集抄錄して。統計報導せば。社會の大牢。實に名狀すべからざる。禽獸社會の景狀を演出し有るべゑ。噫乎彼の堂々たる。位勳。財產。名譽。學識。果して何の用ゆる處かある。競爭。破壞。陰險。强迫。懷疑。離間。瞞着。籠絡。罵詈。讒謗。鬪爭。侮辱。賄賂。姦計。婬亂。放蕩一として社會に演出せさるはなし。今時の社會は。汚濁。醜態を以て。塡塞したる。前後四面。汚俗壞風を以て蹂躙せむとす。世擧り

て腐敗の臭毒に感染せむとす。此の時ゝ當り。一大眞理を以て。社會を救濟すべき。匡正すべき。宗敎の開導するところなかりせば。此れ朝日に香ふ山櫻たる大和民族を如何せん。彼の全地球暗憺朦朧たる社會を如何せん。

斯の如く論ゑ來れば。宗敎々家の任最も重し。國敎子。眸を四方に放てば。法海渺茫として。水天髣髴。万里際涯なし。此の間激浪踊り。狂瀾怒り。奇巖横はり。亂礁散布し。前途遙々コロンプスが一死を天運に托して。航海を試みたるよりも猶を難し。實に堅忍不動の大精神。確固不拔の大英氣を以て勞働せざれば。此の德義界。累卵の危急を救濟し能はるざべし。

然りと雖ども。我輩が懷抱せる精神と。我輩が養成する所の氣力は。彼の大權。大智法界を網羅せる。大慈大悲の佛陀在りて。發育養成するものなれば。假令幾多の血淚を絞り。幾百の艱難逼迫するも。敢て辭せざるべし。請ふ看よ。維廉得爾其人は。瑞典獨立の義旗を飜へし。路德其人は。宗敎改革の洪業を擧げ。華聖頓其人は。米國の獨立を企畫し。伽爾波爾尼其人は。伊國の禍亂を戡定したるにあらずや。此等の人。皆嚴しきを以て毅然として。天下の重きに任じ。國民の精神を興し。國民の元氣を振ひ。國家千載の成業を奏したり。彼も人なり。我も人なり。彼等も不動の精神と。不拔の氣力とを以て。斯の如きの成業を奏せり。我又此の精神氣力を以てせば。何ろ成業の期なからんや。更に一歩を進めて。我佛敎界を看よ。古來高僧知識が一宗一派の開導を勉め。濟世利生の事業を企圖し。護國安民の偉勳を樹てゝ。福趾を千載に遺せしもの。一として獻身的に勞働せし。成業の効果ならざるはあし。此れ等は總て身命を犧牲に供し。千辛万苦を嘗むるも。敢て屈撓せす。進むて退かざる。大勇大氣。强剛不拔なる。菩提心の在る有りて精神を發育したる。此

の精神力の身外に汜濫したるものあり。此の精神此の氣力に基かずんば。人間萬事。何をか爲し得べきれ要道あらむや。

國敎子。幸ひに佛陀の慈愛を辱ふし。此の精神氣力を養成し。今や佛陀の使徒となりて。國敎の文壇に上ぼり。社會萬目の中心に立ち。魔軍蝟集の際に突進し。正邪明暗の一大決戰を試みむとす。佛陀の愛慈をなし給ふ。我同胞の兄姉。十一万の法住敎會員。八万の酬恩敎會員。兄となり弟となり。一臂を協せて運ぶ所あれば。國敎は其正義一片の金精心。一臂の筆。協せて以て速力を進め來十二月よりは。二回の發刊を爲し尚は進むて。精神一團の大氣力を奮ひ。三回とし四回とし。一層進めてと日刊新聞をも發行し。國敎子が抱持せる。滿腔の精神を以て。艱難をも避けず。水火をも怖れず。頑固。偏僻。腐敗。迷妄。肉欲。僞善等の惡分子惡弊害を以て濱され。將さに死地に葬られんとする。舊佛教の命運を復活し。弊害を革め汚濁を滌き。彼の我慢嫉妬の陰惡を懷ひて。虛飾。僞粧。瞞着。籠絡。種々の手段を齎らし。四方より迫害し來る。僞宗敎徒の魔賊を折伏し。精神界の大革命。大改革を天下に唱導し。進歩的に。活動的に。生命精神。信仰道德の純潔ある。新精氣を注射保持せしめ。新佛教の希望を達する曉には。清朗高潔光赫焜曜たる。眞正文明の光旗を社會の中天に懸さむと欲す。

論說

尾濃の戰に基督教奇兵を用ひて佛教の大軍に敵す

中西牛郎

社會の慘狀と各派の宗教軍が。其慈善。義俠の優劣勝敗を決す可き舞臺なりとせは。這般尾濃れ一大震災

の如きも。亦た佛耶二敎が慈善上に於ける運動を見るに足らん。

京都の最も賢明にして。時勢を看るに警敏なる一紳士は。這般の震災に就ひて。佛耶兩敎の運動如何を視察せんが爲めに。早く既に人を遣はして其實況を探偵せしめたり。然るに紳士は此探偵者の歸報に由りて。舌を捲ひて基督敎の警敏なる運動をなして。佛敎に抵抗するの謀略あるに驚歎したり。

這般の震災に就ひて。兩本願寺及其他各宗が救恤に係る金額は少くとも數万圓に達したるべし。而して基督敎の救恤は恐らくは千百圓に超過せざるべし。然るに佛敎各宗及ひ其徒は。皆な當地方廳に依賴して之れを全縣に分配したるを以て。一戸一人に付きて恩惠に付する所のものは。極めて至少なるのみならす。且其分配は公平を主としたるを以て破害の大小深淺には關係なきなり。且其分配と官吏に依賴したるを以て。被恩者をして。直接に感謝せしむること能はざるなり。

之に反して。基督敎と恩惠者自ら十字架の標章を持し。實地慘狀を目擊し自ら之を分配したるを以て。其行く所の慘民と恰大旱の雲霓を望むが如く。所謂南征すれは北狄怨み。北征すれは南夷怨むの光景あり。且其恩惠と遍く一般に及はすと雖とも。其被恩者は佛敎の恩惠よりも多分の恩澤に浴したり。且其恩惠者は直接慘民に對して之を分配したるを以て。其歡心を買ふたること實に厚し。而して其恩澤に浴せざるものは遙に基督敎の風を聞ひて之を欽羨せりと云ふ。嗚呼佛敎と基督敎とは孰れか是れ活きたる金を消費したる乎。

昔拿破崙の歐洲に戰ふて大軍に遭ふや。必す其軍隊を集合し。鋭鋒を中心に集めて。分散したる敵軍を擣き。毎に以て勝利を得たりと云ふ。基督敎の略此に基

かざるか。其基督教若し佛教の數十分一。若しくは百分一に匹[illegible]金を以て。佛教と同樣なる手段によりて。其金を一般に分配したらんよど。誰れか基督教の慈善を知らんや。奈何して佛教慈善の大軍よ敵することを得んや。於此乎斯の機敏なる政略を利用して以て。全く勝利を制し大に其教を傳播するの機會を得たり。語に曰く兵之勝敗不在衆寡而在謀。嗚呼基督教は善く謀を用ひたりと謂つ可し矣。

以上は吾人道德上より論したるにあらずして。方便上より立論したり。佛教者若し我輩と只單純なる道德主義よして。方便の如きは措ひて問はずと言はゞ。吾人亦た奚をか言はんや。

オルコット氏　　草野本誓

オルコット氏實に我朝に來れり。氏は夙に基督教の妄誕虛構を看破して佛教は眞理に悟入したるものなり。從來の功業已に赫々たり。將來の運動豈に蛇尾の恐れあらんや。試よ希有の麟隣獨覺たり。其の回心向大せ令るも灰身滅智せ令るも。一に我邦佛教各宗僧侶の意向如何に在るのみ。

オ氏の來る。果して何の必要かある。曰く。南北佛教の聯合を圖らんか爲め。十四个條の信仰箇條を齎し來せり。各宗僧侶宜しく氏の精神主義果して何れに在るか。手段方法果して何くに在るか。探尋討究氏の胸襟を叩き。已れか意趣を述べ。此の機運に乘して佛教の擴張を計らんには。世界佛教の表面に一圓の光彩を煥發するや必せり。若し些少の異論を挾み。逡々猶豫して可否進退を決せず。冷遇薄待氏の精神主義を泡沫に屬したらんには。啻に海外佛徒は信用を失するのみならず。我國佛教の盛衰に一大影響を及ぼすや亦た大なりと謂ふへし。

先きにオ氏の來朝するや。日本佛徒有志の招聘に應し、政教視察の爲なれは。所謂賓客あり。今回の來朝や、拔山倒海の氣力を以て。世界佛教を聯合一貫せんとするの一大精神と。一大要求とを齎し來りたれば。我國僧侶に望を屬する重且大なりと謂ふべし。然るに各宗僧侶。若しオ氏の佛教に熱心なる。胸宇の遠大なる。甚だ嘉すべしと雖も。其の十四个條たる小乘の範圍内に局促して。未だ大乘の蘊奧を窮めず。華天密禪の妙旨。他力本願の奧義に至ては。曾てオ氏の夢見せざるところなり。南北佛教の聯合大に一乘の一貫。果して何事ぞと言はゞ。是れ乃ち童論兒議吾人の首肯し能はざる所なり。

夫れ佛陀は。理智圓滿、爲物大悲の覺体なりと。其の法を說くや。隨機說法、應病與藥。小乘を說くと大乘に入ら令めんか爲め、方便を說くは。眞實に誘かんか爲めなり。オ氏其人の佛教に於ける。已に邪教の幽谷を出でゝ。佛教の喬木に遷るも。小乘は堂に止りて未だ大乘の室に入らざるものなり。況んやオ氏と實に海外佛教徒の代表者にして。一靜一動一言一行は。世界佛徒の注目する所ろ。故にオ氏一人を濟度せんには。世界幾万の理哲學者を開導して眞如の月を仰き。死灰に光照を蒙むらしむるも難事に非さるへし。若し一歩を誤り。其處置此よ出ずして。曖昧の間に事を了せんと欲せは。啻にオ氏一人を失ふのみならず。世界幾万の信徒を失ふなり。故に氏を濟度して甘露の道味を味ひ。醍醐の妙味を嘗め令るは。各宗僧侶の責任にして。佛陀の說法亦た是に外ならざるなり。故に十四个條中一々贊同を表し。其範圍に丸めらるゝは。吾人固より甘んせざる所なりと雖とも。各宗僧侶オ氏を冷遇せず。佛陀の心を以て自から心とし。オ氏假令袖を奮ひ腕を扼して歸らんとするも。强てこれを留め。修正すへきは修正し。增減すべきは增減し。信切よ。丁寧に。氏の精神を重んし。氏の主義を愛し以て聯合の大業を成就せんか。オ氏の一大幸福のみならす社會の大幸、吾邦僧侶の一大面目に非すや。噫呼オ氏は佛教界の大豪傑なり。大勇將なり。豈に我邦各宗に棄てられんや。吾邦亦た高僧多し。豈に氏を棄るものあらんや。故に謂ふオ氏の度量能く忠告を容れん。其目的を達すべけん。各宗能くオ氏を濟度せんか。佛教の擴張を圖るべけん。氏の精神主義を空くするは。到底吾人の甘心する能はさる所なり。

演説

左の一編は、八淵氏の演説にて、氏の演説は、過る明治十二年に、我熊本に在りて、佛教演説開會の創めより、到る處に喝采を博し、明治の十八高僧演説の大家を以て、全國に高名を轟ろさる、加藤惠証氏も、氏の立會演説には、毎度も其上位を讓り、三舍を避ると云程の好評あれば、各縣看客の諸氏より、之が筆記を本誌に掲載すべしと、荐りに要求を蒙りしも、別に筆記の有合もなし、玆に近頃氏が衛生會に在て、演説せられしを、社員が筆記したるものあれば、幸に揭けて瀏覽に供す、素より氏の校閲を經たるものに非れは、筆者の誤謬も亦尠からさるべし、又其演説中、論理眞に入りて能く衆人の精心を叩き、或は一言以て感動せしめたる活絕の妙詞に至ては、筆記の寫し得る處に非ず、特に、氏は山野の民情に通し、俚諺以て平易に弁述せらる丶も、仔細に筆記し難きを以て、多くは筆者が略記したるものにして、或は其詞を革めたる處もあるべし、讀者乞ふ諒せよ、

佛教徒衛生の注意　八淵蟠龍演説

偖て、今日はと當地の村長及び有志諸氏が發起となりて、八淵を招聘せられ、一場の衛生演説を開會致し

呉れとの事にて、時分柄必要の事あれは、教務れ忙わしきをも顧ず參會致しました、其事は既に會主から委敷陳られた通りであり升、然るに演壇に臨むで諸君に御面會して見れは、青壯年有爲の士も澤山お集りです、かなれとも老翁樣媼母樣方や婦人方等かどふて多ひよふだ、一般世間に行わる丶衛生會と云へは、村長議員衛生組長等の有志達迄の集りにて、衛生係の官吏方が出張して、演説談話など有る時は、村長や警察官吏達が心配廢えて呼び集へども、衛生の話は一遍聞けは分つて居るとか、官員や醫者の話は吾々の耳には六つかしゐらふ通じる事でもないとら、衛生會と云は隙の有る者の仕事とか、あれは佛法をも信せぬ死の字嫌ひのする事とか、種々云て中々集らない樣だ、然るに今日は老人方や婦人方迄、八淵が臨場すると聞て、何か珍らしぬ話も有ふ、有難ひ事も有ふと、滿場立錐の地もなき程に數千人賑々敷御來會下さりて、發起諸氏も大に大慶の樣です、併し八淵が臨會しても、虎列剌や赤痢で死だ者を呼寄て面會させるでもなく、望遠鏡でも持出て地獄極樂の見物の出來るよふにして遣ると云譯でもなえ、矢張相替らぬ衛生の話であり升、偖て此演壇に臨むに就ても、先第一に御相談が今日拙者を招き諸有志が本會を開設せられたる其趣意と、拙者か招きに應じて此演壇に臨むたる譯とを、篤と御承知置下さるよふ御相談をして置ねばならぬ、抑此衛生の事に就ては、村長や議員衛生組長達許り四角張て居ても、虎列剌や赤痢の傳染病が更に逃るでもなく、惡黨の樣に、警官の張番て防がる丶と云ものでなし、又遊惰者の樣に、百姓は嫌ひの商人は好ぬのと云譯でもなし、青壯年の男子か婦女子なら、老爺は相手にせぬ媼母は取合と云譯もある、實業家か政事家ならば、有志家や金滿家許を探ね廻ると云譯もあるゝ共、此傳染病と云奴は

丁度拙者共が弘教の爲に運動する樣なもので、上は貴顯紳士軍人官吏より、下は農、工、商、賈、監獄、囚徒、女盲、男瞽、娼妓、乞食、不具、癩疾の者に至る迄、船の上でも山の奥でも相手嫌はず土地揀撰はず、緣を便りて運動を試よふと云代物て、中々油斷かなりません、而して、僧侶敎師が便て來たら、せめて家内の紊れなりともほどき、社會の紛紜なりと治る樣よ働くけれども、傳染病の惡疫から便ら是たら、家を傾け、交際を斷れ、揚句には人間社會を放逐され、六親眷屬の別れさへ告げさせす、人間の權利を持ちながら、吾家の寢床に安身して一盃の水さへ飮む事ならも、終には世界の住ゝ替をさせる迄運ふです、偶々惡疫の御支配を辭りて、人間れ權利を取戻し社會に再度出よふとするも、中々の辛勞ては出來ません、實に怖るべき厭べきもので有ま舛、依て此衛生の注意も、誰も彼も一般人民一同に意得て貰はねも到底社會の治りが着ない、去りとて自治制の今日なれは、昔の樣に何も官吏達ら干涉すると云譯にも參らず、依て衛生の事は衛生に、それ〳〵其筋に運ぶよふ、諸君れ協議を以て、衛生の組合でも早く締約して、諸君か竭すへき働くべき責任は果して貰はねばなりぬ、啻に民權擴張の時代なればとて、政黨の競爭や、宴會席て許り、公民ゝ、住民だ、日本男子だ、大和民族だと、ヤーヤー云て威張許りても濟ないから、今日も八淵を聘して、爺參も、老媼も、權兵衛も、八兵衛も、隣りのお松も、我家のれ竹も、能々衛生の大事なる事を話して貰ふとて、兼ても坊主には餘ま用のなき方々迄、發起者と成りて誘導せらるゝ事て有り舛、斯申すと、八淵は何か衛生會の演說係ても拜命したか、通弁代言よでも傭はれた樣ですか、八淵も決して演說係の拜命したでもなければ、通弁の代言に傭はれて諸君に向つて衛生會の通弁するでもなく、又當世流儀の興行

鑑札を以て、演說興行で木戶錢いじりて世を渡るものでもなく、一席何圓で豫約して、直段次第にそころこに饒舌散して社會を瞞着して名利を諍ふ卑劣手段を欲する者でも在りません、則ち佛敎の用きを汎く社會に開闡して、濟世利民れ濟度を爲さんとて、佛陀の博愛を以て八淵を使はして、諸君と相見へて御談示する事を得せしめたるもので有り舛、何で左樣云かと申せは、兼々衛生會と云へは、進み集らさる諸君が、本日に限ま、進み進むでれ集り成ましたか其證據在り舛、就ても、拙者は佛陀の御使と云意得でれ話に及ぶから、諸君も其れ心持でれ聽下さらねばなりぬ、偖て佛敎と云へば、死ぬる事許りを希望えて、死人の問屋で、死後の事許り誘導する樣に、何の頃よりか皆人か思ひ倣えて、兎角死ぬる事許りよ持込けれども、佛敎の本意は大ひに反對で、先佛陀の名からが、阿彌陀佛と云て、阿彌陀と云は、梵語で、无量壽と云譯であり舛、此佛が本師本佛とて、佛の家元で、諸佛は此佛に依て証りしと云譯が、依念彌陀三昧成等正覺と云ふ經文の意で有りますれは、諸佛も悉く无量壽の用きです、然るに、佛敎で云三世とか六道とか云事は暫く置て、先現前の世界に在りて、動物界の者は死は逃ぬもの故、其死を免るべき方法を講し掛りたら阿彌陀佛の本願です、ここで无量壽の体德を顯し、吾等凡夫を長生不死の无量壽を得さしよふとて、大悲回向の用きを及ほしたが、眞宗で沙汰する信心の話です、能々此趣意を合點えて貰はねばならぬ、然れば死ぬると云事は、佛陀から配り着けたでもなければ、寺から專賣特許で賣付たでもなし、れ互は智德發達を極めざる、未だに完全の域に達したる者で在りませぬから、圓滿至德の佛果に至る迄は、變易生死と、分段生死と云、缺點も逃れられません、故に佛陀は其生死苦海の缺點を補ひ濟むとて、慈悲博愛の働きを

與し給ひた事で有り舛、依て我輩が信ずる佛陀は彼の基督教や天主教が信ずる、天帝ゴッドの樣な已れに從はざる者を之を嫉み、已れに背く者は之を殺すと云ふよふな嫉妬の神とは天淵の違で、佛陀と慈悲博愛を以て普く衆生を濟度し盡ふと云眞の救主であり舛、故に佛教は人を濟ふべき方法には一歩も猶豫なく働きます、佛徒たる者は又働かねはなりません、斯の如く佛教は盡未來際に亙り、生死の苦難を免かるゝ事さへ充分に講究せるものなれば、纔かに一世の肉体上を保護する、衛生位を講せぬ譯はありません、「未來をば導く程の坊樣の、此世の事を人に探ねて、」と云事が有り舛て、世の中には、過去帳許り扱ふて、死後の詮鑿のみ勉强して、大事な活動の人間を敢て導ぬと云人も在るかと知らねども、其は完全なる佛陀の眞意を了得したる人でありません、仮令ば太平洋を渡せ事は職として講ずれ共、足許に渡れぬ川がある、其川は渡せぬ識らぬと云ては些と不似合では有りませぬか、或る信者の言に、未來は大事、此世は小事、大事さへ濟したら、小事の此世は濟むでも宜ひと云人が有り舛が、拙者は一切意得ませぬ、なる程人間萬事の中にも、爲むでも濟む事もあろふ、併ら何程无量壽の覺体に達すべき信心が得られゝれはとて、今日から飯も喰まぬ家業もせまぬと云譯にも運まい、そこで大事を完せむと欲する者は、小事も猥さす勉めて護らねはなりません、又誠に佛教を信ずる事の確かなる人は、社會の事にも必ず注意がありて、衛生の事なとは其成効も多く有る事であり舛、凡そ佛教は精心の發達を圖る、心識の健全を得て、肉体の弱點を補ふ、眞理生活の法ですから、未來の大事に注目して、信心了得の人も、肉体の生活も從て潔白になる者です、故に容易に肉体の弱點に誘れて、一身を亡す樣の事は有りません、總て人は心身の關係に於ては暫

くも離れぬものですから、肉体の苦害も、自ら精心の苦痛となり、心識意思の煩勞を發せば、自然肉体を惱す病苦となります、就中心意に拘る病氣に至ては、苦痛も又裂しきもので、醫師の治療も特に難ずる處でありまず、故に佐々木國手は、信佛論を著して、信仰心の病氣を治むるに力ある事を、治驗に徵して陳述せられました、此等の點に據て考へても、眞理生活の道を得て、一心安全なる者は、肉体れ安全を得るも理の必然です、仮令ば指先きを一寸毀けても、膚に毒虫か刺ても、其疼痛を感ずるは皆心經の所感にして、道を歩むよしても、程能き道連ども有りて、面白き話でもして行けば、十里歩むも格別苦痛を感ずると云こともなひ、而るに、知らぬ旅路に一人とぼくとして、苦み厭ふて行ときも、身体は勞れ、足も痛みて、豆蹈み出せなどの事あるを以ても、心意易からざれば、肉体の煩ひも亦多き事が識らせます、然る時は心識安全なれば、諸病の感染も自ら減少するは道理の免れざる所なれは、充分信仰力を確めて、心意の煩ひを治め、萬物の關係より來りて、肉体の病とあるべき、身体を煩す、諸れ禍を防ぐべき、衛生の注意も飽迄意得て貰はねばならぬ、去りながら、物事は偏倚し易さもれで、彼の中古の外醫中にて、高名なる合信氏が、全體新論に著せし如く、四支百骸筋骨皮肉五臟六腑腦髓に至る迄、其極に至ては、之も造物主の主宰する處、天帝の玅用なり、其れもゴッドの玅技なりと、何も神ぇ結歸したるが如き、何も佛教々々と云て、偏倚なる妄信は起さぬ樣にせねばあらぬ、兎角醫法と云ものは、肉体上發現の徵効を探ねて、解剖的に搜索するものにして、今日の如き心理の研究も勝きて居らず、又別に探ぬべき宗教もなき時なれば、耶蘇教に妄信したるも、合信氏に在りても咎むるゝ足らざる事なるも、今少し注意を下し置ねばならぬも、吾邦に在

りて佛教徒の妄信愚信です、今日も世界が大ひに開けて、益々文明に進み、其進むに就て佛教も次第に輝き、佛教は眞理なり、世界無比の教法なりと、歐米各國迄も尊信する時代と成たから、苟も信心者たるものも、充分注意して、躬行實踐に勉めて、其效驗をも示し、無宗教の迷ひ者も感服させねばなりません、然るに文明の率先者たる事は思ひも寄らず、妄信愚信に凝り固り、衛生も教育も辨へず、社會の妨害者と指さゝれ、佛教に迄傷る様成り行くも、誠に悲しき次第でも有ませぬか、此の妄信の弊害も、強ちに熊本縣許りでなく、全國各地に在る事と見へて、先年政府の諭達にも見へて有りたることだろ、元來此妄信と云ものも、原と劣等なる古代宗教の遺傳と、妄昧なる愚癡の卑情と聯結して成立たるもれにて、人間の弱點たる情慾の觀念に訴へ、分別も道理もなく、鰯の頭も信心からと云思ひより、依賴の念心を惹起し、神佛に

役割を付て、其時事の用事を歩安にして濟ろふと云、淺劣なる思想よま案じ出したる事で有り升、そこで妻が妊身で追々出産月になるから、相良の觀音に走るとか、疱瘡か流行かふ、飯田れ觀音にた守を乞ふとか、耳が聽へぬから、地藏様に火吹竹を上るとか、或は尿まろぶまや白血流は粟島様とか、ひゃあかぎれは、永野様とか、何は何處彼はいづくと、何れの處に行て見ても、亞弗利加の草木教か動物教等の多神教見た様に、誠につまらぬ妄信者が多ひでも、少し心を靜めて考へたら、直ちに其妄信なる事が知られるです、若し火吹竹一本や、天保一枚で、疾の療治か濟むとならは、それこそ早く第二期國會に擔ぎ出して、大學校の醫學部や、病院等は廢止とし、醫師藥劑師なども廢業せしめて、何か實業に基せ、國益の一端ともあし、減税論の一助とでも爲すが宜ひでは有りませんか、凡そ世の中には、其邊は百も承知し、自身は其妄

信不道理なる事を承知して居なから、利己主義に、金錢を掠め取むとする惡奸か徘徊まて、愚民を誑惑致しますから、婦女子杯が多く迷はさるゝものてすゆへ、篤と御注意がなけきばなりません、之に付て思ひ出した事がある、去る明治十一年に虎列剌病が大變流行致しました、始ての事と云ひ、特に拾六萬人も關係して拾萬人も斃をたと云譯ですから、人々大ひに驚きました、時に或る田舍の村落にコレラが入りました、サア村中の騒ぎ一方ならず、肝を潰して心配する處に、修行者体のものが來まして、コレラと云は元と西洋から來たもので、中々容易に藥や醫術で行はるゝ奴でない、不動の唐獅掛々て、西洋に送り歸すより外には仕法もないと云を聞て、之幸ひの事なりと、弁説に打乘り、消防の若者共ら寄集ひ、終に五日間の祈禱を始め、五日滿ずる日に、麥藁船を拵へ、藁人形を造り、村中總立で、鐘太鼓を叩き、海岸迄送り出し、

西洋指して歸れ〳〵〳〵と、時の聲を揚げて海面に押し流し、送り遣りさ〳〵、惡魔を攘ふたと、一同は安心して歸り、右の祈禱者には約定に依りて拾五圓の謝儀を遣し、祈禱者は先首尾能仕濟したれは、永居は無用と立ち去りたり、サア後とは大祝となり、歌へ踊れコレラの惡魔は送り出した、最之から世話なし、飲も喰も自由自在、サア喰へサア飲めと、日頃堪へた業腹に、タラ腹たあがり方になりましさ、處が忽ちコレラが再發して、サア喫驚仰天、再ひ村中が大騒ぎとなり、修行者は何處へ逃たか、譌り者ぢや、虚欺者ぢやと、祈禱の發起者に責掛る、發起者達も大困窮にて、翌朝未明から後と追駈けたれば、最早右の祈禱者殿は三四里先の村に入込み、又もや祈禱を組立むとする處に駈け着け、何の挨拶もなく息逆率ひて、お前は〳〵如何にしてもと仕掛けたきは、今の祈禱者は騒がぬ体にて、之も〳〵此炎天に各々お揃てお

出浮そ又何事も起りましたかとの挨拶に、なほ〳〵氣責そて、何事處り、た前の立後には又々二人一同にコレラを煩ひ出した、た前はコレラの神を悉皆送り歸したと云が皆謁り、左樣に人を欺して濟むものか、此度其儘では置ないと詰め掛かれど、祈禱者は眉を感めて、其御議論は御尤ながら、當時は毎月西洋各國より數百艘の船が通ひますから、御近方に宿泊して居る丈は送り歸したものゝ、又後と連が來ましへで御ざりましよふ、其後と連のコレラ迄は私は請合てえ居りませぬと云されて、發起諸氏も手持無沙汰で歸り來て、村中の者を集めて、諸君聞給へ、無謀に腹立てもならぬ、譯を聽ては尤なる道理、此コレラと云は、毎月西洋から舶來するろふだ、左樣よ陸續と後と連が來るなら、中々御祈禱もしておす事でない、太政官が流石に眼の見へて居る、海岸船舶の撿疫、町村の衛生法、世話さすも無理ならぬ事、之から後運が何程來ても、コレラの宿屋をせぬ樣に、清潔法でも行ふて餘り交際を需ぬ樣、飲食をも嗜むで、衛生の注意を怠るなど、皆々感心致しました事で有ます、餘りさうやらくれ話よなりまして、此邊で一寸と休みにしましよふ、

蒐録

左の一篇は目下獨逸にて有名なる骨相學士スプルツファイム氏の著述に係る体質考定の一斑を飜譯したるものなりとて社友の許より送致したれば茲に登載す

多血質（サンダイン）とは。血液の補給迅速暢進し。神經の結構は至て堅强にして。此衝力に應答するに堪へたり。故に此体質を禀けたる人は。峻疾なる感動を起し。其体欲を之を求むる事甚だ急に。其情感も活潑なれども。甚だ移り易く。常に快活の状態を保てども。事を爲すには過度に失し。又强き抵抗に逢ふ時は。其志氣を動かし。轉して他方に向ふ事多し。又輕浮にして戲笑を好み、深き悲痛を爲せども。忽ち忘失するの性あり。此体質は一個人の上に於て。明かに徴見するを得可しと雖。時に依りて一國全体の体質よ於て。之を見る事あり。即ち法蘭西の民は。此体質を具ふる者甚だ多くして。阿爾蘭の民も亦此体質の者多しと云ふ。本邦の史に據りて考ふる時は。平清盛。足利義政。支那にては漢武帝。唐玄宗など。此体質の人なる可し。

鬱憂質（メランコリック）又神經質の者は。安靜にして岑寂なる境界を好み。甚しき者は。遁舌なる隱遁の所を甘するに至る。若し能く之れを管理する時は、熟慮精察の習慣を成す事を得るなり。又此体質の者は。既往の事を愛し。保守の念至りて强く。古代聖賢の流風遺滅するを憂ひ。現今人間の心思の趨嚮するを傷みて自ら悲む。故に此質は。常に憂愁鬱悶の意なきを免れず。又世間競爭の事に關せず、閑靜の時業を以て幸福とし。自ら樂む者なり。此体質は一國の全体よりも。寧ろ一個人の稟賦に多しとす。西人の言に猶太國のエリミア。希臘國のホーメル。佛羅稜斯のダンテ。英吉利國のクーパー。日耳曼國のシルレル等を以て。此体質の人とせり。支那人には。此体質殊に多くして。古來より有名の人に。此体質を具へたるもの枚擧するに遑あらず。就中屈原。陶淵明。杜子美の如きは。其尤もなる者なり。本邦にては。藤原藤房。加茂長明の如きは。此体質の人なる可し。

膽液質（コレリック）の者は。筋力强健にして。血液の運行も亦盛なり。其人の性たる。志謀膽氣大にして。之を施行するに忍耐の力あり。又抵抗に逢ふ毎に。勇氣を以て之よ打勝たんとするの氣力あり。此体質は多血質と相似て異る所あり。其事を爲すに。衝動の力

頭さと。熱情の盛なるは。多血質よ同しと雖。其思慮の熟せると。決斷の堅固なるとは。多血質に勝れり。善人に於ては。仁慈とあると。寬洪となり。義氣となり。悪人に於ては。暴虐となり。殘酷となり。剛猛となる。而して其善悪兩樣共に。決斷と自信とを有する者なり。西國にては。古代のスパルタの勇士。羅馬の大將兵士の如き。此体質の者多し。カイサル。ドブルタスとは讎敵なれども共に膽液質の人なり。其他ボナパート。ホワード。ハンプデン。ラウサト。ヘロット。ハサル等の如きも。斯体質の者なりと。支那にては魏曹操。唐太宗。本邦にては。武田信玄。上杉景勝など。之れよ當る可き者にして。豐臣秀吉の如きは。此体質に。多血質を兼ねたるものなり。

粘液質(フレグマチック)の者は。筋の構造。精意の奮勵。共よ前者に及ばず。血液の運行ど。平靜にして安穩なり。此質の者。若し其粘液の性甚だ强き時は。其精神は重鬪にして遲鈍となり。又懶惰にして愚昧に近き者あり。然れども。若し其質適度なる時ど。其方向善良にして。其生命を保持するにも。順序ある運動と節度に從へる。飮食を爲す事を得可く。又思慮を堅定して。久しく之を動かさざるの性あり。故に能く忍耐力に富み。其所行常に平靜よして。變動する事なく。善く卓越なる事業を爲す事を得可きものなり。荷蘭人に粘液質の者多し。日耳曼の理學者は。此体質に鬱憂質を兼ね。英吉利の事業を爲すの人は。此体質に膽液質を兼ねたる者なり。適度の粘液質は。諸体質中の最貴と稱す可し。西國にて師父約瑟。先知者ダニール。博物士。牛董。米國のワシントン等の如きは。皆適度の粘液質の人なり。支那にては漢の諸葛孔明。宋の朱子。本邦の北條泰時。德川家康の如きは。亦此の体質の人あるべし。

東西大關相撲五組

此相撲は勝負容易に鑑定し難し然とも當節柄の贔負目違より或は團扇は西ならんと推考さるも、行司恐くは引分とど爲すあらん、敢て大方の判斷を請ふ、

｛孔子曰 異端を攻むるは是れ害のみ
｛ミル曰 如何なる場合に於ても辨難攻擊は眞理の全勝に一步を進むるものなり

｛孔子曰 信して古を好むは學者の本分なり
｛ホンフルト曰 獨自一己の生面を開くは人間の目的なり

｛孟子曰 處士の横議は亂世の極なり
｛ハツホツト曰 智識を進むるは智識の討論より善きはなく智識の討論を發揮するは政治の討論よりも善きはなし

｛韓愈曰 古道の行はれざるは慨嘆の至りなり
｛スペンセル曰 古道の漸く行はれざるは祝す可し

｛朱子曰 後覺者は必す先覺者の爲す所に摸倣するを以て學問の要となす
｛スペンセル曰 自家の力に由りて自家の能力を發揮さるは教育の要なり

七大宗の教義比較表

儒　教

●崇拜……天(陽)地(陰)日月河嶽等の神、及び祖先英雄の靈、

●來生……魂は天に昇り、魄地に歸す、賞罰なし、人性原と善、

●儀式……天神地祇祖先英雄の靈よ祈願す、廟堂家祠在り、

●道德……古例を重もんじ、五常を守り、四海同胞の親愛を勤む、

●經典……四書、五經、

火　教

●神……オルムズド即ち光神是れ善の源、アーリマン即ち暗神是れ惡の源、天神及鬼神を信ず、

●世界開闢……オルムズド世界を造るに、六時期を以てせり、第一天、第二地、第三樹、第四草、第五禽獸、第六人、而してオルムズド、創造する所の者、悉く善にして、アーリマン、之に對して惡物を造れり、

●來世……善人は光國よ入り、惡人は暗國に入る、

●儀式……祈禱献祭、五行を敬ふ、（火最も重んせらる）堂祠を立て、農を重んす、犬を崇む、死屍を埋めす、之を山野に暴露し、鳥の喙むに任す、

●道德……心口意を清淨にす、正直、家畜を愛せしむ

●經典……ゼンダベスタ、ブンデヘシ、即律法祈禱及ひ式法等なり、（右ペルシヤに行はる）

モセス教

●神……エホワ即ち天主、アンゲル即ち天使

●開闢……六日の間に、世界を創造す、第一夜、第二天、第三地、及ひ草木、第四日月星、第五魚鳥、第六獸及ひ人、罪悪の源は、初祖神命に違ふ者なり、

●律法……十誡、國政は神政体なり、

●儀式……祈禱献祭、司祭あり殿堂あり、

●道德……天主を愛し、隣を愛する事巳の如くす、賞罰現世に止まり、來世に及ばず、

●經典……律法豫言、即ち舊約全書

（右猶太人の奉する所）

ブラマ教

●神……古代にてインドラ、（天）アグニ、（火）スリヤ、（日）中古にてブラマ、（天地の氣血）近代にてブラマ、（創造者）ウシヌ、（保持者）シバ（破滅者）

●來生……個身の靈は、終極に至りて、天地の神体中に没入す、

●儀式道德……少年の時には教育、中年には家務、老年には隱遁修定す、

●經典……吠陀即ち讃歌、律法及ひ性理、

（右印度人の奉する所）

基督教

●本源……ヒブリユー、ギリシヤ、ペルシヤ、ローマ等諸國に起る、

●神學……造物主にして、天父たる神、是れ即ち無量慈、救世主たる基督、即ち無量慈、天使聖徒、プロウイデンス（照管）

●創造説……天父六時期を以て、世界を造る、原人犯罪、救世主、世に臨んて贖罪す、

●來世……死後に審判復活あり、天堂、地獄、煉獄、

●道德……信望愛、敵を愛す、慈惠、貞潔、遵順

●組織……教會、修道院、傳道會者、神學院

●式法……法禮、堅根、聖体、補贖、聖傳、神品、婚姻、

●經典……新約全書、舊約全書

（右新舊両世界諸國に行はる）

マホメット教

●神學……天帝に服從す、アブラハム、モセス、耶蘇、マホメット等を、豫言者として尊信す、復活、天國、地獄、豫定、

●儀式道德……献祭せす、禁食れ制あり、巡拜、禁酒、博奕を嚴禁す、（右東洋諸國に行はる）

佛教

●信仰……涅槃、佛、法

●教説……煩惱、四相、多世界、十界、迷悟

●來生……輪廻即ち業の果、身口意を淨くし出離成道す、

●道德修行……三學六度

●僧制……素食獨身、儀軌如法

●經典……三藏即ち經律論（右印度に起り全世界に行はる）

（以上二件狂佛生投）

寄書

オルコット氏の要求烈火の如し

中西牛郎

「オルコット」氏が今回來朝したるは。南北佛教の聯合を圖らんが爲めなり。大小二乘の調和を試んが爲めなり。其志や誠に大なり。其業や頗る難し。而して氏が此一大希圖に至て果して能く目的を達することを得たらんには。氏が功業の巍々として高大なることは猶は妙高山の如く。天下之れ能く其崇を比するに足らず。氏が榮譽の赫々として輝光振耀するとは。恰も北極星の如く。以て萬世を照らすに足らん顧ふに南北佛教の分裂したるや。實に多く星霜を歴たり。今日に至りては殆んど其源流を異にするが如し。抑知らず。「オルコット」氏は如何なる旋乾轉坤れ大手段ありて。此れが調和を試んとする乎。如何なる萬古不朽の大連鎖ありて。此れが聯合を圖らんとする乎。今ま夫れ泰山を挾んで北海を踰ふるは。人皆な以て能はすとなす所なり。然れとも大地を肩上に擔ふの「アトラス」ありて。之に添ふるに鵬翼を以てすれば。泰山も亦た以て挾む可し。北海も亦以踰ゆ可し。「オルコット」氏の聰明英哲なる。誠に亦た南北佛教を一貫す

るの主義精神を發見し此の主義精神を以て連鎖とするときは。大小二乘を聯合せるの大事業も。敢て爲し難しとせず。然らば「オルコット」氏が所謂南北佛教を一貫するの主義精神とは。果して何如なるものなる乎。我日本佛教各宗も。速に此の主義精神を審查精撿して。其可否進退を英斷せざる可らず。若し此際に方りて。逡巡躊躇。言を左右に托し。種々口實を設けて。曖昧の間に事を了せんとするか如きことあらば。此れ獨り海外佛徒の輕侮を招くのみならず。抑も又た信義を四方に失するなり。是其失躰豈に少小なりとせん哉

「オルコット」氏が所謂南北佛教を一貫するの主義精神として。現に今ま西京各宗に逼りて。賛同の要求をなす者は氏が昨年我邦各宗管長に廻送しゝる十四个條の信仰箇條是れなり。オ氏の説によれば。此十四个條なるものは。大小二乘を貫徹して。佛教全躰の教理を表顯するに足れり。故に氏の意は此十四个條を以。我邦各宗に賛同を求め各管長の調印を請ふて。以て之れを公にせ。世界佛教聯合の大成を四方に示さんとするにあり。嗚呼オ氏の目的ゝして達す可くんば。亦た誰りオ氏か聯合を翼賛せざるものあらんや。世界佛教の聯合と方今の最大急務なるに相違なし此急務にして成就すれは。東洋佛教れ生氣を復活し。其衰運を挽回し。歐洲に向つて耶蘇教と抗衡し。眞理上の大一決戰を試るも。亦た決して難事とせざるなり。然れとも奈何せん人心既に進んて時運未だ來らず。前途の希望方さに般にして。大陽れ曙光未だ現れず。オ氏が十四个條れ信仰箇條は以て南方小乘の佛教を一貫して之を聯合するに足ると雖とも。未だ以て北方大乘の佛教を範圍して之れを一致せしむるに足らず故にオ氏にして此十四个條の信仰箇條を我邦各宗に提出して。吾輩小乘の信する所は。斯の如しと言はゝ。我各宗管長は異議なく之を證明す可し。然れども現時日本大乘各宗の教理主義も。亦た是十四箇條に由りて顯表せざる可しとするに至りては。我各宗管長は決して之に賛同せざるを知るなり。何となれは。此十四箇條なるものと。我大乘各宗一小部分の眞理たるに相違なしと雖も。我大乘各宗の深高なる眞理を決して此十四箇條を以て盡せりと云ふに非ず。而して今一朝之を掲げて。日本各宗の教理宗義も亦た斯の如きは外ならずと。世界に揚言せるに至りては。各宗管長たるもの豈緘默して止む可けんや。左れば

オ氏にして此十四个條に增減修正を許さば。則ち吾れ知らざるなり若しそれ增減修正を許さずして。直に之れに一致を表して。調印せよと言ふに至りては。吾人其各宗管長が斷々乎として。オ氏の要求を納れざるを知るなり。然らば這般オ氏が提出して。我邦佛教各宗管長に一致を求めたる十四箇條の信仰箇條とは。果して如何なるものなる乎。吾人今ま其要點を撮して。左に臚列せん

第一　佛教信者は凡ての人に向て。寛容。耐忍。同胞の愛を有す可きこと

第二　宇宙万象は進化に依て生じたるものなり。創造せられたるものにあらず。而して万象と自然法に由りて運動するものにして。何等の神或は造物者の私意に制せらるゝ者にあらず。

第三　佛教の由て立つ所の眞理と自然なり此眞理と刧即世期を逐て。諸正覺者即ち佛陀と名るものに依て教示せらるゝことを信す

第四　當刧に於て第四の教者は釋迦牟尼にして。凡そ二千五百年前印度の王族中に出生したり。釋迦と歷史上の人物にして其在世は疑ふ可きにあらず

第五　釋迦の教に曰く愚痴は貪慾を生し。慾貪は流轉の源なり。流轉は苦患の本なり。故に苦患を脱せんには。貪慾を滅却せざる可らず。貪慾を滅却せんには。愚痴を滅盡せざる可らず

第六　第七第八は其意仝上を以て之を略す

第九　釋迦は四諦によりて。愚痴を脱し。苦患を離れたり

第十　正思惟は正覺に至るの道なり則ち吾人の性に具備する佛智能力の發達を得るの道なり

第十一　佛道の本義と曰く諸惡莫作衆善奉行自淨其意是諸佛教

第十二　宇宙万象と自然の因果法なる輪廻と云ふものに支配せらるゝものなり故に吾人現世の果報は前世に於て諸自ら其源因を作りゝるものなり

第十三　輪廻に於て善果を得るの障礙を除くにも佛教の道德なる戒律を守りて解脱を得べし

試み看よ。右十四箇條中。心外別法の頓悟焉くにある乎。四曼三密の加持焉くにある乎。念佛往生の易行焉

くにある乎。彌陀他力の本願焉くにある乎。一心妙三觀の法焉くにある乎。婆娑即寂光土の奥義焉くにある乎。理事無礙界法の深説焉くにある乎。吾人若し此四箇條に就ひて。此等の説を看出す能はずんば。此の十四箇條なるものは小乘佛教の通義を失はずとして之れを證明するを得るも。日本大乘の教理宗義を顯表したるものとして到底之を印證すること能はざるあり。

猛省せよ全國の佛徒

狂佛　居士

天根挫けて地軸劈く。百萬の市街は憐む可し。一瞬の間。盡く粉碎に歸す。其の損する所の貨財害する所の人命。夫れ幾萬幾千ぞ。是れ素より。天災地變の然らしむる所。人力の能く支持し能ふ可きに非らすと雖。豈同胞の爲めに悲まさるを得んや。吾人は客月二十九日を以て。一たび此震報に接し。其意外なるに一驚せしも。未だ以て斯の如く甚しとせず。再報三信來ると益多くして。報ずる所。愈慘劇悲痛なるに驚けり。顧ふに岐阜名古屋震災地に於ける。數萬の同胞は。果して如何なる境遇に。沈淪せるか。今頃は。必ず草臥露宿の悲境に彷徨し。兒を抱ひて夫を潰屋の下に求むる寡婦もあらん。俄かに單獨となりて。途に飢ゆるの孤兒もあらん。其他千差萬別の哀狀も。必ず筆紙の能く及ぶ所に非らさる可し。嗚呼吾人は思ふて玆に至れば潰家の狀。死屍の山。自から眼前に映じ來り。精神茫乎として。其爲す所を知らざるの感あらしむ。然れども。是れ既に過去の事に屬し。以て如何ともなす能はず。唯其の急務とする所も。片時も早く。該地の被害者をして。宜しく前途の良法を講じ。瞬時も速かに。自活の道を得せしむるを務むるに在り。然かるに當路の諸侯は。其方法既に胸中に浮び。數萬の剩餘金を支出して。之が救助に充て。其他曹洞、大谷、本派、日蓮の四本山は。直に救助米を該地に送り。全國の慈善家は。應分の義捐を投して。倶に以て一時の苦を醫せんとするも。今回の被害は。前途多年を期するに非らざれば。到底其舊觀に復する。決して容易の業に非らず。從來富豪の家も。今や自家經營に汲々として。何ぞ他を顧るに遑あらん。故に貧者は益貧にして。救ふ可きの道なく。困の又困。窮の又窮なるもの。吾人は同胞の間として。悲嘆の情瞬時も胸宇を去る能はず。痛哭泣涕止めんと欲して止む能はざるの感あ

らしむる折柄。去る十日の九州日日新聞は。其雜報欄内に於て。左の一大椿事を揭載せり。

縣下の基督教信者と。過日來。市内某所に。屢々秘密會を開きて。協議を凝らし今回の震災を好機とし。九州各縣の同教徒と協議し。救恤を以て人民の欲望を買ひ。其機に乘じて罹災地方に。基督教の播種を圖らんとし。陰かに計畫せりとぞ。中々機敏なる話なるが。該地方は。從來佛教の盛なる處にて。基督教信者が着手に苦しみ居たる所なりしに。恰も好し。計らずも今回の災害起りされは。之を一大好機とし。遂に事玆に及びたるものなりと云へは。該信者の爲めには。却て幸運と爲すの狀ありとは信か。云々。

斯の如く。不意の間。忽然として。我宗教社會に墮落し來りたる。基督教徒が。機敏にして智略ある。布教手段の一大驚報に接したる。吾々佛徒と。之に對し果して。如何なる感覺を惹起せしか。呆然其措を失したるには非らざるか。若し夫れ然らずとするも。必ならず。異体同心に。其の進退措置。偏に是れが宜きを得たるに。一驚を喫せしならん。見よ。元來基督教徒が。一たび我國に侵入するや。各地一齊に。其要樂を築き。獅子奮進。以て我佛教に對抗し。數十年來の激戰を試み。其の間。奇幻出沒れ妙策を演し。進んで。日本國の耶蘇教徒に非らず。遂に所謂。耶蘇教徒の日本國たらしむるの。希望に出てたるもの有るを見よ。是れ同教徒が。從來常に民心の收攬を事とし。人に説くに只管慈愛の干戈を弄し。其の衆心を悦服せしめ。延ひて草木山河を始め。盡く我有に屬せしむるの。遠圖謀略を用ふるに徵きし。實に昭々たるべき事實あるに非らずや。依是觀之。去る十日の九州日々新聞か報する所亦決して。故なきに非らざるなり。咄全國の佛徒。咄。全國數万の佛徒も。果して之を打破湮滅せしむるの。氣力を有するゃ。吾人容易に其の然るを信ずる能はず。何となれども。彼等は從來。頑霧迷朦の間に彷徨して。社會の何物たるに。注目するの迂遠なるを免かれざれとなり。咄。全國の佛徒。咄。全國の佛徒。之れに對して。少しく猛省する所あれ。否。奮つて猛進する所あれ。草し終りて絕叫。亦た絕叫。……

宗教家布教ノ方便

秋山銀二郎

宗教は人智と適合せさる可らず。人智と適合せされば。以て世人の情感を満足するあと能はず。世人の情感を満足すること能はすんば。人をして安心の道よ入らしむること能はず。已に然らば宗教の宗教たる効力。果して何れに在るや。

野蠻社會には野蠻社會に適應する宗教なかる可らず。文明國には文明國に相應せる宗教なかる可からず。何となれば野蠻社會の民と文明國人とは。其智識。其情感。自ら天壌月鼈の相違を爲す者あれば也。雷霆の轟然として天地を震撼するや。野蠻人は之を以て有意力の作用となす。於是乎雷神の説生す焉。疾風の飈然として木を抜き。屋を倒すや。野蠻人は之を以て有意力の作用と爲す。於是乎。風神の説起る焉。日月の天に輝くや。野蠻人は以て靈ありと爲す。於是乎。日月の神あり焉。其他天地間の現象に於て。怪む可く。驚く可く。訝る可く。疑ふ可き者に逢へは。皆以て妖怪の所爲となす。於是乎。諸種の鬼神ありと爲すの説生せ焉。是れ其野蠻社會には。木石教。偶像教。多神教等の行はるゝ所以也。

文明國人よ至ては然らず。其知識已に大に進歩せるを以て。事物の現象よ逢ふや。直ちに因果の法則を提出し來て其原因を推究之。苟くも眞理を提撕せざんば止まず。故へよ野蠻人の信仰する所の宗教の如きは。視て以て荒唐無稽の妄説となし。之を排斥するを又自然の勢なりと云はさる可らず。是を以て文明國に行るゝ宗教と。野蠻社會に行るゝ宗教とは。自ら其性質を殊にせさるを得す。何となれば殊別れ知識。情感を有する人民に向て。同一の宗教を當用せるも。啻よ勞して効あき而已ならず。宗教其物も終に世上の嫌忌排斥を招くに過きされはなり。

特り一國の上のみあらす。一國を組成する各個人に就て言も亦然りとす。卽ち一國人民の中には。智なる者あり。愚なる者あり。賢なる者あり。頑なる者あり。智識の上より云ふも。感情の點より見るも。千差萬別。各々相異なれりと云さる可らず。故に宗教家たる者は。單に古來の解釋法を墨守し。舊見陳説に拘泥することなく。獨自一個の識見上より。縱横自在に經文典章を解釋し。智愚を判別して。之に適應し得るの如くせさる可らず。是れ亦一種の善巧方便よして。宗教家に取りては最も切要のことなりとす。蓋し宗教の死活は宗教家運用の巧拙に關し。運用の巧拙と實に方便を知ると知らさるとにあり。是に由て之を觀れは。宗教上方便の効も亦大なりと云はさる可んや。

佛教は哲理的宗教なり。其教旨れ幽遠深奥なる。其教理の玄妙高尚なる。世界の宗教中。孰れか佛教の右に出つる者あらんや。殊に其涅槃の一義の如きは。玄之又玄。凡智を以て殆んと窺ひ知る可らざる者あり。左れは佛教は極上進化の宗教よして。上智を有せる者に恰當なる宗教なりとせ。宜なるかな。世運の進化し。學術の闡明し。人智の發達すると共に。佛教は漸次其勢力を社會に宣揚するに至りしことを。然りと雖も。如何に文明社會あれはとて悉く智者賢者の集合する者にあらす。其中には愚よして理に盲なる者。頑にして道に聾なる者。幾何あるを知る可らす。故に佛教家たるものは。佛教をして進んて上智人の需用よ適せしむる而已ならす。又退て下愚人の智力感情に契合せしむるとを務めさる可らす。何程上智人の信仰を得るとて。下愚人の排斥を受るときは。世上よ向て大勢力を有すると能はさる可し。然るに今日の佛教家は。只管高遠の理義を口にし。玄妙の道を談し。佛教は文明世界の需用よ適する哲理的宗教なるとを誇稱して已まさるの傾向あり。是れ豈進んて上智人の需用に供するを知て。退て下愚人の智力感情に契合せしむるあとを忘却するにあらすや。然るか如きは豈方便運用の巧を得たる者と云ふを得んや。嗚呼宗教の勢力を世上に得ると否とは。一に宗教家か方便を運用するの巧拙如何にあり。今日の佛教家たる者宜しく猛省して可あり矣。

監獄教報

九州各縣監獄教誨師の集會

三池集治監教誨師谷治氏は大よ力を職務よ盡し曾て典獄よ謀りて各縣監獄を巡視し種々の件を取調へしこともありしが今回各縣の教誨師に謀り會議を熊本大谷派説教場に開きたる由なるが其の提出せし問題等は左の如し

●第一　感化教誨ナルモノハ各自奉信ノ宗義ヲ以改過遷善ノ途ヲ開發スルヲ主要トスル歟將タ普通佛教ノ眞理卽チ因果業感ノ説ニ憑リ轉心回意ノ誘導ヲ好トスル歟又其奏功ノ優劣如何。第二　放免後再犯ナカラシメ又入監囚ヲシテ獄則謹守セシムルハ卽教誨師ノ責任ナリ其方法ハ如何。第三　感化ノ功ヲ奏スルハ單ニ教誨師ノ勉否ニノミ止ルモノナル歟將タ司獄官吏ノ教誨ニ對スル準備ノ周到ナルヲ俟テ其功ヲ奏スル者ナル歟。第四　感化上ノ有効ト認ルハ規律的ノ教誨ナルカ個人的ノ教誨ナル歟。第五　感化ノ實効ヲ奏スルハ唯タ雄辨ヲ以テ説キ伏スヘキモノナル歟將タ良方便ノ他ニ求ルモノアル歟。第六　地方監獄感化事業ト本山教務事業ト氣脈ヲ貫通スルハ當局者相互ノ鴻益ナリ之ヲ密着セシムル方法ハ如何。第七　九州各縣監獄教誨師ノ氣脈ヲ聯通スルハ感化上一大勢力ナリ其方法如何。第八　他監ヘ護送スル囚人アルトキハ信仰行狀悔悟等ノ勘査錄ヲ送致スルノ可否及方法。第九　放免後教誨ノ地方寺院ニ依賴スルノ實行アルヤ且其可否。第十　放免後親族故舊又ハ所轄警察官ニ就キ本人ノ行狀ヲ視察シ且教誨ヲ加ルコアリヤ其可否。第十一　教誨ノ施行ハ各罪質ニ依リ區分スル歟又感化ノ難易ハ罪質中何レニアルヤ。第十二　感化上ニ關スル諸種ノ統計表ヲ製スルハ教誨上第一ノ樞要ナリ各員ハ果シテ之ヲ製スルヤ又其材料ハ平素如何ナル方法ヲ以テ經理スルヤ。第十三　教誨師ニ於テ現行犯則ヲ認ムルトキハ之ヲ説諭ニ止メ置ク歟果タ上申ノ手續ヲ爲ス歟。第十四　新入囚放免囚ニ對スル教誨ノ説キ方ハ如何。第十五　入監囚ヲシテ房内揭示條項ヲ暗記セシムルニ教誨師ハ如何ナル手段ヲ用ユル歟。第十六　死刑囚ニ對スル教誨ノ方法及其手續如何。第十七　傳染病隔離室ニアル囚人ニ對シ教誨訪問ヲナスヤ否。第十八　教誨堂内ニ於テ感化ニ功アル圖畫ヲ揭クルコアリヤ否。第十九　大教誨ノトキ所説ノ要領ヲ塗板ニ揭示スルコアリヤ其良否。第二十　特赦假出獄等ノ正式ヲ執行スルトキ日曜祭日ト同樣ニ佛前ノ体裁ヲナスヤ其適否如何。第廿一　囚情ヲ探知スルハ教誨師ノ職務ニ於テ殊ニ必要ナリ之ヲ認知スルノ方法ハ如何。第廿二　教誨ノ種類ニ從ヒ服制ヲ別異スルノ定メアルヤ。第廿三　大教誨ヲ施行スルトキ正規ノ宗式ヲ用ルヤ否。第廿四　教誨堂囚人ノ席次及出入法ハ如何。第廿五　教誨執行中司獄官吏不時ニ臨監スルコアルトキ監督看守ハ之レニ對シ囚人ニ號令ヲ掛ケ敬禮セシムルヤ將タ之レナキ歟其可否。第二十六　信書ハ教誨師ヨリ之レヲ讀ミ聞カシムルヤ將タ之ナキヤ且其可否。第二十七　處罰執行者ニハ大教誨席ニ列セシメ其他感化ニ有効ナルモノハ之ヲ許スヤ否。第二十八　死亡者ニ對シテハ諷經又ハ埋葬地ニ於テ追弔讀經スルコアルヤ否。第二十九　父母ノ喪ニ當リ免役セラル

ルモノニハ特別ニ教誨ヲ加ルノ注意アリヤ否。第三十　幼年囚懲治人ノ教育ノ方法及學科試驗採點法ノ設ケアルヤ否。第卅一　短刑期ニシテ而モ無教育ノモノニハ一定ノ學科ヲ授クル歟將タ特別教授ヲ用ル歟。第卅二　囚人ノ親族故舊ヨリ面會ヲ願ヒ出タルトキハ之ヲ許可スルハ感化上ノ利害如何。第卅三　各監獄署教誨師執務上ノ手續ハ如何。第卅四　囚人ノ行狀錄ニ對シテハ教誨師ハ之ヲ調査シ之ニ捺印スルノ手續アル歟。第卅五　新入放免處罰申渡等アルトキハ教誨師ハ臨席スルヤ否。第卅六　囚人接見ノトキ教誨師ハ立會ヲナスヤ否。第卅七　賞罰ニ對シテハ典獄ヨリ教誨師ノ意見ヲ尋問スルコトアリヤ否。第卅八　處罰中改悛ノ情アリト認ルトキハ之ヲ典獄ニ申告シ又タ典獄ハ之レニ因リテ免罰或ハ處罰中止ヲナスコトアリヤ。第卅九　在監中宗教信仰及行狀善良ナルモノニハ放免ノ際証明書ヲ教誨師ヨリ與ルコアリヤ否。第四十　大教誨ノトキ典獄已下立會官吏ノ佛像ニ向テ敬禮スル摸樣ハ如何。第四十一　特赦假出獄等ノ正式ヲ擧行スルトキハ教誨師ノ席次ハ如何。第四十二　各監獄教誨堂ニ安置スル佛像佛具ハ監獄費ヲ以テ支辨スル歟亦他ノ寄附ニ係ルモノナル歟猶其保存方法ハ如何。第四十三　各署ハ專用ノ教誨堂アリヤ又佛具ハ備付アルヤ否。第四十四　每年死亡者ニ對シ大追弔會ヲ設クルヤ若シ之ヲ設クルコアラハ慈惠金ヲ支出スルヤ否。第四十五　亡父母ノ年忌ニ當リ追弔ヲ出願スルコアルトキハ之ヲ許可スルヤ又タ香華料トシテ金錢ノ志納ヲ願ヒタルトキハ之ヲ正當ノ費用ト認ルヤ否。第四十六　宗教信仰ノ意ヨリ佛像ヲ本山ニ出願スルコアルトキハ典獄ハ之ヲ傳達スルヤ又房内拜禮ヲ許可スルヤ否。第四十七　巡閱官又ハ知事ヨリ該監ノ感化上ニ就キ諮問セラレタルコトアリヤ。第四十八　教誨師ハ教誨堂ヲ管理シ鎖鑰ヲ司掌スルコアリヤ。第四十九　雨天等ノ爲メ臨時ニ教誨堂ヲ代用スルコアリヤ否。第五十　囚人ハ教誨堂ニアリテハ總テ沈默ナル歟或教誨ノ前後ハ低聲談話ハ之ヲ默許スル歟。第五十一　教誨師囚人ヲ呼フ用語ハ如何。第五十二　難病等ニ罹シ貧窮人ニシテ治療ヲ受ル目的ヲ以テ犯罪入監セシモノハナキヤ。第五十三　在監人中酒ヲ嗜ムモノト嗜サルモノトハ何レカ多キヤ。第五十四　囚人ニ許可セラレタル書籍ハ粗如何ナルモノナル歟。第五十五　囚人ヨリ書籍購求ヲ出願シタルトキハ其囚人看護ノ當否ヲ教誨師

ニ諮問アルヤ否。第五十六　工塲ニ於テ書籍携帶ヲ許シ科程終ルノ後之レカ看讀ヲ許スヤ否。第五十七　宗教駁撃ノ書籍ハ之ヲ許可スルヤ否。第五十八　感化院設立ニ對スル意見既ニ設置セシ地ハ其情況如何。第五十九　放免後書信ヲ教誨師ニ贈リ教誨ヲ慕フノ意ナリヤ否。第六十　感化上ニ必要ナル書籍ヲ教誨師ヨリ貸與スルコトアリヤ否

（未完）

詞叢

近頃予友人所示家庭八景以需唱和爾汎將及湖江諸彥予雖不敏請自隗始諸君賡吟思幸甚

硯北睡猫　菊池三舟居士　稿

花影窺嬌蝶。山厨慕臭羶。昨宵驅鼠輩。硯北奏功眠。

槇園羅漢

槇樹影深々。淸涼俗塵斷。杪頭趺坐禪。五百阿羅漢。

露井梅花

曉月落寒井。梅花開似霜。桔槹繩三尺。汲取一瓶香。

窓前熟柹

怪柹枝根老。窓前百尺欹。紅實堪扶酒。葉亦可題詩。

予師木村鉄耕。最長於詩。天資磊落。嗜酒。有斗酒百篇之槪。家極貧。無儲資。常拾園中柹葉。或集竹頭木屑。詩成則錄。以換紙。束爲數十括。每出必携帶焉。

菊池三溪曰柹葉換紙亦是文苑一佳話

西樓殘月

西樓夜五更。月在梧桐上。過雁一聲高。秋思獨惆悵。

床頭茶烟

床柱南宗畫。枕高爲臥遊。睡餘吹石斷。茶熟一簾秋。

盆池星影

銀河萬點星。倒泛盆池裏。稚子認流螢。手頭頻掬水。

屋角鳳毛

不可居無竹。淸風拂俗塵。虛心獨堪愛。寫取寄其人。

田舍途上　新道迂叟

山間多怪石。一路客過稀。日暮秋風冷。空林乾葉飛。

薄暮

一雨新晴後。秋山初月生。寒蟬聲斷處。蟋蟀未宵鳴。

時雨行

一雨瀟瀟一雨來。前山忽滅後山開。寒風日暮蕭々路。滿地如花紅葉堆。

偶成　加藤竹翁

是非莫問是非人。道俗相爭悉帶塵。嬌蝶徘徊花合笑。心香月影入窓親。

其二

深入淸泉將洗身。又乘愛欲自生塵。南無阿佛南無佛。心口相離豈有親。

其三

爭色山中靑與紅。日光欲沒月忽々。美人競々望樓上。醜的重々思邪窮。

雜報

●皇太后陛下の行啓　皇太后宮陛下には客月二十四日御豫定の如く午前十一時より本派本願寺へ入御在らせらる、大學林文學寮職員教員一同は大學林門前の兩側に整列し連枝執行宿老所議員及其他職員一同は四脚門內に兩御門跡と階下に於て孰れも奉迎し陛下にも御定りの如く御随行とゝもに四脚門より入御、鴻之間階下にて下御、御座所（小書院）に着御遊ばされ直に兩御門跡を始め一同に謁見を賜ひ種々御土產物の下賜あり暫時御休憩の上中餐を終せらるゝや大師堂、阿彌陀堂、百華園に成せらせ暫時御休憩の上十二時三十分再び白書院に出御能樂を御一覽遊され御感淺からず午後四時四十分に至り天和地喜の裡御随行とゝもに還御遊ばされたり尚當日の能樂番組あれとも事長を以て略す

●比丘尼方の御陪食　皇太后宮には去る十月廿一日京都に於て舊尼御所住職比丘尼方を午前十時より召され御精進の料理を賜ひ之方々は靈鑑寺芝山寬禎、大聖寺樋口慈綱、法華寺近衛高鳳、曇華院庭田慈廉、寶鏡寺東坊城周筠、長福寺平松俊正、水藥師寺六條眞照、知恩寺內江歡、圓照寺宮裡仙峯、中宮寺菽原敎明、指院石州總明道の十一尼なりしと

●久邇宮朝彥親王殿下の薨去　同殿下には兼て神嘗祭の爲めに伊勢神宮に御出張の處去る十月廿九日午后十一時十分同家令黒宮氏を始め山科家々令及ひ

數十名の御供にて白木の御板輿にて御歸邸直ちに薨去の趣き御發表相成りしか御遺骸は泉涌寺内なる皇族墓地に御埋葬相成なる由

顧ふに殿下は國步艱難の際に當り幕府の忌む處となり廣嶋に左遷の苦を嘗めさせらるを續て大政維新の後は進むて顯職を帶び玉ふ事なく神宮祭主を御奉務あらせらるも常に國家を思ひ給ふ御心の止む時なく國威の發揚と國粹の保存とは高意を傾かさせられ專ら外教の浸入を憂ひ佛教各宗の擴張に恩意を添へ崇叡會等を企圖せしめ給ふ殿下なりしが御齡六十四歲を以て去る廿九日に薨去の旨を公布せられたり嗚呼

●兩本願寺へ御下賜の袈裟　嘗て本誌に記載したる兩本願寺に特旨を以て御下賜なる袈裟は本派本願寺の分本紅綾地に白の御紋章盡し大派本願寺の分は本紅平地に白の御紋章盡しにて此程調製中の處去る二十七日全く仕立上りしを以て主殿寮出張所傳へにて宮内省へ奉呈せり

●築地本願寺の扁額　築地本願寺別院へ寄附する額面は此程有栖川一品親王殿下の御揮毫にて去月二十四日高松保郎氏より築地別院へ送附せられ同所よりは直に土方宮内大臣の邸へ送附せられ同大臣は直に修飾を加へて更に別院へ寄附せらるゝ都合なりと

●佛教圖書館の設立　東京芝公園内へ同館を建設せんとて松本順乘氏等目下專ら周旋中の由なるか整理の上は定めて大に世の洪益を與ふるは必然なれば吾人は佛教の爲め社會の爲め一日も其竣工の速ならん事を希望する處なり

●印度佛蹟復興會　本誌第一號に掲載せし同會と去る九月廿八日東京芝青松寺へ各宗本山執事等を請し同會の旨趣目的幷に京都各本山に於ける會議の摸樣等を述へ本山の協贊を懇望したるに眞言淨土の二

宗は直ちに之を承諾し他も贊成を表せしも一應其派々々の會議を經さる上にて贊助する事に約せられたる由各宗本山か贊成を表する上は管長より其宗派一般へ諭告を發せんとを同會より請求する筈ありと

●佛教徒の記章を作る　從來北米合衆國にニウヨルク府に住るストラウス氏は熱心の佛教信者にして近頃自ら佛教徒の記章を製して之を米國の佛教徒に帶用せしめ往來の際偶然佛教徒相會して互に談語するの利益あらしめんとて巳に其記章を製造し米國佛教徒の之を求むる者には無代價にて送與するよしなるか其形狀は法輪形にして胸部に懸る樣に作れりと而して右法輪の摸型は印度の古搭婆に刻みたるものより取りたりと云へり方今佛教新開の國に在ては之れがために愉快を感ずることも多かる可く又佛教國の人々が渡航するにも我佛教の交際を以て圖る所あらしめば利益を得る亦大ひなるものあらん

●開進學校の榮譽　大坂府島下郡溝咋村大字二階堂私立開進學校は復堂居士野口善四郎氏の設立に係るものなるか今回我邦へ來遊したる印度マトラス府前知事ロウドコチュマラ氏より金五拾圓を同校へ寄附せられたる由今其理由を聞くに野口氏かオルゴット氏招聘の爲めに渡航せし時より結交の因みある由にて爾來互ひに音信を通じ居れば今度幸ひに我邦に來遊せさるを以て直ちに書を野口氏に寄せ面談を求めしも野口氏は折角の招きに應せさるは遺憾なれども目下教育事業に從事し居るを以て東上致し難き旨回答したるに氏は之を見て野口氏が子弟教育に熱心なるを感し右金員を同校へ寄附せられしものなりと

●寺院境内に課稅を要す　今度耶蘇教又は神道中御嶽派丸山講等の人々か同し公教と認めらるゝ中に佛教の寺院のみを免稅し我々の講義場說教所は民家同樣に課稅するは不公平なりとの意見を以て本年の

議會には寺院境内も同様課税を要すへしと神耶の聯合を以て一案を提出せんとて目下両教の間を奔走する者ありと國民新聞に見へしか倩ても世話の多き世の中なるかな

●**北海道の布教**　本派本願寺にては北海道布教の爲め札幌へ別院を設け法主も屢々巡教して大に盡力する處ありしかと當時は何分住民の少數なるか爲め著しき成蹟を見さりしも近年は人口も四十万の多數に達し次第に増殖する摸樣あれとも此際奮つて力を同地の布教に盡し其素志を達せんとて其方法を豫定せし由又大派本願寺にても該地の布教擴張を企圖し同道の中央にして將來都府となるべき石狩國上川郡へ一院を創設して布教の根據とし大に教化する所あらんとて取敢す未開地二萬坪の貸下を出願し之を開拓して其準備に供ふる由北海道は北門の要地なれば布教擴張に注意せらるゝは國家の爲め宗教の爲め切望せる所なり

上地官林拂下雛形

○何々寺上地官林拂下願

何國何郡何村字何々

一官林反別何町何反何畝何歩

此拂下代金何圓

此立木何々外何種何百何十本

此拂下代金何圓

合計金何圓

右者某寺舊境内（又は舊寺屬地）に有之然るに明治何年以來上地に相成候處今般勅令第六十六號公布の旨趣に由り特別の御詮議を以て右の代價にて當寺へ御拂下被成下度別紙事由書契約圖面等相添へ此段以連署奉願候也

何府何縣何郡何村字何々寺住職

年月日　職　姓　名

右寺檀家（信徒）惣代（三名以上）

同　法類惣代（一名以上）

大林區署長宛

前書出願に付奥書候也

何宗管長　職　姓　名

○契約書

今般某寺舊境内（又は舊寺屬地）上地官林の儀勅令第六十六號の旨趣を躰し寺檀協議を遂け別紙の通拂下出願仕候に付ては右御許可相成候上は該山林他へ轉賣等を爲さゝるは勿論住職檀徒に於て猥に樹木を伐採する事無之樣注意し永く當寺の風致を致し（已上は舊境内の分に加へる文言）永世基本財産として（舊寺屬地は此の文言にて宜し）保護可仕依て此段連署契約候也

年月日（住職）（檀家信徒惣代三名以上）（法類）

大林區署長宛

○事由書

何府何縣何國何郡何村字何々

何宗　何　寺

一創立　年月日開基の名

一由緒　何年月日何々の事故にて寺屬なりしを明治何年何々の際上地せし以來現在上地官林に有之候

一資格　寺格株書

一維持法　田畑山林資堂金等

一檀　家　何戸

右之通相違無之候也

年月日　（連署如上）

○圖面

以上斯の如きものあれは各宗派に於て教務の手續を經て取り扱ひもあれは此雛形に依り宗派の手續を經て出願すべし而して拂下代金の如きは大林區署の規定に隨ふものにて土地の狀況に因りて一樣ならすと云ふ

●**基督教的學校の前途**　一學校を興し之を盛んにし多く徒を集め且つ子弟をして高等なる教育を享けしめんとせば乃ち高等なる教員（洋學校なれば洋人）を招聘せさるへからす高等なる教員を招聘せんとせば自から多額の報酬を以てせさるへからす然れとも資金の缺乏せるを如何唯基督教傳道師たる西洋人は各々其本國なる傳道會社若くは教會より衣食の料を收納するか上に一人にても信徒を増殖し一は以て其道を擴け一は以て其職分を成就せんが爲め好んで無

報酬若くは些少の俸給を以て日本人の建設したる學校に招聘せらるゝ者あり然れども此くの如き學校此くの如き教員の將來は如何前には北越學館の紛擾あり今や亦仙臺東華學校外國教師總辭職の事あり以て鑑となすに足れり且つ夫れ日本人の建立若くは密接の關係ある基督教的學校の前途たる實に日本教育上の一大問題たれは吾輩は最近刷の「基督教新聞」紙上不敬事件にて有名なる内村鑑三氏の寄書中より左の項節を抜萃して大に一世の警省留意を喚ひ起さんとす

（國會）

余米國に在て傳道會社の目的及ひ方針は略ぼ承知するを得たり今十餘名の宣教師諸氏の無給にて學館教授に從事せらるゝと勿論基督教傳道を爲し得らるゝと信ずればなり然るに所謂北越の有志者は其宣教師が得べき普通は教育を求むる者にして基督教は寧ろ意に介せざるものなり簡略に謂はゞ宣教師は可成丈け宗教の勢力強からんことを願ひ設立者は可成丈け此れの弱からんことを望むものなり即ち両者の注文は全く趣きを異にして（中略）生徒中には信徒不信徒の軋轢あり設立者は頻りに校内より宗教の臭味を去らんことを勸告するあり其他名状すべからざるの難事ありて余は不慮も教頭の位地を兼ねしを悔ゐたり有志者を滿足せんか信徒并に宣教師諸君の攻擊を如何せん宣教師を滿足せんか誰に頼て學館の後來を計らんやと余の位置は實に兩人の主に事ふるものにして一つを悦ばせは一を怒らす（中略）宣教師の英語と學力とを無給よて利用する爲めに學校を擧げ傳道の一機關とするは是を雇ふ者に取ては卑劣手段と云ざるのみならず世に對し已れの心に對し潔白男子の屑しとする所にあらざるなり又學校整理上より云ふも宣教師を迎へて無報酬の勞力を得るの理は世の嫌疑を招き信用を薄するの害に比すれは利害何れぞや又宣教師諸君の爲めに計るに如斯學校に於て諸君の天職を滿さんとするは決して策の得たるものにあらず諸君の所謂基督教主義の教育を施さんとすれは宜しく基督教外の有志者に頼らずして純然たるミッショソスクールを起すに若かず是れ却て世の信用を博する方なりと信ず

●基督教は男尊女卑　基督教れ連中が我邦の婦人社會を籠絡し男女同權説を主張せし事は我輩の屢々耳朶に觸れ折々は彼の兩譯書を以て説示し又は其弁論の席に在ても同權説を主張せんとせしを聞しあとありしか近頃大日本婦人教育會に於て法學博士文學士和田垣謙三氏は男尊女卑は東西一軌の教訓なりとして左の演説を爲したり

聖書にも神が人類を造り給ふに當り先第一よ男子を造り次に男子の爲めに内助者として女子を造り給ひたることを明記せり然らは男尊女卑は獨り東洋古代の教訓のみならず西洋に於て專ら信奉する所の聖教亦實に同一の主義を教示するあり或る説に據れば原始の男子には猿の如く後ろに尾ありしとなりしが造物主は右の尾を切り取り以て女子を造りしとなり故にトーマスムーアは詠して曰く「夫たる者は皆よく當初れ計畫を記臆す渠の妻とは尾よ過ぎざる事を知悉す故に渠は力れ及ばけ妻の後へに据置く」本邦よりて婦人は名を呼ぶ時必ず於の字を冠するは矢張右れ主意なりと否や西洋諸國に於て之を大にしては治國平天下の基礎之を小にしては修心齊家の本源とも云ふべき基督教其者の正訓は兎に角男女同權に非ず況んや男尊女卑に於てをや要するに輓近まで本邦に行れ居たる女大學の主義とも其差異五十歩百歩の論なり然らば事の實際を奈何と云ふに西洋諸國も槪して言はゞ其實男尊女卑主義に外ならざるあり故に予は結論して曰く男尊女卑は東西一軌れ教訓東西一樣の制定東西一轍の事實なりと

●ニコライ氏　客月五日來熊數日間當地に滯在せし東京希臘教會堂主ニコライ氏は同八日午後一時より當市新町忘吾會社に於て一場の演説を開會せり然るに同氏は目下本邦各外教宣教師中唯一れ人物なる評語一般に赫々たるを以て其名に沈迷し來集するもの無慮一百餘名の多きに及ひ最も盛大を極むるに至りたりしが今氏の演説に就き其槪況を評下せんは言語總急常に一定せず急なる所は餘り急に失し聽き取り

難き所も少からず加之擧動常に輕躁に失し就中斷へず首部を前後に動かすの一癖あるは聽衆をして少しく見苦しく感ぜしめたり其論旨に至りては例の如く靈魂の存在より智心力の區別三位一体及ひ造物主の天地萬物を創造せる事に及ひ既に中に及ばんとする頃に至り五六十名の聽衆には如何なる感覺を惹起せしものにや一齊に其席を退出する抔其混雜一方ならず止むを得すニコライ氏も一時其演說を中止する事となり會主と頻りに其間に周旋して漸く之を鎭定し凡そ四十分間餘を經て再び開會し以前の論旨を接續せしも聽衆の耳朶にはニコライ氏の辨舌以前に比し何となく澁滯を來したる感あらしめ二時十分比に至り全く閉會するに至りしも惜むらくは殘餘の聽衆も概ね其要領を得る位に止まり退出せしと氏に取りても定めて幾分不滿の念を免れざりしならん

●法住教會の義捐金募集　縣下本派法住教會幹事八淵蟠龍氏は今般尾濃兩震災地被害者救助の爲め同教會員に計り應分の義捐金を募集し一時の糧資を送らんと目下周旋中なり

震災に關する報彙

名古屋社友某　（十一月三日發）

今回の震災は東京に於けるも尙は明治八年氣象臺設置以來の强震なりと謂へば況て其の中心とも認められし尾濃近傍に在ては其の强烈なりし事知るべきのみ今左に初動より名古屋測候所に於ける實測の報告及び當日よりの出來事を掲けて讀者に報せん因に記す本號記載の分は既に各地の新聞紙に記載せしものもあれど本社は專ら確說を順序に從ひ集錄することゝなしたれば讀者幸に之を諒せよ

客月廿八日は拂曉より一天何となく朦朧たりしが六時三十分過ぎに至り俄然西南より轟然と天地も崩るゝ斗りの響を發し家屋は最初上下に震動し續て左右に動搖する事數分間ありしが爲め家屋の崩壞するあり逃げ出でんとするも步して地上を走ること能はず瓦降り壁落ち瞬時の間は一天晦暝四方に起る紅塵と恰も出火かと疑はれたり而して其の災害の摸樣は到底筆紙の及ぶ所に非ざれば省略すと雖も其の震動の實測及び實地調査に係る被害の槪況を擧ぐれば午前六時三十八分五十秒（發震）南々東、北々西（發震方向）初發より强烈の性質を示せしが上下動は四秒水平動は六秒に至て急劇を來し遂に當所の地震計は破損したれば夫れより後は知るに由なしと雖とも破損迄に現はれし顯象の實動は地上の物体を衝揚げしは曲尺二分水平に動震せしは曲尺九分にして卽ち此の加速度は上下動曲尺二寸水平動曲尺一尺八寸五分なり故に其の物体を倒壞せし力の强烈なる實に驚くに堪へたり云々（以上二十八日午前六時報告）●昨廿八日　朝の大地震に就ては已に不取敢報告したる所ありしが其發震より同日午后一時迄は輕孤微震相踵て更に動搖の絕へ間なく同時刻より稍や斷續に至りて一時間に八九回乃至十二三回つゝの割合を以て震ひ間々强震をも交へ來りて同日午后一時より只今迄十七時間に大小二百三回の震動を感じたり既往大震の實蹟に依れば両三日間は先づ餘動の鎭定は得ざるべし一昨年熊本の大震も餘動は一週日に亙れり昨日の地震は熊本の地震より一層烈しく又安政年度の震災よりも甚しと云へり當縣管內の被害死傷擧て謂ふべきに非ず然れども震災は尾張の西部程慘憺を極め岐阜縣下の如きも中々の悲況を現したる趣きあれども電信不通にして未だ西北地方の摸樣知れず隨て震原をも詳にする能はず而して以來地面は尙ほ搖ぎ續きて午前六時より午后二時迄都合八時間に五十六回を震動せり卽ち一時間平均凡そ七回の割にして前報の時より稍や其數を減じ且つ緩慢の方に至れり大坂地方電信今漸く開通し京都も强震の旨報道に接せり今に管內の報告到來せしものを左に記す。激震（津島、名古屋、熱田、枇杷島）　烈震（勝川、舉母、足助、半田）强震（岡崎、知立、御油）二十九日午後二時報告●地震の回數　同二十九日午後二時より翌三十日午前六時迄都合十六時間に於ける震動の數は九十三回の多きに至り地面の動搖は最初より夜半まで一時間平均六七回にありしが夫れより一二時間は俄に數を增して十三四回づゝを示し且つ間々强震を來し殊に本日午后二時二十七分十八秒に於て稍や烈しき震動ありし而るに其後は頓に震數を減じて僅に二三四回づゝとなりたり即ち此れを發震の當時二十八日午前六時よりの數に合すれば無量三百六十一回の夥しきに昇り翌三十日午前六時迄六十九回の震動あり然れども震動と漸次輕微に趣き十一月二日午前六時迄に合計五百五十回に至ると云々（以下次號）

●震災に對する宗教家の運動彙報　去る二日午后一時愛知佛教會に於て擧行せし大施餓鬼會の概況は豫て其の道場と定められたりし大光院は大破の爲め矢場町白林寺に於て執行したり本堂にど大施餓鬼棚を架設し壇上には山海の供物を献列し中央に被害死亡者精靈の大位牌を安置し臨濟宗には大導師德源寺老師、左右副導師には總見寺、政秀寺列衆よは白林寺住職を始め德源寺僧堂の雲衲、五十名よて大施餓鬼一座を修之次よ曹洞宗大施餓鬼大導師生駒圓之師代理どして野野部至遊師、其他同宗學林教師山内祖學、織田寶山、伊藤覺典、安井桂巖、能仁新報社員水野氏外全宗僧侶二十余名次に眞言宗にては各務惠實、淺井政日氏、外數名眞宗よりは佐木活纏氏外數名出勤諷經し參詣者には井上重兵衛、山田良海、水野門水、松尾宗幽、高橋順庵、中村、日下部の各僧徒等其他死亡者遺族及び親戚等五十余名にて最も殊勝且鄭重なる大法會なりき仝日德源僧堂の雲衲へと井上重兵衛氏より小點心を呈せられたり同日は災後人心恟々たるの時にさへて參詣は多からざりしも何れも徐ろに感涙を催したりと云ふ

●曹洞宗本山達　同本山より本縣宗務支局へ卅一日附を以て左の如く達せられたり本月二十八日の震災と其縣下尤劇烈に候へば本宗寺院にさへて其災害を被りたる者も多少可有之と被察候條其局に於ては其被害寺院へ急速達書を發し各寺をさへて左の事項を取調へさせ上申せしむべし但人民に對する救恤の義は已に其縣廳へ依賴に及び候、一堂宇の全部若と半部倒壞し又と燒失の事、一住僧又と下男等死傷の事、一前二項の外實地の名狀を記する事、右急達候事明治二十四年十月三十一日曹洞宗務局

●大谷派本山の慰問使　美濃尾張の兩國に於ける罹災の寺檀を慰問の爲め直に當國へは足立法鼓師外一名を差遣され國内八百ヶ寺を一々訪問せられ更よ被害の實況を取り調べて本山へ報告せらるゝ筈なり又同山よりは本縣へ寄せられし金は千圓なりと云右に付救恤事務所を當市茶屋町の別院内に設置せられぬ

●本願寺派本山　は末寺一般へ左の如く達示せられたり「今般各地震災よ罹りし特に愛知岐阜両縣下の如き非常の大變にして家屋轉覆と勿論死傷夥數其慘状言語を絶し僅に危害を免れし者も殆ど飢餓に迫り大法主殿深く憫憐被遊若干の米穀を施與し救恤の一端に供せらる候此際人民相愛相親無得貪惜の聖訓に隨ひ罹災者の困難を察し同朋の情誼に悖らざる樣救助の爲に盡力可致此旨諭達候事明治二十四年十月三十日執行長大洲鐵然」右につき一等巡教使赤松連城師外一名と白米百二十俵を齎らし罹災者救恤の爲め愛知岐阜へ出張を命せられたり業田慶照師外數名は追吊會執行の爲め美濃大垣に是川鳳集氏外二名は三河飛彈越前伊勢地方へ見舞の爲め出張申付られたり

（未完）

時評

老年僧侶……青年僧侶

世の變遷とは云ひながら。天保時代の老僧は與に爲すに足らず。却て事を破るの妨害物なれば。到底彼等を一掃し極樂淨土に移住なさしめたる後に非らざれば。佛教の振興得て望む可らずとは。所謂明治青年僧侶は社會に於て。往々耳にせし所の議論なり。目にせし所の文字なり。吾人以爲く。天保時代の老僧。豈何ぞ悉く斯くの如くならんや。然れども「ベーコン」氏嘗て言へるあり。元來老人なるものは。兎角異論を唱ふる多きに失し。評議する長きに失し。敢行する少きに失し。後悔する速かに失す。故に事を爲す。進んで完全無缺の域に至らしむる事甚だ稀有にして。只尋常一樣の成効を以て。滿足するの傾きなき能はず。依是觀之其性質は活潑にして。守成よりも創業に長じ。評議よりも斷行に長じたる。方今青年血氣の僧侶をして。此の暴言を放たしめたるも。亦決して故なきに非ず。然りと雖も。其既往を探究すれば。目下青年僧侶か。各自一己の性格を備ふるを得るに至りたるは。全く天保老僧の賜にして。其事を創始するに當ても。或は老僧の力を借らざる可らざる事あるを如何せん。然るに。是等の暴言は。此程に至り漸々其跡を絶つに至りし。歡喜ふ可きの現象を呈したりと雖も。新陳代謝の理を以て。亦茲に一の難事を惹起せん事を恐る。何ぞや。曰く。青年僧侶か。其老僧に對する暴言の遠慮

と共に。其暴言を放ちたる。尤も嘉す可き勇敢の氣象をも。抛棄し了らさるかを恐る。果して然らば。是れ其名のみ明治の僧侶よして。其實既に彼等の與に爲すに足らさる。天保的青年僧侶たらんのミ。之に反し。老年僧侶は。曩さよ青年僧侶より受け得たる。天保てふ綽號を以て自ら任し。我等早く淨土に放逐せられたし。今日の事は。一よ青年諸氏を累はさんのミ云々。彼等か暴言。却て安逸自居の好材料となすの傾向あるには非らざるか。果して然らば。是を退歩主義。所謂天保的の暴言に甘する。無氣力無精神の一老爺に過きす。二者果して斯の如くならば。佛教の振興。道德の遍滿。何を以てか之を期せんや。吾人は大呼して。両者の間に告く。老僧社會は。從來固有一種の特色を自棄せず。少しく青年的活潑の思想を發起し。青年僧侶社會には。宜しく固有の元氣を失却せず。少しく老僧的沈着の思想を養成し。以て社會に逍遙せは。其益する所豫知す可らさるもの在らんと信す。何とあれば。両者相待て。始めて眞正の一体を組織するを得ればなり。

●國教雜誌改正規約

一本社は佛教擴張の機關として毎月一回本誌（第一國教）を發刊し正社員並に普通購讀者に頒つ

一正社員と毎年一圓以上の義捐金を投じて本社の維持を贊くる者とす但正社員と別に雜誌代金を拂ふに及ず

一正社員は毎號無代價を以て本誌に廣告する事を得但五號活字廿二字詰にして一回十行を越ることを得ず

一何人に限らず一箇年以上本誌を購讀する者五名若くは正社員二名以上を募集し其維持金及雜誌代金を取纏め本社に送附する者へは其年限中無代價を以て本誌を送與し長く其芳志に酬ゆ

一雜誌代金及び廣告料は必ず前金たるべし若し前金を投せずして御注文あるも本社は之に應ぜざるものとす但本縣在住の人にして適當の紹介人あるときは此限りにあらず

一雜誌代金は可成爲換によりて送金あるべし尤も邊陬の地にして爲換取組不便利なれば五厘郵便切手を代用せらるゝも差閊なし本社は普通雜誌社の如く割増をなさず

一雜誌の代金及廣告料は左の定價表による但國教第八號までは其定價によりて計算すべし

雜誌代金及廣告料一覽表

冊數	定價	郵税	合計
一冊一箇月分	六錢	五厘	六錢五厘
六冊半箇年分	三拾錢	三錢	三拾三錢
十二冊一箇年分	五拾四錢	六錢	六拾錢

一廣告料は行數の多少に拘はらず五號活字十三字詰にして一行一回三錢とす但廣告に用ゆる木版等本社に御依賴に相成候節は廣告料の外相當の代金請求可仕候也

○法之雨第四十六編（十月二十日發行）

發行所 名古屋市下茶屋町十三番戶 法雨協會

明治二十四年十一月十七日印刷
明治二十四年十一月二十日出版

編輯者 熊本縣上益城郡津森村三百三十一番地 吉村眞治

發行兼印刷者 熊本市安巳橋通町七十五番地 志垣弘

發行所 熊本市安巳橋通町七十五番地 國教雜誌社

（遞信省認可）

第二國教

第三號

明治廿四年十二月十七日出版（毎月二回）

●國教雜誌規則摘要

一本社は佛教の運動機關として毎月二回（第二國教）を發刊し社員に頒布すへし

一本誌は宗派に偏せす教會に黨せす普く佛教界に獨立して佛徒の積弊を洗滌し佛教の新運動を企圖せへし

一本誌は諸宗教の批評及ひ教法界に現出する時事の問題を討論し毎號諸大家の有爲なる論說寄書講義演說等を登錄し其教法關係の點に至りては何人を撰はす投書の自由を許し本社の主旨に妨けなき限りは總て之を掲載す

一本社員を組織して協賛員正社員の二種とす

協賛員●學識德望ありて本社を補成する者●時々本誌に寄稿する者●毎年若干の義捐金を投して本社を保護する者●壹個年以上本誌を購讀する者●壹個年以上本誌を購讀する者拾五名以上若くは正社員五名以上を募集する者●各地の寄稿を取纏め本社に送致する者

正社員●本社の主旨に同盟し毎年金壹圓五拾錢を納る者

一協賛員中特別効勞ある者は其効蹟を本誌に掲け其効を酬ん爲め无代價にて本誌を頒布し正社員には總て无代價にて本誌を頒布すへし

一雜誌代金及ひ廣告料は必す前金たるへし若し前金を投せずして御注文あるも本社は之に應せさるものとす但本縣在住の人にして適當の紹介人あるときは此限りにあらず

一雜誌代金は可成爲換によりて送金あるべし尤も僻陬の地にして爲換取組不便利なれば五厘郵劵切手を代用せらるゝも差支なし

一雜誌の代金及び廣告料は裏面の定價表に依るへし但正社員は特別を以て廣告料を減ずることあるへし

第二國教第三號目次

雜誌代金

冊數	定價郵稅	冊數	定價
一冊 一回分	四錢五厘 五厘	十二冊 半箇年分	五拾錢 郵稅共
二冊 一個月分	九錢壹厘	廿四冊 一箇年分	九拾六錢 郵稅共

廣告料

廣告料は行數の多少に拘はらず五號活字二十七字詰一行一回三錢とす但廣告に用ゆる木版等本社に依頼せらるゝときは廣告料の外よ相當の代金を請求すべし

明治二十四年十二月十四日印刷
明治二十四年十二月十七日出版

編輯者　熊本縣上益城郡津森村三百三十一番地　吉村眞治

發行兼印刷者　熊本市安巳橋通町七十五番地　志垣弘

發行所　熊本市安巳橋通町七十五番地　國教雜誌社

第二國教第三號

社説

東洋地震の説

左の一編は八淵氏が這般尾濃の大震災に就て。社會の需めに應じ。佛教上の地震説を講義体に筆せられたるものなり。氏は近日震災救恤義捐勸募の爲め。各地に馳走せられ。日夜汲々として筆を執らるべき暇なけれは。此の地震説を掲録せるも无用の事に非れば。氏の許諾を得て此の筆記を掲げて社説に代ゆ

一昨明治廿二年熊本の震災あり。次て這般尾濃の大震災ありて世人驚愕の餘り佛教の地震説を聞かまほしねと質問切りなれども一々之れに答ふるも多忙中届らず。況んや予の淺學を以て猥りに之れが説を爲すも或は其誤りあらん事を恐れ。吾縣下にて有名なる佛教并文學の達者勝國道人禿安慧氏に之れが説明を要求せしも。未だ其の回答を得ざれば。止むを得ず予ら詢劣を顧みず。一昨年熊本震災の際佛教中散説し有る地震の説を拾ふて。熊本大派延壽寺に於て演説したる抄録あれば。今之れを筆録して諸氏の質問の責めに供せんと欲す。粗漏杜撰の罪請ふ恕せよ

近世文學大ひに發け。地震の考究の如き經驗確如として其説緻密なれば。從來吾東洋に在て唱導したる佛教及び漢學説の如きは妄誕不稽の言とし。敢て參考せへき人なきに至りしも。考一考して其理を考ふるときも。東洋の諸説は其言簡單にして其意味高尚深遠。反つて近世理學の及ばざる處も亦尠からされは。諸氏幸ひに一考を煩し給はゞ。東洋聖賢の説の不稽ならざるも亦諒知すへし

凡そ佛典中地動の説ある。物心両界に亙りて其説を爲すものゝ如くにして。法界唯心造衆生共業所感の理を以て。万法所變の原理及其相狀を詳説するものなれは。地動の相狀に依りて終に凶變祥應の兆効關係に至る迄を説明するに至れり。佛般洹泥經に地動に三由を出し。初の一は地水風の相激に由ると云今の理學説の如し。後の二は天地の感應と佛の神力とを以てすと云。之れ則ち唯心界の理にして總じて衆生業感力の應動あることを示せり。初の一は凶變。後の二は祥應とす。大方等大集經には六種の震動を明し十八變の相狀を説けりと雖ども。洹泥經の後二動の相を詳説したるに外ならず。立世阿毘曇論に鞞嵐の地を震動せしむと云へるは風動の一を示せしものなり。大智度論に四種の震動を論して火神動。龍神動。金翅動鳥。天動の四種とす。此中火龍金の三は所謂火水風にして理學

説と同じ。後の一は心界所感の理を示せり。初の一は凶悪の徵にして後の一は吉祥の報なりとす。増一阿含經に八因縁ありて大地動搖すと云へり。此中第一は風水の因縁に由るとして凶變とし。後の七は吉瑞とせり。斯の如く震動に禎祥の報とし妖孽の象とするの二を懸証するもの一應にして見るときは。妄誕不稽の説と爲すも然るもの丶如しと雖も。総じて佛教に説く處の理は。山河大地は皆地水火風の四大所成にして衆生共業の感得する依報なるものとすれば。今其主能の衆生善悪の業に依りて住居の國土の吉凶を生ずるは道理の免れざる處なり。則ち主能の人の善悪に由りて住居の家屋に盛衰を見るが如し。故に法苑珠林に佛説地動の因由多説あるものを合して四種とし。其の第一は凶徵にして後の三は吉瑞とす。其凶徵の理を示して薄福衆生感二得地動一損二破依正二報一と云へり。此に依て之を觀れば大无量壽經に佛末世の衆生を誡諭し給ふ如く。奢婬驕縱各欲レ快レ意任レ心自恣欲二自厚一レ巳欲貪多有の行ひのみにして。少善をも修する事なく放逸无慚の者のみ日に月に繁殖し。薄福損亡の反射を招くものなれば。水火風動の變災を來し危害に困難するも亦宜なる哉。此の理を以て考ふれは佛説の世の學説と符合し決歸することをも自ら發見すべし。何となれは山河大地の依報國土は衆生業力の感得なることを認識すれば則ち其の能造の四大地水火風悉く衆生本識の所變にして。五因を以て一切の色法を生長し養持せるものなりと知らるべし。此故に山河大地の性は堅濕煗動の外なし其の堅と濕とは陰に重く。煗と動とは陽にして輕し。此の四相交激して而も風動火増勝する則は堅き重き大地震動す。所謂儒教の陰陽序を失して大地震動すと云へるもの此の理なり。史記周の幽王三年に西蜀の地大に震す。王之れを大夫伯陽甫に問ふ答て云。大地氣若失二其序一陽伏而不レ能レ出陰迫不レ能レ蒸於レ是有二地震一是陽失二其行一而塡レ陰也と斯れ如く儒教は業感を説かざれは陰陽の理を以て之を云へり。佛教は衆生業力の感得とする故に。衆生造悪薄福の感應とし。儒佛共に吉凶の徵効なりとするも其説く所を異にす。若し佛教をして幽王に答しめば更に陰陽失序の原因を論して。幽王の虐悪天仁地義に乖戾するより然らしむる處なる理を陳上すべし。易の震爲雷の卦に。二陰の下に一陽有て。此の陽上に蒸發せんとする則は震て動くの象なり。鉄瓶の水。下の火の爲めに沸騰して。蒸發するとき蓋を吹き揚んとして震動するが如し。上に在ては天雷。下に在ては地震となる故に下の一陽上の二陰を衝て進まんする勢を。上下に重ねて震☳の卦とする。此の易の理を知る則は佛教の水火風道の因縁も亦知るべきなり。乾道は變化し各々性命を正ふし。坤道は順にして萬物を生成化育し。天地位し萬物育するの秩序を以て。人倫の大道を導き。人世を化育するの理を知らば。佛教の衆生業感に依りて天地の變化を來し。善惡を効すの理も亦明なるべし

（以下嗣出）

論説

僧侶の濫造を防ぐべし

九州日日新聞社員　天狂生

佛教の隆興策は固より一にして足らさるへしと雖。僧侶の濫造を防ぐも亦た佛教の隆盛を圖るの一策なり。今夫れ物品一ひ濫造の弊を生するときは。粗品の不信用は延て精品の信用を害するに至るのみならず。製造の資本と勞力とは徒に粗品の爲めに費されて遂に精品を製造するを得さるは勢の自然なり。僧侶の養成も亦た之に異ならす。抑も佛教の至深至高にして天下の諸宗教能く之に敵するなきは方今學者の齊しく唱道する所にして哲理愈々世に明かなるに從ふて。佛教益々光を四表に放つに至るは識者の疑はさる所なり。此の如き高尚にして哲理に合するのみならず。既に久しく我國に行はれて大に信仰の版圖を開き居る所の佛教にして。其勢力萎靡振はす。之を信する者は幾死の老人にあらされは。愚夫愚婦の徒に過きす。方今の壯年若くば近代の新教育を受けし徒輩の如きも甚た之に歸依するを欲せさるの傾きあるは。獨り我國人の宗教心に薄くして冷淡に之を看過するのみにあらすして。また之を誘導感化するの僧侶甚だ其人に乏しきか爲めにあらさるなきを得す。苟も僧侶にして其精神人を動かし其氣魄世を蓋ひ。法を説くに心を以てして口を以てせす。教を垂るゝに行を以てして言を以てせさるの英雄漢相卒ひて諸方に起り。噴火山的の熱心を以て大に其大道を説くのみならす。進んで教育慈善の諸業を幹施し。卓厲風發の勢を以て。盛に佛德の弘大にして高遠なることを呼號せは。假令ひ國人宗教の觀念甚た冷淡なりと雖何ぞ感動せさるあらんや。古人曰く其人なきときは其政擧らすと。佛教の奮はさる固より一因にあらさるへしと雖。僧侶社會豪傑れ士に乏しきは其主因の最も大なる者と云はさるへからす。而して僧侶社會豪傑の士に乏しきは。豈に僧侶濫造の弊之をして然らしむるにあらさるか。吾人は統計上全國の寺院と信徒との比較を擧けて之を論究するの閑を得す。然れとも試に近く之を我熊本の一小天地に看るに。寺院の數甚た多くして僧侶の人員また頗る衆きを見るが如し。夫れ寺院の數既に多く僧侶の人員また頗る衆きときは。其信徒は自ら各寺院に分割せられ。一寺院の管する所は勢ひ少數の信徒ならさるへからす。是を以て其中。大寺と稱

せらるゝ者の如きは固より其力自ら支持するに足るへしと雖。其小寺院に至りては往々自活するを得さるを以て佛に事へ經を誦するの外。他に活計を立て俗事を營むに汲々たらさるへからす。其勢ひ此の如し何を以てか學を講じ道を學ふの暇あらんや。既に學を講し道を學ふの暇なしまた何を以てか人を導き世を教ゆるを得んや。今日に當りて佛教の奮はさるは佛徒の教育足らさるに在り。而して其教育の足らさるは寺院の甚た多く僧侶の甚た衆きに在り。凡庸の僧侶濫造せられて世間の信用地に落ち。豪傑の人物起ると雖人敢て之を信せさるのならす。凡庸の僧侶を濫造せるときは勢ひ豪傑の輩出を望むへからす。故に吾人をして佛教隆興の策を建てしめは。吾人も遠慮なく言せんとす。宜しく先づ適宜の方法を以て寺院を合同し。且つ僧侶試驗の法を高尙にして以て僧侶濫造の弊を防き。其教導の事に堪へすして徒に只た經を誦し香を拈するを以て一日の課業となすの徒は悉く驅りて之を俗に歸せしむへしと。此の如くするときは羸弱の僧侶を汰して精鋭れ佛徒を養ふへく。佛教隆興の策蓋し此より急なるはなし。韓子曰く塞かされば流れす止めされば行はれす。韓子は之を以て佛教を排す。吾人は之を以て佛教を盛にせんと欲す。佛門れ當局者豈に茲に注意して大に斷行する所あらさるへけんや

佛教社會に對する希望

忠愛新報社　奥山千代松

何をか佛教社會に對する希望といふ。曰く佛教社會が各自に對する反省。曰く佛教社會が國家に對する任務。之れを知り之を辨ふるは佛教社會の最大要旨にして。斯の要旨を完ふするの日は即ち亦た余の希望盡くるの日也。各自に對する反省之れ果して如何なる考ぞ。請ふ目を閉ち耳を蓋ひ而してその心にのみ問ひ見よ。佛教僧侶たるに欠くる處なきか。佛教信徒たるに乏き處なき乎。余は遺憾ながら之を首肯する能はす而して其最も甚きものに至つては。更に僧侶たり信徒たるの資格なきものなり。之れ此を匡正せすして將た何をか匡正すべき。嗚呼余は何んが故にかくの如く囂々する乎。讀者請ふ疑團を散して暫く余が言ふ處を聞け。余の佛教雜誌に筆を染むること誠に今日にあらす。回顧すれば明治二十二年の頃。彼の尊皇奉佛大同團報特別寄書の任を托され。爾來職務の余暇を以てろれ責を盡くすこと殆んと一年。後ち故あつて筆を新報に絕つと雖とも。余れ志は未た嘗て佛教を離れざるなり。余は生れて今に至るまて未た一篇の佛書を繙かす。故に未た佛教れ妙味を知らす。唯知る佛教も日本國体の擁護者なることを。唯信す佛教の消長と國体の强弱と相伴ふことを。夫れ既にかくの

如く。知る處は日本國体の擁護者に過ぎずして。信する處は國体の强弱と相伴ふに外ならすと雖とも。余の知る處信する處の者は天下僅かに之れあるのみ。既に自ら知る處を擧けて佛教を知り。既に自ら信する處を擧けて佛教を信するを以て。亦た自ら佛教社會と相隔離せさらんことを誓ふ。一片の丹心果してかくの如きを悟らば。讀者亦た余が不言を容るゝに躊躇せさるべし。余も佛教社會が國家に對する任務につき一言せんとす

佛教社會が國家に對する任務これ果して何者ぞ。曰く國体の擁護則ち是れなり。國体の擁護とは如何。　皇室の尊嚴を保維し奉るは國体の擁護なり。國威を保ち國權を張るは國体の擁護なり。民族の本性を明にし民族の本分を知らしむるは國体の擁護なり。余は此等の各部を以て必ず佛教社會の任務に歸せしむることをなさず。然れども民族の本性を明にし民族の本分を知らしむるに至ても。余も飽まで佛教社會に重きを置かさるべからず。蓋し民族の本性と民族の本分を明知せしむるは主として精神上の訓育に屬すればなり。精神上の訓育既に成り。民族の本性既に明かに。民族の本分亦た既に知るを得るとせば。國權これより張り。國威これより輝き。　皇室の尊嚴亦おきより益々礎を固ふす。要之民族の本性を明にし民族の本分を知らしむるは。國体擁護の基礎にして此の基礎を固ふするは即ち佛教社會の任務なり。余はこの任務を完ふせしむるに於て少しく考ふる處なきにあらず。故に次回を待て更に述ぶる所あらんとす

（未完）

劣情之夢

中西元治郎

夫レ社會ニシテ平靜ナラン乎。社會ハ沈滯シテ動クコトナク一定ノ規矩內ニ逍遙シ。衆心皆ナ緩優ノ夢ニ眠リ惰弱ニ陷リ。進步ナク。活動ナク。唯ニ劣情ニ絆サレ。遊々逸樂。世ヲ擧ケテ一大宴會ノ公園トナスニ至ルヘシ。一槽ノ水。久シク貯ヘ長ニ至ヲハ夫レ如何。無數ノ少蟲之レニ生シ腐臭鼻ヲ撞カン。故ニ社會ハ活潑ニシテ進步シ。平和ニシテ沈滯ナキヲ要ス

佛教徒及之レヲ憂フルノ士ハ常ニ嘆シテ曰ク嗚呼。僧侶ノ惰眠之レヲ警醒スルニ道ナク圓滿完美ノ大眞理ヲ顯表スルコヲ知ラスシテ眞理ノ賊トナリ已レヲ悟ラス何ンゾ又人ヲ悟スコヲ得ンヤト。夫レ然リ德川施政ノ方針ハ鎖國トナリ三百余年太平ノ夢ニ逸臥シ。佛教徒ハ坐シテ食ヒ。寺門ノ經營ニ善美ヲ競フ外。死棺ニ倡スルノ他。勤ムルコナク。眞理ヲ硏イテ他教ト爭フノ辛苦ナク。安ンゾ劣情ニ絆サレ惰弱ノ弊ニ陷ラザルナキヲ得ン乎。遂ニ維新革命ノ時ニ當リ人ヲシテ佛教者ヲ忌

マシメ併セテ大眞理ヲモ厭ハシムルニ至レリ。是レ佛教者ガ逸樂ヲ貪リシ原因ヨリシテ斯ヽル悲慘ノ結果ヲ見ルノ止ムヲ得サルニ至リシナルヘシ。今日ニシテ其依然トシテ振ハズ尚ホ是弊ニ安ンスルカ如キハ亦以テ幕末ノ餘弊未タ全ク脱出セサルニ職由スル而已。然レトモ眞理ノアル所決シテ形ヲ失ハズ。我レヨリシテ之レヲ顯表スルヿ能ハサルモ。天早ク歐米人ヲシテ佛教ノ眞理ヲ悟入セシメ。英ニ佛ニ米ニ至ル所嘖々トシテ其徳ヲ賛シ釋迦世尊ノ大徳ヲ慕フテ止マサルニ至レリ。是レ日本佛教者カ奮勵シテ歐米人ノ心田ヲ開發セシニアラスシテ歐米人ノ力ヲ仮リテ其傳播ノ種子ヲ下セシニ過キス。然ルニ歐米人カ耶蘇教ノ非眞理ヲ看破シ日ニ月ニ我佛教ニ傾向スルヲ見テ我佛教者ガ直チニ取ツテ以テ已レカ功ニ誇ルカ如ク甚シキハ佛教ヲ顯表スル所ノ歐米人ヲ崇拜シ賛美シ擧ケテ已レヲ忘ルヽニ至ル。思ハサルノ甚シキ何ソ一ニ茲ニ至ル。彼レ歐米人ニシテ一ヲ開カバ我レハ二ヲ擧ケテ彼レニ敎ユヘキナリ。世界比隣萬國互通ノ今日。一歩ヲ躓カハ千歩彼ニ利セルルヘシ。文藝技術農工商ノ業ニ於テハ或ハ常ニ外人ノ爲メニ數百歩ヲ讓ルコトアリトスルモ獨リ佛教ニ於テハ我レハ彼レカ師表トナリ彼レヲ教導スルノ地位ニ立テリ

然レドモ亞弗利加ノ人。南洋孤島ノ民「アーメン」ヲ叫ンテ天ニ訴フルノ聲アルモ未タ釋歌ヲ唱フルモノアルヲ見ズ。一天四海皆歸妙法唯ニ東洋ノ一隅ニアルカ。布哇ノ孤島。南洋ノ諸島南北米ノ野。我大和民族カ三々五々ノ集團アルモ未タ以テ「南無」ノ聲ヲ發スルモノナク「キリスト」カ傳ヘタル福音ト讃美ヲ歌フテ心ヲ慰スルノ人アルノミ。嗚呼我國ノ佛者ヨ尚ホ以テ世界ノ大眞理ト誇リ彼レ外人ニ托シテ自ラ逸樂ヲ貪リ進ンテ世界ヲ開拓スルノ勇氣ナキヤ。前鑑遠カラス逸樂ノ結果ハ佛教ヲ滅スナラン。進ムヘキニ進マス。退イテ機ヲ失フハ識者ノ取ラサル所。徒ラニ内國ニアリテ教派ノ異同ニ爭ヒ骨肉相食ミ。眼前ノ大敵ヲ忘レ。眞理傳播ノ機ヲ失ヒ。以テ千歳ノ遺憾タラシムル勿レ。「オルゴット」。「アーノルド」ヲ利シ「フオンテズ」。「ルナン」ヲ利シ。進ンテ米國萬國大博覽會ヲ利シ壯大ト勇壯トヲ好ム米人ヲシテ佛界ノ廣大無邊圓滿無量ナルヿヲ知ラシメヨ。徒ラニ理論ニ偏シテ實働ヲナサヽルハ其教ヲ思フモノニアラサルナリ。死佛教ヲシテ活佛教タラシムルハ。今后佛教者ノ責任ナリ。幕末ノ義士高山正之。室直清ノ著書ヲ詈リ一言以テ腐儒トナシ數百萬卷ヲ讀ムト雖モ活働ヲ知ラサルハ腐儒論スルニ足ラス。夫レ然リ千部萬部ノ讀經亦タ以テ眞理ヲ知ルト云フニ足ラサルナリ佛者以テ如何トナス決シテ悠々劣情ノ夢ニ眠ル勿レ

雜報

左の一編は社友某の家に秘藏する記錄中より轉載したる者にて。舊幕府の頃。臨濟宗の或る僧侶が幕吏れ照會よ答へたる一通の書簡なり。回答者も其の何人なるかは確かに知ることを得されども。書翰の末尾に。臨濟宗臨濟寺の徹關和尚なるべしと記せり

御簡致薰誦候。禪宗の内にて黃蘗派。濟家。洞宗の分相見江申候。右の内何れ上座よ相極メ居申候哉。御聞合被成度儀御坐候間。次第夫々書付を早々差出可申旨被仰聞候。拙僧儀昨日妙舞寺江參詣仕。夫より圖書殿江參候處御留候に付。緩々罷在及日暮候に付。圖書殿江一宿仕候處。今朝右の御狀留守に召置候僧致持參。只今致薰覽候。早々と被仰聞候御紙面に付。覺申候通。夫々の次第大概書付遣申候

一　禪宗と申者。釋迦如來の正法より迦葉尊者に付囑。迦葉尊者より阿難尊者に被傳。夫より的々相承候て。釋迦如來よ二十八代の祖師達磨大師天竺より震旦國に被渡。慧可大師よ傳法。依之達磨は天竺にては釋迦より二十八代。於震旦國は禪宗の初祖にて御坐候。二祖慧可大師より段々六代の間を六祖と申候。西天四七唐土の二三と申傳候。其以後段々。法脈廣まり。大唐に滿ち。禪家に五家と分ち申候。五家と申者臨濟宗。潙仰宗。曹洞宗。雲門宗。法眼宗。にて御坐候。然れ共畢竟五家共に達磨の一宗にて御坐候。達磨より十代を黃蘗和尚と申候。黃蘗傳法の弟子を臨濟と申候。其臨濟和尚より法道大に行れ申候に付其派脈より臨濟宗と申候。右黃蘗和尚の法弟よ。潙山和尚と申者有之。潙山和尚の弟子を仰山和尚と申候。潙山。仰山より法道大に世に行申候。其脈派を潙仰宗と申候。達磨より十代洞山和尚と申候。洞山の弟子を曹山と申るより曹洞宗と申候。雲門和尚より宗旨起りたるより雲門宗と申。法眼和尚より法道起りたるを以て法眼宗と申候。いつれも夫々祖師の名を片取り宗旨よ名付申候。偖又本朝に宗旨渡り申候次第

三論宗。華嚴宗。法相宗。天台宗。眞言宗。其以後嵯峨天皇御宇に。弘法大師の弟子慧萼法師と申。沙門蒙敕入唐にて。臨官の濟安國師の弟子義空大師まで請取り而來朝。　天皇御聽法被成候。義空大師日本敎法のみにて未だ禪宗人の機に契不申候よ付入唐にて御坐候。其後京都建仁寺開山入唐。虛菴和尚に傳法にて歸朝。法道盛に被行候。右義空も千光も共に。臨濟宗にて御坐候。其後曹洞宗の開法越前永平寺開山道元和尚入唐にて。天童山如降和尚傳法にて歸朝。法門大に被行。

其児孫天下に滿ち〳〵繁昌に御坐候。其後東福寺開山聖一國師最初圓爾と申時。入唐にて經山無準和尚より傳法にて歸朝。其頃の九條關白殿下歸敬にて東福寺御建立開祖に被建候聖一國師の弟子大明國師　龜山天皇御歸依にて南禪寺開山にて御坐候。其次に筑前博多崇福寺開山大應國師入唐。經山虛堂和尚より傳法歸朝。法道盛行。大應國師傳法。大燈國師は大德寺の開山大燈國師傳法の弟子。關山國師は妙心寺開山にて御坐候。何れも今に至る迄夫々法脈相續臨濟宗繁昌にて御坐候。黃蘗派と申仔細は達麿より四十二代臨濟和尚より三十二世隱元和尚普照國師來朝。　嚴方院樣御代に於て山城國宇治郡伽監創建開山に仕立。大唐の黃蘗山の因由によりて。黃蘗山萬福寺被名付申候。依之世上の人皆黃蘗派或は隱元派と申習候。其實は臨濟宗にて。右に申候大德寺。妙心寺。其外南禪寺五山も同然禪家にて御坐候。本朝にも臨濟宗曹洞宗二宗のみ。昔より至今相續にて御坐候。何れが上坐と申義は。拙僧なと才識淺劣見聞狹少に御坐候に付不存候。博識多才の人に御尋可被成候。依而御尋派系之異同覺申候通書付遣申候。老意記臆も無御坐。且又惡筆早卒相認文言の前後。文字誤寫も可有之候。其段は御免可被下候。拙僧追付罷歸懸御目候。而も右の通相替儀も無御坐候。乍然御直談被仰聞度儀も御座候は者。重而可被仰下候以上

十二月十三日　　臨濟寺

寺本松之助殿

牧　佐學殿

想出のまに〳〵（其一）

あつき

吾生れて二十五年。日々の出來事數多あり。悲しきこと。嬉しきこと。腹立しきこと。一々書きも連ねんには。いかな際限なからん。吾無性にして日記かな認す。くわし事柄記臆を放れたるもの多きに居る。左れば玆に想出のまに〳〵

○万夫不當と一騎當千

吾隣家に小賢しき少年あり。恒に吾許を訪問て。夏の日を暮し秋の夜を更せり。或日また來つて庭園に遊べり。吾折柄軍書を讀む。彼吾机ちかく參り。二三枚を盜みよみして興あるに似たり。吾こゝろみに其字句を解するや否やと問ふ。彼れ曰。或者も解し或者は解せずと。吾彼に命ずるに其解す能はざる文字を見出して質問すべき旨を以てす。彼まづ問て曰。万夫不當の勇者とは何ぞ。吾答て曰。一万の兵士も尙かつ當る可からざるの勇士なりと。彼また問ふて曰。さらば一騎當千

の英傑とは何ぞ。答て云ふ一人で千人に敵するの英雄なりと。少年者一考。不審そふな顔をして謂へふく。一騎當千万夫不當倶に解するを得たり。而して茲に解する能はざるはこれこの行になん。万夫不當の勇士も脆くも一騎當千の英傑に討れたるも如何よ。前者は實に万夫すら尚かつ敵するを得ず。後者は漸く千人に當る。さらば茲に勇力十と一との差あるにあふすや。而して脆くも敗をとる其故如何……。吾答ふるに語なくして呆然たるもの數時

○ジヤバとジヤパン

吾米國にありし頃。或年の暑中休暇に山野を徘徊して欝を遣る。高歌放吟且歩し且休す。折柄人あり其孰れの國人なるやを問ふ。即ち日本人なる旨を答けるに彼れ曰。此所を去る七八町の寒村に兄と同國の人住めり。彼れは此地方に知名れ豪農。兄彼が方に寄宿するかと吾いまた斯る豪農の而かも日本人の。このあたりに住むをきかざりければ。いと不審に心得ながふも心中思らく。兎に角訪問て仔細を聞かんと。其名を問ふ洋名なり。吾また思らく米國にある數十年。必らずや洋風に改名したる者なるへしと敢て欵はず。即ち其漢に謝し。別れて往くこと七八丁。果して壯舘あり。門を入れは主人爐邊に端座す。一見直ちに日本人なるを知れ。國語を以て挨拶す。彼答へす顔を見詰るや。暫時。吾更に語を繼で日本のことを談る。彼なほ呆然たり吾止むなく英語を以て來意を演ぶ。彼始めて曰。吾は東洋ジヤパンの者よあらす。實よ南米ジヤバの人なりと。蓋しジヤパンとジヤバ音相類し而かも骨相殆ど均しきの故に。途上相會せるの人これを誤認せし者になん。故を談れば主人も一笑。叮嚀の饗應を稟く。是れ蓋し過ちの功名なるものの歟

無神論理　（第一號の續）

第二章

基督教の神の觀念

第二は神は祈願を聽納して之に應答し。公正を賞して不正を罰し。罪過を憤りて欽崇遵從を喜ぶ者なりとれ事に就て。余輩の之を嗤笑する所以を述べんに。抑も神よして斯の如くなふば神は動し易き者なり。何となれば若し人にして之を欽崇し之に遵從し之に祈願する時も忽ちよして之に應し之を喜び。又た之を賞するものにして若し之よ反して不正を爲し罪過を犯し又は尊崇せざる時は。忽ちにして憤り忽ちよして罰し又た忽ちにして怨むものたるべければなり。斯かれは神は動し易きこと小兒の喜怒愛憎常なきが如くなるは素より。嫉妬

深くして其民に對して朝に怒り夕に喜び且つ之に刑罰を加へなから。又自ら其れ爲す所れ惡業を後悔するもれなるへし。嗚呼全能自在滿圓無漏なりとする神にして斯の如くならんとは豈亦笑止ならずや。況んや此の世界に惡事は絶ゆることなく。又正邪の繁榮幸福の配當其權衡を得ることなく。不善者も繁榮するあり善者も不幸なる境遇に陷ひることあるものにして則ち善惡混合し正邪更に分別あることなきに於てをや。斯の如くなるも神は大智なり大悲なりや。將た又公義あり善德ありや。然らば大智も大智ならず大悲も又た那邊にあらんや。道德の主宰も亦甚だ其の當を得ざるものならずや。余輩は大聲を放ちて之を嗤笑するも敢て憚る所あらさるなり

次に余輩の論及せんとするも彼れ教徒にありては左も理由あるか如く論する所の「直接天啓を始めとし。不可思議の靈驗靈魂内の悟覺。又も有形界中に在る無數の奇巧不測の匠圖を以て神の意志を人界に示すものなり」となすもの是也。余輩は是等を一括して論せんに唯心説と物理學の勢力説を借り來る時も。別に喋々余輩の持論を示すまでもなしと信ずればなり。何となれば直接天啓。不可思議靈驗。靈魂内覺悟又も無數の奇巧。不測の匠圖抔。唱導するは心界虚形の妄想たると物理に曚昧なるの致す所の者なればなり。抑も神は如何にして直接天啓を垂れたるや。傳説に據れは始め神がアダムとイブを花園の中に置くや云々の宣言ありしと云ふ。然れとも是れぞ即ち曚昧にして文字すら之れ無き時の事なり。若し之を固信すへきものとすれば我國古來より在りとしたる神代記に謂ふ所の造國説も。又同一にして是れを信受して可なるべき事なり。然るに彼れ若し前者は眞説にして後者は妄説なりと云はんか。曚昧にして文字すら無き時の事なれば孰れを信とし孰れを妄とすることも爲し能はざる所なるへし。然るを彼れを信なりと之を妄なりとするは何ぞや。復活れ豫言者も直接に天啓を受けたる者なりとなすか是抑も疑ひある所以なり。彼れアダムやイブや又は基督等も如何にして神に接拜したるや。彼等眞實に神に接したるものなりと云ふ事ありと云とも神は天よりも高く存在する者なりと常に唱ふるにあらずや。彼等其の天よりも高き神の御坐に登り將た神の來降ありさる乎。所謂豫言者の母は神の來降に遭遇したりと言ひ傳ふぬ。然れとも神若し斯の如く來降したらんには何故に今世にも來降することなきか。神は祈願に應答し欽崇遵從を喜ぶものならずや。然らば今世に無二の信仰者あり祈願怠らず欽崇遵從少しも倦まざるもれあるに何故に來光し玉はざるや。若し今世の人は罪深きか故なりとするときは。彼の豫言者の母も

亦今世の人と同しく花園の夫婦が犯したる罪を受繼ぎたる子孫なり。何故に彼時は來光ありて今日も來光あきや。是等の笑ふべき傳説の破綻を擧ぐる時も日も亦足らざれば。余輩は所謂聖書の怪談を論するとを中止せへしと雖とも。既に斯の如しとすれば天啓も亦僞聖の臆説なり。即ち不可思議の靈驗と云ひ靈魂れ悟覺と云ふと同しく僞聖や俗人や妄信家の心界に浮出し來りたる妄想のみ。否な天啓或も靈驗と妄想し悟覺と妄想する一切内心界に映する虚形的の現象のみ。天啓。靈驗。悟覺〻と思考するも〻の心意なり一切心界虚空の象。物理現實的のものありて然らしむるにあらさるなり。況んや所謂靈怪（ミラークル即ち神跡なりとする事物）と理法（ロー即ち道理一定の原則事物にありて存せりと云ふもれ）とは両立せすして驚くへき無數の奇巧とし。恐るへき不測の匠圖となしさるもれも。着々理學者れ爲めに悉く看破せられ大陽の出沒するも。大陰の滿虧せるも。地球の廻轉するも。天体の運行するも。潮の滿干あるも。火山の噴出するも。雨雪の降落するも。雲霧の起伏あるも。凡ろ天体の運行地軸の廻轉より有機無機の活体死物。微細分子は更なり。細胞的れ小芽自動子に至る迄其の有形無形とを問はせ。大と細とを論せせ人智の及ぶ限りを盡して之を解説し得たるのみなふす。駸々たる進歩は如何に玄奥不可思議と想ひし事も亦推究し盡し得へき勢ひなれも理學者も依然として有形界中よある現象に恐怖するとなく。曾て無數の奇巧。不測の匠圖ありしとて驚かさるなり。何んろ之を目して神意を示すものと想ふへきや。然るを基督教の神の觀念に於ても之を以て神意を人に示すものとなすは何ろや。是れ豈に妄想にあらんや。思ふて玆に至せも基督教徒の飽迄理學者を異端視し熱心以て之を驅逐し盡さんとしたるも。恰かも兒童の怪物に恐怖するか如き思想と一般ならすや。余輩は唯其れ思想の兒童たるを一笑し去るのみ

次よ此の觀念趨向の最も嗤笑すへき結局となる者を論せんに。抑も神は在天具身の尊父よして身体意識あるも猶ほ神か人類一統に賦與したる身体及ひ意識の顯然たるか如き者なり。神は自巳の身体に似せたる人を造れるものなりとは此の觀念に於て認むる所なり。然らも神を以て完全自在の大智大悲の準備主となし乍ら却て不完全不自在なる人類れ間に於て見るが如き属性及び情操なる者なりとし。恰も高尚なる人物れ如き形状あらしむるもれなり。神も猶人の如く意志あり企念あり願望あり未だ其れ能くせざる所あるもの〻如く。之に達せんとして汲々勞動するもれと見え。大智大悲圓滿無漏にして靜息するものとも見ゑさるなり。而して全く人類と毫も異

ならす。唯だ異なる所と智識優等能力遠大なる人物にして人界中に適々現出する豪傑英雄に少しく優れたるが如きものたるべきなり。於是大智の神も凡智れ人の如き不完全不自在の身体を保有するもれさるべきあり。然らば其說の趣向は「神人同形論」の虚妄に陥りて大智大悲神聖無限としたる者をして凡智。邪見。汚穢有限なる人類と同一たらしむべきのみ。此の觀念の歸着も亦甚だ憐れならずや

終りに余輩の一言せんとする者は。古來より神の意志なりとしたる現象の漸次に神の意志にあらざる者なるとを明かにしたるの一事なり。昔者羅馬加特力敎徒の歐洲大陸に跋扈したるとき。其の僧官等の云ふ所に據れば地と不動にして恒久なり。天は高遠にして蓋覆なり。四時の季節あるは天の四方に春夏秋冬の四柱あり。神其四柱を順次轉換して以て氣候の變更あらしむるあり。日月と神之を出し神之を沒さしむるものなり。雨雪霜露の下ると神が天蓋にある窻戸を開放して之を降らしむるなり。是れ皆神の意志なりと說くり。然れども「コーパニカス」出て地動の眞理を發見し。「カリレヲ」起りて天体を觀測し以て星宿廻轉の理。氣候巡環の證。日月出沒の理を明かにしたれば。氣候の巡環は四柱の轉換にあらす。日月の昇降は神手の掌管にあらす。隨て雨露のふるは神其の天蓋窻戸を開放して。之を降下せしむるにあらざる者となり。彼の僧官等の說は寸斷分滅せられて今に其の奇怪の憶說なるを嗤笑せしむるに至れり。爲めに「ガリレヲ」と異端撿査部の彈劾する所となりしと雖とも。今日に至る迄其效蹟と眞理は滅亡せずして彼の神の意志なりとしたる者は。悉く妄想憶說たるに至り今日は誰か之を信ずる者のあらんや。是れ豈神の意志なりとしたる者の遂に然らざる者なりしを證したるにて。全く神跡の滅絕卽ち神明奇巧のある可らざる證にあらずや。既に斯く基督敎徒の無智矇昧なりし奇觀を視れば余輩は其の神の觀念も亦斯の如く無智迷矇にして將來の歷史上に或は一の奇觀を添ゆるものあらんとを信ずるなり

然れとも無智矇昧なりし奇觀を止めたると加特力敎徒なり。「プロテスタント」敎徒に至りては斯の如き奇觀を歷史に止めざるに似たりと雖とも。元來基督敎なる者の神の觀念にして既に前論するが如き奇怪の情を與ふるものとせば。識者は之を以て滿足せす哲士は之を以て妄想とし。兒童の思想の如く撞着と恐怖とを以て滿さされたるものとせば。所謂推理せずして獨斷し。究理せすして妄信する無智蒙昧不合理獨斷敎たるの証據は瞭々として蔽ふ可らず。余輩は如斯き神の觀念と將來の歷史上に於て人智の痴愚蒙昧なりし一奇觀さるべしと云ふも。決して妄斷の放言にあらずと信ずるなり

第三章

哲學者の神の觀念

此の章に余輩の講究せんとするは形而上學者即ち哲學者流の神の觀念は。之を如何なる論理よ得るやにあり。惟ふに哲學者流の神の觀念よありては絕對と云ひ。無限と云ひ。第一原因と云ひ。自因と云ひ。（經驗學派が懷疑學派にあらざるよりも）之を人性の本然觀念即ち天賦意識に得たる者なりとするを以て。其理證を外界事物に假りて專ら歸納推理の法に依らんとするを要せず。抽象概念を以て其の根據とする者なれば。之を演繹推理と反省よ得たる者ありと云はざる可らず。何となれば其の心意に於て神明の絕對無限なる所以第一原因たり自因たる所以を概念するより起ればなり。而して外界事物を追究討撿して。分子、原素、細胞と順序に推度し。其究極原因を究むる歸納論理にあらざればなり

夫れ然り此の論理の推測は果して誤りなかるべき乎、余輩を以て之を觀せば未だ嘗て誤謬なしと云ふ能はず。何となれば今之れを絕對。無限。第一原因。自因等の概念起因すとせばとて。直ちに之れ神明あるなりとすると既に論理を誤ればなり。況んや此等の概念は哲學者の心意に起因するのみにして自餘の人類に起らざる者なれは是を以て先天的理想と云ふべからず。殊に絕對無限の存在（即ち神明）とは其の事甚た茫漠たるに於てをや。之に加ふるに此推論は萬有神教となり宿命教となるの恐ある者なり。左あるときは設令基督教徒の神の觀念よりも優等の者あるも。未だ以て眞理と云ふべからざる者ありて存せり。デルカルト、スヒノザ、マァルブランシュ等が再生したれはとて。余輩は其眞理なるとを證明し能はざるべしと信ずるなり

余輩今哲學者の所謂上帝なる者は。論理の判斷を誤りたるものありとの理由を論ぜんとするに當て。先づ絕對、無限、第一原因。究極原因、自因等の文字に附て略解を加へざる可らず、蓋是等の文字（實は命辭）の定義は。實に余輩の所論に關係あると大なればなり

先づ絕對とは何なるかを說んよ、抑も絕對とは英語の所謂（アブソリウト）あり。相對（レウチブチイ）に反對するの謂よして。相對照して其の理を發見すると能はざる者を云ふなり、絕對の理ありと信ずる者の云ふ處に據れは。凡そ甲を說明せんとすれは必ず乙を要す。乙を說かんとすれは丙なかる可らず。植物あるを知るは動物の之に對照すれはなり。人類あるを知るは獸類の之に對照すれはなり。是れ即ち相對の理なりとす。然るに我等は如何にして思ひ。如何にして存在するか

に至りては何れに對照して其れ理を知るべきか時間の無限永存。空間の無邊永存するは何れに對照して其の理を了知し得るや是れ對照の以て思議すへからざる者あらずや。之と同一の理にて世界萬物の究竟原始に至りても何に對照して之を知るべきか。何事何物に對照するも得て思議すべからざるにあらずや。是れ相對れ理の存すべき所にあらず。之を絶對の存在と云ふものなり而して此の絶對の原因を指して神明とする素より不可なかるべき也

次に無限とは如何なる者なるやを説んに。是亦前説に據る者にして。我れの思ひ我れの存在するとは我れ之を知るを得べし。又世界の存在し万物の生成するは我れ之を知るを得べしと雖とも是れ素より我が有限の思想力を以て知るのみ。然れとも其の究竟原始に至りては得て思議す可らざる者あり。是れ其の絶對無限なるを以て有限の思想にては思議すると能はざるが故ならずんはあらず。然れとも其の無限の存在するに至りても我れ是を知ることを得たり。之を神聖無限の存在即ち神明とするも敢て不可なかるべしとするもの是なり

次に第一原因とは如何なる者かを説んに。多くは假定に出づる學説の論礎なり、而して其說く所に據れも世界万物の究竟不可思議なる者を執つて以て第一原因とするものなり然らは則ち已れ先つ第一原因なる假想假定を建設して之より世界万物を論せんとする者にして。譬へは幾何の單元の如く。唯一の者ありて之より萬象萬數を生すと假定するものなり。其の萬象萬數を生ずる第一原因之を即ち神聖の存在ならざる可らず。上帝あるとせさる可らずとせるものなると明かなり

寄書

佛教學校ニ望ム所アリ

吉村蠖堂

彼ヲ知リ已ヲ知ルハ豈ニ惟ダ兵家ノ韜略ナランヤ宗教家ニマレ實業家ニマレ苟モ社會ノ表面ニ立チテ一事一業ヲ成サント欲セバ宜シク彼我ノ事狀ヲ詳カニセザル可ラズ彼我ノ事情ヲ詳カニセズシテ事ニ茲ニ從ハン乎決シテ滿足ノ結果ヲ見ルコト能ハザルナリ今夫我國ノ商業家ニシテ云何程內地ノ產物、工業等ニ巧熟ナリト雖モ海外諸國ノ氣候、地理、風俗、好尚、物產等ヲ詳カニスルコトナクンバ如何デカ貿易塲裡ニ立ツテ之ガ利益ヲ壟斷スルコトヲ得ンヤ蓋宗教家ノ如キハ貿易商ノ如ク外人ト相待持シテ彼我ノ商品ヲ交換シ其利益ヲ收ムル者ニ非ズト雖ドモ我國ノ佛者ハ全地球上ノ人種ニ向ツテ大法ノ弘通ヲ企圖セサル可ラザル者ナリ之ニ依リテ其事業ハ前者ト全ク月鼈ノ差アリト雖ドモ商業家ガ海外諸國ノ事狀ニ通ズルガ

如ク宗教家モ亦能ク海外諸國ノ歷史、習慣、風俗、言語等ニ通曉セザル可ラズ若シ此等ノ資格ナク漫然海外ニ渡リテ布教ヲ計ラントスルモ到底其ノ奏功ヲ見ザル而已ナラズ動モスレバ歷史、習慣ノ異同之ト相衝突シテ不測ノ禍害ヲ惹起スルニ至ルベシ見ヨ基督教ノ如キ其教理ノ正否ハ姑ク措キ教會ノ組織、傳道ノ畫策我國情ニ合セザルガタメ其教勢遲々トシテ振ハズ今ヤ反ツテ其範圍ヲ縮ムルノ悲境ニ沈メリ以之耶蘇教ノ新反者金森通倫氏ノ如キ耶蘇教組織ノ改革ト共ニ丕ニ教會傳道ノ改良ヲ計リ我國ノ習慣風俗ニ吻接セシメンコトヲ痛論シタリ嗚呼彼レ耶蘇教徒ガ我國情ヲ知ラザルノ結果ハ遂ニ千載不滅ノ大患ヲ釀スニ至ル我國ノ佛教僧侶タル者豈ニ深ク顧慮スル所ナカルベケンヤ

今ヤ我國ノ佛教ハ駸々乎トシテ旭日昇天ノ勢ヒアリト雖ドモ世界佛教ノ中心トナリテ傳道師ヲ全世界ニ派遣シ大法ノ弘通ヲ計ルコト能ハズ恬然トシテ東洋ノ一小局部ニ齷齪タルハ是レ將タ何等ノ現象ゾ世或ハ布教費ノ欽乏ニ歸スト雖ドモ吾人ハ斷シテ海外布教者其人ヲ得ザルニ由ルヲ知ル見ヨ方今ノ佛者中其ノ能ク內外ノ教典ニ通ジ海外諸國ノ言語ヲ辨スル者幾干カアル蓋寥々トシテ曉天ノ星ヲ見ルガ如キモノアラン然リ而シテ目下海外諸國ニアツテ布教ニ從事スルモノ亦尠カラズト雖ドモ其多クハ本邦居留地ノ信徒ヲ教導スルニ止マリテ直接外人ニ對シテ布教ヲナスモノ殆ンド稀レナリ嗚呼海外萬里ノ異域ニアリテ一片ノ感化ヲ彼等ニ與フルコト能ワズ瑣々タル內國信徒ノ法要ヲ勤ムルカ如キ者亦何ヲカセン街衢ノ少年ニ貴重ノ貨幣ヲ與エテ六字ノ名號ヲ暗誦セシムルモ亦何ノ功カアル

現今ノ佛教社會ニシテ既ニ如斯キモノナリセハ到底海外布教ノ大業ヲ一任シ去ルコト能ハズ否ナ彼等カ汗界袂ヲ絞リ熱血骨ヲ燒クノ精神アルモ其能力ト年齒トハ到底其任ヲ完フスルコト能ハザル可シ然ラバ則チ將來此需要ニ應シテ眞佛教ノ普及ヲ圖ルモノハ當今ノ青年佛者ヲ除イテ他ニ其供給ヲ需ムルノ途ナシ既ニ青年佛者其任ニ當ルモノトセバ宜シク之ガ資格ヲ養成セザル可ラズ此資格ニシテ具備スルナクンバ到底之ガ責任ヲ完フスルコト能ハサルナリ

然ルニ方今佛教學校ノ狀態ヲ見ルニ教學ノ振興ハ實ニ驚クベキノ偉觀ヲ呈スト雖ドモ其多クハ單ニ佛教ノ經典ヲ講スルニ止マリテ他ノ科學ヲ講ゼザルモノアリ尤モ眞宗ニ屬スル數多ノ教校ハ佛典ノ講究ト共ニ普通ノ學科ヲ修ムルモノ多シト雖トモ只ダ規則上ヨリ之ヲ講究スルノミニシテ殆ンド之ガ必要ヲ感ゼザルノ觀アリ殊ニ外國語學、耶蘇神學ノ如キニ至ツテ

ハ只ダニ之ヲ講究セザルノミナラズ反ッテ之ヲ排斥シテ顧ミザルモノアリ誠ニ思ハザルノ甚シキ者ト云フ可シ蓋佛教者トシテ佛教ノ經典ヲ講スルハ無論至當ノ事ナリト雖ドモ外教徒ノ經典及其他ノ習慣ヲ知ルニ非ンバ云何デカ彼等ノ非ヲ知リ彼等ノ説ヲ挫クコトヲ得ンヤ見ヨ耶蘇教徒ノ慧眼ナル既ニ同志社ノ學科中ニ佛教文學ノ一科ヲ加ヘ盛ンニ之ガ講究ヲナスニ非スヤ然ルニ我佛教學校ガ恬然之ヲ顧ミザルハ誠ニ井蛙管豹ノ見ト謂ハサルヲ得ス殊ニ外國語學ノ如キハ海外布教者ガ一日モ缺グベカラザル必要ノ學科ナリ然ルヲ今日ノ佛教學校ガ恬然之ヲ無用視スルニ至ッテハ到底具眼者ノ爲スベキコトニアラザルナリ

嗚呼今日ノ佛教學校ニシテ如斯キノ有樣ナリセバ云何デカ適當ナル海外ノ傳道師ヲ養成スルコトテ得ンヤ云何デカ佛教國ノ中心トナリテ教ヲ八荒ニ布キ功ヲ萬世ニ垂ルヽコトヲ得ンヤ吾輩ハ今日ノ佛教先覺者ガ速ニ意ヲ玆ニ須ヒ斷然教學ノ方針ヲ一變シ大ニ海外布教者ヲ涵養スルノ覺悟アランコトヲ希望スルモノナリ單ニ佛教專門ノ學識ヲ注入シ片足的僧侶ヲ養成スルモ奚ンゾ能ク海外ニ渡リテ教化ノ實ヲ擧グルコトヲ得ンヤ奚ンゾ五大洲裡ヲ奔騰シテ至ル所彌陀大悲ノ旌旗ヲ飜ヘシ全地球ヲシテ佛教ノ一大範圍タラシムルヿヲ得ンヤ大方ノ佛者幸ニ反顧セヨ至囑々々

震災地方に於る佛徒の責任及復興の方針

草野本誓

天道是耶非耶。無辜の同胞兄姉幾万人。不慮の震災に遭遇し。轉瞬の間に。裂天鈌地の慘態を畫き。非命倒懸れ哀狀を現出せしは。是愛知岐阜の兩縣下に非すや。四千万同胞。誰か夕陽多時の感概を催ふし。愁雲千行の涙を灑かざるもの有んや。況や佛陀の慈悲に浴し。無礙の光明に觸るゝ。佛徒社會に於てをや。是に於てか。各宗奮て慈善義捐の旌旗を翻し。追吊法會に。慈善演說に。狂奔疾走。熱血を絞り。紅涙を灑き。既に幾拾万圓の巨額を救濟するに至れり。然に吾人屢酸鼻の怪報に接せり。謂く。佛徒の熱心に義捐するは。感賞餘りあり。然れども。其救恤の方法に至りても。頗る遺憾なきに非す。何となれば。外教徒の救恤を爲すや。慘憺苦痛の境界に沈淪せし現場に臨んで。親しく災民を慰撫し。施與するが爲め。其れ齎す所の金穀太だ少にして。其感するや太だ大なり。佛徒は然らす。偶直接に救恤するなきにしも非されども。多くは其の筋の手を經て。間接に救助し。等分に賦課するを以て。其救恤する所の金穀。外徒に千百するも。災民の感荷甚だ稀薄なり。故に佛教徒の迂濶を怪むと同時に。外教徒の機敏なるに一驚せざれば非ずと。吾人謂らく。彼外教徒か。僞善にもせよ。僞愛にもせよ。危急の間に斡旋するは善し。然れども。彼をゝ然らする意底に至りては。慈善は假名のみ。博愛は口實のみ。彼れ其慣手なる。劣奸。奸譎。詐術。陰險の手段を用ひ。先つ好餌を投して。其寸隙に乘じ。之を奇貨として。不知不識の間に。良民を籠絡せんと欲する悪手段に至りては。吾人天下に呼號して。其罪を鳴さんと欲す。況や。目下彼徒頻に尾濃の地に徘徊し。呱々たる孤兒を捉へて。震災より恐るへく。悪むへき邪教の魔窟に驅らんとす。咄。何等の奸策ぞ。吾人焦頭爛額して。防禦決戰。一日も猶豫すへからさるなり。而して吾人か考究せんと欲する緊急問題は。現今將來に於る。佛徒の責任。及ひ災地興復の方針是れなり。

然るに。吾人此問題を講するに當て。言ふ可くして行はれさる。放誕空架の議論を發し。揚々自得して。各宗の爲す所を傍觀冷笑する者に非す。高僧碩徳の驥尾に附し。其間に斡旋執掌するは。固より辭せさる所。否。献身的に。大義の奴隷たらんとを切望して止まさるものなり。乞ふ其概略を摘して。其大綱を擧けん。

第一慈善興復法

第二慈善養育法

第三慈善授産法

第一慈善興復法とは。尾濃兩地の同胞が。空前絶後の地變に値遇し。一朝にして窘厄に陷るや。國民の義務として。同胞の至情として。誰か救濟の義務なからんや。況や佛陀の慈善。教家の本分。平素の言論を實踐躬行するを。固より其所るなり。然れとも。只眼前一時の救恤に止りて。永遠恢復の成効を見ずんは。幾多の慈善。泡沫と共に消去て。復た餘痕を留めさるに至らん。故に一般慈善家の救助は。縱令一時に止まるも。宗教家の責任は。現今より將來に及ほし。美事復舊の曉に到達するの結果を見されば。眞正の慈善を盡せりと云ふべからず。然れども。強ち産を破り。家を傾けて。窮民を慈惠すべしと。苛酷の方案を提出せしに非ず。各宗各寺。自巳の佛堂に。震地興復義捐函なるものを製置し。參者をして。意樂に從ひ若干厘を喜捨せ令めは。塵積て岡となり。雫聚りて海となる。故に貯蓄の方法を定め。實際の窮民を覈査して。興業授産の道に就かしめ。進んて道路橋梁の營繕に及ぼさば。三年を出ずして。復舊の曉に到達せん。是を所謂。勞少くして功多きものなり。

第二慈善養育法とは。窮兒乳に叫ひ。困童飢に啼き。稍少年ゝ至るも衣食に路なく。旻天に號哭するもの。果して幾人ぞ。佛徒乃ち養育の方法を設け。大檀寺院。若くは富有信徒に配賦し。擧て以て之を養育し。傍ら教育を施し。成長の日を待て。各其業に就か令めば。吾佛教に恩を感するの深き。自ら扶宗の一助となる。指を屈して待つべきのみ。

第三慈善授産法とは。農工商賈に堪ゆるの全腕を有しつゝ。耕すに田なく。動くに器なく。販ぐに資なきもの。或は縫裁織工の技能を備へつゝ。縫ふゝ物なく。織るに絲なきものあらん。此の如きものは。固より各人一個の資格を備ふるのみならず。行々社會に福益を與ふるの技能あるものなり。故に慈善其他の資本を以て。數村。若くは一郡ゝ。授産場を置き。各其業に安せ令めば。災地の恢復を見ると同時に。各宗の面目を天下に彰揚する。一大方便ならすや。

以上述ふる所ろ。固より新奇の策に非すと雖も。之を實行するや。實に難し。各宗能く之を果さんか。災地復舊の功蹟。全く各宗佛徒の一掌に歸し。國に無教の村なく。家に無信の徒なき。純然たる佛教世界を現出し。善男善女をして。不圖觀復昔日之盛儀の嘆を發せ令るに至らば。如何に外徒の狂奔するも。只是れ徒勞のみ。然れとも此業たるや。固より一宗一派の能する所に非ず。各宗一致して。彼れ偏僻。頑固。嫉妬。猜忌なる悪分子を一掃し。濟生利民。護國安民の一針に注目し。些少の私意を挾ます。多少の艱難を憚らず。慈善を旨とし。博愛を主とし。進んで退くを知らさる大勇氣を興起して。速に中原の興復を成就するは。是れ震災地に於ける佛徒の一大責任に非すや。吾人常に嘆息す。各宗統括の大團体なきことを。今回の震災ゝ於ける。尤も頭腦を刺擊せり。噫。佛徒諸徳よ。眥を決して宗教世界の局面を洞觀せよ。外徒福田を犯し。僞僧法器を瀆す。何爲そ内部の基礎を鞏固にし。名號の利劍を揮ふて。彼の悪魔と邪徒とを排除せざる。草するに臨んで。感慨悲泣。其言ふ所を知らず。惘然として自失す。

天王山上に旌旗を飜すものは果して何人ろ

望見生

秀吉北瞰天王山指謂左右曰。今日戰使敵先獲是非吾利也。と急に堀尾吉晴に命して奮擊咄嗟の間。遂に之を奪ひしめたる要寨も。今や物換り星移り行人をして轉た懷古の情を惹かしむるの媒介物となりて唯其寂影を止むるのみなりし。然るに今や天運茲ゝ一轉して生存の競爭は日一日に猛烈に赴き。俱に輸贏を將來に爭ふの當時豈必すしも第二の天王山を生するなきを得んやとは。吾人か常に胸臆を去る能はさるの疑團なりしが。果せる哉方今倶に無形の干戈を採りて旌旗を交へ。眼前に吶喊の聲なしと雖。殆んと修羅場の觀を免れさる第二の天王山突如として吾宗教社會に現出したるを發見せり。宗教社會の天王山其れ焉くにか在る。曰く方今天災地變の爲めに數萬の同胞か。袂を聯ねて一大悲境に沈淪せし尾濃の間に在るなり。

夙かに聞く元來同地は其幅員や大に原野從つて廣く。其地味や豐饒にして運搬尤も便。其他市場を始め四圍の境遇。民生幸福を獲取するに順適せる事。換言すれは本邦の一大寶庫と謂ふも敢て誣言にあらす。加之其間に棲息する多數の同胞は其性孰れも朴直にして一般に佛陀の慈愛を尊信し。確乎として動かす。故に彼の熱心にして其傳導に巧みなる基督教か。未た同地に向つて一も其驥足を逞ふる能はさるもの一に茲に存すと云へり。然るに彼等も今や此一大震報に接し雀躍燕舞其機を失はす。各地の傳導師は一齊に同地に突進し。救助施與を之れ勉め。只管其歡心を買はん事に汲々とし。佛教徒も之れに應して各宗本山を始め。擧けて其版圖を佛敵の掌中に歸せしむるは耻辱之れに過きさるものありとて。數千の米穀數万の金員を送りて之れを扶け。今や東西に對峙し。救助の戰正に酣にして其勝敗未た何れに在るかを知らすと聞く。豈寒心の至りならすや

夫れ基督教か我國に向つて一大運動を試みんとするも積年の心願なりと雖とも。未た其根據なきを如何せん。然るに元來同地は本邦の中心にして。其樞地たる事は世人一般の定論と云ふも敢て不可なきか如し。然らは則基督教徒か今回の擧の如き。實に積年の志望を一時に搏取せんとするものにして。其運動の機敏なる亦た洞察するに堪へたり。佛徒たるもの豈務むる所なくして可ならんや。然るに彼等も今や進軍の地位にして。我は防禦なり。防禦の地位に立ちて進軍の爲めに其一を輸せられさるものは前古眞に少し。兵法曰進者雖寡以勢勝矣。加之彼等は感化傳導の謀略に長し。將來如何なる奇策を演して我佛軍に抗するも知る可らす。佛徒の困難亦豫想するに堪へたり。然れとも佛者中亦名僧あり智僧あり。豈是れに對するの人なからんや。吾人は刮目して尾濃の天王山上に。將來遂に孰れか旌旗飜々たるかを翹首して遙に望見せんことを欲する者なり

基督教徒に謝し。併せて其教の衰頽に就くを吊ふ

今村雲峯

基督教が。宇内各國に於ける運動は。如何なる現象を示せし

ろ。就中。同教が我國に於ける運動は。如何なる効果を呈せしや。私に之を推考して。我佛教の將來に對すれば。吾人自ら佛教徒の總代となりて。其教徒に向ひ。一言の謝辭を述へざるを得ざるものあり。乞ふ其理由を述へん。

回顧すれば。我國從來の佛徒は。實に可憐の境涯に沈淪したり。社會は日に進歩し來て。將に文明の地位に達せんとするにも關はらず。啻に經を誦し佛を念ずるの外。一人の活眼を開て。天下の大勢を達觀するものなかりき。噫。從來の僧侶は眠りたるが如く。死したるが如く。眞に名狀す可からざるに至り。殆んど虞淵日沒の看を免れざりしに。幸にして。基督教か猛毒なる刺擊に邂逅して。積年の迷霧始めて晴れ。決して昔日の佛教徒に非ず。是れ偏に。基督教の刺擊に依て起りたる反動力にして。深く基督教徒に謝する所以なり。

更に翻つて。現今社會の景況を觀察し。以て將來を考ふるに。基督教の。文明世界に向て布教するは。困難なるを悲まずんはあるへからず。何となれば。實に恐る可き。反對の方向に進行せしものなればなり。論者。或は曰はん。佛教こそ文明世界に向て。擴張するも困難なり。何となれば。佛教は野蠻國適當の宗教にして。社會發達するに隨つて衰頹するも。必然の理ならずや。見よ。佛教の本家たる印度の有樣を。何爲ぞ其言の不通なるや。

曰く。論者は啻に現今の印度を以て。佛教を批評すれども。往古の印度は現世紀の印度に非ず。我佛世尊出現の時は。印度諸國は文明の極點に達し。道德技術。一として備らざるはなし。現時文明と誇稱する歐米こそ。實に當時の野蠻國なり。故に文明國適當の宗教は歐米に傳播せずして。獨り東洋に傳播し。奇怪百端。理論に乏しくして。野蠻人民の信仰すべき耶蘇教は。古代の野蠻國たる。歐米に向て傳播したるものなり。然るに一朝文明の旭日。歐米に發揮せしより。哲學宗教の爲に排斥せられ。朝露と共に。消滅せんとする有樣にして。僅に羅馬法王の大權と。愚民妄信の熱力とに因て。漸く繫ぎ留めたるに外ならず。是れ吾人。外教徒の爲に衰頹に就くを弔ふ所以なり。昔し謙信。信玄の死を聞き。潸然として曰はずや。嗚呼。我好敵手を失へりと。吾人亦た。基督教の好敵手を失ふを憐まずんばあらず。

監獄教報

協議會提出問題　（承前）

第一　各縣各本支署現在囚ハ幾ナルヤ。第二　一ヶ月中犯則囚ハ幾ナリヤ。第三　一ヶ月中賞表授與囚ハ幾ナリヤ。第四敎誨師ノ職務ニ關スル掌例ハ各縣別ニ一定ノ規程アルヤ。第五　典獄ハ毎日工場監房ヲ巡回スルヤ。第六　囚人ニ看讀ヲ許ス書籍ハ一人一冊ナルカ將一人ニ數冊ヲ許スヤ。第七　監房ハ都テ正坐ナル歟將タ自由坐ナル歟。第八　監房ハ都テ沈默ナリヤ將タ又低聲談話ハ之ヲ許スヤ否。第九　囚人ハ不平ヲ訟ル爲メ典獄ヘ面會ヲ願ヒ出ルコトアリヤ又一ヶ月何人位ナル歟。第十　囚人ハ看守長ノ調ニ抗辨スルコトアリヤ否。第十一　巡閲官及地方高等官ノ巡視アルトキ囚人ハ苦情ヲ訴ヘシコトアリヤ否。第十二　處罰申渡ハ認定宣告スルコトアリヤ否。第十三　便所ハ一人毎ニスル歟將タ又數人連行スルモ妨ケナキ歟。第十四　還房ノトキハ囚徒撿身ノ方法如何。第十五　役業時限ノ伸縮アリヤ否。第十六　賞表者ノ待遇方ハ如何。第十七　輕懲役已上ノ囚人ニシテ而モ悪漢ナルモノ一時謹愼ヲ表スルアラハ手段ヲ以テ賞表ヲ與ルヿアリヤ否。第十八　金品ノ下渡ハ父母妻子ニ限ル歟將タ又何人ニテモ之ヲ許ス歟。第十九　囚徒百人ニ對シ病囚及死亡囚ハ幾ナリヤ。第二十　强役食ヲ與ル囚人ニメ臨時役業ノ都合ニヨリ輕役ヲナサシムトキハ强役食ナルカ輕役食ナルカ。第二十一　在監囚横文ノ書籍購求及差入ヲ許スヤ否。第二十二　敎誨師ハ獄務課ニ屬スル歟警守課ニ屬スル歟將タ獨立無所屬ナル歟　（完）

詞叢

為報恩賦　七言古

菊地寛容

見眞々々眞菩薩。九歲出家修難行。比叡山雪白漫々。草鞋踏雲鬭榛荊。三里又半雲母坂。々路九折昇降忙。寒風凜冽翻衣袂。鴨水橋邊月如霜。夜深街上人皆寐。獨賽六角觀音堂。百日願滿孤枕曉。感得靈告夢一場。抛一心三觀妙理。直入他力易行門。造次顚沛守師敎。行住坐臥喜佛恩。明月欲苦浮雲覆。涼風將至茂樹妨。南都北嶺獅蟲輩。自破我法誣我王。我王忿怒禁念佛。又使両聖謫遠鄕。噫々吉水禪房師弟嘆。潛然泣下生別離。々恨綿々情不盡。紅淚爲珠告訣詩。空師身沈南海涙。渺茫萬里天一涯。我師左遷北越地。却喜化益及邊陲。五年謫居嘗苦毒。被髪鬅鬙顏色衰。非僧非俗稱愚禿。謹愼德行被人知。自信敎他何懇篤。蕃族臨風歸大悲。飛雪紛々夜三更。日野門前石爲枕。破笠孤笻弟與師。板敷山頭蹈白刄。弓箭携來拜威顏。涕泗不禁衣襟潤。敎立二諦俗兼眞。何肉周妻又何礙。五願六法誨慇懃。唯以信心餘業廢。三槐九棘正道家。直弄四十八願月。緇素慕跡叩幽扉。貴顯回轅訪禪窟。德化洋々海內溢。名聲頭々十方聞。度衆生本懷爰就。多年苦辛酬功勳。髮邊帶雪志猶切。齡垂九旬草遺文。君不見大悲阿彌陀佛

○爲妙教流通來生。濁世化益緣已盡。還歸西方涅槃城。在世道俗禀教者。悲慟動地恨滿天。金棺遙送鳥部野。一夜空作荼毘烟。有變季女承法脉。蒐集門弟靈廟治。經營勿亟民子來。事聞天上下恩賜。于嗟乎龍谷一山房。敕號長傳本願寺。

秋谷雍評　起得妙。又曰敍事流暢。不覺其韻語。深得白傳遺法。敬服々々

蠖堂妄批　此賦僅四百有餘字。敍祖師生涯。綽々有餘裕。運筆之妙。實可感矣。殊五年謫居嘗苦毒以下。祖師辛酸之狀。宛然如映目者。使人轉有斷腸之感。蓋如此編。不啻詞藻之美。其益風教也。不亦尠

寄第二國教　大友達行

西山日將沒。妖霧出紛然。國教又煩汝。掃除東海天。

又　同

大鵬南溟去。終年猶未歸。國教光無礙。應在此中飛。

歸於大野途上作　菊池三舟

雨晴天未暮山蒼。籬落秋深霜菊芳。大野半村蕎雪白。萩田一里稻雲黃。横溪水淺魚兒瘦。前路日斜人影長。更覺田間農事閙。痴童叱犢渡新塘。

農婦吟　同

秋晚匆々農事忙。新婚少婦不成粧。櫛風沐雨起其業。汲水摘蔬扶我良。霜夜月前擣砧杵。寒閨燈影綴衣裳。未知錦帳鴛鴦夢。自有貞心千歲芳。

秋日村居　同

稻雲黃熟稔豐新。秋雨秋風時節臻。民有權而驅俗吏。政以德矣恤農人。山村歲煖初餘食。寒竈酒香頻會親。地價修正將近在。鼕々社鼓賽林神。

空也上人賣筅圖賛　草野紫洲

拋棄名利。開悟無爲。茶筅三五。防渴扶飢。竹杖芒鞋。藍帽墨衣。平々世路。淡々生涯。

望富士山

留筇望富岳。自許小西行。借問三千界。何人說不平。

登富士山

寒月懸山肩。暮雲脚底堆。初知終古雪。表我白痴來。

望琵琶湖

笙洲暮烟白。新月影徘徊。舨艇爭先後。帆々蹴浪來。

浮琵琶湖

湖上浮舟去。涼風夏似秋。金波一千里。掬水飲笙洲。

偶感

世間泰否本希夷。豈向他邊問是非。仰則蒼天俯黃土。縱横濶

步是男兒。

贈寫眞師　　鷹枝白水

嗟君摸寫實通神。近西蘭英魯佛人。鳥久不飛花不落。千秋見盡異邦春。

青年會組織述懷　　赤星實明

教法淵源有所由。和魂已欲醉洋流。鬩牆兄弟須同意。今日國家多事秋。

呈八淵蟠龍師　　新道迂叟

眞龍畢竟待奇緣。久在火州蟠八淵。法運挽回新氣節。直乘國教欲冲天。自註曰師姓八淵名蟠龍字冲天 火洲者其號也詩中用其文字

中洲觀梅　　蓋西　禿　充

名勝尋來何處臻。中洲早已入新春。梅花一白欲欺雪。埋盡橋邊探句人。

曹洞宗鎭西中學林開業祝詞

正直思フニ佛教モ亦世道ニ隆替アルカ如ク自ラ盛衰アルヲ免カレス之ヲ歷史ニ徵スルニ其迹昭々トシテ掩フヘカラス今時モ亦幕治昇平ノ後ヲ承ケ加フルニ維新ノ更革ト各種宗教ノ坌興トヲ以テシ佛教大ニ衰運ニ屬スルモノヽ如シ今本縣及長崎福岡兩縣ノ曹洞宗寺院相聯合シ各々淨財ヲ捐テ本縣ニ曹洞宗鎭西中學林ヲ設ケ以テ其徒弟俊秀者ノ修學場トナスモノハ蓋シ此衰運ヲ挽回セントスルニ在ルナリ

三縣曹洞宗寺院ノ諸師ニシテ能ク此衰時ニ於ケル百障萬艱ニ屈撓スルコトナク今ノ初念ヲ貫徹セントスル精神ヲ奮進シ又其徒弟モ能ク其志ヲ承ケテ勉勵シ怠ルコトナクンハ本學林ヨリ昔時ノ大德碩學ヲ凌駕スルノ僧侶ヲ輩出シ以テ祖師ノ遺教ヲ廣普シ
皇化ヲ翼賛スル蓋シ難キニアラサルナリ

今時宗教ノ種類大ニ加ハリ往昔ノ比ニアラス而シテ其內我宗教アルヲ知テ國家アルヲ知ラサルモノ之レアリ曹洞宗ノ如キハ其本旨トスル所祖師ノ遺教ヲ廣普シ併セテ
皇化ヲ翼賛スルニ在ルヲ以ス固ヨリ其儔ニアラス然リト雖モ猶ホ望ム所ノモノハ各寺院ノ諸師及本學林ヨリ出ル僧侶ハ常ニ濟度スル衆生ヲシテ益々國家ヲ愛護スル念慮ヲ長セシメ以テ治道ヲ裨補スルアランコトヲ

本日本學林開業ノ式ヲ擧クルニ當リ正直熊本縣ニ知事タルノ因緣ヲ以テ此盛典ニ與カルヲ得タリ因テ一言ヲ述ヘ以テ祝詞ニ代フ

明治二十四年十一月二十二日

熊本縣知事從三位勳三等松平正直

曹洞宗鎮西中學林成リ本日ヲトシテ開林式ノ擧行アルニ際シ予ニ臨場ヲ需ム是レ予ノ榮トスル所將タ此典アル贊美スベキナリ

抑宗教ハ國家安寧萬民福祉ノ關スル所衆庶ヲ勸化シ一宗教導ノ職ニ任スル者深ク智徳ノ兼修ナカルベカラス之レ本學林ノ設置セラレタル所以ナリ是ヲ以テ本學林ニ入リ徒弟タル諸子ハ學ヲ修メ智ヲ開キ行ヲ愼ミ徳ヲ養ヒ勤勉刻苦苟モ懈怠ナク以テ衆庶ヲ善導シ大ニ宗教ノ目的ヲ達セン事ヲ力メザルベカラス予刮目シテ將來ノ成果ヲ視ン管長ヨリ下ス教育令ノ本旨モ又此外ナラザルヲ信ス玆ニ開林式ヲ祝シ併セテ徒弟諸子ヲ規ス

明治二十四年十一月二十二日

陸軍少將從四位勳三等茨木惟昭

鎮西中學林ノ設立ヲ祝ス

大雪山ノ巍峨タルモ天下ノ書ノ至高ナルニ如カス恒河沙ノ衆多ナルモ天下ノ書ノ無數ナルニ如カス今夫此ノ如ク山積沙流至高無數ノ書ヲ讀破シテ然シテ後ニ天下細大ノ事物ニ當ルヿヲ求メバ神通力ヲ有スル者ニ非ルヨリハ誰カ能ク之ヲ爲サンヤ況ンヤ善ク書ヲ讀ム者未タ必シモ善ク理ヲ窮メ而シテ善ク理ヲ究ムル者未タ必シモ善ク事ヲ處セサルニ於テヲヤ宜矣禪家ノ以心傳心ヲ貴ヒ不立文字ヲ重シ敢テ詞章記誦ノ末ニ汲々タラサルヤ然レ𪜈拈花微笑ノ妙味ヲ會シ面壁默坐ノ奧旨ヲ解スル者天下果シテ幾人カアル試ニ我邦古來ノ僧俗ニ就テ之ヲ徵スルニ一休禪師澤庵和尚新免武藏ニ山岡鉄舟ノ如ク換骨ノ靈方ニ通シ頤神ノ妙術ヲ悟ル者ハ寥々トシテ曉天ノ星秋渚ノ螢モ啻ナラサルナリ是ヲ以テ直指人心見性成佛ノ教ハ妙ハ則チ妙ト雖其ノ旨幽玄ニシテ常人ニ入リ難ク孔子ノ門ニ在リテハ顏淵曹參ノ徒ニアラサレハ默識一貫ノ理ヲ悟ル能ハス蓋シ言語文字ノ一日モ廢スヘカラスシテ瞿曇氏五十年ノ說法諸菩薩數千部ノ著作今尙ホ人間ニ光輝ヲ放ツ所以ニアラスヤ

今ヤ九州曹洞宗ノ碩德合議シテ地ヲ熊城ニトシ一ノ學校ヲ設ケテ鎮西中學林ト云ヒ堀田竜道師之カ監理トナリテ身ヲ以テ之ヲ率ヒ大ニ禪家ノ徒弟ヲ集メテ之ヲ教育シ他日法燈ヲ揭ケテ佛光ヲ耀カスノ名僧ヲ養成セント欲ス此レ獨リ鎮西ノ幸福ノミナラス卽チ東洋ノ幸福ナリ而シテ道德智識共ニ高フシテ才ハ六祖ニ繼キ學ハ八宗ヲ兼ネ右ニ耶宗ヲ抑ヘ左ニ回教ヲ折キ哲學ノ論壇ニ立テ眞理ノ極致ヲ爭フノ人材ニ至リテハ他日必ス此ノ壼水瀠洄ノ紫竹林中ヨリ輩出スルヤ復タ疑ヲ容レサ

ルナリ
人或ハ謂ハン大凡禪宗ノ妙處ハ不立文字結跏趺坐ノ間ニ在リ今若シ世間ノ宗派ト等シク學舍ヲ設ケ課程ヲ授ケハ禪宗ノ妙處果シテ那裏ニ在リヤト唯是レ其一ヲ知テ其二ヲ知ラサルモノヽ言ナリ昔者圜悟大師碧巖集ヲ著シ大慧禪師忽チ其書ヲ火ク其ノ之ヲ著ハスト之ヲ火クト共ニ是レ禪機ノ妙用ニシテ徒ニ不立文字ノ文字ニ拘泥シテ變通ノ道ヲ知ラサル者ノ能ク解スル所ニアラサルナリ蓋シ世ノ汗牛充棟ノ書ヲ蓄ヘ尋章摘句ノ學ニ耽リ妙心ヲ靑紙ニ求メ正法ヲ口談ニ付スルノ徒ハ固ヨリ言フニ足ラサルナリ然レヒ平凡ノ人ヲシテ簾ヲ卷キ板ヲ聞キ指ヲ竪テ脚ニ觸ルヽ際ニ於テ大事ヲ了却セシメント欲セハ是レ亦誤解ノ甚シキモノニアラスシテ何ソヤ故ニ彼ノ學校ヲ設ケテ人ヲ敎エ課程ニ寓シテ道ヲ傳フルノ利益タル恰モ太阿ノ劍人アリテ之ヲ揮ヘハ虎豹ヲ戮シ蛟龍ヲ剸リ堅城ヲ抜キ三軍ヲ鏖ニスルカ如ク若シ其人ニアラサレハ適以身ヲ傷ケ命ヲ殞スノ具タルニ過キサルノミ然ラハ則チ所謂不在文字不離文字ノ義最モ味フヘク學校ノ益書籍ノ利唯之ヲ監理スル人ノ運用如何ニ存ス矣聊カ蕪言ヲ陳シテ以テ祝詞ニ代フ

九州學院文學部長　津田靜一

明治廿四年十一月廿二日

鎭西曹洞中學林ノ開林ヲ祝ス

恭惟ルニ往昔佛教ノ東漸スルヤ吾先王躬親ラ之ヲ修シ徧ク三寶ヲ天下ニ施キ給ヒ士庶人之ニ依テ邪惡ヲ去リ正命ニ歸ス然而メ今ヤ諸教多端内國ニ侵入シ將ニ法教ノ來耜ヲ以テ開柘セシ心田ニ自家ノ眞種ヲ下サントス鎭西三縣曹洞ノ高德此ニ觀ル所アリ且ツ本宗管長ノ旨ニ依リ汎ク後進ヲ養成シテ有爲ノ法器ヲ爲リ以テ一切衆生ヲ正道ニ証入セントスルノ大慈悲心ヲ發揮シ其學林ヲ熊本ノ城北流長院裡ニ建設シ今月今日開林ノ式ヲ擧行セラル予不肖此盛典ニ陪スルノ榮ヲ荷フ歡喜何ソ之ニ加ンヤ仰冀クハ後進僧侶諸君カ先進高德ノ大旨ヲ奉シ鞠躬孜々參學辨道ノ功ヲ積ミ德ヲ累ネ盡十方無礙光ノ眞理ヲ究極シテ邪僻ヲ排斥シ正道ヲ擴充シ吾輩凡夫ヲシテ轉迷開悟ノ境界ニ移ラレンコヲ嗚呼學堂ハ雲ニ聳ヘテ高ク流水ハ邸ヲ匝テ長シ衣鉢正傳ノ師此ニ出ルヤ期ス可シ矣敬テ祝ス

明治廿四年十一月廿二日

平井正衛敬述

祝詞

今ヤ文運隆盛ノ世ニ會フモ浮屠氏ノ道或ハ萎靡ノ歎ナキ能ハス曹洞派ノ諸氏盖シ觀ル處アリ茲ニ本宗ノ教育令ニ基キ鎭西

中學林ヲ設ケ専門及ヒ普通ノ學ヲ授ケント計画功ヲ奏シ校ノ建築落成シテ本日開林ノ式ヲ舉ラル本職モ亦末班ニ列スルヲ得豈ニ辭ナカル可ンヤ古人言アリ虚無寂滅ノ教大學ニ過タルヿ遠シト今夫レ専門普通ノ學並ヒ行ハレ篤ク徒弟ヲ養成シ弘ク宗意ヲ傳ヘテ以テ安心立命ノ城ニ達スル者益々多キヲ加ヘ此道ノ隆成期シテ待ツヘキノミ聊カ蕪詞ヲ陳ヘテ以テ祝ス

明治廿四年十一月廿二日　熊本市長　杉村大八

雜報

●皇后陛下の御仁徳　　あやにしき。とり重ねても思ふかな。寒さおほはむ。袖も無き身を。とは此程　同陛下が寒夜重衾てふ御題にて吾蒼生の疾苦を憐み給ふ御意を。詠し玉ひし一首の御製なるか。品川内務大臣は之れを傳へ承り。地方官召集の折柄なれば　陛下宸襟の程を下情に通せんものをと。自ら陛下に乞ひ奉りて地方官に頒ちたるものにて。陛下は御仁徳實に感佩の外なかりし。然るに　同陛下には曩きに尾濃震災の變一たび聴聞に達するや。御救恤として御手許金の下賜あらせられたるにも拘らす。漸々寒氣に赴くばとて痛く該地の細民を憐れに思召され。慈恵會員の各夫人方へ御仰玉はり。該地細民の衣服を調達して一時の苦を醫し遣す可しとの御意にて夫人方にも　同陛下の御心を察し参らせ。只管感涙に咽ひ目下裁縫に餘念なしと。開明新報に報せしが斯く　同陛下の御製にて常に吾蒼生を愛憐し玉ふ御心の深きを承りたる吾々は。感激奮勵益其爲す處を知らす

●久邇宮殿下の御閲歴　皇朝宗廟の祭主大勲位久邇宮朝彦親王殿下にも。過般神嘗祭執行に就き。伊勢の大廟へ御参拝あらせられ。御滯留中御病氣に惱ませられ。西京へ御歸着の上遂に薨去遊されし趣きは。前號を以て報導せし如くなるが。此頃幸ひに同殿下か御閲歴の一班を得たれば。掲けて讀者に報せん

殿下は故伏見宮一品貞敬親王第十二の王子にして御母君は左大臣一條輝良卿の息女昌子。仁孝帝の文政七年正月廿八日御誕生ありて千代宮と稱せらる。天保七年六月二十日御年十二歳にして　仁孝帝の御猶子とならせらる。南都一條院門跡を襲き更に尊應法親王と稱せらる。次て粟田青蓮院の門跡を受け。御名を尊融法親王と改めさせらる天台座主に上らせらる。是時に當り先皇　孝明帝の極を馭し玉ふや程無く内憂外患併ひ起り。先帝の英靈超邁の天資なる深く震襟を勞し玉ひ聖謨を九重の内に運らさせ玉ふや。青蓮院宮常に其諮問に參し密かに翼賛せらるゝ事多し。是時に當り同宮の英名も海内に滿ち。四方の志士風を望て起る。幕府是を忌害し終に落飾せしめられ獅子王院宮と稱し。教王護國寺に幽居せらる。然れとも尚は勸修寺濟範法親王今の

山階宮と共に冥々の間切りに力を興復に効し。後ち又志を得て帝側に在り。此時に當りて賀陽宮又中宮と稱す。後ち故ありて位階を失はれしが。暫くにして三品に叙し終に二品親王に上り久邇宮と稱せられ神宮祭主となり。一意謹慎宗廟に奉侍し玉ふの外復た世事を問はせられず。十九年十二月太勲位に叙せられ。本年十月神嘗祭に宿痾をつとめて伊勢に赴かれしか。俄かに御病重く。終に同月二十九日を以て西京に還へり終に薨去せらる。御年六十有八

◉オ氏國に歸る　過般來十四ヶ條の要求を齎らして我國に來航し。各宗本山及諸管長の間を歷訪し南北佛教の聯結を計らんと計畫せし。印度神智協會員オルゴット氏の要求は。如何せん大小乘の衝突ありて。互に其意を充たす能はさるの箇條少からさるを以て。両本願寺を始め遂に其同盟を謝絶したる由なれば。オ氏も不得已其儘にして客月十日神戸拔錨のオクサス號に搭して印度マドラスに歸航したりと。附記す去る八日は同氏の爲めに數名の發起者ありて西京中村樓に於て懇親會を開きしに來會者百三十餘名に達し。氏は熱心に南北佛教の聯合及佛跡復興の事を演述し。終て種々質問討議の上一同散會したりといふ

◉兵役免除に就て　第一期帝國議會に向て請願したる如く
○佛教徒は慈悲忍辱を旨とする者の。徒らに干戈を採りて殺伐を主とする兵役に從事するも大に其本分に悖り。衣食住に於ても佛者の主意に反するものなりとて。往々此事に熱心盡力する人も多かりしか。此頃各宗にては此事に關し一大會議を開き。其運動委員を撰擧せしに伊達靈堅。進藤端堂。中山理賢の三氏當選し。爾來三氏も奮つて各大家に謀議し。一時兵役を免れんか爲め僧籍に入らんとするものを防禦するの手段を熟議し。決定の上は直に議會に向て建議せんと。目下該意見書起草中なりといふ

●九州學院　本縣下に於る熊本法律學校。春雨黌。文學館。濟々黌の四大學校も。這般合併の上九州學院と名け去る十月二十日開院式を施行したることは。洽ねく當時の新聞紙上に掲載せし通りなるが。同院にては印度哲學の忽諸にすべからざるを知り。過般文學部の科業中に印度哲學の一科を加へ。當市順正寺の住職大友達行師を聘して之が講師を囑托したりと。誠に喜ぶべき美擧にこそ

●鎭西中學林　熊本。長崎。福岡の三縣下に於ける曹洞宗の本支両院相連合して當市内坪井流長院に設立しある鎭西中學林は客月廿二日を以て開林の式を擧行したり。參列者も松平知事。茨木旅團長。田代軍醫長。平井副官。嘉納第五高等中學校長。津田九州學院文學部長。各新聞記者及有名なる僧侶諸氏にして監理堀田龍道師先づ立つて勅語を奉讀し。次いで松平知

事。茨木旅團長の祝詞。嘉納第五高等中學校々長の演說。津田文學部長。平井副官。各新聞社。及各宗僧侶の祝詞等あり。畢て堀田監理之が答辨を述べし上。式全く終りを告げたりとぞ。吾人は同學林の開林を祝すと同時に。將來增々盛大の域に進まんことを希望するものなり(因に記す。右學林の開林式に臨み朗讀せられたる數氏の祝詞は。本誌詞叢欄內に揭載したり)

●大派改革黨の擧動　去る九月大谷派本願寺改革黨員會議の席上に於て。全國の同黨員大擧して本山に逼迫し。是非とも其の意志を貫徹せんと決定したる十一月十五日の期日も。少しの異變なく平穩に經過せしは。畢竟從來同黨か其本城とも賴みたる尾濃地方震災の爲め。其氣燄頓に消失して玆に至らす不得已一時途絕せしものなるべしと思の外。同黨の運動は愈猛烈に赴き。客月十六日雄上了岳氏突然西京に至り何か打合する所あり。又た聞く他にも六七名の有志同時に着京し。各所に潛伏して只管本山の內情を探窺し。時機を待つて一時に勃興し其意志を果さんと欲するもの丶如く。孰れも一名にて七十名乃至一百名位の捺印せし請願書を携帶せしと聞及へり。果して然りとせば本山は是に對し果して如何なる處置に出るか。吾人は刮目して其當時を待たん

●協同傳導會組織成る　隱岐國中富。嶋後の兩地は周吉。隱知の二郡を以て成り。就中中富(周吉郡)には各宗寺院及出張所都合十七ヶ所(眞宗本派出張所一。本派出張所一。淨土宗寺院四。眞言宗寺院三。曹洞宗寺院八)ありて較ゝ佛敎の隆盛なる土地柄なるか。今回僧侶中二三の有志發起となり。客月四日を以て同地淨土宗闡隆寺に於て各宗僧侶の懇親會を開き。協議の上諸宗協同傳導會なるものを組織し。其事業を說敎。演說。出版の三部に分ち。就中說敎は諸宗各宗制あることなれば自坊或は檀家中にて開らく事とし。演說は各宗協同し西鄉港にては大派出張所及本派出張所を以て之に充て。每月交替して二回宛の開會とし村落には每月一村一回乃至二回の開設と定め。出版は一月一回の佛敎雜誌を發刊し或は有益の書籍を出版する事となし。其役員を撰擧せしに。會長佐伯明道(眞言宗國分寺住職)幹事谷了然(大谷派出張員)同沖永惠(淨土宗闡隆寺住職)編輯委員小林皆眞(本派出張員)會計係白旗海辨(淨土宗地藏院住職)同山田悅成(曹洞宗完全寺住職)の諸氏孰れも投票多數を以て當撰之。闡隆寺を本部とし諸事較ゝ整頓せしを以て。同月十一。二の兩日を期し該會本部に於て佛敎大演說會を開きたりしに。前日は大風雨にて聽衆如何あらんと思の外一百餘名の多きに達し。後日に天氣俄かに快晴したる爲め滿場立錐の地も無く。堂內の過半を概ね有識の士を以

て之を充たし。同地未曾有の盛況を呈したり。然るに同會員諸氏は從來專ら力を下等社會の布教にのみ用ひたるか爲め。同地にては其親方とも呼はるゝ者も概ね佛教の何物たるを知らす。多くは邪神道を信仰せるより。斯くては到底佛教の遍滿を計る能はされは。今回協道傳道會の組織成ると同時に。上下一齊其傳道を始め。一大運動を試みる計畫なりといへり

●朴氏切りに佛學を修む　雞林の豪傑朴永孝氏は目下相州鎌倉の圓覺寺に寄遇し。切りに佛學の研究に汲々たる趣きなるか。頃者某親しく氏に就て其然る所以を問ひしに氏も慨然として答て曰ふ。今我鄉國の形勢は愈亡滅の兆候を現はし。苟も志士仁人の決意て傍觀すへき時機に非らさるも如何せん○未た以て力を用ゆるの折を得す徒らに恨を呑んで東海の濱に屈伏し居れり。佛氏の爲を學んて安心の道を求むるに非らすんは。何を以てか此の懊鬱を遣らん。故に余も奮つて佛學の蘊奧を極め一日も早く其域に至らん事を希望するに在りといふ

●基督敎徒十誡の修正　絕へて久しく何の音沙汰も爲さゝりし西京基督敎徒の人々も。此頃の事なるとか。突然四條の劇塲に於て基督敎大演說會。辨士デビス。海老名彈正と看版を揭け一塲の演說を開きしか。初日も如何なる都合なりしにや廣告の辨士は顏出しもせす。翌日に至り出席に及ひしか此日は彼の駁邪を以て有名なる美野田覺念氏も二三の同僚とゝもに傍聽に赴き演說を終へて後。辨士に向ひ一二の質議を始むるや。彼等も兼て用意やなしたりけん。忽ち不穩の擧動に及ひ數名の負傷者ありし位にて。一時は餘程の混雜なりし由なりしと。然るに一たひ此報同志社に達せるや。同社の狼狽一方ならす。聖書の十誡中欺く勿れ。汝に敵するも之れを愛せよとの二誡もあり旁た違誡の恐れあるはとて。至急協議會を開き。欺く勿れの下へ但し演說會に係る僞看版も此限りに非らすの一項を加へ。又た反對者の多きを憂へて。壯士ゴロツきを雇入れ會塲の前後を護衞せしめ。ノーと呼ふものあらば直ちに之を擊つの方法を設け。汝に敵するものは之を擊てよと修正あり云々と。果して然るか吾人容易に其然るを信する能はさるも雜誌上間々散見するものあればとて。呵々生よりの投書を茲に

○震災に關する彙報

●震災に關する本願寺の達書　○甲達番外　愛知縣下岐阜縣下末寺中門徒中今般震災に罹り本尊燒失の寺院幷に門徒に限り特別を以無冥加に別記之通授與せらる此旨相達す（別記略ス）明治廿四年十一月二日執行長大洲鐵然●曹洞宗震災死

亡者大法會　名古屋の紳商有志者には客月十二日名古屋裏門前田萬松寺に於て同宗の新貫主森田悟由禪師か岐阜縣地方へ赴化せる途次同禪師を大導師に請して大施餓鬼會を修したりと●震災に就き眞宗本願寺派本山　同山にては美濃岐阜の災報一たび到るや赤松連城師を執行代として災地へ下し左の訓示を發したり

赤松連城去十月四日歸山し岐阜愛知兩縣下の凶變被害者の慘狀悲況具に上申の趣き　震災視察の爲曩きに出張を命じたる執行代

大法主殿詳細御聽取被爲在速に該地へ御下向被爲遊被害者門末の痛苦を御慰問の上親しく御教諭被遊度御意に候へ共舊冬已來の御違例にて奈何とも遊ばされ難く爲に幾層の御悲歎を被爲增の御事に候就ては不日執行一名出張致すべく候へ共夫迄の處旣に派遣の面々御意の所在を奉戴し豫て申示置候如く各寺五尊の存否を取調べ寺族幷に門徒を慰問し死亡者の追吊法會を修し饑餓に苦しみ候者を救恤し各其部屬を指揮し大法主殿御慈愛の深重なるを門末一般へ貫徹せしめ候樣屹度盡力致すべし此旨特に訓示す　明治廿四年十一月五日　執行長大洲鐵然●天台宗諸寺の震災救濟　天台座主には岐阜、愛知福井の三縣等に廳員を派遣し其實況を視察せしめ尚救恤の淨財を寄贈せり又同宗各寺院に於ても此際宗徒一般及び檀徒に至る迄各々慈悲濟救の善行を競ひ投資捨財以て應分の賑恤をなし各自奮發其知緣者をも勸誘して義捐の實を擧げ宜く四生群類平等慈愛の情誼を厚ふせるを旨とし又震災の爲め橫死せし亡靈の菩提を吊ふ爲め去十月十日を卜し同本山にて都錫杖大施餓鬼法會を修行し倂て慈善演說々教を開筵したりと●東京慈善會代表者　東京なる同會にては全地の有志諸師各處に演說を催し及各宗派寺院等より纏集せられし金額壹千圓及古着類を携へ客月廿日愛知佛教會慈善部へ出頭し此内四百圓を名古屋へ配與し六百圓を岐阜縣下へ配付したりと●東京上野吉祥院住職大照圓朗師　同師は震災救恤の爲め客月廿七日名古屋に至り佛教會と聯合して救恤の方法を議定せし由●本願寺派新法主　同山の法主には目下病症に罹られ療養中なるを以て曩には連枝及び執行等を派して震災被害地を代問されし由なるが新法主には客月三十日法主の代勤として震災各地を見舞はれたる由なり●眞言宗管長　同管長原大僧正には名古屋に出張し震災地を巡視し岐阜及愛知病院を訪はれし上愛知佛教會へ立寄り同會慈善部へ金若干を寄せられ畢て育兒院をも訪問されたる由●各宗本山の諭達　這般の大震災に就ては各宗本山何れも諭達を下して門末一般へ應分の義捐をなすべき旨勸諭したり●罹災寺數　尾張國に於る大谷派末寺の罹災を擧ぐれば總て三百六十八にして此内全壞二百三十六、半壞六十、大破二十、小破五十二なりと●大谷派本願寺の救恤　這般大震災に付大谷派本願寺法主よりは金貳千百圓、米二百包、前法主より綳帶用木綿二百反、御裏方より同上二百反、靈壽、攝光、慧日の三院より金五十圓を施與せられたり●愛知佛教慈善會　同會よりは震災救恤のため金百貳拾餘圓物品三千七百餘點を募集し罹災者へ配付したり●本願寺末寺の破壞　岐阜縣に於て本願寺末寺の破壞したるものは九十四ヶ寺にして僧侶及其家族の死亡したるもの十三人負傷したるもの六人なりと●本願寺義捐金高　本願寺法主及御裏方より震災地へ義捐せられたる金高は殆んと一萬餘圓に上れりと

●震災概要　左に掲ぐる震災概要は法の雨第四十八號に掲載

したるものなるが頗る震災の景況を詳かにするものあれば左に之を轉載して讀者の劉覽に供す

●震災概要　明治二十四年十月二十八日は如何なる凶日にやありけん。同日午前六時半後地大に震ひ。日本全國多數の同胞をして突然恐怖を喫せしめしのみか。我愛知縣尾張國及ひ岐阜縣美濃國を其中心にして一大震動を起せり。瓦石飛び土砂舞ひ。家潰れ。地裂け。橋梁落ち。祝融發り。擧族壓死せるあれは。全家燒死するあり。親や子を見殺しにして泣くあれば。子の親を探して叫ぶあり。夫の妻を喪ふて哭くあれば、妻の夫を求めて呼ぶあり。先刻迄清淨なりし人間界も忽ち修羅の街と變じ。非命の死を遂げし者算すべからず。輕重の負傷者は之に倍せり。嗚呼此悲境・・・嗚呼此慘狀・・・今にして之を想ふも胸塞がり肉戰き。潸然として熱涙の襟袖を濕すを覺えざる程なりき。而して偶々九死の中に一生を得たる數千萬の罹災同胞は今や時將に寒天に向ふも。着るに衣なく。食ふに物なく。住むに家なく。殆んど飢餓凍餒に瀕せんとする有樣なりき。玆に於てか當局者は首として救濟の方法に着手せられ。全國の慈善者之に繼て義捐救恤に奔走せらる當時我法雨協會に於ても役員中寺院の顛覆。家屋の破壞。微傷を蒙る者ありしかと。幸ひに本部の罹災輕かりしかば。速かに號外を發して悲慘の狀況を會員諸氏に報し。且義捐勸募に着手たりし。然れ而して爾後各地の狀況を見聞するに。悲慘に堪へさる事項枚擧に遑あらずと雖も。到底紙面に限りある本誌の能く掲載し得べきことならねば。今尾濃兩國中最も劇裂慘擔を極めたる郡町村等に就き順次列擧せば。先づ尾張國にては。中島郡、葉栗郡を第一とし。西春日井郡、海東郡、愛知郡丹羽郡、名古屋市之に亞ぎ、海西郡、東春日井郡を其次とす、町村にては、津島町、西批把島町、一宮町、新川町、岩倉村、黒田村、起村其他なりとす。また美濃國にては、安八郡、厚見郡、羽栗郡を第一とし、中島郡、山縣郡、本巣郡岐阜市、方縣郡、武儀郡之に亞き、各務郡、海西郡、多藝郡、大野郡、下石津郡、不破郡、席田郡、池田郡、可兒郡、加茂郡を其次とす町村にては、大垣町、笠松町、竹ヶ鼻町、東西加納町、北方町、今尾町、關町、高須町、高富村、黒野村其他なりとす。而して愛知岐阜兩縣下死傷者等の概表を示さば左の如し

愛知縣震災概表（明治二十四年十一月十日愛知縣警察部の調に據る）

死亡者	男九百八十人 / 女一千三百六十七人	合計二千三百四十七人
負傷者	重傷千三百六十五人 / 輕傷二千三百○三人	合計三千六百六十八人
全潰家	三萬二千六百二十七戸	
半潰家	二萬一千○八十九戸	
火災家	全燒七十六戸 / 半燒六戸	合計八十二戸

岐阜縣震災概表（明治二十四年十一月十日岐阜縣廳の調に據る）

死亡者	四千九百○一人
負傷者	七千九百六十七人
全潰家	四萬二千九百四十五戸
半潰家	一萬五千六百○六戸
火災家	五千三百四十九戸

さて又尾張國にて社寺の全潰七百〇一。半潰百七十四の多數にして。此中寺院の部は眞宗大谷派末寺を以て最多とす。今近日の調査に基き之を記さば。本堂の全潰二百四十九箇寺。半潰三十二箇寺。住職の死亡者四名。負傷者十七名。衆徒の死亡者六名。負傷者二名。末寺家族の死亡者三十名。負傷者三十餘名。其他殘餘の寺院何れも大少の破損を免かれす。調査上無事と見做したる知多郡寺院と云ふとも損害少なからず本會幹事長小林康任師の住寺。則ち知多郡大野町光明寺の如きも破損の修繕費五百圓餘を要すとの事なり。尚ほ各宗寺院に就ては未た詳細なる調査を知る能はす。且又美濃國にても災害の劇しかりし地方は殊に眞宗寺院多く。東西両派末寺の破潰したるもの夥しきことなるへきも。未た詳報よ接するを得されは次編に掲載すへし。嗚呼此度の震災は我佛教に與へし障害間接直接とも實に廣大なる事にして。之か善後の方策困難窮りなきを豫期せさるへからす。願くは愛國憂宗の僧侶諸士が尅苦精勵相共に扶助するところありて。能くその方法を誤ることなく一日も早く恢復の偉功を奏せられんことを切望に堪へさるなり。

批評

基督贖罪論　安田眞月著

外道を撲滅し。正法を弘通せんと欲せば。宜しく破邪顯正の二途に出でざるべからす。今や異端の教漸く其迹を收めて。正法傳播の曉きに達すと雖ども。未だ全く彼等を盡滅に歸せしむる能はす。是れ豈に千載の遺憾よあらすや。安田眞月居士玆よ慨するあり。一身を献けて破邪の犧牲に供す。近頃又た一書を著はす。名けて基督贖罪論と云ふ。紙數僅かに二十頁よ滿たずと雖ども。基督贖罪説。耶蘇神子説。末日審判説。等の不稽を論じ。痛論剴切頗る周到を極む。然れども通篇の引証事例甚だ多く反つて繁雜を極む。而して審理の筆鋒甚だ微弱にして。何となく履を隔てゝ痒きを掻くの感あり。蓋し本書の如きは眞月居士の立案には相違なきと雖ども。門人をして筆記せしめたるか如きものあれは。又深く之を非難するの酷薄なるを知る。吾人も惟ゞ護法成實論(居士の新著)の發行を待つて詳かに之が批評を下すべし。要するに本書の如き。一擊彼等の城郭を破壞するの功力なしと雖ども。耶蘇教根據の贖罪説を碎くに於ても。豈又一簣の功なしとせんや

廣告

社告

本社第二國教編輯の儀是まで吉村眞治氏に囑托致居候處同氏の依賴により今般解任仕候也

辱知諸君に告ぐ

小生事是迄國教及第二國教の編輯に從事致居候處都合により這般辭任仕候に付不取敢辱知諸君よ御報知申上候尚退社の上は本社の客員として國教の爲充分の盡力可致精神に御座候間不相變御眷顧の程希望仕候也

明治廿四年十二月

舊國教編輯者　吉村眞治

注意……社告

●本誌改良の實施 其表裝を美麗にし其体裁を巧匠にし單に時俗の好尚に投せんとするも滔々たる雜誌社會の流行なり然れども本誌は如斯の慣用手段を採らす單に讀者の實利を計り單に江湖の實益を求めんと欲し曩きに本誌の第二號に豫告したるが如く愈々本誌より改良の實を擧げ紙幅を擴めて二十行二十七字詰となしたるを以て紙數は前號より十頁を減じたりと雖ども字數は前號より多きこと殆んど五千二百餘字に上れり去れば前號の雜誌にすれば十五頁餘を增加したるものにて其記事の增加したる亦た知るへきのみ而して其代價は減じて四錢となしたるを以て讀者の益する所ろ又吾人の喋々を要せざるなり讀者幸に本社微衷のある所を察し增々舊に倍して眷顧の榮を玉はんことを希望するものなり

●新年初刊の附錄 本誌第二號に八淵蟠龍師の演說筆記を掲げしに大に江湖の喝采を博し爾來每號掲載せられたき旨讀者の注文荐りなりと雖とも師も教用殊に多忙にして執筆の遑なきを以て本號に記載することを得ざりしは本社の殊に遺憾とする所なり就ては本誌第四號には或は掲載するの機會を得べしと雖ども限りあるの紙數能く之を掲載し盡さゞるを以て新年初刊の附錄には師が新年祝賀の演說及其他數題を筆記して二十頁以上若くは之に相當せる紙幅を用ひ新年初刊の大附錄として發行すべし就ては地方有志諸君にして雜誌の外尙は要用あれば印刷實費を以て頒布致すべければ豫め其部數御通報あらんことを望む尤も代價の儀は確かに分らざれども一部壹錢を踰ゆることなかるへし

●本誌發行の延期 本月よりは十日。二十日の兩日發行の筈なりしが印刷非常に延滯したるがため遂に本日發行せさるべからさるに至りたり尙は第四號も右の事情なれば其期日に發行することを得さるやも計り難ければ此段豫め讀者の寛恕を望む

●雜誌代金及廣告 屢々紙上を以て及督促候通り本誌代金未納の向き尠からす會計上甚だ差閊候間至急御送附あらんことを望む既に年末にも際し本社も一層の困難を感じ候に付最寄の分は夫々取立に從事致候共遠隔の地は云何ともし難く迷惑一方ならず候條事情酌量の上本月中に無相違御送附有之度此段重ねて得御意候○尙は來年一月發行の本誌第五號に新年廣告御依賴の向きも有之候へ者本月二十五日迄御送附あらんことを希望す

社告

愛知岐阜兩縣の震災に付救恤を佛門同胞兄弟に告白す

客月廿八日の大地震は。五機東山東海の諸道に及ひ。其中心たる愛知岐阜両縣下の如きも。非常の災害に罹り。其慘狀云ふ可らさるの悲境に逼迫し居れり。其現狀は本社員か實撿の報導に依り。彙報を記して本誌に掲げたるか如し。然るに禍福相補け。患難相救ふも人間相互の義務。况んや慈善博愛は佛門の報導する處にして。両本願寺を初め。各宗本山諸宗僧侶信徒。及ひ慈善の人々奮つて救恤の方法を講し。協導誘說する處なり。此際吾熊本に在ても。杉村市長與津市會議長之か發起となり。熊本の五新聞社協同して救恤義捐の勞を執り盡す處あれは。吾第二國教の如きは。佛教の機關にして。特に天下に先だち大聲疾呼報導を怠らす佛門同胞の兄弟に誘說せる處あらんと欲するも。月刊一回の雜誌其意を果さゝる所あれば。遲延なから法雨教會、佛教婦人會か委託する處の廣告と震災概表とを左に掲げて。吾佛門同胞兄弟慈善家に告白す。斯のごときの震災。斯の如きの困難。一時に救濟し能ふものにあらされは。本社は法雨教會と佛教婦人會の依託に依り。十二月二十日迄を限りとし。義捐金募集の勞を盡さんと欲す。仰き希くは佛門の兄弟姉妹。同情相憐むの誠意を以て應分の義捐を投せられんことを。其義捐金額。及び芳名も。一々本誌に掲けて公示すべし。

國教雜誌社

愛知岐阜兩縣下の震災に就て全國慈善家に哀告す

●愛知縣震災概表

死亡者二千二百六十八人　負傷者二千七百一人
潰家三萬四千六百七十六戸　半潰家一萬千二百二十四戸

右十月三十日迄愛知縣廳の取調

●岐阜縣震災概表

死亡者千七百六人　負傷者千九百三十七人
潰家六千九十三戸　燒失四千九百〇八戸

右十月三十日迄の岐阜縣廳の取調

嗚呼、明治二十四年十月廿八日は、是れ如何なる凶日そや、朝來突如として一大震動を起し、家も倒れ、地は裂け、橋梁は落ち、火事は發り、非命の死を遂ぐる者幾千百、重傷を負ふ者幾千萬、親か子を見殺しに泣くあれば、妻ら夫を求めて叫ぶあり、其慘狀悲境、今にして之を想ふも胸塞かり、身栗し、潸然として涙下るを覺へざるなり、况んや偶ま九死に一生を得たる、彼の悲しむへき幾十萬の災民は、今や時將さに漸く寒天に向ふも、彼等も食するに物なきなり、彼等は着るに衣なきなり、彼等は住むに家なきなり、彼等は殆んと飢餓に瀕せんとするなり、嗟呼血性ある者誰か此悲境を見此慘狀を聞き、哀憐の情なきものあらんや、庶幾くは全國慈善に富み玉ふ處の兄弟姉妹よ、進んて應分の義捐金を抛ち、彼の哀むへき痛むへきの同胞を救へよ、血涙を揮つて全國慈善家諸氏に哀告す

明治廿四年十月三一日

佛教婦人會中央部
法雨協會本部

一救濟の方法は一に愛知岐阜両縣知事の取計に一任すべし
一義捐金は其金額及惠贈者の芳名を道の友及法の雨第二國教の三雜誌に登載し一々領收証を發送せす
一義捐金は別に指定あるものを除く外も兩縣へ折半して送附すへし
一義捐金も收支決算は三雜誌を以て後月報告すへし
一義捐金は愛知縣名古屋市下茶屋町十三番戸佛教婦人會法雨協會及國教雜誌社へ御送附ありたし

第二國教

第四號

明治廿四年十二月三十日出版 (每月二回)

●國教雜誌規則摘要

一本社は佛教の運動機關として每月二回(第二國教)を發刊し社員に頒布すへし

一本誌は宗派に偏せす教會に黨せす普く佛教界に獨立して佛徒の積弊を洗滌し佛教の新運動を企圖すへし

一本誌は諸宗教の批評及ひ教法界に現出する時事の問題を討論し每號諸大家の有爲なる論說寄書講義演說等を登錄し其教法關係の點に至りては何人を撰はす投書の自由を許し本社の主旨に妨けなき限りは總て之を掲載す

一本社員を組織して協賛員正社員の二種とす

協賛員●學識德望ありて本社を補成する者●時々本誌に寄稿する者●每年若干の義捐金を投して本社を保護する者●壹個年以上本誌を購讀する者

正社員●本社の主旨に同盟し每年金壹圓五拾錢を納る者

●壹個年以上本誌を購讀する者拾五名以上若くは正社員五名以上を募集する者●各地の寄稿を取纏め本社に送致する者

一協賛員中特別効勞ある者は其効績を本誌に掲け其効を酬んか為め无代價にて本誌を頒布し正社員には總て无代價にて本誌を頒布すへし

一雜誌代金及ひ廣告料は必す前金たるへし若し前金を投せすして御注文あるも本社は之に應せさるものとす但本縣在住の人にして適當なる紹介人あるときは此限りにあらず

一雜誌代金は可成爲換によりて送金あるべし尤も僻陬の地にして爲換取組不便利なれば五厘郵券切手を代用せらるゝも差支なし

一雜誌の代金及び廣告料は裏面の定價表に依るへし但正社員には特別を以て廣告料を減ずることあるへし

第二國教第四號目次　（十二月三十日出版）

雜誌代金

冊數	定價	郵稅
一冊 一回分	四錢五厘	五厘
二冊 一個月分	九錢	壹錢

冊數	定價
十二冊 半箇年分	五拾錢 郵稅共
廿四冊 一箇年分	九拾六錢 郵稅共

廣告料

廣告料は行數の多少に拘はらす五號活字二十七字詰一行一回三錢とす但廣告に用ゆる木版等本社に依賴せらるゝときは廣告料の外に相當の代金を請求すべし

明治二十四年十二月廿七日印刷
明治二十四年十二月三十日出版

編輯者　熊本縣上益城郡津森村三百三十一番地　吉村眞治

發行兼印刷者　熊本市安巳橋通町七十五番地　志垣　弘

發行所　熊本市安巳橋通町七十五番地　國教雜誌社

●特別社告

●本誌配達上の事につき　本社は第二國教第一號發行と共に遞信省認可を出願したるも云何なる故にや不認可の旨を以て却下せられたるを以て本社は押返し不認可の理由を説明せられたき旨遞信省へ願出でたるに説明の限りに非ずとて直ちに却下せられたり然れども二千部に垂んとする配付の雜誌へ悉く二錢の郵便切手を貼用するは到底經濟の許さざる所なるを以て是非とも同省の認可を得んと欲し本誌第二國教は出版、郵便、新聞の三條例に照すも一も抵觸するの條件を見出さゞれば成規により遞信省認可を與へられたき旨再び之が出願をなしたるも遂に允許の恩命に接せざりしを以て本社は止むを得ず第四種郵税の定額に準し二錢郵便切手を貼用して各地に郵送するに至りたり然れども一册の郵税五厘にて事足るべきに二錢の郵券を貼用せざるべからさるに付殆んど其三倍を要し二千部の發送高にすれば无量二十圓の多額を要するを以て本社の損毛實に尠からず本社の損毛する尚可なり然るに四錢五厘の雜誌代價なるに云何でか二錢の郵券を貼用することを得んや是只た本社の支出し能はざる所なるのみならず到底本社を維持すること能はざるは數理の免かれさる所なり故に本社は種々協議を凝らしたるも到底之を休刊するは本社の忍びざる所なるのみならず又會員諸氏の許さゞる所なれは本社は此際增々奮つて本來の勇氣を皷舞し本月より紙幅を擴張し月二回の發行となし大に紙面の改良を圖れり是れ豈に尋常雜誌社のなし能ふ所ならんや大方の讀者幸に弊社微衷のある所と知れ如斯弊社は月二回の發行となしたるを以て遞信省不認可より生する不利益は增々其深きを感するに至りたるを以て本縣下の配達は各地の寺院若くは他の有志者と特約を締び其最寄に散在する購讀者の分は一纒めとし豫約人へ發送し夫より順次配達を圖り又他縣の分は一ヶ月發行の分二册を一纒めとなし發送することゝなしたり尤も本縣下と雖も玖麻、八代、葦北、天草の如き便宜に乏しきの地は右の方法に依ること能はさるを以て他縣と同じく二號纒めに郵送することゝしたり夫れ然り如斯きの方法によれは固より延着の憂ひあるは數の免れざる所なれとも前に述べたるが如く箇々別々に郵送の勞を執らば一人の購讀者に對して一錢五厘の損毛を生し百人の購讀者に對して一圓五十錢の損毛を來すの割合なれば讀者も又弊社の微衷を酌み深く咎むるなからんことを望む又他府縣の購讀者は一ヶ月分を一同に閲讀せざる可らざるを以て一回の發行とするも二回の發行とするも更に其効益なきが如しと雖とも弊社も万巳むを得ざるの窮策に出でたるとなれは深く其事情を酌量し暫時の不都合を看過せられんことを希望するものなり弊社も遞信省認可の事に至りても百方手を盡し居れば其恩典に接して讀者諸君の眷顧に酬ゆる亦遠きに非るべし大方の讀者幸に之を諒せよ

●新年の附錄　本誌第三號の注意社告へ述べたるが如く明年一月發行の第二國教第五號の附錄として發行すべき八淵蟠龍師の演説筆記は新年演説を初め外に數題を聯載すへき筈なりしが僅々十餘頁の冊子へ數題の演説を掲ぐることは到底紙數の許さゞる所なるを以て新年演説の一題とし紙數十四頁を限りとせり演説の趣向も未だ確かに知ることを得されとも師の腹案によれば苟も日本國民が新年に望んで皇祚の萬歳を祝せんと欲せば又必ずや佛教の萬歳を祝せざるべからず佛教の萬歳を祝するものは又必ずや皇祚の萬歳を祝せざるべからずとて例を引き証を求め細かに其理由を詳述するの心算なり蓋し如斯きの名論奇説は天下未だ曾つて之を唱道したる者あるを聞かす而して之に加ふるに八淵氏が得意の辨舌を奮つて之を演ぶるに至らば其妙味のある所蓋し知るべきのみ江湖の士若し之を一讀せも手卷を措くを忘るゝの妙味あるのみならず其世道人心に益あること亦た吾人の証明を要せざる所あり嗚呼新年の景物として發行せる冊子小説實に其數に乏しからず然れども其多くは一時の妙味を感するのみにして其風教に益あるもの殆んど稀れなり八淵氏が這般の演説筆記の如き其妙味の云何は暫らく措き日本國民が一日も忘却すべからさる事なれば新年相互の贈物とせば其益する所決して一帖の紙葉に止まらざるなり江湖の諸士部數の多少を論せす速かに之が注文を申越されんことを希望す代價の儀は前號の社告へ壹錢を越へざる旨を披露に及びしも右の金額にては到底印刷をなし得ざる由に付印刷實費一部に付壹錢四厘を以て頒與することゝしたり此段特別社告を以て特に江湖の注意を求む

●義捐金報告　愛岐の震災に付本社より募集したる第一回義捐金報告は前號の附錄に掲載せしが尙は殘餘の分は本月中に報告すべきの所市内活版所何れも注文差閊へ印刷行はれざるにより明年一月發行の本誌上へ掲載すべし

第二國教第四號

社説

佛教の新聞雜誌と聯合同盟するは教界の急務

八淵蟠龍

佛教運動の初歩として。佛教聯合の第一着歩として。吾人之れが準備を爲さんと欲するに先ち。全國佛教徒に向つて要求を訴へむとするものは。佛教の新聞雜誌を聯合同盟するもの是なり。

今や全國佛教中。發行し在る處の新聞雜誌の種類。（社會に發行せる新聞雜誌の比に非ずと雖も）其數殆んど百を以て數ふるの多きに達せり。其中或は一宗一派一教會の組織に成り。又は二三有志の手に組組せらるゝを以て。其採る處の主旨。或は保護的に。或は進取的に。千支百行各々其方針を異にするものゝ如しと雖も。苟くも佛子の手に成りたるものなれば。一として商賣的主義を以て發行し有るものに非ずして等しく護法扶宗の眞意を抱ひて天下に唱導すべき佛教の機關として發行し在るに外ならざれば。此の機關を運用し唱導する處の新聞雜誌を聯合同盟するは。決して无用の業に非ず。否佛教の運動を試み。佛教の聯合を企圖するには。最も必用の政策なりとす。

惟みるに。新聞雜誌の効用たる。一は以て實驗に基き事實の報導を勉め。一は以て學理に基き衆理の蘊奧を叩き共に社會の耳目と成りて。天下に率先聳動するものなれば。今吾が佛教界數百の新聞雜誌。倶に與に提携して合同一聲輿論を喚起し。佛教の眞理と勢力とを發作し。大ひに社會の精神元氣を惹起し。之を實際に應用して佛教統一の運動を計畫せば。吾國十三宗。三十九派の僧侶。四千万の門徒信徒の各團を聯合し。佛教一團の組織を爲す蓋し又難きに非るべし。然り而じて。吾國佛教一團の勢力を以て。彼の近時佛教の光燄を探ねて。社會の改善を希圖せんと熱望せる。海外佛教徒の聯絡を締約し。彼の要求し來る處の南北佛教聯合の大政策を採る有らば。世界七億五千万の佛徒を聯合し。佛教統一の大政策を布設するも。亦難きに非るべし。

抑も方今の時代は。國家にまれ宗教にまれ。聯合統一の時代なり。徒らに黨勢に跨り。黨威を張り。一倒一躓。鼻端に彈き。陰裡に冷笑し。兄弟牆に鬩くの時に非ず。和衷協帶統一共同の大勢力を以て。外は外教に抗し之れが禍根を抜き。内は國民に對し秩序的に社會の安寧福祉を與へん事を期して力むべきの時なり。然りと雖も。從來教門既に宗派を分ち個々別々に自治の勢力を張り。其唱道する處は公名なりと雖も。其運動の成蹟に至りては。一派一庭の間にも紛然敵視し。大ひに反對の結果を奏し。咫尺千里の懸隔なき克はず。　斯を以て。日本佛教大會と云。各宗管長會と云。其事や美にして其議や善し。　然れども至誠至義なる和敬聯帶の一致力に乏しきより。　社會を感動革面すべき成効を奏するを覩ず。　其他近年教法界ょ現出したる時事の問題。僧籍別置論。僧侶政權論。佛教大學の設置。宗教銀行組織等。多くも社會の の風潮に犯され。一時の擧動投機の手段に出で。共同聯帶の精神ょ乏しきより。其思考も精覈。　ならず其計畫も鄭重ならずして。　前途確立繼續の目的を達する能はず。支離滅裂。忽ちに起り。忽ちに滅し。終に信を社會に失ひ笑を大方に招くに至れり。斯の如きは。一に共同一致の精神に乏しきよりするものなりと雖も。　或は佛教社會の耳目となりて天下に聳動すべき新聞雜誌の聯帶應同する處なきより。　其輿論を喚起する能はず。其議を布演する能はず。終に通常社會の新誌へ訴へ。誤評謬傳。甲論乙駁。妄議に陷れ。一も其議を完結する事なく。所謂事成らざるに言ひ崩されたること多し。之れに依て此を觀れば。今や佛教統一の時代に向ひ。統一聯合の策を講ぜんと欲せば。　先つ始めに佛教の機關なる新聞雜誌を聯合同盟し。一進一退。一擧一動。迅速に。機敏ょ。　天下の輿論を喚起し。弁護的に。考究的に。討議論定し。斡旋誘導之れが必要を社會ょ訴ふる有らば。　必ずや成効を期する處あらんと欲す。

然して輿論も必要を感ぜしめ。　必要は輿論を喚起するものにして。　輿論と必要とは相伴ふて以て事物を裁制するものなれば。一動一聲。輿論の社會を制御するは虎嘯て風を起し。　雲集て龍を踊すか如し。斯を以て。古今史に徵するに。　聖賢君子英雄豪傑の事を制する。輿論の迫るを俟ち。必要の感を鑑み其機を利用して事を制せんとせしは古今の通規なり。

今や人事紛擾社會多事の時代に際し。外異教の浸害を防禦し。内國民の德教を養成し。法香を四海に薰致せんとするは。重大の責任緊急の事業にして。一事を興さんとすれば一件迫り。一悶未だ去らざるに。一悶復た起り。必要又必要。　事業乾に滿ち坤に溢れ。一瞬時間も空過放行すべきに非るより。護法の龍象有爲の志士。東奔西馳。苦慮百計。右に動き左に働き。大ひに為す所あらんと欲し。近時教界の形狀。黨派的團体の各宗各派の際に顯現運動する所となり。輓近佛教の旗色を復し。活氣を發せしと雖も。利害得失は天下の通病にして。老壯相伴ふ克はず。一は進むて急劇に流れ。一は退ひて卑屈に沈み。　隱然其範圍を異にし。背反逕庭冰炭相容れざる所となり。其唱道する名義は公平なりと雖も。其の運動の結果に至ては。甲して奇劇なる改革黨の旌旗を樹立し。不平を鳴し。私怨を訟へ。暴行亂動。唯だ個人上私行の擧動を爲し。社會公衆に向つて恨むが如く。嫉むか如く。醜風を天下に露し。傲然として愧る所なし。乙は退ひて卑屈因循守舊の城廓を搆成し。姑息之れ事とし。諂心を售り醜狀を贈り。一として活潑旺盛なる護法擴張の策あるを觀ず。甲は鹿を追んと欲して山を見ざるの狂奔者となり。乙は火を避んと欲して水に溺るの卑痴者となり。實に公平の地に嚴立して。秩序調和を完ふして。眞正佛教の運動を企て。護國安民濟世利生の偉功を奏すべき黨派團体あるを聞かず。

於此乎。各宗各派自治の制度を守り。分任の責を負ふと雖も。小團小黨の運動は。彼我逕廷し。鬩牆の煩ひを醸すの憂あるを證り。特に天下の大勢に匹敵すべき力なきを感得し。漸く大團組織の必要を訟へ。日本佛教大會となり。各宗管長會となり。統一聯合の機已に迫れり。然れども。龍翼を揚んと欲して。雲霓の迎ふるなきか如く。佛教界幾萬の人心を喚起聳動すべき新聞雜誌の聯合應同するなければ。能く萬機を拾集して社會の中天に凌駕し。實際に運動を試むる能はず。之れ吾人か輿論と必要とは相伴ふて以て事物を裁制するものなれは。佛教聯合策の第一着步として。日本佛教界中發行し在る所の新聞雜誌を聯合同盟せん事を全國佛徒に訴ふる所以なり。

顧みれは。吾人か經過せし廿四年度も。三百六旬一瞬時間も空過せしに非るも。更に著しき佛教の運動もなければ。本月よりは本誌を二回發行となし。廿五年度佛教界運動の第一着步とし。準備として。文壇に臨むて社會に訟へ。廿四年の終りを告ぐること爾り。

東洋地震の說

（承前）

八淵蟠龍

更に東洋の學說を探ねて。大地震動の理を明らむるに。三才圖繪に天門書を引て曰く。地四圍有竅。相通或如蜂巢。或如茵瓣。水火之氣伏其中。氣噴盈欲舒不得舒。如人之轉筋。亦與雷霆同理也。如北極之地大寒不能生熱則少震。赤道下爲大陽所勝。易散而息則少震。温暖之地。多石之地。有空穴。熱氣吹入爲冷氣。攝歛則多震。必無大地通震。乃各處各氣動也。其甚者有地裂山陷江河逆涙流之變。凡震後地下燥氣猛迫而熱變火則震停矣。按地中有竅。如蜂巢而水潛陽氣常出入。其陰陽相和得宜則爲常。若陽溢滯不得生。積歲月則地脹水縮。故井水涸時氣暖。猶炙餐餅爲火膨起也。將震則蒼天卑衆星大倍于常者非地昇天降。猶欲

雨則見山甚遍也。既陽伏發出則爲此地震動。故其始震者甚猛烈。復次震者緩柔也。凡初大地震之時。海汀淤泥漏出。黒浪如山泝起。蓋所脹之地潰沈也。故洋中波靜不異于常。震後累月微震者伏火未出盡也。其甚者至山燒出。」と。之に就て余嘗て友人某れ地震と雷霆の理を考究せんと爲せしを實檢したることあり。其次第は凡そ一二斗を容るへき樽れ中に砂と水とを入れ。其撻口より充分に息を吹き込み。其の息き已に樽中よ充滿したりと覺ゆるとき。急に其撻口を塞けは。其の吹き込みたる息水砂と戰ひ。出んとするも出ることを得ず。交激するを以て其樽獨り動搖す。而して其吹き込みたる息き。漸く水砂と調和するときは動搖自ら息む。地震の理近く此道理なりとす。又炭火を多く鍋に盛り。繩を以て之を井中に釣り下さに。已に水近き比ひに至れは。井中忽ち轟然たる大鳴を發し。其響き恰も雷の鳴動するが如し。雷霆の鳴動するは乃ち此の理なりと云へり。此事たる兒戲に類すと雖も。能く其理を考へ得たるものなり。以て徵する所の學說上實檢する所の道理を以て協せ考るに。地中陽氣蟄して陰之れを伏するもと久しけれは。大地之が爲に或は動搖し。或は奮震し。又は噴火を爲す。山崩き。地裂け。海潮激浪して泝波を爲し。大地陷落す。砂石を飛し。猛動することあるへし。今歴史上散見する所の大震災と云へき事跡を探ぬるに。往々斯の如きの現象を視る有り。先つ支那に在つては。北宋仁宗の景祐四丁丑十二月大地震動破裂す。人死すること二万二千三百也と云へり。我朝に在つては。白鳳十三甲申の冬。四國の地大に震動す。終に伊豆の海中に一島嶼を湧出す。又寶永四丁亥の冬。東國震ふこと十九日にして富士山餤燃し半腹に一個の山を突出せ。又安永八巳亥の九月薩隅二州大震す。其始め西方の村落井水悉く涸れ。後ち櫻島の南面に噴火し。九月二十五日より十月十五日まで山崩れ地陷り焦石土砂を飛し人死すること二万六千餘なりと云へり。斯の如く地中の陰陽交激する所ろより。奮震猛動噴火陷落淤泥湧出等の變象を現出するもの。上に論する所の理と同じきものゝ如し。

依此觀之。東洋の學說は近世地文學士の研究の如く。實撿的に論せざるを以て。或は皮相の見解を下さ則も。不稽の推測を構造したるが如しと雖も。若し其理を探ねて細かに論究する則は。陷沒、地溝、火山性等の地震の由來する所。近世の研究と其理投合し。誠よ卓說と言つべし。況んや東洋聖賢の訓示する所に至ては。震來は虩々として恐致福として。天地生成の德陰陽化育の大理に原き。人倫の大道を導き。人世を保持するの要法を知らしむ。特に我釋迦牟尼世尊の敎道に於ては。汎く法界を該羅し。无始來より盡未來際に亙り。吾人が住居する此の世界の理を明すにも。器世間の相狀。乃ち成住壞空四相遷轉の大道理。誠に詳かにして。器界生滅れ變動を觀るも更に疑ふべからざるの事實を確認す。然るに。世人或は宗教說の如きは。特に其理を考究する所なくして。單に妄誕不稽の一語を以て擯せんとすと雖も。吾人は震來虩々恐致福の聖訓を守り。衆生共業感れ理を奉し。薄福衆生感得地動損破依正二報と言へる訓誨を遵守し。不畏天地神明日月。不肯作善難可降化。の佛誡を敬信して。仁恕忠信。博愛慈善の眞意を闡し。以て天變地災の凶殃を治めんことを欲す。

諸君知らずや。宋れ景侯は。熒星出るを以て天吾れに災を告くるとして。三善言を以て躬自ら此禍を受けんと決して。凶變忽ちに滅す。唐の大宗は。蝗災の人民を餓莩せんことを憂ひ。自ら蝗虫を食て萬民を殺さんよりは寧ろ我を害すべしと祈願して。蝗害忽ちに除く。本朝に在ても白鳳四辛卯の年。大雨四月より六月に至る。洪水人民を苦しめ。耕田荒蕪せんとす。帝大に之を患ひ天譴なりとして天下に大赦の仁政を施し玉ひ。遂ひに江州に醴泉を出すの祥瑞を得たり。又天平の比。天地の灾癘起る。帝顧て勅詔して曰く。頃者天頻見異。地屢震動。寔由朕訓導不明民多入罪責在一人。非關兆庶宜令存寬宥。而登仁壽。蕩瑕穢。而許自新。可大赦天下。と畏くも天皇躬から災禍の責を負ひ給ふに。仁恕れ君德下も黎民を感激し。移風易俗の德化を顯はし。終に吾邦始めて黃金を出すの吉兆を效したり。嗚呼震來虩々恐致福の聖言。薄福衆生感得地動損破依正二報の聖訓。誣ゆ可らざるの理照晰たり。

依之吾人は東洋地震の說を記し。我東洋聖賢君子の教訓確如として其の不稽ならざるを証明し。天地仁順の大法に歸せしめむことを社會の兄弟に訟へ。天下和順。日月清明。風雨以時。灾癘不起。國豐民安の金言に契當せんことを希望し。尙を進んでは。物心両界に亙り。佛教器世間の說相。事物生起の次第より。衆生共業不共業の因果を明し。其天灾地殃の偶然に興起す可らざる理を詳かにし。皇典國紀の記す所に依り。大古邈として明紀なきは如何ともし能はざるも。人皇二十代。允恭天皇の五年。丙辰七月の震動より。安政甲寅の大震灾に至るまで。通震別動。前後六十八回の地震の跡を調査し。詳密之を論せんと欲するも。敎務の繁に支へられ。机に依りて書を繙くの間なく。杜撰の罪を惶れて之を他日の考究に讓る。

（完）

論説

佛教社會に對する希望（承前）

其一　僧侶養成法

忠愛新報社　奥山千代松

余が認めて僧侶の國家に對する任務。卽ち民族の本性を明かにし民族の本分を知らしめんとせば。先づ僧侶自身が此の任務を完ふすへき躬行と腦力とを兼備せざるべからず。而して躬行と腦力とを兼備せしめんとせば。先づ僧侶養成の方法を講せさるへからず。今や各宗學林あり分つて大中の二となし。以て僧侶養成の場に充つ。然れとも其の望む所は主として高尚の智識を與ふるにあるを以て。修業年限極めて長く。多額の學資と非凡の忍心あるにあらさるよりは勢ひその望みを完ふし能はざる也。學林の創設之れ決して日淺きにあらす。而して克く規定の學科を履修し天晴れ高尚の僧侶となりたる者果して幾人かある。余は之れを今日に詳にせすと雖とも恐らくは寥々曉天の星と一般ならむ。而してその他は如何。或は中學林に志を絕して自ら棄て。或は僅に普通學科の一斑を得て自ら足れりとなし。或は未た佛敎の眞理を探くるに由あくして却つて釋尊の迂を笑ふの徒のみ。嗚呼幾万の資を投し數多の歲月を費し。而して得る處のもの果して斯くの如しとせば。僧侶の養成は僅かに其の名に止まるのみにして決して其の實を得さるものなり。余は論して玆に至る每に未た嘗て僧侶養成法の不完全を嘆せすんばあらず。故に今亦た平素の卑見を開陳し以て之を左に明かにすへし

從來に於ける小僧養成法　血族相續にかゝる宗派を除くの外。所謂る佛門に入て小僧となるものは。赤貧賴るなきものゝ子弟にあらされは卽ち父母なく兄弟なきの孤兒のみ多し。而して此の幼兒なく母の乳房を離れて以來嘗て服を飽かしむるの食なく。母の懷中を去つて以來亦た嘗て体を暖かならしむる衣なく。飢餓凍餒頻りに至り。玲瓏玉の如き彼紫の情緖は遂に衣食の一方に導きて混濁恐るべきの悪弊を釀成するに至る者往々にして然り。后ち寺門に入るに及び食漸く飽き衣漸く足ると雖とも。古來僧侶養成の遺習として。或は之を成人猶ほ快とせさる深室に寢せ。或は之を大人猶ほ愉とせさる深山を獨行せしめ。名けて苦行と云ひ難行と云ふ。苦行難行之を實踐する彼の幼兒は。何んが故に苦行難行するを知らすして却つてその師の酷なるを痛む。去つて他に往かん乎。入るに家なく食ふに食なし。故に泣て而して之れを忍ぶと雖ども。その忍ぶ所以のものは忍ぶへきの理を知て忍ぶにあら

すして。僅かに衣食の欲を完ふせんとして強いて之を忍ぶものゝ多し。恐怖の念は歳月と共に滅すと雖とも。怨。疑等の如き劣情亦た歳月と共に長し。着實温厚の美德漸く去つて不順不羈の悪德亦た漸く集り。佛に事え元師に事ふるの禮譲は僅かに外面を裝ふの具に過ぎずして。其の心は佛を以て佛となさす。師を以て師となさす。人を以て人となさゝるなり。余は素より都ての結果に向てかくの如くいふにあらずして其の最も甚きものに向つて之をいひたるなり

以上は結果中の最悪を示したるものなりと雖とも。若し夫れ結果中の最善なるものを選ばゝ眞に稱すへき者あるへし。均しく同一の境過を經。均しく同一の養成を受くるとしても。その結果に大小强弱の差を生するは。之を理法に質たさんよりも實際に徵して明らかなり。故に彼の苦行難行に接する幼兒等は。肉体上の感觸を共にすと雖ども。心意上の解釋を異にすることあり。卽ち彼れ幼兒中師を目して酷とするものあるも亦た酷とせざるものあらむ。苟も師を目して酷となさず而して難行苦行に甘するとせば。堅忍不撓の志操は歳月と共に増し。着實温厚の美德亦た歳月と共に長し。腦裏更らに一點の迷雲を止めず。胸中亦た更らに一團の疑惑なきに至る。要するに從來に於ける小僧養成法は。恰も獅子子を産んて之を千尋の谷中に投し而して其の子の强弱を試むると一般なり。故に難行苦行の精神に基き之を忍びたるものは。后來に於て天晴れなる有德有識の名僧となり。難行苦行の精神に背き之を忍びさるものは。后來に於て無德無識の悪僧となる。余は此の說を確かむるため更らに左の二項を掲ぐ。

（一）佛教我朝に入りし以來畏くも釋尊とそれ智德を一にせんとするか如き名僧を出したるも普通一般の智德を具備せる僧侶は僧侶の數に比して甚だ僅少なり

（二）各宗中普通一般の智德を具備する僧侶は血族相續の宗派に多し。之れ畢竟小僧養成の秩序を得たる結果ならん

以上は從來に於ける小僧養成法の大体につき所感を述べたるに過ぎすと雖とも。若し夫れ各部に侵入して其の弊を發摘するとせば猶は一二にして止まらさるなり。請ふ次號を待てその然る所以を証せん

（未完）

苑　錄

唐三藏義淨師略傳

日本　眞宗阿滿得聞記

三藏。名ハ義淨。字ハ文明。俗姓ハ張氏。支那范陽ノ人。唐ノ太

宗皇帝貞觀九年ニ生ル。七歳ノ時。親ヲ辭シテ得度ス。學內外ニ通ス。唐ノ咸亨二年十一月。波斯國ノ船ニ因テ印度ニ渡航ス。是ヨリ先十八歳ノ時ヨリ。法顯及玄奘ノ高蹤ヲ慕ヒ。深ク渡天ニ志ス。爾後三十七歳ニシテ志ヲ遂ルヲ得タリ。海路風濤ニ遇テ困難ヲ極メ漸クニシテ佛逝國ニ達ス。留ルコト六月。聲明ヲ學フ。國王乃チ船ニ乘ラシメ。末羅瑜ニ至ラシム。留ルコト両月。轉シテ羯茶ニ至ル。羯茶ヨリ北ニ向テ行コト十四日。裸人國ニ至ル。船ノ至ルヲ見テ。小艇凡ソ一百艘。ミナ椰子。芭蕉。及藤竹器ヲ載セテ。來テ市易ヲ永ム。其尤モ愛重スルトコロノ者ハ唯鐵ノミ。大サ両指ノ如キヲモテ。椰子五顆。或ハ十顆ヲ得ルナリ。男ハ悉皆露體。婦女ハ僅ニ片葉ヲモテ身ヲ遮ル。商人戯ニ其衣ヲ授與セントスルニ。便チ手ヲ搖シテ取用スルヲ欲セス。此國鐵ヲ出サス。タヽ椰子諸根ヲ食フ。稲穀甚稀少ナリ。鐵最モ珍貴トス。其人容色黒カラス。形チ中量。巧ニ團藤箱ヲ造ル。若共ニ交易ヲナサンハ便チ毒箭ヲ放ツ。一タヒ之ニ中ル者ハマタ再生セス。此ヨリ西北ヲ望テ行コト半月。許耽摩立底ニ達ス。卽チ東印度ノ南界ナリ。摩訶菩提。及ヒ那爛陀ヲ去ルコト六十餘驛。此地ニ於テ大乘燈法師ニ見ユルコトヲ得。留ルコト一歳。梵語ヲ學ヒ。聲明論ヲ習フ。遂ニ燈法師ト同行ス。正西ノ路ヲ取リ。商人數百ト中印度ニ詣ル。摩訶菩提ヲ去ル十日許。大山曠澤ヲ經過ス。路險ニシテ通シ難ク。多人連行セズンバ。孤身進ムコトヲ得ス。時ニ義淨。時氣ニ感染シテ患ヲナス。身躰大ニ疲羸シ。商徒ヲ趁フテ共ニ行ントスレトモ及フ能ハズ。其時那爛寺僧二十名許。幷ニ燈法師皆前ニ進ム。義淨孤身漸ク險隘ヲ歩ス。日既ニ晡ルヽ時。山賊便チ至リ。弓ヲ援リ大ニ呼ヒ。來テ候陵ス。先上衣ヲ撮ミ。次ニ下服ヲ抽キ。唯條帶アルノミ。此時ニ當テ釋尊ノ靈像ニ禮謁セントスルノ志望ヲ空フシ。又求法ノ本志ヲ遂クル能ハサルヲ思念ス。又彼國傳フ。若白色ノ人ヲ得バ。殺シテ天祭ニ充ツト。既ニ此說ヲ思ヒ。乃チ泥坑ニ入リ。木葉ヲモテ遮蔽シ。杖ニ扶ラレテ徐ヤクニ行ク。日暮テ營處尚遠シ。夜二更ニ至リ。燈法師村外ニ至テ。哀レナル聲ヲ出シ長叫ス。義淨之ヲ聞キ喜ブヿ甚シ。時ニ義淨徒侶ニ逢ハヽ。一衣ヲ乞ハントス。遂ニ池內ニ入リ。身ヲ洗ヒ辛フシテ村ニ入ルヿヲ得タリ。相見テ悲喜交至。此ヨリ北ニ行コト數日。先那爛陀ニ到リ。根本塔ヲ敬シ。次ニ耆闍堀ニ上リ。疊衣處ヲ見。後大覺寺ニ寄住シテ。眞容像ヲ禮ス。山東ノ道俗贈ルトコロノ絁絹ヲ以テ。如來等量ノ袈裟ヲ作リ。親ラク被服シ奉ル。又遍ク聖跡ヲ禮シ。求經ノ為ニ留學スルヿ十歳。義淨獲ルトコロノ三藏敎五十餘萬頌。唐譯千卷トナルベシ。歸次室利佛逝國ニ達シ。停住已ニ四年ヲ經ル。室利佛逝ハ。南海十餘洲ノ一ナリ。此處諸大德アリ。因テ滯留シテ猶修學セント欲ス。會々支那濃洲ノ大津律師。此ニ在テ梵學ヲ習ヘリ。更ニ具足戒ヲ受ク。義淨相見テ。遂ニ唐ニ歸ラレム。天授三年壬辰五月船舶ニ附シテ長安ニ向フ。此時雜經論。及此南海寄歸傳ヲ附托シテ本國ノ舊知識ニ寄ス故ニ題シテ南海寄歸傳ト云。謂ク南海ニシテ大津ノ歸ルニ寄スルノ意ナリ。具ニ廣傳及此傳文ノ如シ。

印度錫蘭嶋。ダンマハラ優婆塞。疾ニ罹テ京都八坂中村樓ニ寓ス。余之ヲ訪フ。優婆塞。喜甚シ。爲ニ義淨三藏渡天求法ノ事ヲ語ル。感喜亦深シ因テ略傳ヲ記シテ與ヘンコトヲ望ム。時ニ優婆塞歸笠ノ期近ニアリ。乃チ匆卒燈下ニ記シテ。明日使ニ附シテ之ヲ贈ル。

八坂談話

阿滿得門

明治廿二年四月二十一日。印度錫蘭ダンマパラ氏ヲ。京都八坂中村樓ニ訪フテ。談話セシ中ノ一概略ヲ記ス。阿曰。足下ウバソク大洋風波ノ大難ヲ厭ハス。釋尊ノ敎法ヲ奉シ。此事ノ爲ニ日本ニ來ル。両國氣候寒熱ノ異ナルカ爲ニ。大患ニ係リ殆ト危カラントス。實ニ御氣ノ毒ノ至ナリ。幸ニシテ疾少シク愈ユ。佛天ノ加護ナラン歟。然ニ法ノ爲ニ異域ニ至リ。氣候ノ變異ニ遇テ。大患至難ニ係ル。古昔亦ソノ人アリ。支那唐ノ義淨三藏ハ。法顯及玄奘ノ遺風ヲ慕ヒ。印度ニ至テ求法ス。種々ノ艱苦ニ遇フ。中ニ於テ東印度ノ南界耽摩立底ニ在テ。大乘燈法師ニ從テ。梵悟ヲ學コト一歲。遂ニ燈法師。及該地ニ留學セル中印度ニ那爛陀ノ僧二十名及。商人數百ト同行シテ。中印度ニ詣ル。カノ摩訶菩提ヲ去十日許。大山廣澤アリ。道路險難ニシテ通シ易カラス。必ス多人ヲ要シ連行スルニ非ザレバ孤身進コト得ヘカラス。時ニ義淨。氣候ノ變更ニ感染シテ重患ニ係リ。身体疲羸シテ。商徒ヲ趁フテ共ニ行ント欲スレトモ及フ能ハス。困難ヲ極メタリ。已ヲ勵マシ强テ進ムト雖。五里ニシテ百タヒ休息ス。其時那爛那ノ僧。幷ニ燈法師。已ムヲ得ズ之ヲ棄テ、皆前ニ進ム。凶盜ノ來テ害センコトヲ憂フルカ故ナリ。哀レ義淨孤身漸ク後レテ險隘ヲ步ス。日既ニ晡ル、時。山賊弓ヲ援リ刄ヲ持シ。大喚シテ來リ逼ル。先上衣ヲ撮ミ。次ニ上服ヲ抽キ。空ク條帶ヲ餘スノミ。義淨是時ニ當テ。永ク世ヲ辭センコトヲ思ヒ。求法ノ本意ヲ空フセンコトヲ悲ミタリト。乃チ泥坑ニ入リ遍ク形躰ニ塗リ。木葉ヲモテ遮蔽シ。杖ニ扶ラレテ徐ヤクニ行ク。夜已ニ二更。燈法師村外ニ出テ、之ヲ迎ヘ。哀レニ長叫ス。義淨之ヲ聞テ喜ヒ甚シ。乃チ村ニ入テ一衣ヲ授與セラレンコトヲ念シテ。池內ニ入テ身ヲ洗淨シテ。因テ村ニ入ルコトヲ得タリ。(前後ノ多ノ話ヲ略ス)求法ノ爲メ異域ニ至リ。疾ニ罹リ。或ハ大難ニ遇フ少トセス。故ニ異域ニ於テ大疾ニ罹ルハ。足下ウバソクガ彼義淨三藏ト稍似タルトコロアリ。　陀氏曰。僕ノ事實ハカノ三藏ト反對シテ似タルトコロナシ。カノ三藏ハ病テ途中ニ於テ棄ラレタリ。僕ノ疾ニ罹ル。日本信者諸君。多ク來テ僕ヲ扶クルコト篤シ。是レ反對シテ同シカラス一ナリ。又カノ三藏ハ。上衣下服共ニハガレタリ。僕ハ寒疾ニ罹リテ。諸君來テ厚衣ヲ授ク。是ソノ反對シテ同シカラサル二ナリ。又カノ三藏ハ白色ノ人種ナル故ニ。遍身泥ヲ被レリ。僕ハ黑人種ナル故泥ヲ被ルニ及ハス。是反對シテ同アラサル三ナリト。此時圖ラス余ト陀氏ト共ニ一笑セリ。　陀氏話頭ヲ轉シテ。坐禪ノ事ニ及フ。　阿氏曰。君ノ所謂ル坐禪ハ。今日本禪宗ノ坐禪トハ異ナリ。君ノ所謂坐禪ナルモノハ有漏無漏ノ心一境性ノ禪定ニシテ。色无色ノ有漏定。或ハ煩惱ヲ斷シテ得トコロノ无漏定心ナリ。禪定ヲ修スルニ。初心ノ習ヒハ。數息觀。不淨觀等ノ五停心觀ヲ謂フ歟。尤モ修シ易キハ數息觀ナリ。卽チ老人ハ入息ヲ數ヘ。少年ハ出息ヲ觀スル等。具ニソノ作法ヲ話ス。　陀氏大ニ喜ヒ。數息觀其他坐禪ノ威儀等。陀氏ノ學フトコロ少異ナキニ非レトモ。大抵ハ同シ。小乘敎ノ說ニ熟セリ。　又四部ノ弟子。及四向四果。五戒號依三寶等。種々ノ話アリ。梵悟ヲモテ話スレハ往々通ゼザルコトアリ都テ之ヲ略ス。

無神論理

第四章　(承前)

次に。究極原因とは何なるやを說かんに。之は前と反對れ方角より進入したる說の結局なり。今世界萬物の生成する所以の原理を漸次に推詰すれば。遂に究極不可解說なる所論に至り。如何にしても思議すること能はさるより。之を稱して究極原因とは云ふ。第一原因とは。究極原始より說を附名したる稱にして究極原因とは。現象より遡て說き。之れに附名したるの稱なり。故に其の觀察する點に於てこそ相異なるも。結局同一の點閱を指すものにして。共に之を上帝とし神明として怪まざるものなり。

次に。自因とは如何なるやを說かんに。抑も自因とは。他の原因に依て存在するものにあらずして。依自に存在する者の謂なり。決して依他の存在を云ふにあらず。蓋し神明は他に依て存在するものにあらずして。依自に原因せるものなるこは。依他に存在する人類の。決して思議す可からさるを以ても知るべきなり。何となれば。神明は依自に原因となりて。世界萬物を必然に創造したれば。其依他に存在する人類は。之を思議すること能はされはなり。故に神も自因なり。人は依他に存在するものにて。卽ち自因の創造に係はるものなりと云ふにあり。

右は唯其要概を說けるのみ。人若し之が詳細の理を知らんと欲せは。デカルト　スピノザ　マアルブランシユ　パルカル等。近世哲學者の書を讀むべし。然れとも余輩は其徒に思想を錯綜紛亂せしむるものたらんことを恐るゝものなり。何となれば此等の教義。又は獨斷の理論は。誠に多くの疑議を存するものにして。スペンサア其の人の如きは。一言に之を斷して「不可知」なりと論じ去り。ス氏の論する所に據れば。凡そ學者たるものは。無始無終の間に見出されたる者なり。然れとも人智も有限なり。以て無限を知る可らす。智識相對。卽ち現象に依て得るものなれ。以て絕對を知る可らす。故に究竟原因も。人智の得て知る可らざる所なり。隨て神の有無。又は神を非議するの冒瀆なるや否やは信受す可らす。天地萬象の原始は。是を卽ち「不可知的」なりと云ふにあり。ダルウイン其人の如きも。亦之を斷して「不可知」に歸したるを以てなり。ダ氏の論に曰く。我が見解を以てすれば。活体を組織する各一別部の種子。卽ち細胞小芽は。原始より設定ありし者に非ず。昔より今に至るまでの間。各一世代を經過する每に。其の之に前き立つ數世代より繼承する所の上に。絕へず增殖せし者なり。（中略）而して其究竟原始に至りては。如何にして人智の及ばさる所なり。故に我が到る所は「斯不可知」なりと然れとも余輩は敢て此の二氏に摸倣して。一概に前に揭げたる哲學者流の論議を排し去らんとする者にはあらずと雖とも。前條の論議の如きは。悉く皆獨斷に出たるものたるを知る。何となれば絕對。無限。第一原因。究極原因。又は自因と云ふは。唯其を一箇の概念たるに止まりて。其の何が故に之を神明なりと云ふに至りても。一も之を證明著見ならしむることなく。且つ此の概念と神の觀念との間には。必ずや一徑の推理を要すへきものあるへきに。直ちに之れを神之觀念なりとすれは也。是第一に余輩の之れを信せさる所以なりとす。

余輩が第二に之を信せざる所以のものも。此の概念は唯形而上學者の理想に抽象したるものゝみにして。其の如何にして斯くの如く天地萬象を創造したるやの實跡に至りては。彼等が絕對無限として。如何にしても思議し能はず呆然たりし如い。實に彼等が如何にしても思議し能はざりし者也。然るを彼の時間空間を知る。所謂本然觀念なる者と同じく。先天必至にして不定の感覺とは大に異なるものなり。誰れの人も必ず其本然觀念を起すの域に到着することあるべしと云ふは何ぞや。是れ已れが思議し能はざる者も。人も思議し能はざるべし。已れが衝突したる艱難は。人も亦衝突すべし。即ち之れぞ本然觀念と云ふものなりと假定し。已れの愚昧を以て已れの本然觀念と誤り。人も亦已れの愚昧に倣はしめんとするものたり。宜なる哉此觀念は哲學者の心意に起りて。自餘の人の心意に起らざることを。即ち余輩の如きは。此の觀念嘗て起らず。以て誰人も此本然觀念ありと云ふ可らざるなり。嗚呼若し之を以て先天必至とせば其の意識も。甚だ愚昧なりと云はざる可らず。之あるが故に。余輩は之を信ぜざるなり。

次ぎ。余輩の之を排斥せんとするは。絶對無限の存在と云へる事あり。元來道理と云ふ者は。相對に依て其建定するものなり。我れの如何にして思ふかは。俄かに之を想へば對照して之を證明すへきことなきに似たりと雖とも。我れの思ふは我れの身体ありて實在すればなり。我れ身体の實在なくば。如何してか思ふべき我れ思想なくば如何にしてか身体あるを知るべき。身体ありて思想あり。思想ありて身体あるを知るなり。若し二者の相ひ觸るゝ（實は共に互ひに相對照する所となるなり）なくば。爭でか我を知り我を思ふべきや。然らば我の思ふは身体と云へるものあるに依るなり。是れ相對の理あらずや。我れの如何にして存在するかに至りても。亦之れに變ることなし。我若し滅亡すと云ふ事實を知らずんば。存在と云ふことを知るべき理なし。吾人生出してより死亡するまで滅亡と云へる事實を知らずんば。人は嘗て死を知らざるべきあり。然らは滅亡を知るは存在を知るものなり。ニヤガラの瀑布に近く生活せる人は。其の水聲を知らずと。是れ水聲の斷絕。即ち靜寂を知らざればなり。之れと同一なる事にて。人の存在を知るは滅亡を知るに由る。之を爭でか絶對なりと云ふべきや。彼の時間空間と雖とも復た然り。我れと物体と相對する現象のあるにあらざるよりは。前後と云へる感覺もなかるべく。又繼續と云へる感覺もなかるへし。我れも物体もなくんば。前後も繼續も一切之れを知らざるべきなり。然らば時間は我れと物体と相對して知るものあり。否な時間の觀念は我れと物体との關係する現象ありて始めて起るものなり。而して其永久なるは何を以て知るかと云ふに。我より先に人あり物あり。其の關係の現象ありしことを知るが故に。後も亦爾りるへしと推度するを以て之を知るなり。我より前に人もなく物もなくんば。争でか時間の繼起を知るべきや。空間も亦其の如く。我れあり物体あり。空間の內に廣袤を占むるが故にこそ。空間の觀念起るなれ。若我も幷に物体の空間に廣袤を占むるなくんば。争でか其の空間たるを知るべきや。其の空間無限と云ふも。畢竟するに我れと物体とが廣袤を占めたればこそ。其の四邊の無限に至るを知るなり。(實は空間無邊と明言し能はさるまでも。)若し我れと物体となくんば。其無邊も知り難かるべし。以上の道理は。之を逆置して時間の繼續あるが故に。我れと物体との關係の繼續を知り。時間の無邊ある故に我れと物体とを發見するを得るなりと云ふを得べきに似たりと雖とも。之れ決して然らず。其の實は我が身体と思想とかある故を以て。物体。空間。時間も知るなれば。我れは始めなり。之を逆置して理論を建設すると能はざる者なり。

論して玆に至れば。復た我が存存するは如何なるやとの問題に到着すべしと雖とも。其理論は暫く之を後章に讓りて。絶對無限の存在如何との本題を論及せさる可らず。既に前論えたる如く。我が思ふに。我が存在するも時間。空間も之を知るは皆相對の理あるてなり。然るに天地万物の究竟原始のみ。絶對無限なりとの理ある可らず。夫れ天地万物の原始に遡て之を究めんとすれば。終に究竟不可解說的に達すべきや知るべし。其究竟不可解說的は。如何にも思議す可らざる者たると勿論なるに似たりと雖とも。哲學者流は。之を一の實在と認識したると蔽ふ可らず。左れはこそ絶對無限の實在と云ふなれ。既に之を實在と云ふ以上は。是れ(もの)と認めたるものに外ならす。(もの)なれはこそ實在するなん。(もの)ならずんば争でか實在すべきや。而して其の(もの)實在を認識するは果して何の觀念に依るや。其(もの)自身こそ解說し得ざれ共。其もの(未だ解說す可らざる者なり)たる實在に至りても。我が可視界可感界。又も可思界にある現實のもの(即ち天地萬物)より推究して之を知り得たるにあらずや。即ち物体に對照して空間を知る如く。現實の實在(即天地万物)に對照して。不現實の實在(即ち究竟不可解說的)ありと認識したる者ならずや。其の慥かに實在する者たるを知るは。我が可視可感。又は可思の內外界現實の實在物体を認識したるが故に。之を認識する者なり。然らずして單に不現實のものゝ實在あるを證し得べけんや。左れば絶對なりと云ふも絶對ならずして相對なりしなり。絶對と云へるものゝ實在を知りたるも。相對と云へるとありて。絶對と相對したればなり。故に其實も絶對。夫れ自身こそ絶對なるや知る可らずと雖ども。絶對あるを知りたるは。相對の理に依て觀念えたるに外ならず。是れ恰も物体と空間との如く。相對の理ありて絶對の理を知りたるなり。左すれば天地萬物の原始の究竟不可解說的も。之を絶對とは云ふ可らずして。相對の理に依て究竟不可解說的を認識えたる者と云ふ可きなり。然るを哲學者流は之を絶對なりとす。余輩其の未だ眞理にあらざるを惜むなり。啻だに之を惜むのみならず。之を指して神明上帝とするに至りては。茫漠として理證を確的に求めざる理論なるを笑はずんば可らざる也。況んや之を無限なりとして。虛空か。神明か。萬有か。上帝か。人をして空々漠々の中に彷徨せしめんとするをや。若し之を以て其理とせば。空間時間は無限なりと觀念する者あるに於て。空間も時間も忽ち神明たるべきのみ。

次には。自因是れ神明なりとする者に向て一言せざる可らず。蓋し神（ありとすれば）は勿論他に原因ありて之を製出したるものにあらざるべし。依自又は於自に存在するものなるべしと雖とも。斯くては天地萬物。就中人は此の自因の創造に係はり。依他の存在なりとなさゝるべからず。然れども人が依他に存在するものなりとは何を以て思議し得たるや。我が存在するは肉体ありて存在するなりとは誰人も知り得べきも。其の如何よして存在するやは誰れ人も得て思議し難かる可し。是れ究竟不可解說的なり。然るを直ちに之を自因ありて存在せしめたりとするは何故ぞや。若し自ら原因たるものありとなさば。是唯原因と云ふ迄なり。神明か神明ならざるか得て知り難きにあらずや。然るを「自因卽是神」とするは憶說なり。若えし之を信ずべしとする時は。依他に存在する人は自我の觀念を放棄し。只管肉体を休めて心念を夢幡の境に游泳せしめんとする者たるべく。終に發情又は奮厲を悉く休めて。虔神的の寂靜主義に陥り。以て萬有神教たり。以て宿命敎たるに至るべきのみ。彼のスピノザの哲學は全く是なり。後世之あるを以てスピノザの哲學も亦大に缺點ありと謂つべし。

斯く形而上學者。卽ち哲學者流の神の觀念に對して。稍や深く之を論じたれば。第一原因。及び究極原因と云へる事に就ても。亦一言せざる可らざるに至れり。蓋し第一原因と原始を建設するは。專敎（ドグマ追次證明の法を採らず。一已の見識を以て判斷して建設えたる敎也。）なり。究極原因と推究の極を結ぶは均しく敎系（システム順序を追ひ系統の敎を云ふなり。現を蹈て說きたる一）に近し。左れば均しく假定ゟ出づる者なりと雖とも。後者は前者に優れり。何となれば始めより第一原因と斷定せずして。推究の法を採りたるとを表し。究極と云へばなり。然れども其の第一たるも究極たるとを問はず。均しく思議し難き究竟不可解説的に附したる名稱なり。現に天地萬物を結果なりとすれば。是れ其原因にも相違なかるべきも。其の原因の何たるやは得て思議す可らざるものたるに外ならず。神明なるや將た他のものなるや。素より知得すべからざるものなるゝ。其の思議し難きをも憚らずして。是れ神明なりと憶斷するは。共に獨斷の敎なりと云はざる可らず。實に思議す可らずして。而して此の大結果あらしむるは。是れ全く神聖の實在する所以なりとは。彼の神秘論者等の套言なりと雖とも。此の大結果の原因も。之を推究して遡るときは。何時も思議し難き所に觸るにも拘はらず。其の間自から一定の理法あり。殊に活体の如きに至りては。其の原因を推及する時は。微細無構造の萌芽に歸着すへく。又は彼の（ダルウィ）人の細胞小芽の發見あり。以て之を知り得るにあらずや。設令之より以前は。今世ゝ不可知なればとて。之を以て神明なりとせしは。苟も推理を以て學説を建つるものゝ欲せさる所なり。況んや思議し難き所は何故に神明なりやと云ふとも。亦其思議し難きと一般に思議し難きものなるに於てをや。然るを第一原因。又は究極原因なりと云ふも尚は可なり。進て之を神と云ふに至りても專斷にあらずや。專敎にあらずや。推理の法式を蹈で論及したる者と云ふ可らざるなり。然れとも究極原因と云ふは。余輩其の好字面あるを欣喜するが故に。時として之を借りて余輩の所論に用ゆることなきにあらす。天地萬物の原始を推究し盡したる所は即ち是れなり。細胞小芽（ゼミウル）と云ふも。細微無結構萌芽（ミニコト。ストラク。チュアレス。ゼルム）と云ふも。其奥秘は即ち究極原因なり。余輩の之を用ゆる時は此の意なりと知る可し。

之を要するに。哲學者の神の觀念は。究極不可解説的まで推究し得て。最早や思議す可らすと云ふ點。即ち所謂絶對無限なる者に衝究すれば。忽ちに獨斷して之を神明なりと概念し得たりと云ふ者に過ぎず。人智の得て知る可らさる所あるに恐怖して。「至大無限の一物」（即ち神明）ありとの抽象觀念を起したるに過ぎざるなり。左ればこそ之を以て非具神なり。無意識なり。無企念なりとして散漫茫漠。一個の有体物とは信受し能はざるものに向て。神明の尊號を献納したり。嗚呼此の本身。意識。企念等の屬性を脱去したる蒸騰の思想は。抑も何に據りて以て神明なりと信受せんとする乎。此の觀念に依れば。絶對無限の存在即ち神明なり。而して時間も無限なり。空間も無限なり。太初は絶對にして。來世も限りある可らず。六合の間八荒の內。其の究竟する所は物として思議す可らず。事として知る可らず。無邊大に無邊にて。人の知り難くして解説す可らざるものならざるはなし。其の絶對なる。其の無限なる。實に驚くに耐へたり。然れども其の存存は卽ち存在にして。絶對無限なりとするものたり。左れば此の觀念は忽ちにして萬有神敎たらざるべからず。然るときは之を推究すれば。天地萬物の創造。及び其他一切の不可思議を放擲し。（神）も宇宙の準備主。或は道德の主宰たる説を排斥し。宇宙を一括して絶對無限の存在とするのみなり。然らば啻に神の具身なるを拒否するのみならず。遂に亦人の具身なる所以をも却毀するに至らさるを得ず。何となれば。人も亦其絶對無限の存在の内に包括せられたる者にて。恰も大海の一滴に均しければなり。斯かれば其の實一物片事をも説明し得たるにあらず。人をして是等の論を知らざる以前と同一の地位に立たしむる者なるへし。嗚呼「無識に出て。無識に歸る」哲學者の行路も亦甚だ憫然ならずや。余輩は斯かる憫然なる哲學者の説を信して。茫漠たる萬有神敎に陷るとを好まざる者なり。

想出のまに〳〵（其二）

あつき

○殺さん乎。生さん乎

一日友人流亭名古素子と淺草の公園に遊ぶ。時既に午後五時に近し。ころしも夏の終りにして冷みがてらの行なりける。綠葉影くらく紅燈晃り幽なり。徐ろに池近のベンチに凭りて喋々相話し喃々相談る。名古素子先づ曰く。余彼孃をして將來を如何せん。生の曰く。須らく困迫薄命ならしむべし。予又曰く。彼孃が老爺を如何せん。生の曰く。宜ろしく病床に臥せしむべし。子語未だ終らざるに説くに其不得策なるを以てす。生卽ち曰く。然らば何ぞ彼を殺さゞる………。背後人あり生等を窺ふ久し。言茲に及ぶに至り低聲何事をか議す。後に想へば卽ちこれ秘密警官なり。而して生等が小説の續稿を議するを知らす。却てこれを事實としたる者

○三國越へ

或冬所用あり。友人某と越の新瀉に赴かんとす。其頃軌道の便未だあるなし。徒歩三國峠を過ぐ。時に極月廿八日なり。滿山皆雪。人道こゝを辨ずるに難し。蓋し三四丈の積雪なりしなり。千辛万苦漸くにして一の寒村に着す。寒村——實に眞實の寒村なりしなり。日なほ高しと雖も。行路難きの故を以て茲に眠る。夜半警官の出張せらるゝあり。同宿五人の内

生等二人外に慶應義塾の學生一人。都合三人は分署に引かる。其頃群馬に暴徒起り。頗る不隱の狀なきにあらず。警官茲に於て取締りを嚴にす。而して同宿れ一人。即ち慶應義塾の學生。實にこれ群馬の產なりしなり。若かも一行青年の學生。殊に東都より來る。警官れ疑ひ蓋し茲にあり。ために一夜を署內に明す。寒氣肌を冒し。睡魔ために逐はる。實に迷惑この如きことなかりし

○富士登山

富士峯む實に不二峯なり。東西無比。和洋に冠たり。高きが故にあらず。深きが故にあらず。風姿の絕美なるに依る。白扇倒懸優なり。婉なり又壯なり。生其頂上に攀じて眞を探らんと欲する久し。或年の暑中休暇遇ま芙麓に住む飯島某歸省せんとするに際し。行を同ふして相俱に富峯に攀んことを約し。他の四五の伴と駿陽を差して帝都を去る。東海鐵道なほ未だあらず。函嶺を踏むで芙麓に到るゝ三日を費す。飯島氏の許に一泊し。翌早朝(午前三時)松明を手ゝして上る。步一步より高く。刻一刻より冷なり。馬返へしに到れば午前八時。樹木の繁茂せる者此所に終る。これより一面の黑砂なり。一里を進む每に岩窟あり。ムロと云ふ旅客の宿泊休息に供する者。嚴暑の砌十五六日纔に業を營む。一合を一里とし。一合目より十合目(即ち頂上)即ち十里なり。距離素より遠からず一合目より二合目。二合目より三合目。三合目より四合目。町余の地に觀るべし。然るもなほ嶮路にして直行する能はず。屈曲幾十回。茲を以て路遙かなり。六七合目に到れば恰も當市の此頃と一般の候。八合目に達すれば白雲累々深間に存す。旣に此地(寶永山の頂上に當る)人界の外ゝあつて。空氣異に人語を發するも。間余の地に達する難く。霧深ふして伴侶を顧るも三尺以外更に影なし。雲は足下より生じ。雷は山下に轟く。戴く所の笠おもてに跡なく裏面却て雨を帶ぴ。つく所の杖勞を救ふに由なく飄々風のために動く。九合目に到れば日旣に沒せんとす。依て同所に睡むる。供する所の米麥雪を以てあれを煮る。また味ふべきにあらざるなり。一間四方の岩窟一行七人の臥床たり。安眠奚ぞならん。翌朝未明頂上に攀じ。旭日の登るを觀る。まも第一の觀なり俗人これを拜し極樂往生疑ひなしと稱す。(此項未だつきず)

詞叢

闢邪敎策　　紫洲　草野本晢

夫敎法也者正人心者也。其法豈可不正乎。法旣正。而後人心始正。故謂之無形法律。法律一傾而天下亂。正敎一廢而人心

亂。是古今常理之然者也。然其法邪而盛者。正而衰者。或有焉。如楊墨行而正道廢是也。嗚呼。色之正者爲間色所奪。教正者爲邪教所亂。然則教之正者。竟不可得盛乎。其然。豈其然乎。孔子曰。人能弘道非道弘人。蓋教法之盛衰。不在正與邪。而在僧侶之勉不勉耳。輓近。基督教流入我邦。紛亂正教。蠱惑人心。駸々乎如朝暉之昇東天。信徒日多一日。若斯而不遏。則令邪教之蔓延不可撲滅。人心之蠱惑不可救正也。必矣。噫使斯民蒙此毒者其誰乎。僧侶自啓之也。啓之而不任其責可乎。於是乎。正教之徒。不可不設防禦之策。防之何術。曰。是無妙術。無奇策。唯嚴護法城。固結人心。則不防而自塞。不排而自退。況於防之排之乎。昔者孔子作春秋。而亂臣賊子懼。孟子說仁義。而楊墨之道自塞矣。優勝劣敗。其數豈可免乎哉。然方今緇中。或有無才德之嘆。苟無才焉。不可不設養才之策。天下之廣。僧侶之衆。豈可謂無才乎。蓋養之育之。則賢士俊才彬々輩出矣。賢士俊才既輩出矣。而防邪護正。則吾教洋々乎流矣。余故曰。有僧才而正教自流。正教流而邪教自塞。由此觀之。今日之急務。果在養僧才歟。

論劍

昆江　井上　榮

論短論長漫奮舉。劍之長短不可偏。力亦不同時亦異。短非長

是豈其然。秦王繞柱長有弊。荊軻匕首短亦窮。劍之長短不須辨。胸中一切不可拘。」余素弱質雖拙技。周旋武門十餘年。腕雖不能口欲說。學劍猶似學超禪。解紛投鐐四肢職。心若明燈氣若泉。滾々而流明々照。一鋒所向欲無前。要之四肢鍊習後。心苟不昏術皆全。請看迅雷風烈處。日月皎然明上天。」

雪中試劍　仝

六月入深林。脩竹堅如石。獲此青龍質。製我刀三尺。二虎雪中試雌雄。驚破冬天飛霹靂。憶昔梅花挿簾人。戎衣點々花幾落。戰休颯爽猶英姿。揭槊同觀屏山白。

冬夜有感　仝

夜深風樹倍凄然。墜葉聲中憶舊年。一事關心難自遣。萬緣隨處復相纏。雨微烟氣濛籠屋。月黑鴻音暗度天。几上解嘲文未就。援毫慘澹向陳玄。

冬日有感　仝

文章屬吾輩。矻々久留心。微霰鳴茅葉。殘霜白竹陰。秋冬傷物切。寒暑感人深。一紀年如矢。未成金石音。

季冬遣悶　仝

淫雨頻妨穀。江村不耐貧。營生依白水。負債乏真人。雖有一時苦。將迎滿地春。呼杯暫忘臘。山色入軒新。

偶成　仝

寒威歛縮凍梅身。未聽簷邊鶯語新。冬節遲々跨正月。臘前難見一枝春。

詠史　白水鷹枝大觀

蠻夷猾夏々風微。管氏相齊揚德輝。諸國盟成凡九合。高臺營畢是三歸。射鉤殪敵非無義。脫縛稱臣爲見機。反坫塞門雖可笑。莫將下體捨葑菲。

仝

勾踐平吳意氣豪。幾多戰將受恩褒。獨嫌烏喙人心少。固守鴟皮士節高。春柳拂旗雙闕曉。秋風挂帆五湖濤。大名逃去大名在。兒女猶知其姓陶。

仝

漢臣豈敢拜貪狼。蘇氏忠心誰得當。窖雪嘗來忘彼稻。京城望去憶吾王。草深北海羊猶牧。雲暗上林鴈未翔。天道好還公論在。陵爲胡鬼武歸鄉。

仝

易姿變態乞城市。舊友忠言非善言。鴻羽恰輕橋下命。泰山不動厠中魂。於心何厭漆身苦。事主能全國士恩。君是龍逢比干屬。義名赫々照乾坤。

贈五缶老師　仝

古竹園中絕俗塵。吟花醉月幾秋春。多能詩酒棊書畫。一世風流屬是人。

賀是心院古稀　仝

血氣未衰容色新。芳齡已及古稀春。宜哉君號是心院。日下人心歸是人。

和是心院辭世作　仝

生死海中流轉身。至心回向獲正因。稱名憶念常相續。彼佛光明照是人。

亡父廿五回忌。余在櫻洲不能奠。乃遙供香花而哭。　草野紫洲

椿影回頭廿五秋。匆々底事厭閻浮。追懷恨急于潮湧。哭泣淚多於雨流。月色櫻洲巒外暗。山容瀨戶海邊幽。燒香點火遙相拜。墓在垂雲百里頭。

薩摩偶感　仝

不厭片島還僻村。巡遊聊要曉黎元。花前節酒緣身病。月下思家爲母存。佛土只期涅槃樂。魔鄉全謝有爲煩。後來如至閑居日。好買山田築小軒。

新綠茶亭圖與靜湖師分韻得來字　仝

先生終日共徘徊。三逕不容俗客來。一椀新茶應代醉。綠蔭深處落花堆。

湖樓晩酌　　全

醉客吟仙坐錦樓。自然天福属吾儔。夕陽猶未沈湖底。百足山巓月半鈎。

遊東山清水寺　　全

清水寺前呵杖登。突天尖塔幾層々。香烟半散梵聲靜。松杉嫦娥照老僧。

震災有感　　迦統慈雲

可憐岐愛幾多人。震動一朝驚睡臻。慈愛不忘衣鉢友。袈裟責盡救災民。

寄第二國教社　　全

粲然揮筆譜寒梅。詩客文仙贈賦來。桃李有香人不絕。屐音車響恰如雷。

偶成　　土田默菴

神冠儒服佛袈裟。元是乾坤同一家。君識春風無両様。南枝何嫉北枝花。

佛教　　井口素行

難波かた堀江の蘆もあしからぬ今は大和のをしへ草かな

評論

◎何ぞ奮つて孤獨の救濟を圖らざる　　吉村眞治

各宗の本山を初め大方の佛者は奮つて愛岐の災民を救恤したり。各宗の僧侶も擧つて愛岐の死者を吊ひしなり。然るに何ぞ獨り災地の孤兒を問はざる。災民の困厄を救ふ固より美し。死者の幽魂を吊ふ固より美し。然れども獨り其孤兒を救はざるは何ぞ。人或は云ふ東京福田會の如きは既に七名の孤兒を救養し居れり。何ぞ又佛者の不問を責めんや。然り吾人も又之を知らざるにあらず。然れども我國の僧侶は十万を以て數へ。我國の信者は數千萬を越ゆるに非ずや。而して福田會の外又た之に堪ゆるの資力なき乎。福田會員の外又た慈悲愛憐の情を有するものなき乎。何ぞ奮つて此窮兒を救はさる。吾聞同志社は六十名の孤兒を救養するの計画にて。其一部の人は既に二十名の孤兒を引き取り。又神戸のヨハネ教會が此程災地の孤兒十名を連れ來りて。目下養育の方法を計画し居れるとは。開明新報の報ずる所にして。世人の夙に諒知せる所なり。然るを世の佛者が災民救恤に汲々として。曾て之を問はさるは何ぞ。吾人轉た怪訝に堪へさるなり。彼れ耶蘇教徒を我國に於て幾千の勢力ある。僅かに三千の信徒に依りて喘々たる餘命を繋ぐにあらずや。而して其奮發尚ほ斯の如し。彼の同志社は現時云何なる悲境に沈める。大學の組織は資本の缺乏に支へられ。今尚整頓の域に至らず。外國の傳道教師は資金の缺乏に不平を鳴らし。一社の消長を顧みさる者あるに非ずや。而して其奮發尚ほ斯の如し。吾人は佛教者たるもの豈に懐に慊然たるなからんや。我國の佛者たるの故を以て彼等の美擧を嫉む者にあらず。吾人は彼等と信仰を異にするが故に。彼等の善行を阻遏せんとする者にあらず。吾人は只だ頑是なき愛豉の孤獨をして。みす〳〵邪教の人たらしむることを慨嘆するものなり。噫十万の僧侶中亦一人の志士なき乎。噫數千萬の佛者中亦一人の義士なき乎

◎佛教社會亦將に眠りに就かんとす

一熱一冷更に常住の實なし。一進一退更に不變の迹なし。嗚呼是れ佛教社會の現象なり。頭を回らして既往十餘ヶ年の佛教を觀よ。雜誌の發行。佛者の連合其運動頗る目覺しかりしなり。然るに輓近外教の勢力漸く衰ふるを聞くや。彼等の團体は俄かに其精氣を落し。彼等の運動は俄かに其活氣を失ひしなり。噫是れ何等の現象ぞ。今や教會組織。寺院改良の問題は日に其必要に迫れり。然れども彼等を恬として之を問はさるものゝ如し。新聞雜誌の發行は增々其必要を促せり。然れども今や反つて廢刊の數多きに驚けり。噫是れ何等の現象ぞ。無氣力か將た卑屈か。否な是れ佛者の慢性のみ。亦何ぞ近時の現象に怪まんや。

◎吾人は其心事を解するに苦しむ

羞づべきに羞ぢず。嫌ふべきを嫌はざるは娼婦の常態なり。羞づべからざるに羞じ。嫌ふべからざるに嫌ふものは今日の青年僧侶なり。僧侶が僧侶たるの身分を明かし。寺院が寺院たるの職掌を告ぐるは。理當さに然るべきなり。而して彼等の多くは反つて之を羞づ。僧侶の人に對して僧侶の名を呼び。寺院の人に向つて寺院の名稱を附するは決して忌むべきの事にあらず。而して彼等の多くは反つて之を嫌ふ。吾人は娼婦にして娼婦の羞づべきを知る。然れども僧侶にして僧侶の身分を羞づるに至つては。毫も其心事を解する能はざるなり。何となれば娼婦の職業は尤も卑しきものにして。宗教家の職業は尤も高尚なるものなればなり。敢て問ふ現今の青年僧侶は。何ぞ俗人の卑しきを忘れて。自己の貴ふときを知らざる。佛教家は是れ三界の救世者にして。無形世界の帝王にあらずや。

◎見戯乎將た狂言乎吾れ得て解せず

其起るや飈風の來れるが如く。其靜まるや飈風の去れるが如し。其來るや洪水の堤を壞るが如く。其去るや洪水の跡を止めざるが如し。朝に一問題の起るや。響の聲に應ずるが如く。西より東より翕然として之を恃度す。夕に一事業を企つるや。舞ふが如く狂ふが如く躍如として之を經營す。然れども是惟だ一時の現象のみ。間なもく冷熱其度を失ひ緩急其機を愆り。一人の來りて之を問ひ之れを竭すものなきに至る。是蓋し現今佛教社會の常態なり。見よ海外宣教會の初めて起るや。迅雷疾風の勢を以て。一時天下の耳目を聳動したり。然れども今や西六條の一偶一札の看板を止むるのみ。本山を煩はし。政府を煩はし。活版屋を煩はし。新聞屋を煩はしたる僧侶被撰擧權の大議論は。今や東京の旅舘へ無形の骸骨を遺したるのみ。印度佛蹟興復會の起るや。回天倒地の勢を以て一時佛教社會を震撼したりしも其組織成るに及んでや。亦一人の義捐を募集するものもなく。亦一人の靈跡を調査するものなし。噫佛教社會の事業何ぞ一に玆に至れる。兒戲か狂言か。將た余が事情を知らざるの致す所か

◎憐むべし同志社の衰運

各宗本山の頭痛となり。各宗僧侶の涙となり。一時飛ぶ鳥も嘴を収めたる京都の同志社も。今や「落木蕭々人不見。唯見枯草逐風飜」の有樣となれり。小崎氏は非常の熱心を以て。校舍の隆盛を圖れども。生徒は日に其數を減じ。早や第三寮は蜘網の蟠まる所となれり。外國の教師は更に一舍の盛衰に眼を注むる者なく已が儘に跳れり。回顧すれば新嶋氏の死去以來。頁らぬ事は雨の如くに來れども。喜びの音づれとては空飛ぶ秋の螢に似たり。氏が温容なる偶像は。依然として生前の名殘を止むれども。偶像語らず石言はず。英雄の心緒亂れて糸の如し

◎辨舌と文章

莫邪の劍。アムストロングの砲臺は。亂世の利器とする所なり。三寸の舌五寸の管は。治世の利器とする所なり。故に戰亂の世にありて。兵を用ひ劍を使ふの道を知らずんば。一日も其安泰を保つこと能はざるなり。文明の今日にありて。辨舌に熟し文章に嫻むずんば。決して優勝の地位に立つこと能はざるなり。蓋し實業、教育の實務に從事するものは強いて此等の藝能に熟達するを要せずと雖ども。政治家の如き。宗教家の如き。苟も一國人民の輿論を喚起し。宇宙人類仰の信を求めんと欲するものは。必ずや此等の藝能に熟達せずんばあるべからず。今や我國に於ける十万の僧侶を觀るに。學術雋秀なるもの。固より其數に乏しからず。德行謹愼なるもの

固より其人に乏しからず。然れども其能く辨舌に巧に。文章に熟するものは。曉天の星秋堵の螢も啻ならざるなり。我國に發行する佛教主義の新聞雜誌は。其數百二十餘種の多きに及ぶと雖ども。其執筆者の多くは。居士連にあらずんば佛教主義を抱持せる外護の輩らなり。又世の佛教演説家なる者を見るに。前者と同じく居士連に非ずんば。佛教主義の人に外ならざるなり。之を要するに今日の佛教僧侶は俗人に教へずして。反て俗人のために教へられ。俗社會を導かずして。反て俗社會に導かるゝの風あり。是れ豈に事理の順序を失ふたるものにあらずや。蓋し今日の佛教社會か如斯きの狀態を馴致しゝるは。必竟彼等か筆舌に嫺ばざるの致す所と謂ふべし。是れ故に今後の佛教家にして。是等の積弊を掃蕩し是等の陋習を洗滌し。俗界の外に卓立して。正法の弘通を圖らんと欲せば。宜しく這般の藝能に熟練せざるべからず。辨舌に熟せず。文章に嫺はず。何んぞ能く十九世紀の競爭場裡に立つて最後の勝利たるを得んや。

◎此任に當る者は何人ぞ　　狂佛居士

少年に六種あり。一は鶯少年。形優しく聲麗はし。音を弄して人に愛せらる。二は鷹少年。躰軀强壯相貌雄偉。喜んで人を凌駕す。軍人たるに宜しく絕代の政治家に適す。三は燕少年擧手敏捷。飛翔快活。食を求め巢を營む。最も三百代言に宜し。四は鸚鵡少年。眼光淸凉。巧みに人語を眞似す。講釋師通辨人に適す。五は鷄少年。常に田園を彷徨して地を搔き食を求む。卑劣野鄙。單身獨歩れ氣力なく。遠遊遙飛の技能なし。甚た農夫に適す。六は鶴少年。他族と群居するを好まず。九天に翶翔して塵外の精氣を呼吸し。海濱に降りて悠々自得の躰を爲せ。親しむ可くして狎る可らず。是れ眞に宗教家に適するなりとは日本の少年記者が嘗つて呼號したる新文句にして。密嚴教報に轉載せしものなり。吾人は一讀の下暫く此語を借り來りて吾佛徒の批評に應用せんと欲す。夫れ身にを佛陀の教權を握り法衣を纏ひ。超然流俗の表に立ちて社會の標準となり。常に衆心を指示す可き僧侶として朝には權門に媚ひ。夕には信徒の顰を覗ひ。阿諂迎合を以て造次顚沛と其心頭を去る能はず。只管世人の好評を買はん事にのみ汲々たるものあり。是れ鶯僧侶に非らずして何ぞ。二には漫りに頑固。守舊。盲目。暗啞の暴言を放ちて切りに老年僧侶を排斥し毫も沈毅れ風習なく。輕躁浮薄。破廉恥無鉄砲を以て自ら快となし。我れは佛教改革黨なり。本山攻擊論者なりと大言し。道德の何物たるを辨知せざるが如きものあり。是れ鷹僧侶に非らずして何ぞ。三には漫りに辨舌を弄して各地を跋涉し瞬時も其途に安ずる無く。表面は專ら外教を排斥する如き狀あるも裏面には佛教を利用して幾分の報酬を攫取す。我身を利せんとするものあり。是れ燕僧侶に非らずして何ぞ。四には筆を採りて佛教社會に論及するや。常に他人の論文を燒直して得色を現はし。暗に人に誇るの風あるが如き者あり。是れ鸚鵡僧侶に非らずして何ぞ。六には漫りに他族と群居なすを好まず常に塵外に逍遙して優遊自適の看あるも。其實外教の傳導に機敏なるを目撃して呆然たるの餘に出でたるものあり。是れ鶴僧侶に非ずして何ぞ。斯くの如く吾僧侶社會の現狀を網羅し來りて一括に評論すれば。佛教の將來又た酸鼻の嘆を發せざるを得ざるものあり。借問す本邦の僧侶中能く此の汚俗醜行を排して社會に卓立し進んで世に處し變に投して百年の大計を全ふし。虞淵日没の佛光をして將來に燦爛たらしむるものは果して何人ぞ。吾人は其人を得ざるに苦しむ

雜報

●驚くへし宗教の感化　別項に記載せし佛教病院設立の事につき。非常に熱心なる從四位松本順氏は。過般來震災地に趣き。負傷者の治療に從事せられし由なるが。同氏が負傷者治療の事より。大に宗教感化の偉大なることを感したる旨。或る人に語られさるを聞くに「余は是まで宗教の感化は云何ほど人心に及ぼすものかを知らざりしに。這般の震災について大に感動を惹き起したり。初め余が負傷者に對して治療を加へんとするに。何れも苦痛の劇しきを恐れて。譬へ此儘死果つるとも。一生不具の躰となるも。治療を望まずとて。いかな聞入れぬゆへ。余はほと〳〵困り入り。云何はせんと思ひ煩ふ内。大谷派本願寺法主より震災義捐なりとて。繃帶の白木綿夥しく到着しければ。此品物こそ屈竟の手段と思ひ。おきに病床に持ち行き。此繃帶用木綿は恐れ多くも大谷派御門跡より贈り越れしものにて御身達が速かに治療の功を終ゑ。健全の身に復するようにとの御思召なれば。御門跡の尊慮を酌み速かに治療あるべしと述べければ。何れも感涙に咽び。吾れさきにと治療を望みけるゆへ。何の苦もなく夫れ〳〵治療を加へ。法主より贈られし木綿にて繃帶を施しければ。皆な〳〵その恩惠を喜びて。躰の苦痛も一時打忘るゝの有樣なりしゆへ。施療後の發熱も案外に少なく何れも日を逐ふて。全愈に赴むけり。さりながら負傷者の患部腰又は足などにある者は。法主の下されし物にて足などを包むは勿体なしとて。更に聞入るゝものなきゆへ。是れは反つて不覺を取りたり。

兎に角宗敎の人心を感化するは。誠に偉大なるものなきと。イト感動したる顔持にて。或人に語られしと

●福田會孤兒を引取る　東京福田會にては岐阜地方に於る孤兒を保育するの目的にて。同會長古谷日新氏は幹事山下界如氏と共に客月廿三日震災地に趣き。所々巡回の上。去る九日孤兒を伴ひ東京に歸りたる由なるが。右の孤兒は皆な這般の大震災にて。母を失ひ父に別れ。獨り荒寥たる焦土に殘されたるものにて。何れもしほ〳〵として保母の背にもたれ。或は行李の中に呱々たる有樣は。見る人每に愍然の涙を流さざるものなかりしと

●孤兒の救養を計らんとす　愛岐の大震災に就き。吾が佛敎社會が貧民救助に。孤兒救養に。死者法要に。百方力を盡すことは皆な人の知る所なるが。豐前中津の佛敎徒は此際大に奮つて孤兒六十名を限り救養の道を計らんとの事にて。同地明蓮寺住職鹿田正現。信徒竹岡吉太郎の両氏は。有志惣代となり。孤兒連越しのため。去二十日名古屋。岐阜の両地に赴きたる由

●佛敎病院　佛敎者が汲々として。慈善事業に力を竭すは吾人の大に喜ぶ所なるか。這般東京の信佛者佐藤精一郞氏外數十名の人々は。東京に於て佛敎病院を設立するの計畫にて。百方盡力中なりしか。大に大方の協賛を得。市內の醫師も續々之に同意を表し。既に七十餘名に及びたるを以て。愈々明年三月を期し。神田區錦町三丁目元醫學院內に設立することに決定したり。同院の組織は設立の曉きに至らざれは。確うに知ることを得されども。發起者の意見によれは。貧困にして藥料の支るものなく。空しく死地に就くか如きものは。悉く施療をなすの目的にて。豫め施治券を頒與し之を持參するものは。同病院若くば同盟醫院に於て手厚く之を施療せるにありと云ふ。尙は右病院設立に就ては。東京佛敎慈善會よりも。充分の保助を與ふるやに聞く

●敎友會　東京五大學校の一と稱せられたる早稲田の專門學校は。元改進黨の機關學校として設立せられたる者にて。同校の生徒は自ら泰西主義に傾き。宗敎の如きも佛敎を排して耶蘇敎に就くの有樣なりしも。近來非常に佛敎主義に傾き。耶蘇敎の如き卑近なる宗敎は到底信仰するの價値なしとて。基督敎主義の演說には一同臨會せさるの勢ひなりしか因に記す同校にては是まで德富猪一郞氏など基督敎主義の人物を聘して演說會を開き居たりし　遂に佛敎熱心の輩相圖りて。敎友會と云へる團体を組織し。每月一回宛高德の師を招聘して。佛敎演說會若くは談話會を開き。佛敎上の敎義を聞き。又之

によりて學生相互の德風を振起するの目的にて。既に去る五日其第一會を催したり。當日臨會の講師は眞宗本願寺派の嶋地默雷師及眞言宗の青木。小柴の両氏なりしと。今同會の規則を得たれは。參考のため左に之を揭く

第一條　本會を敎友會と名く

第二條　本會は佛敎の眞理を講究し且つ之が擴張を計畫するに在り

第三條　本會々員は名譽員通常員の二種を以て組織す

第一項　名譽員は本會の旨義を賛成する貴紳及び學識德望ある人々より成る

第二項　通常員は東京專門學校に緣故ある者にして會員の紹介により入會する者とす

第四條　本會々員は德義を重んじ品行を正ふし互に積善敬愛の誠を盡し本會の旨趣を確守すべき者とす

第五條　本會は前條の目的を達せんが爲每月一回名士を聘し學校內に於て演說會を開き又適宜の場所に於て談話會を開く

第六條　通常會の外臨時に演說會或は討論會を公開するとある可し

第七條　本會費用は總て喜捨金を以て之に充つる者とす
但し通常員は本會規約費として每月金三錢を納む可き者とす

第八條　本會は幹事三名を通常員より撰擧し一切の會務を擔當せしむ
但し幹事の任期二ヶ月とし再撰することを得

第九條　會員にして本會の旨趣に背き面目を汚す者ある時は會員の議決を以て除名す（以下略）

●巴里の佛敎　佛國巴里に於る東洋語學校の敎授レオン、ドロニー氏は。這般日本人元吉清造氏と謀り。チヤングラマナなるものを組織し。有志の者を集めて佛敎上の講話をなすことゝし。シヤピートルに於て其第一會を開きしに。來會するもの數百名に及び。非常の盛會なりし由。而して同氏は近々佛敎擴張のため。一の機關雜誌を發行し。洽ねく會員に頒布する筈なりと云ふ

●外國婦人佛敎に歸依す　佛國海軍大佐バステアン氏は。今を去る六年以前妻のルエス、バテステアン氏を從えて。橫濱に來りしが。未だ十日も立たぬ內。夫のバステン氏も不圖病に罹り黃泉の客となりしかば。夫人の愁傷やる方なく明暮夫のことのみ思ひ煩ひ。何事も手に付かざる有樣ゆゑ。豫て夫人に侍べる日本の婦人も佛敎を信ずる者と見へ。此世に生れて夫を失ひ妻に別をさまぐ〳〵の憂目を見るは。皆な前世に結ぶ因緣なれば。能く〳〵この理を辨まへ。佛の敎に歸依せられ。安心の道を求められよとて種々に說きしかば。夫人も何か悟る所やありけん。其後は自ら佛敎の事を聞き。又折く〳〵は佛名を稱へなどなし居りしが。此程十善會員袖山。堀山の

二氏は何か用事ありて夫人を訪問ひ。話の序に佛教のことを語るに。夫人は語々耳を傾け居たりしが。大に佛教因果の理に感じ。以後十善會に入り。佛教の理を聞かんことを約し。且つ右の両氏に向ひ深く其厚意を謝したりとぞ

●耶佛青年會の競爭　京都第三高等中學校に於ては佛教主義の學生數十名發起となりて。昨年同校内に於て佛教青年會なるものを組織せしが。爾來增々盛況を呈し。今や三百七十餘名の會員を有するに至りたるを以て。一致教會員マスター、オフ、アーツ。田村初太郎氏（同校教授）は大に之に激し飽まで之に拮抗せんとの意氣込にて自ら奮つて基督教青年會を組織せしも。會員僅かに十七名に充たず。誠に微々たる有樣なり。之に引きかへ佛教青年會にても文學士服部宇之吉氏非常の熱心を以て之が擴張を計るを以て。到底彼等が驥足を伸るの日なかるべしと云ふ

●佛教社會何ぞ夫れ慶事の多きや　佛教の信者は下等社會に多く。中等以上の人も之を聞き之を信するもの甚だ稀れなりしなり。然るに今や世態一變し。駸々として中等以上の社會に傳播するの盛況を呈するに至りたり。是れ豈に慶すべき事ならずや。別項に記せし第三高等中學。專門學校などは。皆な中等以上に位せる人々なり。而して佛教を信じ佛教を愛することを彼が如く切なれば。他日佛教の外護者となり。教門の助けとなること決して少からざるなり。聞く所によれば第一高等中學に於ても。佛教主義の學生數百名申合せて德風會てふものを起し。毎月土曜日大學教授村上專精師を聘して起信論の講義を聞き。又月に二回づヽ智識高僧を招待して。佛教の話を聞くことヽし。既に第一會を開きしに島地。南條の両師臨講されたりと云ふ。而して耶蘇教主義の人々は大に此擧に激し右と同時に基督教青年會なるものを設けたるも。同志者至つて少なきゆへ。其勢力も一向奮はざる由。嗚呼卿等が云何に耶蘇教を固持して佛教の氣焔を挫かんとするも。到底其望みを達すること能はざるべし。既に佛教は眞理の教にして世界の人心は翕然斯教に歸するの事實あるを知らば。速かに力を佛教に致さんことを希望するなり

●管長交替　日蓮宗八品派管長中田日修師は此程同派大本山光長寺住職能受日光師と管長交替をなしたり

●日蓮宗の法將逝く　日蓮宗の法將池上本門寺の貫主權大僧正小林日昇師は客月三十日新瀉本覺寺に於て逝去されたり同師は日蓮宗にては錚々の聲へ高き人にて。同宗の今日あるも師の力多きに居れりと。吾人は同宗のため。聊か愁傷の感なき能はず

●淨土宗務執事の辭職　淨土宗々務所執事伊達靈堅氏は數年來宗制改革。教會組織のことに從事え精勤至らざる所なかりしが百般れ宗務も略ぼ整頓の緒に就きたるを以て。近頃辭表を差出せしに同管長も大に之を惜み。再三留任を勸めたるも。聽入れざるを以て。遂に其職を解きたる由なるが。其後任には大本大善氏就職したりと

●京都新聞發行の計畫　細川寂雲。平田思水外數氏は。這般京都に於て京都新聞と題する宗教新聞を發行する計畫にて○過日株金募集の爲。一三の社員を北陸地方へ派遣したる由。聞く所によれば同新聞發行の計畫には。大谷派本願寺改革黨の人々も與り居るとのことなれども。信僞の程は固より確かならず

●延壽寺の本堂再建　市内川原町延壽寺は古しへ月感大德の住居せられし遺跡にして。熊本大谷派寺院中には一等の大寺なりしが。去る十年の兵燹に本堂を始め建物一切を燒亡し。熊本市の美觀の一を缺きたるの感ありしが。最早本山の大師堂も上棟式の盛典を擧げ給ふに至りしかば。吾が寺再建をも圖らんとて。此程檀家総會を開設し衆議に附せえに。一同々意を表し二万五千圓の寄附を五ヶ年に醵集し。建築爲すことに決議したり。然るに此の中に。有志の人々の意見には。這般の建築は將來幾百年の末へを鑑み。唯巨大に昔の通り。十七間の大伽藍を建設する許りか。宗教の爲めならざれば。本堂は七間四面位にして。堅牢に美觀を盡して搆造し。飽くまで尊嚴に莊飾して從來の如き乳母や兒共の遊び所となし。褻瀆せざるゆふ恭敬を本とし。而して其境内に十三間四面の會堂を建設して。說教等は其會堂にて執行し。本堂は勤式禮拜までを營むことゝなし。成るへき餘金を積んで保存れ患なからえめんと献議する由。余輩はこの建築には關せざるも。佛敎の爲め寺院の爲め。献議者の意を容れられんことを望む

●一片の紙葉法華經八巻を寫す　長崎縣北高來郡諫早村高橋鼎三氏の秘藏に係る法華經は。縱八寸横七寸の紙面に假名文字を以て謄寫したるものにて。法華經八巻十二万六十二十八字一字も餘さず書寫したるものなれば。肉眼にては一切見分ること能はざれども。顯微鏡にて諦視すれば。筆跡燦然として更に一字の誤脫なく加ふるに卷首より卷尾に至るまで。一氣貫通の筆力あるは到底人工と思はれざる程なりと。同氏は右の如き珍物を筐底に藏めをくは慚念の次第なれば。一應天覽に供せし上米國萬國大博覽會に出品せんとて。其筋に願ひ出でえが。先程許可を得たるを以て。直に宮内省に差出したりと云ふ

●注意すべき外教徒の慈善なり　巧みに慈善を行ひ吾が良民を牽いて邪教の魔窟に驅らんとするは。彼れ外教徒の陰險手段なり。這般の震災に就ても。病院を設立して施療を行ひ。孤児を拾ひ來りて救養の道を計り。我が同胞をして情誼上已を得ず外教に歸依せしめんとす。實に警むべきは外教徒の慈善事業なり。近頃聞く所によれば。東京に於る天主教の大司教オヅーブ氏は。靜岡公教會の神父デビス氏の意志を嗣ぎ京都に於て一の治癩病院を設立し洽ねく全國の天刑病者を驅つて。之が治療を施すの計畫にて。京都の神父ウヰグルス氏に若干の資金を送り。今後の運動に就き。周到なる方案を申越せし由なるが。其書翰中へ左の警語を記したりと。彼れ等の熱心なる亦以て知るべし「卿は卿の親愛なる癩病患者を養ふに良法なくんば。自ら甘んじて乞丐となるべし

●正誤　第二國教第三號の詞叢欄内に掲載したる平井正衛氏の祝詞中第三行目に法敎とあるは佛敎の誤り第四行目に「自家ノ艮種」とあるは「自家ノ皂種」の誤り第六行目に「証入セシトスル」とも「証入セシメントスル」の誤り十行目の「參學辨道ノ」とあるは「參道辨道シ」の誤り十二行目に「移ラレンコトヲ」とあるは「移ラシメラレンコヲ」の誤りなり今茲に其誤謬を訂し謹んで編者疎漏の罪を謝す

寄書

托鉢說

菊池寛容稿

三舟居士曰ク。托鉢ハ釋門無上殊勝ノ法ニシテ。前ニ某禪師ノ演說アレドモ。其義廣漠ニシテ。其文冗長。大ニ一讀ニ便ナラス。今要ヲ摘シ。簡ニ就キ。文ヲ略シ。義ヲ詮シ。普ク公衆ヲシテ。托鉢ノ說ヲ知ラシメントス欲ス。看客其ノ疎漏ヲ尤ムル勿レ。

今托鉢ノ法ヲ說クニ當リ。其ノ大要ヲ略シテ三トス。曰ク名ト。實ト名實是レナリ。

第一托鉢ノ名ハ支那ノ稱呼ニシテ。我ガ國モ亦タ此ノ名ヲ用ユ。梵ニ分衛ト云。譯シテ乞食トス。今之ヲ托鉢ト名ルハ何ゾヤ。夫レ鉢ハ分衛者ノ道具ナリ。梵ニ鉢多羅。爰ニ略シテ鉢ト云。又タ鉢盂ト云ヘルハ。梵漢兼擧ルノ名ナリ。漢ニ譯シテ應器ト云。謂フコヽロハ巳ガ德行ノ全飲ヲ量リテ。供ニ應スルヲ主要トス。毫モ飲食ヲ貪リ。施主ヲ促スノ法門ニアラサルナリ。是故ニ凡ソ僧侶ノ佛戒ニ準シテ。分衛スルモノ。必ラス此ノ鉢ヲ持スルヲ以テ。佛法ノ規律トナス。四分律ニ曰ク。爾時ニ菩薩アリ。云々。顏貌端心。屈伸俯仰。行步庠序トシテ。前ヲ視テ直ニ進ミ。左右ニ顧眄セス。着衣持鉢シテ。羅閲城ニ入リ。乞食ス云々。大經序品云。入國分衛。獲諸豐膳。貯功德。示福田。又。淸淨分衛經曰ク。諸如來及賢聖等乃至。惠施仁愛。慈念衆生。故現入郡國。縣邑聚落。行受分衛文。是レ敎主釋迦牟尼世尊。及ヒ菩薩比丘等ニ至ル迄。分衛ヲ行スルニ確証ナリ。然ルニ分衛ノ法ハ。佛家ニ止ラス。外道モ

亦タコレアリ。且ツ世間ノ薄福貧窮ニシテ。飢渇ニ迫リ。弊衣痩肉。蹌々然トシテ。他人ノ門戸ニ立チ。哀求ヤマサルモノ。概シテ之ヲ乞食ト云。佛家ノ法門ハ此等ノ輩ト。同日ノ論ニアラサレハ。其名ヲ簡列シテ。托鉢ト稱シ。威儀ヲ貴ヒ。戒律ニ據ルヘキコトヲ示スモノナリ。

第二ニ托鉢ノ實トハ。自他二利ニ基キテ修スル是ナリ。佛地論ニ曰ク。任持スルヲ食ト名ク。謂ク。能ク色身ヲ任持シテ。斷壞セス。善法ヲ長養セシメ。身ハ食ニヨリテ任シ。命ハ食ニ托シテ存ス。五臟ニ流入シ。四肢ニ充浹シ。氣ヲ補ヒ肌ヲ益シ。身心適悅ス。楞嚴經ニ曰ク。是ノ如キノ世界ノ十二類生。自ラ全フスルコト能ハス。四食ニ依リテ住ス。所謂ル段食ト。觸食ト。思食ト。識食トナリ。是故ニ佛言ク。一切衆生皆食ニ依リテ住ス。(段トハ形段ヲ云ナリ)香味觸ノ三塵ヲ体トシ。腹ニ入リテ變壞シ諸根ヲ資益ス。故ニ段食ト云。觸トハ觸對ヲ云ナリ。六識ノ中ノ相應ノ觸カ。前境ニ對スル時。喜樂ヲ生スルカ故ニ。觸食ト名ク。思トハ意思ヲ云ナリ。第六識ノ相應ノ思カ。可意ノ境ニ於テ。希望ヲ生スルカ故ニ。思食ト名ク。識トハ卽チ。第八執持ノ相ナリ。前ノ三食ノ勢分ノ資ル所ニ由テ。此識增勝シテ。能ク諸根ノ大種ヲ。執持セシムルカ故ニ。識食ト名ク。蓋シ一切衆生ノ食ニ於ケル。一日モ之ヲ欠クヘカラザルコト。此ノ如ク。大論ニ三種食ヲ盡ス。(一ニ受請食二衆僧食三常乞食)三車法師云ク。乞食ニ四意アリ。一ニハ群生ヲ福利センカ為ナリ。二ニハ驕慢ヲ折伏センカ為ナリ。三ニハ身ニ苦アルヲ知ル為ナリ。四ニハ滯着ヲ除キ去ルカ為ナリ。故ニ云フ二利ニ基キ。如實ニ托鉢ヲ行スルハ。是レ僧侶ノ法身ヲ任持スル。最勝無上ノ實行ト稱スヘキナリ。

第三ニ名實一如トハ。卽チ鉢ヲ托シテ。食ヲ衆生ニ乞フノ實行是ナリ。顧ルニ夫レ釋迦牟尼佛ハ。天竺迦毘羅維國ノ帝王ナル。淨飯大王ノ太子ナリ。而シテ其德圓滿ニシテ。諸聖ノ上ニ出テ。其道絶大ニシテ。諸道ノ表ニ超ヘ。謂ユル三界ノ導師。法界ノ敎主ナリ而シテ其常ニ托鉢ヲ行シ玉フモノ。豈ニ窮乏食ヲ貪ルノ故ナランヤ。又タ第一ノ弟子。迦葉尊者ハ天竺摩竭陀國ノ大長者。其名ヲ迦毘羅(佛祖統紀)ト云ヘル。家ノ豪富ナルコト十六大國ノ王モ。及フ能ハサル長者ノ嫡子ナリ。一タヒ佛ニ歸シテヨリ。鷄足入定ニ至ルマテ。托鉢修行一日モ休止セス。是又タ貧窶ニ迫ルカ為メナランヤ。果シテ然ラハ佛家ノ托鉢ハ。只コレ名實一如ヲ主要トシ。一法一切法一切法一法ナル。實行タルコトヲ知リヌヘシ。

然リト雖モ。法久フシテ弊ヲ生スルハ。是レ古今ノ通患ナリ。夫レ托鉢ハ最勝無上ノ法門ナリト雖トモ。後世ノ徒。或ハ以テ生活ノ具トスルニ至テハ。弊害百出。當時ノ世人。概シテ貧窶ノ非人乞食者ト。同視シテ復タ無上法門タルヲ。認知スルモノナキカ如シ。是レ其レ誰レノ過ゾヤ。是ヲ以テ日本政府ハ。明治五年十一月(自今僧侶托鉢禁止之事)ノ。法律ヲ布テ。佛子ノ咽喉ヲ把捉セラレタリ。然ルニ明治十四年八月十五日ヲ以テ。諸宗管長ニ令シ。從前ノ禁ヲ解キテ。更ニ條欵ヲ下附シ。之カ制限ヲ示サレタルハ。吾人ノ共ニ知ル處ナリ。畢竟托鉢ハ三千年來。佛法固有ノ法門ナレハ。其名ヲ正シ。其實ヲ擧グ。名實一如ニ之ヲ修行シ。佛祖ノ惠命ヲ。盡未來際ニ任持スルコソ眞ニ托鉢ノ名實ニ背カサルモノト謂フベシ

佛教の盛運と僧侶の敗德

蓋西　禿　充　稿

夜來暗黑。咫尺辨せざるの時。鷄鳴三四。曉氣四方に通し。旭日曈々として東天に上り。乾坤自ら豁然として。恰も亂世より治世に移るの觀あるに當てや。吾人人類は。其平旦の氣壯快なるを賞せざるはなし。而して吾人は此の天然的作用の佛教が。日本に於て歐米に於て。盛運に向はんとする新現象と。同一の美觀をなすを慶喜せずんばあらず。何をか彼此同一の美觀と云ふ歟。請ふ少く其理由を開陳せん。

夫れ吾日本佛教は。三百年來。德川幕府の優待に安眠して。我あるを知りて彼あるを知らず。寺院の如きは宛然一個の小城をなし。僧侶の如きは士族と。階級を同ふして。權威却て彼れの右にあり。是より益儀式的に流れて信仰的を失ひ。遲滯不動の停滯不振れ淵に沈淪せり。於是。時人佛教を措て。葬式的の佛教となせり。弔靈的の佛教となせり。所謂當時の佛教は。名ありて實なかりしなり。然るに何ぞ圖らん。浦賀一聲の號礮に驚され。明治の革命と同時に。社會百般の事物に刺擊せられ。或は神道と對爭し。或は基督教と衝突し。或は理哲學の進歩したる結果は。佛教の眞理大に顯彰せられ。佛陀無限の慈悲兄弟姉妹の腦裡に染み。觀音何者ぞ。釋迦何者ぞ。阿彌陀豈に信ずるに足んやと揚言せし迷者も。漸次來りて佛教義軍の下に從屬し。彼れ神道家。彼れ基督教の牧師。自ら自家の教理を排擊して。幽玄高妙の佛理を談し。七大嶋。到處として佛教團体を見ざるなく。三府五港。往處として大乘法の佛典を播かざるものなき境域に進入せんとす。豈に一大快事ならずや。之れ余の所謂佛教新現象の。旭日曈々の美觀と同一なる結果を呈すると云ふ所以なり。

更に一歩を進めて通觀すれば。啻に內地佛教の復活せるのみならんや。海外に於ても亦佛種傳播れ傾向は既に著明なるが如し。今や彼等海外人は。基督教の不合理的なるを嫌厭し。而て佛教の合理あるを確認せり。基督教には危險の分子塡充せることを看破し。而て佛教には慈悲と平和と含有せることを發見せり。博士マクスミユラ氏又謂へり。佛教の道德は尤も完美なるものなりと。噫。彼等歐米人の佛教に對する感情は。夫れ如此矣。コース氏又謂へり。佛教は自然に道理的に契ひたるものなり。而て人類を滿足せしむへき。充分感情的の眞宗教なりと。嗚呼。彼等海外人の佛教に懷ける思想は夫れ如此矣。巴里市邊六金色れ旗飜々たり。龍動街頭佛陀の功德を讃美せざるものあし矣。之れ豈に世界佛教の爲め。一大快事にあらずして何ぞや。

余は以上に於て。內外佛教の教面。益す好運に向ふの事實を列擧し來れば。讀者も定めて快絕を覺ゆるなるべし。吾人も亦同情同感。大に其有望なるを歎美せずんばあらず。然りと雖も儻一双の活瞳を開て。吾國僧侶社會を看れば。高僧あきにあらず。大德なきにあらず。熱心有爲家なきにあらずと雖。其十万の僧侶は。果して人天大導師の資格ある乎。果して二利双運。能く其責任を全する乎を仔細吟味せば。自ら賈誼ならざると。不覺浩歎又浩漢。遂に涙の滂沱たるを禁する能ざるなり。

看よ。彼等は口に經文を誦すれども。其理を解せず。彼等は筆に慷慨悲奮を描けども。其實然るにあらず。只之れ儀式のみ。表面のみ。其頭は圓頂にして。其衣も清淨。能く道心家を裝ふの名僧も。其黑幕を探れば。醜之れ聞へて腥きの感あり。其企るや緊急の業。其起するや必要の事。能く熱心家を氣取有志も。其胸底は利巳的貪欲に出でゝ。利他的福祚に出でざるの歎あり。或は門徒敎導は放棄して。飮酒圍碁に耽り。或は大法護持は等閑に付して。經濟に走り。眼中布敎なく。奬學なく。只た情欲と名利とあるのみ。今や滔々たる僧侶界。悲風蕭颯。一點の快氣なく。敗德又敗德。今日より太甚しきはなし矣。故に當時文壇上勇將の名ある中西牛朗氏をして。佛敎愈高くして。僧侶愈低きものにあらずやと絕叫せしむるに到り。余の佛敎の盛運と僧侶の敗德と題して。本文を起草するも亦茲にありて他にあらず。況んや形而下の文明は。非常に進步せしにも拘らず。形而上の道德に至りては。腐敗日に甚しき今日の日本に於をや。何んぞ慨嘆せざるを得んや。嗚呼死せる僧侶よ。何ぞ蘇生せざる。眠れるの僧侶よ。何ぞ驚起せざる。敗德の僧侶よ。何ぞ改悔せざる。汝も俗物の迷霧を照破する明鏡にあらずや。汝は。衆人を善道に引入する摸範にあらずや。而て吾佛敎軍は日本に於て起り。亦海外に於て起れり。味方の兵は大和人の温厚なるあり。チユートン人種の精英なるあり。佛敎軍の向ふ處前なく。佛敎軍の至處簞食壺醬して迎へざるものなし。蘇生せよ。驚起せよ。汝の過去の罪は惡むべしと雖とも。回心改悔して。勇猛精進なるに於ても。吾人亦た何ぞ深く咎めん。今にして吾僧侶たるもの。奮然努力して。佛敎の爲に戰ひ。佛敎の爲に斃るゝの決心あらば。當時可祝の盛運空しからず。佛日の光輝五州の天に赫々として。和順清明の樂土と轉化するや明けし。是に於てか僧侶の責任全きものと謂ふべし。然りと雖も。僧侶の敗德にして。一端正路に歸せざらんか。佛敎れ眞理は最後の戰勝者なりとは云へ。基督敎の大敵襲ひ來り。佛敎の末路も遂に亡滅に歸せんのみ。敗德の僧侶乞ふ猛省するところあれ。

●震災義捐金報告

一金四圓七拾五錢

此內譯金　飽田郡川口村本庄村眞法寺周旋一金貳拾錢　白石猪之八〇一金拾錢　白石平次郎〇一金拾錢　白石勝藏〇一金拾錢　白石甚吉〇一金拾錢　境三八〇一金拾錢　木村甚九郎〇一金七錢五厘　白石卯三郎〇一金七錢五厘　境才八〇一金五錢　田中勇助〇一金五錢　北村廣喜〇一金五錢　田中唯八〇一金五錢　白石鎌八〇一金五錢　白石新吉〇一金五錢　白石桂三郎〇金五錢　白石乙次郎〇一金五錢　村上幸七〇一金五錢　白石長平〇一金五錢　白石勝次郎〇一金五錢　白石儀平次〇一金五錢　白石儀平〇一金五錢　境甚次郎〇一金五錢　白石傳吉〇一金五錢　木村彌三郎〇一金四錢〇上村政七〇一金三錢　內村佐次平〇一金三錢　櫻井豊太郎〇一金三錢　白石儀七郎〇一金三錢　高野和三次〇一金三錢　守田貞平〇一金三錢　高野市平〇一金三錢　橋本又次郎

飽田郡川口村佛敎壯年會一金拾錢　緒方俊造〇一金拾錢　吉村善丸〇一金拾錢　吉永萬次郎〇一金拾錢　武藤虎吉〇一金拾錢　白木仁三太〇一金拾錢　前田熊八〇一金拾錢　吉本利三郎〇一金七錢　內村庄吉〇一金五錢　西村榮三郎〇一金五錢　緒方貞平〇一金五錢　中村彌三太〇一金五錢　木村賓作〇一金三錢　吉野新平〇一金三錢　吉野仙次〇一金三錢　木村彌八〇一金三錢　中村彌七〇一金三錢　齊藤仙二郎〇一金五錢　北岡惣五郎〇一金五錢　白石貞太〇一金三錢・白石勇七〇一金三錢　內村庄八〇一金三錢　北野清三郎〇一金三錢　岩上作次〇一金三錢　城善七〇一金貳錢　稻田丈平〇一金三錢　北野和三郎〇一金貳錢　西村彌三郎〇一金壹錢　園田伊三次〇一金三錢　田中龜八〇一金五錢　中村萬太郎〇一金貳錢　中川キク〇一金貳錢五厘　堺仁藏〇一金三錢　生駒新三郎〇一金貳錢　中村利三郎〇

一金貳錢　中川喜四郎〇一金五錢　中川榮八〇一金五錢　中川四郎八〇一金貳錢　堺龜次〇一金三錢　中川元三郎〇一金三錢　木村卯太郎〇一金三錢　木村伊三郎〇一金貳錢　木村喜三次〇一金貳錢　木村多三郎〇一金五錢　中村嘉市〇一金五錢　西村仁太郎〇一金五錢　堺榮次郎〇一金壹錢　村田伸次〇一金壹錢五厘　小山只七〇一金三錢　西村善三郎〇一金貳錢五厘　田中彌平次〇一金壹錢　緒方兩八〇一金壹錢　中山彌市〇一金壹錢　中山勇七〇一金壹錢　齊藤謙次〇一金壹錢　坂田佐平〇一金貳錢　中村常八〇一金壹錢　園村一〇金貳錢五厘　荒木直八〇一金貳錢　小山勝平〇一金貳錢　齊藤茂八〇一金壹錢　井手金藏〇一金貳錢　井手尉七〇一金壹錢貳厘　齊藤九平次〇一金壹錢　齊藤源次郎〇一金壹錢　木村格平〇一金壹錢　齊藤宇三郎〇一金壹錢　木村源八〇一金壹錢　園本圓二〇一金貳錢　齊藤只平〇一金貳錢　中村佐平次〇一金貳錢　木村久七〇一金貳錢　田中彌三郎〇一金貳錢　園本圓吉〇一金壹錢六厘　中村喜三郎〇一金貳錢　中村伊三郎〇一金壹錢　中村仙太郎〇一金壹錢　中村善次郎〇一金壹錢　中山用七〇一金壹錢　南田利兵〇一金貳錢　緒方乙松〇一金壹錢　齊藤政平〇一金貳錢　岡崎榮次郎〇一金五厘　木村茂平〇一金八厘　中村茂三郎〇一金壹錢五厘　吉永龜次〇一金貳錢五厘　北岡伊賀作〇一金貳錢四厘　吉野幾次〇一金八厘　堺ヱウ〇一金八厘　堺惣五郎〇一金貳錢　橋本幸八〇一金貳錢　齊藤儀三次〇一金貳錢　白石清三郎〇一金三錢　白石源四郎〇一金壹錢八厘　中村新八〇一金壹錢　中村丈平〇一金壹錢　橋本彥平〇一金壹錢　中村利七〇一金壹錢　白石直平〇一金壹錢　田口末喜〇一金壹錢　白石角次郎〇一金八厘　白石勝平〇一金一錢　白石源次郎〇一金五厘　白石貞次郎〇一金一錢　齊藤清次郎〇一金壹錢　齊藤清五郎〇一金八厘　橋本寅次

●法之雨第四拾七編（廿四年十一月二十八日發行）

目次

發行所　名古屋市下茶屋町十三番戸　**法雨協會**

第二國教

第六號

明治二十五年二月五日出版（毎月二回）

●國教雜誌規則摘要

一本社は佛教の運動機關として毎月二回（第二國教）を發刊し社員に頒布すへし

一本誌は宗教に偏せす教會に黨せす普く佛教界に獨立して佛徒の積弊を洗滌し佛教の新運動を企圖すへし

一本誌は諸宗教の批評及ひ教法界に現出する時事の問題を討論し毎號諸大家の有爲なる論説寄書講義演説等を登錄し其教法關係の點に至りては何人を撰はす投書の自由を許し本社の主旨に妨けなき限りは總て之を掲載す

一本社員を組織して協賛員正社員の二種とす

協賛員●學識德望ありて本社を補成する者●時々本誌に寄稿する者●毎年若干の義捐金を投して本社を保護する者●壹個年以上本誌を講讀する者

正社員●本社の主旨に同盟し毎年金壹圓五拾錢を納る者●壹個年以上本誌を講讀する者拾五名以上若くは正社員五名以上を募集する者●各地の寄稿を取纏め本社に送致する者

一協賛員中特別効勞ある者は其効蹟を本誌に掲け其効を酬んか爲め无代價にて本誌を頒布し正社員には總て无代價にて本誌を頒布すへし

一雜誌代金及ひ廣告料は必す前金たるへし若し前金を投せすして御注文あるも本社は之に應せざるものとす但本縣在住の人にして適當の紹介人あるときは此限りにあらず

一雜誌代金は可成爲換によりて送金あるへし尤も僻陬の地にして爲換取組不便利なれば五厘郵券切手を代用せらるゝも差支なし

一雜誌の代金及び廣告料は裏面の定價に依るへし但正社員は特別を以て廣告料を減ずることあるへし

第二國教第六號目次

（二月五日出版）

雜誌代金

冊數	定價	郵稅	冊數	定價
一冊 一回分	四錢五厘	五厘	十二冊 半箇年分	五拾錢 郵稅共
二冊 一箇月分	九錢	壹錢	廿四冊 一箇年分	九拾六錢 郵稅共

廣告料

廣告料は行數の多少に拘はらす五号活字二十七字詰一行一回三錢とす但廣告に用ゆる木版等本社に依賴せらるゝときは廣告料の外に相當の代金を請求すべし

明治廿五年二月三日　印刷
明治廿五年二月五日　出版

編輯者　熊本縣上益城郡津森村三百三十一番地　吉村眞治

發行兼印刷者　熊本市安已橋通町七十五番地　志垣弘

印刷所　熊本市新壹丁目百二番地　汲古堂

發行所　熊本市安已橋通町七十五番地　國教雜誌社

第二國教第六號

社説

活佛教

左の一篇は社友草野本誓氏の寄贈に係るものなるか頗る本社の意見に投合するものあれは載せて本號の社説に換ゆ

草野本誓

明治の活世界に處せんと欲せは。明治の活佛教を擴張せさる可からす。明治の活事業を為さんと欲せは。明治の活氣象を起さる可からす。楕圓的天保の氣象と腐敗的因循の事業を以て。明治活動の人心を收攬せんと欲するは。猶ほ柱に膠して瑟を鼓するか如し。是に於てか。活潑有為の士天下に起り。大聲疾呼して曰く。佛教の革命時機既に逼れり。氣運方に熟せり。而して人心の方向。天下の輿論。亦た此の一點に集まるもの丶如し。時なるかな時。時失ふ可らす。

観よ。社會は活動せり。人智は發達せり。哲學は益哲にして。理學は愈理。昨日の眞理は今日の非眞理となり。今日の眞理は明日の非眞理となる進歩時代に立ち。彼の理哲學者をして。眞理と佛教に訴へ。生命と佛教に委し。自由と佛教に取り。信仰を佛教に措か令め。洋の東西を論せす。人種の黄白を問はす。佛理に服し。佛德に感し。佛光を仰か令ること。尚ほ小魚の深淵に游泳するか如くなら令るは。佛教革命の大事業にして。佛陀の本懐亦た是に外ならさるを信す。噫。活佛教の前途。此の如く悠遠にして。活佛教の希望。斯の如く絶大なり。豈壯快ならすや。

彼の拿破崙か。其始め一騎兵に出て。千軍萬馬の間に起伏し。漸次勢力を得て歩騎砲數万の兵を率ひ。南戰北伐。遂に四隣の草木を蹂躙し。一旦幾んと全歐洲に覇たりしか如き。又彼の豊太閤か身奴隷より起り。位人臣と極め。外朝鮮を征し。内全國を統一するか如き。皆な當時の一大革命にして。實に千古の活事業と謂はさる可ふそ。然れとも唯是れ機械的の革命たるに過きす。嗚呼機械的の革命は易く精神的の革命は難し。……憶ひ起す見眞大師の大革命を……

論説

新佛教論（其一）

石川望洋

社會は進歩的の活機にして。人類は發達的の動物なりとせは。時勢の變遷。今昔の相異ある。固より奇恠とするに足らす。而して。社會は人類を以て成立し。人類は社會を形作りて相寄り相扶く。人類ハ本ふして社會は末なり。社會ハ枝にして人類は根なり。されと。社會を改良せんと欲せハ。則ち先つ人類を改良せさるへかふす。人類を改良するも則ち社會を改良する所以なり。吾人も常に社會の改良を欲す。故に又常ふ人類の改良を欲せすんはあらさるなり。然れとも。這般の問題ハ世自ら其人ありて之を攻究す。吾人は佛教家なり。則ち唯此の理論を根據として。以て佛教を改良せんと欲するのみ。」佛教を改良せよと云ふ。用語或も少しく其眞を失すと云ハん。されと。佛教ハ佛教家ありての佛教なり。佛教家ありて世に之を布演して。初めて以く佛教れ佛教さる所以の顯るゝことを知られ。則ち吾人が。『佛教家』を改良せんと欲して。『佛教的儀式法規』を改良せんと欲して。此語を用うることの無理ならさるを了せさるへからす吾人も佛教家を改良せんと欲す。積年れ宿望なり。佛教的儀式法規を改良せんと欲す。平素の持論なり。さても改良とも何ことぞ。他無し。弊を去り益を求め。舊を捨て新を採る。但し新必すしも善ならす。弊必すしも舊に限るふ非す。乃ち括言すれは。舊弊を去りて新益を取る。之を稱して改良と云なり。

然而しく。僧服。僧髮。僧食。僧房。僧風等れことに關しては吾人既に其一班を告白して江湖ふ問へり。則ち佛教家一部分の改良に就ても。既ふ其意見を世間に發表してけり。『俗人的僧侶論』と云ふ。故に今は之を論せさるなり。次で謂もんと欲する者ハ。佛教的儀式法規れ改良となす。佛教的儀式法規の中ふて。先づ『佛書講究の方法』に付て一言せんと欲するなり。

想ふ。八万の法。四千の門。佛教もとより入り易からす。然れとも。入り易からさるを以て。入り易からすとして之を放任するも佛教家の事ふ非す。入り易からさるものをして。努めて入り易からしめんと欲するもの。則ち佛教家の心事ならさるへからず。爰に於てか其の方法を要す。幽邃深遠。卓絕高尚。佛理もとより探り易からす。然れとも。探り易からさるを以く。探り易からすとして之れを顧慮せさるは佛教家れ爲ふ非そ。探り易からさるものをして。可成的探り易からしめんと欲するもの。則ち佛教家の意想ならさるへからす。爰に於てか其の手段を要す。嗚呼此の手段方法を案出する。乃ち佛教家の佛祖に對し。社會に對し。世人に對するの責任義務に非すや。又豈ふ面目名譽に非そや。然るに。退て從來佛教家れ佛書講究法を案するに。吾人は太甚しく遺憾に堪へさるものあり。何ぞや。一部一卷の書に付て。末抄なる者數部あり。而して。其末抄なるもの異義頗る多端ふして。詮義參者に苦心すること是なり。特に同一の文言箇所にして宗派に依りて其説を異にし。相承に據りて其解を異にし。流傳慣習ニ由りて其釋を異にするに至りては。吾人ハ弊害なりと云ふに躊躇せす。則ち斷乎として改良の必要あるを見るなり。古代人文未だ開けす。世事尚は複雜ならさる時に在りては。一部一卷の書に付て。辨難縱横。異説新解。其智を鬪はし。其力を爭ひ。筆を弄し。舌を翫ぶ。或も其餘地あるべし。又面白きことあるへし。這般の閑餘地ありて而して面白し。是き古代に解釋書即ち末抄の夥多なる所以なり。然れとも古代今世時同じからす。勢一ならす。人文の進達。庶事の複雜。百科の學開け。萬種の業起る。則ち昔日の如き閑餘地あらさるなり。一部一卷の書に付て汲々屈托するを許さゝるなり。且つそれ。同一の文言箇所。假令異説新解ありとすと雖も。又一定不動連貫の通理なかるへからす。此の一定不動連貫の通理を探る。是き純然の解釋法ニして。枉けて異説新解の夥多なるを要せさるなり。之ニ渉獵詮義するに及はさるなり。况んや宗派的相異おや。相承的相異おや。慣習的相異おや。如來一音演説法。衆生隨類各得解。されど如來一音の法教にハ。又一定不動連貫の通理なくんはあらさるなり。

地震微考

勝國道人

一日寒天柴扉を叩く者あり。予は火燵の後ろより蒲團を擁し。顔のみ出して應したるに。豈圖んや薩州より來り居りし友人。昨十月來豊前ニありしが偶々來訪せしにそありける。互ニ一禮畢て云へらく。頃日第二國教と云へる雜誌を借りて讀みたるに。東洋地震説と云あり。中に吾縣下天文學の禿安慧氏に是の説明を要求せしも。未た其回答を得されは。止むを得す一昨年演説せし地震説を出すとあり。實に其事あり。君亦其説あらハ願くハ之を聞んことを欲し。年詞かたく訊問せしなり。然るに君には病ひにてもあられしか如く見ゆるは如何にと。予曰然り。昨十一月の頃にやありけん。隣寺の禿充君來て。天文説の必要なる處と簡短に認めて投書せよとありけるゆへ。先年地球一周の妄誕を彈駁せしを。友人の筆記せし一編あれは之を贈へしと。過半清書せしニ。又本社より地震説をオコセヨト望み來れり。依て之を認めんとせし處。風邪にて持病の痰痛起り。雨來晝は全く打臥すまてにも至らされとも。次第ニ重る爲に筆を採ること能ハす。宛も縮頭の龜となりしかは。思ひなから大に延退せり。然るに國教上其名世上に轟然たる大八島の深淵に蟠まれる蛟龍の。遍く天下萬民の爲に膏雨を灌注せし後に出てゝ。予か如き黄臍の孺子また何をか云んや。佛經は大山なり。之を挾んて世界の北海を超ることは固より能はされとも。友人邂逅の訊問豈爲に少しく枝を折らさらんやと。嘗て抜萃せし小帖を。火燵の上に展て話を初めたり。友人腰より墨斗を出し。其梗概を筆記せられけるゆへ。日も終に暮れぬ翌朝之を一見し。再ひ清書を乞ふて其所由を書添へ。之を以て昨年十一月來諸君の毎度の責を塞くことゝはなせり。乞ふ不遜の罪を恕せよ。

大藏經中。地震に衆説ありて諸經論に散在せり。法苑樹林に。佛般泥洹經。大集念佛三昧經。阿毗曇論。智度論。增一阿含經等を出せり。是前号の東洋地震説に引くか如し。今煩しく論せす。然るに予か考にては。佛教多種ある中概して三由あり。一には自然の地動あり。二には衆生業感に依て動するあり。三には佛及ひ諸天世人に無常を知ら令る爲に動するあり。○初に自然動とは。先つ大地れ成立を説たる佛教にては。凡て世間萬物を四大所成とす。依て立世論を初め。起世經。起世因本經。樓炭經。正法念經。長阿含經。倶舍論。婆娑論。顯宗論。四分世記經等。何れも大地の所成を風水金地とすれとも。增一阿含經には。地金水火風等と説けり。而して其相擊するより震動すとせり。其震動に就て。立世論には。之を概して二因緣とす。諸經論には。三因四因。或は八因と説けとも。唯具略の異のみにして。此二因と出さるなり。其第一因に云く。比丘。是世界住水界上。是水界住風界上。是風界住於空中。比丘。有時大風吹動水界。水界動時卽動地界。是一因緣故。大地動と云へり。是四大互に擊動するを畧説したる自然動なり。依て同論に寒暑を説て云。何冬寒春熱夏時寒熱。是冬時水界最長。未滅尽時。草木由濕。未萎乾時。地大濕滑。火大向下。水界上昇。所以深水最煖。淺水則寒。節已至。日行路照炙不久。陽氣在內食消則速。以是事故。冬時則寒。乃至云何春熱。是時水界長。起滅已尽。草木乾萎。地已燥坼。水氣向下。火氣上昇。何以知然。深水則冷。淺水則熱。乃至地氣蒸鬱。若風吹時。蒸氣消則寒。若風不起時則熱。是故夏中寒熱と云へり。(天竺は一年を冬夏春三時の説あり。今は是に依る)。又起世經曰。佛告比丘。以有日故有熱。有熱故有炙。有炙故有蒸。故有汗濕。以汗濕故。一切山中汗流爲水。以成諸河と云へり。又同經。震雷を説て曰。有三因緣。更相觸故。雲聚空中。有音聲出。一雲中風界與地界相觸著故、二雲中風界與彼水界相觸著故。三雲中風界與彼火界相觸著故。乃至譬如樹枝相揩卽有火出と云へり。又同經。昇雲を説て曰。有四種雲。白色多有地界。黑色多有水界。赤色多有火界。黄色多有風界。有雲從地上昇。一拘廬舍抄畧等と云へり。以上何れも四大相撃して成する所ろより。此處には外學に對校して大に論あれとも。今は略す。彼理化學の數百年肝膽を摧きしも佛一時の金口説の範圍を出さるを見るへし。○第二に衆生業感に依て動すとは。自然の地動も。或は諸天無常を知ら令る爲とするも。衆生災害。或は禎祥を受るの邊に至りては。何れも前業所感ならさるはなしとせり。依て文殊儀軌經曰。人被輪回業縁長縄所縛。以此業力不能解脱善悪因果。我故説此一法。陰陽星宿分於善悪。及説四護世等地水火風。而此四大和合所作。發生衆生種々集因と云ひ。又年にも十二宮分。月には星曜の宿直。日には三十時を分ち。天下には分野の地を説て。其地震の時。或は霹靂。雷電。白虹。黒煙。風雨。水火。閃電。陰陽。飛禽。怪異等を列説して。人間に饑饉。刀兵。憂苦。疾病。賊盗等。及ひ樓閣臺樹の傾覆。樹木の摧折。城壁寺舍殿堂の破壊等の兆應あり。或は天下豐饒昇平。上皇帝王子妃后大臣より。下も萬民に至るまて。歡喜受樂等の禎祥ある善悪の感應を説き顯はし。其結文に至て。如是善悪禎祥感應之事。無不皆因衆生過去之時所作所修之業と説き玉ふ是なり。是を法苑樹林に釋して。一世界多世界。亦有薄福衆生感得地動損害と云へり。此中一郡一國に及ふは惣報業にして。人々其損害を受るの異なるは別報業なり。釋如常。

○第三佛及諸天世人に無常と知ら令る爲に動すとは。此中自ら善悪の兆預め知ら令るものとせり。立世論の第二因に。有大神通威徳諸天。若欲震動大地。即能令動。復諸比丘有大神通威徳諸經には羅漢或は菩薩とも説く觀地相令小水相令大。亦能震動と云へる是なり。これを大智度論には。火龍禽帝の四動とす。其文曰。二十八宿日月一周繞。若月至昴張氐婁室胃宿。地動若崩。是動属火神。乃至若柳尾箕壁奎危宿。地動若崩。是動属龍神。乃至若參鬼星軫亢翼宿。地動若崩是動属金翅鳥動。乃至是時大雨。江河枯渇。年不宜麥。天子凶大臣受殃。若心角房女虚井畢觜斗宿。是九宿中地動若崩。是動属天帝。是時安穏。風雨宜五穀。天子吉大臣受福。萬民安穏。又地動因縁。有大有小。一閻浮提。乃至大千世界。小動以小因縁一國地動。大動大因縁等。又諸阿羅漢。及諸天神地祇も能く動することを説けり。其結文に曰。有此大地山河樹木一切衆物。而不知無常故。動此世界。衆生福徳微薄。令知一切磨滅皆歸無常等と委細に説き玉へり。（文長し今ハ畧抄）以上の説より考ふれは。天に彗星出るも。地に震動あるも同し事なり。依て華嚴經には。一國感悪縁。則彼當土衆生。觀諸一切不祥。但此國見。彼國衆生本所不見となり。天に彗星迅雷風烈あるも。地に震動怪異あるも。佛及ひ護世諸天神の。此世界は成住壞空の四增減あり。其中の六道四生。風水火の三災時々に起り。何れも無常の苦界。憑むへからす。着そへからす。後生佛果無漏の大樂と要求すへき事を知ら令る爲なること明かなり。諸經論種說ありと云へとも。唯具畧の異のみ。以上の三說を出さるなり。此中諸天の地動に又自ら善惡の二種あるへし。儀軌經曰。彼天人阿修多等。若行不善相鬭戰時。此時人間現諸惡相。所謂非常地動。忽作風雹閃雷。異常天火黑煙。處々皆起。是彼計都星。作日月蝕。（是ハ非時ル蝕也）共有如是種々諸惡相現。所現之國。必定衆生。感有重々疾病。饑饉夭枉。人民憂苦。諸出家人。亦大怖畏等とありて。非常の災害。多く不定の世間なることを知ら令む。彼護世の天王等の如き善神もあり。又六天魔王波旬等の惡神もありて。共に甚た多きことなり。依て見眞大師の和讃にも。天神地祇はことぐく。善鬼神と名けたり。これらの善神ミなともに。念佛のひとをまもるなりとも云ひ。或は天地にみてる惡鬼神。ミなことぐくおそるなりとも云へり。依て地動にも。世人に福するあり。害することあり。道理必然の勢ひなり。依て予ハ上に引く所ろの。文殊儀軌經等の兆應を說たる文を以て。是迄の地震の度每に能く推考するに。佛の懸記に符合すること甚た多し。彼凡慮推測を以て。時々變更改革する。化學究理等の說。間々參考することも少なからすと云へとも。其源因を說くに至りては。其善惡禎祥の感應等。今日目前見事に合そるより考ふときは。世には佛經を如何か議するを知らされとも。予は深く信して疑はさるもの也。なほ神儒二道に掛合せて話もあれと。委きことは他日に讓る。

演說

佛教の大意　島地默雷

私は今日佛敎の大意と云ふ御話を致す覺悟でありますが。申さす共私の無識無學なることは。辨する中に御分りなさるが。私が學問の出來ざりし譯は。今より三十年前でありました。蠣瀨の照雲寺に於て。前後五年中三年の間。先きの善讓和尚に就て佛敎の講釋を聞きましたが偶々兵亂に逢ひ。矢石の間に奔走し。遂に維新となり。それより間もなく本山に出てゝ俗務を執り。今では新聞や雜誌も見ることは出來ぬ樣なことであります。なれと少々見たり聞たり。又は考ふる所ろもありますれは。且く之を御話し致しましやう。又手佛敎の大意と云へは。容易な樣て六ヶ布きものであります。其法門は八万四千に分れて其經論は七千余卷の多きに上りて居ますれは。一度拜見することも中々容易なことては有ません。しかし左樣廣博なるものてありますなれど。之れを約めて申しますれは。諸惡莫作。衆善奉行。自淨其意。是諸佛敎の四句十六字となります之れを七佛通誡の偈と申しまして。諸佛の敎は此偈文より外にはありません。今此偈文を平易に申しますれは。惡き事をなすな。善きことを行へよと云ふことてあります。斯く申しますれは。佛敎と云ふ者は其位のことか。其位のことは三尺童兒ても知て居ると云はれましやうけれと。唐の白樂天を御覽なさい。或日白樂天が敎を鳥巣禪師に問はれたれは。師は諸惡は作る勿れ。衆善は奉行せよと云はれた。其時白樂天が其位ひのことは三歲の孩兒も之れを言ふと申したれは。師は三歲の孩兒も能く之れと言ひ得ると雖とも。八十の老翁も猶は行ひ得すと云はれたことがありますが。其位のことは知て居ると雖も。之れを我身に行ふことは六ケ布きものであります。又此諸惡莫作。衆善奉行と云ふことも釋尊か創めて之を御作りなされしものではなくして唯世界に存在する所の眞理を御說明なされたものてあります。」然るに諸君は如何か思はるか知らねとも。眞理なる者は皆人の心の中に存在してあります故に。佛敎が諸君の心に契はねば。强て御信しなさいとは申しませぬ。佛敎を信するは卽ち已が心を信するのでありまして。諸君は必す善が好きで惡が嫌やでありましやう惡が好きて善が嫌やな者ハあり升まひ。恰も諸君の心の如く佛敎には惡を作るな善を行へよと敎へます。依て佛敎と御信しなさいと申し升ので。善き事が好きなれは。善き事を爲すへきに。善き事を爲さすして。惡き事を爲す者か世界に澤山ありますが。釋尊は之を轉倒の妄念と御說きなされた。手近き所で申せは。芝居と見ても。軍書を讀んても能く分ることて。彼忠臣藏なれは由良之助か好きて。九太夫は。嫌やと云ふか。古今一般の人情てありましやう。何故に由良之助か好きて九太夫は嫌やかと云ふに。我良心の鏡に照して。之か黑白を正すに。我良心は本と善か好きで惡か嫌やと云ふ眞理を具へて居る故に。善人を見ては好き。惡人を見ては嫌やと云ふ情か起るのであります。然るに世に由良之助の黨類は甚だ少くして。九太夫の味方は甚だ多くありますか。是皆顚倒妄念の所作てあります。其顚倒の妄念を排して。本性本心の顯はるゝ樣に敎へて下さるか釋尊てあります

佛敎は三世に亘て轉迷開悟を敎ゆるか主てありますが。此世に於て因果業感の道を顯はし廣めぬときは。將來の壯年を如何せんと云ふ場合に立ち至らんかと按しられます。花は櫻。文

明は西洋と云ふとは皆人の承知する所てありまして。文明と云ふ文字は。歐米の代名詞となりてあり升。歐米の政治とか法律とか。或は學術とか云ふ者は。成程善は善。美は美くあり升か。之が土臺となり。之が基礎となる道徳は。全く廢れて居り升。故に彼洋人の狡猾なるとは詐偽百出至らさる所なしと云ふ有樣て。殊に社會黨とか虛無黨とか云へる黨類は最も盛てあり升。其虛無黨抔は種々の手段を運らして天子をも弑せんとする勢てあります。又社會黨抔は。金滿家と雖も金を持て生れた者てはなく。我々と同しく天帝より賜はりし者なりと云ひ或は上下貧富の隔りかありてはいけぬと云ひ噺やし升。故に金滿家の者は其堵に安んして眠食するとも出來ない有樣てあります依て一も西洋二も西洋と西洋好きとなりますと。諸君か持てる金で。人の金を取る社會黨を買ひ込む道理てあり升。先年長崎地方に財産平均説か起りまして。車夫や乞食に。貴樣等は此樣な哀れな事をなすよりも。我等が説に從へば。金持の金を取て遣る杯と云て。數多の貧乏人を集めましたが。貧乏人は早や金持になりた氣持にて。毎日々々飲むやら食ふやら舞やら歌ふやら大噪きで米屋でも酒屋でも。飲まさぬ。食はさぬ。貸さぬといへば打倒すと云ふ有樣てありました。今私でも其樣な黨の首領となりて。金持の金を取て遣る杯と主張したらば此中でも千八二千人位の貧乏人は。直に募て見せますが。佛教を信する者は其樣な説は立てません。私は其頃同地へ行き合ひました故。財産平均説を唱る者に對して。一席の演説を致しましたが。其時に私かいふには。私も貴公方の仲間に入ろうと思ふが。入るに就ては玆に一の相談がある。外のとでもないが。若し人が貴公方に。御前方は平均説を主張さるゝさふだが。富士山を崩して。琵琶湖に埋て御覧なさいと云たならば。如何かするや。又其中の二三人を立たして。貴公は丈が高ひ貴公は丈が低ひ。依て貴公の長ひ足を切て。貴公の短ひ足に繼げ。又貴公は体か瘠せて居る。貴公は体が肥へて居る。依て其肥へたる肉を割て。瘠せたる體に付けて見せといふても左樣にはなるまい。其他貴賤貧富等皆人々各々の自業自得なれば。如何ともするとは出來ぬ田中鶴吉といへる人の歌に「苦にやむな金は世間に。あづけをく。それがほしくは。働ひてとれ」とあるか。貴公等か金か欲しければ。働ひて取るより外には仕方がない。働ひて取れ遣はさぬといふ者はあるまい。唯遊て居て金を欲しかるは因果の説を知らぬ者と云はねはならぬ。又一人か一升の飯を食へば。一人も一升の飯を食ひ。一人が一合の酒を飲めば。一人も一合の酒を飲むと云ふは。自分々々の分限をしらぬ者と云はねはならぬと申しましたれば。車夫や乞食の様な貧乏人も。大に悟る所ありしと見へて。遂に貯蓄法か出來て。今ては十人並の活計を立て居ると聞きましたか。佛教は善因善果惡因惡果の道理か分ります時には。社會黨や虚無黨杯か起ると云ふ様なとは。決してありませぬ。（完結）

寄書

我國宗教上に於ける九州の形勢を論す（接續）

山崎の戰。秀吉北瞻天王山。指謂左右曰。今日之戰。使敵先獲此。非吾利也。言未畢。賊旗幟登焉。乃命堀尾吉晴。往奪之。と吾人は國史を讀んで此に至る毎に。未だ嘗て巻を掩ふて長嘆せずんば非るなり。嗚呼。天下の大勢。勝敗の依て決するは。其機一髪の間にあり。故に此機に先ずれば則ち勝利を占め。此機に後れば則ち敗續を取る。是れ實に優勝劣敗の法則が。轉瞬の間に行はるゝ所以なり。當年堀尾吉晴が。豐公の命に應じて起ち奮撃突戰。光秀の先陣を驅逐して。占領したる天王山の要地も。星遷り物變り。今や既に山下には。滊笛劉亮として鐵車烟を噴き。空く行人をして。車中に懷古の情を掬せしむるに過ぎず。然りと雖とも。現今人類生存競爭の大法は。最も博大に。最も精緻に行われ。劣敗優勝の法則は。怒濤の如く。激浪の如く。最大猛烈の域に進めり。而して彼の大法は啻に有形世界を拘束する而巳ならず。亦進んて無形世界をも拘束せんとし。此法則は啻に實体世界を支配する而巳ならす。亦た進んで虚象世界をも支配せんとす。世運の光景それ斯の如し。豈に第二の天王山なからんや。吁豈に第二の天王山なからんや。

吾人は。現今日本宗教界に於て。突兀たる王山を發見せり。博愛の旌旗を飜し。正義の劍戟を閃かし。眞理の光輝を耀かし。以て輸贏を國民の信仰に決す可き宗教家が。相互の教理を鬪はし。相互の確信を勵まし。相互の傳道を巧にし。相互の熱心を烈くし。相互の感化を及はし。相互の鮮血を灑ひで。以て大に爭ふ可き巍峨たる天王山の形勢は。歴々として吾人の眼底に映せり。嗚呼。宗教界の天王山焉にかある。我國耶佛両教徒か運命を決す可き一大戰場何處にかある。蘇山高く聳へ筑水長く流るゝ九州に在り。蓋し九州人士か性質たるや。概して評すれは。勇往にして敢爲なり。剛毅にして果斷なり。慷慨にして激烈なり。豪放にして疎大なり。磊落にして躁急なり。單純にして直截なり。而して最も胸中活火炎々の氣に富めり。此氣に富むか故に燃へ上るか如き熱情を有せり。明治維新以來我國に九州なる名聲の轟き渡りしは。畢竟彼の性質に加ふるに。此氣を皷し。此情を激して。以て各種の事業に應用したるに外ならさるなり。

然り而して九州人士の長所は。野蠻的の氣象を鼓舞して。千艱萬難を蹈破し。以て創業的。革命的。破壞的の事業を決行するにあり。時運に遭ひ機會に投じて。滿身の膽力。勇氣を揮つて時勢の潮流に乘するにあり。一言以て之を謂へは。政治上の主義。若くは崇拜する人物。或は信奉する宗教等の爲めには生命をも拋擲して盡力せんと欲する精神是なり。想ふに彼等は如斯非常なる長所を有すると同時に。又非常なる短所を有せり。概して論すれは。彼等の智識は疎率に僻して精細を缺き。遲鈍に傾きて機敏に乏し。一時の感情に刺衝せられて輕擧妄動を試み。永遠なる雄圖を忽にするが如き傾向あり。時勢に着眼する鋭きを以て。深奥高尚なる學術討究に熱心する能はさるか如し。堅忍不拔の氣象に乏しくして悠久なる守成的事業を永續する能はさるか如し。黨派的。割據的の感情に支配せられて。氣宇を濶大にし天下の大局を達觀するの念に薄きか如し。雄偉活潑に過くるの弊は。傲慢粗暴に陷る如きことあり。

夫れ斯の如く。九州人士の性質を公平に觀察し。其長短を明白に論究し來れは。彼等の特性特質か。愈々我國宗教運動上に於て。絕大なる地位を占めんとするの事實を。吾人の喋々を要せすして明かなる所なり。九州人士の性質氣風を一層緻密に分拆して。以て宗教家たる可き者の資格と對照し來れは。大に適中したる而已ならすして。宗教家の資格に於て彼等の性情は。最大優等の位置に立てる者と謂はさる可からす。抑も宗教家の資格とは如何なるものそ。吾人か所見を以てすれは。金剛不壞の大信仰を以て資格の中樞となし。之に加ふるに。眞正なる道德。高潔なる品行。懇切なる慈愛。猛劇なる熱心。高尚なる思想。博大なる智力。深遠なる學識とを圓滿完備し。而して至大至剛の勇氣と。鮮血淋漓の決心とを以て。兩大羽翼となし。以て天を驚かし。地を動かし。神を感せしめ。鬼を泣かしめ。雷霆の如く。疾風の如く。銀河九天より落つるか如く。激流滔々雪花を噴くか如き。一大雄辨の術を自得したる者を稱して。資格を有したるの宗教家とす。吾人か信する宗教家としての資格なるものは。夫れ斯の如し。九州人士の氣風性情は。實に此の宗教家の資格と適合し。一致し。聯貫したる者と謂ふ可し。

宜なる哉。機を見るの卓眼なる彼の耶蘇教徒は。早くも限光を九州に注ぎ。大に九州を覬覦し。將さに全力を合し。精鋭を集めて。宗教界の天王山を占領せんと欲するもの丶如し。實に九州要衝の地には。鹿兒嶋に。宮崎に。大分に。中津に。福岡に。小倉に。柳川に。久留米に。佐賀に。長崎に。熊本に。八代に至る處に。彼等は基督教會を結びて其信徒を會し。耶蘇禮拜堂を建てゝ上帝の福音を演説し。英語學校を設けて。其地方の青年男女を教育し。以て基督教傳道に鋭意熱心して。大に時機を伺ひ一時に爆發せんと欲するもの丶如し。殊に彼等は教育の全力を長崎に集め。傳道の中心を熊本に控て。以て内外相應じて。一時に烽火を擧げ。九州を席卷せんとするの。方略に依りて運動するもの丶如し。蓋し長崎は。日本耶蘇教傳播の歴史上に於て。耶蘇信者磔殺の地にして。最も彼等の感慨を惹く可き地也。而して傍近の地。古來より頑硬猛烈。水火を蹈んで意となさゞる。天主教の信者最も多く。今に至りて益々盛なり。故を以て長崎港内。天主教の協會堂及び同教神學校の如きは。巍然として雲を突き。讃美歌。祈禱。アーメンの聲は洋々として港内に溢れ。人をして毛髮森竪せしむ。加之。一致教會の加伯里學校も亦た。此處に立脚の地盤を築き。其他耶蘇教の旗下に屬する。二三の學校又た此地にありて。大に間接的耶蘇教傳道を試み。嚴然として九州の教育社會に雄視せり。

日本宗教界の天王山は九州にあり。九州宗教界の天王山は熊本にあり。長崎は熊本の支脈なりと謂ふ可し。現時我國の宗教家か翼を全國に張らんと欲せは。須らく九州に雄飛せざる可からず。九州を占領せんと欲せば。先づ熊本に一大勢力を養成せざる可からず。蓋し熊本の地たるや。九州の中央に位し。最要衝の地歩を占め。九州政治界の中心たり。九州教育界の中心たり。九州商業界の中心たり。熊本は實に九州の東京なり。如何なる事業に關せず。大に九州の全面に向つて。威勢を示さんと欲せば。先づ地形上熊本に據らさるを得ず。宗教家豈に復た然らざるを得んや。而かも熊本人は概評すれば。剛直勇敢にして。最も堅守の氣象に富み。謹嚴熱心にして。最も宗教心に富贍なり。嗚呼。彼の神風連か同盟二百有餘名。合して一体となり。一夜の内に鎭臺を襲擊し。縣官を殺戮して以て。勇猛壯烈。潔よく死を決したるものは。是れ敬神的の信仰より發したるものにして。此の熊本特有の人質に基かずんばあらず。彼れ組合教會の英俊前後輩出し。眞宗の碩學陸續踵を接するか如きも。亦た此の人質に基かずんばあらず。是に依て彼の基督教徒は早くも既に炯眼を此に注ぎ。傳道上の一大勢力を此地に聚合し。佛教徒と一大決戰を試み。旗鼓堂々相摩し。相當り。大に雌雄を決せんとする者に似たり。

日本現今の宗教界に於て。熊本は實に耶蘇教人物の輩出せし巢窟也。日本基督教傳道の先驅をなしたる者。多くは熊本人也。彼の日本私立學校の泰山北斗を以て自任し。耶蘇教傳播の一大機關學校を以て自任する。同志社學院が。今日七百有餘名の學生を養成して。宏壯雄麗。日本佛教の中心に屹立し。以て各宗本山の伽藍を睥睨するの大基礎を剏建したる者は。新嶋襄氏の力而已に非ずして。舊熊本洋學校出身の人物が。其中堅となりて運動したるに是れ由らずんはあらざるなり。（未完）

蒐錄

本願寺廣如宗主誡時衆偈

木畫尊像。拜之如眞。一念往生。信之如實。報恩稱名。寤寐莫忘。謝德勤行。晨昏莫廢。三時飯食。家屬共用。一時佛飯。豈踈嬾乎。吾座常拂。何況佛室。吾衣時裁。何況佛帳。香須清淨。燭須明朗。勿使花枯。勿使器穢。更重師恩。且隨世敎。無妨家職。深思量之。

對食偈

故日溪法霖

粒々皆是檀信。滴々悉是檀波。非士農非工商。無勢力無産業。自非福田衣力。安有得此飲食。愼莫語味濃淡。愼莫語品多少。若不知食由來。恐墮負重牛馬。此是保命藥餌。療飢與渇則足。寄語勸同行者。食時須作其意。願以此飲食力。長養我色相身。上爲法門干城。下爲苦海津筏。普敎化諸衆生。共往生安樂國。

左の一篇は博士井上哲次郎氏か演せられしを本社員か其大要を筆記せしものなりもとより誤謬の点少なかふさるべし讀者乞ふ諒せよ

王陽明學

文學博士　井上哲次郎　述

王陽明の學派は支那日本共に大に行はれたるものにして今ま僅少なる時間に其詳細を述るを得されは唯だ其大要を論せんとす。就ては先つ

支那哲學の沿革

を述べん。支那哲學の尤も盛なりしは。周の時代にして其學士の輩出せしる。恰も希臘古代哲學の盛なりし時代と同一様にして。降て秦漢の世に至ては。哲學振はず。唐に至ては唯た僅かに韓退之のありて。原道を説きたるのみ。最も此時代は思想の世にあらずして。專ら書くるの世にてありけれは。詩文等には隨分名句傑作もありたれど。哲學に至ては一も名家を見出す能はざりし。これより宋の世に至て今まで振はざりし哲學。玆に再び振起し。周廉溪。邵康節。張横渠。程明道。程伊川。陸象山。朱子等の大家陸續として輩出し。孜々として哲學の講究を勉めたり。然れとも陸象山を除くの外は。皆な先輩の哲理を研究擴充するに止まり獨自一個の見を出だせるを見ず。就中朱子の如きは。先哲の説を註釋するを以て務

めとせり。而して朱子の學派は支那朝鮮に於ても盛んに行はれ。我日本に至ては。政府の學問として採用せられたれは。大に隆盛を極めたりと雖も。亦た他の批難を免れさるものあり。朱子は先哲を尊崇し。古説に拘泥したれは。自説を立つるに際して。先哲の説を徑庭せさらんを務めしか故。矛盾或は衝突する所往々ことありた。されと同氏一代の著書甚た多し。

これに反して陸象山は。古説に拘泥せす。先哲の説に據らず。専ら自已の心に基きて立論せし學派なれは。外界事物の理を攻究する必要等あらされは從ふて著書も亦た少し。明の世に至ては王陽明。劉宗周其他二三の學者あれとも。王陽明を除きては。皆なこれ陳腐の學者にして宗儒と其轍を仝ふするものなり。獨り王陽明に至りては盖世の大哲學者にして所謂陽明學派なる一派を起せり。然れとも此學派の根源は陸象山の學に基きたるものなれは。矢張自已か一心を基礎とし。外界萬物に心を寄せす。其説湛然として。最も快活なり。加之す王陽明は當時の文章家にして他の及ふところにあらず。而して日本に於て陽明學を專修せしは。彼の有名なる中江藤樹を始めとし。熊澤蕃山。佐藤一齋。大塩後素等なり。一齋は初め朱子學を修め。後に至て。陽明學を修めたるも。同氏は林家の門人なるを以て。表面上は朱子學を以て裝へり。蕃山は一種の經濟説を唱へ。大塩は奇態なる擧をなせり。而もこれ自已の工夫にて考へ出したるなり。是等は此學派の獨得と云ふべきなれど。當時朱子學盛んなると。大塩の如き寄態の擧をなすものありけれは。此學派に關する批評は少なからさりし。

陽明は明の憲宗八年支那の南方に生れ。西洋近世哲學の未た行はれさる以前にして。彼のベーコン又はデカルトの生れさる以前なり。死するとき五十七歲。妻ありしと雖も嗣子なかりし。陽明は蘇東坡に似たるところ少なからず。大に洒落戯談を好めり。然れとも後には。感ずるところありて。曰く。吾昔放逸今改過と。されど。諧謔を好むは其性質と見ゆ。矢張り諸生を相手に戯談をなすことは已まさりしと云ふ。氏は殊に詩吟謠歌に巧みにして。其頃越國の流行歌なぞは。最も巧みなりしといふ。かゝりけれは。彼の嚴肅なる程伊川なぞとは。其學風も大に異なりき。又た陽明は好みて。兵書を讀み。兵法を講せりといふ。當時の朝廷には閹竪といふ佞臣頗る私をなし。爲めに封事を上りて。獄に下るもの續々あり。陽明も亦封事を奉りて獄に下る。終に四十枚鞭撻せられて驥州へ竄せらる。闇竪竊かに人と使してこれを途に殺さんと謀る。陽明之を察し。身を水中に投し。暗に逃かれて碇泊の商船に寄る。恰も好し。其夜大風船流れて。縉海に入る。陽明直ちに岸頭に攀ぢ。一寺院に泊を乞ふ。許さす。即ち近傍の山林に入る。虎豹交々來り其側を徘徊す。陽明自若毫も意とせず。翌朝寺僧これを見て大に驚き。以て普通の人にあらずとせりといふ。其後支那諸方に賊起る。陽明討てこれを平げたりと。蓋し古より哲學者にして戰をなしたるものは。彼のソクラチース。フイレオ。墨子外數氏あるのみ。陽明嘗て曰く山中の賊は破り易し。心中の賊は破り難しと。死する年五十七。遺する「此功名又復何言」との語を以てせりといふ。（李鴻章との比較ありたれど要なければ略しぬ筆記者識）

陽明の學派に付ての書籍は。傳習錄。陽明全書。陽明全集等これあり。此中全集は種々愉快の記事ありて陽明の事跡を知るに便なり。

陽明學の全体に就て云へは。倫理學大部分を占め居れり。これ獨り陽明のみにあらず。支那學は總して然るなり。陽明學は。善念を主張す。陽明の語に曰く。志と立つるは即ち善念にありと。斯の如き組織なるか故に化學。植物學。金石學等あるを知らず。否な知ると雖も學問の中に入れず。これ亦た朱子學と大に異なるところなり。朱子は理。氣。並存論等にして形而上は理なり。形而下は氣なり。氣は器なり。易に云ふ道と仝し。即ち器は有形なり。理は無形なりと蓋し朱子は現象論なり。故に空氣は氣（器）の現象なりと說き。理は世界の現象なりといふ。之れ亦た不分明に至らむ

陽明は理氣不二合一なりと說く。佛說（身心）の道体不二の說と仝一なり。朱子は理。氣と差別して論するか故に格物學の必要あり。

陽明は單に心（理氣合一にして一心に攝す）を明にすれは。萬物の理。隨て明瞭するといふ。傳習錄に詳かなり。

以上は朱子學と陽明學とに大に異なる所なり。（未完）

昆江井上先生墓誌銘

昆江井上先生。以明治二十一年八月十六日。啓手足於其家。翌年二月。門人來乞墓銘。據狀。先生名節。字大中。通稱榮。筑後御井郡大城村人也。大父曰勝寬。父諱申勝。字希忠。世仕久留米藩。以文字擊劍教授藩士。其師淡窓翁。贈詩希忠。稱文武亙才。娶權藤氏。以文政十年十月產先生。々々幼亦遊淡翁門。學成而歸。翁有託道之言。及其繼箕裘。門人益進。天

性篤實謹嚴。而其論人懇々切々。鄉黨化德。風俗自淳。廢藩之後。爲師範學校教諭。明治十八年。淡門之徒再興宜園。群議遂先生爲師。於是寓豐後。所至皆稱善誘。十九年辭職。家居三年而歿。年六十二。遠近惜之。所著有喬木集。合一篇。其言曰。聖人之學術。道斯行之而已。然不先知其道。則猶發無的之箭也。知道之方法。唯限窮理之一路。其學根柢如此。詩數卷。温秀可誦。元配伴氏。生一男五女。先沒。男從太郎承家。長女嫁鹿毛氏。二女嫁大神氏。末女最好學。將出就艮師。繼黒岩西郷二氏。皆無子。初先生之在淡門也。年十四五。余亦在塾。先生少余五歲。人皆目爲才童。爾後不相見者。殆四十五六年矣。明治丙戌之秋。余避暑善導寺。先生聞之來訪。握手話舊。主僧覺定。置酒扶歡。酣歌戯謔。遂相與臥。翌朝喫茶。各叩學所造詣。余云。余甚好周易。歴觀漢宋諸儒書。程朱之言。其庶幾乎。先生曰。然。吾亦主性理學。傍愛釋氏。因論經史及佛理。覺定聞之喜云。二先生所談。卽法中語也。已而三人棹舟遡筑川。飲鹿毛氏別莊。談論三日。交情大熟。始知其人可畏敬也。顧宜園稱多士。概以詩鳴。其與論經義者。獨有先生而已。何料溘然而逝。嗚呼命哉。余安得不銘。

銘曰。　道遡濂洛。　德薫遠邇。　左文右武。　傍通佛旨。
千歳流遠。　錦屏山峙。　不朽者名。　山水同美。

明治二十二年五月　　西肥藍田谷口中秋謹撰
北筑蕉園井上侃齋謹書

燈臺詩曰。明月和明德。煌々照夜臺。
門人廬家意。聊寄兩燈來。

無神論理（承前）

論者或は曰はん。凡そ空間の無邊なる。時間の無限なる。共に之を二大永久と稱すへきものなり。而して之を知るは。人類の有限なる意識にて此二大永久を知るこそ。可視可感の二界に於て知るへき事ならん。卽ち抽象概念の然らしむる所にして。之を本然智識と云はさる可らすと云はん。是れ亦一應の理もあるへしと雖とも。深く此二觀念を考ふるに。全く經驗より來りたる推想に外ならさるを知るなり。其の故を如何にと云ふに。前にも云ふ如く。空間を知るも。時間の觀念起るも。皆な自体。卽ち自我なる者の內に存せる經驗と遺傳の本能とに由る事なり。先つ始めに自我の觀念を本能に存し痴鈍なるが如きは。必至の事ならさる時も亦是れ遺傳智能ある實證なり。彼の天賦の才能と云ふも。是れ悉く遺傳の然らしむる處にして。其の人は卽ち經驗の智識を啓發すると速かなるを致すへき遺傳性あるものなりと云ふも。恐らくは過言にあらさ

るへきを信す

論して玆に至れは。余輩が本然觀念を拒否することの理は。畧ほ明瞭なるべしと雖も。論者或は空間の觀念本然になからんには。物体を知るべき謂れなし。時間の觀念本然に存せずんば。繼起を知るべき謂れなし。是れ本然觀念の人に存する所以なりと云はん。是れ理なきにしもあらさるべしと雖も。深く自已の小宇宙たるを知らざるものゝ云ふ点にして。人類は一身の内に於てすら。物体も認識し。繼續も實行しつゝあるものなり。知らずや。論者汝の心意。即ち腦裏組織細胞は。体内各部の有機活物を統一して。未だ世界の一物だも之に觸れざる内より。内界に於て身体の各局部と接觸し。常に之を主宰するにあらずや。既に此の理蔽ふ可らず。然らは汝の腦と身体各局部との關係は。即ち玆に繼續を實行しつゝあるにあらすや。之は是れ始めより汝の心意に於て。有意識となりて然るにはあらずと雖も。汝を組織せる細胞は。汝が意識せざる先きより。(否な汝の心意に顯著明晰ならざる先より)。之を認識し實行しつゝあるとなり。否な汝の生出すると同時なるのみならず。細微なる無構造の萌芽より一發し來りて。絕へす增殖し。自殖有機活物の發作。以て之を組織したるものなり。故に之れを簇會し。以て吾人々類の活体を成立せしめたるものにして。人類より下等の動物も。亦此の自殖有機活物の簇會より成立したるものなるとは。人類に異ならすと雖とも。人類は其の簇會の成立最も精巧緻密なるものなり。從て動物にありては。蒙蔽隱微にして。殆んと啓發の時なきか如き智識も。人類にありては。之を顯著ならしむるとを得るなり是れ其の人類の腦裏を組織する有機物。即ち細胞の動物より複雜緻密なるに由りて。其の智能原子も從て增殖したるか故なり。然らは即ち心意は。遺傳。即ち繼承增殖し來りたる智能原子を潛伏せしむるものなりと云はさる可らす。然る時は心意は如何なる形質あるものにやとの問ひも起らん。之を形容して答ふれは。班点ある大理石の如きものなり。爰に何等の物を。彫刻するも。遺傳の班点は依然たるへし。遺傳の本能あり何等の智識を移植するとも。適當なる田畑の如くなるものなり。然れとも之を惹起して人類に理解性あらしむるは。經驗にあらすんは能はさる所なり。遺傳の本能(寧ろ之と遺傳觀念と云ふへし)は。吾人此世界に生出すると同時に。必至の事に附て始て直ちに之を發するものなり。即ち嬰兒の吸乳せんと欲して。保助なきに哭泣するか如き是なり。又小兒の或る事に聰明にして。或る事に暗昧なるものあり。而して其の無數なる細微の有機活物は。邪邊より傳來したるものなるや。是れを考察するに。素より其の究竟の原因に至りては。吾人の智力未だ之を知ると能はずと雖も。熟々之を推考せは。此ものたる一發の細微無結搆萌芽あり。古より今に至る迄の間に於て。其の各一世紀を經過する毎に。其の以前に立つ數世代より繼承したるが上に。絕へず增殖し來りたるものに今日の生物を組織し。之が元精たるものなりと云はさる可らず。是れ其の有機活物（卽ち細胞又は細胞小芽）の一々。皆自動子たるが故に原因することならん。蓋しダルウィンも亦之を推考して。幾んど余輩と等一の斷定をなしたることは。前に引用したる論旨に於て知るべし。既に斯くの如くなれは。人類の活体は細微無數の有機活物の簇會にして。其の腦髓も復た同一の組織に成り。隱微の間に智能發作の機能を備へたる者なりと云ふことを得べし。夫れ然り。然らは心意卽ち腦裡の有機体は。設令其の組織の始めにて。未だ經驗を經ざる時と雖ども。相傳の智能原子を潜伏せしむるものなること疑ふ可らず。設令精巧なる顯微鏡なきときは。之を見ること能はずと雖も。理論の心眼は之を看破するに容易なるべし。况んや既に細胞の發見。人をして疑ひを存せしめざるに至れるをや。然らは心意は決して白扁純白の紙片たる如きものにあらず。又神手の以て之を賦與したるものにもあらさるなり。實に彼の活物の互ひに相ひ接觸する要狀を。其主部たる腦に傳達し。以て之を統一せしむるに由ることなり。而して其の腦なるものも。亦細微なる有機活物の集合せし共和体にして。身体の生成と共に成立し。彼の細胞原子と異ならさるものなり。斯く論し來れは。心意內の事と假想假定し。併せて人身の生理を假定するに似たりと雖とも。之れ決して然らす。「有機物の全体は數多の元分子より成立し。各一元分子は大抵相ひ獨立せることなし」とは。諸生物學者の意見を等一にする所論にして。クロウト。ベルナルドの證言たり。又「有機物の各一機關は。其特有の生活。又は自治ありて。其の近隣の組織に依倚することなく。自から啓發生殖するの能機を具備するものなり」。是れ亦ベルナルドの證言する所なり。ダルウンに至りては。尙は之を確立せしめて曰く。「活体の細胞卽ち原一は皆な白種子たることは。直ちに顯微鏡を用ひて觀察したる確實の成跡なりと定めたり。而して余は更に一歩を進めて論する時は。是等の細胞。又は細胞小芽の再生力ある者を產出すと定め得べし。然る時は動物は再生統系のみを以て。其の全体の內部より子体を生殖するものにあらすして。各局部の各一細胞の內より。其の子胞を生殖するものなり。（中畧）左れは各一生物は恰も天にある星宿の如く。細微無數殆んと思議し難き。自殖有機体の湊會より成立する處の一小宇宙と見做すべきものなり」と。於是乎余輩も亦是等の説に同意を表するを知り。身体の存して思ふに外ならざるあり。然らは之れを是れ一事と云ふべし。思ふも存するも一体なりと云ふべきか。假かに之を想へば無機物の一箇体と異ならさるか如く。實に一体をなして一体に働くものたると明なりと雖とも。事物を智覺し。道理を認識すると云ふに至りては。身体内に存する心意の靜坐して働かさる時にあらす。作用所動の部に属せり。心意の所動作用となれは。身体ありて存するものにはあれとも。復た身体を一物体と見て之を認識するものたり。頭足兩手は靜坐の時には身体に附屬し。之と一体をなせども。其作用所動の時には。互に別箇の働きをなして相ひ共に提携關係し。恰も物体と物體と相觸るゝか如き場合あるなり。心意と身体も斯の如く身体内に存する心意が。其身体と相對して。之を一箇の物体を認識すると一般に認識して其の存するを知るなり。若し心意身体の二者が。一体不可分にてあるならんには。身体の存在は勿論。心意の存在するも又之を知るに由なかるべし。猶は之を詳言せは。心意即ち腦裏の有機体が。己れの身体の内外諸部に於て。互に相ひ感觸する神系の傳達を得て。自已の身体各部の存在するを智覺するなり。即ち心意と身体各部との相對に依て。其存在を認識するなり。蓋し腦は身体と共に生存し。其の主部たるものなれは。之を概略して云へは。人身は各獨立なる有機活物の集合共和体にして。其の各獨立したる有機の智識が。經驗より生するやと信受するや否やを推問せば。余輩素より經驗の智識を作るものたるを知ると雖も。全く五官の感覺のみにては。純眞の智識を得ると難しと云はざる可らず。然らは五官の感受を借らず。可思界のみに於て。抽象の概念を起し得る者なりと信するや否やと問ふものあらんこと必せり。余輩素より人類の心意の始めて創造せられ。未た經驗の之に一回たも加はらさる時は。全く白紙の如きものなりと信ずるにはあらずと雖も。先天賦與の靈魂妙想ありて。以て抽象概念を起因するものなりと云ふと能はざるなり。然らば汝の純眞智識を得ると云ふ点は何ぞ。經驗にもあらず。本然觀念にもあらずとせば。抑も之を何とか云はんや。於是乎愈々詰問を下されんと知るべきなり。余輩今此の難問に答へん。

夫れ心意と身体とは。之を全く別個の者とする事を得べき乎。デカルトが「我思故我存」との箴言を以て。其教系の根基となしたりと雖も。之を批評する者は。所謂思ふも存するも一事なり。「我存故我思」と云ふも。支悟することなかるべし。然らはデカルトは前提の內に推論を置きたるものなりと云へり。デカルトの之に答辨すると。或は至理と見ゆる者なきにも拘はらず。之に依て見るときは。心意と身体とは全く別箇の者と見る可らさるに似たり。然りと雖も人類は全く思ふて存するを知り。存して思ふなり。少しく輪環法に似たれども。思ふて身体の存上。思索の道と爲さんと欲するにあらず。其の理の爭ふ可らさるもの。現然存するを知ると雖も。未だ以て盡さすとする所以は。余輩猶ほ進んで討撿尋求せんと欲するなり。（未完）

詞叢

偶感二首　荻野獨園

學道先要適天眞。適眞無我又無人。工夫若不除人我。佛法還添滿眼塵。

贈藐姑射石門　調雲集

咫尺迂行尋舊緣。任他處々暮鐘傳。昔時青眼我何變。今日赤心君亦全。柳絮池邊風淡々。梨花村外月娟々。棲遲獨愛神仙境。不渡前橋三十年。

惜春詞　故井上昆江

花落無人掃。流鶯控地飛。殘春餘半日。繞樹尙依々。

賣花翁　不二門靜湖

折去曉園數朶英。胡蝶翩々相逐輕。一肩擔來花不重。聲々市上賣春行。

浴温泉　小栗栖香處

世途不可交。寸隙欲相乘。皇天別有賜。温泉浴老僧。浴來吹烟坐。吟骨冷於冰。笑我昨日事。營々奔走曾。

次秋帆上人韻　菊池寛容

春宵曳杖步遲々。疎景横斜月上時。林下美人爲底事。暗香深處拾新詩。

觀棊

明治廿二年三月。訪松林法雷師。師時患痾。乃賦七律寄呈

終日無成事。圍棋誤一生。原非君子樂。眞是鷺鴉爭。

草野本誓

厭世避名入海逃。遙尋蘭若偶相遭。學才曾聽門中傑。道義今知緇侶豪。揮舌常談護城策。拋身時當攝綱勞。寄言師是吾宗師。勿以病痾藏利刀。

明治已丑三月。草野師來訪。見惠詩。乃和瑤韻却謝。

松林法雷

名利從來非易逃。病餘獨喜舊朋遭。床前强鬪仙棋妙。花下試陪詩筆豪。野菜村醪侑君醉。度生說法助吾勞。言々更斷疑情

去。師舌眞斯百錬刀。

新年

盤嗽呼茶坐待晨。鐘聲百八報佳辰。爐香氣散椽楹暗。堤柳烟晴旭日新。暦有陰陽花不惑。天期時節鳥知春。屠蘇一醉歌相祝。今日廟堂多直臣。

偶成　龍華空音

浴身大谷流。六十五春秋。彼岸應非遠。托心佛願舟。

將赴東京留別草野兄　小野木善親

君可留吟嵐峽花。吾將去賞墨田花。他年相會相談日。比況東西兩處花。

送小野木兄之東京　草折言

橋邊惜離別。折盡鴨江楊。欲問相逢日。前山已夕陽。

歳晩放吟　高木米所

日月東流水。滔々去悠哉。塵事紛不盡。窮鬼拂亦來。屢上官途屢蹶頽。宜矣日酔酒百杯。山上有山奈無路。畢竟狂愚且粗才。齢近强仕跡如此。任他蹉跎歳月催。獨有老親病癃痪。只期明年共春回。感來好同塞翁馬。笑見屋角一樹梅。

戯作五首寄國教社　波多野彦也

國位闍浮提地東。教吹無上秀眞風。雜行抛去稱名號。誌是無邊光佛同。

八萬四千相佛兵。淵々撃鼓醉眠驚。蟠于泥務同盟策。龍欲冲天護法城。

中原經世顯功名。西海浮舟濟衆生。牛馬袪裾迷外道。耶揮椽大世雄兵。

草々勞心冠世賢。野生讃讀闢邪篇。本來君是西方佛。誓不成正覺智圓。

吉祥天女副多聞。村走郷奔護法軍。眞女眞男三歸入。治才評論不虚文。

水中月　樋口唯誓

晴天如水々如天。明鏡在空珠在淵。時有清風拂江面。忽爲金波碎娟々。

報恩講　瑞穗秋帆

一捨雜行歸易行。人間何競利兼名。佛恩重似須彌重。聊竭區々遺弟情。

雪中遊成趣園　今村雲峰

孤笻引去出江隈。風雪紛々拂面來。閑歩漸臻成趣苑。幽光恰是似蓬萊。

○　晴雪庵　古池花鷗

夜の味も空にしられて月と梅

子に倦と申す人にははなとなしとは祖翁の門人に示

されたる金言なり

筆置てはへを拂ふや子の寐顔

人木石にあらねは時にとりて物に感するなきにあらす

一音に鍬音やみぬほとゝぎす

○

招かれて見による庭の柳かな

○　　大城誓三

誰ならで問ふ人もなき柴の戸を叩くは夜半の水鷄なりけり

初冬殘菊　　菊池千枝子

をしめはや菊も名殘のありつらん冬もかれせす咲き匂ひつゝ

冬戀

わが思ひ積る心のいやまして身は白雪と消へやはてなん

時事

熊本英學校の違敕演說　　悲憤生寄投

本月九日熊本英學校。々長就任式に於ける顚末は。式塲の正面には。陛下の敕語を掲け奉り。來賓一同に配布するに。「本校の現狀表白」なる一小紙を以てす。其の中（本校の特色）と言へる一節に。蓋し學生をして。公共に竭し愛國の念を勵し云々思ふに此主義此精神は。漸て邦家將來の元氣となり。立憲日本帝國の柱礎なる可きを信じ云々と。表面には日本帝國を戴きつゝ。忠君愛國を裝ひつゝ。同校敎員惣代奥村禎次郎氏は。錐嚢を脫して其の本色を顯わし。猛毒惡むへき演說を爲せり。曰く。本校敎育の方針は。日本主義に非す。亞細亞主義に非ず。乃ち博愛世界主義なり。故に我々の眼中には。國家なく。外人なく。校長なく。來賓なし。只一の人類あるのみ云々と。意氣揚々として演說したれは。來賓中不快を感したるもの頗る多く。中にも藤崎本縣學務屬は。大に不審を懷き。若し此等の演說をして。果して同校敎育の主義を表示したるものとせば。敕語の旨趣に戻るのみならず。大に敎育の統一を破るものたるを以て。來賓稠坐の中に於て。校長藏原氏に向ひ。當校敎育の旨趣は。果して右演說の通りなりやと問ひたるに。藏原氏は。決して個人敎育。世界主義を執るものに非ざれば。追て返答に及ぶべしと答へたり。依て藤崎屬は其儘退塲したるが。本縣廳にては右演說に就き。大に疑ふ所ありとて。態々校長藏原惟廓氏を召喚して。演說の次第を質問したるに。藏原氏は。自分の精神は。固より奥村等の云ふ所の如くならず。依て退て取調べたる上。更に何分の返答に及ひ申さんと陳べて歸りたりしに。去二十二日に至り。藏原氏は。縣廳に對し一片の回答書を出せり。然るに九州日々新聞は。一片の和魂溢れて董狐の史となり。健筆を揮つて其の事實を直書し。其罪惡を暴露するを以て。熊本英校より正誤を請求せしも。之に應せさるを以て。同學校教員渡瀨常吉。大迫眞之の兩名は。親しく同新聞社に至り。過日吾校長授任式に於ける。奧村の演說記事は。自校の名譽を損害し。甚た不穩當なる語句もあれば。是非正誤を希望するとの意を述べたりし。然るに同新聞社は。彼の演說は公衆の前に於てせしものと云ひ。且つ本社參列の社員。親しく之を聞きたるものなれば。敢て正誤するの必要なし。若し彼の記事にして虛誷ならんか。本縣廳は。何故に貴校長を召喚して。貴校の教育方針を問ひ。貴校長は。取調べの上回答せんとは言ひたるぞ。甚だ解せさる所ろなりとて。之を拒みたれは。右兩人は種々の辨解を下し。弊校教育の方針は決して個人主義に非す。且つ奧村の演說も。博愛主義より立論したるのみにして。國家なく云々とは述べし事なしと辨護せしも。本社員は。其現場に臨んで親しく之を聞きたれは。斷然取消の請求に應じ難しと刎付けられ。悄然として退社せりと。而して同新聞は。啻に正誤せさるのみならす。却て彼れか事實を枉けんとするを憤り。益健腕を揮つて。其不敬を責め。大に世間の注意を促せり。加之同新聞第二千八百四十號にわ。左の慷慨淋漓たる慨世義團の寄書を掲載せり。左の如し。

熊本英學校の罪を鳴らして同胞正義の士に訴ふ

慨世義團

慨世義團は。吾人何等の團体たるを知らす。昨我社に寄するに。左の一編を以てし。之を本日の紙上に掲けんとを求む。一讀其趣旨の在る所を察するに。頗ふる世を慨り俗を惡むの精神あるを見る。蓋し是れ日本魂の凝結團集したるものならんも知るべからす。其團体何人等の起す所なるやを問を須ひす。玆に掲けて本欄を塡む。

大詔一たひ下りて。日本教育の方針玆に一定して。予輩日本臣民の指針亦既に明なり。苟も日本の國土に住し。日本國土の水を飮み。日本國土の粟を食ひ。一片日本男兒の心魂を有する者。誰か亦違敕の教育方針を取り。詔敕を蔑視するか如き儕輩あるを容さん哉。若し是等の乱臣賊子を容さば。是れ國体を傷くるなり。是れ亂を長するの道なり。日本臣氏の義務。宜しく大聲疾呼。鐘を鳴らし。皷を鼓して。其の罪を正さざる可らす。予輩は實に此輩と共に天を戴くを欲せさる也。予輩は彼等を誅戮して其の肉を啗はんと欲する也。意ふに我四千萬同胞の所感亦當に如此なるべしと信せしなり。然るに國らざりき。予輩脚下の熊本英學校に此輩あらんとは。
去る十二日發兌の九州日日新聞。二千八百三十一号雜報欄內
に云ふ。熊本英校校長授任式の席上。敎員奥村禎次郎なる者
は。同校敎員總代として。左の如き演說をなせりと。
本校敎育の方針は。日本主義に非す。亞細亞主義に非す。
又歐米主義にも非す。乃ち世界の人物を作る。博愛世界主
義なり。故に我々の眼中に國家なく。外人なし。況んや校
長をや。況んや今日の來賓たや。予輩は只た人類の一部と
して之を見るのみ云々
該新聞の報する所實に此の如し。予輩又聞く。生徒總代泉某
なる者。亦同一の演說をなせりと。而も式場の正面には。敕
語を揭けなから。此の無敬なる演說をなせり。嗚呼四千万の
同胞諸君は之を聞き。果して如何の感ある乎。予輩は特に腕
動き氣激するを覺ゆる也。然れ共余輩は自ら審省熟顧の方法
を取り。其或は誤報に出つる歟を疑へり。又た實に其の誤謬な
らんとを希望したり。而して疑團結んで解けす。終に當日臨
席者の許を訪ひ。其の信僞如何を訊問したり。而して予輩の希
望は全く水泡に屬せり。否。一層甚しき憤懣を起さしめたり。
嗚呼悲むべき哉。彼等は日本臣民に非らざる乎。大八洲民族に
非さる乎。彼奥村禎次郎は。實に敎員總代として前文の意旨を
以て演說せり。泉某は。生徒總代として同意旨を演說したり。
而して敎職員中一人の是を非議せし者無く。生徒中一人の之
を非難せし者無し。加之彼等は實に滿場大喝采を以て之に同
贊したりしと。然らは卽ち之を敎員生徒全体の意見。卽ち該校
の精神敎育の方針と云ふも亦た何の不可かあらん。咄彼等既
に眼中國家なしと明言するは。本國他國の區別を立てざるな
り。而して敕語中の。一旦緩急あらば義勇公に奉し。以て天壤
無窮の皇運を扶翼すへしと宣り給へる叡慮を明に承服し奉ら
ざるなり。否な畏多くも此敕語を蹂躙したるものなり。嗚呼四
千萬の同胞諸君は是を聞き如何の感を生ずる歟。忠良高明な
る同胞諸君は。必す　敕意の存する所を知らん。而して此言の
違敕たるは。亦予輩の辨を待たずして了知する所ならん。
抑も　敕語は日本敎育の標準にして。予輩臣民處世の方針を
指示し玉ひし者なり。苟も日本臣民たる者。誰か之を遵奉せ
ざる可けんや。況んや身該校敎育の任に當り。此方針を以て
生徒を導くべき者にして。反て違敕の演說を聞かず。知らざ
る仮僞して自然と內外無別秩序紊亂國力漸く衰亡の域に傾く
の勢を馴致する逆賊輩に於てをや。我同胞諸君は此輩に對し
て如何の處置を施さんと欲する歟。尊氏が不忠は天下其の面
に唾せんと欲する所なり。道鏡の大逆は天下其肉を喰はんと

欲する所なり。而して道鏡既に死し。尊氏今は亡し。天下其の憤を漏さゞりしを慽む。今や尊氏道鏡と造出さんとするの逆賊。近く大江英學校に顯はる。豈に安然するに忍びんや。」

嗚呼彼等　敎語の正前に於て。如斯悖逆の言を吐く。是れ聖勅を蔑如したる者なり。是れ　聖敎と侮辱したる者なり。予輩之を聞く。往年第一高等中學校に於て。聖影に對し奉り。敬禮せざる者あり。當時我輩の同友諸君は。心意の激する所。遂に彼をして復た社會に立つの顏なからしむるに至れり。是れ予輩の實に愛敬する所なり。而して彼大江英學校は獨り敬禮を欠ぎたるに止まらず。一層進んで　敎語を侮辱したり嗚呼四千萬の同胞諸君。乞ふ諸君の良心に訴へ。深感熟慮。以て此輩をして跡を日本國內に留めしむる勿れ。予輩不似と雖も。諸君の驥尾に從ひ。大になす處あらんと欲するなり。謹て同胞諸君に告ぐ。

又た同新聞第二千八百四十四号には。重ねて左の悲憤痛快なる。一篇の演説を掲載せり。

熊本英學校の事に付て有志諸君に質す

大　鳥　搏

諸君よ。諸君は我か熊本近日の出來事なる。熊本英學校の演説一條を知るならん。九州日日新聞か載する所の雜報。及ひ該新聞の寄書欄內に在る。概世義團の寄贈に係る論文の引証する所。又當時該校の演説席に臨んで。親く該演説を聽聞したる人の説を聞くに。實に彼熊本英學校の敎員總代と稱する。奧村禎次郎なる者は。我輩の眼中に國家なし云々の演説を爲したりと。

予は初め之を聞て。深く奧村なる者の不屆千萬なるを怒れり。既にして能々考ふれは。獨り奧村なる者を咎むへきに非す。該學校全体れ敎育か則ち然あらんと信認するなり。何ぞや。先年熊本敎育會の席上に於て。該學校の先校長海老名彈正氏が演説に。我々の敎育は。日本人を作るの目的に非す。又阿米利堅人其他何の國人を作るの目的に非す。只世界の人間を造るの目的なれば。世界主義と云ふて可なりと述へて。當時の臨席者なる。師範學校敎員。本田武太郎氏の駁撃を受けたることを傳聞したり。之に由て考ふれは。該英學校の敎育は。海老名氏が數年來薫陶したるものなれば。其旨趣の一般生徒敎員に普及して。（藏原氏は近日就任したる人なれば）奧村なる者の當日の演説も。善く其旨趣を述へたるものと察せらる。何んとなれば。當日の演説を聞きたる來賓中には。感觸を惡くして忽ち席を蹴て立ちし人も多く有りたるに。該校の職員生徒中。一人の敢て之れを非難する者なきを以て見れば。愈々以て奥村が演説の該校に是認せられたるもの。否該校の敎育主義と成りたるものなることを確むるに足れり。

其然らん。其然らん。耶蘇の所謂博愛主義より言へば。實に海老名奥村兩氏の演説こそ。適當得宜ものに非すや。

然るを何そや。愛國尊皇の假裝と爲し。法律の下を潜り。正論の唇を避け。奥村一人の過言の如く言做すは。豈に世人を瞞着せんとするに非すや。豈に宗敎家の本領ならんや。宗敎家の本領は。耶蘇か十字架上に磔殺せられたるを以て手本とす。何そ大聲疾呼して。我々の眼中。天子も無く。父母も無く。國家も無く。唯一の「ゴツト」有るのみ。此我熊本英學敎育の主義なりと明言せさる。

若又彼の眼中。無國家の演説が。信に奥村一個の私見に出てゝ。該校一般の敎育主義に反對したるものならは。該校の職員敎師は。該事件の當席に於て。何故に本人に向て之を詰責せさる。詰責して服せざれは。何そ之を放逐せさる。此等斷然の處措をなさす。倚々悠々として時日を經過し。縣廳の問ふ所となり。世論の嗷々たるに至て。周章狼狽して。猶之を曖昧中に塗抹し去らんとす。何ぞ國家と云ふ觀念を輕視するの甚しき耶。

夫れ國民に國家の觀念を抱持せしむるの要用は。素より宇內の議論既に定りて。今更言ふを須ひそ。就中我日本國の如き。海洋中の一孤島。四面强國に挾まりて。獨立永存を保たんと欲するに。國家の觀念。忠君の思想。國民の腦隨に浸潤するに非れは。何を以てか其の間に立つことを得んや。敕語の下るも之れか爲なるへしと信す。故に今日の敎育者に在ては。此の觀念と打破すへき言論行爲に逢はゝ。毒蛇猛獸の如く。之れを擯斥し。驅除して遺さゝる可きに。同學校の中にありて。朝夕其議論を聞き。同席に在て其の演説を聞き。他人は多く之を聞て不快を感したらん。一校の人を擧て一人も之れに氣附かさるの理ある無し。何如々々。

我々は平素藏原。海老名の兩氏に於て。何の恨も無く。又該校の敎員生徒に怨恨も無く。又彼外人キユーリツキに意趣も無し唯該校の敎育趣旨か。國民に國家の觀念を亡はしむるの敎育と認むれは。如此の學校は我熊本縣下に無之らんことを望む。如此の敎育家は。熊本縣下に足を留めさらんことを望む。縣下有志の諸君は。以て如何とか爲すや。」以上

日本の地を蹈み。日本の粟を食ふもの。誰か國恩の優渥なるを知らざるものあらんや。皇化の恩波に沐浴し。太平の餘澤に游泳するもの。誰か君恩の無窮なるを知らざるものあらんや。家畜尙ほ主恩を知る。彼の奥村果して何物ぞ。敎育の大

任を帶び。一校の摸範たる身を以て。却て禮を缺ぎ。義に背き。道を失ひ。德を破る。其罪天地の容れさる所ろ。神人の許さゞる所ろ。此を以て其子弟を薫陶せんか。後來幾万の奥村を出す亦た知る可からす。聞く所に據れば。本縣廳より。英學校主濱田康喜氏に命し。奥村の解職を促したりと。嗚呼嚮きには內村鑑三と出し。今亦た奥村禎次郎を出す。何爲ぞ純潔精粋の天地を瀆す者の多きや。然れとも其心に生して其の言に害あり。奥村の說く所ろ。果して奥村の精神に非さるか。噫孔明出師の表を見て泣かざるものは。忠臣に非さるなり。聖敕蔑如の怪報に接して憤らさるものは。大和民族に非ざるなり。世界主義の邪說を聞て。怒らざるものは。日本臣民に非ざるなり。邪敎惑溺の弊遂に斯に至るか。爰に熱血を絞り。紅涙を灑き。絶叫して大方の義士に訴ふ。

雜報

●釋尊靈蹟のパノラマ畫　大聖釋迦牟尼世尊の諸靈蹟は。遠く印度の內地に散在し。加ふるに赤道直下の熱帶地なるを以て。途中猛虎毒蛇の害多きを怖れて。容易に參拜の望を企圖する者無し。偶々險を冒し難を蹈み。以て參拜し得たるもの一二人あるも。釋尊成道正覺の聖地たる。佛陀伽耶を限りとして。未だ普く其他の靈蹟に及ぶ者あるなく。千載の下。敬虔なる佛敎徒をして。空く印度の天を睨して。敎祖追慕の涙を掬せしむるに過ぎざりしが。今回東京尾張町の塚本善三郎氏は。其他の有志者と共に。兩三年前より其實蹟取調に從事し。二三宗敎大家の補助を得て。佛陀伽耶並に鹿野園等を始め。世界無双の壯觀と稱せらるゝ黃金寺。サンチ古墳（釋尊の舍利を埋めたる所）。コレバコナム殿堂。世界第一の高峯。ヒマラヤ山下ダジリン等。往古世界第一の文明國として。隆盛を極めたる天竺國民が。無上の信仰と。多年の星霜とにより。靈妙の美術を盡して經營したる建築物。其他二千五百年前の遺跡を實寫し。昨年三月以來。精妙なる一丈餘のパノラマ畫。六枚仕立中なりしが。此頃漸く落成せしを以て。來る三月より東京西京大坂等の各所に於て。諸人の縱覽に供する由。尤も右の繪畫は。熱帶地の人物草木。及び空氣の色合に至るまで。精細の取調を遂げたる上にて認めたるものなれば。坐して天竺の內地に遊び。親く釋尊の靈蹟に詣するの感あるべしと。

●總合哲學講義　藤宮規平氏は越後の人なり。始め耶蘇敎に入りて其敎理を窮め。其後大に感ずる所ありて斷然該敎と脫し。家を棄て。妻子を棄て〻。單身飄然。四方に流浪し。以て宗教上の眞理を實驗的に討究し。或は臨濟宗一派の本山たる。京都建仁寺に入りて。坐禪觀念。大に直指人心。見性成佛の法門を窺ひ。或は高野山に躋りて。眞言秘密の幽界を探り。以て佛教眞理の大海に身を投じたる人なるか。氏は舊臘より西京に來りて。耶蘇教家にては同志社浮田和民。四條教會松山高吉。佛教家にては中西牛郎。松山松太郎。橋川惠順諸氏の門を叩き。懸河の辨を皷して口角沫を飛ばし。今日我國宗教世界の最大急務なるものは。佛耶両教の軋轢を調和するにあり。予は全身を捧げて此大業に當らんと欲す。而して第一着に實行すべき方法は。佛耶兩教高名の人々。一堂に會して胸襟を開き。各々其眞理を質議討論するにあり。予が總合哲學の講義をなすも。亦此の意に外ならずとて。両教諸氏の賛成を求め。去る十六日午後三時より。四條裏寺町西林寺に於て開會し。各教の聽衆者。凡そ三百有餘名にして。非常の盛況なりし由なり。

●京都佛教徒の新年懇親會　經世博議社。悟眞協會。開明新報社。の三社發起となり。京都佛教徒新年懇親會を。去る十七日午後一時より洛東中村樓に於て開會せしか。來會者は同府下各佛教團体。即ち醫學校佛教青年會。淨土布教會。慈無量社。尊皇奉佛大同團。振教會。傳道會。九州佛教俱樂部。平安同志硏究會。法話會。法園社。反省會。海外宣教會。等の代表者と其他有志者。無慮七十二名にして。一同着席するや松山松太郎氏は發起人總代となり。一統に來會の勞を謝し。挨拶終りて。前年名古屋大會に於て議決せし如く。今年京都に於て開く筈なる。全國佛教者大懇親會を開くの可否に就て。一統の意見を問ひしに。滿場多數の賛成にて。彌來る四月中旬を以て京都に開設することに決し。直に其委員十五名を指名撰擧し。大會開設に係はる準備は委員會と開きて議定することに決し。終て盛宴に移り席上數番の演説祝詞等ありて。和氣靄靆の間に佛教萬歲を呼び。互に胸襟を開きて。一統充分の歡を盡し。午後八時頃無事退散したり。

●副嶋老伯の持念佛　舊臘大谷派の小栗栖香頂師か。副嶋種臣伯を訪はれたる際。伯は是れは予か持念佛なりとて。古銅の觀音一躰(五寸許)と藤房卿の眞筆とを示し。自ら每朝佛飯を捧ぐる旨と語られたりと。而して其觀音の背には建武乙亥(即ち建武二年なり)遁倫と刻せり。中納言藤房卿。即ち授翁宗弼禪師隱遁の年なり。其眞筆の寫は左の如し。

延元第三暦。暮春下旬天。凶黨之風塵未和。軍率之雲霧彌深。寄爭於蝸牛之兩角。待命於蜉蝣之一夕。可謂寺門衰滅。

佛敎之滅期者歟。西隣隱跡。雖貽煙霞千片恨。東嶺拜神。尙契利特万端。暫閉窻中。冷然之餘。述二首之卑懷。表一心之中腑而已。

雲に臥し嵐に起きて今日までも
すめばすまるゝ嶺のいはかな

歸らんもこし地の山も雪ふかし
みやこにとまれはるの雁金

●泉涌寺へ諭達　京都の洛東なる泉涌寺(眞言宗)は。四條天皇以來孝明天皇に至るま迄。御歷代御陵墓の在る處あるが。此頃宮內省より御歷代御葬送の古例。及び御棺の寸法。御葬の時刻。獻香華。及び諷誦の經文等。至急取調ぶべき旨。諭達せられたる由。

●山階宮殿下推戴を辭させ給ふ　山階宮晃親王殿下は。先きに久邇宮故朝彥親王殿下の會長とならせ玉ひたる。眞親會。保勝會。崇叡會。十善會の會長に推戴せられしが。御老体に渡らせ玉ふを以て。固辭させ玉ひ。當分同各會にては會長を置かずして。同宮殿下の御庇保を仰ぐ事になりたり。

●竹村藤兵衛氏　二十有餘年間。京都下京區長の職にありて。誠實熱心を以て。大に佛敎各宗に外護の力を加へ。其功炳焉として京都市民の腦裡に印象する。同氏は去る七日遂に意を決して。區長辭職表を出し。京都第二區の衆議員議員候補者となりて顯はれ。前議員中村榮助(耶蘇敎徒)氏。及び能川登氏等の候補者と決戰最中なりと。吾人は第一期撰擧の際。日本佛敎の中心たる。各宗本山の脚下たる。全都市民の生計半は佛敎の恩澤に浴する。京都より二名の基督敎賛成家當撰したる。咄々怪事の光景に憤激し居りしに。今や熱心なる佛敎徒。竹村氏堂々として進擊を始めたり。佛敎徒は勿論。京都市民の多數が歡呼して氏を迎へ。凱歌を奏して會稽の恥を雪ぐは近きにあらん乎。

●狸の法衣　明治維新の際。大に政海に馳驅し。奧羽の戰爭將さに酣なるや。孤劍に杖き奧羽の各藩を遊說し。僅に三十日を以て四國十三藩を連合せしめ。以て王師に抗せしめ。當時の征討參謀板垣退助氏をして。舌を捲かしめたる偉人。松下綱武翁今や京都に在りて。敎育の業に從事し。某公の師範をなす。翁去る八月頃。淸水陶器商に托して。狸の法衣を纏ふたる土偶を造らしめ。之を新春の年玉として。相國寺の荻野獨園禪師に贈りて曰く。往昔は狸さへ法衣を着したり。方今は法衣を着したる狸多し。師以て如何となすやと。禪師默笑して之を受られたりと。亦た是れ松下翁が佛界の時弊を慨せられたる。一片の滑稽的餘情なる哉。

●驚くべき一大怪報　去る十六日發行の東京日々新聞は。吾人をして滿身震慄せしむる怪報を傳へたり。曰く民黨首領某は。長崎在留の佛國カドリック（舊教）教。々主某より五萬圓を借り受け。撰擧競爭の兵糧を予分に與へたり。又カドリック教には其の報酬として。自黨の勝利を得たる時は。同教に特別の保護を與ふるとの。條件附の盟ひをなせるものなりとぞ。吾人は未だ容易に信を置く能はすと雖とも。風說の起る其源なきものはあらす。若し此の報道をして信ならしめは。是れ實に日本國民たるものは政黨の如何に係らす。主義の異同を問はす。皷を鳴らして其の罪を責めさるべからす。嗚呼萬里の長堤も蟻螻の一穴より壞る。近世史中。最も悲慘なる波蘭亡國の顚末は。國内の政黨が軋轢の沸騰點に達し。黨派私欲の劣情に壓せられて。國家獨立の大義を忘れ。各黨各々外强國に其謀を通して。其援助を乞ひし後ち。遂に露獨澳三國の爲めに分割奪略せられ。空しく其名を靑史上に留むるに過ぎさるにあらすや。今や我國の堂々たる政治家にして。頭を垂れ尾を屈して。以て彼の陰險邪惡なる。カドリック教の奴隷となり。僅かに五萬圓の爲めに。日本帝國の尊嚴を汚し。國家獨立の大義を忘れ。忠實なる我國人民の名譽を傷けんとす。何ぞ夫れ心情の卑劣なるや。吾人は實に我國家の前途を思ひ。轉た慷慨流涕の情に堪へさるなり。

●今北洪川禪師の入寂　我國禪門の高德たる。鎌倉臨濟宗。圓覺寺管長。今北洪川禪師は。去る十六日午前八時三十五分。俄然病を以て寂滅せられたり。内葬に一月二十四日に行ひ。本葬は來る三月六日に執行する由なり。嗚呼鎌倉の禪林寂寞たる中にありて。雄大偉烈の活禪。獨り後凋の節を抱き。以て旣墜の禪風を挽回し。八面玲瓏。大死一番の境界に逍遙して。經外別傳。不立文字の精華を輝かし。活機縱橫。殺活自在。萬丈の氣燄を吐ひて海内有識の人心を警醒し。鎌倉五山の禪門に。學禪者の足跡を絕たしめざりし。洪川禪師は旣に示寂せられたり。吾人は我國佛教の爲め禪宗の爲め。悼惜の情禁する能はざるなり。

●震災地の孤兒收養　昨年十一月。濃尾大地震の慘憺たる光景は。當時の全國各新聞各雜誌の報道によりて。讀者諸君は充分承知せらるゝ所ならんが。豐前中津本願寺派鹿田正現氏は。同地佛教有志の惣代として。孤兒を收養せんとて。大垣地方に至りて。孤兒二十名。即ち年齡滿五歲より十二歲迄の男子十六名。女子四名と引連れ。十二月二十四日を以て京都に入りしが。本願寺大法主並に御裏方より拜謁を許され。二十名一同無冥加にて新法主より歸敬式を受け。其他京都の佛教各慈善家より。衣類食物等を惠與せられ。同二十六日一同京都を發して大坂に下り。梅田停車場に着するや。二三の慈善家又た物品を寄贈したり。而して最も感心なるは。八名の車夫停車場より商船會社迄。無賃にて送りしことにして。車夫の篤志には一行何れも感涙を灑ぎ。該所にありし巡査も。共に涙を流してその志を賞せりと云ふ。又航海中孤兒の教育費を寄附するものありしと。而して中津に着すれば有志者一同。頭を擡げて孤兒の到着を待ち居りて。十七名は既に養子となりしが。養家は何れも屈指の財產家にして。外三名も養育者ありと。鹿田氏等の此一擧は。最も特筆大書すべきの美事なり。故に少く舊聞に屬すれども。此に揭ぐることゝなれり。

●曹洞宗中學林耶蘇教師を招く　今や我國宗教世界の論爭は。一層精緻の域に進み。亦た七八年以前の如く。淺薄なる辨難を容れず。無鐵砲なる攻擊は用ひられざるの有樣となれり。是れ宗教運動法の進步したるものにして。最も喜ばざる可からず。東京麻生笄町の曹洞宗中學林は。大に此に見る所ありて。每土曜日に明治學院より。耶蘇教師吉川一之助氏を招きて。新約全書の講義を生徒一同に聽かしむる由。是れ蓋し該教の教理をも辨へずして。妄りに破邪顯正を名とし。皮相の駁論を試みる時は。啻に肯綮を得ざるのみならず。大に耶蘇教徒より笑を招くの恐あるを以ての故ならん乎。

●北畠道龍師　明治十二年の頃。本願寺內閣の大權を握り。東洋佛教のマルチンルーテルを以て自任し。狂瀾怒濤の一大改革を捲き起さんと試みしも。時機未だ熟せずして。攻擊雷の如くに起り。一朝其地位を退くや。憤然として帝洲を立ち。米の水。歐の山。至る處滿腔の不平を洗ひて。豪爽雄快の鋭氣を養ひ。印度に入りて大聖の靈蹟に無限の感を灑ぎ。歸り來るや豪氣舊に倍し。忽にして奧羽の巡錫となり。私立大學の發起となり。法界獨斷の發表となり。彼の前日師を排陷して。顯要の位置に上り。因循退縮。一事の成るなく。一業の遂ぐるなく。悠々殘年を送るの徒をして。舌を捲ひて驚かしめたる。北畠道龍師は。新年早々京坂の間に來り。大に其旨義を擴張し居る由。嗚呼師の如きは老て益々壯なる者と云ふべし。

●第二の玄弉三藏　梵學研究の爲め。印度ベナレスに滯在する。德澤智惠藏氏（安藝人）昨年十月二十九日。大聖釋尊成道の靈蹟。佛陀伽耶に參拜したる有樣を「第三回佛陀伽耶紀行」と題して。西京にて發刊する開明新報。十二月二十三日より同二十六日迄の紙上に揭載したり。吾人始終を通讀して。最も感情を刺戟されたる件は。各國佛教徒二十有除名。同日佛陀伽耶に參集したる中に。大陸を横斷して來詣したる。第二の玄奘とも評すべき。支那僧の勇氣是れなり。德澤氏の紀行中左の一節あり。

十月二十九日。釋興然氏と共に。佛陀伽耶に向ふ。有名なる成道の靈地に達せしハ。午後三時過なり。予此地に至る此度三回の參詣にて。釋尊の尊像を拜禮すればする程。益々恩顏微笑と以て。予を迎へ玉ふ如き感あり。此地に於て日本の一律師。阿刀宥乘氏に會す。（氏は昨年十月單身印度に入りし人）氏は五十有餘の老人。なほ万里の波濤を蹴りて。此遠地に來られしは感嘆敬服。實に純潔無垢の人にして。興然師と兄たり難し弟たり難しと云ふべき人物なり。又たコロンボにて會したる。チツタゴン人。ボント雜誌の記者。クリシユナ、チヤンドラ、チヤウドリー氏に會す。信徒諸國より參集し。大凡二十餘人。サイタムを除し。外皆佛敎國より至らざるはなし。中にも最と感心すべきは。支那僧にて北京人なり。玄奘三藏法師の行跡を慕ひ。嚢中無一文にて。徒歩して此地に來れりと。其勇氣凜々。熱心洋々。衆人皆な嘆稱感激せさるはなし。彼の僧は之れよりボンベイに至り。都合によりて錫蘭に立ち寄る趣なり。故にダンマバーラ氏よりも。予よりも添書を與へ。チツタゴン人は三十圓と與へたり。別して予はポムベイ鐵道局の知己に書を與へて。丁寧に取扱ふべきことを書せり。

吾人は佛教傳播の歷史を探究して。彼れ東晋の法顯三藏。大唐の玄奘。義淨兩三藏の諸師が。或は律藏の殘缺を憂ひ。或は從來經典の飜譯に疑念と起し。或は當時印度佛敎の光景を探らんと欲し。支那內地より印度に進み。數年の歲月を費して。萬里の險路を踏み。或時は嶮惡なる高岳を攀ぢ。或時は滔々たる大河を渡り。或時は鬱蒼たる森林を廻り。或時は獰猛なる蠻人の巢窟に陷り。或時は茫々たる平野に出で。或時は猛虎毒蛇の爲に害せられんとし。千苦を犯し。萬難を甞め。以て漸く印度の內地に達し。當時の高僧碩德に謁して。印度佛敎の輝光を仰き。印度の國語を學んで。貝葉經典の蘊奧を自得し。四方を遊歷して。印度當時の風俗習慣等を觀察し。大聖釋尊の諸遺蹟を拜して。今古興亡の感に堪へす。數十年の星霜と。溽暑苦熱の間に送り。歸り來りて。或は大乘佛敎經典飜譯の一新紀元を開き。或は大唐西域記を著はし。或は南海寄歸傳を作り。以て東北佛敎盛大の淵源を開きたる英風颯爽として後世の史上に輝く。雄勳偉蹟に至り。未た嘗て滿腔鬱勃の感情を捧げて。三師の高風を欽慕せすんはあらす。然るに今や支那四百餘州の佛敎は。衰頽の極點に達し。其僧侶は唯た迷妄なる儀式の爲めに。僅かに殘喘を今日に維持するの。憐むべく悲むべきの有樣なるにも係はらず。猶は奮起勇進して。玄奘の遺風を熱慕し。萬里の大陸を徒歩し。以て大聖釋尊の聖墓に信仰の淚と灑ぐ。偉大壯烈なる支那僧を見んとは。

嗚呼彈丸黑子の一孤嶋内に蟄居して。眼を東亞の大陸に注ぐ能はざる我國の佛教徒よ。此の支那僧に對して豈に恥る所なき乎。吁豈に此の北京僧の勇氣に驚倒せざるを得んや。

●秃安慧氏の名譽　肥後國阿蘇郡。本願寺派善正寺前住職。秃安慧氏は。久く須彌界の説を熱心に主張して。護法論三編(九冊)田舎問答等の著述もありて。氏が一片爲法の精神は。鬱勃として制し難し。老衰の身を以て自ら赤道已南に航じて。その説を證明せんとて。本山に請願する處ありしも。老病の身到底堪ゆる處にあらざるべし。されどもその精神は實に感ずべき事なればとて。同氏の説を永遠に傳へしめんが爲め。相當の人物二名を撰抜して。三ヶ年間同氏の許へ留學せしめて。その説を傳へしめ。且つ同氏の勞を慰する爲め。三ヶ年間五十圓宛を下附せらるゝ由。同氏の名譽と云ひ。本山が學者に對する。實に其の道を得たりと云ふべし。

●中村彌六氏の膽氣　前衆議院議員中村彌六氏。剛直敢爲を以て自ら持す。少壯獨乙に遊び。ミユンフン府の大學に學ぶ。同府はカヅリック教の最も勢力を有する地なり。一日同氏途に同教信徒の行列に逢ひ。知らざる眞似して過ぐ。一信徒無禮なりと稱し。叱咤走り來りて帽を墮す。同氏大に怒り携ふる所のステツキを振て一擊す。是に於て信徒等遂に同氏を圍む。氏力戰奮鬪。漸く一方の血路を開きて走り。遂に其之く所を知らず。後四五日を經て。氏公會演説を開き。獨乙の宗教及ひ教育を切論す。爾來彌六氏の名ミユンフン府に高し。(讀賣の明治紳士物語)

●西合志の佛教大演説會　本縣合志郡西合志村に於ては。昨年春頃より佛教青年會を組織し。山口小三郎氏會長となり。平田一十工藤左一の両氏大に斡旋の勞を採り。會運益々隆盛に趣き居ることは。吾人の兼て耳にする所なりしか。同會にては毎年四期に大演説會を催ふし。會員全体の協同親睦を圖る由にて。本年一月二十五日午後一時より。同村大字野々島教法寺に於て。冬期大演説會を開きしに。熊本よりは藤岡法眞八淵蟠龍の二師出席せられしか。青年會員を始とし。近村近郷より二師の出張を聞きて。馳せ集るもの老若男女。陸續として滿堂滿庭立錐の地なく。最初に會長山口氏開會の趣旨を陳へ。次に藤岡師は例の熱心溢るゝか如く。精神躍るか如きの口調にて。治國之要なる演説あり。次に八淵師は例の萬斛の泉源。滔々として盡きさるか如きの調子にて。佛教青年會の方針を論陳せられたる由。吾人は青年會員の諸君か。一層信仰の活力を内に養ひ。龍蟠虎踞。合志の全郡を震動し。進んて佛教正義の劍を閃かし。佛教眞理の光りを輝かし。佛教博愛の旗を飜し。以て東肥全州の山川草木を風靡せんことを懇禱するものなり。

廣告

四明餘霞第四十九號

明治廿五年一月廿四日發刊一冊金四錢全國無遞送料

四明餘霞 ○新年發程の一歩
法本 ○律宗綱要……岩佐普潤
論說 ○新年……魚峯子
○不死不滅の寶玉は唯一
○た夫れ佛敎なる乎……（承前）……吉岡林
○圖戒問答の辨妄……東卿光順
特別寄書 ○天台の諸師に望む……辰巳小次郎
○海軍講和論續編一……小泉了諦
○僧侶權義……朝倉了昌
雜記 ○羯磨（業感）及再生の說（承前）○地震を前知する法ありや如何に就て○和漢駢事○世界人民の生死
法話 ○サンスクリット語に新古の別あり（承前）
○兩部不二……慈雲尊者
時事評論 ○新年○舊心舊境○廣宣會○內國開敎條例○外國開敎條例○西岸○海軍講話○殺人劍活人劍○大節○安心決擇○万丈の光燄○議會解散○果然○衝突○樺山海軍大臣○薩執○解散後○兩虎對治○松方首相の英斷○民黨の宣言○日本の敎育○日本の德育○勤王の僧侶○石澤栢洲氏○佛敎の首府○功名○富貴○彼○我
投書 ○實相の觧……冷泉實田
○同志に告く……安移眞雄
○吸霞子の破妄を駁す……吐霞須霞子
○濳……醍醐味法
史談 ○櫻井敬德和上傳（承前）
詞藻 ○自愛論（小泉了諦）○沒絃餘韻（釋宗演）元旦詩（荻野獨園）（蘆匡道）其他絕句數十首○今樣一首○和歌數首
雜報 ○元三會○新年參賀○神宮祭主○前座主猊下の三週忌○震災慰問實地巡視○妙宗鈔開講○故朝彥親王尊儀御追福會續報○入遷宮御參上○龜岡甚造翁逝く○聲明業敎授○總選擧○震災橫死者○追弔法會續報○眞盛派の耆宿○千体地藏尊○死して猶は榮あり○道路改築○聯合中學林○廣宣會○社寺総代○義捐金始末に就て○神州の大汚辱○寶物寄聞○世界人口○早稻田の專門學校○正誤○派出員
公報 宗務廳布達數項及報告數件

近江國比叡山

發行所　天台宗務廳文書課

熊本市手取本町上通丁八九
温古堂印房

第七號

明治二十五年二月二十九日出版

（每月二回）

國教第七號目次

●國教雜誌規則摘要

一本誌は佛教の運動機關として毎月二回(國教)を發刊す

一本誌は宗派に偏せす教會に黨せす普く佛教界に獨立して佛徒の積弊を洗滌し佛教の新運動を企圖すへし

一本誌は諸宗教の批評及ひ教法界に現出する時事の問題を討論し毎號諸大家の有爲なる論説寄書講義演説等を登錄し其教法關係の點に至りては何人を撰はす投書の自由を許し本社の主旨に妨けなき限りは總て之を掲載すべし

　但し寄稿は楷書二十五字詰に認め必ず住所姓名を詳記すべし

一本誌代金及ひ廣告料は必す前金たるへし若し前金を投せずして御注文あるも本社は之に應せざるものとす

　但本縣在住の人にして適當の紹介人あるときは此限りにあらず

一本誌見本を請求する者は郵券五厘切手拾枚を送付せば郵送すべし

一本誌代金は可成爲換によりて送金あるへし尤も僻陬の地にして爲換取組不便利なれば五厘郵券切手を代用し一割増しの計算にして送附あるべし

一本誌代金及び廣告料は左の定價表に依るへし

　但本誌講讀者に限り特別を以て廣告料を減ずることあるへし

雜誌代金

冊數	定價	冊數	定價
一冊 一回分	五錢	十二冊 半箇年分	五拾四錢
二冊 二回分	拾錢	廿四冊 一箇年分	壹圓

廣告料

廣告料は行數の多少に拘はらす五号活字二十七字詰一行一回三錢とす但廣告に用ゆる木版等本社に依頼せらるゝときは廣告料の外に相當の代金を請求すべし

明治廿五年二月廿八日　印刷
明治廿五年二月廿九日　出版

編輯者　熊本縣上益城郡津森村三百三十一番地　吉村眞治

發行兼印刷者　熊本市安巳橋通町七十五番地　志垣弘

發行所　熊本市安巳橋通町七十番地　國教雜誌社

印刷所　熊本市新壹丁目百二番地　汲古堂

國敎第七號

社説

第二國教改題の趣旨及び將來の希望

回顧すれば三千年前。巍峨たる比馬阿賴耶山の南。浩蕩たるゲンヂス河の西なる。印度迦毘羅衛城に於て。吾人が最も敬仰欽慕す可き。神聖尊嚴なる一大現象。世界佛敎の開祖たる。人類心靈上一新紀元を開かれたる。正義の太陽を揭げて。暗黑の長夜に呻吟する。東洋幾億の人心を照らし給ひたる。大聖釋迦牟尼世尊は。天上天下唯我獨尊の叫聲と共に。印度最高貴族の家に降誕し給ひたり。然り而して。宇宙萬有の眞理を徹悟し。絶對純全の眞敎を開創せらるゝや。婆羅門の陋習劣慣自ら破れ。九十五種の異端邪說自ら挫け。恰かも旭日曈々として東嶺に躍り出るや。沃雲怪霧。忽ち照散せらるゝが如し。間もなく。佛敎の活動力は。印度全國を風靡し。猶は進んで。北はカシミル。ニーポルの山谿。西藏の深谷。蒙古の曠野に入り。南は錫蘭の孤嶋に及び。西は印度河を渡りて。トルキスタン。アブガニスタン。ベルヂスタン。ペルシヤ。等の各國に至り。東南はチタゴン。緬甸。暹羅。安南等の諸邦を感化し。進んで馬來半嶋。スマタラに波及し。東北は支那に入り。滿州に及び。朝鮮に流れ。以て極東の我が日本帝國に進傳し來り。遂に世界文明の開國祖先たる。亞細亞の全土を驅りて。普く其光輝を仰がしむるに至れり。嗟呼。佛敎眞理の活力。豈に復た偉大ならずや。

然りと雖も。盛衰消長の運命は。亦た數の免かる能はざる所にして。爾來數百の星霜を經て。佛敎の宗派愈々分裂し。幾多の變遷を爲して。其勢力益々微弱となり。謹嚴なる西南の小乘敎徒と。濶大なる東北の大乘敎徒とは。歲月を經るに從つて。愈々隔離疎絶し。之を協和し。之を統一聯合せしめて。宇内一統宗的の大運動を試みる可き。一大偉人も起らざれば。一大機會も生ぜずして。大聖の降臨し給ひたる印度にありては。既に痕跡を失して。僅かに殘喘を錫蘭の孤嶋に留め。東北佛敎の淵源と稱せられたる。支那も亦た萎靡として振はず。西南佛敎の淵藪と目せられたる。暹羅。緬甸等も亦た往時の盛影と。金碧爛燦の伽藍に遺すある而已。其他各國の佛敎。或は政畧の器械となりて停滯し。或は暴君の現出に遭ふて害毒を受け。或は國家の顚覆に會して滅絶し。或は邪敎の迫害を蒙りて顚倒し。其生命。精神は欠乏し。其信仰。道德は腐敗し。其習慣。儀式は迷妄し。又た一として往時の如く。進歩。活動の元氣を有し。駸々乎として一の國民より。他の國民を感化する。盛大の佛教あるを覩ずして。漸く將さに衰滅の域に沈淪せんとす。此時に方りて。嚴然として。獨り宇內風潮の外に獨立して。眞理の寶藏を有し。普く大小二乘の教理。經典。及ひ其學術を完備し。燦爛たる佛教の光は。赫々たる太陽の如く。世界の全面に輝き。東洋三十世紀の盛期。西洋二十世紀の劈頭に際して。寰宇統一的新佛教の一大新運動と生じ。地球を併吞し。宇內を統一して。遍く其教に歸せしめんとする志望を有するものは。實に我が日本帝國の佛教なりとす。彼れ歐米有識の人士は。萬目一線。我が日本を望んで。佛教眞理の泉源なりと稱し。以て我國より發射する。赫耀たる眞理の生命を吸收せんとす。嗚呼。今日は佛教千載興隆の一大好機會なり。苟も佛陀の慈悲を信じ。釋尊の訓誨に感泣するの人士は。風雨を避けず。寒暑を厭はず。斃而後止の一大決心を激勵して。奔走盡力せざる可からざるなり。

我が日本の佛教は。斯の如く世界に對して。絕大の責任を有する位置に立てり。我が日本の佛教徒は。斯の如く重大なる。世界佛教運動の先驅たる可き命運を有せり。是れ豈に我國現時の佛教徒が。掌大の天地に踞蹐して。區々たる小事業に齷齪するの時ならんや。必ずや濶大の瞳孔を開き。內外の大勢を考へ。佛教運動の雄圖遠謀を確定し。以て大に爲す所あらざる可からず。吾人固より學は淺く。識は薄く。德は足らずと雖も。一片信仰の熱火は。炎々として心裡を焦がし。方今我國佛教の形勢に就き。大に奮激する所ありて。自ら揣らず。東馳西奔。經營慘憺。一昨二十三年九月を以て。鎮西熊城の下に立つて。國教第一号を發刊し。大聲疾呼。天下に向つて。吾人か懷抱する大旨義を唱道するや。海內有識の人士賛成する者陸續踵を接し。旬月を出でずして。既に二千有餘名の會員を有するに至れり。於是乎。吾人は益々奮勵して。大方の眷顧に報ゆる所あらんと欲し。出版條例第二條に抵觸して。認可取消の嚴命を蒙り。非常の厄運に際會したるにも係はらず。猶は一層の精神氣力を皷舞して。昨年十月に至り。第二國教を發行し。同年十二月より。每月二回に改め。大に紙面の改良を爲し。讀者の實益を計りしかば。日を經るに隨つて。愈々購讀者を增加し。從來の會員頒布の組織にては。大に其範圍を狹隘にするの感あるを以て。今回再ひ本誌の大改革を圖りて。會員頒布の規則と改止し以て。公然發賣の雜誌となし。第二國教の名稱と國教に復古し。体裁記事亦た大に改良を企て。以て讀者の實利を謀り。大方の協賛を求め。益々國教の販路を擴張し。愈々國教の範圍を廣濶にするに至りたり。

吾人は是より一層奮つて。啻に理論上に於て。從來佛徒の積弊を洗滌し。佛教の新運動を企圖する而已ならず。一歩を進めて着々實際上に於て。舊佛教徒の惡習。弊慣を革命し。以て新佛教の眞運動を試み。實行的の成績を顯はさんと欲する覺悟なり。吾人は徒に華艶の筆を弄し。新奇の辭を綴り。以て喧々囂々たる。死せる理論而已に熱中する者に非ずして。滿身の信仰。熱心。勇氣を灑ひで。公明正大なる。活ける事業を。犠牲獻身的の精神を以て。貫徹せんと欲する者也

吾人が本誌第四號に於て。實際運動の第一着手として「佛教の新聞雜誌を聯合同盟するは。教界の急務」なりとの論を發表するや。大に佛界有識の注意を喚起し。日本佛教の中心たる。西京なる悟眞協會の如きは。遙に書を飛ばして。該論文を同會の機關雜誌たる。佛教新運動に掲載して。大に贊成の意を表したり。又た北陸越後なる披雲會の如きも。將來東北と九州との佛教運動の敎線を連絡し。以て大に爲すあらんとするが如き。親書を寄せ來れり。吾人は斯の如き同情同感の士。現時の佛教界に現出するは。最も前途に向つて喜ぶ所なり。深く死生を誓ひ。左提右携。大に將來驚天動地の運動を共にせんと欲するものなり。

嗚呼。試に活瞳を放つて。我國現今の佛教界を達觀すれば。佛教主義の新聞雜誌は。雲の如く。雨の如し。或は堂々たる一宗本山の機關たるものあり。或は純然たる佛教青年に依りて發兌さるゝものあり。或は佛教團体の機關たるものあり。而して或は財料の豐富を以て著はれ。或は文章の雄抜を以て稱せられ。或は評論の適切を以て誇り。或は新思想の潮流に浴するを以て目せられ。或は舊思想の頑陋を以て立つもの等。萬狀億体。一々名狀す可からずと雖も。概するに皆な多少新思想を抱き。新佛教の感情を有すれども。逡巡躊躇。勇猛奮進の氣に乏くして。唯だ舊佛教の管中に蟄居して。舊佛教徒の議論を代表し。以て一宗一派の機關たるもの多く。吾人未だ佛教全体の機關となりて。充分改革的の精神を懷抱し。議論正々。筆鋒堂々。從來佛徒老朽腐敗の惡弊害と。掃蕩洗滌せんと欲する志望を有し。以て新佛教の大旨義と共に屹立するの。新聞雜誌は全く見ざるなり。

嗚呼。滿天下幾萬の讀者諸君よ。群々簇々たる。海内數百の佛教新聞雜誌界に獨立傑出して。猛激壯烈なる。舊佛教革命の精神を以て。其大中心となし。偉大雄快なる。新佛教建立の精神を以て。永遠悠久なる其大目的となし。以て鎭西熊城の下に蟠踞して。遙に佛教中原の腐敗形勢を睥睨し。彼の北

狄蠻人か快馬に跨り。鐵劍を腰にし。長槍を揮ひ。狂呼電奔して。以て羅馬帝國の腐敗文明を。蹂躙したるか如きの壯風を有し。彼れ茅屋破窓の。松下村義塾の諸子が。熱腸義膽。維新革命の泰斗となりたる。吉田松陰の爲めに陶鑄せられて。三百年間。金城鐵壁の基礎を有したる。德川幕府の退縮因循なる政畧に。憤激蹶起したるが如きの英氣を抱き。舊佛教革命の精神と共に立ち。猛火炎々たる佛教の大信仰と共に動き。新佛教建立の精神と共に斃るゝの。絶大絶快なる大旨義を以て。我國佛教界を橫行濶歩するものは。是れ豈に我か國教に非ずして何ぞや。吁吾か國教に非ずして豈に他あらんや。是れ實に吾人が天下萬衆の面前に。堂々廣言して決して憚らざる所なり。

論説

井上圓了氏と中西牛郎氏を對照論評す（第壹）

森　直樹

我國近時の佛教界に於て。新佛教の二大勇將。前後東西に現れたり。其先きに東都に勃興したる者は。佛教活論の著者。井上圓了氏なり。其後に鎭西に崛起したる者は。宗教革命論の作者。中西牛郎氏なり。是れ實に吾人一個の私見にあらずして。現今日本宗教世界の一大公論なり。彼れ基督教牧師中。最も錚々の名ある。小崎弘道君の如きは。既に三年前。六合雜誌（百壹号宗教革命論を讀む）に於て之れと論じたり。吾人の嚮きに西京にあるや。純然たる佛教新青年の機關たる。反省會雜誌（第六年第七号）に於て。「中西氏の新佛教論將さに出でんとす」と題し。詳細に井上中西兩氏の大旨義を詳論して。佛教界に與へたる兩氏の大功偉勳を唱道するや。橫濱なるジヤパンメールの如きは。日本に於ける佛教と題し。吾人の論文を譯載して。吾人の所論に同意を表し。井上中西両氏を佛教の二大革命者なりと賞讃したり。是れ吾人か井上中西両氏を。新佛教の二大勇將なりと斷定するは。吾人一個の私論にあらざることを。証明するに足るものと。謂はざる可からざるなり。

回顧すれば七八年前。西洋崇拜の潮流。滔々として全帝國を汎濫して。英語大に流行し。洋風大に流行し。舞蹈會大に流行して。海内幾万の人心は。恰も酒に醉ふたるが如く。熱病に罹りしが如く。泰西の文物に心醉狂乱したり。而して國民多數の精神中には。西洋は文明國なり。西洋は耶蘇教を奉ずる國なり。故に耶蘇教を奉ずる國にあらざれば。開明國となること能はす。曰く東洋は未開國なり。東洋は佛敎を奉ずる國なり。故に佛敎を奉ずる國は未開國なりとの。種々なる妄想的觀念。恰かも傳染病の如く。大に流行したり。曰く條約改正をなさんと欲せば。耶蘇敎を輸入せざる可からず。曰く西洋文明の精粹を掬せんと欲せは。耶蘇敎を信奉せざる可からず。曰く國威を輝かし。國力を發達するも。亦た耶蘇敎に依らざる可からず。曰く佛敎は野蠻の宗敎なり。未開の妄想なり。劣等人種の信奉するものなりとの。邪見妄論。交々行はれたり。此の千載一遇の機會に乘じて。耶蘇敎大に跋扈跳梁し。十字架の光輝と。上帝の榮光とは。相並んて大帝國を風靡せんとし。佛敎各宗の伽藍殿堂。爲に顏色を失し。煌々たる佛光爲に暗雲に蔽はれ。數萬の佛敎僧侶は氣息奄々。一人の奮起して。天下風潮の逆流に立つ能はず。以て失望悲慘の域に陷り。殆んど死灰冷燼の有樣なりき。此の佛敎孤城落日。四面楚歌の時に當りて。一大勇將突然として東都の中心に顯れたり。是れ實に井上圓了氏なり。盖し井上氏が西洋哲學の堅甲を蒙り。西洋哲學の劍戟を揮ひ。西洋哲學の光輝を放ち。雄鋭活動。熱涙淋漓たる。佛敎活論序論を發表して。內眠れるか如く。死せるが如き。佛敎社會を奮興せしめ。外四面圍集の耶蘇敎徒と。縱橫奮戰して。魔軍を擊破したるの有樣は。猶は楠公が眇々の身を以て。千窟の孤城に據り。百萬の東軍と苦戰したるが如し。中西氏が宗敎革命論を著作したる。當時宗敎の大勢なるものは。果して如何なる光景なりしぞ。彼の新島襄。伊勢時雄。小崎弘道。高橋五郞。德富猪一郞。井深梶之助等。基督敎界の傑人物が。基督敎公許の建白を政府に提出し。自家勢力の薄弱にして。到底其目的を達し難からんことを感じて。依賴的卑屈なる一片の哀書と橫濱メール新聞に寄せて。以て外人の應援を乞ひ。海內有識の大攻擊を蒙りし時なり。彼れ基督敎徒の一大偶像たる。故新嶋襄氏が。眉間より日本全國と炫燿するの大光明と放ちて。西京智恩院の千疊敷に立ち。雙眸より耶蘇敎信仰の淚を流して。同志社私立大學設立の大演說をなし。以て我國上流の人士を說服し。大學設立の議論を。當時最も全國に名聲を轟かし。靑年社會を醉薰するの勢力を有したる。國民之友にて皷吹せしめ。加之。大學設立の趣旨書を。國民之友の大附錄となして。全國に頒布したりしかば。倏忽の間に同志社私立大學設立の問題は。全國の最大注意を惹起し。是非の論囂々として。有識社會の間に生じたる際なりし。中西氏が斯の如き宗敎的大問題。狂瀾怒濤の勢を以て。海內數百萬の人心を動搖攪亂し。數十萬の佛敎僧侶を狼狽驚倒せしむるの時に會して。奮然猛然として鎮西熊城の下に立ち。豪健雄大なる筆鋒を閃かし。萬丈の火燄を放つて。宗敎革命の大旆を飜へし。懸軍長驅して。外教の堅壘に迫りたるの光景は恰かも新田義貞が上野に義旗を擧げ。精鋭の騎卒を率ひて。鎌倉の賊窟を衝き。遙に千窟孤城の官軍と鼓舞したるが如し。然り而して。此の二大勇將が。海內青年の思想上に。佛敎欽慕と謂へる一大震動を與へたる。偉大なる動功に至りては。赫耀たる最大現象にして。彰々として掩ふ可からさるものなり。

佛敎欽慕の震動とは何ぞや。是れ吾人が四五年來蓄積したる一大議論なり。試に眼を放つて方今の所謂佛敎青年（俗人的佛敎賛成家）なるものを觀よ。彼等は果して如何なる原因に依りて生じたる乎。彼等は果して眞正なる佛敎の信仰と有する乎。彼等か心中に抱く所の旨義は。果して如何なるものなる乎。彼等か前途の希望は。果して如何なるものなる乎等の大問題は。吾人不肖なりと雖も。自ら眞正純潔なる。佛敎欽慕の一青年を以て任ずる者なり。豈に此の問題に對して。懐抱する所の意見なからざんや。吾人は此の大問題は他日に讓り。今は唯だ佛敎欽慕の解釋をなして止まん而已。抑も佛敎欽慕とは。井上中西二大勇將の。著述に依りて感化せられ。佛敎の名稱を見聞するにも。忽ち隨喜渴仰の感と生ずるものなり。換言すれば佛敎なる名目を耳にすれば。「何となく慕はし」の念と生ずるものなり。故に佛敎欽慕の青年なるものは。未た全く眞正なる佛敎の信仰と有せずと雖も。飽く迄其信仰を自得せんと欲する者なり。未た全く佛敎眞理の蘊奥を探討せずと雖も。飽く迄佛敎の眞理を磨勵し。以て其光輝を仰がんと欲する者なり。未だ全く佛敎の道德を實行する能はずと雖も。一たび金剛不壞の信仰を得ば。嚴正に。高潔に。敎佛の道德と實行せんと欲する者なり。未だ全く佛陀大悲の靈活勢力を感覺する能はずと雖も。大聖釋尊の巍々たる光顏を拜しては。俯服感泣の情止む能はざる者なり。未だ全く身と粉にして如來大悲の恩德に報じ。骨を碎きて師主智識の恩德を謝する能はずと雖も。飽く迄獨立不抜の氣慨を養成し。雄偉濶大の眼孔を開き。猛激壯烈なる改革的の精神を懷抱し。佛敎の理想を以て。個人。社會。國家の終極目的なりと信じ。自ら振つて社會進路の一大火柱とならんと欲する者なり。吾輩佛敎欽慕の青年が。精神の堂奥に伏在する大感情なるものは。公明に。正大に。告白すれば。實に斯の如きものなり。海內數萬の佛敎欽慕の青年にして。此の大感情を有せざる者は。眞正なる佛敎欽慕の青年と稱するに足らざるなり。啻に稱するに足らざる而已ならず。舊佛敎徒が新佛敎青年。攻擊の空砲たる僞佛教徒とは。此輩に非ずして何ぞや。吾輩眞正の佛教欽慕の青年なるものは。如火欽慕的大感情を激勵して。是等の徒を討伐勦滅せざる可からず。世の頑陋なる舊佛教の論者。稍もすれば此欽慕の眞意を知らずして。佛教青年と謂へば。妄りに僞佛教徒。若くは假面居士等の惡名稱を以て附するものあり。是等の徒は最も吾人が正反對に立ちて。堂々攻擊せざる可からざるものなり。嗚呼。井上中西両大勇將が。總々群々たる。海内佛教青年の心裡を鼓動したる。佛教欽慕的の大感情なるものは。將來我國の佛教史上に。特筆大書すべき一大現象なるとは。吾人の堅く信じて疑はざる所なり。

夫れ井上氏が

人誰か生れて國家を思はざるものあらんや。人誰か學んで眞理を愛せざるものあらんや。抑も眞理を愛するは學者の務むる所にして。國家を護するは國民の任ずる所なり。國民にして國家を護せざるものは國家の罪人なり。學者にして眞理を愛せざるものは眞理の罪人なり。國家學なきときは其進歩を見る能はず。學者國なきときは其生存を保つ能はず。學者にして國家を護することを知らず。國民にして眞理を愛することを知らざるものも。是れ亦た罪人なり。退て眞理の罪人となり。進で國家の罪人となる。是れ豈に人の目的とする所ならんや。故に人苟も罪人たらざらんと欲せば。一臂を奮ふて國家の爲に其力を盡くし。一志を立てゝ眞理の爲めに其心を竭くし。一毛の國家を利するあるも必ず之を求め。一髮の眞理を妨ぐるあるも必ず之を除かざるべからず。此の如き人にして。始めて眞正の護國者にして。純全の愛理者と謂ふべきなり。

と絶叫して。佛教は圓滿完備の眞理なり。故に學者は佛教を愛護せざる可からず。學者が國家に對するの義務は。佛教を興隆するにありとの一大活論を唱へて。我國一般の學者をして大に顧みる所あらしめ。多數國民の精神中に。國家（護國）と眞理（愛理）との二大觀念を注入したるは。氏の大功と稱せざるを得ざるなり。

彼れ中西氏が二十二年二月。宗教革命論を世に公にし。雄拔豪健の筆を揮ふて。舊佛教を一變して。新佛教となさゞる可からずとの。猛烈なる革命的議論を唱道して。

第十九世紀の世界に於て。嶄然として俄に頭角を顯はし。驚く可きの進歩を以て各國に傳播し。將さに耶蘇一神教を壓倒して。將來宇内の一統宗たらんとするものは。新佛教也。明治二十二年の日本に於て。萎靡として振はず。外教の爲めに其版圖を削られ。日に月に衰頽に陷り。氣息奄々として。獨り其滅亡を俟つことを知るものは舊佛教也。之を一言すれば舊佛教は衰滅の線端に達して。將さに墮ちんとするものなり。新佛教は振興の線端を望んで。將さに上らんとするものなり。嗚呼。我國の佛教よ。汝は衰滅の佛教たらんとするか。將た振興の佛教たらんとするか。甲の者を擇ばゞ頑乎として動かざる可し。乙の者を擇ばゞ。舊佛教を一變して。新佛教となさゞる可からず。

其れ佛教は佛教なり。新佛教たるも。舊佛教たるも。其佛教たるに於ては。毫も異なる可き筈なし。然れども。舊佛教は佛教の眞面目に雜ふるに。頑固。偏僻。肉欲。腐敗。虚飾。妄信。僞善。其他人間の弱點。社會の境遇より生ずる。種々の惡弊を以てし。新佛教は佛教の純潔なる眞理と。眞正なる道德とを明にし。其形貌に拘泥せずして。其精神を發揮するものなり。故に今日我國に於て。舊佛教を一變して。新佛教となさんと欲せば。實に人心上。社會上に猛激なる。一大革命を生ぜざる可からず。

云々と大聲疾呼して。舊佛教は保守的なり。貴族的なり。物質的なり。學問的なり。獨個的なり。教理的なり。妄想的なり。新佛教は進歩的なり。平民的なり。精神的なり。信仰的なり。社會的なり。歴史的なり。道理的なり。と比較斷定して。一々其差別を激烈痛快に論決し。以て一大波瀾を日本宗教海に捲き起し。舊佛教革命的の精神を。海內佛徒有識者の心中に燃へ上らしめたる偉勳は。氏に歸せざるを得ざるなり。

之を要するに。井上氏著述の大綱領とする所は。哲學的なり。學理的なり。智力的なり。分析的なり。而して其組織は嚴整なり。其論鋒は精密なり。其文字は輕淡なり。其論理は明白なり。其氣燄は水の如く冷かなり。其文章の光景は。平々坦々として。青草茫々たる。原野の中を。細流滾々として流るゝが如し。故に何人も此原野に徘徊躊躇して。愉々快々。其勝景を探るを得。然れども絶奇絶妙の景色は。到底此原野に於て見ることを能はざるなり。中西氏が議論の大根據とする所は。神學的なり。歴史的なり。感情的なり。概括的なり。而して其組織は巧妙なり。其論鋒は鋭利なり。其文字は莊重なり。其論理は健快なり。其氣燄は火の如く烈しきなり。其文章の光景は。凹凸不平にして。雜樹鬱蒼。曦影を洩らさゞる山岳の如し。故に脚力壯健。精神活潑の者は。田間を逍遥し。谿谷を跋渉し。千山萬峯を迂迴し。崎嶇間關たる山路を經て。珍禽異鳥の美妙なる聲を聽き。喬木老樹の蒼々繁茂する中を過ぎ。巉巖屏立。絶壁萬仞の奇景を目し。雙眸を萬里の山河に放ち。呼吸逼迫。熱汗淋漓。以て漸く絶巓に達すれば。眼界豁然。宇宙濶大。精神悠々として天外に飛揚するが如き。壯絶快絶なる一大奇景を望むを得るなり。然れども脚力軟弱にして。勇氣に乏しきものは。到底此嶮峻なる高山に登ることを得ず。縱令千辛萬苦以て登り得るも。其眞景の妙味を感ずること能はざるなり。蓋し。井上氏が著述の大中心は哲學的なり。其哲學的なるが故に。佛陀の活躰も。信仰の生命も。釋尊の靈性も。冷々淡々。學理的に解釋し去りて。哲學の榮養を佛教に與へて。其發達を圖らんと欲せしも。却つて哲學活用の爲に。人間の活きたる精神を支配する。宗教的佛教の本躰を傷けたるやの疑あり。宜なる哉。彼の基督教徒中にて。最もペダントリ（僞學者）の名を轟かしたる。高橋五郎氏をして。井上氏の佛教活論は。佛教活論にあらずして。佛教死論なる哉と嘲笑せしむるに至れり。中西氏が議論の大精神は神學的（クリスチヤン、テオロジー）なり。其神學的なるが故に。佛陀の活躰を論じ。信仰の生命を說き。釋尊を佛陀の應身と証明するが如きは。井上氏の冷々淡々に比すれば。活動烈々決して同日の論にあらず。是れ縱令基督教は。眞理の純金を含藏することを尠しとするも。其基督教神學なるものは。千有餘年間。該教幾萬の碩學英哲の人士が。百錬千磨なし來りて。現今に至りては實に廣大精微なる。耶蘇教の組織神學を大成したるものなれば。哲學的の純理論を以て佛教を解釋するよりは。神學的の宗教論を佛教に應用し。以て佛教を說明するこそ。却つて當代人間の宗教的精神に適合するものならん歟。是れ中西氏が宗教的佛教の活躰を論ずる一段の。井上氏の論に一步勝れたる所以ならん。然れども。中西氏議論の大精神は神學的なるが故に。亦た大に弊なきにあらず。蓋し中西氏が組織佛教論。或は新佛教論に於て。佛教は圓滿完全の眞理にして。世界の各宗教。各學派は、佛教の不完全なる小摸範。若くは一部分なりとの議論は。大膽濶大なるが如くにして。其實因循。調停に流れたる卑屈論にあらざるなき歟。調和統一を名として。其實却つて基督教眞理の面前に。叩頭するものにあらざるなき歟。是れ蓋し氏がクリスチヤン。テオロジー的の感化を受けたる。餘臭の今日に遺存するものなる哉。此の兩大缺點は新佛教二大勇將の惡弊なりと謂はざるを得ず。吾人は此二大勇將の爲めに感化せられて。現今の佛教欽慕の青年となりしものなれば。最も此兩大勇將に向つては。崇尊敬拜の情を表するものなりと雖も。吾人が良心の朗亮たる懷疑の絕叫は。遂に吾人をして默せんと欲して默する能はず。止まんと欲して止む能はず。傲慢不遜。以て兩大勇將を對照論評して。其最大注意を促かすに至りたり。嗚呼。吾人が最も敬慕する所の新佛教の二大勇將。井上圓了。中西牛郎の二氏よ。希くは笑つて吾人の妄言を恕する所あれ。

佛海波瀾

◉新佛教論に就て中西氏と鎌田師との大論戰

中西牛郎氏の新佛教論。一たび明治二十五年の曉鐘と共に。世に出るや。是非の論囂々として。普く佛教家の間に起り。批難の聲喧々として。大に舊佛教徒の間に生じ。忽ちにして新年早々。佛教海の一大波瀾を惹起し來り。宗教海中一種の新光彩を呈したり。左に掲るものは。傳道會雜誌。及び開明新報連日の紙上に於て。西本願寺派。青年僧侶中。最も雄辨達筆の名を轟したる。鎌田淵海師と中西牛郎氏との間に生せし。一大論戰にして。其暗啞叱咤の聲紙上に溢れ。其縱横辨難の音文面に逆り。讀者をして二氏の風采を想見せしむるに足る。吾が國教の懷抱する目的も。亦新佛教の大旨義にして。大に二氏論戰の新佛教論に關係する所あるを以て。其全文を左に轉載して。讀者諸君の高覽に供するとゝなれり。吾人は新佛教の唱道者たる。佛教界の新人物たる二氏の議論にして。感情の激する所。筆鋒の閃く所。遂に憤怒。冷笑。嘲弄。罵詈等の悪分子を漲らしたるの傾向あるは。大に兩氏の爲に惜む所なり。啻に惜む而已ならず。二氏が眞摯。熱心。敬虔の美德に乏しきを嘆ぜずんばあらざるなり。吾人は他日を待つて。二氏の論戰に向つて。大に論ずる所あらん。

◉新佛教論に就て中西牛郎君に質す

鎌田淵海

健筆を以て其名を知られたる中西牛郎君は。曩きに宗教革命論を著し。次て組織佛教論と書き。今又新佛教論を公にせり。吾人嘗て本論の著あるを聞き。竊かに之を怪み以爲らく。佛教の本義は源と一切智見の釋尊に發し。爾來連綿として三千年の今日更に異動あるを見ず。何ぞ新舊の新名詞と須ゆるの要あらんや。既に佛教の本義は万古不易にして悠久不斷なるを承認し。尚且つ新舊の名詞を使用せん乎。是則はち自家撞着の言なり。若し夫れ佛教の本義は万古不易なるを承認するも。更に一種の新思想を附加し。以て新舊の分界を立んとせん乎。是則はち新佛教にあらずして外道宗なり。若し又此等教義に關せずして。各宗從來の弊習を矯め。教會の制度を改革し。布教の方法を改良せんとするにあるか。是則はち佛教の新舊を論ずる者にあらずして宗風の革命を議するものなり。何ぞ新名詞を須ひ俗耳を籠絡するの要あらんや。然れども中西君の該博且つ健筆なる。豈に吾人の豫想し能はざる卓說の出るなきを保せんや。暫らく其世に出つるを待つて而して后ち之を議せんと。而して今や既に公にし先づ其一本を惠送せられたれば。吾人之を熟讀すること再三なり。

果せる哉君が獨得の雄筆は滿冊に溢れ。讀者をして覺へず醉薰せしむるに足るものなり。然れども其說議の如きは吾人大に服する能はず。何ぞや曰く君が所謂新佛教なるものは。歷代佛教諸聖賢の開發せる既往の來路に照らし。將來又必ず新開發の佛教あるべしとの臆測に過ぎず。換言すれば現實的の佛教にあらずして想像的の佛教なり。吾人と雖君が這般の論鋒に對しては。全く反對の論理を提出して。其然らざる所以を証明すること能はずと雖。元來宗敎上の信仰なるものは。世間一般の學術とは異にして。群生幾万の露命を支配する者なるが故に。秒時と雖改革すべきものにあらず。若し强て改革の主義を發表せんと欲せば。研究に研究を加へ。琢磨に琢磨を重ね。八万の聖經を掌中に廻はすこと。幾んど博士の「イロハ」を讀むが如く。佛意の所在を洞見すること。恰かも玲瓏なる水晶を看るが如くにして。而して后ち未だ晩からざるなり。吾人窃かに之を唐士の先聖に鑑み。我朝の古哲に照すに。或は万難を排して明師を需め。或は千苦を甞めて佛意を尋ね。百年一日の如く單心誠意。身を以て求法に抛ち。而して后ち初めて其得果を報告せられざるはなし。宜哉其敎義の明確にして且つ後世愈盛んなることや。苟も新開發の敎義を唱道せんと欲せば。須らく先師を倣はざるべからざるなり。吾人は知る中西君の健筆且つ該博なることを。然れども未だ聞かず先師の及ばざる處を開發し。新佛敎の開祖たるの伎倆あることを。且つ吾人は君の爲めに惜む「論中」未だ新佛敎の敎義を指示せずして。漫に在來敎理の淺薄なるを冷評し。世の浮氣男子を籠絡して信仰の基礎を破らんとするの傾向あることを。

君又論じて曰佛敎の眞理は惟一にして大陽の如きものなり。而して其各宗各派は惟一大陽の光線の如きものなれば。此等分裂せる光線の信仰を統一して。世界の一統宗を開かんと。取意）蓋し君が所謂眞理の大陽は所証の覺跡にして。其各宗各派の光線は之に到るの手段なり。所証の覺跡同一なるが故に。之に到るの手段も亦統一せざるべからずと云ふが如きは。恰かも上京の旅客は其東北人種たると。西國人種たるとを問はず。悉く東海道よりせさるべからずと云ふに異ならず。此論蓋し所証の覺跡と手段とを誤り。主客を顚倒せし謬論なり。

君又佛敎の解釋法を論じて曰「是迄東洋に傳へたる解釋法は。唯敎理的の解釋にして。批評的の解釋にあらす。批評的の解釋には又自ら文字的の解釋。論理的の解釋。修辭的の解釋の三種を含有するものにして。此三種の解釋法を以てすれは。佛敎全体の組織始めて明にするを得べし」と。吾人は未だ此等三種の解釋法を實用せしことなきが故に。其便否の如何は俄に斷言すること能はずと雖。斯る新奇の解釋法を須ゆるよりは。寧ろ先師の英斷快活なる敎相判釋。法相決判の解釋法に依るの便なるに如かざるを知る。敢て借問す。君果して古昔の聖賢が一宗を開闢するに當り。依敎分宗。依宗敎別の活眼を有せしことを知る乎。又彼の所謂年月。義類。二種の三時敎を以て。一代佛敎を裁斷するの法相宗あることを知る乎。又五位百法を以て宇內の万像を決判するの活釋法あるを知る乎。又彼の就法分敎。以理開宗の五敎十宗を以て。一代佛敎を橫斷するの華嚴宗あることを知る乎。又彼の通別五時と化儀化法の八敎を以て。一代佛敎を雄判するの天台宗あるを知る乎。又彼の顯密二敎と十住心を以て。一代佛敎を壯釋するの眞言宗あるを知る乎。而して又彼の聖淨二門。二雙四重の敎判を以て。一代佛經を活殺與奪する眞宗あることを知る乎。此等先師の判解法は君が所謂三種の解釋法に適合するや否やは。吾人の得て知る所ろにあらずと雖。其壯快なる。其秀敏なる。佛意の所在を洞見するの聖賢にあらずんば。蓋し得べからざるなり。君果して此等の解釋法を討究せしや否や。若し君未だ此等の奧義を叩かずして。漫に先哲を超越し。敎理的の解釋を評して「聖經或は死文となり。新奇活潑なる智識を吾儕に與へず」との言をなすとせん乎。何ぞ其の不敬にして且つ漫なるや。若し夫れ君をして藉を僧海にあらしめば。吾人は君に附するに教門の大罪人の名を以てするに憚らざるべしと雖。君は元來居士の身にして佛教海に對しては。無責任の言論自由の地位に立つものなれは。之を責むるの道なし唯切齒して止んのみ。

君又第四章に至り新佛教と舊佛教の衝突点と題して曰「第一舊佛教は階級的なり。新佛教は國民的なり。第二舊佛教は厭世的なり。新佛教は樂世的なり。第三舊佛教は理論的なり新佛教は經驗的なり」と蓋し此三箇の衝突点たるや多少之れなきにあらず。然れども是れ決して教理の變動にあらずして。所謂弘教手段の變動なり。吾人は這般の變動に對し殊に新舊佛教の新名詞を須ゆるを欲せず寧ろ宗教政治の變更と云ふの隱當なるに如かざるを信ず。就中舊佛教の理論的を。新佛教の經驗的に更めんとするの下に於て。淨土門の教義を論じて。曰「彌陀他力の本願は經驗的の教法にして決して理論のみにあらず。然れども舊佛教の弊たるや。其經驗に屬すべき者も尽く之を理論の範圍に入れ。自ら以て得たりとす。斯に於て教理上に於ては。彌陀の存在及其誓願を說くも。實際に於ては之を經驗に徵する者なし。遂に彌陀の存在は有るが如く無きが如く。乃至彼れ喚んで我れ答へず。我訴へて彼れ聞かず。我の思想は彌陀の無量光。無量壽を認むること能はず。云々」と。此言たる實に君が佛教の何物たるを知らざることを証明し。未だ佛教の信仰門内に入らざることを表示するに足る。夫れ淨土門の教旨たるや專ら經驗的に屬するものにして。彼れ仰信教徒の擧動。未だ曾て彌陀の身邊を離れたることあらす。彼此三業不相捨離。佛心凡心同一体とは。實に本宗の定則にして。又實に彌陀超世の誓願なり。爰を以て本宗信徒の一擧一動は。悉く彌陀の擧動に相應じ。彌陀と共に起き。彌陀と共に臥し。彌陀と共に行き。彌陀と共に遊び。手の舞ふ所ろ彌陀の慈界にあらざるなく。足の蹈む所ろ彌陀の悲土にあらざるなし。試に彼れ信者の居常に就て之を察せよ。心ろ常に淨土の莊嚴を觀じ。口常に佛恩の洪大を喜び。稱名念佛未だ曾て彼等の口頭を離れず。大悲の佛体未だ曾て彼等の心裡を去らず。愷悌和樂全身に溢れざるなきにあらずや。蓋し是れ自已の妄念を捨て。自已の惡心を去り。悲智圓滿の佛心を領得し。悲智圓滿の覺躰と同居するにあらざるよりは。底下の凡夫豈に此の妙境に遊ぶを得んや。君未だ此等の教旨を知らず。漫に「カント」の實理論によりて解釋せんとす。且つ夫れ君が所謂經驗的とは果して如何なることぞ。在來教旨の外に於て更に一種の經驗を築かんとするにある乎。果して然らば彌陀の本体を引き出し。吾人と同樣に談論笑語せしめんとするに外ならす。「カント」の實理論如何に巧妙なりと雖。蓋し得べからざるべし。吾人は寧ろ君が所謂經驗說を以て。一種架空の理論と云はざるを得ず。要するに吾人は君が太胆に驚くと同時に。世の輕薄男子の心情を惑亂せんことを恐るゝなり。君果して說あるや否や。乞ふ之を聞かん。

已上は君が意見と吾人が意見の衝突点なれば。是非正邪の如きは普く世の識者に問はんのみ。人若し一本を買ひ熟讀せば。蓋し吾人が評論の誤らざるを知らん。而して吾人は徒に無責任の評論を試み。以て君を傷けんとするの野心にあらざれば。他日を待て吾人の卑見を公にし。大に江湖に質す所ろあるべし。

◉鎌田淵海師の質疑に答ふ

中西牛郎

西六條大教校出身。東京法學校の卒業生。四等巡教使。而かも雄辨博識。世に隱れなき鎌田淵海師が。傳道會雜誌第五年第一號に於て。予が著作新佛教論に對へて與へられたるの質疑は。其名は質疑と謂ふと雖も。其實一篇の駁論なり。否（責めて當人に於ては）最も有力なる駁論なり。」

古賢云はずや。君子無所爭と。予は平生謙讓の美德を守り。最も爭論を好まざるもの也。然れども君が此駁論の全躰を通觀するに。其議論は最も論理を主とし。且其文章も亦た禮節を失はざるを以て。共に眞理を講究するに足るものなりと信じ。聊か平生の例格を破りて。之れに答辨することゝなれり。讀者幸に先づ此意を諒せられよ。」

鎌田君は先づ最初に。「新佛教」と云へる名稱に就ひて辨駁を加へられたり。其言に曰く。「佛教の本義は源と一切智見の釋尊に發し。爾來連綿として三千年の今日更に異動あるを見ず。何ぞ新舊の新名詞を須ゆるの要あらんや。」と君の論ずる所も亦た偏固なりと謂はざる可らず。予が「新佛教」と云ふものは所證の眞理に名けたるにあらずして。能證の講究方法に名けたるものなり。彼の「コロンバス」が亞米利加を發見するや。之を名けて新世界と謂ひ。「ワット」が蒸氣機關を發明するや。之を名けて新發明と謂ひ「ニートン」が重力の理を發明するや。之を名けて新理若くは新説と謂ふ。是皆所證の躰に名けずして。能證の法に名けたるもの也。予の「新佛教」と云へるも亦た同一の例に由るものなり。君の博見達識にして。此等三尺の童子の理會にも上る可き事を喋々せらるゝは。如何にも不審に堪へざる次第なり。」然れども名稱や文字の上に就ひて議論するは。瑣々焉たる書生的の爭論而已。惟予の「新佛教」なりと唱道するの旨趣は。全く能證の講究方法に名けたるも。僅に二個の事實（所謂新佛教の最大思想）を捕へて之に名けたり。豈に妄りに新名詞を用ひて俗耳を籠絡するものならん哉。其所謂二個の事實とは何ぞや。」

（第一）佛教の永遠悠久なる眞理ハ既往數千年の歴史に於て開發し來りし如く。將來に於ても亦た必ず開發す可きと疑ひなし。故に吾人は大に望を將來に措き。自由思想を鼓舞せざる可らざると。

（第二）宇宙の眞理は惟一なり。佛教の因果説と耶教の造物説とは決して兩立す可きものにあらす。孰れか妄想にして孰れか眞理ならさる可らす。然れども今や各種の宗教各種の哲學紛然雜出して。適從する所を知らす。斯時に方りて。吾輩若し佛教を以て絶對眞理なりとせば。種々の宗教種々の哲學を講究し。其邪なる部分は之を排擊し。其眞なる部分は之を取りて佛教の下に統一せさる可らず。然らずんば安んぞ佛教の信仰を偏く世界に穜ゆるを得んや。是れ所謂統一なり。乃ち統一とは佛教の眞理を以て。世界の宗教を統一するの義にして。其方法たる猶は弘法大師が本地垂跡の論の如し。更に進んで方今は大乘非佛説等の如き。種々の邪説漸く現ハれて。佛教の信仰將さに衰へんと欲す。斯時に方りて佛教全躰の教理を明かにして。各宗各派の軋轢を和するは豈に一大急務にあらずや。」

予の名けて「新佛教」と云ふもの豈に他あらんや。以上二個の事實を指して之を稱する而已。鎌田君は此二個の事實を以て。是れ從來吾人の默許する所にして決して新思想にあらず。從つて「新佛教」と名るの理由なしと云ふ乎。即ち是れ名稱に於てこそ「新佛教」と云ふ事を拒否するも。其實君も亦た吾人が所謂「新佛教」徒の一人なり。若し夫れ斯の如きは是れ万古不易なる佛教に。更に一種の新思想を附加したるものにして外道宗なりと云ふ乎。敢て問はん。吾人は見眞大師を何故に淨土眞宗の開祖なりと謂ふや。豈に大師が空前絶後の卓見を以て。前哲未發の佛教眞理を看破して新に一宗を開きたるの故を以てするにあらずや。然れども見眞大師の淨土眞宗を建立するや。當時天下の學者は必ず曰く。斯る新義は從來佛家の説にあらざるを以て。是れ佛教にあらざるなり。外道宗なり。是れ親鸞の新思想なりと擯斥したるや疑ひなし。然るに見眞大師は辨解して曰く。此れ我が自己所造の説にあらずして。佛説なり。然れども我れ始めて此の眞理を發明したりと。此れ豈に獨り見眞大師のみならんや。其他各宗の祖師恐らくは皆な然りしならん。然るときは將來佛教に又何如なる邪説の出で來らんも未だ知る可らず。此に於て乎。益々自由思想の貴重すべきを知る也。」

然るときは。是迄傳播したる佛教各宗は。獨り佛教眞理の全面を占領して。我より後に顯はるゝ新説は皆な邪説なり佛教にあらざるなりと。言ひ張るの權理はなきものと思考す。否な佛陀の説き玉ひし經文を所依として正當に説を立てたらんには我れは從來の佛教各派に對しては。「新佛教」なるも均しく亦た佛教なりと言ひ張るの權理あるものと思考す。夫れ釋尊の説法は應病與藥にして。八万四千の法門ありと云ふにあらずや。若し現今の十二宗を以て十二門に配當せば猶は八万三千九百八十八宗あるにあらずや。鎌田君曷んぞ宇宙大の活識を開き。佛教眞理の無限を味はざるや。無一物中無盡藏。有花有月有樓臺。請ふ此句を三復して悟了する所あれ。」

鎌田君は又た予が佛教の解釋法を論ずるに反對して。非常の憤恚をなされたり。「憤恚は佛者宜く愼むべし」曰く「何ぞ其不敬にして且つ漫なるや」と予は先聖に對して敢て不敬をなすものにあらず。又た傲慢不遜の言をなすものにもあらず。只道理に由り。良心に訴へて着々眞理の講究となすもの也。抑も予は解釋法に論理的文字的修辭的の三種ある事を説けり。然るに君は各宗祖師の判教を持ち出だして。斯る完全なる解釋法ありと云はるれども。予の所見を以てすれば。是れ予が所謂論理的の解釋法に過ぎざる而已。故に論理的の解釋法は既に完全なりとするも。文字的脩辭的の解釋法。未だ世に盛んならざれば全躰に於て完全なりと稱し難し。君も亦た此点に就ひて靜に熟考せられんのみ。何ぞ必ずしも激せんや。激するときは即ち理を見る明ならず。此處若し予をして荻野獨園師たらしめば。君果して喝一聲棒一擊を免るゝ事を得んや呵々。」

君は遂に進んで予が「第三舊佛教は理論的なり新佛教は經驗的なり」との一節を駁して曰く「夫れ淨土の門教旨たるや。專ら經驗的に屬するものにして。彼れ仰信教徒の擧動未だ嘗て彌陀の身邊を離れたることあらずと」。予亦た決して淨土門は經驗的の教法にあらずと言ふものにあらず。亦た決して仰信教徒の擧動は君の言ふ如く然らずと言ふものにあらず。只奈何せん。今の世界眞正なる信徒日に減じて。理論口舌の徒のみ頻りに增殖し。議論にては喋々佛教の理を談ずるも。其心底を窺へば眞實の信仰を有するもの蓋し千百人中固より一人而已。是れ予の慨歎して是言ある所以なり。若し果して今日百万の眞宗信徒果して君の謂ふ所の如くなれば夫れこそ大幸のみ。而して君實に此言を發す。君も亦た我「新佛教徒」の一人たるや固より言を竢たず。然るに亦た互に手を握りて佛教將來の大計を論じ。共に起ちて鵬程万里の前途を望み。相携へて進まんのみ。何んぞ區々腐儒の爲す所を學び。いたずらに口舌の爭を試み以て畢生の快事となさんや。鎌田君幸に予が言の愚直なると怪む事勿れ。」

⦿再び中西牛郎君に質す

鎌田淵海

新佛教論の著者中西牛郎君は。昨日の開明新報を以て。予が傳道會雜誌第五年第一號の質疑に對し。懇切なる答解を與へられたり。之を要するに兩者の爭点。左の三項に歸するもの〻如し。

第一　新佛教論の定義即ち新字の附着すべき物体
第二　聖經解釋法の便否
第三　眞宗信者の擧動

第一新佛教論の定義　夫れ自已の著書に命名するは。是れ實に著者其人の特權なれば。次郎と稱するも太郎と呼ぶも。無緣局外の者豈に喋々するの權あらんや。這般の著書に對し。新佛教論の名義を附するは。是れ實に君が特權なれば。無緣局外の我輩何ぞ容喙するの理あらんや。然れども名は實の賓とは古今萬國の慣習なれば。著者の命名も亦此規道を踐まざるべからず。君曰「予が新佛教と云ふものは所證の眞理に名けたるにあらずして。能證の講究方法に名けたるものなり。」と予は身を佛教海に置くこと實に十年なり。予常に之を聞く所詮の教理を指して佛教と呼ぶことを。然れども未だ聞かず佛教の講究方法を指して佛教と名くることを。嗚呼奇なる哉妙なるかな中西君の命名や。講究方法を指して佛教と呼ぶこと世界の廣き萬國の多き恐くは君一人ならん。蓋し是れ所謂君が特權なれば予輩辨駁するの必要なし。唯惜む君の健筆該博を以て此の万國无二の異例を用ひ。世俗を籠絡するの巧みなることを公示せしことを。君又見眞大師を新佛教者の一人として。而して曰「見眞大師我始めて此教理を發明したりと給ひし」。と予輩熟々大師の聖典に就て之を案ずるに。「親鸞更に珍しき法を弘めず」。云々又曰「愚禿勸むる所更に私なし」其他此に類似の文証一にして足らず。蓋大師が本宗を開きたもふたるや。自家の發見にかゝらずして。一に上は釋尊の經理により。下は三國高僧の精神に從ひ給ふたるものにして。毫毛の添減なきや大師の自白し玉ふ所によりて明了なり。知らず君果して何等の論証ありて。大師を以て新發明の一人とするや。本項に於ては論すべきもの少なからざれども。他日を期して之を論せん。

第二聖經解釋法の便否　君は新佛教論に論じて。曰「教理的の解釋は聖經或は死文となる」と而して予が質問に對する。答辨中には「教理的の解釋は完全なるも云々」とは何ぞ自家撞着の甚しきや。併し這般の爭論たる君未だ佛教の教理的の解釋を試みず。予も亦君が所謂三種の解釋法を知らず。兩者共に知らざる者の爭ひなり。便否の如何は乞ふ之を世の識者に問はん。

第三眞宗信者の擧動　此論蓋し予が全勝にして。君又予輩の論鋒に當るの材料なきを見止めたり。君曰「予亦決して仰信教徒の擧動は君が言ふ如く然らずと云ふにあらず。只奈何せん今の世界眞正の信者なし千百人中一人のみ」と夫れ仰信教徒の少なきは布教上の欠点なるのみ。又仰信教徒の心得如何によるのみ。何ぞ新手段新佛教の新名詞を須ゆるの要あらんや。且つ夫れ君既に予が說を許す。何ぞ經驗的の新文字を引き出して。彌陀佛に對面し接吻せんことを願ふや。又何ぞ「カント」の論理學によりて教理を說かんことを望むや。要するに前後撞着捕影捉風の空論にして。右を攻むれば左に避け。前を擊てば後に隱くれ。所謂瓢を以て鯰を押へるの論に過ぎず。乞ふ再び明解を與へられよ。予は終に臨み世の新佛教論の讀者に告ぐ。嗚呼新佛教論の讀者よ。讀者記臆せよ。中西君の新佛教論は。教理に附するの佛教にあらずして。講究法を佛教と呼びたるものなることを。又更に記臆せよ。見眞大師眞宗を開闢するに當り「我始めて此の眞理を發明したりと給ひし」との言は。我見眞大師を強ひたる妄言なることを。

◉再び鎌田淵海師の質疑に答ふ

中西牛郎

予聞く鎌田淵海師は。舊大教校出身中の翹々たる才子にして。聰明超悟尋常に卓越するの青年なりと。然るに今や予が答說に對して再び質疑を起すを見れば。實に不審千万なり。是れ豈に僞りて愚者の態をなすもの歟。抑も議論を好んで故らに異言を立るものなる歟。予其孰れにあるかを判斷するに苦むなり。」

（第一）　鎌田君は予か「新佛教」とは所證の法に名くと云ふ說を難じて曰く。予常に身を佛教海に置くと十年。未だ嘗て所詮の教理を指して佛教と名るを聞かず」と。是言をして君が眞實の心底より出でしめたらんには。君が十年螢雪の勉學も亦た御苦勞と謂ふ可し。予は君に告るに「コロンバス」が發見したる「新世界」の例と以てしたりき。苟も普通感情を具するの動物なれば直ちに悟るべし。世界とは是れ固より所證の法に名げたるものなり。「新」とは能證法に名けたるものなり。故に此名稱を解釋せんには固より「新」と「世界」とを分拆せざる可らず。「新世界」は「コロンバス」によりて發見せられたり。然れども其世界の躰は「コロンバス」が發見以前に成立したるものにして。其成立は發見すると。發見せさるとに關係なきなり。然らは其世界と云ふものは所證の法に名けたるとは固より無論なり。然れども其「新」と云ふに至りては是れ則ち地球の他の表面。即ち亞歐の三大陸に箇みたるものにして。是れ發見の時期即ち能證の法に名けたるものにあらすして何ぞや。然らば予が前說に於て斯く細論せさりしものは何ぞや。是れ明々白々所謂三尺の童子も了解する所なるを以て。大人氣なしとして之を措きたる也。然るに鎌田君は予が「新佛教」とは所證の法に名けたりと云ふに拘泥し。忽ち形容詞も實名詞も辨別せすして。斯る議論を提出せらるゝは最も奇怪千万なりと謂はさるを得す。君若し予の所說を以て附會なりと思ば試に夫の小學校に用ゆる所の文典を一讀ありて然るへし。形容詞を主觀的に用ひたればとて。實名詞迄が主觀的に用ひねばならぬと云ふ證據は焉くにある乎。」

（第二）　鎌田君は又た予か見眞大師を佛教眞理の發明者なりと云ふに就て。辨駁せられたれども。是れは所謂天を仰ひで唾と吐くもの也。所謂自已の劍を執りて自已の吭を刺すもの也。所謂論法的の自殺を企るもの也。君は見眞大師を稱贊して空前絕後の卓見なりと稱するにあらずや。夫れ其の見眞大師が空前絕後の卓見なる所以は。其の釋尊入滅以來數千年間。妄見と邪見とに久く閉おられたる最上眞理の光輝を發揮し玉ふたるの。大功偉勳あるを以てするにあらすや。若し見眞大師を以て佛教眞理の發明者にあらずと斷言せば。是れ見眞大師より万古無朽の冠冕を奪ひ去りて平々凡々たる愚僧たらしむるもの也。」

斯く言はゞ鎌田君或は謂ん。見眞大師も只だ三國七祖の聖教を述へて自已更に發見し玉ふ所無と。嗚呼所謂發見と云ひ發明と云ひ其義や甚だ宏し。是れ盖し君が眞理發明の種類を別ちて総合的發明。分解的發明の二種あるを知らざるによる。見眞大師の所謂發明なるものは乃ち総合的の發明なり。何をか見眞大師の發明と稱して総合的の發明と云ふや。其七高僧の論釋を総合し。概括し。撰擇し始めて其中より無量最上の意義を得て。其宗旨を建立し玉ふたるを以てなり。若し見眞大師を以て佛教眞理の發明者にあらずと云はゞ。此れ即ち我輩は見眞大師を待たざるも。浄土眞宗の眞理を知る事を得ると云ふに異ならず。鎌田君果して斯の如く斷言し得るや否や。

抑も見眞大師の「親鸞更に珍しき法を弘めず。」或は「愚禿勸むる所更に私しなし」と言ひ玉ふものは。是れ宜く佛陀の所説に本きて更に加るに。自己の臆説を以てせずと云ふの義なりと解釋すべし。豈に我れ發明者にあらずと云ふの義ならんや。抑も大師にあらずんば誰れか釋尊出世本懷の眞意を明知するとを得んや。大師にあらずんば誰れか三國七祖の説を総合し大成して。吾人に他力易行の眞意とば炳焉日を觀る如く了知せしむるとを得んや。吾人が見眞大師を尊崇する所以のものは蓋し此にあり。若し大師世に出興し玉はざるも。浄土眞宗の眞義は既に天下に明かなり。必ずしも大師を俟たずと云はば。何を以てか見眞大師とするに足らんや。何を以てか浄土眞宗の開祖とするに足らんや。若し徒に德行の篤き人物の高を以て大師を推さば。世豈に其人なからんや。豈に徒だ見眞大師のみならんや。鎌田君夫れ發明と自造とを混亂する勿れ「珍き法にあらず」とは是れ自己所造の説にあらざるの義なり「更に私しなし」とは是れ自己所造の説にあらずとの義也。若し世に鎌田君の如くに見眞大師の言詞を解釋するものあらば。大師は定めて地下に泣き玉ふなるべし。」

（第三）　予が論理的の解釋は完全なりと稱する處。君以て教理的の解釋なりと誤視す。少く注意ありて然るべし」

（第四）　「此論蓋し予が全勝にして君又予輩の論鋒に當るの材料なきを見止めたりと」　鎌田君が歡天喜地手舞足踏の狀實に察すべし。昔者今川義元頻りに兵を進めて織田信長の軍に逼る。信長爲めに退くこと十里なり。義元狂呼して曰く。我れ全勝を得たりと。然るに其言未だ畢らざるに。信長の爲めに忽ち襲れたり。鎌田君今日全勝の賀豈に此に類するとなきを得んや。敢て問はん。方今仰信教徒の日に減少して佛教漸く衰へんとするもの。其源因焉にある乎。鎌田君は是れ布教上の缺点なるのみ。又た仰信教徒の心得如何によるのみと云はるれども。予は以爲らく此れ猶は近因なりと。而して其遠因は更に之れより深奥なるものなり。其所謂遠因とは何ぞや。乃ち方今宗教に反對するの理學哲學等一方に於て漸く現出すると同時に。亦た一方に於て耶蘇教の如き佛教に反對するの宗教漸く起れり。人心恂々惶惑して適從する所に迷ふによるもの是れ最大源因なり。而して僧侶の布教の方法を得ざると。信徒各人が其心得を誤るが如きものは實に近因に過ぎざるのみ。故に此の大患を救はんと欲せば。固より最大原因に溯りて天下の人心を一新せざる可らず。是れ予が侃々として宗教統一の議を主張する所以なり。然らば此事も「新佛教」の勢力に由らざる可らざるは固より論を俟たざるなり。而して君予が著書全躰の趣旨を察せずして。斯る言あるは豈に亦た大早計にあらずや。」

終りに臨んで更に一言せん。鎌田君予の答辨を評して曰く。右を攻むれば左に避け。前を擊てば後に隱れ。所謂瓢を以て鯰を抑へるの論なりと。昔者顏回孔子を評して曰く見之在前。忽焉在後。孔子亦た老子を評して曰く。老子其猶龍乎。其變變不測なるを稱嘆するの言なり。今鎌田君の予を評するも亦た之れと相似たるものあり。此れ豈に予が如きの愚昧淺陋なるものゝ敢て當る所ならんや。故に斯の如きの評語は此答說と共に。ノし附きの儘直に君に返上せん。

◉中西君の破德を攻め併て君が妄を啓く

鎌田淵海

中西牛郎君は其れ猶は三百代言の如き乎。彼の三百代言士が法廷に辨論するや。爭点の發見を主とせずして徒らに無關係の事實を引証し。自家撞着。冗言多辨にして主爭の要点を曖昧模糊の間に胡魔化し。法官をして其審判に苦しましむるを常とす。世に曖昧の論者を指して三百代言の子分と稱するは實に此の謂ひなり。

新佛教論定義の下に於て曰「鎌田君は予が新佛教とは所證の法に名くと云ふ說を難して曰。予常に身を佛教海に置くこと十年。未だ嘗て所詮の教理を指して佛教と名くることを聞かす。云々」と是れ何等の妄言ぞや。又何等の誣言ぞや。君云はすや新佛教とは能証の講究法に名けたりと。予は此不可思議なる名稱を怪しみ。所詮の教理を指して佛教と名くることを聞くも未だ能証の講究方法を佛教と名くることを聞かすと質せしに非すや。然るに君は三百代言の詭言を吐き。予が難を以て自家の言となし。自家の妄言を以て予が質議に替へ。予か不學なることを冷評せしは抑も何等の妄說ぞや。予は君の如き不德義の論者に向ては又敢て謂ふと欲せず。正々の筆堂々の論を以て宇内の眞理を攻究し。併せて世の同迷者の妄を啓くは。是實に學者の本分にして。又自ら奮て其任に當らざるべからざるにあらずや。然るに君此の本分を忘れ。竊盜主義の猾智を廻はし。自家の妄說を他人に着せ。他人の公主を自家に取り込み。知らざる眞似して文檀に登り。而かも他人を冷評するものは抑も何事ぞや。君が文章如何に冷悧なるも。君か運筆如何に絕妙なるも。此等怜悧と絕妙は未だ以て世人の耳目を蔽ふ能はざるなり。若し夫れ這般の誤謬をして啻に一ヶ所に止まらしめば。予は活字の誤植として敢て責むる所なきも。一文中實に三ヶ所あり。君若し三十日の開明新報を披見せば。予か言の誤らさるを知ると同時に自家の良心に耻る所あるへし。左り乍ら中西君の大家にして。此の不德をなす。如何にも不審千万なり。思ふに君未だ能証所証の用語を知らさるによるものならん乎。予は元來君か所謂能証の講究法（昨日の文中には所詮の教理とありしも。是れ元來予か君に質せし論鋒にして。昨日に至り自家の說を盜みしものなり。）云々の使用上に付き意味の解せざるものあり。若し佛家慣用の熟語を以てすれば。能証とは具さに能證の智の謂ひにして。所証の理に對するの語なり。然るに君の新佛教論は能証の講究法とすれば。新佛教の智と云ふ意味なる乎。兎に角近頃以て珍らしき熟語なり。若し夫れ此の名詞をして万國博覽會に提出せん乎。一等賞を得ること請合なり。君夫れ提出しては如何や。之を要するに能証所証の意味を了解せずして之を用ひ。巧に失して却て馬脚を示したるものと云ふべし。諺に曰猿も木から落るとやふ。中西君も亦字義から落ることある乎。呵々。

君又遁辭を吐て曰。新佛教とは新は能証に名け世界は所証に名くと。君が新佛教の三字を指して能証の講究法に名けしことは。載せて二十九日の開明紙上にあり。何ぞ反覆常なきや。三百代言の爭論とは實に此の謂ひなり。

見眞大師發見非發見を論する下に於て君說をなして曰。釋尊入滅以來數千年間。妄見と邪見とに久しく閉ぢられたる。最上眞理の光輝を發揮し玉ひしにあらずや。云々又曰。發明に二種あり。總合的發明。分解的發明にして。大師の所謂發明は總合的の發明也云々と。予は君に質すに當り。大師の金言を以て証明したり。君若し予が質議に答んと欲せは又確証を示さゞるへからず。今や擧証の責は全く君に移れり。然るに君更に玆に注意せず。徒らに無關係の事實を引論するは何ぞや。總合的の發明なると。分解的の發明なるとは予か問ふ處に非ず。問ふ所を答へずして新奇新發明の文字を用ひ。以て籠絡せんと欲せる者の如し。君の言ふ如く發明と自造とは別なること勿論なりと雖。發明は卽ち發明にして到底新奇なることに相違なかるべし。見眞大師か信因稱報の法義を唱導し玉ふや。其由來實に遠し。彼本宗所依の經たる三部の妙典に於て。念佛往生の誓願を說示せられしに始まり。三國の高僧連綿として此の意を相承し玉へり。卽ち龍樹菩薩の難易二道の判に於ける。天親菩薩の自督出言の文に於ける。爾來相承の高僧未だ曾て自家の臆說を加へられしを聞かず。然れども時未だ至らず機未だ熟せざるを以て。表面行々相對を談じ。內心唯信絕對の法義を奉信し玉ひしに過ぎず。降て見眞大師の時に至り。時機全く純熟せしかば玆に三國相承の內証を公表し。唯信絕對の大信を唱導し玉ひしに外ならず。換言すれは見眞大師は上は彌陀釋迦の代表者として。下は三國高僧の代理人として。此の法義を唱說し玉ふたるに過ぎず。是れ所謂親鸞更に珍しき法を弘めずとの玉ふ所以なり。君が所謂總合發明とは何等の言ぞや。君未だ相承と發明の區別を知らず。遂に自造と發明の混淆を來し。更に化して世界の一統宗を開んとするの妄想を引き起すに至れり。要するに相承の文字と發明の意味とを混同せる謬論なり。又解釋法己下の答辨は予が質議に答ふるものは更になく。唯嘲罵の文字を見るのみなれば敢て之を論せざるなり。

◉鎌田淵海師の事に就ひて客問に答ふ

中西牛郎

一友人來りて予に問ふて曰く。先日貴兄來頻りに鎌田淵海師の質疑に答へて種々の問答をなせしが。師が最後の攻擊に遭ふて忽ち閉口したるは何ぞや。此れ豈に鎌田師の論鋒銳利にして當る可らざるものある乎。何故に一言の答へなくして止むや。」

予對へて曰く。予の新佛敎論を著はすや。實に方今宗敎界の時勢に感慨する所ありて筆を起したるなり。豈に喋々辨論を好んで名聲を博するが爲めならんや。故に苟も禮節を守り。道理を重んじて。質問せらるゝの諸君には皆な諄々其問に答へ。疑を解くの責任を盡さんと欲するの精神なり。然れども苟も言語粗暴に涉り。中心感激の意を含んて來り爭ふものは。初めより爭論を避けて宗敎界の德義を神聖にせんと欲するの決心なりし。然るに鎌田師の論中に於て稍々答辨す可きの價値ある点を發見したるを以て。同師の疑を解き且世間讀者にも滿足なる辨明を與へんとの積りなりしも。不幸にも同師を激して殆んど狂亂に及ばしめたるは實に予の過ちにして深く自ら謝する所なり。」鎌田師果して諄々道理によりて予に質疑を求めば。予も亦た欣んで說明の勞を執るを辭せざるべし。」鎌田師果して眞理を講究するの目的を以て因明の作法によりて。予の說に疑難を起さば。予は百回千回と雖も。辨明の勞を執るを辭せざるべし。」

鎌田師果して禮讓を失はず。僧侶の本分を過たず。卑劣なる人身攻擊をなさずんば。師は好んで鎌田師の爲めに眞理を講究するの朋友となるべし。」

然るに鎌田師は開明新報千八百〇五號に於て。予を罵て破德者なり。三百代言なりと云へり。是れ果して宗教家のかりそめにも口吻にも上ぼす可きの言辭なるか。君は予を以て君の説を竊みたりと云はるれども。苟も眼と心とを具ふるものは。當時予の文章(即ち再び鎌田淵海師の質疑に答ふ)を讀み。竪か見ても。橫から見ても。其活字誤植(即ち三個所證の文字)なるとは明々白々にして。誰れか疑を容るゝものあらんや。況んや其要点の處に於ては復た誤植なきに於てをや。」

嗚呼如斯一見明白の活字誤植を捕て。中西は破德者なり。三百代言なり。竊盜者なりと大聲疾呼す此れ猶ほ禮讓を守るものなりと謂ふ可き乎此れ猶は宗教家の德義を守るものなりと謂ふ可き乎。予は實に痛悔に勝へず。若し予をして嚮きに鎌田師の質疑に答へざらしめなば。師をして斯る淺間敷下等社會の劣態に墮落せしむるに至らしめざりしをと。夫れ人激すれば則ち狂す。狂すれば則ち亂す。此れ君子と雖も時として亦た或は免れざる所なり。然れども鎌田師をして斯かる狂亂に陷らしめたるものは。其罪源或は予にある歟。師に於てか何ぞ尤めんや。」

夫れ正々堂々たる眞理の爭をなすに於て。何如に其人の説が我意に滿ざればとて。其人を指して惡漢とし。竊盜など云ふものは。亦た甚らずや。況んや慈悲忍辱を以て本分とするの僧侶に於てをや。縱令自ら良心に愧ぢざるも。寧ろ天下公衆に對して愧ぢざらんや。然れども鎌田師は篤實溫厚の君子也。篤實溫厚の君子をして。斯の如く宗教家の本分を失するの言語擧動をなさしめたるは。全く予が鎌田師の質疑に答へたるによる。若予をして初めより鎌田師の質疑に答へざらしめば。師豈に此不幸あらん哉。故に此上も予をして師の狂亂なる言論に對して相爭はしめば。此れ益々師の醜態否な佛教家の醜態を天下公衆に明示するものなり。」

故に鎌田師をして宗教家の本分を失はず。論理により。禮讓を守り。來りて質問せしめば。予は決して説明の勞を辭せざるべし。然れども顯然中西の破德を攻むと題して。彼れは竊盜なり。三百代言なり。不德義者なりと大聲疾呼するに至ては。天下公衆をして佛教社會には道德なく。禮讓なく。神聖なる西六條は毒炎の舌。毒劍の筆を有する惡鬼夜叉の巢窟にあらざる乎。毒氣を吐ひて草木を枯らす蝮蛇の淵藪にあらざる乎と疑はしむるに至らん。此を念へば予は佛陀の前に號泣俯服して。只管罪障消滅を祈るの外あらざる也。」

斯の如きの理由によりて。予は鎌田師及び開明新報の讀者に懇告す。凡そ質疑者が虛心平氣に復し。大公至正の心を以て。正々堂々君子の爭を爲さゞる間は。何人の質疑にも答へざるべし。又た何人の議論にも應ぜざるべし。若し予を以て說明に窮せりとせば則ち大に誤る矣。」

◉中西牛郎君に送る

鎌田淵海

拜啓殘寒難凌候處。貴殿愈御健筆の段。奉賀候。二に小生事過日來狂亂病に相罹り。入院中の處。昨今漸く全快致し。相變らず戻らね小言を書き廻し居候間。乍憚御放念可被下候。陳者先般來音に名高き御著書新佛教論に就き。苦情かましき御質問申し出で。種々御手數相掛け候段千万恐縮仕候。承はり候へば小生が最后の駁論。即ち「中西君の破徳を攻め云々」の一文中。三百代言。窃盗主義云々の儀に付き。非常に御立服被遊候由。右は全く小生が本意には無之候て。活字の誤植に候間左樣御曉らめ被下度候。過分の誤植に付き如何にも遁辭らしく相見へ候へども。貴君の誤植に比較致し候へは。左程の掛直も無之やに愚察罷在候。兎に角三百代言云々の文句は。貴殿に取りては非常の御幸福。即ち御荅辨御拒絶の材料と相成候段。貴殿の爲め乍蔭御祝し申上候。御互に斯る誤植に拘泥して狂人とか下等社會とか。雲助流義の筆戰は大人氣なきことなれば。今後謹愼致し度きことに候。斯く大人氣なき筆戰を致し。貴殿の御高名を損じ候事。一に小生の不行届に候間。眞平御海容被下度候。實は斯る結果を引き起すことを豫知致し居候へは。初めより質議は申出でさるべきも。貴殿の御大家なる學者の本分を守らせらるべきを信じ候に付。右樣御質議申上たる次第に候。殊に宗教革命論。併に組織佛教論を序文として其正宗分たる新佛教論のことなれば。全篇悉く教理を以て滿されたる大著書と信じ居候處豈に圖らんや教理の程は一言も御陳述あらせられず。教理を說かざるものに教理を以て質し。○○○○○○○○○○○○○○候事。一に御門違ひの質問にて。最早今日と相成候ては只管慚愧に堪へず候。昔し法然上人か淨土宗を開宗せらるゝに當り。二十六年の長日月を以て。一切經を御轉讀あらせられたること。實に五回なるも疑團未た解けさせられず。各宗の大德に就き御硏究あらせられたること。傳承致居候。佛教の甚深高大なること斯の如くに候へば。佛教の何物たるを知らさる。御互の身の上は堅く注意致し度ことに候。況んや各宗各派を統一して。世界の一統宗を開かんとするか如き。大事業に於ては仲々容易に手を下し難き次第に候。尙は貴殿は一統宗の元祖丈けありて。佛教學には御熟達のことゝ見へ。平常の御議論にさへ一々因明の作法に依らせられ候由。此の間の御文章一々因明の作法に叶ひ居候事。讀者一同の感服致す處に候。若し夫れ貴殿の御因明によれば。「能所の文字は誤植なるべし、之れに附帶の動詞悉く誤植なるか故に。猶し鎌田の質議の如し」でもと御立量相成ことゝ存候。若し更に異例を以て申上候へば。「虎は猫なるべし。四足獸なるが故に。猶し狼の如し」とでも申すべき乎。○○○○○○○○○○小生の不學なる鈍才なる此等の因明學を學得して。而して後に御論議申上候事。夢にも及ばぬことに候。要するに這般の筆戰は小生の無調法に候間。眞平御海容被下度候。終に望んで一言申上候。過日來開明紙上に於ける貴君の御論文中。非常の誤植有之候に付き。其罪全く編輯員幷に職工全躰に及び候て。一同免職に相成候由。傳聞致し候が。實に氣の毒千万のことに候。玆に何とか良方便無之や。御照會申上候。早々頓首。

開明新報記者添て申上候。過般來両先生の筆戰中。頻に活字誤植を以て。論点を左右し。殆んど爭論の是非を辨じ難きが如し。果して誤植乎。固より本社の責任なり。然れども若し誤植にあらずとせば。是れ遁辭なるに過ぎず。遁辭故造の爲めに責めを本社に蒙らしむるに至つては。迷惑至極と云はざるを得ず。本社は今之を證明して。其責の歸する所を確めんとするものにあらず。然れども若し此爭論にして。誤植の爲め其是非勝敗辨ずべからざるに至るものとせば。止むを得ず之が證明をなさゞるべからず。論者よ謹んで責を他に負はしむるの不德を爲さゞらんことを。

拜復先日來不圖した事より。種々無禮の擧動に及び。平に御海量被下度。知我者其惟新佛教論乎。と序文に書きたれども。新佛教論は兎園の小冊子にて。其實小子が胸中の萬一の一をも見はすに足らず。從つて其の完全ならざるは固より言を竢たす。御互が今日瑣々たる言語文字の末に渉りて。新聞紙上に彼此申すは。餘り大人氣なしと申すもの。御閑暇も有之ば。小生の茅廬を御來訪被下度。ゆつくり小生が新佛教に關する愚見を申し入れて。大兄の御得心を可願。方今滔々議論勝ちて信仰衰ふるは。御互御同歎の事と相察申候。僕が縣人古庄氏の詩に才子從來多誤事。議論畢竟世無功。請看默々不言理。山白青々花自紅と云ふ七絶あり。俗士すら此心懸けあり。況んや御互の仲間をや。若し御互始め時節柄。世間の風潮に浮され。議論を以て快事として。信仰の途に迷はゞ。何を以て世道を挽回し。時弊を矯正する事を得んや。任重して道遠し。猶は此上ながらも平生の精神篤行を以て。大法の爲め。本山の爲め。御盡力有之度。偏に希望仕候。草々拜具。

二月十一日　中西牛郎

鎌田詞宗硯北

開明新報校正係謹んで白す　本日の寄書全文中一字一點の誤植なし殊に校正係一同保証仕候

詞叢

長嶺山順正寺銅鐘銘

借治工手。鑄出華鯨。遍身是口。全體皆聲。入寒雲響。臨河水鳴。高徹人耳。早催旅行。曉受霜氣。晚迎月明。山荅溪荅。西聽東聽。菩提心起。煩惱夢驚。上契佛理。下救群生。住持德至。檀力功成。

國家長久。佛法繁榮。

祝々　攸翼

正保二乙酉年十一月十九日

願主慶尊松翁法師

再住妙心見泰勝大淵叟玄弘誌

題孟母斷機圖　清浦奎吾

三遷教之經也。斷機教之機也。經天緯地。斐然成章者七編也。斷機于將成。而繼道統于既絕。是以機爲經者也。嗚呼孟母之機。亦巧矣哉。

孤獨吟　菊池寛容

老無妻子是曰獨。幼無父母是曰孤。孤耶獨耶何薄福。世間往々泣窮途。衣不蔽形唯襤褸。食趣支命皆殘餔。四大不調寒骨痩。容貌憔悴血色無。破窓枯坐將瀕死。是昔紅顏美少年。鬻翠篦前花解語。鴛鴦帳裡柳牽眠。佳肴如林酒如海。春宵一尅費萬錢。父祖遺產皆消盡。放恣遊散不畏天。母也怨兮妻離別。六親眷屬誰有憐。噫出自汝又返于汝。自業自得可奈何。寄語世間青衿士。一朝誤莫魅妖魔。薄福衆生感地動。尾濃二州破依正。市街村落廿万戶。或属全潰或半傾。爺也壓死孃也逝。幾千孤兒不聊生。路傍彷徨飢寒泣。不幸又逢僞善徒。欲携孤兒騙魔窟。誰以身輕投耶蘇。佛門非無慈善士。修教巢而育龍雛。他日成長得雲雨。提法劔來魔軍誅。々斬莫須皆吾子。佛慈眼豈漏下愚。

次秋帆上人韻

亞字欄干月上時。一枝梅影寫新詩。春風乍送美人信。親照紅燈讀下遲。

述懷　松林法雷

嗚呼我家彌陀法。轉惡成善反魂香。防惡未發說芳果。殊勸善因歸法皇」。醫門自古待病客。學校于今招童蒙。佛嫌惡人亦如此。請休誹謗上道場」。行住坐臥六字持。造次顛沛守五常。生爲忠臣死爲佛。一家無恨歌樂康」。滿朝君子若歸佛。層々仁風亦可揚。眞有赤心報國客。早將此法獻君王。欲立富國强兵策。須開功德無盡藏。細論二諦相資處。不拾一句與一章」。堂々大藏八万四。都是國政裨益方。請看歷朝聖天子。護持三寶增國光」。

除夜感懷　草野折言

行路險似蜀門山。首尾蹉跌豈易攀。烏兎荏苒駛於箭。風物循環去不還」。昔時入薩開教田。今玆省母歸桑梓。母也對兒慰飄零。兒亦對母問居起」。向顧江湖十年跡。東翔西翔似獨鴻。城武紀攝播肥薩。說盡報恩與盡忠」。又想今年政教史。更添憂國憂法涕。就中尾濃大震災。幾萬飢寒奈兄弟」。政海更見論潮起。外交內治亦艱難。俯仰只有腸可斷。進退曾無心可安」。君不聞斃而后已古人言。吾儕鞠躬守此語。愛國護法是吾任。偷安姑息爾爲爾。噫男兒處世果何事。要排妖雲觀靑天。畢生心事若不就。好蹈東海學魯連」

將赴東京贈友人大塚鳳

蠢爾妖教襲帝京。奮然匹手獨東行。東行之意人知否。要抜賊壘護法城。富山墨江縱轉覆。肝膽鐵石豈可傾。奇語吾黨百萬友。懷與安兮實破名。閑臥酣眠果何事。宜將一身供犧牲。邪綱亦手可摑裂。牧師教師多心盲。雖然孜々設陷穽。彼則教會此學黌、況又吾國三千九百万、一万早已失弟兄。借問君辱臣死節。吾徒幾人抱丹誠。嗚呼見眞慧燈忽焉沒。我徒勿爲城下盟。

新年　中瀨秀二郎

寅賓出日對書窓。磨硯詩思既滿腔。厨下春盤猶未就。門前賀客足音跫。

秋日函江卽事　高木米所

水鄉風色自蕭疎。斜日丹楓霜落初。漁子歸來市聲鬧。滿江秋味賣鮭魚。

寄國教社　波多野彥也

慧日光輝破闇圓。法輪回照浦安天。自今國教風雲勇。蟠龍沖天或躍淵。

志欲傚青雲。垣同于子產。弘光德至哉。君是性探撰。

冬　夜　　水月仲丸

寒威利於劔。凛々透衣裳。氷合水無韻。梅開雪有香。窓前燈影凍。村外笛聲長。團欒圍爐坐。呼童命酒觴。

與友人話　　樋口珠南

今夕知何夕。與君互話情。梅窓忽生影。初月一痕明。

讀四十七士傳　　新道迂溪

劍光正與雪花翻。殺氣森々壓敵門。四十七人忠似鐵。今宵始報主君恩。

波多野無他樂彥也詞兄見惠詩。乃傚其詩。句頭冠姓名及號字。却謝　　折言狂生

波瀾起政海。多士囂如狂。野間高節士。無意出議場。他人若問志。樂味在儕卿。彥々補風敎。也自扶法皇。詞豪又酒傑。兄是南方强、

雜報

●新佛敎論に就て大激論　是れ明治二十五年の劈頭。佛海の一波瀾なり。辨難者は中國出雲の人なり。反擊者は九州肥後の士なり。一は錚々たる靑年僧侶にして。他は陸々たる外護の勇將なり。一は西本願寺の四等巡敎師にして。他は新佛敎の唱道者なり。一は文學寮（西本願寺の普通學校）の監事補兼敎場掛にして。他は文學寮の敎頭兼敎員なり。一は眞宗傳道會雜誌の編輯長にして。他は經世博議の主筆なり。一は東京法學院の卒業生にして。他は獨力精究の宗敎的哲學者なり。一は西本願寺大敎校に在りて。舊解釋の範圍中に數年を費やし。佛理の一班を探究せし者にして。他は泰西哲學。耶蘇神學の眼光を以て。獨己の見識に依り。佛敎眞理の太体を看破せしものなり。一は翻譯書に依り。敎師の講義に依りて。西洋の文物を見聞したる者にして。他は英文の原書に依りて。歐米思想の淵源に透徹したる者なり。一は宗敎汎論。佛敎青年活演說の作者にして。他は宗敎革命論。組織佛敎論。宗敎大勢論の著者なり。一は演說家にして。他は文章家なり。一は法律的の敎育を受け。最も緻密なる穿索上の議論に長じて。他は宗敎哲學的の感化を蒙り。最も雄大なる大勢上の觀察に富めり。而して其論戰を熟覽すれば。一は猛虎の咆吼狂乱するが如くにして。幾分敵對。怒罵の情を含み。他は巨象の群蟻を縱橫蹂躪するが如くにして。幾分輕蔑、愚弄の意を表したる

が如し。若し吾人が正評を疑ふ者は本誌の佛海波瀾を再三精讀す可し。

●佛教徒中央亞細亞に探險を試みんとす　昨年三四月頃。國粹顯彰隊の驍將。三宅雄二郎氏が。眞善美日本人なる一小冊子を公にし。「圓滿幸福とは何ぞ。眞を極め。善を極め。美を極むるの謂なり。日本人が大に其の特能を伸べて。白人の缺陥を補ひ。眞極り。善極り。美極る圓滿幸福の世界に進むべき。一大任務を負擔せるや。疑ふべからざるなり。」との大議論を唱へて。眞を極るの最大急務は。日本人が十萬金を投じて。數十名の學者を。一團の學術探征隊として。亞細亞大陸に派遣し。東洋の新事理を探究して。千古未發の新理義を發揮し。以て日本國民の能力を世界に表彰するにあり。」との冐險的學者論を發表するや。一時海内の人心を動かしたりき。此頃京都なる東西両本願寺の有志者は。幾分三宅氏の冐險的議論に刺戟されたるにや。或は眞正に歴史的佛教講究の必要を感じたるにや。大に見る所ありて。數名の僧侶を中央亞細亞に派遣し。西部蒙古。トルキスタン。ボカラ。キワ等の諸國より。西藏の佛教に就きて。深く佛教歴史の淵源を探り。普く佛教傳播の諸遺蹟を索め。大に前人未發の財料を蒐集せしめんとて。青年僧侶の團体なる反省會。傳道會。法心會等より委員を選み。両派の有志高僧にも賛成を求めんとて。此程第一回の集會を催ふし。殆んど其の目的を達し得可きの事なりとて。近々猶は一大集會を開くべしとの赴きなるが。此計畫にして實行せしの曉には。其の結果の如何に係ばらず。充分日本佛教徒の氣象を亞州の全面に轟かし。日本國民の聲價を世界に發揚し得べきなり。

●日蓮宗大懇親會　小林日新。伊東日規氏等。十餘名の諸氏。發起となりて。去る七日東京両國二州樓に於て。一府四縣下の有名なる人々を招聘して。懇親會を開きしに。來會者は豐永日良。久保田日龜。鷄溪日舜の三僧正を始め。同宗宗務院よりは田村豐亮。釋智旭の諸氏出席し。來會人員都合百五十餘名にして。席上中里日勝氏。開會の趣旨を陳べ。信夫如軒翁。快辨を揮ふて。日蓮宗徒合同一致して。今後大に人間道德の範圍内に於て。無限の勢力を振はざるべからざる所以を演説し。黒澤日明。飯塚某の両氏謝辭を述べ。夫れより和氣靄々の中に懇親を結び。將來運動の方畧を談じ。佛教家にては近來稀なる盛會なりしとぞ。吾人は昨年來軋轢。不和。疾妬。鬪爭の沃雲を漲したる同宗人士が。一堂の上に相會し。黒雲忽ち晴れて明月を出し。氷雪頓に解けて春暖を催ふしたるが如きの光景を現出したるは。最も慶賀する所なり。

●延暦寺の修繕漸く成る　京都の東北に當りて。巍峨として聳ゆるものは。我國佛教史上の一大靈山たる。比叡の峻嶺なり。佛教歴史的回顧を以て。此靈山に對すれば。佛教各宗の開祖。多くは此山より出で給へり。圓光大師も。見眞大師も。日蓮上人も此山より出で給ひたり。嗟呼佛教徒たる者。誰か今日京都の地に至り。叡山を望み佛教歴史的の感情を發して。懷古憤今の感慨。心裡に逆らざるものあらんや。比叡の山上大伽藍あり。是れ則ち千有餘年前。傳教大師が建立せし。有名なる延暦寺なり。此寺往時は鎭護國家の道場にして。全國佛教の中心力となりて。而かも優渥なる朝廷の保護を蒙り。勢威赫々たりしも。世運の變遷。亦た何如ともする能はず。皇室の恩澤に浴して。其光輝を放ちたりし。天台宗の勢力も漸次に失せて。維新後に至りては。全く王家の補助も絶へたるより。一山猶は一層其の維持に苦み。壯嚴なる大伽藍も次第に破損を來して。堂宇に雜草の茂れるを見るに至れり。於此乎。天台の坐主を始め有志の人々。大に慨嘆奮發して。崇叡會なるものを組織して。故久邇宮殿下を會長に仰ぎ。全國勸財の許可を得て。修繕費五十萬圓を募らんとしたるも。好結果を得ざれば。全國の末寺相謀りて。別途に財源を求め。崇叡會と相應じて。七万圓餘の淨財を集めたるより。先頃大破の場所に修繕を加へて。二十間四面の大伽藍だけは。此程漸く舊容に復するを得たりと。吾人は佛教歴史的の感情に依りて。日本佛教史上の一大靈山が。漸次往時の盛觀に復するは。最も歡喜の情に堪へざるなり。

●一種奇妙の佛教信者証明廣告　第一期衆議院議員撰擧以來。佛教の勢力ある地方の候補者中には。從來宗教には淡薄なりし者も。俄に寺院に出入して。民望を收攬せんと欲する者あり。或は從來耶蘇教に感染の風説ありて。其地方の人望を失せし者も。突然佛壇を購ひて。檀那寺住職の歡心を求め。出入必ず。珠數を手にし。僞念佛を唱へて。佛教信徒を籠絡せんと欲する者ありしことは。吾人が越中。伊勢。越前。加賀等の諸國に於て。見聞せし所なりしに。今回の撰擧に際し。左の如き一種奇怪なる証明廣告を。名古屋なる能仁新報紙上にて一見したり。

内藤魯一氏は。佛教信者にして。拙寺の檀徒なり。曩に拙寺の本堂再建の擧あるや。同氏の力與て力あり。然るに昨今俄に或者が。其爲にする處在る有て。同氏を耶蘇宗なりと申觸すものあり。依て默過し難きに付き。玆に佛教家諸君に謹告す。

愛知縣。碧海郡。小垣江村。龍江寺住職　阿部禪透

嗚呼。奇なる哉。妙なる哉。此廣告や。吾人は敢て內藤氏を耶蘇敎賛成家なりと云ふ者にあらず。又た敢て阿部氏の廣告を攻撃する者にあらずと雖も。我が佛敎僧侶にして卑屈。無氣力の輩が。間々斯の如き証明廣告をなすを見て。未だ曾て其妄擧を嘆ぜずんばあらず。若し本堂再建に盡力したる者を以て。佛敎信者なりとせば。彼の魯國皇太子が。東西両本願寺に金圓を寄附したるを以て。魯國皇太子も亦た佛敎信者なりと証明し得べき乎。豈に斯の如き咄々怪事あらんや。嗚呼。吾佛敎が政治家の爲に利用せられ。吾が佛敎僧侶が社會萬衆の脚下に蹂躙せらるゝも。亦た怪むに足らざるなり。

◉荻野獨園禪師の近詠　蒼翠たる竹林を隔てゝ。魔軍の本城たる。同志社の講堂を望みつゝあるにも係らす。敵軍既に吶喊して。相國寺の門前に攻め來るにも關せす。悠然として高く塵外に超出し。高尚なる禪界に悠遊せらるゝ。相國寺派の管長。獨園禪師は。左の二首の近詠ありしと。又以て同師の近況を察するに足る。

殘月桂松白。宿雲抱石閑。焚香頻禮佛。獨立看青山。

其胸中錚々然として。風月を樂むの情。文字の外に顯はる。誰か其清襟を慕はざらんや。

九年空面壁。不直半文錢。設使分皮肉。何能會祖禪。

是れ達磨を能くするもの。同師の前に畫きしを以て。師笑つて賛せしと云ふ。

◉心中の乱髮　亞細亞。俗界の外道僧を誡めて曰く。

そりたきは心の中のみだれがみ
　つむりの髮はとにもかくにも

◉文學寮新築の近況　文學寮は西本願寺の普通學校にして。元と普通敎校の名稱を以て。七八年以前耶蘇敎の十字架が。旭日昇天の時代に當りて。京都西六條の一隅に。崛起せしものなり。普通敎校。一度此世界に出生するや否や。俗人にして佛敎の眞理を欽慕する者。僧侶にして泰西新學問の研究を希望する者。等一時に雲集し來りて。此に活潑。剛健。純潔。淸白。勇壯。義烈なる新氣風ヲ創造して。以て普通敎校特有の氣風を發生したりき。故を以て一度此校に入る者は。必ず此の氣風に感化せられて。護法の精神内に充實して。愛國の義氣外に顯現し。一擧一動大に世人の耳目を聳動し。將來外敎征伐の猛卒となり。佛敎擴張の健兒となる可き人物は。續々として此校より出で。當時跳梁跋扈。八面襲來の外敎徒をして。「靑年佛徒侮り易からず」の嘆あらしめたりき。然るに大學林例一たび發して。二十一年十二月より。其名稱文學寮と變じ。彼れ眞宗僧侶養成の學校たる。內學院と合併するに及んで。舊來の元氣は日に銷亡し。獨特の氣風は月に滅消し。現今に至りては。一種幽靈的の現象を呈し。恰かも腦貧血患者の如き有様に墮落したるは。種々なる原因あるべし（本誌第五号の文學寮及び大學林參看）と雖も。其重大なる原因は。舊思想と新思想の衝突。進取的感情と保守的感情の反撥。海外傳教的精神と一國布教的精神の軋轢に外ならざりしなり。故に文學寮を擴張し。內學院を盛大にせんと欲せば。雙方を分離して。獨立自由の位置に立たしめざるべからずとは。吾人平素の意見なりしが。本山當路者も亦た此點に意を注ぎ。遂に昨年七月を以て。大學林例を廢して。雙方を獨立せしめ。愈々昨年九月上旬より。多年紛議の燒點たりし。文學寮新築の工事を。日本土木會社に受け負はしめ。着々其工事に取掛りしが目下既に其大半成功し。向ふ二ヶ月間には。愈々落成する由なるが。定めて來る四月上旬には。雄麗壯嚴なる移轉式を見ることならん。吾人は文學寮新築工事の。將さに竣功せんとするを聽き。吾人の感懷を記して。同感の士に告ぐ。

●藤宮規平氏の蜃氣樓　是れ前號雜報欄內の。綜合哲學講義に關したる反省會雜誌の評論なり。藤宮氏意見の如何を察するに足るを以て。全評を轉載して。讀者の參考に供せん。

新佛教を以て既に鳴る者は。我中西牛郎君なり。儒佛耶三教綜合を以て。宗教海に一大波瀾を釀出せんとする者は。吾其藤宮規平氏なるを知る。氏は去る十六日當地裏寺町西林寺に於て。大に三教の同志を招集し。滿腔の智囊を叩ひて。第一絕對。第一原因。及び眞如眞神の異同。第二。神性と人性の異同。及び凡佛不二の理。第三。三位一体。及三身の奧義。及び講罪の新說。第四。可見的世界。不可見世界。及び業成緣起の說。第五。三大聖人の品性。及び其教理。第六戒定慧の六大問題に分つて。逐一之を辨せんとせしが。時氏を許さずして。第一問を以て終りたれば。吾人未だ氏の全意を洞觀するに由なしと雖も。要するに將さに迸出せんとする。佛耶の軋轢を調停し。一統宗教を以て全世界を支配し。國家道德の基礎を確定し。萬國相互の平和を維持せんとするの意にしあれば。其着眼の高尚なると。其目的の遠大なるは。固より確證して疑はざる所なり。然りと雖も。之れ或は可言不可行。一個蜃氣樓的の事業にはあらざる乎。蓋し佛耶は教理より論ずれば。一は因果を以て一貫し。他は創造を以て生活す。感情を以てすれば。一は龍の如し。一は虎の如し。其他歷史上。儀式習慣上。實に氷炭反目の間柄なり。此猛龍烈虎の中間に切り入りて。之が調和策を講ずるは。豈に常鱗凡介の能くする所ならんや。唯心の彌陀。已心の淨土を以て。淨土門の本領となすが如き。謭劣なる見解を持する藤宮氏。果して斯の如き空前絶後の難事を。完成せしむるの人物なるか。假令氏にして興雲翻海の技倆あるも。彼れ基督教徒。能く其金城頭骨たる創造説を拋棄し。彼等が天父と欣慕する上帝を。是はこれ假立なりとして。をめ〳〵氏の合同説に左袒するの勇氣あらんや。氏が多年苦心して漸く描き出したる。此蜃氣樓や。釋尊を淩駕し。基督及孔夫子を幕下に睥睨するが如き。不世出の一大偶傑出でずんば。富士山を挾んで。遠州灘を越ゆるの感なき能はず。呵々。

●佛界運動の新光輝　方今我國前途有爲の青年にして。佛教の眞理を探究せんと欲する者。釋尊の靈性を尊崇する者。佛教の信仰を自得せんと欲する者等。群々簇々として海内に充滿せり。吾人は是等の徒を稱して。佛教欽慕的の青年と謂ふ。此の欽慕的の青年をして。熱信的の青年たらしめんと欲せば。青年をして此進路に向はしむる所の。大機關なからざる可からず。此の機關たるや。日進月歩の時勢に適合するの機關たらざる可らず。此頃最も慶賀すべきの一快報を得たり。曰く帝國大學。第一高等中學。早稻田專門學校。哲學館。慶應義塾。和佛法律學校の學生。佛教信仰の各有志者は。去月六日午前十時より。東京駒込眞性寺に會し。本年より釋尊の降誕會を修行し。且つ佛教主義の夏期學校を設けんとの發議ありて。何れも議決したりと。尚ほ右に付き慶應義塾學生中。佛教信仰の人々は。來る四月八日高輪泉岳寺に於て。盛大なる誕生會を執行せんと。今より準備をなし居るとの事なり。是れ實に方今の時勢に順應したる。佛教傳道の二大機關にして。佛界運動の新光輝なりと謂ふべし。

●佛光將さに桑港に輝かんとす　我國佛教各宗中にて。幾分海外傳道の端緒を開かんと覺悟し。目下我國人が移住し居る。浦鹽斯德。元山津。釜山。仁川。京城。上海。布哇等に別院を建立し。教師を派遣して。我國人民の德義を維持し。日本佛教の傳播を企圖し居るものは。是れ眞宗東西両本願寺なりとす。然るに從來の宣教地は。重もに東洋各港。及び南洋の一隅に過ぎずして。未だ我國の佛教が太西洋を渡りて。米洲に波動を起こし。彼れ白哲人種の眼前に佛光を閃かす能はざりしは。吾人の大に遺憾とする所なりしか。今回両本願寺中の。識見氣慨ある有志中には。是非米國桑港に眞宗の教會を組織し。儼然たる佛堂を建立せんとて。内々相談をなし居るとの風聞。一たび該港に達するや。同港居留の七八人の信徒は。機會已に至れりとて。大に奮發し。荐に両派の有志に向つて。熱心に着手の事を促がし居ると云へば。實際に是等の意志を發表して。佛光赫々として桑港に輝くは。遠きにあらざるべし。

●大久保含海師の名譽　本縣。玉名郡。伊倉村。來光寺副住職。大久保含海師は。肥前の人にして。十餘年前より本縣に來りて。法什教社に入り。八淵蟠龍師と力を戮せて。該社の擴張を計りし人なるが。師は去る二十二年三ケ年間の豫定にて。同寺副住職の任に當り。本年一月滿期となれり。師三年の間。懇篤に。親切に。信徒を皷舞し。其團結の鞏固を圖りしかは。青年會。婦人會。愛眞會等勃興し。該地佛教の惰睡を復醒し。老若男女。皆な師の功德を慕はさるなきに至れり。然るに去る一月三十一日。同師豫期の期限滿ちて。同寺を辭し。來熊する筈なれは。遠近の信徒同寺に來集して。師の別離を惜めり。師は一場留別の演說をなし。直に高瀨停車場に向つて發しけれは。其行を送る善男善女。皆な淚に咽び。青年會員の如きは。隊を組み。旗を飜へし。煙火を打揚げ。同師を送れり。又た停車場に至れは。近傍の妙性寺にて。盛大なる離宴を張り。同師は簡短なる謝辭を談じ。青年會員よりは總代として。福嶋勉充氏一場の演說をなし。師か三年間同地方の爲め盡瘁せし功德を頌讃し。猶は向後青年諸氏は。大久保師の志を繼き。該地方佛教の爲め盡力することを誓ひ。袂を東西に分ちたりと。殊に同郡山下村安養寺。青年會長。勝田秀俊氏は。重立ちたる會員四五名と共に。左の送別の詩歌を携へ。同停車場に來りて。大久保師の一行を見送りしと云ふ。吁大久保師の如きは。實に眞宗僧侶の好模範と謂ふ可し。

行裝結束載憂過。流涕涓々滿錦河。別恨轉深何處寫。
天涯遙望影婆娑。

送り來し人の心のにしき川
渡る行身ぞ袖はひちぬる

●耶蘇教徒傳道の二大策　曰く對國策。曰く對佛策。是れ近來該教徒が。最も精確に。最も秘密に。現今我國の傳道上に就ひて。軍議を凝らしたるものなりと傳ふ。對國策とは何ぞや。是れ耶蘇教侵入以來。忠君愛國に富める。我が有爲氣慨あるの人士より。大に攻擊を蒙り。非常に該教宣布上に於て障礙を受くる。日本帝國の國躰と衝突するの點。即ち從來取る處の歐化主義を一變して。國家主義を取ること是れなり。對佛策とは何ぞや。該教徒が得意の隱險手段を以て。第一着に眞宗派に於ける。師檀の關係を隔離して。凝固的の信仰を解壞し。兄弟墻に鬩がしめ。以て耶佛両教を調和するを名とし。漸次浮薄の信徒を煽動して。住職の交替論を唱へしむること是れなり。該教徒の此二大策は。專ら今日東西両京に於て囂々風説する所なり。傳道上の烱眼を有する耶蘇教徒。今や此の方針に向つて進動を始めんとす。是れ我國の佛教家が。大に警戒せざる可からざる所なり。(東京府下基督教の教勢參看)

●耶蘇教徒名古屋に孤兒院を設立す　今回の大地震地たる尾張美濃の両國は。眞宗の盛なる地にして。彼の耶蘇教徒も。大に福音傳播の遲々たるに切齒せし所なるが。昨年劇震の天災俄然發出するや。機敏なる該教徒は。早くも眸を此處に注ぎ。時機失ふべからずとなし。大に神出鬼沒の策畧を鼓して。震災救助に東馳西奔し。傳道の端緒を切り開き。爾後益々此點に向つて盡力しつゝありしが。備前岡山なる孤兒院長。基督教熱心者。石井十次氏は此頃名古屋にありて。同地の救濟事務員と協議する所ありて。震災孤兒院を同地に設立する事とし。小橋某を岐阜縣に派遣して。同地より孤兒二十五名と同道し來らしめ。假に宣教師ウインビコ孃の家を以て。一時孤兒院に貸與し。直に孤兒に授業を始めたりと。嗚呼。二十年餘の後には。是等の孤兒が幼時より注入せられたる基督教の爲めに。養育せられたる恩情の爲めに。畢生の運動を試みるかと思へば。決して輕々に看過すべからざるなり。

●東京府下基督教の教勢　彼の高等中學校に於て。不敬事件の起りし已來。俄に該教の主義を變更し。今や純然たる國家主義を取り居れり。亦該教派に於て錚々の聞へある横井時雄氏は。歸朝以來(米國より)殆んど一万圓の大金を抛ち。教會堂を本鄉竹町に建築し。目下學術演説を名とし。府下の貧書生を集め。基督教の擴張を計り居れり。亦同區の「イビー」氏の中央會堂は。既に全く落成し。今を盛りと演説並に説教をなせり。貴兄が熟知せらるゝ如く。府下數萬の書生は。土日両曜日にありては。彼處の公園。此處の倶樂部に出掛くるか例にして。其往來の途中。演説あれば必ず之に立寄らざるはなし。(但し傍聽無料)彼れ外教師の烱眼なる夙に此に着目し。書生の往來最も頻繁なる地を卜し。偉大の會堂を設け。熱心鋭意に説教するが故に。無宗教の書生は遂に其信者と化するに至るもの少なからず。生や元來局外の身なれは。宗教上の變動は左程の關係も無之けれども。德友會員(德友會は本會の鎌田が東京法學院内に設立せしものなり)たるの名義を有する故にや。外教の隆盛を見る毎に何となく氣味悪く感せざるはなし。然れども一方に滿れば一方に欠くるは天下の常數なれば。基督教も亦此の規則に洩れず。腐敗の兆候も少なからず。先づ其重なるものを擧げば。該教派に於て有力者として知られたる。彼の同志社出身の文學士大西祝氏は。如何なる風の吹き廻はしにや。當時基督の信仰とんと薄らき。今日の處にては基督信者たることを明言することすら耻るものゝ如し。該教の爲めには實に一大勇將を失ふたるの憾あるべし。亦彼の帝國大學の教師元良勇次郞氏は。基督教の熱心なる信者なりしか。近日の事とか村上專精氏を訪ひ。自ら懺悔して「生が內情には信仰なし。生の信仰は每年變遷せり。他日大に佛教を學び安心立命せん」と語られしと云ふ。其他該教徒中。品行上の攻擊すべき者少なからず。要するに府下の基督教は。內心の信仰は殆んど其基礎を失ひ居るも。從來の行きがゝりもあれど成るべく熱心に見せ掛け。一方に於ては新事業を起し。以て自己の利を計らんとするものと云て可ならん。

次に佛教の教勢は御承知の如く。兎角活潑ならず。青年の學生中には精神家も少なからざれとも。資本なき故にか。常に其目的を滿さざるものゝ如し。小生が愚考する所によれは。本山より資本を投じ。神田の中央亦は本鄕區に於て大會堂を設立し。每日曜日を以て島地上人。亦は大內居士として佛教の演說。亦は講義を開かしめば。其功實に偉大なるを信す。御貴山當路者の意見は果して如何や。生は各宗本山が東部を冷視する所以に就て。千思万考するも適當の論証を見出だす能はざるなり。貴兄等何故に本山に對して建言せられざるや。

巳上は小生が目擊せし一班を記せしものなり。貴兄の運動上御參考にも相成べしと信じたれは。失敬ながら郵送せり。若し御差閊なけれは。新紙に御揭載相成るも不苦候へとも職務上の都合もあれは。生が本名丈けは眞平御海容あれ。

東京々橋區代言人　ケイ、エス生投寄　（傳道會雜誌）

●福澤翁の米搗　身は是れ日本文明建設の率先者なり。二千五百年の歷史に卓絕する教育家なり。明治年間最も偉大なる經世家なり。孔夫子の門弟三千と稱す。然れども福澤先生の門下よりは。我國現時の中等社會以上の人物。三千人餘生出したりと。亦た以て先生の功德を察するに足る。此頃或人先生を訪ひしに。當日は天色陰鬱として。冱寒膚を劈ぐが如きにも係はらず。先生は白地の單衣一枚。以て勇氣勃々。米搗の最中なりしと云ふ。嗚呼寒風凛冽。滿都の士女。貴賤となく。貧富となく。皆な縮龜の如く。火爐を擁するの際に方り。高齡六旬。單衣一領。非常の勞働を試み。綽々として餘裕あり。其技や及ぶべく。其勇や及ぶべからず。亦た以て先生が自ら持するの行爲。如何と察するに足る。

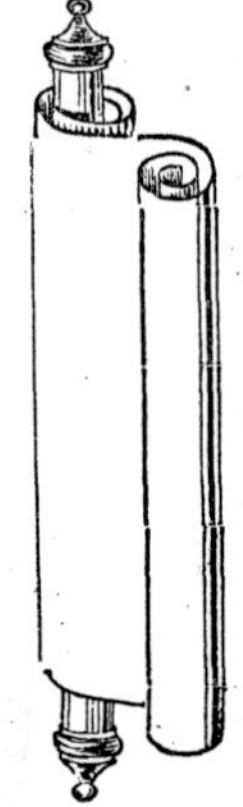

國教

第八號

明治二十五年三月二十五日出版

（毎月二回）

國教第八號目次

國教第七號目次

●國教雜誌規則摘要

一本誌は佛教の運動機關として每月二回（國教）を發刊す

一本誌は宗派に偏せす教會に黨せす普く佛教界に獨立して佛教の積弊を洗滌し佛教の新運動を企圖すへし

一本誌は諸宗教の批評及ひ教法界に現出する時事の問題を討論し每號諸大家の有爲なる論說寄書講義演說等を登錄し其教法關係の點に至りては何人を撰はす投書の自由を許し本社の主旨に妨けなき限りは總て之を揭載すへし

但し寄稿は楷書二十七字詰に認め必す住所姓名を詳記すへし

一本誌代金及ひ廣告料は必す前金たるへし若し前金を投せすて御注文あるも本社は之に應せさるものとす

但本縣在住の人にして適當の紹介人あるときは此限りにあらす

一本誌見本を請求する者は郵券五厘切手十枚を送付せは郵送すへし

一本誌代金は可成爲換によりて送金あるへし尤も僻陬の地にして爲換取組不便利なれは五厘郵劵切手を代用し一割增の計算にして送付あるへし

一本誌代金及ひ廣告料は左の定價表に依るへし

但本誌講讀者に限り特別を以て廣告料を减することあるへし

雜誌代金

冊數	定價	冊數	定價
一冊 一回分	五錢	十二冊 半箇年分	五拾四錢
二冊 二回分	拾錢	廿四冊 一箇年分	壹圓

廣告料

廣告料は行數の多少に拘はらす五号活字二十七字詰一行一回三錢とす但廣告に用ゆる木版等本社に依賴せらるゝときは廣告料の外に相當の代金を請求すべし

明治廿五年三月廿四日　印刷
明治廿五年三月廿五日　出版

編輯者　吉村眞治
熊本縣上益城郡津森村三百三十一番地

發行兼印刷者　志垣弘
熊本市安巳橋通町七十五番地

發行所　國教雜誌社
熊本市安巳橋通町七十五番地

印刷所　汲古堂
熊本市新壹丁目百二番地

國教第八號

社説

耶蘇教と戰ふ可きは斯時に在り

活瞳を放つて我邦現時の宗教界を望めば。一時天を蹴り地を捲ひて。其侵入を逞ふしたる基督教も。一方に於ては哲學流行の迫害を蒙り。一方に於ては國粹論勃興の障礙を受け。內部に於ては自由基督教の叛旗を飜して。從來該教確信上の革命を唱道する者。ユニテリアンの麾下に属して。耶蘇教の信仰を攪亂せんと欲する者。獨乙新神學派に同盟して。守舊的基督教を攻擊する者等。續々輩出して。金城鐵壁なる耶蘇教の地磐も。殆んど將さに顛覆せんとするの一大厄運に遭逢し。大に其進路を遮られて。暫く其翼を戢め。再び其乘ず可きの機會を待ち居りしが。近來に至りて哲學流行の時代漸く去りて。國粹論の氣燄も亦た既に冷却し。內部の激波狂瀾。亦た漸く平隱に復したるを以て。該教が四五年來千艱萬難を經過して。養成し來りたる其潜勢力は。將さに冥々の裡に沸騰し來りたり。實に彼等が過去の經驗に徵し。將來の趨勢を豫測し。以て從來傳道の政畧を一變して。隱忍時機を待ち。大に其驥足を伸ばさんとするの有樣は。恰かも猛虎の嵎を負ひ腥風を呼ぶが如く。餓鷲の森林に天明を遲しとするが如し。是れ實に我が佛教家が。張膽明目以て該教に對する運動の方畧を確定し。勇往奮進以て該教の堅壘を衝き。縱橫突擊以て該教の徒類を蹂躙せざる可からざる所以也。

今日佛教が耶蘇教に對して採る可き運動の方針は。調和的運動を試む可き時代に非ずして。飽く迄攻擊的運動を試む可き時代なり。攝取門の溫和手段を採る可き時代に非ずして。折伏門の猛烈手段を採る可き時代なり。若し今日彼が如き耶蘇教の形勢に對して。逡巡躊躇。進擊の時機を失せば。佛教將來の大患。實に是より甚しきはなし。苟も我邦現時の耶蘇教界を看破したるの佛教徒にして。豈に因循卑屈に流れ。調停姑息に陷り。曠日持久に失して可ならんや。必ずや疾風猛雨の勢に乘じて。疲憊困頓の域に陷りたる該教徒を掃蕩せざる可からず。必ずや全身の勇氣を皷し。滿腔の血誠を灑ぎ。以て軍氣沮喪の該教徒を殄滅せざる可からず。必ずや懸軍長驅の政略を採りて。高壘堅壁の政策を採る該教徒を擊破せざる可からず。是れ吾人が耶蘇教と戰ふ可きは。斯時に在りと謂ふ所以なり。

方今專ら我邦に風說する所の。耶蘇教傳道の方策なるものは。其對國策と謂ひ。其對佛策と謂ひ。皆な是れ調和的手段に非ずや。嗚呼。吾人が基督教を信ずるは。其革命的の宗教なるが故なりと。猛激痛烈に告白したる該教徒。豈に故なくして調和手段を採るものならんや。「地に泰平を出さん爲に。我來れりと意なかれ。泰平を出さんとに非ず。刃を出さん爲に來れり」との基督の訓誨に感泣する該教徒。豈に妄りに其主の訓言に背ひて。調和手段を採るものならんや。異教の殿堂は之を焚くべし。異教の信徒は之を殺すべし。異教の邦國は之を覆すべし。との慘劇手段を以て。東洋各國に實施し來りたる耶蘇教徒。豈に深謀遠圖なくして調和手段を採るものならんや。彼等が我日本に於て調和手段を採る所以は。彼等の尊奉する獨一眞神が我が萬世一系の國躰と衝突するを以てなり。彼等の儀式上。習慣上。教會上等我が日本の特性に順適せざるを以てなり。該教の眞理が偏僻不完にして。圓滿完全なる我が佛教の眞理に抗敵すること能はざるを以てなり。此の三種の原因は。遂に耶蘇教は革命的の宗教なりと確信する該教徒を驅りて。我が弘法大師の本地垂跡說類似の調和的手段。即ち對佛策を採らしむるに至りたり。是れ實に我が佛教家が彼等の弱點を衝き。彼等の調和手段を打破せざる可からざる所以なり。嗚呼。我邦現時の佛教家が。旗皷堂々。號令嚴明。以て彼の耶蘇教と一大快戰を試む可きは。實に斯時に在り。若し今日に當りて佛教家。悠々安眠せば。耶蘇教が洪水滔天の勢を以て。再び佛教の法城に進擊し來るは。彰々として疑ふ可からず。佛教家たる者豈に大に奮起せざる可けん哉。

論說

井上圓了氏と中西牛郎氏を對照論評す（第二）

森　直樹

吾人は是より新佛教二大勇將の著述に就ひて。批評的眼光を放ち。雙方を對照論評し。以て前論を證明せんと欲す。吾人が批評の範圍に屬する二將の著書は。先づ井上氏の佛教活論序論。破邪活論。（本論第一）顯正活論。（本論第二未完）護法活論（本論第三未出）の全部四冊なり。次に中西氏の著書にしては。宗教革命論。組織佛教論。新佛教論の三部なり。吾人は是等の書籍を以て。二大勇將精神の寫眞なり。議論の基礎なりと確信し。嚴批精評。大に二將の精神を解剖し。深く二將の思想。感情。希望。目的等を探討し。普く海內の讀者をして。二氏が新佛教の二大勇將たるの。理由を知らしめんと欲する者なり井上氏は佛敎活論序論の緒言に於て左の如く謂へり。

第一余夙に佛敎の世間に振はざるを慨し。自ら其再興を任じて。獨力實究すること已に十數年。近頃始めて其敎の泰西講ずる所の。理哲諸學の原理に符合するを發見し。之を世上に開示せんと欲して。爰に一大論を起草するに至る。名けて佛敎活論と稱す。云々

第二余が佛敎を論ずるは。哲學上より公平無私の判斷を其上に下すものなれば。世間普通の僧侶輩の解する所と固より同一にあらず。又耶蘇敎者の視る所と大に異なる所あるべし。蓋し余が佛敎を助けて耶蘇敎を排するは。釋迦其人を愛するにあらず。耶蘇其人を惡むにあらず。唯余が愛する所のものは眞理にして。余が惡む所のものは非眞理なり。今耶蘇敎は眞理として取るべからざる性質あり。佛敎は非眞理として捨つべからざる性質あり。是れ余が飽まで其一を排し其二を助くる所以なり。

第三余が所謂佛敎は今日今時我邦に傳はるものを云ひ。其敎の初祖たるもの之を釋迦と名くるなり。故に耶蘇敎者中印度に佛敎の原書なし。大乘は佛說にあらず。釋迦は眞に存するものにあらず等と喋々するものあるも。余が毫も關せざる所なり。其人の傳記詳かならず。其敎の由來明かならざるも。余は決して傳記由來を以て。其敎を信ずるが如き無見無識のものにあらず。唯余が之を信ずるは。其今日に存するもの哲學の道理に合するにより。之を排するは哲理に合せざるによるのみ。

第四今佛敎は愚俗の間に行はれ。愚僧の手に傳はるを以て。弊習頗る多く。畢竟野蠻の敎法たるを免れず。故を以て其敎は日に月に衰滅せんとするの狀あり。是れ余が大に慨嘆する所にして。眞理の爲に飽まで此敎を護持し。國家の爲に飽まで其弊を改良せんと欲するなり。然れとも其護持改良の方法は。余敢て當時の僧侶と共に謀るの意なし。何者當時の僧侶は無學。無識。無氣。無力にして。假令之と共に謀るも其志を遂ぐること能はざるは必然なり。故に余は世間の學者才子中。苟も眞理を愛し。國家を護するの志を有するものあらば。之と共に其力を盡さんことを期し。併せて學者才子に對して。僧侶の外に其敎の眞理を求められんことを望むなり。

第五夫れ余は赤貧多病。固より權勢の途に奔走して。榮利を爭ふの念なく。毀譽の間に出沒して。功名を貪ぼるの情なく。唯終身陋巷に潛んで眞理を樂み。草茅に座して國家を思ふの赤心を有するのみ。其平常口に發し筆に現す

るもの又皆此心の餘滴に過ぎず。故を以て此論の如きも猥りに人の序贊を請ふて世間の虚名を釣らず。文の脩飾を假りて讀者の愛護を引かず。無味無色以て自ら足れりとす。若し人此論を一讀して幸に余が微志の存する所を知り。共に其力を盡くして佛日の將に落ちんとするを支へんと欲するものあらば。請ふ余に其意を告げられんことを。余の喜果して奈何ぞや。伏して冀くは早く此の如き同感同志の士を得て。一夕月明風清の時を待ち。共に大法護時の策を講ぜんこと。是れ余が畢生の大願なり。是れ余が此論を起草せし本志なり。

其堂々天下に向つて佛教活論著作の理由を告白することそれ斯の如し。亦た以て井上氏の精神如何。佛教活論の性質如何等を察するに足る。近頃始めて其教の泰西講ずる所の。理哲諸學の原理に符合するを發見し。云々と云ふが如き。余が佛教を論ずるは哲學上より公平無私の判斷を其上に下すものなれば。云々と叫ぶが如き。或は蓋し余が佛教を助けて。耶蘇教を排するは。釋迦其人を愛するにあらず。耶蘇其人を惡むにあらず。唯余が愛する所のものは眞理にして。余が惡む所のものは非眞理なり。と云ふが如き。或は耶蘇教者中印度に佛教の原書なし。大乘は佛說にあらず。釋迦は眞に存するものにあらず等と喋々するものあるも。余が毫も關せざる所なり。唯余が之を信ずるは。其今日に存するもの哲學の道理に合するによる。云々と叫ぶが如き。孰れか一として哲學的學理的の眼光より來らざらんや。苟も佛教を以て人間の靈魂を支配する。活力を有するの宗教と認むる者にして。其開祖に對する感情の冷淡なること。豈に斯の如くにして可ならんや。佛教經典の由來。大乘非佛說の駁難。釋迦非出現の妄論。等佛教信仰熱度の消長に關する。佛教歷史上の大問題を。豈に斯の如く等閑に附して可ならんや。縱令其論にして虛妄採るに足らずとするも。充分証明の勞を採らざる可からず。是れ實に佛教改良の率先者たる。氏の責任なりしならん。然れども當時我國宗教の形勢は。耶蘇教の大軍吶喊して佛教の城廓に迫り。哲學的理論の狂濤澎湃として全國多數の人心を浸し。佛教の形勢は恰かも糧道既に絕へ。彈丸硝藥既に盡き。四方の援兵全く影を失し。唯だ悲泣號哭して。命運を天に托するが如きに過ぎざりき。此の一大厄運の逆流に立ちて。頽波を挽回し。世風を矯正し。再び佛日を中天に揭げんと欲せば。勢非常の手段を用ひ。當時の氣運に適合する方法を擇ばざる可からず。井上氏が此の哲學流行の機會に投じて。所謂敵の刃を以て敵を擊つの手段を用ひ。以て天下の風潮を一變したるは。哲學的議論の効驗に依らずんばあらざるなり。

中西氏は宗教革命論の叙言に於て左の如く謂へり。

第一余嚮きに我邦佛教の衰頽するを慨し。竊に自ら揣らず。獨力を振つて之を挽回せんと欲し。大聲疾呼。日夜奔走して。其僧侶及び信徒を警醒せしむることに盡力したり。然れども未だ尺寸の功を奏することと能はず。以爲らく余此精神あり之を口にして一地方の佛教徒に告るは。寧ろ之を筆して全天下の佛教徒に訴ふるに若かずと。此に於て宗教改革論と題する。一大議論を起草することを企るに至る。

第二而して又た以爲らく。余が佛教を擴張するは獨り其教を日本に挽回するに止らず。遂に進んで四海に光被せしめんとするの目的なれば。先づ佛教が世界文明の大氣運と如何なる關係を有するかを論明せざる可らず。佛教若し世界文明の全局に於て勝利を占むるものなれば。日本に於ても遂に勝利を占めざる可らず。佛教若し世界文明の全局に於て敗績を取るものなれば。日本に於ても遂に挽回す可らず。故に聊かにても此問題を解釋するは方今の急務なりと。此れ佛教改革論に先んじて。此論を公にする所以なり。

第三蓋し余が佛教を觀る或は世人と其看と異にするものなきにあらず。余が耶蘇教を觀るも亦た或は世人と其看を異にするものなきにあらず。特に近頃世に著名なる佛教活論は。其卓見往々余をして感服せしむるに足り。且つ該著者は予が畏敬する所なりと雖も。其佛教を論ずるに至りては。余が所見と或は吻合せず。此れ蓋し讀者の此書中に於て感觸する所ならん。嗟呼余の無學不才。豈に著作を以て任ずるものならんや。然れども佛陀の予に與へたる感化は。遂に余をして默せんと欲して默す可らざるものあり。讀者乞ふ余が微志を諒せよ。

是れ實に中西氏が宗教革命論を著作したる。當時の意氣を見るに足る。顧みれば氏は眞に第一の叙言の如く。竹杖草鞋肥後の山川を跋渉し。鋭意熱心四方に奔走し。至る處演説壇上に立ち飛電の眼を閃かし。奔雷の辨を皷し。滿腔鬱勃の感慨を吐露して。東肥の佛教僧侶。及び其信徒の頑夢を警醒せしむることに盡瘁したり。而して氏が當時の風采は。歷々として今猶は肥後佛徒の眉睫に往來する所ならん。氏が此の一片慷慨悲憤の氣は。發して宗教革命論となり。一時海内の耳目を聳動したり。氏は此の餘威に乘じ。單身飄然蒼茫たる萬里の波浪を蹴りて。米洲に渡航したりき。氏か第三の叙言中。

特に近頃世に著名なる佛教活論は。其卓見往々余をして感服せしむるに足り。且つ該著者は予が畏敬する所なりと雖も。其佛教を論ずるに至りては。余が所見と或は吻合せず。此れ蓋し讀者の此の書中に於て感觸する所ならんと謂へるが如きは。氏が論中幾分井上氏議論の感化を受けし所あるを告白して。氏が議論の根據たる神學的。歴史的。感情的と。井上氏著述の綱領たる哲學的。學理的。智力的と相衝突して。雙方の所見相吻合せざるの趣きあるを陳述せしものなり。

井上氏の佛教活論序論は。始めに護國愛理の偏廢す可からざる所以を論じ。次に自已の眞理に癖する氣風を說き。眞理の性質を窮めて。宗教眞理の何物たるを明にし。氏が哲學界内に眞理の太陽を發見して。佛教を改良し以て開明の宗教となさん欲するに至りし歴史と詳にし。而して佛教を日本に維持して。之を海外に擴張するの急務なることと。歴史上より。學理上より。實際上より。大に論明し。進んて當時我國に暴威を逞ふしたる。西洋心醉の妄想論を縱横排撃し。耶蘇教を排して佛教を助くるは。我邦の學者が眞理に盡し。國家に盡すの義務なることを斷論し。一層力を極めて耶蘇教を排せざる可からざるの理由を論じ。最も激烈に佛教僧侶の頑眠を攪破し。佛教改良に關じて。自已が辛酸苦痛を嘗めたる。悲愴慘憺の經歴を說ひて。海内人心の感情に訴へ。佛教眞理の組織を畧明して。佛教の眞理は純全の眞理にして。理哲諸學の原理に合する所以を論究したるものなり。

中西氏の宗教革命論は宗教革命の原因。宗教革命の現象。宗教革命の結局の三大段に分ち。始めに自然教と顯示教とは宗教の二大要素なり。如何なる宗教も此二要素を包含せざるものなし。而して顯示なるものは宗教の一大要素にして。此要素を缺ぐときは。宗教亦た宗教たるの價値を有せすと論出し。次に人間の宗教心なるものは。智力。情感。意志の三種より生ずる所以を說き古今宗教に反對する學者の僻見を論破し。次に宗教は顯示に依りて立つものなることを論じ。次に多神教倒れて一神教之に換はり。一神教漸く亡びて。凡神教將さに興らんとするの理由を。世界古今宗教進化の歴史上より之を証明し。次に眞理に合する純全なる宗教は佛教にして。宗教心より論ずれば。佛教則ち智力。感情。意志併せて滿足せしむるの宗教なり。自然教よりして論ずれば。佛教則ち其進化の極點に達したる宗教なり。顯示教よりして論ずれば。佛教則ち顯示者の資格と備ふるの。教祖を有するの宗教なることを論定し。進んで佛國大革命の際に。道理の女神現出したることを說き。耶蘇教と理學の軋轢を論じ。宗教改革の結果廣大ならずして。夥多なる宗派の分裂を生じ。耶蘇教の前途轉だ失望に堪へざることあるを明にし。歐州近世の哲學は皆な悉く凡神教に傾向して。佛教大に文明世界に振興せんとするの光景あるを論陳して。宗教革命の現象を証明し。耶蘇教を輸入せん乎。佛教を改革せん乎の一大問題に就ひて。最も剴切に我邦と佛教の關係を論辨し。停滯腐敗既に其眞面目を失する。一種變相的の舊佛教を改革して。活動純潔なる新佛教となさゞる可からずとの議論にて。宗教革命の結局を論じ終りたるものなり。

蓋し井上氏が未だ佛教活論著述の發表を。なさゞりし以前に當りては。吾人は氏の佛教に對する意見の如何を。知るに由なかりしと雖も。氏の名稱にて明教新誌。教學論集。大谷派本山報告等に於て。彼の眞理金針。哲學要領。哲學道中記。其他種々有益なる論文を掲載せしものを觀て。我が佛界に斯の如き有爲の秀才ある哉と驚嘆したる而已なりき。中西氏に至りても亦た然り。氏が明治十九年夏頃。熊本紫溟新報（現今九州日々新聞）に於て。宗教及び道義なる一大論文を掲載して。當時福岡日々新聞の國民道義論。及び肥筑日報の何を以て無智の民を感化するや。等の宗教無用論に反對して。深奥高尚なる宗教上の論陣を張り。萬丈の氣燄を吐き。大に九州の新聞社會を震動するや。吾人は始めて氏が宗教哲學上の眼光に富めるを知り。密に敬慕の意を表したり。爾後大東立教雜誌。或は文學世界の誌上に於て。佛教に關じたる氏の論文を熟讀して。深く氏の卓見活識に服したりき。此の兩三年來全國至る處の佛教雜誌に。中西氏の名稱を見ざるはなく。氏の短論片文千萬無量にして。殆んど氏は佛教雜誌界の帝王たるが如きの感ありと雖も。吾人未だ彼の宗教及び道義の如き。議論深遠。觀察博大。結構壯嚴。筆鋒雄健なる大論文は觀ざるなり。實に中西氏が宗教革命論の淵源は。彼の宗教及び道義なる論文にありと稱するも其不可なるを見ず。今試に該論文と革命論を比較して。讀者の參考に供せん。

道義は人類の規矩なり。此規矩なれば。風俗頽壞。人心浮薄。腕力勝を制し。詐術勢を占め。傲慢。輕薄。娟嫉。暴亂の惡德。常に人心の帝王となりて。社會分裂し。人類滅絶し。智識の開發。技藝の進步ありと雖も。亦た將さに之を救ふ能はざらんとす。宗教は人類の目的なり。此目的なければ。人類は尚ほ暗夜に原野を彷徨するの旅客の如く。其靈魂は肉躰の情慾に束縛せられ。濁世の苦樂に浮沈し。暗憺悲慘なる境界に墮落して。公明正大の思想。高尚優美の幸福を亨ると能はず。佛國の鴻儒ヴイクトル、ヒユーゴ云へることあり。吾人に現在の境遇より。一層善美なる域に達する能はずとの。感覺を與ふるものは。實に人類の大罪人なり。と旨ある哉言や。吾人が今日の境遇は不滿足。不幸福なるものなり。吾人が現在の景況は實に憫む可く悲む可きものなり。然れども此境遇に處し。此景況に居り。自ら脩め。自ら樂み。以て其本分を盡くし。以て其天命を敬するものは。道義ありて之が規矩となり。宗教ありて之が目的となればなり。然らは則ち道義なく。宗教なきの國民は。今世の最大不幸なるものにして。又た何ぞ自ら奮ひ。自ら勵み。以て宇內の文明を推進することを得んや。（宗教及道義）

蓋し宗教なるものは哲學として論ずれば。實に遠大深奧なる哲學なり。理想として論ずれば。實に高尚美麗なる理想なり。然れども此哲學たる。天上に奏する微妙なる音樂たるに止らざるなり。此理想たる。人類萬里の前途を照らすの燈火たるに止らざるなり。即ち其問題は實際と云へば。之より實際なる問題はあらず。適切と言へば之より適切なる問題はあらず。吾輩如何にして笑はんか。如何にして泣かんか。如何にして生ぜんか。如何にして死せんか。如何にして各個人たらんか。如何にして家族たらんか。如何にして國家の臣民たらんか。此れ皆な宗教なる最大問題の一小部分にあらざるはなし。彼の鷄を聞て起き星を戴て歸るの貧窶なる勞力社會と雖も。其卑近なる職業に自ら高尚なる義務を寓し。勤勞を以て祈禱となし。茅屋の下に家族團欒の樂。殆んど天國の小摸範をなすが如き。彼の政黨の首領が釁を伺ひ虛を擣き。龍闘虎戰を挑んで互ひに仇敵の如くなるも。其心事に至りては堂々として靑天白日の如く。又た其王室に忠し國家を愛するの丹誠に至りては。互に同胞も啻のみならざるが如き。彼の家に在りては淸白なる處女たり。既に嫁しては良妻たり賢母たり。婉娩溫順の中に於て。一点凜然として犯す可らざるの義氣を有し。暗々の裡に非常なる勢力の源をなすが如き。彼の德育を以て智育體育の精神とし。俯仰天地に愧ぢず。社會と眞理の爲めには。一身を犧牲にするの健兒を薰陶し。前途國家の健全なる繼續者を生ずるか如き。若くは護國の爲めには。劍銃を荷ひ。千軍萬馬の際に出入して。死を視ること歸するか如きの兵卒を出すか如き。孰れか一として靈魂の遠大高尚なる感化より來らざらんや。之を約言すれば。各個人に在りて其生命たり。社會に在りて其元氣たるものは宗教なり。而して無宗教の人物には眞正の德義は存せざるなり。無宗教の社會には眞正の進歩は存せざるなり。無宗教の國民には眞正の愛國は存せざるなり。無宗教の兵卒には眞正の勇氣は存せざるなり。無宗教の智識には眞正の眞理は存せざるなり。無宗教の學術は眞正の學術にあらざるなり。無宗教の美術は眞正の美術にあらざるなり。故に之を約言すれば。宗教は各個人に在りては其生命なり。社會に在りては其元氣なり。（宗教革命論百四十八九五十頁）

而して宗教及び道義に於て。佛教が宇内一統宗の命運を有すとて。第一耶蘇教衰頽の色を顯はす事。第二道理宗教を希望するの念を生ずる事。第三近世の哲學萬物皆神教に傾向する事。第四東洋學教の講究漸次盛なる事。第五佛教の思想哲學及び科學と一致する事。等の徵候を論じたるは。革命論の宗教革命の現象を論せし。六章の淵源をなすものと謂ふ可し。

宗教及び道義の結論に於て。

佛教の改良は吾人が屢々論議する所なるが。其要とする所は其宗儀の陋風を洗滌し。傳道の方法を改良し。學校を設けて以て其學識を進め。宗規を立てゝ以て其品行を正し。彼の耶蘇教會に對しても敢て愧色なからしむるに。至らしむるに外ならず。近日佛教社會の有樣を熟察するに。佛教改良と云ふことは。其社會の過半數は。既に之を感じたるものゝ如し。然れども其躁急過激なるものは。輙もすれば改良の順序を誤り。却つて事を敗り。其無氣力なるものは。因循躊躇。進んで爲す能はず。吾人未だ其急激に流れず。因循に陷らず。物本末あり。事終始あり。着々順序を蹈んで。改良の功績を奏するものあるを見ざる也。苟も如此狀にして止まざれば。宇内佛教恢復の大氣運も。其人なきが爲めに。遂に將さに暗淡たる水平線下に滅沒せんと欲す。豈に慨歎す可きの至りにあらずや。左れば彼の肥筑記者の所論の如き。宗教上の理論に於ては。大に吾人の所見と異なる所あるも。其佛教の改良に至りては彼此同歎ならずんばあらず。局外の人猶は然り。而して佛教家其人にして興起せざるは何ぞや。然りと雖も宇内は廣し。人民は衆し。世豈に豪傑の士なからんや。吾人我邦佛教の大勢を觀察するに。佛教の衰頽は殆んど將さに其衰頽の極點に達せんとし。外教は洪水滔天の勢を以て其侵入を逞ふし。佛教の勢落日孤城啻のみならず。然れども猶は幸とする所のものは。一片信仰の民心を繫維して鐵鎖よりも強し。如何なる怒濤狂颶の天を捲ひて來るとも。未だ容易に之を奪ひ去る能はず。之を外にしては哲學の援兵は。千軍萬馬力を極めて佛城を擁護せんと欲す。然らば則ち今の時に當りて。佛教者中苟も豪傑の士一人たりともあらんには。敢死の勢を以て孤城の園を斫り拔け。敵を萬里の外に追靡すのみか。慈悲と光明とを以て充滿したる彌陀を奉じて。之を彼の眞理の殿堂に入れて。宇內一統宗の基礎を開かんことは豈に徒言ならんや。豈に徒言ならんや。是れ皆な豪傑の士。改良の實効を奏するの極功なるのみ。

と論せし一段は。宗教革命論百五十九頁乃至百六十二頁の。然れとも我邦今日の佛教なるものは。所謂停滯。腐敗既に其眞面目を失す。然らば何人か奮つて此改革の一大事業に任ずるものある歟。曰く吾輩は改革家の出でざるを憂へす。只改革す可き時勢の一日も早く到達せざるを憂ふ。蓋し時勢は豪傑を生ずるの機關なり。豪傑は時勢を生ずるの勢力にあらざるなり。故に豪傑を生ずるの時勢さへあれば。千萬人の豪傑は忽ち奔躍狂舞して起らずんばあらず。試みに內外古今の歷史を一看せよ。彼れ學問中興の時勢一たび到達するや否や。暗世の長夜猶は曉鐘を報せざるにも係はらす。理學家。哲學家。文學家。美術家早く既に星の如く四方に現はれ。燦爛として滿天を輝したるにあらずや。彼れ宗教改革の時勢一たび到達するや否や。羅馬法王の威權猶は赫々として歐州を威壓するに係はらず。ハッス。ズウィンクリー。ルーテル。カルビンの徒。早く既に前後輩出し。大聲疾呼して羅馬教會に抗敵したるにあらずや。彼れ權理發達の時勢一たび到達するや否や。チヤアレス第一世は將さに神權主義を主張し。憲法の神聖。國民の權理を蹂躪せんとするに方りて。クロンウエル。ハンプデン。ミルトンの徒は。早く既に時勢の先鋒となり。自由の爲めに劍芒を脫し。遂に一大改革を成就したるにあらずや。彼れ佛國革命の時勢一たび到達するや否や。路易十四世が君主專制の餘威は。猶は霜雪の草木を壓するが如くなるにも係らず。モンデスキユ。ルウソウ。ウヲルテル。ミラボーの諸氏は。早く既に駘蕩たる春風の百花を扇くが如く。革命の人心を風靡したるにあらずや。彼れ奴隷廢止の時勢一たび到達するや否や。米國南部の聯邦は之が爲に非常なる利益を占むるにも係はらず。遂に鮮血を以て野蠻暴力の汗涙を洗滌せんと欲して。一大內亂を惹起したるにあらずや。彼れ自由貿易の時勢一たび到達するや否や。保護政策の習慣は。猶は深く一國多數の腦裡に印刻するにも係はらず。コブデン。ブライトの諸氏は。早く既に其忘想を喝破して。自由貿易の眞理を發揮したるにあらすや。試に又た我が現時大勢の由來する所を看よ。大政維新の氣運將さに來らんとするや。彼の高山。蒲生。藤田。佐久間。木戸。西鄉。大久保の諸氏。後先相踵ひて勃興したるにあらすや。之を譬ふれは。時勢は猶ほ颶風の如し。豪傑は猶ほ波瀾の如し。彼の汪洋たる大海も平時は甚だ穏靜なり。然れとも一旦颶風忽然として起れば。日月を呑吐し。鯨鯢を翻蕩するの狂瀾怒濤を見るに至る。亦た何ぞ疑はんや。而して今や。宗教世界に於て一大革命の時勢既に到達し。將さに第二十世紀の新天地を開かんとす。則ち將來に於て豪傑の士奮起するは。吾輩が窃に期して疑はざる所。而して彼の一女大夫（ブラバツキー）一豫言者（ヲルゴツト）は。豈に其人にあらずや。然り而して此一大氣運たる。既に我邦にも駸々進入し。方今佛教改革の時勢は。內外交々逼らんとするの有樣なれば。我邦も亦た宗教維新の豪傑を出さずと斷言す可らず。バツクル氏曰く。前途衰微に歸せんとする職業には。誓つて豪傑を出さすと。之れに反して。佛教の前途は希望あるの前途なり。佛教の命運は文明世界の信仰を支配せんとするの命運なり。彼れ將來大に輝光を發せんとするの新理を發明し。若くは將來の時勢に適合するの制度を建設するが爲めには。每に千萬人の豪傑を生ずるを見れば。佛教にも亦た活潑偉大なる改革家を出さずと斷言す可らざるなり。と論せし。一段の淵源をなすものと。謂はざる可からざるなり。」

抑も井上氏著書の泉源となりたる者は。佛教活論序論なり。中西氏著述の根本となりたる者は。宗教革命論なり。吾人が二氏に向つて。新佛教二大勇將の頌辭を呈する最大遠因は。實に彼の二書にあり。二書片々たる小冊子なりと雖も。我が佛教外護の堅艦となり。外教討伐の利砲となりたる大功偉勳は。二書に歸せざるを得ず。吾人は實に彼の二書を以て。世界宗教革命の氣運。我邦佛教改革の時勢が。二氏の精神を鼓動して。二書の中に磅礴したる者なりと信す。吾人は是より進んで。二書の眞髓を對評して。他の著書に及ばんと欲す。希くは讀者諸君。吾人が議論の冗長に失するを咎むる勿れ。

寄書

鎌田淵海師の暴激論

狂新生

過般新佛教論の出るや。先登第一と云はぬ計りの意氣込にて。敵對三分。面白さ三分。異論を發し名譽を貪らんとする念三分。新字の疑念一分を。代言的。中傷的論鋒にて總合し。以て中西氏に斬り掛り。狂ひ掛り。幾分同氏の足を捕へ。同氏の精神を苦しめ。篤實温厚なる同氏を三百代言と罵り。窃盗主義なりと叫び。同氏をして大に激怒せしめ。遂に答辨を謝絶せしめたる者は。慈悲。忍辱を以て其本分とする。西本願寺四等巡教師の稱号を有する。眞宗青年僧侶鎌田淵海師にておりき。爾來世上の評判如何と云ふに。彼れ獨乙の哲學家ショペンハエルが謂ひし如く。天下の人間は九百九十九人迄は皆な盲目にして。殘りの一人而已目明きなりとの言に違はす。曰く鎌田師勝てり中西氏負けたりとの盲目論者は。囂々と噪ぎ立つれども。未だ雙方の論旨と精究して。嚴評を試みるもののなきは。吾人の大に遺憾とする所にして。吾人は頭を擡げて佛界の先覺者。有識者等が。吾人の疑團を氷解せしむるの時あらんかと思ひ居りしに。此頃傳道會雜誌第五年第二号を閱すれば。其會説に於て鎌田巡教師意氣揚々として。「佛教界何ぞ極端論者の多きや」とて。保守新論鳥尾得庵氏の口吻を學び。堂々説き始めて。

方今佛教界の紛々たる枚擧に遑あらずと雖も。暫らく之が大綱を擧ぐれば。二種に過ぎず。曰く革命主義。曰く保守主義なり。

との二大綱領を掲げ。進んで此の二大主義の差別を説明して。其革命主義を論ずるや。推測的論法を用ひて。自已敵對の感情に依り。証據なき。基礎なき。偏僻なる妄想的空論を主張し。革命主義者と謂へば。十把一束。悉く是れ「信仰冷淡にして。眼界に佛陀なく。元祖なく。放言暴論到らざる所なき輩なり」とか。或は革命主義者の論意は。「是れ全く無責任の言論にして。佛教の本義を知らず。學理と信仰の區別を辨へず。涇渭清濁を混じたるの妄説なるが故に。其結果遂に宗教の宗教たる本旨を失ひ。所謂角を矯めて牛を殺すの誹りを免るゝ能はざるなり」とて。革命主義の人士は。皆な佛界の亂臣賊子なりと謂はぬばかりの。恐怖。想像。虚妄の暴激論を主張したるは。抑も亦た何たる妄論ぞ。何たる空想ぞ。海内の廣き。有志の多き。眞正なる革命主義を懷抱するの人士。決して尠少なりとせず。然るに革命主義者の一部分たる二三の人士が。信仰活熱ならず。議論詭激に失し。歷代佛教の聖人に對して尊崇の意を缺ぎたればとて。其の革命主義者全体の頭上に冠らしむるに。其の一部分たる人士の行爲擧動を以てするの滅法なる論理あらんや。是れ實に偏僻なる妄想的空論にあらずして何ぞ。是れ實に革命の言辭に恐怖し。虚妄の想像を逞ふしたる暴激論にあらずして何ぞや。嗚呼。鎌田師よ。何ぞ大に滿身の勇氣を皷し。濶大の活眼を開き。方今世界文明の大潮流と。我が佛教との關係を探り。進んで其將來に於ける相互關繫の有樣を究めざるや。吾人は方今世界の大勢に鑑み。佛教既往の歷史に照らし。人間本性の命運に徵し。佛教信仰の熱火に依り。斷々乎として佛教革命の氣運が既に脚下に起れるを認識する者なり。吾人は革命主義に非れば佛教をして。第十九世紀思想運動の大勢を。駕馭せしむ能はざる事を確信する者なり。吾人は革命主義に非れば。佛教が歐州の人心を征服し。百科の學問を壓倒し。以て萬古不滅の一大燈火たる事能はざるを確信する者なり。吾人は革命主義に非れば。停滯。腐敗したる我國佛教運動法の面目を一新して。活動。純潔なる佛教運動法を確立する事能はざるを確信する者なり。吾人は革命主義に非れば。我が佛教の光輝が世界の全面に耀き。彼れ歐米幾億の人類をして。齊く六色佛光の麾下に集らしめ。普く我が教主大聖釋尊の靈躰に向つて。俯服感泣せしむる事能はざるを確信する者なり。吾人は革命主義に非れば世界を光被する命運を有する佛教が。世界を光被する能はずして。遂に暗憺たる地平線下に隱沒せん事を確信する者なり。嗚呼革命主義なる哉。此主義に非れば。佛教をして興隆せしむる事能はず。嗚呼革命主義なる哉。此主義に非れば。佛教が吾人の活きたる精神を感化する事能はず。嗚呼革命主義なる哉。此主義に非れば舊佛教徒の妄想を破り。頑見を破り。惡弊を破る事能はず。思想あり。見識あり。氣慨ある現時の青年を鼓舞作勵して。佛陀の下に俯服拜跪せしむる事能はざるなり。

嗚呼方今の佛教界にありて。舊佛教徒（保守主義）たらざる者は。必ず新佛教徒（革命主義）たらざる可からず。新佛教たらざる者は必ず舊佛教徒たらざる可からず。然るに雙方の間に立ちて。兩主義の惡弊而已を論評して。此にもあらず彼れにもあらざる論者は。飄々翻々として空中の旗。波間の鷗に異ならざる。一定の主義。一定の精神。一定の目的なき。因循躊躇主義に非れば。優柔不斷主義なり。鎌田巡教師の如きは果して何れの主義に属するかは。吾人の得て知る所にあらずと雖も。師の唱道する所に依れば革命主義にも非ず。保守主義にもあらずとの事なれば。因循姑息なる折衷主義を懷抱して。千變萬化方物す可らざる蝙蝠主義を以て運動せらるゝならん事は。彰々として掩ふ可からざる也。

改革

秋山銀二郎

現今の人。口を開けば輙ち改革を謂ふ。政治家は則ち曰く。政治改革せざる可らずと。教育家は則ち曰く教育の制度。宜しく改革せざる可らずと。宗教家は則ち曰く。宗教須らく改革せざる可らずと。是に於て乎。新奇の説。紛々として起り。詭激の論。沛然として天下に喧すしく。附和雷同の徒。東西に狂奔し。南北に痴走し。擾々乎として猶ほ蒼蠅の食膳に集るが如し。而して彼等果して何事を成し得たる乎。之を問へども荅へず。之を敲けども聲なく。先きの喧々囂々たる者。忽ち變じて寂々寥々の觀を呈する者。滔々として皆是なり。嗚乎改革の事。豈夫れ斯の如く容易の者ならんや。

夫れ事物を改革せんと欲する者は。宜しく機を見るの識。弊を知るの才と人を容るゝの量。事を行ふの勇とを備へざる可らず。即ち機を見るの識なければ社會の大勢に乘ずるの好機を失し。常に逆流に舟を行るの悔ある可く。弊を知るの才なければ玉石共に燒き。美醜幷び棄るの機を受け。長を省き。短を採るの錯誤に陷る可く。人を容るの量なければ。介然孤立して大業を成すこと能はざる可く。事を行ふの勇なければ。時來り。機迫り。成功目前に在るも進んで之を取ること能はざる可し。故に以上の四長を備へざる者は。口能く改革を說くも。是れ猶ほ鼓鐘の響くが如きのみ。何ぞ共に眞の改革を語るに足らんや。

且つ夫れ一事一物を改革せんと欲する者は。宜しく其改革に就て眞に國家の利益となる可き。確然不動の標準を定めざる可らず。苟くも其標準を定めずして濫りに改革を說く者は。恰かも標的を定めずして射擊を爲さんと欲するが如く。其成功豈終に望む可けんや。故に吾人は此輩を目して將さに破壞的改革家と云はんとす。又其標準を定むるも。一定の見識なく。徒らに他國の制に依り他人の說を基本とするときは。立脚の地鞏固ならずして飄々たる空中の旗と一般。左動右轉して其成功を收むること能はざる可し。故に吾人は此等の輩を目して之を摸擬的改革家と謂はんとす。我邦維新以後に於ける諸制度の改革の如き。皆此摸擬的改革家の手に依て成りし者にして。朝令暮改。人其煩に堪へず。而して上は政府の威嚴を減し。下は人民の依信を損し。之を内にしては國力の發育を害し。之を外にしては。外國の侮辱を被りしこと。其れ果して如何ぞや。其害實に大なりと謂ふ可し。故に改革を說く者は。宜しく國家不朽の利益となる可き改革の標準を定めざる可らず。夫の紛々擾々たる者の如き。何ぞ共に改革を語るに足らんや。

今や世の佛徒を見るに。皆口に改革を唱へ。筆に改革を論せざる莫し。曰く專制的宗制打破せざる可らす。曰く門閥的氣習一掃せざる可らず。曰く保守的精神除却せざる可らず。曰く新佛教軍の大旆翻さゞる可らず。曰く改革的事業興さゞる可らずと。天下靡然。人皆改革を口にせざるなし。何ぞ其れ盛なるや。然れども改革家の棟梁たる者。果して能く機を見るの識。弊を知るの才と。人を容るゝの量。事を行ふの勇とを備ふる乎。又果して能く確然不動の改革的標準を有する乎。佛教の改革は天下の改革なり。人心の改革なり。區々口舌文章の力を以て其目的を達し得べしとするは。豈誤謬の大なる者に非ずや。佛理は深奥なり。佛德は偉大なり。佛光は無窮を照し。佛智は宇宙を包む。其潛んで顯はれざる者を顯はし。其廢して興らざる者を興さんとす。豈凡人の能く爲し得べき所ならんや。吾人近日夫の紛々囂々たる者を見るに。其擧動或は口を佛教改革に假りて其實爲めにせんとする所あるか如きを疑ふ。若夫れ然らば是れ實に新佛教の賊なり。豈佛教改革家を以て稱するを得んや。嗟乎世の佛教改革を說く者は何ぞ夫の沐猴にして冠するの徒を驅除せざるや。苟くも然らざれば眞正の佛教改革党は何ぞ其れ拔山翻海の勢力を振ふことを得へけんや。聊さか感ずる所あり。爲めに此文を草して佛教改革黨諸氏に寄すと云ふ。

附言余は佛教の改革せざる可らざるを信する者なり。然れども眞正の改革は眞正の人物に非ざれば行ふこと能はざるを信ず。今日佛教の改革を說く者。固より眞正の人物に乏しからず。然れども豈其中佛教改革を名として。却て佛教を賊する者なきを保せんや。是れ余が此篇を草して忠言を爲す所以也。佛教改革軍に從事する者。幸に余の言を以て其軍氣を沮喪すと爲す勿れ。

經濟的眼孔を以て僧族諸公に一策を呈す

紫陽　島　宗　平

島宗平氏は本縣八代の人なり。嘗て普通教校に在りて佛教に熱心し。今東京專門校に在りて政治經濟の學理を探討する有爲の佛教青年なり。左の一編は氏自ら本社に投寄したるを以て。昨年亞細亞二十七号に出でしに係はらず。今本誌に揭げて。氏の厚意に報ゆ。看者之を諒せよ。

一度は水夫一度は活版小僧となりて。今や五大洲中其名を知ざる者なき。勞働社會の無冠王。ヘンリジヨヂと骨張する硬頂漢は。嘗て進步と貧困(Progress.And.poverty)と云ふ一書を著し。絕大の波浪を思想海上に躍如たらしめたり。蓋し十九世紀の後半期は。實に貧富懸隔より生ずる幾多の難問題を以て充され。幾多の學者政事家の腦血を乾涸し。幾多の毒害を流し。今猶層一層此の慘憺たる道路を進行しつゝある者。吾人豈に痛痒の感なくして可ならんや。天高く地廣く八洲比隣の活世界に於て。勢ひ此の難問題は膜を打て來り瞳を輝して來らざるを得ず。思ふ。我國にして若し封建制度の下に蠢爾として生息したらんには。貧富隔懸の患災なく。氣楽千万の至りなりしならんか。然れ共一度關門を開て敵軍を引く。須く震地動天屠龍捕猊の勇氣なかるべからず。政治上。宗教上。國際上。經濟上の問題は。滔々として刀水堤を切て來るが如く。猛獅羊兒を睨んで吼走し來るが如し。中歐に一大悪風を起し。一はスカンヂナビアン半島を震動し。北に進んで魯國を荒れ。一は米洲を卷き上り。轉々として濠洲に勢力を増し。遠響をなして東亞へ吹き來れり。玆に於てか所謂世界の日本なる者現出し。幾多の難問題を解釋すべき責任を負ふ。世の文明に進むに隨ひ貧愈貧富益富に傾向するは疑ふべからざる事實となす。嗚呼此秋津洲も今日此の顯象を現し。殊に其人口增加し。爲に朝に野に海外移住問題を以て。此の事を策せんとす。この事や好し。只深慮遠謀なきを患となすのみ。吾人が以上の贅言をなす所以豈に徒然ならんや。蓋し今日宇內の僧侶社會。亦此事理を脫る可らざるを知ればなり。乞ふ少しく觀察せん。

精確なる統計の吾人に報する處に依れば。目下寺院の數七万千九百九拾一箇。住職五万六千三百人なりと。然り而して眞宗を除ては他宗皆肉食妻携を禁止しあれ共。恰も是放蕩息子が老爺の目前にては。金錢の勘定を精確にすると一般。信仰せらるゝものにあらず。卒土婆の上に赤兒の衣を乾したるあり。小僧肴屋に親しきあり。和尚殺鷄に妙を得たるありて怪むべき事少々ならんや。故に番僧等を加入し。極皮肉に算して一寺僧族六人とせば。蓋し異數にあらずと信ず。果して然らば惣計四十三万千九百四拾余人の僧族は。之れ現今大日本に於ける不生産的寄生動物なりと云ふべし。更に是等の僧族を信仰し。喜捨する人民の數を考ふるに。吾人は確然算出する事能はざれども。全國民四千万人中八分の一と見ば。敢て當らずと雖も遠きにあらずと信せざるを得ず。蓋し近時人民等は經濟上に敏猾となり。殊に中等以上の社會は地方を外にしては。禿頭和尚に笑を與ふる事をせず。只下等民が汗水を流し。未來の恐怖心のため。垢袋より供給するあるのみ。故に若し此事を以て眞味の論とせば。五百万にて供給し居るものと見ば正鵠を失せざる可き乎。果て然りとせば一院を支給するは七拾余人にして。僧族一人を養ふに吾等十一人の割合なりとす。豈困苦千万危險の至りならずと云はんや。玆に吾人の注意すべきは此の七万有余の寺院中。富豪俗人に超越せし土地所有主もあるべし。殿堂輪煥玉を刻み璃を鏤め。朱欄金碧香薰じ花芳り。鳥飛び風清き寺院もあるべし。又軒瓦破碎して。月常住の燈を照らし。草蘿佛体に衣を着け。壁落ち苔律茫々として風聲寒く。堂裡人聲稀にして寂漠。只鳩聲の膽を突て來り。瘦僧顏容血色なく。骨高く眼低きが。時々鐘を鳴らして經卷を讀み。旦夕の命漸く結付する貧院もあらん。概して之れを云へば。貧寺は多くて富院少なく。貧寺は愈貧富院は益々富に傾向するは是れ明白なる事實なり矣。牧師トマス、マルサスは人口は幾何的に增加し。食料は數學的に增加するものなりと立論せり。是只其傾向ありと云ふ迄の事にして。實際斯る顯象起りし事なし。然れ共ミル、リカード等も認許せし如く。人口の增加は食料增加よりも迅速なりとの事は充分確實なるものゝ如し。我國人口の增加の迅束なる事は明々白々の事實として。殊に北米合衆國の如きは千八百六拾八年に至る迄は。凡そ二十年每に二倍の增加を現りて進行し來れりと云ふ。若し夫れ一國上この顯象ありとせば。其一部なる僧族社會にも亦是の顯象なしとせんや。何となれば全体の增減は部分の增減に依ればなり。果て然りとせば此の四拾三万餘の僧族は。そもく增加すべきかそもく減少すべき乎。正面的に觀察すれば。僧族如何に貧窮なればとて。普通人民の生活度合の上にあるべし。故に繁殖の度高きが如くなれども。裏面的より之れを考ふるに僧族は多少愼謹的制度を有し。且つ道德的豫防力を有するが故に。吾人の意見に依れば。將來決して增加せざるべし。又多減少する事もなかるべし。乍然僧族が依て以て生活する處の者。則ち五百万余の信者は供給力を減少するは疑なし。何となれば彼等政府年々の租稅を負擔するのみならず。猶ほ其上に名は喜捨金なれども。其實直接稅とも名くべき一種の負擔あり。而て租稅は增加する傾向あり。社會の進步は利潤の減少あり。給料又減少の傾向ありとすれば。彼等は實に何れか一方に厚く。一方に薄からざるを得ざるべし。此時に當て彼等猶拾壹人の一組を以て。僧族壹人を支給し得べき乎。肝臟を取らるゝよりも寧ろ一限を拾るにしかず。彼等遂に僧族支給を減少せん。茲に於てか四拾三萬有余の僧族。層一層外來の妨害因に依て。益々貧困に陷落せざるを得んや。嗚呼佛院の光明の中に心意を澄し。眞如の月に嘯き居る善僧哲識等よ。社會の進步駸々として止ざるは實に之れ公等の敵近かづくものなり。公等若し個人的道德を以て滿足し。揚氏の爲我主義を以て滿足し。鵬長明を慕ふて幽谷水淸き處に退隱すればイザ知らず。苟も社會的道德を重んじ。護國扶宗の念慮を抱き。自利利他の大主義を奉じて國民の救世主となり。國家の干城とならんと欲せば。宜頭腦を使用し。確乎たる一大長策なくして可ならんや。公等乞ふ三思せよ。吾人は茲に一大妙策を案出し得たり。公等の贊否吾人之れを知らずと雖も。公等は之れ佛の弟子洪大無邊なる眞如界の同伴者。均しく涅槃に能入する者。大日本英傑親鸞上人の愛見あるを知るが故に。公等の困苦實に傍觀するに忍びず。大好策とは他なし。僧族北海移住即ち是なり。嗚呼之れ第十九世紀末宗教界の一大快事にあらずして何ぞ。夫れ北海道の地たるや。北緯四拾壹度より四拾五度に渡り。西班牙北部。佛蘭西南部。並に中央伊太利と同一にして。彼のマルセユ、コンスタンチープルと略同緯度に在るものにして。氣候稍や寒冷なりと雖も。而も內地人民の意想するが如くならず。石狩十勝の二大長流は滾々として國內を縱橫し。無數の河流細目の如く散流す。突如たる高山。深幽なる溪澗には。猿猴朦月に叫び。熊羆流月に吼ゆ。拂楡鬱々として天日爲に暗く。楓桂森々として空に冲す。朴檜山腹に躍れば。菩提樹平野に舞ひ。黃櫱巖上に怒れば。櫻松丘山に笑ふ。碧月空に冴ゆれば。萩葉月影を宿し。茅屋月光を散す。女郎花道に嬌を呈すれども一顧の通人なく。紫蕚樹根に愛を賣れども手折らん人たになし。野馬鈴聲を鳴して隊行し。羊群草に飽て青野に眠る。實に此れ生產的好國地。日本一大寶庫なりと云ふ可きなり。今北海道殖民地報文に依て。左に要領を記さん。

原野百七拾三ヶ所。耕耘地適當地拾四万三千百八十一万六千七百坪餘。「道路明治五年三拾四里餘。「仝二十二年四百五十壹里餘。「人口明治五年拾壹萬千百九十六人。「仝十年拾九万千百七十貳人。「仝十五年二拾三万九千六百三十二人。仝二十年三拾二万千百十八人。仝二十二年三拾七万五百七十六人。「土人人口明治十年壹万六千九百六十六人。仝二十年壹万六千八百人。「一方里人口明治九年十六人。仝二十年四十六人。面積六千九百十八方里。四國九州を合し更に之れを二倍したる者。農產明治五年七百六拾八圓。仝二十二年六十七万七千百六圓。水產明治十年三百十三万二千四百五十八圓。仝二十二年六百七十九萬五千八百五十貳圓。

今吾等此等の點を觀察するに。全道人口增加は十五年間に二倍八割の數を取りつゝあるなり。然れ共之れを米洲濠洲等に徵するに開拓の始にては急速の增加あれ共。第二期よりは遲緩なる顯象あり。故に二十年より三十五年迄の十五年間に二倍の增加ありとするも。なを六十四万貳千貳百三十六人に足らず。嗚呼危殆哉之をポールマイエットに聞く。「北海道の二百萬以上に至らざる間は。日本の政治家は北海道を以て。未だ慥かなる日本版圖と見做すべからず」と。

我が內地に於て尤も人口僅少と稱する。東山道さへも方里千五百三十六人を含む。而して北海道は只僅に四十六人に過ぎざるなり。四國九州二大島を合し。更に之れを二倍する面積なれど。人口は東京府の四分の一にだも措かざるなり矣。

あゝ何ぞ夫れ哀なる國家前途の爲め慨なきを得んや。明治政府は北海道殖民の緩にすべからざると知れり。故に種々の特許を與へ奨勵をなし。之れが進歩を計れり。然り之れを單に經濟上より觀察せば。政府は其の殖民を何地になすと深く問ふを要せざるなり。然れ共北海道の事は別に政治上より觀察せざる可からず。何となれば一日も早く大和人民をして。北海道に充滿せしめ。商業上。政略上。宗教上等皆他國の窺覦侵犯を免かれしむるは。是れ實に一大急務の事件なればなり。嗚呼國家を護するもの豈獨り劔のみならんや。算露盤。耒耜。天秤。糞桶等最も必要なる者。就中萬古に通し尤も必要なるものは國民の精神となり。國民の生命となり。國民の頭腦を支配する處の宗教心卽ち是なり矣。更に云へば古來一國の元氣となり。骨髓に透り。上下同仰春風の如く。月光の如く。上根に適し。下根を容れ。宇宙を呑吐し。刹那に隱れ。哲理を笑ひ。諸教を含み。合しては眞如となり。散ては萬機を照らす　宇內一統宗卽ち是なり矣。　（未完）

演　説

左の一篇は氏が學士會院に於て講演せられたる大意の筆記なるが歴史上各宗派等の沿革を述ぶること頗る簡にして詳なれば玆に錄して讀者の參考に供す

古代宗教論　　文學博士　小中村清矩

今日古代宗教論を演ずるに臨み。余は便宜の爲め開國の始めより年代を分ち辨ぜんと欲するなり。卽ち我國に佛法渡來の其以前を第一世紀とし。欽明の朝佛法渡來より奈良に帝都のありしまでを第二世紀とし。桓武の遷都以來安德天皇までを第三世紀とし。武家執政以來足利の末までを第四世紀とし。德川氏治世の時までを第五世紀とす。

抑佛法渡來以前我國の宗教は如何と云に。勿論所謂神敎と云ふ可きものにて。專ぱら神を敬して之を祠りたるは僅かなる事實なり。古書の傳ふる神代のことは暫らく置き。神武天皇の以後の御治世に就て。一二の事蹟を考ふるに。彼の大和の長髓彥を征伐せらるゝに方り。始め連戰利あらざりしは天照大神の神孫にありながら。日に向ふて軍を出だしたるの罪なりとして。其後は日を背にして軍を進め勝を擧げさせ給ひし事。又橿原に都を定めて御卽位の砌。天神地祇を祭られし事。其後崇神天皇の御宇神鏡を伊勢に納められし事等は。實に著るしき事柄にして唯人も克く知る處なり。兎に角神武天皇以來欽明天皇の朝佛敎渡來までは。上歴代の天子自ら敎主となりて神を敬祀せられ。下一般人民其敎徒として同じく敬神の心篤つかりし事。疑ふべからざる事實なり。

次で第二世紀欽明天皇の十三年。始めて百濟國より佛像を獻じたれども。當時恰かも惡疫流行の際にして。忽ち其罪を佛像に皈し之れを信ずるものなかりし。次で敏達天皇の朝に百濟より又佛像幷に佛工師及尼を貢獻してより人々は專ぱら之れを信じ。遂に此朝には尼三人を生ずるに至れり。之を我國人の剃髪したる元祖とす。次で用明天皇の朝には天皇自ら之れを信じ給ひ。佛法の信者大に增加したるに。推古天皇の朝に至りて一層盛んなりしは。彼の有名なる廐戸の皇子外戚蘇我の馬子と心を合せ。大に佛道の擴張に盡力せられしに因る者なり。同皇子が國政上種々の改良を施こされし內。殊に有名なる憲法十七ヶ條の第二には三寶云々の語ありて。此の時既に佛法は餘程其根底を深ふしたり。舊記に因れば此朝に寺院四十餘。僧侶尼合せて八百十餘人とあり。夫より孝德天皇の御宇に至り大改革を行ひ給ひて。百事大に整頓したる時に。宮中にて僧侶をして。讀經若しくば經義の議論をなさしめ給ひ。天武天皇の十三年に始めて庶民をして家每に佛壇を設けしめ。文武の朝には僧官の定め僧正。僧都。律師等を置き。其他上座。座主。都維那等の格を定められたり。又聖武天皇に至りては。奈良に大佛を建て。東大寺を始め諸大伽藍を造り。天下に國分寺と置く等佛法既に大に弘布したり。蓋し同帝の未だ御老年に達せられざるに。寶位を帝に讓りて讀經を事とせられし如き。前代に之れなき御擧ありしも佛道に御熱心なりしに因れり。以上は第二世紀佛法の概況なるが。當世紀中神教の有樣は如何と謂ふに。決して佛法の爲めに衰へたるにあらざるなり。今著るしき事實を擧ぐれば推古天皇の時に高麗百濟等の外國より朝貢し來たるものには。神酒を賜ふを以て例とせられし事。孝德の朝施政の大改革を行ひ給ふに當り。先づ天神地祇を祀りて。然る後に諸々の御處置に及ばれし事を始として。彼の公式令の內に明神御宇日本天皇詔旨云々とありて。其義解に以大事宜於藩國使之辞也とあり。又萬葉集に天皇の神のみことは云々。大君は神にましませば云々。現神わが大君の云々とあり。何れも天子は卽ち神として之を尊敬し。敬神を以て國典を行ふ主義としたるの證據は歷然たり。又當代に盛んに行はれたる祈年。祭月。次祭。大祓。新嘗祭。神嘗祭は。尙は今日も行はれて止まざる程の次第なり。左れば第二世紀には神佛幷らび行はれて。雙方ともに盛んなりしは疑ふべからざる事實なりと雖。當世紀の終りに至り佛法漸く盛を增し。玆に神佛混交なる一種の奇觀を生じたる事實を知らざる可らず。聖武天皇が大佛を建立せらるゝに方り。神意の如何を伺はん爲め使を內宮に遣されしは。數日間通宵して神託を祈らしめ給ひし時。勅使復命の託宣は其事頗る神意に協ふたる旨なりし抔を始めとして。段々神佛を相近か寄らしめ。佛地には必ず神祀を置き。神社には乾度佛像を安置する等の事行はれ。終に八幡大菩薩と稱し。熊野權現と唱へ。金毘羅大權現と云ふ抔。神佛兩部のもの卽ち純粹の神社にもあらず。亦佛閣にもあらざる者を生ずるに至れり。此神佛混交の事の起りは佛者が盛んに佛法と擴張せんと欲するに當り。神社を排斥して佛閣を建つるは神國たる日本人民の信心を損傷せんことを慮ばかり。神を餌に使ふて佛法を擴めんとしたるに因れる者と思はる。

第三世紀には山城遷都後盛に行はれしは。天台眞言兩宗なり。天台宗は桓武天皇の時に傳教大師の稱號を賜りし。最澄と云へる僧の興せる所にて。尤も此以前聖武天皇の時鑑眞天台の三大部を齎し來りしも之れを正當に了解せしものなかりければ。最澄は延暦二十一年遣唐使に從ひ入唐して。天台宗の開祖智者大師より七代目の荊溪大師に從ひ。台宗の奥義を極め兼て密教及禪宗の一派をも學び得て。同二十四年に歸朝し比叡山を開きたり。其の最初に建てたるは卽ち彼の根本中堂なりし。從來傳來の宗旨は華嚴。法相。三論。律の四宗なりしが。是に於て天台を加へて五宗となれり。其外倶舍。成實の二宗あれども皆微弱にして云ふ程の事もなかりしなり。神佛の混淆は此時益々盛になり行きて。傳敎大師は比叡山に大巳貴神其他の神を併せ祀りて。之を山王權現と稱し。守護神の山王にならべり。一說には山王は元來比叡山に祭りたる神なりしも。傳敎大師が開山の時に之を取除けて。新に山王權現を置きたる者なりといへり。其住職は座主と稱し。慈覺。智證等の名僧相踵で出たり。其後皇子を以て座主とすると行はれてより。座主の地位甚だ重き者となり。三千の大衆ありて甚だ盛なりし。其上桓武帝は佛敎信仰にましましければ種々の儀式此時より生じたる者多し。平城。嵯峨。淳和諸帝皆佛法信仰なりしも。紀律はさすがに正しくして。僧侶に財貨を蓄へ贏利の仕事をなすことを禁じ。又度僧の制限をも立てられ。又官寺と云者を置き檀家の制裁を立て。檀家が寺院を勝手に取扱ひ其の意に從ひ。寺院の賣買をなす等の事なからしめたり。扨又眞言宗に於ては。有名なる弘法大師實に其高祖にて。此眞言秘密の敎は彼傳敎大師も亦傳へたれ共。之を專ら弘めしは弘法なり。大日經は從來傳はりたりしも。其所傳疑ありて確實ならざりければ。延曆二十三年弘法入唐して惠果阿闍梨といへる高僧に從ひ。密敎を究めて大同元年皈朝せり。其宗義は空海卽ち大師の十卷書等に載せられたり。此空海は實に不思議の行ひ多く。嵯峨帝の時宮中に於て卽身成佛義を講じたりしが。五躰より光明を放ちたり等其他奇異の事數知れず。空海は高野山を開き金剛峯寺を建立し。又弘仁十二年京都の東寺を賜ひ。密宗の總本山とし。又高尾の神護寺を賜はりたり。仁明天皇の承和元年宮中に眞言宗建つる程にて。朝廷の皈依殊に厚りき。空海は又廻國して國々に敎を弘め。民の利を興したり。此時代には天台眞言兩宗極めて盛にして。他宗は殆ど有れども無きが如きの有樣なりしなり。蓋し藤氏政權を握りて百官皆其族中より出で才能ある者も皆世出の難かりしより。身を桑門に投じて其才を逞くする者多く。爲に僧侶にかく豪傑人物の輩出せし事と思はる。仁明帝も亦佛敎を篤く信せられ紫宸殿にて大般若を轉讀せしめられ。後以て恒例となさせられたり。淸和天皇は殊の外佛敎篤信にましまし。聖武帝の迹を追ふて壯年に位を讓られ。剃髮して皈佛せられ。宇多天皇も佛敎信心にて位を讓り。仁和寺に引籠られたり。是實に法皇に始めて寬平法皇又宇多法皇と申す始なり。其後花山。白河。後白河諸帝皆眞言の灌頂を受けさせ。彼の英明の主と聞ゆる後三條院さへ篤く佛に皈させられ。常に精進物のみ食させ魚類は食させられざりし由。元亨釋書に見へたり。又此の頃の特習として主上御病氣にならせらるゝ時は必ず受戒されたり。又山陵の廢せしも此時より始まれり。卽ち嵯峨帝崩御の際御遺言にて薄葬を致され殊更火葬行はれたりしかば。從來巍然として山陵を起し。遺骸を其中に收めまつるとも廢せられたり。之と共に漢様の諡を廢され其皆御在所にありて院號を用ひたり。淳和などいふは頗る諡號に類すれども。是れとても淳和院と申す院號によりたるなり。此頃よりし又皇后の尼とならるゝ事も行はれたり。尤も皇后にてましますは尼にならせざるも。皇太后になれば皈佛する風にて。皇太后と申す稱號も廢し少院とのみ申奉れり。又は門院とも申す。皇子の僧とならせらるゝ事も白河帝の頃より始まり。之を法親王と申奉れり。王朝益々衰ふるに從ひ此風愈々多く。之を門跡と號し奉る。本願寺門跡と俗稱するは准門跡なりしが故なり。足利氏の頃より皇女の尼とならせらるゝも多かりき。此は王室の衰微によりて。婚姻の儀式等に差支はせられ。斯くは成行かれし者なるべし。讀經。法會益々盛に行はれて。旱魃。飢饉。地震。兵亂等總て天災地變人事の變厄あれば必ず讀經して之を禳ひ。天皇即位の時は不動如意輪經を讀誦するに至れり。從前は總て神に祈りし事は皆佛に祈る樣になれり。且未來の幸福を求めんよりは專ら現世の幸福を得んとせしなり。

扨又名儒菅丞相。大江匡房の如きも篤く佛法を信じたるが。此は固より現世の祈禱未來の幸福の爲ならざりしも。佛敎は素と玄妙なる心性の事に涉りたる敎法なれば。其心性の趣味を愛じて之を信ぜし者なるべし。延喜以後は寺院建立の盛なること實に夥しく。此は朝廷の皆建立せらるゝにあらずして藤氏の建立に係る者なりし。此時王室衰微して攝家繁榮を極めたりしは。王室の命令行れずして。攝家の勝手に寺院を建立することと成り行き。諸國の守令鄕士等も皆攝家に取入りて。榮達を求る有樣にて。寺院建立などとあれは皆攝家に進物などして。其役を助くる事なりき。斯く佛敎の隆盛なるに從ひ。政治の害を爲ことも多く。延喜年中三善淸行が上りたる十二ヶ條の封事の中にも。佛法の弊害を論じて一ヶ年に僧となる者三百人に上り。皆無學にして用を成さず。其上私に僧となる者ありて天下三分の二は皆僧にして。其妻には葷を茹ひ法に從はずとあり。是れ僧となれは賦役を免れ得るが故に斯くせしにて。必しも佛法の惡きが爲に非ずして。王政の衰へたるが爲に依ることとなるべし。又僧徒が戰爭を爲せしは冷泉院の東大寺の僧興福寺の僧と田地を爭ひ遂に戰爭を起すに至り。其後天下追々兵亂の世となりければ。叡山にて見識ある高僧は時勢に見る處ありて。遂に山僧に武藝を習はすに至れり。又近江の園城寺即三井寺に戒壇を置かんとせし時。叡山の僧侶推寄せて之れを毀ちたることあり。元來戒壇は受戒の爲に設くる者にて戒には小乘戒大乘戒ありてそれ〳〵の戒あることとなるが。園城寺は從來之なかりしを新設せんとしたりしかば。叡山にて不法なりとして之に推寄せ。猥籍に及び寶物など奪去りしなり。三井寺は世に寺門と呼び。叡山は山門と呼びなせり。王政益々衰へ武門跋扈して。僧侶が兵を弄すること益々甚しく。興福寺の信徒が春日の神輿を奉じて京都に亂入し。延曆寺の僧侶が日吉の神輿を舁ぎて京都に亂入するなど。毎々之あり白河院の剛斷の主にましますさへ「天下意の如くならざる者は鴨川の水雙六の采と山法師とのみ」と嘆息せられし程にて。平淸盛の亂暴なるも其福原に都と遷したるは。一は山僧の數々騷動を起さんことを避るも其原因たりしといふ。併しながら斯佛敎の戰爭騷動を爲すに至るは佛法の衰へたる兆候なり。是ぞ新奇に淨土宗等の宗旨起りし理由なるか。

次に第四世紀鎌倉執權時代より足利氏の末に至るまでの狀態を述べて曰く源賴朝も佛敎の信者なりしが一躰古代の信者は神佛共信したる者にて。一向門徒又は耶蘇敎者の如く信心に凝り固まりて。他神を崇拜せずといふが如き風はなかりし者にて。賴朝も亦此の如く神佛共に信じたり。北條は代々佛敎信仰にて。泰時が設けたる貞永式目といふ法律にも第一神社を修覆すべし。第二佛法を信ずべしとあり。又此頃より起りし起證文といふ者に佛神の名前を列記して此は後世まで此風ありき。又寺社奉行といふ役も始まりたり。武家の世となりてより起りし宗旨は禪宗にて。此は以前より道昭傳敎等此宗の禪を傳へたれども盛に行はるゝに至らず。其後備中の榮西和尚支那に渡り。三年の間宋に留りて歸朝し。建仁寺を建てたり。此は賴家の時なり。攝政道家も深く禪宗に皈し。聖一國師を信じて東福寺を建て。道元禪師も亦入宋して越前に永平寺を建て。是を曹洞宗の開山とす。北條時賴は道隆を信し鎌倉に建長寺を建て。其子時宗も亦圓覺寺を建てたり。當時は政治に預かりし人々も皆剃髮して入道と稱し。入道は役所に滿る程なりき。朝廷にても禪宗を信仰され御願寺を建させられたり。又淨土宗の起原は法然上人にて。叡山に入りて修學し智慧第一と稱されしが。善導大師の念佛の宗旨を弘めたり念佛は天台家の惠心僧都なとも之を爲せしが。專ら之を唱へ出せしは法然なり。然るに山門の憎みを受け沒後墓を發なとの騷ぎありし程なれば。餘程勢力のありし事と思はる。法然の高弟に親鸞上人あり。日野家の出にして幼より天台宗義を學びしが。法然の弟子となりて念佛の宗旨を唱へ。肉食妻帶の宗旨を唱へ出せり。時宗の高祖は遊行上人にて念佛を唱へ諸國に巡化せり。此後又日蓮上人日蓮宗を起せり。日蓮上人は亦天台に學びしが遂に四箇の格言を唱出して。諸宗を破毀し辛苦艱難を經て遂に一宗を起すに至れり。以上の宗旨は皆王政の衰へて武家の盛なるより起りたる者にて。道昭の時と榮西の時とは時代の相違あり。道昭の時は王政の盛時にして文學も盛なりければ北宗の禪等も行はれたれども。王政衰へしより無學無智の徒益々多くなり行きし故禪宗も南宗の方弘まり。法然上人は念佛を唱ふるに至りしなり。而して元來高僧は皆渡唐したりしも獨り法然は然ず。是れ無學無智の者世に多く。支那に渡りて學問し以て宗旨を弘むるの必要なしと考へたるが爲にして。此にてこそ法然が叡山の智慧第一とも呼はれたるなるべし。

親鸞の法然に於けるは恰も孟子の孔子に於けるが如くにして。其宗旨より別に一宗を開きたり。日蓮の時は諸宗概ね皆完全したれば。新たに一宗を開かんことは甚た難きことにて。諸宗を破壞して之を爲さんとしたるは亦已むなきことなり。かゝれば余は空海法然日蓮の三人をこそ佛門中の豪傑とも呼ぶべけれと思ふなり。元亨釋書には眞宗以下を淨土宗の附庸といひ。眞宗。日蓮宗は置て載せざりし程なりしが。然るに後世は之に反し末世相應の宗旨なればにや。淨土眞宗日蓮宗等盛に行はるゝ樣なり行きたり。此時代となりては山門寺門も次第に武威に壓せられ。前時の如く强梁を擅にすることを得さずなりき。北條氏承久の時なとは矢張り戰爭に出て。又元弘建武の際も後醍醐天皇は屢々山門南都の力を藉りたれば。此頃までは未だ勢力を失はざりし事と見へ。足利氏は山門奉行南都奉行を置て之を取締りたり。然るに應仁の亂以後は諸國の士皈匿して。其勢猛烈なりしかば僧徒の勢は益々衰へたり。足利尊氏父子の信任せしは禪宗の夢窓國師なり。義滿は相國寺を建てたり。人民の家宅の有樣も一變して其體裁多くは禪家の風を學び。平人の家にも皆床の間書院等の設けあるに至りしは。禪家大方の狀より出で來りしなり。茶の湯も禪家より出でたる者なり。擊劍家が參禪して心膽を練るも多く之ありし。又猿樂なる者も佛教より出でたり。此時文學地に墜ちて世は無學無智の有樣となれり。應仁迄は幾分か殘缺もありしならんか。應仁以後は京都も荒漠たる原野と同樣になり果て。學校等は一も之なければ學問するものは皆寺に入りて修學したり。義滿以來明と交通を開きしが其往復の文書は皆五山の僧徒が手に成れり。而して僧侶は文學上の智識に於ては。實に當時の第一たる者なれば。前田德善院の如きは僧侶にして政治に關係したり。神を祭ることは吉田白河両家の司る所となりしが。是れは教導を主とするものにあらずして只祭祀の作法たるに止まり。吉田家神道は殊に盛なりしなり。武士の佛を信ずるもの甚だ盛に。鎌信。信玄等皆剃髪せり。此は祈禱と來生の福とを兼ぬるものにて。已が戰闘等により て人を殺し財を奪罪を恐るゝより生ぜし結果なるべし。淨土。日蓮。眞宗益々盛大に至り。加賀の富樫等の如きは門徒の敵法たりとて滅亡し。德川家にても三州門徒一揆の爲には痛く苦められたりき。信長も石山の本願寺と數度の合戰して毎に其服し難きを患ひたり。神官の門閥にも兵を擁して戰爭せし者飛驒の國主の如きあれど。是は國主たるより生ぜしにて神官の宗旨より爲せしにはあらざりし。天正年中天主教始めて葡萄牙人より傳はり。信長も始めは之を信じ南蠻寺を建てたりければ。大名にも之を信ずる者少からざりしが。後に信長其謀を察し。天正十三年教主を還せり。斯て其後も之を信ずる者猶絶へざりしが。德川氏の寛永十四年島原の大乱に天主教徒が擧て謀反して滅亡につきしより。此宗旨は嚴しく禁制となり。遂に跡を絶つに至れり。第五紀德川氏の世の狀を述べて曰く德川家は神佛共に信仰にて。關原の役後諸國の神社佛閣に領地安堵の朱印を賜りたり。三代將軍の頃まで存在せし天海僧正は。天台宗の高僧にて殊に將軍家の信任を受けたる東叡山の開祖なり。神道には吉田家ありて俗に金智院と稱す。寺社奉行も此時代より始りたり。淨土宗は德川氏の宗旨にして增上寺は其累代の菩提所たり。寛永寺は比叡に倣ひ此を置く所にして親王を下て寺主となしたり。彼の島原の乱以後切支丹宗は嚴しき禁制となりたれば。之が爲に信仰の自由は變して束縛となり從前は其信仰に依りては父子宗旨を異にするも敢て差支なかりしも。檀家の制度起り一家必ず其宗旨に屬せざるべからざる事となり。戸籍は半ば寺院の管理に歸し改宗は甚だ難きことゝなり。寺僧は死躰を撿する等の事生じたり。儒道は此時に至り大に盛なりければ。從て排佛家追々多數になり。上等社會の人は餘り佛に傾かざる樣になり。名僧智識は殆んど一も出でざる如くなれり。只下等の人物の間にては盛に淨土。日蓮。眞宗等行はれ。猶神道よりは遙に佛教の方盛なりし。是れ彼の本居宣長等の嘆息せし所なり。神道は此時代より教法の形を具へたり。彼の兩部神道唯一神道等の佛教派の神道は。日本紀等の事實を佛道に押付け。佛道派の神道となし。又山崎垂加などの如き漢學者は之を漢學に引付。陰陽五行等の事に押當てたれば何れも正鵠を得ず。垂加流其他諸流の神道は後に平田等が稱して俗神道と呼ぶ所の者なり。平田篤胤は大に古學の神道を興せしが。其本とは京都稲荷山の東宮荷田禰麿元祿年中に古事記等の旨意を解するは。佛道又儒道の旨意を取るべきに非ず。其言語の意味を明らめ之に依りて解釋せざるべからずと唱へ出せしが。未だ其志を遂けずして沒し。弟子加茂眞淵之に繼きて萬葉の言語によりて之を研究せんとしたりしが。萬葉集の詞を調べしのみにて矢張り其業を成さゞりしも本居宣長に至り之を大成し。古事記傳を著はせり。是れを本居の一派となす。平田篤胤は之に繼で起り。別に一機軸を出して其神道を弘め。大に世に行はれたり。以上を第五紀の概況とす。其他は今世に至るまで制度猶存し。人の熟知する所多ければ。敢て詳に言はざるなり。（完）

詞叢

偶成　　調雲集

園鳩何無賴。氷雪欲白時。詩人應着目。殘菊亦風姿。殘冬多美日。啼鳥近人來。一任山々雪。春心已在梅。六月猶無暑。起居意亦澄。仰看山上路。人馬小於蠅。垂柳千原雨。落梅一朶風。主人憑几睡。淸味在斯中。

戊子冬日與草野兄逢作此爲贈　小栗憲一

不與世共進。寧歎隙駒過。誰哉製文字。使人白髮多。六經廿一史。浩々鼠飲河。擲卷嗒然坐。天風度松蘿。

題明皇幸蜀圖　草野本誓

明皇踐阼務攬才。志在匡復毫不摧。珠玉錦綉非所崇。只患社稷盛與衰。一身肥瘠又何顧。只慮生靈飽與飢。君不見傾國傾城由美色。自得楊妃乍狂癡。滿苑花鳥春如海。比翼連理不少離。根括民利供燕宴。抛擲紀綱事竹絲。從此風俗漸壞敗。人心民情又陵夷。又不見大姦大詐似忠信。祿山之心路人知。醜聲外聞且不悟。笑中有劍亦不疑。一旦鼙鼓破醉夢。顚頓狼狽悔難追。僅將一身脫虎口。祖宗天下累卵危。匹馬遂向蜀門去。强掩血涙埋娥眉。千慮竟無返魂術。唯有夢魂繞馬嵬。蜀道雨冥雲色慘。行宮月黑杜鵑哀。嗚呼自作之孽不可逭。塗抹千古青史來。

謾吟

人間我是一疣僧。十年東依又西憑。行路經盡蜀門險。浮世踏了春池氷。嘗交燕趙悲歌兒。豪狹進取不顧死。寄謀展舌招衆論。高談開口逹俗耳。滿眼只有憂法涙。常嘆西敎凌東洋。一片赤心貫日月。欲駕五洲輝佛光。破邪顯正眞艱難。豈爲一身竊祿位。取快一時非卓見。注眼千秋是善治。君不見蜻蜓六十生蔓草。絕長補短已一州。講學平生思恢復。一喝要破邪徒謀。今日猶未逹素心。將以年華属空老。終宵不寐懷前途。起坐七顚又八倒。

歲晩雜感　時余在東京臥病　山本松陵逸

壯遊十歲臥京華。回首家山去路賖。暗涙多從愁畔滴。幽懷更向病中加。由來浮世短長夢。至竟功名開落花。何日江湖咏風月。烟波深處送生涯。

節物匆々感更深。往時追想涙沾襟。長鞭快馬他年志。苦雨寒燈今夜心。故國鶯花歸舊夢。異鄕風月入新吟。病來猶有慰神事。散髮髥々霜未浸。

三夜待月　今村大膳

林風吹送已三更。村戸斷砧水有聲。獨倚幽窓何所見。半輪夜月破雲淸。

春夜賞月

最賞春江花月天。今宵無處不嬋娟。何達一刻千金語。酌酒賦詩忘夜眠。

新年望山　鷹枝大觀

新玉の春となりけり遠山に雪は殘りてかすむとも見ゆ

名所雪

昨日今日積れる雪は高妙の松と眞白に年やふるらん

池月久澄

雲晴れて空澄わたる秋の夜は心の塵も猿澤の月

鶯　長嶺圓子

春深み花の下にもうちとけて鶯きなく梅のこずゑに

餘寒

立歸り猶春寒むし野に山もふりつむゆきも花と見るまで

柳

青柳の色なつかしき若みどり池のかゝみに春や寫せる

古寺紅葉　菊池千枝子

ゆう日かけ色まさりゆく紅ひの紅葉にくるゝ峰の古寺

夜時雨

夢なりと思ひ定めて聞くからにうつゝともなくふる時雨かな

初雪

なれ〳〵し我庭なからめつらしと暫し眺むる今朝の初雪

國教を見て詠める　柳堂秀雄

國の根のかためをすてふ言の葉を心つくして說く人もかな

雜報

●京都に於ける佛教學生の弊習　京都は我國佛教學研究の中心點たり。苟も佛教の眞理を窮めんと欲する者は。僧となく俗となく。必ず此都に留學せざる可からず。佛學研究者と京都との大關係を有する。斯の如き有樣なるを以て。北は奧羽より。南は九州に至る迄。毎年笈を負ふて此に來集するの佛學生。陸續跡を絕たず。就中東西両本願寺の學校に。入學希望の者最も多しとす。而して是等上京の學生は。皆な多少廣大なる佛恩に浴して其學路を得。神聖なる信徒の淨財に依りて。其衣食を支へつゝあるに係はらず。吾人をして慨歎の涙に咽ばしむる一大弊習あり。

●其弊習とは何ぞや　想ふに是等の學生が鄕關を發するや。非常の奮發と非常の希望とは胸間に湧起し。學若し成らずんば死すとも還らずの感情は。火の如くに盛なりと雖も。一たび京に着し希望の學校に入らんと欲して。刻苦奮勵其準備の學科を修め。漸く其入學試驗を受け。不幸にして其學力の足らざるが爲め。落第するや否や。以前の奮發と希望とは。何時の間にか煙散霧消して。亦た痕跡を留めず。或は失望家となりて。下宿屋の二階に籠城し。或は不平家となりて。其目的を變ずる者。等續々輩出し。其結果は確乎たる學校には入學する能はず。唯だ父兄信徒に對する遁辭の爲め。彼處の學會に一時間。此處の佛學教師の家に一時間通學して。二三年の歳月を夢の如くに消過し。隨喜渇仰の血涙たる。信徒の喜捨金を水の如くに浪費し。最初目的の學校にも入る能はず。下宿樓上三々五々。將碁を闘はし。圍碁を試み。小説を讀み。雜談に耽けり。晝睡をなし。大酒を飲み。其極遂に遊惰に流れ。品行を傷け。道義を破り。怪聞醜体言ふに忍びず。筆するに堪へざる。浮浪書生となるもの十の六七を占む。是れ實に京都に於ける。佛教學生の一大弊習なり。

●其弊習の原因　は上京の學生中確乎不抜なる目的なく。千辛萬苦に耐ゆるの氣象なく。希望の學校に入學する程の學力なき輩が。信徒に對する口實に依り。輕率に上京すること。是其一なり。両本願寺の脚下たるに係はらず。佛教學生取締の方法なき事。及び學生が住居する宿屋の慣習。學生を驅りて其弊習の大渦中に捲き込む事。是其二なり。其學生の資力を供給する。國元の信徒等が。「自分共が檀那寺の新發智は。京都に上り居らるれば安心なり」との。自慢根性にて。一切上京後其學生が如何なる都合にて勉強し居るかに注意せざる。是其三なり。其他精細に探索せば種々なる原因あるべしと雖も。其重もなるものは。此三大原因の外に出でざるなり。

●肥後の佛教學生　肥後は眞宗西派に屬するの。末寺六百以上もある國なれば。現時肥後出身の佛教學生にして。京都西本願寺の近傍に群集するもの。六七十名内外なり。此多數の學生中。右の一大弊習に染むものなきや否やは。吾人の得て知る所にあらずと雖も。本年一月の調査に依れば。西本願寺文學寮。及大學林に入學して。孜々汲々博く普通の學術を修め。深く佛教の玄奧を究めつゝある者は。僅に左の諸氏而已なりしと云ふ。

寺田　永松（俗人）	文學寮本科三年生	八代郡鏡町
護城　綱雄（僧侶）	同　本科三年生	下益城郡清水村
西行　博泉（僧侶）	同　本科三年生	玉名郡八嘉村
林　清明（僧侶）	同　本科三年生	八代郡八代町
村嶋　忠吾（俗人）	同　本科二年生	八代郡鏡町
東　熊二郎（俗人）	同　本科二年生	下益城郡赤見村
藤岡　松樹（僧侶）	同　本科二年生	飽田郡奥古閑村
菊川　等壽（僧侶）	同　本科一年生	宇土郡宇土町
津野田地五郎（僧侶）	同　本科一年生	飽田郡古町村

尾上　南鎧（僧侶）同　豫科二年生　天草郡深海村
田川　清平（俗人）同　豫科一年生　八代郡鏡町
西居　法専（僧侶）同　豫科科外生　玉名町高瀬町
中村　誠信（僧侶）大學林本科四年生　宇土郡宇土町
吉津　知天（僧侶）同　本科二年生　葦北郡佐敷村
長谷川慧雲（僧侶）同　支校一年生　下益城郡西砥用村
德成　大策（僧侶）同　支校一年生　玉名郡木葉村

在京都なる社友の報ずる所それ斯の如し。吾人は其調査の精確にして其過なきや否やを知らず。然れども報道したるの人は充分信用すべき人物なり。而して社友又た曰く。毎年二月と九月は右二校の入學試驗なれば。此の二月の試驗には數名の肥後人。必ず及第するならんと。嗚呼肥後の眞宗信徒にして。神聖なる信仰の義金を以て。檀那寺の新發智たる佛教學生に學資を供給しつゝある者は。大に其監督を嚴密にせざる可からず。若し信徒諸君にして其監督の責に任せずんば。諸君が隨喜渇仰の淨財も。亦た或は不品行不道德の媒介となり。愈々佛教學生の一大弊習を釀生し。其極終に救ふ可からざる佛教學生の大腐敗を來たさん。是れ吾人が在京數百名の學生より非常の憎惡を招くにも係はらず。佛教の爲め。眞宗の爲め。肥後佛教青年の爲め。公平に。眞實に。肥後學生の現況を探知して。信徒諸君の決心を促がす所以なり。

●久米邦武氏奇禍を招く　久米邦武氏は水戸出身の卓拔なる國學家にして。帝國大學文科部の教授なり。彼の修史館にありて重野安繹氏と肩を比したる。日本歴史講究の革命家なり。嚮きに田口卯吉氏が史海を發兌して。歴史講究の新乾坤を開拓せんとし。第一着に模糊の中に隱見する感ある。我國古代の歴史を詳論精探して。從來我國歴史家の妄想偏見を辨破し。一種の刺戟を守舊的國學者に與ふるや。久米氏は一編の史論を草して。田口氏の議論に應援し。以て千有餘年間彼の偏見なる國學者。愚昧なる神官等が佛教排擊の一大口實とする。奈良朝の佛教僧侶中にて。卓絶偉大なる法相宗の豪僧。玄昉の冤罪を唱道したりき。（是れ奇禍を招く遠因ならん）然るに又た久米氏が今回「神道は祭天の古俗」と題する。最も嶄新奇闢なる日本歴史論。熱心壯烈なる神官をして憤激せしむべき財料。世の偏見頑固の徒が誣國的論文なりと叫ぶ所の一大議論を。史學會雜誌二十三四五號に掲載したるものと。田口氏が自己監督の權を有する史海第八號に轉載して。前後に氏が得意の評論を加ふるや。果して非常なる神道家の激昂を惹起し。其極遂に久米氏は去る四日非職を命ぜらるゝの大奇禍に遇ひ。是と同時に該論を掲載したる右の兩雜誌も亦た治安を妨害するものと認められ。其發賣頒布を禁ぜらるゝの大不幸に遭ひたり。嗚呼吾人は日本歴史講究の革命家たる久米氏の爲めに。憐情を催さゞるを得ざるなり。

●神道家の大激昂「神道は祭天の古俗」なる史論が。一たび前項の二雜誌に依りて世に發表するや。潔白。純正。單純。激烈なる我國神道家諸氏は。激昂の熱度殆んど其沸騰點に達し。「國躰を辱めたる亂賊誅戮せざる可からず」の意氣込にて。宮内。内務の兩省に逼まり。該論の不都合を鳴らし。其運動の結果は遂に久米氏をして該演説を取消さしむる而已ならず。同氏を大學教授より退け。兩雜誌を發賣禁止せしむるに至れり。吾人は我國神道の氣燄猶は政府を動かすの力あるに驚き。神道家の活氣猶は今日に衰へざるを嘆ずるの外なきなり。

●神道家の新議論　神道家は啻に久米氏を退け。雜誌を殺したるに滿足せずして。左の新議論を主張し。大に運動を試みんとの決心なりと。八百萬神の敬拜者。高天原の信仰者等。其決心を遂げ得るや否や。

其議論の趣意は。鎌倉覇府以來徳川氏に至る數百年の間。武家擅横朝憲を蔑にしたる如きもの。なきにしもあらずと雖も。我建國の基礎たる皇猷大謨に對し。彼是不敬の語を加へしものなく。徳川氏の中葉儒士大宰純なるもの。我大謨に私見を以て論評を試みし如き。幕府は純が死後の墓標さへ刑するに至りしなり。然るに現法律の不完全なる。伊勢大廟に對し不敬の事あるすら撿束する道なく。如何に外國摸倣を事とすると雖も。萬國共斯の如く建國の大本を忘棄したるはあらざるべし。依ては此際我國猷に對する。一の法律を制定すべしと云ふにあり。

●神道は宗敎なるか國典なるか　吾人は萬世一系の帝室を上に仰ぎ。下四千万の同胞と共に日本の國土に棲息する。帝國の臣民にして。而も熱心なる佛敎徒なり。吾人が肉躰は日本の國家と共に立ち。吾人が精神は佛敎の眞理と共に立つものなり。吾人は國家に向つては義烈なる臣民となり。佛敎に向つては猛激なる忠臣たらんと欲する者なり。故に若し一朝國家の上に於て一大變亂を生ずる時は。吾人が肉躰は其犧牲に供せんと欲するものなり。既に肉躰を犧牲に供すれば。精神豈に獨り全きを得んや。若し一朝佛敎の上に於て一大震動を生ずる時は。吾人が精神は其犧牲に供せんと欲するものなり。既に精神を犧牲に供すれば。肉躰豈に獨り全きを得んや。何となれば肉躰と精神とは相抱合して。決して分離す可からざればなり。吾人は今ま佛敎家として日本國民の義務を盡さんと欲する者なり。既に佛敎家として國民の義務を盡さんとすれば。勢ひ反對宗敎の邪を破りて。佛敎眞理の正を顯はさゞる可からず。何となれば斯の如くならざれば。天下萬衆の精神に佛教の靈活勢力を注入する能はざるを以てなり。於此乎。吾人が胸中に一個の疑團炎々として燃へ上る。其疑團とは他に非ず。神道は宗教なるか國典なるかの大問題なり。我國古來より神儒佛の三道と稱し。隱に神道と宗教の一種と認むるが如し。現今と雖も神儒佛の三道相合体して。以て國家の國教を維持す可しと云へる。何の見識もなく。何の思想もなく。徒に一時を彌縫して以て平和を圖らんと欲する。凡庸政治家の政畧論は時々吾人の耳朶を衝くを見る。然れども吾人は我が日本帝國の爲め。斷乎として神道を宗教と認めざるものなり。何となれば若し一朝神道を宗教と認めば。我が建國の大基礎破壞すればなり。吾人は唯だ神道なるものは日本國家の典禮とし。日本皇室の儀式とし。日本國民たる者は宗教信奉の如何に係はらず。國家の典禮に從遵し。皇室の儀式を尊敬せざる可からざる事を確信するものなり。有識なる神道家諸氏も亦た吾人と其意見を同ふするものあり。然れども多數の神道家中。各派の神道中。神道と以て半は宗教とし。半は國典とするものなきにあらず。甚だしきに至りては表面純然たる宗教の体裁をなすに係はらず。他宗教と平和の戰爭を挑むに當りては。忽ち神道國典論を提出し。皇室の威光を仰ぎ。政府の權力と賴み。以て他宗教を排擠せんとす。何ぞそれ卑屈なるや。何ぞそれ無氣力なるや。然れども神道家の一部が斯の如く卑屈無氣力なる所以は。則ち神道が純然たる宗教として。彼の耶蘇教や。我が佛教と競爭する資格なきを證明する所以なり。吾人は方今我が佛教の形勢は。決して彼の傳教弘法の大德が實行したる。温和的調和論。則ち本地垂跡說を採る能はざるを斷信す。若し一朝我國神道家の全体が神道を以て宗教なりと認むるの日あらば。吾人は正々堂々我が佛教則ち凡神教の眞理に依りて。彼れ神道則ち多神教の妄想と一掃せんと欲す。是れ實に佛教家として日本國民の義務を盡さんと欲する者の大責任なり。

◉今年の四月八日　日本佛教の中心たる西京に於ては。第三回全國佛教懇話會開設せられ。日本政治の本城たる東京にありては。慶應義塾の佛教青年が。大聖釋尊の降誕會を擧行せらる。嗚呼。山は青く。水は淸く。花は笑ひ。鶯は歌ひ。蝶は舞ひ。天も爲に歡び。地も爲に應へ。人も爲に狂せんと欲する。春風駘蕩。百花爛熳たる洛陽に於て。數万の家々軒々に揭ぐる六金色の佛旗は。飜々として祝意を表し。鴨川の淸流鏘々として祝音を發し。三十六峯の麗翠蒼々として祝色を送るの中に。全國各地の佛教家相會し。懇話親談。以て日本佛教大運動の基礎を築かんとす。佛教徒たる者誰れか歡喜の情を催さゞらんや。議會の開設は既に目前に迫まり。政海の怒濤は澎湃として。滿都の人士殆んど狂するが如き東都にありて。佛教進入以來未曾有なる。佛教の一大聖典たる。釋尊の降誕會と最も前途多望の青年が擧行せんとす。是れ豈に我國の佛教徒が踊躍して。祝聲を擧ぐべきものにあらずして何ぞや。吾人は將來に於て明治二十五年の四月八日は。佛教徒が最も記憶すべき大紀念日たる。命運を占めん事を懇禱するものなり。

●唐津各宗協同會　肥前唐津に於ては。佛教各宗相協合一致して。題號の如き一大教會を創立し。護國扶宗の爲めに運動を試みる趣なるが。去月六日唐津町淨泰寺に於て。故久邇宮殿下。前唐津郡長松尾芳道氏。各地震災水害死亡者の爲め。一晝夜の追吊法會を執行し。旁々尾濃震災遭難者救恤の爲め淨財を募集し。晝夜演説を催ふし。同地方にては近年稀なる盛會なりしと。又た同日の辯士は龍溪菱泉。良緣寺元道。奥村円心。伴雲笑。齋藤法譽。黒瀬孝道。多田徳昧諸氏なりしと云ふ。猶は同會は去る八日役員を改撰せしに。幹事奥村蓋圓氏。(眞宗高徳寺)副幹事澤大典氏。(臨濟宗近松寺)會計良緣寺元明氏。(臨濟宗光孝寺)副會計靈山悟峯氏。(曹洞宗東雲寺)の諸氏當撰し。以後同町高徳寺を以て其事務所とし。一層會務を擴張し。來月よりは毎月一回佛教の講義を開き。着々運動するの決心なりと。嗚呼唐津協同會の諸氏よ。益々其團結を鞏固にし。愈々其運動を活潑にし。以て西肥の北部に立脚の大地磐を築き。進んで西肥各地の團体と相連結し。大に奮進する所あれ。

●中西牛郎氏　久しく隱波平濤の順流に。悠々として酣夢を貪ぼりたる同氏も。新年早々新佛教論の戰端を開き。將さに激波怒濤の逆流に立たんとす。是れ實に氏の爲めに喜ぶ可き事なり。嗚呼氏が唱道する新佛教の眞旨義を明白にして。海内佛徒の疑惑を。氷解せしむべき機會は既に起れり。實に氏が最も謹嚴に。最も熱心に。最も眞正に。最も至誠に。胸間に懷抱する大旨義を。告白すべき氣運は既に來れり。此時に方りて氏若し温良に失し。恭謙に失し。柔和に失し。遷延に失せば。海内の舊佛教徒が。氏を罵りて彼は唯だ建筆家にして意とするに足らずと云ふも。吾人其辨駁の辭なきを如何せん。中西氏たる者豈に宗教革命論發表頃の。大決心。大勇氣。大議論を以て。天下に呼號せざる可けんや。

●鎌田淵海師　師は一種特別なる。敵對的感情を有するが如し。凡人に異なる逆流的性質を有するが如し。師は實に柔弱怯懦なる中國人には。珍らしき堅硬性を有せり。師が演壇に上りて朗亮たる其聲。侃々たる其辨。靄然たる其顔。鼻下の八字髯を捻りて。才辨湧くが如く。滑稽人を驚かし。滔々論じ出すや。實に恰好なる雄辨家なり。三四年前僧侶被選權の議論。囂々として西本願寺派内に起り。或は建白書を政府に提出して。其意志を貫徹せんとし。或は小冊子を公にし。演説會を開き。以て輿論を動さんと試みるや。師は東京法學院の生徒たる身を以て。新聞に。雜誌に。自己の議論を掲載し。力を極めて反對し。大に派内先達の爲めに厭はれたり。今回新佛教論に反對して。波瀾を佛海に惹起したる者も亦た師なり。然るに風說に依れば。師が今回の新佛教攻撃論は。舊佛教の泰斗たる。二三老僧の爲めに教唆せられて。決行したるものなりと。若し風說をして信ならしめば。師の爲めに惜まざるを得ず。兎に角師の如きは。得難き青年佛徒中の奇物と謂ふ可し。

●興學會起れり　興學會何の爲めに起る。曰く東肥教校の新築。及び同教校永遠維持の目的を以て起れるなり。會長は誰とかなす。曰く藤岡法眞師なり。副會長は誰ぞや。曰く伊津野法雨師なり。吾人は東肥教學の爲めに。滿腔の歡情を捧げて。興學會の起れるを祝する者なり。

●佛教公論　京都悟眞協會より發兌する佛教新運動と。大坂より發行する毘婆沙の兩雜誌は合同して。本月二十五日より佛教公論なる毎月二回の新雜誌を發刊し。京坂の佛界に蟠まりて雄大の筆を揮ひ。大に宗教界の耳目を一新し。万丈の光燄を放つて關西の天地を動かすの決心なりと。吾人は鎭西の天より遥に其の隆盛を祈る。祈ると同時に淨土宗内の人士が。合同一致の精神に富めるに感じ。他の各宗にて發兌する數百の雜誌も此二會の美事に倣ふて。續々合同一致大に其勢力を顯はさん事を希望する者なり。

●熊本總組長の更迭　藤岡法眞師は。熊本縣西本願寺派。末寺六百餘個寺の總組長たり。熊本縣撰出の總代會衆たり。本願寺宗會の副上首たり。是れ恰かも一身にて地方長官と。衆議院議員と。帝國議會の副議長とを兼務したるが如し。吾人は平素大に其職掌の不都合にして。改正せざる可からざるの理由を認め居りしに。本山當路者も亦た此點に意を注ぎ。遂に地方長官たる總組長にして。衆議院議員たる本山宗會總代會衆を。兼任すること能はざる法律を發布したりしかば。師は斷然總組長を辭し。佐々木德成師之が後任を繼ぎたりと。而して藤岡師は固より今年會衆改撰の際には。再び候補者となりて顯はれ。火花を散らして。月桂冠を戴くの決心なりと云ふ。

廣告

編集復刻版　雑誌『国教』と九州真宗（全3巻・別冊1）

2016年7月15日発行
揃定価（本体75、000円＋税）

編・解題者　中西直樹
発行者　細田哲史
発行所　不二出版
東京都文京区向丘1-2-12
TEL　03（3812）4433
印刷所　富士リプロ
製本所　青木製本
乱丁・落丁はお取り替えいたします。

第1巻　ISBN978-4-8350-7882-3
全4冊　分売不可　セットコードISBN978-4-8350-7881-6